Andreas Czech

Einflusswirkungen auf das Geschäftsmodell Carsharing
- unter Berücksichtigung des Stakeholder-Ansatzes

Einflusswirkungen auf das Geschäftsmodell Carsharing
- unter Berücksichtigung des Stakeholder-Ansatzes

von
Andreas Czech

KIT Scientific Publishing

Karlsruher Institut für Technologie
Institut für Technikfolgenabschätzung und Systemanalyse (ITAS)

Einflusswirkungen auf das Geschäftsmodell Carsharing
– unter Berücksichtigung des Stakeholder-Ansatzes

Zur Erlangung des akademischen Grades eines Doktors der Philosophie von der KIT-Fakultät für Geistes- und Sozialwissenschaften des Karlsruher Instituts für Technologie (KIT) genehmigte Dissertation

von Andreas Czech, M.A.

Tag der mündlichen Prüfung: 27. Oktober 2022
1. Gutachter: Prof. Dr. Armin Grunwald
2. Gutachter: PD Dr. Andreas Lösch

Impressum

KIT Scientific Publishing

Karlsruher Institut für Technologie (KIT)
KIT Scientific Publishing
Straße am Forum 2
D-76131 Karlsruhe

KIT Scientific Publishing is a registered trademark of Karlsruhe Institute of Technology.
Reprint using the book cover is not allowed.

www.ksp.kit.edu

Print on Demand 2023 – Gedruckt auf FSC-zertifiziertem Papier

ISBN 978-3-7315-1280-6
DOI 10.5445/KSP/1000155889

Danksagung

Die vorliegende Dissertation entstand während meiner Zeit als wissenschaftlicher Mitarbeiter am Institut für Technikfolgenabschätzung und Systemanalyse (ITAS) am Karlsruher Institut für Technologie (KIT).

Mein erster Dank gilt Herrn Professor Dr. Armin Grunwald für das jederzeit konstruktive Feedback zu meiner Arbeit und das entgegengebrachte Vertrauen. Ohne ihn und sein Engagement wäre es nicht möglich gewesen, meine Dissertation am ITAS zu schreiben. Mein ausdrücklicher Dank gilt auch Herrn PD. Dr. Andreas Lösch, der mir als Zweitbetreuer ebenfalls jederzeit bei Fragen zur Seite stand und mich immer unterstützte. Für das angenehme Arbeitsklima sowie die Freiheiten während der Erstellung meiner Dissertation möchte ich mich bei beiden ganz herzlich bedanken.

Darüber hinaus möchte ich mich bei allen Mitgliedern der Forschungsgruppe „Mobilitätszukünfte" am ITAS, deren Teil ich war, und hier insbesondere bei Torsten Fleischer, Jens Schippl und Maike Puhe für die vielen inhaltlichen Diskussionen, Gespräche und Ratschläge bedanken. Während meiner Arbeit als wissenschaftlicher Mitarbeiter konnte ich hier im Rahmen von Mobilitätsprojekten meine Kenntnisse und Fähigkeiten hinsichtlich sozialwissenschaftlicher Mobilitätsforschung ständig weiterentwickeln. Als Teil der Doktorandengruppe am ITAS bin ich dankbar dafür hier neue Bekannte und Freunde gefunden zu haben, mit denen ich mich auch im privaten Bereich austauschen kann. Mein Dank gilt darüber hinaus allen Mitarbeitern am ITAS, insbesondere dem Team des ZAFA sowie Dr. Carsten Orwat.

Sehr bedanken möchte ich mich bei der Friedrich-Ebert-Stiftung (FES) und allen Verantwortlichen hier. Die FES hat mich während meiner Doktorandenzeit als Promotionsstipendiat finanziell und ideell unterstützt.

Vor allem aber gilt mein innigster Dank meiner Familie. Meine Eltern Therese und Waldemar unterstützen und fördern mich, wo sie nur können. Mein Bruder Matthias ist stets ein freundschaftlicher Wegbegleiter, mit dem ich mich immer austauschen kann. Meine Partnerin Stefanie hält mir zu jeder Zeit den Rücken frei und begleitet mich durch Tiefen und Höhen.

Karlsruhe, im Dezember 2021

Andreas Czech

Inhaltsverzeichnis

Abbildungsverzeichnis

Tabellenverzeichnis

1 Einleitung

1.1 Problemstellung

Mobilität ist elementar für gesellschaftliche Teilhabe, Wohlstand und wirtschaftliche Prosperität. Dabei sollte Mobilität für alle Menschen verfügbar und bezahlbar sowie derart gestaltet sein, dass Umwelt und Klima weniger belastet werden und der Ressourcenverbrauch sinkt. Alternativ gesagt sollte Mobilität unter ökologischen, sozialen und ökonomischen Gesichtspunkten nachhaltig sein.

Jedoch sind die Treibhausgasemissionen im Verkehrssektor in Deutschland unverändert hoch und liegen im Jahr 2020 bei 146 Mio. t CO2-Äquivalenten.[1] Dies ist neben dem kontinuierlich wachsenden Güterverkehr dem seit Jahren wachsenden Personenverkehr[2] geschuldet, wobei hier dem motorisierten Individualverkehr (MIV)[3] eine besondere Rolle zukommt.[4]

So erhöhte sich die Verkehrsleistung[5] im Personenverkehr zwischen 1991 und 2019 um mehr als 30 Prozent, wobei der motorisierte Individualverkehr um ca. 28 Prozent zunahm.[6] Der Anteil des MIV an der gesamten Personenverkehrsleistung[7] lag in 2019 bei 73,4 Prozent, wodurch er seine dominierende Stellung gegenüber dem öffentlichen Straßenpersonenverkehr (ÖSPV)[8], der Eisenbahn und dem Luftverkehr beibehielt.[9] Wird der nicht-motorisierte Personenverkehr, d. h. Fuß- und Radverkehr, bei der Personenverkehrsleistung berücksichtigt, ergibt sich das gleiche Bild. Auch hier beträgt der MIV knapp 74 Prozent.[10] Als wesentlicher Grund dieser Entwicklung gilt die anhaltende Zunahme der privaten Motorisierung. So sind zum 1. Januar 2020 47,7 Millionen Personenkraftwagen (PKW) in Deutschland angemeldet, was einer Verzehnfachung der zugelassenen Fahrzeuge in den vergangenen 60 Jahren entspricht.[11] Hinzu kommt der weiterhin auf hohem Niveau bestehende Urbanisierungsgrad[12], der in 2020 in Deutschland bei 77,5 Prozent liegt.[13] Durch die steigende Bevölkerung haben in vielen deutschen Großstädten sowohl PKW-Dichte als auch Verkehr zugenommen.[14] Steigende Luftschadstoff- und Lärmemissionen sowie Flächeninanspruchnahmen durch PKW sind die Folge,

---

Anmerkung: In der vorliegenden Arbeit werden die Einflusswirkungen auf das Geschäftsmodell Carsharing untersucht. Dies betrifft sowohl das konventionell betriebene Carsharing als auch das E-Carsharing. Wird im Folgenden vom Geschäftsmodell Carsharing gesprochen inkludiert dies das E-Carsharing. Dasselbe gilt für die Begriffsbezeichnung Carsharing-Anbieter.

1 Vgl. Die Bundesregierung 2021. Im Vergleich hierzu lag der Treibhausgas-Ausstoß im Verkehrssektor in 1990 bei 164 Mio. t CO2-Äquivalenten. Dies entspricht denselben Wert wie in 2019. Die Treibhausgasreduzierung in 2020 ist insbesondere auf den Corona-Lockdown und den damit verbundenen Einschränkungen in Produktion und Mobilität zurückzuführen. Ohne diesen werden die Treibhausgasemissionen im Verkehrssektor wieder steigen. Vgl. Bundesministerium für Umwelt, Naturschutz und nukleare Sicherheit (BMU) 16.03.2021.

2 Siehe Kapitel 8.6, Erläuterung relevanter Begriffe: Personenverkehr.

3 Ebd. Begriff: Motorisierter Individualverkehr.

4 Vgl. Umweltbundesamt 22.02.2021.

5 Siehe Kapitel 8.6, Erläuterung relevanter Begriffe: Verkehrsleistung.

6 Vgl. Umweltbundesamt 22.02.2021.

7 Siehe Kapitel 8.6, Erläuterung relevanter Begriffe: Personenverkehrsleistung.

8 Ebd. Begriff: Öffentlicher Straßenpersonenverkehr.

9 Vgl. Umweltbundesamt 22.02.2021.

10 Vgl. ebd.

11 Vgl. Kraftfahrt-Bundesamt 2020; Kraftfahrt-Bundesamt 2019.

12 D. h. der Anteil der Stadtbewohner an der Gesamtbevölkerung.

13 Vgl. Statista 2021.

14 In den zehn größten Städten Deutschlands kamen seit 2010 ca. 650.000 Einwohner hinzu. Vgl. Assmann und Frohn 2021.

die mit einer sinkenden Lebensqualität sowie Klima- und Umweltbelastungen einhergehen. Dies offenbart die Notwendigkeit einer Verkehrswende, die mit einer vollständigen Dekarbonisierung des Verkehrssektors einhergehen soll. Nach Becker und Renn (2019) beschreibt die Verkehrswende „den soziotechnischen Transformationsprozess des Verkehrssektors mit dem Ziel einer starken Senkung der durch Verkehr verursachten Umwelt- und Gesundheitsbelastungen um eine nachhaltige Entwicklung dieses Sektors zu ermöglichen."[15] Somit „umfasst die Verkehrswende einen tief greifenden Veränderungsprozess, der sowohl technologische Änderungen und institutionelle Reformen als auch Verhaltensänderungen miteinbezieht und die negativen Wirkungen des Verkehrs so absenkt, dass eine nachhaltige Entwicklung des Verkehrssektors ermöglicht wird."[16]

Dabei gilt es insbesondere in den Städten den Autoverkehr zu reduzieren, um so zu weniger Luftschadstoff- und Lärmemissionen beizutragen und gleichzeitig die Lebensqualität zu erhöhen. Neben der Reduzierung privater PKW gilt es insbesondere den Umweltverbund[17] zu stärken. Dies schließt die Förderung und den Ausbau des Fuß- und Radverkehrs, öffentlicher Verkehrsmittel sowie neuer Mobilitätsangebote wie dem Carsharing mit ein. Dem Carsharing wird ein erhebliches Potential zugewiesen insbesondere in den Städten zu nachhaltiger Mobilität[18] beizutragen. Hervorzuheben ist hier insbesondere die Wirkung von Carsharing für ein multimodales Mobilitätsverhalten[19] ohne einen privaten PKW zu nutzen.[20]

Unter Carsharing wird im Allgemeinen die organisierte, gemeinschaftliche Nutzung von Fahrzeugen durch mehrere Personen verstanden.[21] Hierbei wird zwischen organisiertem und privatem Carsharing unterschieden. Das organisierte Carsharing lässt sich in das stationsbasierte sowie das free-floating Carsharing unterteilen, wobei die Carsharing-Fahrzeuge von professionellen Anbietern bereitgestellt werden.[22] Beim privaten Carsharing[23] werden die Fahrzeuge hingegen von Privatpersonen bereitgestellt. In der vorliegenden Arbeit wird jedoch ausschließlich das organisierte Carsharing in Deutschland berücksichtigt, da es stellvertretend für den gegenwärtigen Carsharing-Markt steht.[24]

Carsharing erfüllt sowohl ökologische, soziale wie auch ökonomische Vorteile. So kann Carsharing u. a. zur Reduzierung privater PKW und der von diesen ausgehenden negativen Effekten für Umwelt und Klima beitragen.[25] Auch ermöglicht Carsharing Menschen individuell mobil zu sein, die keine Möglichkeit haben auf ein eigenes Auto zugreifen zu können. Beim Carsharing fallen darüber hinaus keine Kosten im Zusammenhang mit Pflege und Wartung der Fahrzeuge an, die bei privaten PKW bestehen. Dem E-Carsharing kommt eine

[15] Becker und Renn 2019, S. 110.

[16] Ebd. S. 110 f.

[17] Siehe Kapitel 8.6, Erläuterung relevanter Begriffe: Umweltverbund.

[18] Ebd. Begriff: Nachhaltige Mobilität.

[19] Ebd. Begriff: Multimodalität.

[20] D. h, dass Carsharing-Nutzer vermehrt den ÖPNV und das Fahrrad nutzen sowie zu Fuß unterwegs sind. Vgl. Nobis und Kuhnimhof 2018, S. 86 ff., bcs. 2016b.

[21] Vgl. Tils et al. 2015, S. 5.

[22] Mehr zu den beiden Carsharing-Varianten siehe Kapitel 2.1.2.

[23] Auch Peer-to-Peer Carsharing genannt.

[24] Das organisierte Carsharing ist im Gegensatz zum privaten Carsharing viel stärker verbreitet. So wird im Rahmen der vom Bundesverband Carsharing e. V. zu Beginn jeden Jahres herausgebrachten Carsharing-Statistik ausschließlich das organisierte Carsharing berücksichtigt.

[25] Dies betrifft insbesondere den Ausstoß von Treibhausgasemissionen, die bei der Herstellung und Nutzung privater PKW anfallen. Vgl. Deutsch 2019; Nehrke und Loose 2018; Hülsmann et al. 2018; Knie et al. 2016; Loose 2016; Schreier et al. 2015; Suiker und van den Elshout 2013.

besondere Rolle hinzu, da es eine Treiberfunktion für Elektromobilität einnimmt. So ist der Anteil an E-Fahrzeugen im deutschen Carsharing ca. 15-mal höher als in der nationalen PKW-Flotte.[26]

Private PKW werden im Durchschnitt lediglich 45 Minuten am Tag bewegt, was gerade einmal drei Prozent der Gesamttageszeit entspricht. Etwa 40 Prozent der privaten PKW werden in Deutschland pro Tag gar nicht genutzt.[27] Diese Zahlen zeigen, dass der bestehende Bedarf an individueller motorisierter Mobilität mit deutlich weniger Fahrzeugen abgedeckt werden könnte. Anders ausgedrückt kommt so dem Carsharing bei erfolgreicher Umsetzung und Akzeptanz von Seiten potentieller Nutzer, d. h. der bestehenden PKW-Besitzer, ein enormes Wachstumspotential entgegen. Dies zeigt sich nicht zuletzt in den seit vielen Jahren kontinuierlich steigenden Zahlen hinsichtlich Carsharing-Angebote sowie registrierter Nutzer.[28] Dennoch stellt das Carsharing mit seinen aktuell rund 26.000 Fahrzeugen weiterhin eine Nische in Deutschland dar.[29] Hier stellt sich die Frage nach den ausschlaggebenden Gründen.
Neben den Carsharing-Nutzern, die wesentlich zum Erfolg der Carsharing-Anbieter beitragen, sind verschiedene andere Anspruchsgruppen im Carsharing-Markt vertreten. Diese sogenannten Stakeholder haben unterschiedliche Erwartungen und Einflussmöglichkeiten gegenüber den Carsharing-Anbietern und ihren Geschäftsmodellen.[30] Stakeholder werden allgemeinhin als Individuen oder Gruppen verstanden, die an das Unternehmen einen materiellen oder immateriellen Anspruch („stake“) haben.[31] Die Erwartungen, die die Stakeholder an die Unternehmen herantragen, sind sowohl ökonomisch, ökologisch wie auch sozial geprägt. Stellvertretend hierfür steht der Stakeholder-Ansatz, der alle Anspruchsgruppen berücksichtigt und in der vorliegenden Arbeit als Konzept zur Darstellung der Einflusswirkungen relevanter Stakeholdergruppen auf das Geschäftsmodell Carsharing verwendet wird.[32] Damit die Carsharing-Anbieter mit ihren Carsharing-Angeboten im Carsharing-Markt erfolgreich sind, müssen sie die Erwartungen ihrer Stakeholder berücksichtigen.[33]

1.2 Ziele und Eingrenzung der Arbeit

Zum Carsharing existiert eine Vielzahl an wissenschaftlichen Arbeiten, die sich insbesondere den folgenden Themenbereichen zuordnen lassen: Kundenmerkmale, Nutzungsmotive, ökologische Effekte und Marktpotentiale des Carsharing.[34] Eine Studie, die die Einflusswirkungen von Seiten relevanter Stakeholdergruppen auf das Geschäftsmodell Carsharing untersucht, fehlt bisher. Die bestehende Forschungslücke soll mit der vorliegenden Arbeit geschlossen werden.

26 Stand 1. Januar 2021. Vgl. bcs. 2021b, S. 4.

27 Vgl. Nobis und Kuhnimhof 2018, S. 4.

28 Hierzu mehr in Kapitel 2.1.2.

29 Stand: 01.01.2021. Dies entspricht 0,05 Prozent des PKW-Bestandes in Deutschland. Vgl. Hubik und Tyborski 2021.

30 Mehr zum Geschäftsmodell Carsharing siehe Kapitel 2.1.3.

31 Vgl. Freeman 1984, S. 25.

32 Mehr hierzu siehe Kapitel 2.2.

33 Stakeholder werden in Stakeholdergruppen eingeteilt. Mehr hierzu siehe Kapitel 4.1.

34 Mehr hierzu siehe Kapitel 3.1.

Um die Einflusswirkungen von Seiten relevanter Stakeholdergruppen zu erfassen, entschied sich der Autor drei Themenbereiche näher zu betrachten. Diese sind die folgenden: (1) Erwartungen an die Carsharing-Anbieter und deren Geschäftsmodelle[35], (2) Einflussmöglichkeiten auf die Carsharing-Anbieter und deren Geschäftsmodelle, (3) Stakeholder-Beziehungen in Bezug auf die Carsharing-Anbieter und deren Geschäftsmodelle.

Anhand der Erwartungen von Seiten der relevanten Stakeholdergruppen, d. h. ihrer Stakeholder[36], sollen Einflussfaktoren ermittelt werden. Einflussfaktoren basieren auf Erwartungen bzw. Aussagen zu Erwartungen, die von Seiten der relevanten Stakeholdergruppen an die Carsharing-Anbieter und deren Geschäftsmodelle bestehen. Zur erfolgreichen Verbreitung von Geschäftsmodellen wie dem Carsharing sind positive Erwartungen von Seiten der Stakeholdergruppen notwendig.[37]

Anhand der Einflussmöglichkeiten, die von Seiten der relevanten Stakeholdergruppen bestehen, sollen die unterschiedlichen Möglichkeiten aufgezeigt werden, wie diese Einfluss auf die Carsharing-Anbieter und deren Geschäftsmodelle nehmen.

Anhand der Beschreibung der Stakeholder-Beziehungen von Seiten der relevanten Stakeholdergruppen, die sich auf die Carsharing-Anbieter und deren Geschäftsmodelle beziehen, sollen diese umfassend dargestellt werden. Die Betrachtung dieser Beziehungen ist deshalb notwendig, um hier einen Einblick zu erhalten, wie diese aussehen. Dadurch können Rückschlüsse gezogen werden, wie stark diese Beziehungen sind und welche Einflussmöglichkeiten von Seiten der relevanten Stakeholdergruppen über ihre Beziehungen zu weiteren Stakeholdergruppen der Carsharing-Anbieter auf die Carsharing-Anbieter und deren Geschäftsmodelle bestehen.

Darüber hinaus entschied sich der Autor das Carsharing von Seiten der relevanten Stakeholdergruppen[38] auch hinsichtlich Effekte[39] und Erwartungen bewerten zu lassen. Auf der Grundlage einer qualitativen Vorstudie mit 20 Carsharing-Nutzern sowie -Nicht-Nutzern wurden relevante Effekte und Erwartungen ermittelt und im quantitativen Teil der Hauptstudie von Seiten der Stakeholdergruppen bewertet.

Durch die Betrachtung dieser drei Themenfelder sowie der Bewertung des Carsharing hinsichtlich Effekte und Erwartungen bietet die vorliegende Arbeit einen umfassenden Einblick zu den Einflusswirkungen, die von Seiten der relevanten Stakeholdergruppen auf die Carsharing-Anbieter und deren Geschäftsmodelle bestehen.

Die vorliegende Arbeit berücksichtigt das Carsharing in Deutschland. Dies schließt das stationsbasierte, das free-floating sowie das (E-)Carsharing mit ein.

Auf der Grundlage einer Stakeholder-Analyse entschied sich der Autor die folgenden acht Stakeholdergruppen näher zu untersuchen: Das Management/die Verantwortlichen der Carsharing-Anbieter, Automobilkonzerne, politische Verantwortliche aus dem Mobilitätsbereich, städtische Verantwortliche für den Verkehrs- und Mobilitätsbereich, Verkehrsverbünde, Energieversorger, Interessenverbände und Verkehrsclubs sowie Weitere am Carsharing beteiligte Stakeholder.[40]

Damit das Geschäftsmodell Carsharing seine sowohl in ökologischer, sozialer wie auch ökonomischer Hinsicht bestehenden positiven Effekte und Vorteile vollständig umsetzen kann, muss es skaliert werden, d. h. flächendeckend verfügbar sein. Nur so besteht die Möglichkeit, vom privaten PKW auf ein Carsharing-Fahrzeug

---

[35] In der vorliegenden Arbeit werden auch die Geschäftsmodelle von E-Carsharing-Anbietern berücksichtigt.

[36] Stakeholder werden in Stakeholdergruppen eingeteilt.

[37] Vgl. hierzu den Themenbereich der Erwartungssoziologie („sociology of expectations"). Dabei werden Geschäftsmodelle bzw. Technologien von Seiten von Entscheidungsträgern umso mehr unterstützt, je stärkere und glaubwürdigere Erwartungen an diese bestehen. Vgl. van Lente 2012; Borup et al. 2006. Siehe hierzu Kapitel 4.3.

[38] D. h. den interviewten Stakeholdern, die Stakeholdergruppen zugeordnet werden.

[39] Das Carsharing hat sowohl ökonomische, ökologische wie auch soziale Effekte. Siehe hierzu Kapitel 5.2.1.

[40] Siehe hierzu Kapitel 4.1.1.

umsteigen zu können. Hier stellt sich die Frage, wie die relevanten Stakeholdergruppen dahingehend Einfluss nehmen sowie nehmen können, damit das Carsharing-Angebot in Deutschland ausgeweitet wird.

Die bisherigen Studien zur zukünftigen Entwicklung des Carsharing sind primär nutzerorientiert, d. h. diese berücksichtigen die Akzeptanz bzw. Nicht-Akzeptanz des Carsharing von Seiten der (potentiellen) Carsharing-Nutzer sowie das damit verbundene Wachstumspotential.
So kommt etwa die Unternehmensberatung The Boston Consulting Group mit ihrer in 2016 veröffentlichten Studie „What's Ahead for Car Sharing?"[41] zum Ergebnis, dass „durch die global anhaltende Urbanisierung der Gesellschaft der Markt[42] auch in Zukunft noch sehr stark wachsen wird."[43] Dabei werden bis 2021 „weltweit 35 Millionen Nutzer rund 1,5 Milliarden Fahrminuten pro Monat buchen [...] was Umsätze in Höhe von 4,7 Milliarden Euro generiert."[44] Europa wird die umsatzstärkste Region sein gefolgt vom asiatisch-pazifischen Raum und Nordamerika. Insbesondere in Deutschland hat die Carsharing-Branche ein sehr großes Wachstumspotential.[45] Die Unternehmensberatung McKinsey kommt in einer in 2017 veröffentlichten Studie zum Ergebnis, dass der „Markt für Carsharing und App-basierte Taxi- und Fahrdienste [...] mit bis zu 28% jährlich [wächst], und in 2030 ein Umsatzpotential von über zwei Billionen Dollar hat.[46]
In Bezug auf das Carsharing in Deutschland ist hier insbesondere die Studie „Carsharing 2025 – Nische oder Mainstream" von Riegler et al. (2016) zu nennen.[47] Auf der Grundlage von subjektiven Einstellungen zum Carsharing und deren Bedeutung für Akzeptanz und Nutzung kommen diese zum Ergebnis, dass Carsharing in 2025 eine Ergänzung zu den vorhandenen Mobilitätsoptionen bleibt und weiterhin eine Nische darstellt. Einer Studie der Unternehmensberatung Berylls Strategy Advisors aus dem Jahr 2015 zu Folge bietet das Carsharing in Deutschland ein Marktpotential von 35 Milliarden pro Jahr, was jedoch eine Marktdurchdringung von 10 Prozent voraussetzt.[48] Witzke (2016) kommt in ihrer Studie zu dem Ergebnis, dass Jugendliche und junge Erwachsene sich eher nicht vorstellen können, in naher Zukunft auf ein eigenes Auto gänzlich zu verzichten und ihre individuellen Mobilitätsbedürfnisse alternativ hierzu über das Carsharing vollständig abzudecken.[49] In Bezug auf das E-Carsharing ist die Studie von Fazel (2014) anzuführen, in der er zum Ergebnis kommt, dass die Untersuchungsteilnehmer[50] eher bereit sind ein Elektrofahrzeug im Rahmen von E-Carsharing zu nutzen, als dass sie ein E-Fahrzeug käuflich erwerben.[51] Mit Hilfe des E-Carsharing könnten so jedoch Hemmschwellen gegenüber Elektromobilität abgebaut werden, was zu einer Diffusion dieser Technologie führen könnte. Rid et al. (2017) sehen auf der Grundlage der Charakterisierung von 40 E-Carsharing-Anbietern in Deutschland ein hohes Potential für das E-Carsharing, das auch in ländlichen Regionen zum Tragen kommen kann.[52]

[41] Vgl. Bert et al. 2016.

[42] D. h. der Carsharing-Markt.

[43] The Boston Consulting Group 23.02.2016.

[44] Ebd.

[45] Vgl. Bert et al. 2016.

[46] Vgl. McKinsey & Company 09.03.2017. Dies setzt jedoch die schrittweise Einführung von Robotaxis, d. h. selbstfahrenden Taxis ohne Fahrer, voraus.

[47] Vgl. Riegler et al. 2016.

[48] Bezogen auf das gesamte Verkehrsaufkommen im motorisierten Individualverkehr von rund 120 Millionen Wegstrecken täglich und 16 Kilometer Durchschnittslänge. Vgl. Crain Communications GmbH 16.02.2015.

[49] Vgl. Witzke 2016.

[50] Die Anzahl der Teilnehmenden an der empirischen Erhebung beträgt 400.

[51] Vgl. Fazel 2014.

[52] Vgl. Rid et al. 2017.

Wie hier zu sehen ist gibt es sowohl Studien, die von einer positiven Entwicklung des (E-)Carsharing, d. h. steigenden Nutzerzahlen ausgehen, sowie auch Studien, die die zukünftige Entwicklung des (E-)Carsharing eher mit Zurückhaltung bewerten.
Die vorliegende Arbeit grenzt sich von den bisherigen Studien dadurch ab, dass sie die Sichtweise relevanter Stakeholdergruppen sowie deren Einflusswirkungen auf das Geschäftsmodell Carsharing berücksichtigt. Dies schließt die Stakeholdergruppe der Carsharing-Nutzer aus. Mit Bezug auf die acht Stakeholdergruppen und den relevanten Ergebnissen werden Handlungsempfehlungen gegeben, wie es zu einer Ausweitung des Carsharing-Angebots in Deutschland kommen kann.[53]

1.3 Struktur der Arbeit

Die vorliegende Arbeit gliedert sich in sieben Hauptkapitel. In Anschluss an diese Einleitung wird in Kapitel 2 auf die Entwicklung des Carsharing (Kapitel 2.1) sowie konzeptionelle Grundlagen eingegangen, die auch den Stakeholder-Ansatz betreffen (Kapitel 2.2).
Dabei wird In Kapitel 2.1.3 das Geschäftsmodell Carsharing näher betrachtet, indem zunächst das Grundverständnis zum Geschäftsmodell allgemein vorgestellt wird (Kapitel 2.1.3.1) bevor das Geschäftsmodell Carsharing mit Hilfe des Business Model Canvas dargestellt wird (Kapitel 2.1.3.2).
In Kapitel 2.2 wird der Stakeholder-Ansatz vorgestellt. Hierzu werden Hintergrund und Relevanz erläutert (Kapitel 2.2.1) bevor auf die Bedeutung der Stakeholder für Unternehmen eingegangen wird (Kapitel 2.2.2). In Kapitel 2.2.3 wird dargestellt, wie Stakeholder an Hand unterschiedlicher Kriterien Stakeholdergruppen zugeteilt werden können. Hierbei wird auf das Stakeholder Salience Modell von Mitchell et al. (1997) verwiesen, das zur Darstellung der Einflusswirkungen von Seiten relevanter Stakeholdergruppen verwendet wird.[54]
In Kapitel 3 wird der aktuelle, relevante Forschungsstand zum Forschungsgegenstand der vorliegenden Arbeit präsentiert. Dabei wird zunächst der Forschungsstand zum Carsharing allgemein betrachtet (Kapitel 3.1) bevor in Kapitel 3.2 der Forschungsstand zu den Einflusswirkungen auf das Geschäftsmodell Carsharing unter Berücksichtigung der relevanten Stakeholdergruppen dargestellt wird. Hierbei werden auch relevante Einflussfaktoren je Stakeholdergruppe abgeleitet.
In Kapitel 4 wird auf die Methodik der empirischen Untersuchung eingegangen. Dabei wird zunächst die Auswahl relevanter Stakeholdergruppen auf der Grundlage der Stakeholder-Analyse dargestellt, inklusive einer Übersicht zu den interviewten Stakeholdern (Kapitel 4.1). In Kapitel 4.2 wird die Methodik zur im Rahmen dieser Arbeit durchgeführten qualitativen Vorstudie vorgestellt. In Kapitel 4.3 wird die Methodik zur qualitativen Hauptstudie, die einen quantitativen Teil enthält, vorgestellt. In beiden Teilkapiteln werden das Design sowie die Auswertungsmethodik erläutert.
In Kapitel 5 werden die Forschungsergebnisse dargestellt. Zunächst wird eine Kurzbeschreibung der Geschäftsmodelle der untersuchten Carsharing-Anbieter gegeben und bestehende Einflussfaktoren abgeleitet (Kapitel 5.1). In Kapitel 5.1.3 werden die unterschiedlichen Einflussfaktoren zusammenfassend dargestellt. In Kapitel 5.2 werden die Ergebnisse des quantitativen Teils der Hauptstudie vorgestellt. Kapitel 5.3 umfasst die Darstellung der Erwartungen von Seiten der untersuchten Stakeholdergruppen. In Kapitel 5.4 werden die Einflussmöglichkeiten, die von Seiten der Stakeholdergruppen auf die Carsharing-Anbieter und deren Geschäftsmodelle bestehen, dargestellt.[55] Hierbei werden auch die befragten Stakeholder anhand wesentlicher

[53] Siehe hierzu Kapitel 7.3.
[54] Siehe hierzu Kapitel 6.
[55] D. h. zum einen die Einflussmöglichkeiten je befragten Stakeholder sowie zusammengefasst für jede Stakeholdergruppe.

Kennzeichen kurz vorgestellt. In Kapitel 5.5 werden die Stakeholder-Beziehungen von Seiten der Stakeholdergruppen, die in Bezug auf die Carsharing-Anbieter und deren Geschäftsmodelle bestehen, dargestellt. Um diese übersichtlich darzustellen werden Mind-Maps verwendet, die die einzelnen Stakeholder-Beziehungen hinsichtlich ihrer Intensität graphisch sowie farbig unterlegt veranschaulichen.[56]

In Kapitel 6 werden die empirischen Ergebnisse auf der Grundlage des Stakeholder Salience Modells von Mitchell et al. (1997) eingeordnet und ausgewertet. Hierbei wird zunächst das Stakeholder Salience Modell vorgestellt (Kapitel 6.1) bevor in Kapitel 6.2 die relevanten empirischen Ergebnisse eingeordnet sowie hinsichtlich ihrer Einflusswirkungen auf das Geschäftsmodell Carsharing bewertet werden. In Kapitel 6.3 werden die Stakeholdergruppen auf der Grundlage der Bewertung ihrer Einflusswirkungen anhand der Stakeholder-Typologie im Rahmen des Stakeholder Salience Modells eingeteilt. Zur besseren Übersicht der Darstellung der Stakeholder-Beziehungen von Seiten der relevanten Stakeholdergruppen hinsichtlich der Einflusswirkungen auf die Carsharing-Anbieter und deren Geschäftsmodelle werden diese in Kapitel 6.4 anhand von Schaubildern differenziert dargestellt.

Kapitel 7 bildet den Schlussteil der Arbeit. Hier werden die Ergebnisse zusammengefasst (Kapitel 7.1), interpretiert (Kapitel 7.2) und es werden Handlungsempfehlungen für eine Ausweitung des Carsharing-Angebots in Deutschland unter Berücksichtigung der relevanten Stakeholdergruppen gegeben (Kapitel 7.3). Es folgt die Bewertung der Methode (Kapitel 7.4) sowie die Darstellung der Grenzen der Arbeit (Kapitel 7.5). Zum Schluss werden Anknüpfungspunkte an die bestehende Untersuchung sowie ein Ausblick gegeben (Kapitel 7.6).

Einen Überblick zum Aufbau der vorliegenden Arbeit bietet die folgende Abbildung:

1	**Einleitung**		
1.1	Problemstellung	1.2	Ziele und Eingrenzung der Arbeit
1.3	Struktur der Arbeit		

2	**Entwicklung des Carsharing und konzeptionelle Grundlagen**		
2.1	Carsharing	2.2	Der Stakeholder-Ansatz

3	**Forschungsstand**
3.1	Überblick zum Forschungsstand zum Carsharing
3.2	Forschungsstand zum Forschungsgegenstand unter Berücksichtigung der relevanten Stakeholdergruppen – Ableitung von Einflussfaktoren
3.3	Zwischenfazit und Begründung der Notwendigkeit einer explorativen Untersuchung

4	**Methodik der empirischen Untersuchung**		
4.1	Auswahl relevanter Stakeholdergruppen – Stakeholder-Analyse	4.2	Qualitative Vorstudie – Fragebogen mit offenen Fragen
4.3	Qualitative Hauptstudie mit quantitativem Teil – teilstandardisiertes Interview, Auswertungsmethodik		

56 Mehr hierzu siehe Kapitel 5.5.

5	**Empirische Ergebnisse**		
5.1	Kurzbeschreibung der Geschäftsmodelle der Carsharing-Anbieter und Ableitung erster Einflussfaktoren	5.2	Quantitativer Teil der Hauptstudie
5.3	Erwartungen	5.4	Einflussmöglichkeiten und Beschreibung der Stakeholder
5.5	Stakeholder-Beziehungen		

6	**Einordnung und Auswertung der empirischen Ergebnisse auf der Grundlage des Stakeholder Salience Modells von Mitchell et al. (1997)**
6.1	Vorstellung des Stakeholder Salience Modells – Stakeholder-Typologie
6.2	Anwendung des Stakeholder Salience Modell – Bewertung der Einflusswirkungen von Seiten der Stakeholdergruppen
6.3	Einteilung der Stakeholdergruppen im Rahmen der Stakeholder-Typologie
6.4	Darstellung der Stakeholder-Beziehungen hinsichtlich der Einflusswirkungen von Seiten der Stakeholdergruppen

7	**Diskussion**		
7.1	Zusammenfassung der Ergebnisse	7.2	Interpretation der Ergebnisse
7.3	Handlungsempfehlungen für eine Ausweitung des Carsharing-Angebots in Deutschland	7.4	Bewertung der Methode
7.5	Grenzen der Arbeit und zukünftige Forschung	7.6	Ausblick

Abbildung 1: Struktur der Arbeit

2 Entwicklung des Carsharing und konzeptionelle Grundlagen

2.1 Carsharing

2.1.1 Geschichte des Carsharing in Deutschland

Das organisierte Carsharing geht ursprünglich auf das Jahr 1987 zurück, wo in der Schweiz zwei voneinander unabhängig bestehende Carsharing-Organisationen gegründet wurden.[57] In Deutschland geht das Carsharing auf das Jahr 1988 mit der Gründung von StattAuto Berlin zurück.[58]
Anfang der 1990er Jahre kam es in zahlreichen deutschen Städten zu Carsharing-Gründungen, die größtenteils als Vereine oder Genossenschaften organisiert sowie ökologisch motiviert waren.[59] Bei der Initiierung der stationsbasierten Carsharing-Angebote in den verschiedenen Städten war der Verkehrsclub Deutschland (VCD) maßgeblich beteiligt, d. h. die Carsharing-Angebote wurden von Stadtteilinitiativen, Umweltgruppen und Ortsgruppen des ökologisch orientierten Verkehrsclub vor Ort angestoßen. Der VCD wollte mit den stationsbasierten Carsharing-Angeboten eine umweltfreundliche Alternative zum privaten PKW anbieten.[60] Im Laufe der Jahre setzte eine Professionalisierung und Technisierung des Carsharing-Betriebs ein. Durch die fortschreitende Digitalisierung sind vereinfachte Buchungsvorgänge für Carsharing-Fahrzeuge über Smartphones und das Internet ermöglicht worden. Diese Entwicklung hat sich insbesondere mit dem Eintritt der Tochterunternehmen von Automobilkonzernen in den Carsharing-Markt manifestiert. In Ergänzung zum stationsbasierten Carsharing der sogenannten klassischen Carsharing-Anbieter bieten diese auch free-floating Carsharing an.[61] Das erste free-floating Carsharing-Angebot wurde 2009 in Ulm von car2go, einem Tochterunternehmen von Daimler, initiiert.[62] Es folgte der Einstieg von BMW mit seinem Tochterunternehmen DriveNow im Jahr 2011 in München.[63] Zusammen stehen diese beiden Carsharing-Anbieter bis zu ihrem Zusammenschluss in 2019 stellvertretend für den free-floating Carsharing-Markt in Deutschland und bedienten bis dahin knapp 1.5 Mio. angemeldete Nutzer mit rund 8000 Carsharing-Fahrzeugen.[64] Durch die Zunahme der Carsharing-Angebote stieg auch die Anzahl der angemeldeten Carsharing-Nutzer in Deutschland.[65] Hierbei kam es auch zu einem Wandel der subjektiven Einstellungen von Seiten der Carsharing-Nutzer. Neben den ehemals primär ökologischen Motiven von Seiten der Carsharing-Nutzer des stationsbasierten Carsharing, bestehen von Seiten der heutigen free-floating Nutzer auch emotionale Motive, die zur Carsharing-Nutzung

---

[57] Vgl. Franke 2001, S. 15. Diese fusionierten zehn Jahre später zur „Mobility Genossenschaft“, dem lange Zeit größten Carsharing-Unternehmen Europas.

[58] Vgl. Schmöller et al. 2019, S. 1.

[59] Vgl. Wilke et al. 2007, S. 35.

[60] Vgl. Loose 2018b, S. 4.

[61] Mehr hierzu siehe Kapitel 2.1.2.

[62] Vgl. Schmöller et al. 2019, S. 1.

[63] Vgl. BMW Group Konzernkommunikation und Politik 21.03.2011.

[64] Vgl. Nehrke 2019a.

[65] Mehr hierzu siehe Abbildung 2.

animieren. Dies betrifft primär das Erleben positiver Gefühle beim Fahren eines Carsharing-Fahrzeuges.[66] Als weitere Motive können Kostenvorteile angeführt werden, die im Vergleich zu einem eigenen PKW bestehen, sowie die Möglichkeit je nach Bedarf auf unterschiedliche Fahrzeuge zugreifen zu können. Auch der Wegfall des zeitlichen Aufwands, der bei einem eigenen Fahrzeug hinsichtlich Unterhaltung besteht, macht die Carsharing- Nutzung attraktiv.[67]

2.1.2 Konzept des Carsharing und aktuelle Zahlen

Carsharing ermöglicht individuelle motorisierte Mobilität ohne einen eigenen PKW besitzen zu müssen. Wie bereits in der Einleitung erwähnt wird zwischen organisiertem und privatem Carsharing unterschieden. Da das organisierte Carsharing stellvertretend für den gegenwärtigen Carsharing-Markt in Deutschland steht, wird das private Carsharing[68] im Folgenden nicht berücksichtigt.[69]
Unter Carsharing wird im Allgemeinen „die organisierte, gemeinschaftliche Nutzung von Fahrzeugen durch eine größere Anzahl an Personen“ verstanden.[70] Dabei steht das Carsharing allen offen, sofern diese die Voraussetzungen für eine Teilnahme erfüllen. Die Carsharing-Fahrzeuge werden vor Ort in einem von den Carsharing-Anbietern festgelegten Geschäftsgebiet dezentral bereitgestellt. Die Carsharing-Nutzung erfolgt über eine rahmenvertragliche Teilnahme und die Carsharing-Fahrzeuge können von den Kunden gebucht sowie eigenständig abgeholt und wieder abgestellt werden. Die Kosten für eine Carsharing-Nutzung ergeben sich nach Zeit und zurückgelegten Fahrzeugkilometern sowie genutztem Fahrzeugmodell.[71]
Beim organisierten Carsharing gibt es zwei Carsharing-Varianten. Zum einen das *stationsbasierte Carsharing*, bei dem das Carsharing-Fahrzeug an einer Carsharing-Station abgeholt wird und dorthin wieder zurückgefahren werden muss. Zum anderen das *free-floating Carsharing*, bei dem es keine festen Stationen gibt und der Kunde das Carsharing-Fahrzeug per App in einem vom Anbieter festgelegten Geschäftsgebiet orten und buchen kann. Beim stationsbasierten Carsharing kann das Fahrzeug sowohl im Voraus als auch kurzfristig gebucht werden, beim free-floating Carsharing hingegen erst kurz vor Fahrtantritt. Beim stationsbasierten Carsharing sind Verfügbarkeit und Standort des Fahrzeugs zum gewünschten Fahrtzeitpunkt planbar, wobei der Endzeitpunkt der Buchung meistens im Voraus geplant werden muss. Beim free-floating Carsharing hingegen sind Verfügbarkeit und Standort des Fahrzeugs bis zur Buchung unklar, wobei die Buchungen Open-End sind und One-Way-Fahrten innerhalb des Gechäftsgebiets möglich sind.[72] In den vergangenen Jahren werden kombinierte Carsharing-Systeme für die Carsharing-Anbieter immer beliebter, d. h. diese bieten sowohl stationsbasiertes wie auch free-floating Carsharing gleichzeitig an.[73]

Zum 1. Januar 2021 gibt es in 855 Orten in Deutschland Carsharing. Dabei gibt es insgesamt 228 Carsharing-Anbieter, die bundesweit mehr als 26.000 Carsharing-Fahrzeuge bereitstellen. 2,87 Mio. Menschen sind bei diesen als Kunden angemeldet. Wie im folgenden Schaubild zu erkennen ist, wird das Carsharing in den vergangenen Jahren immer beliebter. Dies hängt insbesondere mit dem Eintritt der free-floating Anbieter ab

[66] Vgl. Riegler et al. 2016, S. 54.

[67] Ebd. S. 59 f. Hierzu gehören Tätigkeiten in Bezug auf Wartung wie auch Versicherungen.

[68] Auch Peer-to-Peer Carsharing genannt. Die Bereitstellung der Fahrzeuge erfolgt hier durch Privatpersonen und nicht durch professionelle Anbieter. Vgl. Perschl und Posch 2016, S. 249.

[69] So berücksichtigt die vom Bundesverband Carsharing e. V. zu Beginn jeden Jahres herausgebrachte Carsharing-Statistik ausschließlich das organisierte Carsharing.

[70] Pieper et al. 2013, S. 381.

[71] Vgl. Loose 2018b, 4 f. So sind in der Regel Fahrzeugmodelle aus höheren Fahrzeugklassen teurer.

[72] Vgl. Nehrke 2018c, S. 5.

[73] Vgl. bcs. 2021b.

2009 zusammen, der mit einem kontinuierlichen Anstieg der Anzahl an Carsharing-Fahrzeugen sowie der registrierten Kunden, d. h. der Fahrtberechtigten, einherging. Lediglich zum 1. Januar 2020 ist ein Rückgang der Fahrtberechtigten-Zahlen zum vorausgegangenen Jahr zu verzeichnen. Dies lässt sich mit der Fusion der bis dahin zwei größten free-floating Carsharing-Anbieter car2go und DriveNow zu Share Now erklären.[74]

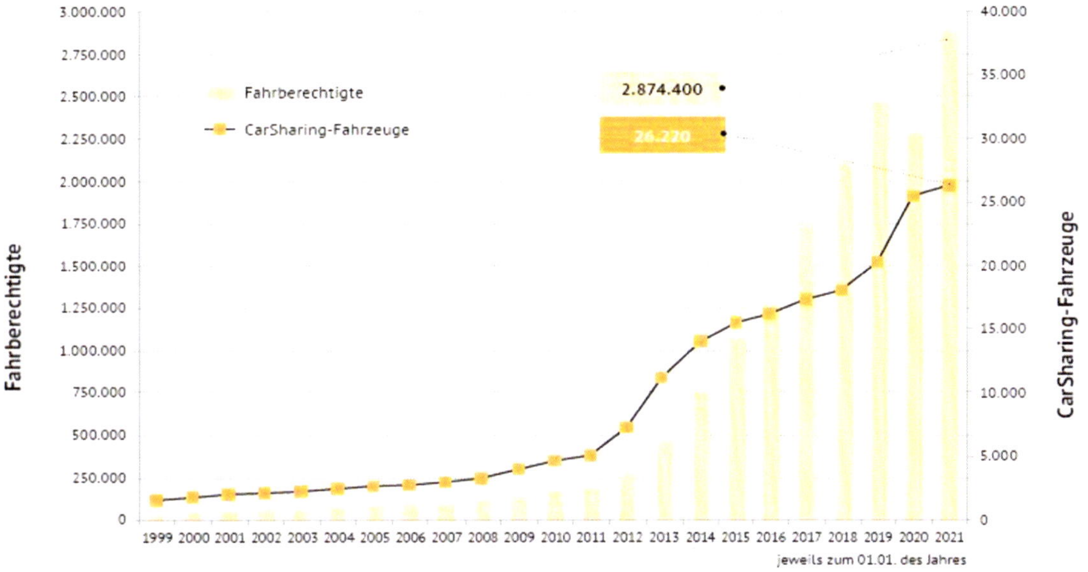

Abbildung 2: Marktentwicklung des Carsharing in Deutschland.[75]

Von den 228 Carsharing-Anbietern bieten 223 stationsbasiertes Carsharing und 5 free-floating Carsharing an. Das stationsbasierte Carsharing ist in 855 Orten, das free-floating Carsharing in 15 Orten in Deutschland zu finden. Von den 26.220 Carsharing-Fahrzeugen sind 14.200 Fahrzeuge im free-floating Carsharing und 12.020 im stationsbasierten Carsharing vorhanden. Beim free-floating Carsharing gibt es 2.150.300 Kunden, beim stationsbasierten Carsharing sind es 724.100 Kunden.[76]

Carsharing reduziert die Zahl der PKW und trägt zu einem umweltfreundlichen Mobilitätsverhalten bei. So schaffen Carsharing-Nutzer vermehrt den eigenen PKW ab und nutzen öfters den ÖPNV und das Fahrrad als Nicht-Carsharing-Nutzer.[77] Ein Carsharing-Fahrzeug beim stationsbasierten Carsharing ersetzt bis zu 20 private PKW[78], beim free-floating Carsharing sind es bis zu 3,6 private PKW.[79]
Das Carsharing wird als integrierter Baustein des Umweltverbundes gesehen, d. h. als Ergänzung zum ÖPNV, zum Fahrrad fahren und zum zu Fuß gehen. Darüber hinaus fördert es multimodales Mobilitätsverhalten.[80]

Die folgende Tabelle bietet eine Übersicht zur Verteilung der Carsharing-Angebote in den Städten und Gemeinden in Deutschland zum 1. Januar 2021:

[74] So sind doppelt angemeldete Kunden durch die Zusammenführung der Kundendaten zu „einfachen“ Kunden geworden.

[75] bcs. 2021b, S. 1.

[76] Vgl. bcs. 2021b, S. 2.

[77] Bis zu 30 % nutzen öfters Bus und Bahn und bis zu 20 % öfters das Fahrrad. Vgl. bcs. 2019b.

[78] Vgl. Loose und Nehrke 2018.

[79] Vgl. Schreier et al. 2015.

[80] Siehe Kapitel 8.6, Erläuterung relevanter Begriffe: Multimodalität.

Tabelle 1: Verteilung der Carsharing-Angebote nach Gemeindegrößenklasse. Stand 01.01.2021.[81]

Gemeindegrößenklasse	*Anzahl Kommunen mit Carsharing-Angebot*	*Anteil an allen Kommunen*
Großstädte (ab 100.000 Einw.)	**78**	**96,3%**
50.000 – 99.999 Einw.	**80**	**72,7%**
20.000 – 49.999 Einw.	**231**	**45,2%**
unter 20.000 Einw.	**466**	**4,6%**
Gesamt	**855**	**7,9%**

Hier ist zu sehen, dass in nahezu allen Großstädten Carsharing-Angebote vorhanden sind und mit sinkenden Einwohnerzahlen der prozentuale Anteil an Carsharing-Angeboten vor Ort abnimmt.

Die Carsharing-Anbieter sind mit ihren E-Carsharing-Angeboten Vorreiter in Bezug auf *Elektromobilität*. Zum 1. Januar 2021 lag der Anteil an batterieelektrischen Fahrzeugen und Plug-in-Hybriden im deutschen Carsharing bei 18,5%, in der nationalen PKW-Flotte hingegen bei lediglich 1,2%.[82]

2.1.3 Das Geschäftsmodell Carsharing

2.1.3.1 Grundverständnis zum Geschäftsmodell

Der Begriff des Geschäftsmodells ist sowohl in der Praxis als auch in der Wissenschaft weit verbreitet. Seinen Ursprung findet er im Zusammenhang mit den ersten IT-Gründungen Anfang der 1990er Jahre.[83]
Das Grundverständnis eines Geschäftsmodells beschreibt Porter und Gibbs (2001) als „...conception of how a company does business and generates revenue."[84] Dabei steht das Geschäftsmodell in Abgrenzung zur Unternehmensstrategie. So kann nach Osterwalder (2004) die Unternehmensstrategie in ein Geschäftsmodell überführt werden: „...the strategy's implementation into a conceptual blueprint of the company's money earning logic."[85] Mit Hilfe der Unternehmensstrategie soll sich das jeweilige Unternehmen im Wettbewerb mit anderen Unternehmen positionieren. Das Geschäftsmodell mit seinen Bestandteilen dient hierbei als Instrument, um die Wettbewerbspositionierung und Wertschöpfung zu erzielen. Somit stellt das Geschäftsmodell ein Abbild der Strategie dar. Zum Begriff des Geschäftsmodells liegen in der Wissenschaft zahlreiche Definitionen vor.[86] Eine weitreichend anerkannte Definition zum Geschäftsmodell, die die Wertschöpfungsfunktion hervorhebt, lässt sich bei Teece (2010) finden:

> „A business model describes the design or architecture of the value creation, delivery and capture mechanisms employed. The essence of a business model is that it crystallizes customer needs and ability to pay, defines the manner by which the business enterprise responds to and delivers value to customers, entices customers to

[81] bcs. 2021b, S. 4.
[82] Vgl. ebd. S. 4.
[83] Vgl. Hamel 1998.
[84] Porter und Gibbs 2001, S. 73.: „ein Konzept, wie ein Unternehmen Geschäfte macht und Einnahmen erzielt."
[85] Osterwalder 2004, S. 17.: „die Umsetzung der Strategie in eine konzeptionelle Blaupause der Logik des Geldverdienens des Unternehmens."
[86] Vgl. Schallmo 2013, 20 ff.

pay for value, and converts those payments to profit through the proper design and operation of the various elements of the value chain."[87]

Hier wird deutlich, dass ein Geschäftsmodell „die Abbildung der Kernlogik eines Unternehmens [darstellt]. Es beschreibt welcher Nutzen auf welche Weise für Kunden geschaffen wird und wie die Austauschbeziehungen mit Kunden und Partnern aussehen. [...] Das Geschäftsmodell zielt auf das Erreichen von ökonomischen Wertbeiträgen."[88] Bildlich darstellen lässt sich das Geschäftsmodell anhand des Business Model Canvas von Osterwalder und Pigneur (2011), das sehr häufig in der Praxis verwendet wird:

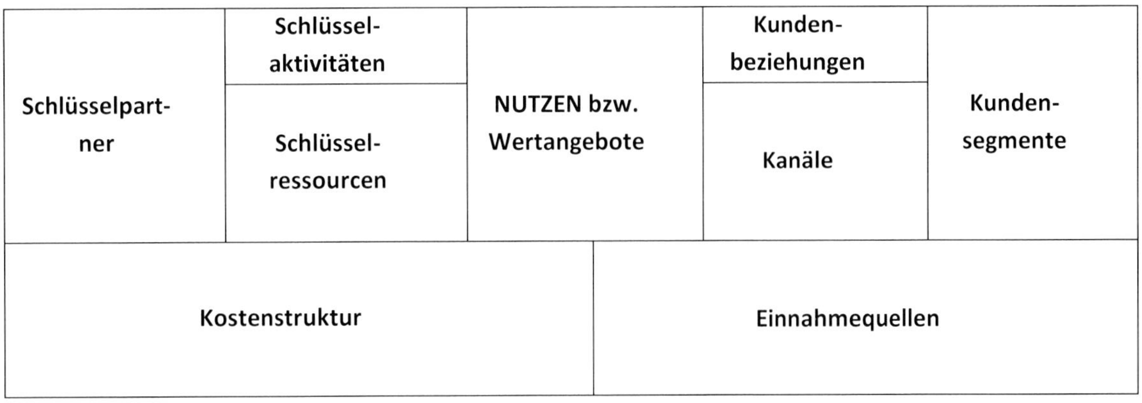

Abbildung 3: Business Model Canvas nach Osterwalder und Pigneur (2011, S. 22).

2.1.3.2 Business Model Canvas zum Geschäftsmodell Carsharing

Das Geschäftsmodell Carsharing kann mit Hilfe des Business Model Canvas von Osterwalder und Pigneur (2011) näher beschrieben werden:[89]

1. Kundensegmente („Customer Segments"): Kunden sind essentiell für das Funktionieren eines Geschäftsmodells. Beim Carsharing sind dies u. a. die Einwohner im Geschäftsgebiet der jeweiligen Carsharing-Anbieter, Touristen, Beschäftigte von Geschäftskunden sowie auch Städte und Gemeinden bzw. deren Mitarbeiter, die Carsharing nutzen.

[87] Teece 2010, S. 191.: „Ein Geschäftsmodell beschreibt das Design oder die Architektur der eingesetzten Mechanismen zur Schaffung, Bereitstellung und Erfassung von Werten. Das Grundprinzip eines Geschäftsmodells besteht darin, dass es die Kundenbedürfnisse und die Zahlungsfähigkeit der Kunden ermittelt, die Art und Weise definiert, in der das Unternehmen auf die Kunden eingeht und ihnen einen Wert bereitstellt, die Kunden dazu bringt, für den Wert zu bezahlen, und diese Zahlungen durch die richtige Gestaltung und den Betrieb der verschiedenen Elemente der Wertschöpfungskette in Gewinn umwandelt."

[88] Ahrend 2016, S. 11.

[89] Im folgenden vgl. Ahrend 2016, S. 14–16.

<table>
<tr>
<td rowspan="2">Schlüsselpartner
• Städte und Gemeinden
• Autohäuser, Automobilanbieter
• Unternehmen, die Carsharing nutzen
• Soziale Netzwerke, Werbepartner
• App-Entwickler</td>
<td>Schlüsselaktivitäten
• Angebotsentwicklung
• Erwerb von (E)-Fahrzeugen
• Vermietung
• Buchungsabwicklung
• Wartung, Reparatur</td>
<td rowspan="2">Nutzen bzw. Wertangebote
• preiswerte Fahrzeuge
• leichte Anmietung
• Ersparnis von eigenem Auto, Parken, Reparaturen</td>
<td>Kundenbeziehungen
• Verfügbarkeit
• umweltfreundliche Carsharing-Fahrzeuge
• unterschiedliche Fahrzeugklassen
• reibungslose Kommunikation</td>
<td rowspan="2">Kundensegmente
• Einwohner in den Geschäftsgebieten
• Touristen
• Beschäftigte von Geschäftskunden
• Städte und Gemeinden</td>
</tr>
<tr>
<td>Schlüsselressourcen
• Fahrzeuge in gutem Zustand
• attraktive Standorte
• Carsharing-App, Buchungsportal
• Nutzer-Vertrauen
• Marke/Image</td>
<td>Kanäle
• Buchung über App/ Web-Portal, vor Ort im Büro
• Online-Werbung, Social Media, Printmedien</td>
</tr>
<tr>
<td colspan="2">Kostenstruktur
• Kosten für den Erwerb von Fahrzeugen
• Wartung, Reparatur, IT-Kosten, Werbung</td>
<td colspan="3">Einnahmequellen
• Einnahmen aus Carsharing-Nutzung (privat, gewerblich, städtisch)
• Werbeeinnahmen (Plattform, ggf. Fahrzeuge)</td>
</tr>
<tr>
<td colspan="5">Beitrag zum Gemeinwohl (insbesondere ökologischer und sozialer Nutzen)
• effiziente Ressourcennutzung, höhere Auslastung von PKW
• geringere Luftschadstoffemissionen
• ermöglicht Teilhabe auch für sozial Schwache</td>
</tr>
</table>

Abbildung 4: Business Model Canvas zum Geschäftsmodell Carsharing, in Anlehnung an Ahrend (2016, S. 188).

2. Nutzen bzw. Wertangebote („Value Proposition"): Die jeweiligen Wertangebote besitzen ein Alleinstellungsmerkmal und grenzen Geschäftsmodelle voneinander ab. Hiermit werden die Kundenbedürfnisse für ein bestimmtes Kundensegment erfüllt. Beim Carsharing sind dies preiswerte Fahrzeuge, die leicht gemietet werden können. Durch die ausschließliche Nutzung von Carsharing können Kosten im Zusammenhang mit einem eigenen Auto, Reparaturen sowie Parken eingespart werden.

3. Kanäle („Channels"): Um die Kunden zu erreichen, sind Kommunikations- und Vertriebskanäle notwendig. Das Carsharing-Angebot kann in den meisten Fällen über eine App und/oder ein Webportal gebucht werden, bei einigen Carsharing-Anbietern müssen die Autoschlüssel noch vor Ort im Büro bzw. in einem Schlüsseltresor abgeholt werden. Werbung für Carsharing-Angebote wird überwiegend im Internet, über Social Media wie auch vereinzelt in den Printmedien gemacht.

4. Kundenbeziehungen („Customer Relationships"): Durch die Kundenbeziehungen wird das Verhältnis adressiert, in dem das Unternehmen zu seinen Kunden stehen will. Von Seiten der Carsharing-Anbieter gilt es insbesondere Angebote bereitzustellen, die den Kundenbedürfnissen entsprechen, d. h. verfügbar sind, aus einer umweltfreundlichen Carsharing-Flotte bestehen sowie Fahrzeugmodelle aus unterschiedlichen Fahrzeugklassen enthalten. Darüber hinaus sollte die Kommunikation zum Carsharing-Anbieter reibungslos ablaufen. Dies schließt auch das Funktionieren der Carsharing-Apps sowie der Buchungsportale mit ein.

5. Einnahmequellen („Revenue Streams"): Über die Kundensegmente werden die Einnahmen generiert. Diese ergeben sich durch das Nutzen der Carsharing-Angebote durch die Kunden. Diese können Einzelpersonen, Gewerbe wie auch Städte oder Gemeinden sein, die die Carsharing-Fahrzeuge ihren Mitarbeitern zur Verfügung stellen.

6. Schlüsselressourcen („Key Resources"): Um Wertangebote zu schaffen, sind Ressourcen notwendig. Beim Carsharing sind diese die Carsharing-Fahrzeuge, die nicht nur in einem guten Zustand, sondern auch möglichst schnellst erreichbar sein sollten, d. h. es sollten attraktive Standorte vorhanden sein wie z. B. in der Nähe zum ÖPNV. Auch sollte die Carsharing-App bzw. das Buchungsportal reibungslos funktionieren. Darüber hinaus sind auch immaterielle Ressourcen für ein funktionierendes Geschäftsmodell notwendig. Beim Carsharing sind das neben dem Vertrauen der Nutzer in ein funktionierendes Carsharing-Angebot auch das Image der Carsharing-Anbieter, dass sie gegenüber ihren Nutzern haben.

7. Schlüsselaktivitäten („Key Activities"): Über die Schlüsselaktivitäten, d. h. die wesentlichen Handlungen, wird das Wertangebot den Kundensegmenten bereitgestellt. Hierdurch wird die Wertschöpfung erzielt. Beim Carsharing umfasst dies die fortlaufende Angebotsentwicklung, der Erwerb von (E-)Fahrzeugen für das Carsharing-Angebot, die Vermietung dieser Fahrzeuge, die Buchungsabwicklung über die App, das Buchungsportal oder vor Ort, sowie die Wartung und Reparatur der Carsharing-Fahrzeuge.

8. Schlüsselpartner („Key Partners"): Als Schlüsselpartner werden Partnerschaften zu anderen Unternehmen oder Organisationen bezeichnet, die für das eigene Geschäftsmodell von Bedeutung sind. Beim Carsharing sind das die Städte und Gemeinden, die Carsharing-Fahrzeuge für Dienstfahrten anmieten und auch Parkplätze für diese zur Verfügung stellen, Autohäuser oder Automobilanbieter, von denen die Carsharing-Fahrzeuge erworben werden, sowie Unternehmen, die die Carsharing-Fahrzeuge ihren Mitarbeitern bereitstellen. Als weitere Schlüsselpartner können die sozialen Netzwerke genannt werden, in denen u. a. für die Carsharing-Angebote geworben wird, sowie Werbepartner. Bei Carsharing-Anbietern mit Buchungs-Apps ist eine Geschäftsbeziehung zu App-Entwicklern notwendig.

9. Kostenstruktur („Cost Structure"): Die Kostenstrukturen der einzelnen Geschäftsmodelle unterscheiden sich in der Regel. Beim Carsharing kommen in der Regel Kosten für den Erwerb der Carsharing-Fahrzeuge auf. Darüber hinaus entstehen Kosten für die Wartung und gegebenenfalls Reparatur der Carsharing-Fahrzeuge sowie solche für die IT, d. h. Telematik, App-Entwicklung und Buchungssoftware. Auch für die Werbung zum Carsharing-Angebot fallen Kosten an.

10. Beitrag zum Gemeinwohl (ökologischer und sozialer Nutzen): Zusätzlich zu den neun Elementen des Business Model Canvas nach Osterwalder und Pigneur (2011) kann beim Carsharing als weiteres Element der „Beitrag zum Gemeinwohl" angeführt werden.

Dies liegt daran, dass das Carsharing zu den ***nachhaltigen Geschäftsmodellen*** gezählt werden kann. Nachhaltige Geschäftsmodelle zeichnen sich dadurch aus, dass sie „neben langfristigem ökonomischem Wert auch Beiträge für die natürliche Umwelt und zum sozialen Zusammenhalt leisten."[90] Nach Ahrend (2016) sind nachhaltige Geschäftsmodelle „nicht absolut nachhaltig, sondern relativ zu anderen Geschäftsmodellen nachhaltiger, d. h. sie erfüllen ökonomische, ökologische und soziale Ziele besser als andere Geschäftsmodelle."[91]

Das Carsharing-Geschäftsmodell trägt nicht nur zur effizienten Ressourcennutzung bei, indem weniger Autos für viele Nutzer produziert werden, auch die Auslastung der Carsharing-Fahrzeuge ist höher, als dies bei privaten PKW der Fall ist. Carsharing trägt somit zu weniger Luftschadstoff-Emissionen bei als dies private PKW tun. Auf Grund der relativ geringen Kosten, die bei der Nutzung des Carsharings anfallen, können auch sozial Schwache das Carsharing-Angebot nutzen, wodurch sie mobil sind und somit auch am gesellschaftlichen Leben teilnehmen können.

[90] Ahrend 2016, S. 2.

[91] Ebd. S. 3.

2.2 Der Stakeholder-Ansatz

Damit Unternehmen einen unternehmerischen Mehrwert schaffen, müssen sie die Erwartungen ihrer Anspruchsgruppen, den sogenannten Stakeholdern, berücksichtigen. Nur so können sie langfristig ihre ökonomische Leistungsfähigkeit sichern. Zum Stakeholder-Begriff existieren sowohl weit- als auch enggefasste Begriffserklärungen.[92] Die in der Wissenschaft am weitest verbreitete Definition liefert Freeman (1984), der Stakeholder als „any group or individual who can affect or is affected by the achievement of the organisation's objectives […]" bezeichnet.[93] Somit können Stakeholder sowohl Personen als auch Gruppen und Organisationen sein und einen materiellen sowie immateriellen Anspruch („stake") haben.[94] Durch ihr Handeln und ihren Leistungsbeitrag können sie unmittelbaren Einfluss auf den Erfolg eines Unternehmens nehmen. Dabei gilt es Stakeholder-Erwartungen und -Beziehungen so zu managen und koordinieren, dass langfristiger Unternehmenserfolg erzielt wird.[95]

2.2.1 Hintergrund und Bedeutung des Stakeholder-Ansatzes

Der Stakeholder-Begriff wird in der Managementliteratur erstmals im Jahr 1963 in den Arbeiten des Stanford Research Institutes erwähnt.[96] Als Begründer des Stakeholder-Ansatzes gilt jedoch Edward Freemann mit seinem Werk „Strategic Management: A Stakeholder Approach" aus dem Jahr 1984.[97]
Der Stakeholder-Ansatz wurde im Gegensatz zum Shareholder-Ansatz[98] entwickelt[99] und baut auf der Koalitionstheorie der Unternehmung auf.[100] Dem Shareholder-Ansatz zufolge haben lediglich die Anteilseigner[101], die Shareholder, ein legitimes Interesse an einer Unternehmung.[102] Beim Stakeholder-Ansatz werden hingegen alle Anspruchsgruppen berücksichtigt.[103] Hierbei wird davon ausgegangen, dass Unternehmen „quasiöffentliche Institutionen [sind, die] einen Ort konfligierender und komplementärer Interessen unterschiedlicher unternehmensinterner und -externer Anspruchsgruppen [bilden]."[104]

---

92 Vgl. Mitchell et al. 1997, S. 858.

93 Freeman 1984, S. 84: „jede Gruppe oder Einzelperson, die die Verwirklichung der Ziele der Organisation beeinflussen kann oder davon betroffen ist."

94 Vgl. Freeman 1984, S. 25.

95 Vgl. Freeman und McVea 2001.

96 Stanford memo (1963) zitiert nach Freeman 1984, S. 31: „those groups without whose support the organization would cease to exist." Somit sind Stakeholder für die wirtschaftliche Leistungsfähigkeit und damit auch Überlebensfähigkeit von Unternehmen verantwortlich.

97 Freeman 1984.

98 Alternativ auch Shareholder-Value-Ansatz genannt. Vgl. Figge und Schaltegger 2000.

99 Vgl. Weber und Knorren 2012 ; Schwetzler 1998;, Rappaport 1986.

100 Vgl. Cyert und March 1992. Die Koalitionstheorie der Unternehmung begreift diese als Koalition aller an ihr partizipierenden Personen, Personengruppen und Institutionen. Dabei bestehen von Seiten der Unternehmen keine Ziele. Lediglich „die Akteure, die mit der Organisation in Beziehung stehen, [besitzen] eigenständige Ziele, die sie mithilfe der Mitgliedschaft in der Organisation zu erreichen versuchen." Stahl 2013, S. 61.

101 Ein Anteilseigner hält einen bestimmten Anteil am Eigenkapital einer Unternehmung, wodurch für ihn ein (Teil-)Eigentumsrecht an der Unternehmung entsteht. Der Shareholder-Ansatz geht davon aus, dass es sich bei den Anteilseignern im weitesten Sinne um Aktionäre handelt.

102 Die Vertreter des Shareholder-Ansatzes argumentieren, dass Eigentum am Unternehmen Voraussetzung dafür ist, um grundlegende Unternehmensziele formulieren zu können.

103 Die Vertreter des Stakeholder-Ansatzes argumentieren, dass die Erwartungen möglichst aller Anspruchsgruppen berücksichtigt werden müssen, um grundlegende Unternehmensziele formulieren zu können.

104 Figge und Schaltegger 2000, S. 11.

Mit Hilfe des Stakeholder-Ansatzes können unterschiedliche Erwartungen, die von Seiten der Stakeholdergruppen und ihren Stakeholdern an Unternehmen bestehen, berücksichtigt werden. Auch lassen sich die unterschiedlichen Stakeholder-Beziehungen genauer betrachten.[105]

Der Stakeholder-Ansatz hat drei wesentliche Eigenschaften: Er ist deskriptiv, instrumentell und normativ. Deskriptiv deshalb, da er das Zusammenspiel zwischen Management, Stakeholdern und Unternehmen betrachtet und analysiert. Hierbei versucht er deren Verhaltensweisen zu beschreiben, wobei er ein Unternehmen als „Konstellation verschiedenster Interessensgruppen, mit sowohl übereinstimmenden als auch entgegengesetzten Interessen [versteht], die [es gilt,] in der strategischen Unternehmensführung zu berücksichtigen."[106]
Indem sich das Management/die Verantwortlichen an den Erwartungen der Stakeholdergruppen orientieren, können ökonomische Ziele von Seiten der Unternehmen[107] besser erreicht werden.[108] Dies verdeutlicht die instrumentelle Funktion des Stakeholder-Ansatzes, der hier die Verbindung zwischen Stakeholder-Management und Unternehmenserfolg untersucht und darstellt.
Darüber hinaus können im Rahmen des Stakeholder-Ansatzes Funktion und Aufgaben eines Unternehmens unter Zugrundelegung von moralisch-ethischen Prinzipien beschrieben werden.[109] Hier geht es darum zu beschreiben, wie die Beziehungen zu den Stakeholdern aus moralischer Sicht aussehen sollten, unabhängig von Einflussmöglichkeiten, Macht und Stellung.

2.2.2 Die Bedeutung von Stakeholder für Unternehmen

Unternehmen interagieren mit einer Vielzahl an Anspruchsgruppen, den Stakeholdern. Stakeholder haben unterschiedliche ökonomische, ökologische wie auch soziale Erwartungen, die sie an Unternehmen herantragen. Somit stehen sie in Austauschbeziehungen zu diesen, die jedoch nicht nur einseitig, sondern vielmehr wechselseitig orientiert sind.[110] Dabei stellen die Stakeholder die folgenden zur Leistungserstellung eines Unternehmens notwendigen materiellen und immateriellen Ressourcen zur Verfügung:[111]

- „Kapitalressourcen wie Finanz- (Eigen- und Fremdkapital), Real- (Grundstücke, Gebäude etc.) und Human- (Arbeitskräfte) oder Naturkapital (Erze, Wasser, Deponieraum etc.)
- Vertrauensressourcen wie gesellschaftliche Akzeptanz und gutes Arbeitsklima in dem Unternehmen
- Informationen und Know-how."

Im Gegenzug zu den in Form von Geld, Betriebsmitteln, Human- und Naturkapital sowie immateriellen Wirtschaftsgütern zur Verfügung gestellten Ressourcen, erhalten die Stakeholder die vom Unternehmen erstellten Produkte und Dienstleistungen. Entscheidend ist hierbei, dass das Verhältnis von Leistung und Gegenleistung stimmt.[112] Hieraus lässt sich die Wichtigkeit der Beziehungen von Unternehmen zu ihren Stakeholdern

[105] Vgl. Albrecht 2008, S. 16; Schaltegger 1999.

[106] Poeschl 2013, S. 130. „... a constellation of cooperative and competitive interests...". Donaldson und Preston 1995, S. 66.

[107] Hierzu gehören insbesondere eine ausreichende Liquidität sowie das Erzielen von Gewinnen.

[108] So belegen unterschiedliche Studien den positiven Zusammenhang zwischen Unternehmenserfolg und der Berücksichtigung von Stakeholder-Erwartungen. Vgl. Donaldson und Preston 1995, S. 71. Hierbei gilt es insbesondere solche Stakeholdergruppen zu berücksichtigen, die zum Unternehmenserfolg beitragen.

[109] Vgl. Poeschl 2013, S. 132.

[110] Vgl. Janisch 1993.

[111] Figge und Schaltegger 2000, S. 11.

[112] Ansonsten besteht die Gefahr, dass die betroffenen Stakeholder die Bereitstellung der notwendigen Ressourcen einstellen. Mehr hierzu vgl. Figge und Schaltegger 2000; Carroll und Näsi 1997.

darstellen. Werden beispielsweise für das Bestehen des Unternehmens notwendige Ressourcen von Seiten der Stakeholder nicht mehr oder nur eingeschränkt bereitgestellt, ist die wirtschaftliche Leistungsfähigkeit des Unternehmens gefährdet. Dabei sind die wechselseitigen Beziehungen nicht nur marktlich geprägt, d. h. die Ressourcen werden durch Markttransaktionen eingetauscht, sondern auch interessenpolitisch, d. h. innerhalb von Unternehmen sowie auch zwischen den Stakeholdern finden interessenpolitische Austauschprozesse statt. Hierbei kommen die unterschiedlichen Stakeholder, die Stakeholdergruppen zugeordnet werden, ihren eigenen Ansprüchen bzw. Erwartungen nach.[113]

Die Stakeholder-Ansprüche sind nicht gleichbleibend. Eine zunehmend komplexer werdende Umwelt und sich vollziehende Veränderungen im unmittelbaren Umfeld von Unternehmen ziehen zwangsläufig sich ändernde Erwartungen von Seiten der Stakeholder nach sich. Faktoren wie z. B. Innovationen, neue gesetzliche Regelungen sowie sich wandelnde Wertvorstellungen sind unmittelbar mit nicht gleichbleibenden Stakeholder-Ansprüchen verbunden.[114] Auch sind die Beziehungen zwischen Unternehmen und ihren Stakeholdern für gewöhnlich von Veränderung geprägt. Als Gründe hierfür können ein sich änderndes Machtpotential der Stakeholder[115], sich ändernde Kooperationen und Allianzen sowie eine sich wandelnde Substituierbarkeit der Ressourcen angeführt werden.[116] Dies wiederum wirkt sich auf deren Durchsetzungsfähigkeit hinsichtlich Erwartungen gegenüber Unternehmen aus. Hinzu kommt, dass Individuen oder Gruppen nicht nur einer Stakeholdergruppe angehören können. Auch in diesem Fall sind die Stakeholder-Beziehungen zum Unternehmen nicht konstant. So kann z. B. ein Kunde ein Mitarbeiter wie auch ein Aktionär sein. Einzelne Stakeholdergruppen können auch gänzlich wegfallen, wie z. B. Kapitalgeber oder Lieferanten. Zwischen den Stakeholdern können sowohl gleiche wie auch konträre Interessen bestehen. So steht etwa für Kunden das fehlerfreie Funktionieren des erworbenen Produktes bzw. der -Dienstleistung im Vordergrund, wohingegen die Mitarbeiter an der Sicherheit ihres Arbeitsplatzes sowie einem angenehmen Betriebsklima interessiert sind.

Hinsichtlich des eigenen Unternehmenserfolges gilt es von Seiten der Unternehmen die eigenen Erwartungen und Interessen mit denen der Stakeholder in Einklang zu bringen. Die Bedeutung der Stakeholder ergibt sich, wie bereits angeführt, insbesondere durch deren Verfügbarkeit über unternehmensnotwendige Ressourcen sowie dem damit verbundenen Machtpotential gegenüber Unternehmen. So können die unterschiedlichen Stakeholdergruppen etwa auf ihre Ansprüche bestehen und bei Nichteinhaltung die eigenen Ressourcen dem Unternehmen entziehen. Werden die Stakeholder-Erwartungen hingegen berücksichtigt, können ertragreiche Wachstumspotentiale erzielt werden. Darüber hinaus kann über die Beziehungen zu den Stakeholdern auch zusätzliches Know-how gewonnen werden, welches in eine Differenzierung zu Mitbewerbern münden sowie entsprechende Wettbewerbsvorteile für das Unternehmen nach sich ziehen kann. Als weitere Vorteile der Berücksichtigung von Stakeholder-Erwartungen nennen Thul et al. (2007) u. a. die Möglichkeiten, Einfluss auf die Politik nehmen zu können sowie ein positives Unternehmensimage in der Gesellschaft zu schaffen.[117]

In Bezug auf die Wirtschaftlichkeit und den Erfolg eines Unternehmens gilt es potentielle Risiken zu antizipieren und zu minimieren sowie vorhandene Chancen aus Stakeholder-Beziehungen zu nutzen. Hierzu ist ein Stakeholder-Management notwendig, das dazu dient, potentielle Stakeholder zu identifizieren und deren Bedeutung für den Unternehmenserfolg zu bewerten. Hierbei sollten die Erwartungen der relevanten Stakeholder geprüft und systematisch aufbereitet werden. Auch sollten Strategien entwickelt werden, wie mit den

[113] Vgl. Figge und Schaltegger 2000.

[114] Vgl. Albrecht 2008; Schaltegger et al. 2017.

[115] Hierzu Albrecht (2008, S. 28): „Die Macht, über die Stakeholder verfügen, kann gewonnen, aber auch wieder verloren werden, weil der Zugang zu Macht-Mitteln variabel ist."

[116] Vgl. Schaltegger 1999.

[117] Vgl. Thul et al. 2007, S. 22.

relevanten Stakeholdern und ihren Erwartungen umgegangen wird.[118] Auf Grund der unternehmensspezifischen Knappheit von Ressourcen ist es nicht möglich von Seiten der Unternehmen sowie ihren Verantwortlichen allen Erwartungen, die von Seiten der Stakeholder bestehen, nachzukommen. Dies kann wiederum zu interessenpolitischen Konflikten zwischen den betroffenen Stakeholdern führen, da nicht alle bereit sind, ihre Ansprüche hintenanzustellen.[119] Neben den für die jeweiligen Unternehmen besonders relevanten Stakeholdergruppen sollten auch die weniger relevanten Stakeholdergruppen von Seiten des Stakeholder-Managements im Auge behalten werden, da diese sich auf Grund wandelnder Umweltbedingungen zu relevanten Stakeholdergruppen entwickeln können.

2.2.3 Einteilung der Stakeholder in Stakeholdergruppen

Stakeholder gehören unterschiedlichen Stakeholdergruppen an. Zu nennen sind hier u. a. das Management, Kunden, Lieferanten, Mitarbeiter, Aktionäre wie darüber hinaus auch Regierungen, Gesellschaft, Medien, Gewerkschaften, Konsumentengruppen und Non Governmental Organisations (NGOs).[120]
Dabei können Stakeholdergruppen anhand unterschiedlicher Kriterien eingeteilt werden. So können diese in interne und externe[121], primäre und sekundäre[122] sowie kritische und nicht kritische Stakeholdergruppen[123] unterteilt werden. Zu den internen Stakeholdergruppen, das sind solche, die direkten Einfluss auf das Unternehmen nehmen können[124], gehören das Management, Mitarbeiter, Kunden, Kreditgeber und Zulieferer, wohingegen externe Stakeholdergruppen in der Unternehmensumwelt verankert sind und indirekten Einfluss nehmen können.[125] Hierzu gehören u. a. Regierungen, Behörden, Wettbewerber, Medien und NGOs. Eine ähnliche Einteilung von Stakeholdergruppen besteht über die Orientierung an bestehenden formellen Vertragsbeziehungen, d. h. die Einteilung in primäre und sekundäre Stakeholdergruppen. Dabei sind primäre Stakeholdergruppen solche, die in einer vertraglichen Beziehung zum Unternehmen stehen und essentiell für dessen Überlebensfähigkeit sind.[126] Die übrigen Stakeholdergruppen gehören den sekundären Stakeholdergruppen, die in keiner vertraglichen Beziehung zum Unternehmen stehen. Im folgenden Schaubild sind die primären Stakeholdergruppen im eingefügten Rechteck und Dreieck zu finden. Das Schaubild zeigt nicht nur die unterschiedlichen Stakeholdergruppen, sondern auch die unterschiedlichen Umfelder, in denen die Stakeholdergruppen verankert sind.

[118] Vgl. Eberhardt 2013.

[119] Vgl. Schaltegger 1999.

[120] Vgl. Albrecht 2008, S. 17.

[121] Vgl. Schaltegger et al. 2017; Archie et al. 1996; Freeman 1984.

[122] Vgl. Archie et al. 1996.

[123] Kritische Stakeholder sind solche, „die gut organisierbar, durchsetzungsfähig und nicht substituierbar sind." Nicht kritische hingegen das Gegenteil. Schaltegger 1999, S. 15.

[124] Direkter Einfluss kann von Seiten der Stakeholdergruppen dahingehend genommen werden, da diese in direkten wirtschaftlichen Austauschbeziehungen mit einem Unternehmen stehen können, d. h. in dessen Prozess der Leistungserstellung involviert sind. Vgl. Poeschl 2013, 146 f.

[125] Indirekter Einfluss besteht von Seiten dieser Stakeholdergruppen dahingehend, dass diese zwar in keinen direkten Austauschbeziehungen zum Unternehmen stehen, jedoch dessen Funktionsfähigkeit beeinflussen können. Vgl. Poeschl 2013, S. 147.

[126] Vgl. Esty und Winston 2009.

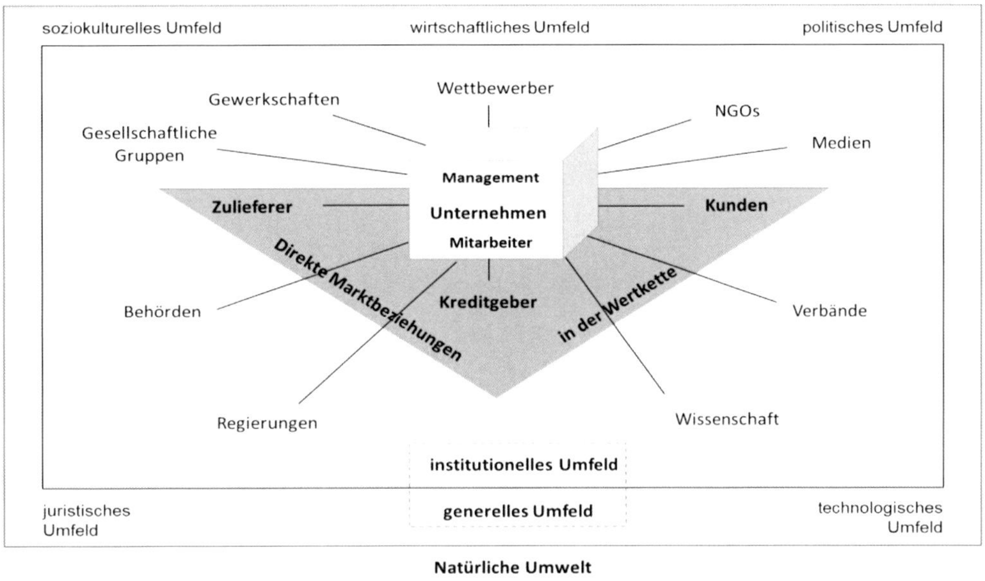

Abbildung 5: Stakeholdergruppen und Umfelder von Unternehmen[127]

Durch das erwähnte Macht- und Bedrohungspotential von Seiten der Stakeholdergruppen auf Unternehmen können diese erheblichen Einfluss auf deren Entwicklung nehmen. Zur systematischen Analyse der Einflusswirkungen von Seiten relevanter Stakeholdergruppen bietet sich das Stakeholder Salience Model von Mitchell et al. (1997) an.[128] Mitchell et al. (1997) teilen hier Stakeholder anhand einer Stakeholder-Typologie ein.[129] Dabei werden den Stakeholdern und ihren Ansprüchen drei wesentliche Eigenschaften zugeteilt: „Macht, Legitimität und Dringlichkeit."[130] Einflussreiche Stakeholder, das sind solche, die ihre Ansprüche besonders gut durchsetzen können, verfügen nach Mitchell et al. (1997) über „Macht", Unternehmen zu beeinflussen, wobei ihre Ansprüche legitim sind und eine gewisse Dringlichkeit beinhalten.[131]

[127] In Anlehnung an Albrecht 2008, S. 18.

[128] Mehr hierzu siehe Kapitel 6.

[129] Eine Typologie dient dazu, Typen zu bilden, die anhand gleicher Eigenschaften bestehen. Mehr hierzu siehe Kapitel 6.1.

[130] „power, legitimacy, and urgency." Mitchell et al. 1997, S. 853.

[131] **Der Autor der vorliegenden Arbeit entschied sich im Rahmen der Interviews nach „Erwartungen" von Seiten der Stakeholder zu fragen (siehe Interviewleitfaden im Anhang, Frage 2). Diese sind mit dem Begriff der „Ansprüche" bei Mitchell et al. (1997) gleichzusetzen.**

3 Forschungsstand

Im Folgenden soll der Forschungsstand zur Forschungsthematik der vorliegenden Arbeit dargestellt werden. Dabei wird zunächst ein kompakter Überblick zum Forschungsstand zum Carsharing in Deutschland gegeben (Kapitel 3.1) bevor der Forschungsstand zu den Einflusswirkungen von Seiten der relevanten Stakeholdergruppen auf das Geschäftsmodell Carsharing vorgestellt wird. (Kapitel 3.2). Abschließend wird ein Zwischenfazit gezogen sowie eine Begründung der Notwendigkeit einer explorativen Untersuchung gegeben (Kapitel 3.3).

3.1 Überblick zum Forschungsstand zum Carsharing

Carsharing ist Untersuchungsgegenstand in der sozialwissenschaftlichen Verkehrs- und Mobilitätsforschung. Hierbei werden insbesondere Studien zu Kundenmerkmalen, Nutzungsmotiven, ökologischen Effekten sowie Marktpotentialen des Carsharing erhoben.

Studien zu den ***Kundenmerkmalen*** zeigen, dass die Mehrzahl der Carsharing-Nutzer männlich ist, in der Regel zwischen 26 und 49 Jahre alt sind und über eine überdurchschnittliche formale Bildung sowie Einkommen verfügen.[132] Dies betrifft insbesondere das free-floating Carsharing.[133] Beim stationsbasierten Carsharing ist die Nutzergruppe hingegen heterogener. So nutzen diese Carsharing-Variante auch ältere Menschen sowie junge Zwei-Personen-Haushalte mit leicht überdurchschnittlichen Einkommen.[134] Trotz der Kostenersparnis bei der Carsharing-Nutzung zeigen Untersuchungen, die neben soziodemographischen Merkmalen auch die Milieuzugehörigkeit berücksichtigen, dass bestimmte Unterschichtmilieus Carsharing nicht nutzen. Hierbei wird angenommen, dass ein eigener PKW ein symbolisches Kennzeichen der Zugehörigkeit zur Gesellschaft darstellt und die Kostenersparnis durch Carsharing-Nutzung keine Berücksichtigung findet.[135] Von Seiten älterer Menschen bestehen insbesondere gegenüber dem free-floating Carsharing auf Grund einer vergleichsweise geringeren Technologie-Affinität Hemmnisse.[136]

Studien zu den ***Nutzungsmotiven*** zeigen, dass zur Gründungszeit des Carsharing für die Carsharing-Nutzer insbesondere die umweltentlastende Wirkung des Carsharing wichtig gewesen ist. Im Laufe der Jahre hat sich jedoch ein gewisser Wandel in der Nutzer-Struktur ergeben. So sind auch Kosten-[137] und Bequemlichkeits-Aspekte[138] relevant.[139] Dies hat nicht zuletzt mit dem Eintritt der free-floating Anbieter in den Carsharing-Markt zu tun, die das Carsharing mit ihrem Geschäftsmodell für mehr Menschen attraktiver gemacht haben.

---

[132] Vgl. Loose 2010b.

[133] Vgl. Weber 2019.

[134] Vgl. Riegler et al. 2016, S. 8.

[135] Vgl. Wilke et al. 2007.

[136] Vgl. Riegler et al. 2016, S. 116.

[137] So fallen bei ausschließlicher Carsharing-Nutzung Kosten im Zusammenhang mit einem eigenen PKW weg, etwa in Bezug auf Wartung, Pflege und Versicherung.

[138] Hierzu gehören u. a. Ersparnisse zeitlicher Aufwendungen, die bei einem eigenen PKW anfallen, etwa im Zusammenhang mit administrativen Tätigkeiten oder der täglichen Parkplatzsuche.

[139] Vgl. IME 2009; Harvey et al. 2006.

Schaefers (2013) führt darüber hinaus ein sogenanntes Lifestyle-Motiv an, d. h. Teil der Carsharing-Community sein zu können, warum ein kleiner Teil der Carsharing-Nutzer das Angebot nutzt.[140] Bei den free-floating Nutzern ist eine symbolische[141] und emotionale[142] Verbindung zum PKW zu erkennen, während die stationsbasierten Nutzer den PKW primär als Fortbewegungsmittel sehen.[143]

Studien zu den ***ökologischen Effekten des Carsharing*** zeigen, das Carsharing positive ökologische Effekte für Umwelt und Klima hat. So hat Carsharing nicht nur eine verkehrsentlastende Wirkung, sondern kann signifikant zur Reduzierung der Gesamtmenge der Treibhausgasemissionen im Verkehrssektor beitragen, indem es u. a. den Besitz an Privat-PKW reduziert.[144] Hinzu kommt, dass in den Carsharing-Flotten größtenteils emissionsarme Fahrzeuge vorhanden sind zu denen Kleinwagen, Elektrofahrzeuge sowie auch vereinzelt Hybridfahrzeuge gehören. Auch legen die Carsharing-Nutzer insgesamt weniger Kilometer zurück im Vergleich zu denen, die auf einen privaten PKW zurückgreifen. Dies lässt sich darauf zurückführen, dass bei einer Carsharing-Buchung in der Regel im Voraus geplant wird, welche Wegstrecke zurückgelegt werden soll. Dies gilt insbesondere für die Nutzung des stationsbasierten Carsharing.[145] Die emissionsarmen Carsharing-Fahrzeuge, mit denen zugleich kürzere Wegstrecken zurückgelegt werden als mit privaten PKW, führen zu einem reduzierten Kraftstoffverbrauch. Aus Sicht der Carsharing-Nutzer ergänzen sich das stationsbasierte und das free-floating Carsharing. So wird das free-floating Carsharing primär für kurze innerstädtische Freizeitfahrten und für Fahrten nach Hause genutzt, wohingegen das stationsbasierte Carsharing auch für Transportfahrten sowie Freizeitfahrten außerhalb von Städten genutzt wird.[146] Darüber hinaus führt eine konsequente Carsharing-Nutzung zu einer signifikanten Reduzierung des Parkraumbedarfs in den Städten.[147] Dies liegt u. a. auch an den vielen Kleinfahrzeugen, die in den Carsharing-Flotten vorhanden sind. Der reduzierte Parkraumbedarf kann mit einem Flächengewinn hinsichtlich städtebaulicher Aufwertungen in Form von mehr Grünflächen einhergehen. Carsharing-Nutzer schaffen vereinzelt nach ihrem Beitritt zu einem Carsharing-Anbieter und der stetigen Carsharing-Nutzung ihren privaten PKW ab bzw. überhaupt erst keinen an.[148] Dies betrifft primär stationsbasierte Carsharing-Nutzer. Bei den free-floating Carsharing-Nutzern wird hingegen auf eine Neuanschaffung eines Zweit- oder Drittwagens verzichtet.[149] Darüber hinaus zeigen Carsharing-Nutzer ein multimodaleres Mobilitätsverhalten als solche, die einen privaten PKW besitzen.[150] So greifen diese ergänzend zum Carsharing vermehrt auf den ÖPNV und das Fahrrad zurück. Dies gilt insbesondere für Nutzer des stationsbasierten Carsharing, wohingegen free-floating Nutzer das Carsharing vermehrt auch als Ersatz zum ÖPNV nutzen.[151] Beim Carsharing teilt sich eine deutlich größere Anzahl an Personen ein Fahrzeug als dies bei der Nutzung privater PKW der Fall ist. Somit kann der Bedarf an individueller motorisierter Mobilität mit deutlich weniger Fahrzeugen abgedeckt werden. Dies führt zu einem reduzierten Ressourcenverbrauch, der bei der Herstellung von PKW besteht.[152]

---

[140] Vgl. Schaefers 2013.

[141] D. h. der PKW ist Ausdruck der eigenen Identität sowie der sozialen Stellung in der Gesellschaft und nicht ausschließlich Fortbewegungsmittel.

[142] D. h. durch das Eigentum am PKW sowie während dessen Nutzung werden positive Gefühle erlebt.

[143] Vgl. Riegler et al. 2016.

[144] Vgl. bcs. 2019b; Vgl. Becker et al. 2018; Vgl. Baptista et al. 2014; Stasko et al. 2013.

[145] Vgl. Red 2018.

[146] Vgl. Riegler et al. 2016, S. 8.

[147] Vgl. bcs. 2020; Stasko et al. 2013; Glotz-Richter 2012.

[148] Vgl. bcs. 2020; STARS 2019; Loose 2016.

[149] Vgl. STARS 2019; WiMobil 2016.

[150] Vgl. bcs. 2020; STARS 2019; Loose 2016. Siehe Kapitel 8.6, Erläuterung relevanter Begriffe: Multimodalität.

[151] Vgl. Witzke und Meier-Berberich 2015.

[152] Vgl. Baptista et al. 2014.

Wie bereits in Kapitel 1.2 beschrieben, berücksichtigen die Studien zu den ***Marktpotentialen*** des Carsharing die potentiellen Carsharing-Nutzer. Hier gibt es sowohl Studien, die von steigenden Nutzerzahlen ausgehen[153], sowie auch Studien, die das Carsharing weiterhin als Nischen-Produkt bzw. Ergänzung zu den vorhandenen Mobilitätsangeboten sehen.[154]

3.2 Forschungsstand zum Forschungsgegenstand unter Berücksichtigung der relevanten Stakeholdergruppen – Ableitung von Einflussfaktoren

Der Autor entschied sich auf der Grundlage einer Stakeholder-Analyse (siehe Kapitel 4.1) die Einflusswirkungen von Seiten der folgenden acht Stakeholdergruppen auf das Geschäftsmodell Carsharing näher zu betrachten: Management/Verantwortliche der Carsharing-Anbieter, Automobilkonzerne, politische Verantwortliche aus dem Mobilitätsbereich, städtische Verantwortliche für den Verkehrs- und Mobilitätsbereich, Verkehrsverbünde, Energieversorger, Interessenverbände und Verkehrsclubs sowie Weitere am Carsharing beteiligte Stakeholder.
Im Folgenden wird der Forschungsstand hierzu dargestellt. Aus diesem abgeleitet werden Einflussfaktoren je Stakeholdergruppe bestimmt.

3.2.1 Management/Verantwortliche der Carsharing-Anbieter

Die Einflusswirkungen von Seiten des Managements/der Verantwortlichen der Carsharing-Anbieter auf die eigenen Carsharing-Unternehmen und Geschäftsmodelle lassen sich insbesondere von der allgemeinen Entwicklung des Carsharing und der Carsharing-Angebote ableiten. Dies lässt sich darauf zurückführen, da das Management/die Verantwortlichen für die Gestaltung der Carsharing-Angebote verantwortlich ist/sind.
Wie aus der Geschichte des Carsharing[155] hervorgeht waren die ersten Carsharing-Gründungen in Deutschland Anfang der 1990er Jahre *ökologisch motiviert* und es wurde ausschließlich stationsbasiertes Carsharing angeboten. 2009 wurde das erste stationsunabhängige Carsharing-Angebot[156] von car2go, einem Tochterunternehmen von Daimler, initiiert. In den folgenden Jahren traten weitere Automobilkonzerne mit ihren Tochterunternehmen in den Carsharing-Markt ein, zu denen BMW, VW und Ford gehören. Hieraus wird deutlich, dass die Carsharing-Variante stationsbasiert um das free-floating Carsharing ergänzt wurde. Somit hat die *Carsharing-Variante* einen Einfluss auf die Carsharing-Geschäftsmodelle. Wie aus der Marktentwicklung des Carsharing hervorgeht[157], nahm die Anzahl der Carsharing-Fahrzeuge nach 2009 kontinuierlich zu. So stellen am 1. Januar 2021 228 Carsharing-Anbieter 26.220 Carsharing-Fahrzeuge zur Verfügung. Die kontinuierliche Zunahme der Carsharing-Angebote in den vergangenen Jahren sowie der Eintritt der free-floating Anbieter in den Carsharing-Markt, die Tochterunternehmen von Automobilkonzernen sind, verdeutlichen, dass hier nicht ausschließlich *ökologische Motive* dahinterstehen, sondern auch *ökonomische Motive*. Zu erwähnen ist, dass die Zahl der E-Carsharing-Fahrzeuge in den Carsharing-Flotten kontinuierlich zugenommen hat. So lag

[153] Vgl. Rid et al. 2017; The Boston Consulting Group 23.02.2016; Wilke et al. 2007.
[154] Vgl. Riegler et al. 2016; Witzke 2016.
[155] Siehe Kapitel 2.1.1.
[156] ≙ free-floating Carsharing.
[157] Siehe Abbildung 2.

der Anteil an batterieelektrischen Fahrzeugen und Plug-in-Hybriden zum 1. Januar 2021 im deutschen Carsharing bei 18,5%. Somit wird deutlich, dass die *Antriebstechnologie Elektromobilität* einen Einfluss auf die Geschäftsmodelle der Carsharing-Anbieter hat. In Bezug auf die Geschäftsgebiete der Carsharing-Anbieter sind Unterschiede zu erkennen. So sind die free-floating Anbieter der Automobilkonzerne in Metropolen und Großstädten zu finden wohingegen die Geschäftsgebiete der Carsharing-Anbieter mit weniger als 1000 Carsharing-Fahrzeugen sowohl im kleinstädtisch-dörflichen Raum als auch in Metropolen vorhanden sind.[158] Die *unterschiedlichen Geschäftsgebiete* können sich auf die Carsharing-Nutzung unterschiedlich auswirken. So ist in Geschäftsgebieten in Metropolen mit einer hohen Bevölkerungsdichte und einer gut ausgebauten Verkehrsinfrastruktur sowie ÖPNV die Nachfrage nach Carsharing erfahrungsgemäß höher als im ländlichen Raum.[159] Dies spiegelt sich auch in der Verteilung der Carsharing-Angebote in den Städten und Gemeinden wider. So sind in über 95% der Großstädte in Deutschland[160] Carsharing-Angebote zu finden, wohingegen in Kleinstädten mit weniger als 20.000 Einwohnern der Anteil an Carsharing-Angeboten unter 5% liegt.[161] Hinzu kommen Carsharing-Anbieter, die ihre Carsharing-Angebote in den vergangenen Jahren explizit in neuen Stadt- und Wohnquartieren in Metropolen und Großstädten aufgesetzt haben.[162]

Die Entwicklung des stationsbasierten Carsharing, die mit einer kontinuierlichen Zunahme der Angebote und Fahrzeugzahlen einhergeht, deutet die positive Einstellung von Seiten der Verantwortlichen hinsichtlich ihrer Carsharing-Angebote an.[163] Dies zeigt sich etwa bei der stadtmobil Rhein-Neckar AG, die zum stadtmobil Carsharing-Verbund gehört, dem nach der Flottengröße aktuell[164] größten Anbieter von stationsbasiertem Carsharing in Deutschland.[165] So ist dessen Kundenzahl im Jahr 2019 um rund zwölf Prozent gestiegen, die Fahrzeuganzahl vergrößerte sich um etwa sieben Prozent.[166] Miriam Caroli, Vorstand der stadtmobil Rhein-Neckar AG, äußerte sich in 2020 hierzu wie folgt: „Unser CarSharing-Angebot spricht auch immer mehr Menschen an, die dann aber gar nicht so häufig ein Auto nutzen. Wir sind mit den Zahlen mehr als zufrieden. Uns bestätigt das auf unserem Weg, weiterhin Nachhaltigkeits- und Klimaschutzziele zu verfolgen und einen vollwertigen Ersatz für das eigene Auto zu bieten."[167] Bettina Dannheim, Geschäftsführerin von cambio Deutschland, dem aktuell zweitgrößten stationsbasierten Carsharing-Anbieter[168], äußerte sich in 2018 wie folgt: „Auch für das Geschäftsjahr 2017 können wir erneut positive Zahlen vorweisen. Wir freuen uns darüber, dass wir damit den positiven Trend der letzten Jahre fortsetzen. cambio bietet seit dem Jahr 2000 eine Dienstleistung, auf die sich unsere Kunden als zuverlässige Alternative zum privaten Auto verlassen können."[169]

Von Seiten des Managements der free-floating Anbieter der Tochterunternehmen von Automobilkonzernen sind ebenfalls positive Worte zur Entwicklung der eigenen Carsharing-Angebote zu hören. So äußerte sich Oliver Reppert, CEO von car2go im Jahr 2017: „Carsharing bleibt ein dynamischer Wachstumsmarkt. Wir werden unser Geschäft auch im kommenden Jahr deutlich ausweiten – mit neuen Flotten, neuen Angeboten und neuen Produkten."[170] Sebastian Hofelich, Geschäftsführer von DriveNow äußerte sich ähnlich: „Seit unserem

[158] Siehe Kapitel 5.1, Tabelle 3.

[159] Vgl. Schmöller et al. 2019.

[160] Diese verfügen über mehr als 100.000 Einwohner.

[161] Siehe Tabelle 1.

[162] Vgl. Schwarz und Lakeband 2019; Loose 2018c.

[163] Vgl. bcs. 2021a.

[164] D. h. zum 01.01.2021.

[165] Zum stadtmobil Carsharing-Verbund gehören auch die Carsharing-Unternehmen stadtmobil Berlin GmbH, stadtmobil Hannover GmbH, stadtmobil Karlsruhe GmbH & Co. KG, stadtmobil Rhein-Main GmbH, stadtmobil Rhein-Ruhr GmbH, stadtmobil Stuttgart AG und stadtmobil Trier.

[166] Vgl. stadtmobil Rhein-Neckar AG 18.02.2020.

[167] Ebd.

[168] Nach der Flottengröße, vgl. bcs. 2021b.

[169] cambio Deutschland 26.02.2018.

[170] Presseabteilung car2go 2017.

Bestehen verzeichnen wir ein gesundes und kontinuierliches Kundenwachstum im zweistelligen Prozentbereich. Der stetige Zuwachs auch in Städten, in denen wir DriveNow schon lange anbieten, zeigt, dass hier weiterhin viel Entwicklungspotential für free-floating Carsharing liegt."[171] Zu erwähnen ist hier jedoch auch, dass der free-floating Anbieter car2go seine Geschäftsgebiete in einigen Metropolen und Großstädten in den vergangenen Jahren verkleinert hat. So sind diese zum April 2014 in den Städten Berlin, Köln, Düsseldorf und Ulm[172] sowie zum November 2017 in Stuttgart[173] verkleinert worden. In Stuttgart betrifft dies die rein elektrische Carsharing-Flotte. Begründet wird dies mit der geringeren Nachfrage in den Außenbezirken sowie dem gleichzeitigen Fehlen der E-Fahrzeuge in den innerstädtischen Bezirken, in denen die Nachfrage erfahrungsgemäß höher ist. In der Zwischenzeit sind die beiden free-floating Anbieter car2go und DriveNow zum free-floating Anbieter ShareNow fusioniert.[174] Als wesentlicher Grund wurde angegeben so die Position der beiden Mutterunternehmen auf dem Carsharing-Markt weiter zu sichern. Dabei können nicht nur Kosten geteilt werden, sondern es besteht auch die Möglichkeit, schneller wachsen zu können. Durch das Bündeln der beiden Mobilitätsangebote stellt ShareNow nach eigenen Angaben den weltweit führenden Anbieter von free-floating Carsharing dar, d. h. sowohl hinsichtlich bereitgestellter Fahrzeuge als auch bestehender Kunden.[175]

Als **Einflussfaktoren** von Seiten des Managements/der Verantwortlichen auf die eigenen Carsharing-Unternehmen und Geschäftsmodelle können die folgenden festgehalten werden:

- ökologische und ökonomische Motive

Darüber hinaus ergeben sich die folgenden **Einflussfaktoren**:

- die Carsharing-Variante, d. h. Erweiterung des stationsbasierten Carsharing um das free-floating Carsharing
- die Antriebstechnologie Elektromobilität
- die unterschiedlichen Geschäftsgebiete

3.2.2 Automobilkonzerne

Die Einflusswirkungen von Seiten der Automobilkonzerne auf die Carsharing-Anbieter ergeben sich durch deren Beziehungen als Mutterunternehmen zu ihren Tochterunternehmen. Die Tochterunternehmen der Automobilkonzerne Daimler mit car2go, BMW mit DriveNow, und Volkswagen mit WeShare stellen ausschließlich free-floating Carsharing-Angebote zur Verfügung.[176] Das Tochterunternehmen von Ford mit Ford Carsharing stellt hingegen ein stationsbasiertes Carsharing-Angebot bereit und kooperiert hierbei mit flinkster, dem Carsharing-Anbieter der Deutschen Bahn. Die Automobilkonzerne stellen ihren Tochterunternehmen die Fahrzeuge für Ihre Carsharing-Flotten bereit. Hierzu gehören auch Elektrofahrzeuge. So hat car2go in Stuttgart mit zwischenzeitlich insgesamt 550 Elektrofahrzeugen ausschließlich vollelektrisches Carsharing

[171] Presseabteilung Drive Now 2017.

[172] Vgl. Carsharing News 2014.

[173] Vgl. electrive.net 2017.

[174] Der Zeitpunkt der Fusion war Februar 2019, vgl. Reintjes 2019b.

[175] Vgl. Reintjes 2019a.

[176] Daimler und BMW haben ihre free-floating Angebote 2019 zu einem gemeinsamen free-floating Carsharing-Angebot fusioniert. Nach einer Übergangsphase in 2019 wurden die beiden free-floating Angebote car2go und Drive Now zum Januar 2020 endgültig zum free-floating Angebot Share Now. Vgl. welt.de 2020.

angeboten.[177] Bei DriveNow lag der Anteil an Elektrofahrzeugen bei 20%.[178] WeShare bietet ausschließlich E-Carsharing an.
Von Seiten von car2go sowie DriveNow wurden „Premiumfahrzeuge" der Mutterunternehmen angeboten.[179] Hierzu car2go Geschäftsführer Roland Keppler: „Wir wollen mit den Mercedes-Benz Fahrzeugen in unserer Flotte bewusst ganz neue Zielgruppen ansprechen und uns zusätzliche Märkte erschließen."[180]
Die Automobilkonzerne sehen Carsharing als Teil des eigenen Mobilitätsangebots und Alternative zum eigenen PKW. So hebt Klaus Entenmann, Vorstandsvorsitzender der Daimler Financial Services AG[181], die Bedeutung des eigenen free-floating Angebots von Daimler hervor: „car2go ist ein integraler Bestandteil unseres umfassenden Mobilitätsangebots. Immer mehr Kunden setzen auf unsere Mobilitätsdienstleistungen – und sie alle haben eins gemeinsam: Sie wollen zeitgemäß, flexibel und spontan in der Stadt unterwegs sein – auch über den Kauf eines Autos hinaus."[182]
Ian Robertson, Mitglied des Vorstands der BMW AG für Vertrieb und Marketing, äußert sich hierzu folgendermaßen: „Die BMW Group ist als Anbieter von Mobilität nicht nur Automobilhersteller. Es besteht ein zunehmender Bedarf an flexiblen Mobilitätsangeboten im urbanen Umfeld. Das Premium-Carsharing-Angebot DriveNow stößt genau in diese Lücke vor. Wir wollen dadurch ein profitables neues Geschäftsfeld eröffnen und zugleich neue potentielle Kunden an unsere Marken heranführen."[183]
Volkswagen äußert sich zu seinem free-floating E-Carsharing-Angebot WeShare wie folgt: „Mobilität ist für uns mehr als nur das eigene Auto – deshalb wollen wir Mobilität ganzheitlich denken. Unser Ziel: Das Leben in unseren Städten in Zukunft ruhiger, grüner und attraktiver zu machen. WeShare bietet daher 100% elektrisches Car Sharing."[184]
Jürgen Stackmann, Vertriebs- und Marketingvorstand von VW PKW, äußert sich zum Carsharing-Angebot von VW wie folgt: „Wir sind der Überzeugung, dass der Carsharing-Markt noch Potenzial hat. Deshalb treten wir mit einem ganzheitlichen Konzept aus einer Hand an, das alle Mobilitätsbedarfe von der wenige Minuten dauernden Kurzstrecke bis zur wochenlangen Urlaubsreise abdeckt. Bei unseren Flotten für die Vehicle-on-Demand-Dienste setzen wir vollständig auf Elektrofahrzeuge, bieten also emissionsfreie und nachhaltige Mobilität an. Damit entlasten wir Stadträume auf intelligente Art."[185]
WeShare hat zum Start im Juli 2019 1500 VW e-Golf in seinem Geschäftsgebiet in Berlin bereitgestellt.[186] Zum November 2020 integriert WeShare in mehreren Schritten 60 Modelle des ID.3, einem Kompaktstromer von VW, um dann schrittweise die komplette Flotte von 1500 e-Golf mit dem ID.3 auszutauschen. Der ID.3 verfügt über eine Batteriereichweite von bis zu 425 Kilometern[187] und ist zudem schnellladefähig, d. h. er kann in 30 Minuten auf über 80 Prozent der vollen Ladekapazität aufgeladen werden.[188]
Von Seiten des Automobilkonzerns Ford wird das Tochterunternehmen Ford Carsharing dahingehend unterstützt, dass die Carsharing-Fahrzeuge, die vom Mini Ford KA bis zum Transporter Ford Transit reichen, bei

[177] Vgl. media daimler 29.03.2017.
[178] Vgl. ecomento.de 2016.
[179] Vgl. mietwagen-news.de 2015; BMW Group Konzernkommunikation und Politik 21.03.2011.
[180] mietwagen-news.de 2015.
[181] Diese wurde im Juli 2019 zur Daimler Mobility AG umbenannt und ist als Tochterunternehmen der Daimler AG für Finanz- und Mobilitätslösungen verantwortlich. Hierzu gehören On-Demand-Mobilitätsdienstleistungen mit App-basierenden Mobilitätslösungen zu denen das eigen Carsharing-Angebot, Mobilitätsplattformen sowie Fahrdienste gehören.
[182] Presseabteilung car2go 2017.
[183] BMW Group Konzernkommunikation und Politik 21.03.2011.
[184] Volkswagen Mobility Services 2021.
[185] Volkswagen Communications 07/2018.
[186] Vgl. autobild.de 2019. Das Geschäftsgebiet ist rund 150 km^2 groß und geht vom Stadtzentrum bis über den Berliner S-Bahnring hinaus. Neben Berlin ist WeShare in Hamburg vertreten. Vgl. we-share.io.
[187] Das sind doppelt so viel wie der e-Golf.
[188] Vgl. WeShare Presseabteilung 11/2020.

den Ford Händlern vor Ort zur Verfügung stehen. Beim Ford Carsharing können die Fahrzeuge bereits Wochen und Monate im Voraus und für mehrere Tage reserviert werden.[189] Wolfgang Kopplin, Geschäftsführer Marketing und Verkauf der Ford-Werke GmbH, äußert sich folgendermaßen: „Das Angebot neuer Mobilitätsangebote ist ein Kernanliegen von Ford auf dem Weg vom Automobilhersteller zum Automobil- und Mobilitätsdienstleister. Dem Carsharing kommt dabei eine immer größere Bedeutung zu."[190]

Als **Einflussfaktoren** von Seiten der Automobilkonzerne auf ihre Tochterunternehmen können die folgenden festgehalten werden:

- die Beziehung als Mutterunternehmen zum Tochterunternehmen
- die Bereitstellung von (E-)Carsharing-Fahrzeugen mit Fahrzeugmodellen der Mutterunternehmen
- die Bereitstellung von „Premiumfahrzeugen" von Seiten einzelner Automobilkonzerne
- ökonomische, ökologische und soziale Erwartungen

3.2.3 Politik

Die Politik kann dahingehend auf das Carsharing-Angebot Einfluss nehmen, indem sie die rechtlichen Rahmenbedingungen setzt. Dies betrifft insbesondere das Carsharinggesetz (CsgG) – das Gesetz zur Bevorrechtigung des Carsharing, das zum 1. September 2017 in Kraft getreten ist.[191] Mit der Verabschiedung des Carsharinggesetzes sollten Maßnahmen geschaffen werden, die eine Bevorrechtigung des Carsharing im Straßenraum ermöglichen. Die Intention hierbei war, durch eine Förderung des Carsharing, sowohl stationsbasiert als auch free-floating, zu einer Reduzierung des MIV und der damit verbundenen klima- und umweltschädlichen Effekte beizutragen.[192]
Bevorrechtigungen sind möglich:[193]

(1) „für das Parken auf öffentlichen Straßen oder Wegen",
(2) „im Hinblick auf das Erheben von Gebühren für das Parken auf öffentlichen Straßen oder Wegen."

Dabei adressiert das Carsharinggesetz zwei unterschiedliche Formen von Carsharing-Stellplätzen im öffentlichen Raum:[194]

(1) „Reservierte, allen Carsharing-Fahrzeugen, die die Voraussetzungen der im Gesetz verankerten Carsharing-Definition erfüllen, zur Verfügung stehende Stellplätze."
(2) „Reservierte, jedoch ausschließlich den Fahrzeugen einzelner Carsharing-Anbieter zur Verfügung gestellte Stellplätze."

Während die Reservierung der erstgenannten Carsharing-Stellplätze direkt aus dem Carsharinggesetz hervorgeht, müssen die Carsharing-Stellplätze nach (2) im Rahmen einer Sondernutzungserlaubnis geschaffen werden.[195] Zu erwähnen ist hier, dass die Reservierung von Carsharing-Stellplätzen aus (1) lediglich an Bundesstraßen erfolgen kann, da hier der Bund die Regelungskompetenz innehat, d. h. dieser lediglich für

[189] Vgl. ford-carsharing.de 2020.
[190] bergischgladbach.de 2017.
[191] Vgl. Bundesregierung 05.07.2017.
[192] Vgl. ebd.
[193] Ebd.
[194] Vgl. Loose 2018a.
[195] Eine Sondernutzung besteht daher, da es beim Carsharing quasi zu einer Verlagerung einer Gewerbefläche in den öffentlichen Straßenraum kommt und der gemeingebräuchliche Vorgang des Parkens nicht näher ausgestaltet wird.

Bundesstraßen, wie etwa in Ortsdurchfahrten, verantwortlich ist.[196] Die Reservierung aus (2) im Rahmen einer Sondernutzungserlaubnis, d. h. an untergeordneten Straßen, fällt hingegen nicht in die Regelungskompetenz des Bundes, sondern muss im Rahmen der Landesstraßengesetze erfolgen, d. h. hier müssen die Landesgesetzgeber aktiv werden. Ist der Landesgesetzgeber hier aktiv geworden, d. h. die Sondernutzungserlaubnis ist in dem jeweiligen Landesstraßengesetz konkretisiert worden, können die Städte und Gemeinden vor Ort Carsharing-Stellplätze für einzelne Carsharing-Anbieter ausweisen.
Obwohl das Interesse in den Städten und Gemeinden vorhanden ist, hat das Bundesministerium für Verkehr und digitale Infrastruktur zwei Jahre nach Verabschiedung des Carsharinggesetzes im Deutschen Bundestag immer noch wichtige Grundlagen zur praktischen Umsetzung vermissen lassen.[197] So fehlten weiterhin Regelungen für die amtliche Beschilderung der Carsharing-Stellplätze sowie Kennzeichnung der Carsharing-Fahrzeuge.[198] Auch die Möglichkeit, Carsharing-Stellplätze an Ortsdurchfahrten an Bundestraßen zu errichten sind für die Carsharing-Anbieter nicht attraktiv genug, weshalb diese an Sondernutzungen für untergeordnete Straßen im Rahmen der Landesstraßengesetze gebunden sind.
Mit Bezug auf die bestehende Problematik hat der Bundesrat am 14. Februar 2020 eine StVO-Novelle beschlossen, d. h. Änderungen der Straßenverkehrsordnung, die auch mit neuen Regelungen für das Carsharing einhergehen.[199] Mit dieser hat der Gesetzgeber die bis dato noch offenen und notwendigen Rechtsgrundlagen zur vollständigen Umsetzung des Carsharinggesetzes geschaffen. Wichtigster Punkt hierbei ist die Einführung von offiziellen Carsharing-Schildern mit denen Stellplätze für Carsharing-Fahrzeuge amtlich beschildert werden. Darüber hinaus können mit der StVO-Novelle Carsharing-Stellplätze auch in Parkraumbewirtschaftungs[200]- und Bewohnerparkzonen eingerichtet und Carsharing-Fahrzeuge durch Beschilderung oder durch Anordnung auf Parkautomaten von den Parkgebühren befreit werden.[201] Die Carsharing-Fahrzeuge müssen mit einer amtlichen Plakette gekennzeichnet werden, die auf der Innenseite der Windschutzscheibe angebracht werden muss. So können die Carsharing-Fahrzeuge auf den gekennzeichneten Carsharing-Stellplätzen abgestellt werden. Die unberechtigte Nutzung der Carsharing-Stellplätze wird hingegen mit deinem Bußgeld geahndet.[202] Mit der Schaffung der Rechtsgrundlagen zur vollständigen Umsetzung des Carsharinggesetzes ist die Förderung von Carsharing im öffentlichen Straßenraum verbessert worden und muss jetzt von den Städten und Gemeinden vor Ort umgesetzt werden.

Neben dem Setzen der rechtlichen Rahmenbedingungen für das Carsharing bestehen von Seiten der Politik auch Möglichkeiten, über finanzielle Fördermittel, steuerlichen Erleichterungen sowie weiteren Fördermaßnahmen auf die Carsharing-Anbieter und deren Angebote wirken zu können. Fördermittel sollten insbesondere beim Elektro-Carsharing, beim Aufbau der Ladeinfrastruktur sowie beim Carsharing im ländlichen Raum zum Tragen kommen, da hier das Carsharing-Angebot mit zusätzlichen Kosten belastet wird, die beim konventionell betriebenen Carsharing in Städten so nicht anfallen. Hierzu u. a. Gunnar Nehrke, Geschäftsführer des Bundesverbands Carsharing: „Im Moment sind batterieelektrische Fahrzeuge in der Anschaffung deutlich teurer als Verbrenner. Das ist ein Problem, denn die höheren Preise lassen sich nicht eins zu eins an die Kunden weitergeben."[203] Hinzu kommt, dass gegenwärtig nur öffentlich zugängliche Ladesäulen subventioniert

---

[196] So hat der Bund lediglich für Bundesstraßen die Straßenbaulast.

[197] Stand: 01.09.2019. Vgl. Nehrke 2019b.

[198] Von Seiten der Bundesländer Bayern, Baden-Württemberg, Nordrhein-Westfalen und Bremen wurden zumindest Regelungen zur Einrichtung von zugeordneten Carsharing-Stellplätzen im öffentlichen Raum im Landesrecht verankert.

[199] Vgl. Ziesak 2020.

[200] Siehe Kapitel 8.6, Erläuterung relevanter Begriffe: Parkraumbewirtschaftungszone.

[201] Vgl. Ziesak 2020.

[202] Vgl. ebd.

[203] Hubik und Tyborski 2021.

werden, wodurch die E-Carsharing-Anbieter ihre Ladeinfrastruktur selbst finanzieren müssen.[204] Von Seiten des Bundes wird das E-Carsharing im Rahmen des Sofortprogramms „Saubere Luft 2017-2020" gefördert.[205] Hierbei wird der Kauf von Elektrofahrzeugen mit bis zu 40 Prozent der Mehrkosten gegenüber Verbrennungsmotor-Fahrzeugen gefördert, bei kleinen und mittleren Unternehmen beträgt die Förderung bis zu 60 Prozent der Mehrkosten.[206] Von Seiten der Länder ist die Förderung des Landes Baden-Württemberg in 2016 hervorzuheben mit der der Kauf von Elektrofahrzeugen im Carsharing mit 75 Prozent der Preisdifferenz subventioniert wurde.[207] Aktuell fördert das Land Baden-Württemberg den Erwerb von E-Fahrzeugen von Carsharing-Anbietern in Form von BW-e-Gutscheinen mit einem Zuschuss in Höhe von 3000€.[208] Der Bundesverband Carsharing sieht die bisherigen Subventionen eher kritisch. So gehe „die vom BMVI[209] vorgelegte Förderrichtlinie an den tatsächlichen Problemen vorbei und trägt nicht dazu bei, die Wirtschaftlichkeit von Elektrofahrzeugen nennenswert zu verbessern."[210] Vielmehr fordert der Bundesverband Carsharing höhere Förderquoten, die „deshalb notwendig [sind], weil die Wirtschaftlichkeit von Elektrofahrzeugen im CarSharing neben den höheren Anschaffungskosten auch durch niedrigere Auslastungen und damit geringere Fahrteinnahmen beeinträchtigt ist."[211]
Wie aus den aktuellen Zahlen zur Verteilung der Carsharing-Angebote nach Gemeindegrößenklasse[212] ersichtlich wird, sind in nicht einmal 5 Prozent der Städte und Gemeinden unter 20.000 Einwohnern Carsharing-Angebote zu finden. Dass Carsharing im suburbanen und ländlichen Raum funktionieren kann, zeigen jedoch eine Vielzahl von erfolgreich funktionierenden und genutzten Carsharing-Angeboten.[213] Erfolgsbedingungen sind hier u. a. die Unterstützung von Seiten der Gemeinde, von Vereinen oder von Bürgerarbeitskreisen, die einhergeht mit bereitgestellten Stellplätzen, die für die Carsharing-Anbieter kostenfrei sind und bei Möglichkeit zentral im Ortskern liegen sowie in unmittelbarer Nähe zum ÖPNV sind.[214] Auch eine finanzielle Unterstützung bei der Anschaffung der Carsharing-Fahrzeuge durch die Gemeinde ist hilfreich.[215] Förderprogramme von Seiten der Politik können hier unterstützend wirken. Erfolgreiche Beispiele zeigen, dass hier auch von Seiten der städtischen Mitarbeiter in den ländlichen Gemeinden die Carsharing-Angebote für Dienstfahrten genutzt werden.[216]

Steuerliche Erleichterungen für Carsharing-Anbieter könnten wie folgt aussehen:[217]

- „Reduzierung der Umsatzsteuer für CarSharing-Unternehmen auf den ermäßigten Mehrwertsteuersatz[218] in Anlehnung an den öffentlichen Nahverkehr sowie den Schienennahverkehr"

---

[204] Vgl. ebd.
[205] Vgl. Bundesministerium für Wirtschaft und Energie (BMWi) 2017.
[206] Vgl. Nehrke 2018a.
[207] Vgl. ebd.
[208] Dies gilt seit März 2020. Vgl. enbw.com/blog 2021.
[209] Bundesministerium für Verkehr und digitale Infrastruktur.
[210] Nehrke 2018a.
[211] Ebd. Geringere Auslastungen ergeben sich insbesondere durch die notwendigen Ladezeiten, während dieser die E-Carsharing-Fahrzeuge nicht genutzt werden können.
[212] Siehe Tabelle 1.
[213] Vgl. Mortsiefer 2020; Riese 2021; Perschl und Posch 2016. Aktuell ist Baden-Württemberg Spitzenreiter beim Carsharing im suburbanen und ländlichen Raum. So ist in knapp 20 % der Städte und Gemeinden unter 20.000 Einwohnern mindestens ein Carsharing-Angebot zu finden.
[214] Vgl. die:gemeinde - Magazin für Städte und Gemeinden 2020.
[215] Vgl. ebd.
[216] Vgl. ebd.
[217] Vgl. Wissenschaftliche Dienste 2016b, S. 8; bcs. 2016a.
[218] Dieser beträgt zur Zeit 7%.

- „Reduzierung der KfZ-Steuer für CarSharing-Fahrzeuge, deren Betreiber mit dem Umweltzeichen RAL-ZU 100 Car-Sharing („Blauer Engel“) zertifiziert sind“[219]

Darüber hinaus könnten die weiteren Fördermaßnahmen von Seiten der Politik eingeleitet werden:[220]

- „Aufnahme des CarSharing in lokale und regionale Nahverkehrspläne[221]“
- „Novellierung der Landesbauordnungen: Abschaffung der Herstellungspflicht von Stellplätzen im Wohnungsneubau zugunsten von CarSharing-Stationen“
- „Kostensenkung in der Verwaltung: Bund, Länder und Gemeinden sind aufgefordert, vor der Beschaffung eigener Dienstfahrzeuge eine Vergabe des bis dato verwaltungseigenen Fahrzeugmanagements an CarSharing-Anbieter zu prüfen, um Kosten zu senken, zu einer Belegung des CarSharing-Marktes beizutragen und damit Synergieeffekte zu befördern“
- „Einrichtung von verkehrlichen Pilotregionen, in denen CarSharing besonders gefördert wird und beispielhaft positiv beeinflussende gesetzliche und ordnungsrechtliche Rahmenbedingungen erprobt werden.“

Als **Einflussfaktoren** von Seiten der Politik auf die Carsharing-Anbieter und deren Geschäftsmodelle können die folgenden festgehalten werden:

- die rechtlichen Rahmenbedingungen für das Carsharing setzen. Dies betrifft (1) das Carsharinggesetz (CsgG) und dessen Umsetzung vor Ort sowie (2) Änderungen der Straßenverkehrsordnung, die auch mit Regelungen einhergehen, die das Carsharing betreffen. Hierzu gehören die Einführung von offiziellen Carsharing-Schildern sowie die Möglichkeit, Carsharing-Stellplätze auch in Parkraumbewirtschaftungs- und Bewohnerparkzonen einzurichten.
- finanzielle Fördermittel, steuerliche Erleichterungen und weitere Fördermaßnahmen

3.2.4 Städte

Die Einflusswirkungen von Seiten der Städte auf die Carsharing-Anbieter ergeben sich insbesondere dadurch, dass diese das Carsharinggesetz (CsgG) vor Ort anwenden. Da die Schaffung von Carsharing-Stellplätzen in den Städten im Rahmen des Carsharinggesetzes über Sondernutzungserlaubnisse erfolgen muss[222], muss der jeweilige Landesgesetzgeber hier entsprechend aktiv werden und die Sondernutzungserlaubnis in seinem Landesstraßengesetz verankern.[223] Ist der Landesgesetzgeber hier aktiv geworden, können die Städte vor Ort Carsharing-Stellplätze im öffentlichen Raum für einzelne Carsharing-Anbieter ausweisen. Hierdurch können

---

[219] „Um das Umweltzeichen zu bekommen, muss ein Carsharing-Anbieter verschiedene Kriterien erfüllen. Diese beziehen eine Teilnahmeberechtigung, einen Mindestleistungsumfang und diverse technische Anforderungen ein. So dürfen die Fahrzeuge einen bestimmten Normverbrauch CO2/km nicht überschreiten. [...] Carsharing-Anbieter mit dem Umweltzeichen können durch Kommunen Vorteile erhalten. Wenn sich Städte beispielsweise an der Errichtung von Mobilitätsstationen beteiligen oder neue Carsharing-Stationen bereitstellen.“ VCD Verkehrsclub Deutschland e.V. 2020a.

[220] Vgl. Wissenschaftliche Dienste 2016b; bcs. 2016a.

[221] Siehe Kapitel 8.6, Erläuterung relevanter Begriffe: Nahverkehrsplan.

[222] Das Parken der Carsharing-Fahrzeuge fällt, dem Gesetzgeber zufolge, nicht in den Gemeingebrauch, sondern kann nur über eine Sondernutzung erfolgen. Begründet wird dies damit, dass den Carsharing-Unternehmen der Straßenraum nicht zur Verkehrsteilnahme, sondern zur gewerblichen Nutzung überlassen wird. Vgl. Wissenschaftliche Dienste 2016a.

[223] Die Länder sind für die Landes-, Kreis- und Kommunalstraßen verantwortlich. Der Bund hat die Regelungskompetenz lediglich an Bundesstraßen inne, d. h. dieser ist lediglich für Bundesstraßen verantwortlich. Vgl. Wissenschaftliche Dienste 2016a.

die Städte Anzahl und Lage der Carsharing-Stellplätze vor Ort bestimmen, was sich auf die Größe der Carsharing-Angebote und die Positionierung der Carsharing-Fahrzeuge im Stadtgebiet auswirkt.[224]
Vor bzw. neben der Umsetzung des Carsharinggesetzes besteht die Möglichkeit, über Entwidmung bzw. Einziehung Parkplätze für Carsharing-Fahrzeuge zu schaffen.[225] Hierbei „werden ehemals öffentliche Verkehrsflächen für die allgemeine Verkehrsnutzung entzogen."[226] Auch besteht die Möglichkeit, über Teileinziehung Carsharing-Stellplätze zu schaffen. Bei dieser wird die öffentliche Nutzung einer Straße nachträglich auf bestimmte Benutzungsarten, Benutzungszwecke oder Benutzerkreise beschränkt.[227] Die Nachteile dieser beiden Möglichkeiten liegen in dem erheblichen Verwaltungsaufwand, der hier besteht.[228]
Gegenwärtig nutzen die Carsharing-Anbieter zum Abstellen ihrer Carsharing-Fahrzeuge vor Ort vor allem öffentliche Parkplätze im Straßenraum[229] sowie angemietete private Stellplätze.[230] Hier ergeben sich für die Carsharing-Nutzer jedoch Nachteile. So müssen diese beim Abstellen der Carsharing-Fahrzeuge öffentliche Parkplätze suchen, die frei sind, was nicht selten mit einem zeitlichen Aufwand verbunden ist. Auch das Abstellen der Carsharing-Fahrzeuge auf angemieteten privaten Stellplätzen ist in der Regel nicht ohne Zeitaufwand verbunden, da diese in Parkhäusern oder Hinterhöfen liegen.[231]
Die Vorteile über eine Sondernutzung Carsharing-Stellplätze für einzelne Carsharing-Anbieter im öffentlichen Raum zu schaffen, liegen insbesondere darin, Standorte nach Bedarf und Interesse der Carsharing-Anbieter von Seiten der Städte schaffen zu können. Hierbei spielen erfahrungsgemäß unterschiedliche Faktoren eine Rolle, die einen Carsharing-Stellplatz attraktiv oder weniger attraktiv machen. Hierzu gehören u. a. die Nachfrage vor Ort, ein unmittelbarer Zugang zum ÖPNV, Flächennutzungskonflikte, das Verkehrsaufkommen in einer Straße oder einem Stadtquartier sowie die bestehende Bevölkerungsdichte.[232] Im Rahmen der Sondernutzung können die Carsharing-Stellplätze bei Bedarf auch verlegt bzw. wieder abgeschafft werden.[233] Bei der Einrichtung von Carsharing-Stellplätzen ist eine Zusammenarbeit zwischen den Verantwortlichen der Städte hinsichtlich Mobilität sowie der Carsharing-Anbieter zielführend. So können die Carsharing-Anbieter bzw. deren Verantwortliche auf Grund ihrer Kenntnisse und Erfahrungen einen wesentlichen Beitrag dazu leisten, geeignete Standorte zu finden, die sowohl nutzerfreundlich wie auch wirtschaftlich tragfähig sind. Die Möglichkeit, über das Carsharinggesetz Stellplätze für Carsharing-Fahrzeuge bereitstellen zu können, betrifft ebenfalls die Einrichtung von Carsharing-Stationen für E-Carsharing-Fahrzeuge. Hier werden Ladesäulen direkt an den von den Städten bereitgestellten Carsharing-Stellplätzen errichtet.
Die durch das Carsharinggesetz gegebene Möglichkeit, über eine Sondernutzung reservierte Stellplätze[234] für einzelne Carsharing-Anbieter bereit stellen zu können ist insbesondere für die stationsgebundenen Carsharing-Anbieter von Vorteil, da hier eine feste Zuordnung der stationsgebundenen Carsharing-Fahrzeuge zu

---

[224] Darüber hinaus besteht von Seiten der Städte die Möglichkeit, über das Carsharinggesetz direkt an Bundesstraßen, die z. B. in Ortsdurchfahrten gelegen sind, Carsharingstellplätze auszuweisen, d. h. hier können feste Carsharing-Stellplätze eingerichtet werden, die allen Carsharing-Anbieter zur Verfügung stehen. Der Bedarf von Seiten der Carsharing-Anbieter ist hierbei jedoch ohne jegliche Bedeutung, da hier Carsharing-Stellplätze für die Nutzer unattraktiv sind. Zu den Kriterien attraktiver Carsharing-Stellplätze siehe weiter unten im Text.

[225] Vgl. WiMobil 2016, S. 25.

[226] Ebd. Dabei kann eine Straße nur dann eingezogen werden, wenn sie für den Verkehr entbehrlich ist, d. h. jede Verkehrsbedeutung verloren hat, oder überwiegende Gründe des Wohls der Allgemeinheit eine Einziehung notwendig machen.

[227] Vgl. ebd.

[228] So müssen hier Prozesse innerhalb der Verwaltung angestoßen werden. Dabei führt etwa die Straßenbaubehörde die Widmung per Allgemeinverfügung und öffentlicher Bekanntmachung durch.

[229] Dies betrifft die free-floating Anbieter.

[230] Dies betrifft die stationsbasierten Anbieter.

[231] Vgl. u. a. Stadt Freiburg 2019, S. 8.

[232] Vgl. Leyva et al. 2019, S. 24.

[233] Vgl. ebd. S. 25.

[234] D. h. Carsharing-Stellplätze.

Parkplätzen im öffentlichen Straßenraum gegeben ist und unattraktive Stellplätze in Hinterhöfen und Parkhäusern nicht mehr zwingend angemietet werden müssen. Sind mehrere Carsharing-Anbieter vor Ort präsent, sollten von Seiten der Städte öffentliche Bekanntgaben zur beabsichtigten Vergabe von Stellplätzen im öffentlichen Straßenraum gemacht werden. Diese sollten vor dem eigentlichen Genehmigungsprozess erfolgen. Die Stadt Freiburg stellt hier ein gutes Beispiel dar. So hat diese zunächst eine Bedarfsermittlung durchgeführt, d. h. eine maximale Anzahl von Stellplätzen für den anstehenden Vergabezeitraum festgelegt. Es folgte ein einfaches Interessenbekundungsverfahren, bei dem sich die Carsharing-Anbieter untereinander auf die Verteilung der Stellplätze einigen konnten.[235] Bestehen hier etwa Uneinigkeiten zwischen den interessierenden Carsharing-Anbietern, könnte die Vergabe auch über eine Losverfahren erfolgen.[236]
Für die free-floating Anbieter können über die Möglichkeit der Sondernutzung zusätzlich allgemein zugängliche Stellplätze ausgewiesen werden, die von allen offiziell gekennzeichneten Carsharing-Fahrzeugen genutzt werden können.[237] Von Seiten der free-floating Carsharing-Anbieter bestehen bisher überwiegend Rahmenverträge mit den Städten, wodurch die free-floating Carsharing-Fahrzeuge in der Regel im gesamten Stadtgebiet im öffentlichen Straßenraum abgestellt werden können. Hierbei müssen die free-floating Anbieter in der Regel monatliche Pauschalen an die Städte bezahlen. In Hamburg etwa bezahlen die Carsharing-Anbieter gegenwärtig eine Pauschale von 900 Euro pro Fahrzeug und Jahr für das Abstellen im gesamten Stadtgebiet, wobei eine gebietsbezogene Pauschalgebühr von 180 Euro hinzukommt, die in bestimmten Stadtquartieren greift. Elektrische Carsharing-Fahrzeuge sind hingegen von den Parkgebühren befreit.[238] Die Stadt Berlin erhebt von den free-floating-Anbietern dieselben Parkgebühren, die Autofahrer für ihre privaten PKW auf Parkplätzen im öffentlichen Straßenraum bezahlen müssen.[239] Durch die Höhe der geforderten Gebühren für das Abstellen der free-floating Fahrzeuge im öffentlichen Straßenraum können die Städte einen Einfluss auf die free-floating Carsharing-Anbieter und deren Geschäftsmodelle nehmen. Sind die free-floating Fahrzeuge etwa nicht stark genug ausgelastet und bestehen gleichzeitig zu hohe Park-Gebühren von Seiten der Städte, leidet die Wirtschaftlichkeit der free-floating Unternehmen.
Über die Anwendung von Sondernutzungen im Rahmen des Carsharinggesetzes und der damit verbundenen Zuordnung von Stellplätzen an die Carsharing-Anbieter im öffentlichen Straßenraum, können die Städte darüber hinaus gezielt Einfluss auf die Verteilung der Carsharing-Fahrzeuge einzelner Carsharing-Anbieter im Stadtgebiet nehmen. So kann die Zuordnung von privilegierten Carsharing-Stellplätzen, die sich etwa im Stadtzentrum befinden, an Bedingungen geknüpft werden, die wie folgt formuliert werden können: „Carsharing-Anbieter erhalten nur Stellplätze für ihre Fahrzeuge im Innenstadtbereich, wenn diese auch in den äußeren Stadtbezirken Carsharing-Fahrzeuge den Bürgern bereitstellen."
Von Seiten der Städte können hinsichtlich des Carsharing Fördermöglichkeiten über verschiedene kommunale Planungsinstrumente bestehen, die Maßnahmen zur Umsetzung von Carsharing enthalten können. Diese sind die folgenden:[240] Klimaschutzteilkonzepte Mobilität (KSK), Verkehrsentwicklungspläne (VEP), Masterpläne Green City (MGC), Stadtentwicklungskonzepte sowie Sustainable Urban Mobility Plans (SUMP), eine besondere Variante der VEP. Die kommunalen Planungsinstrumente sind primär informell und strategisch ausgerichtet und beinhalten keine Umsetzung in Form von Satzungen, wie dies z. B. bei Bebauungsplänen der Fall ist.

[235] Vgl. Loose 2017.

[236] Mehr zur Einrichtung von Carsharing-Stellplätzen im öffentlichen Raum vgl. Loose und Nehrke 2019.

[237] Vgl. Loose 2017.

[238] Vgl. hamburg.de/pressearchiv 2021; tagesspiegel.de 2020.

[239] Vgl. tagesspiegel.de 2020.

[240] Vgl. NOW GmbH 2019, 17 ff.

Auch können von Seiten der Städte Carsharing-Angebote dahingehend unterstützt werden, indem die Stadtverwaltung als Ganzes bzw. städtische Mitarbeiter Corporate Carsharing[241] nutzen, d. h. Carsharing-Fahrzeuge von Carsharing-Anbietern für Dienstfahrten buchen.[242] Hierbei besteht auch die Möglichkeit, die Carsharing-Fahrzeuge über Blockbuchungen zu reservieren, die bei Nicht-Nutzung durch die städtischen Mitarbeiter zur freien Buchung für die Bürger vor Ort zur Verfügung gestellt werden können.

Als **Einflussfaktoren** von Seiten der Städte auf die Carsharing-Anbieter und deren Geschäftsmodelle können die folgenden festgehalten werden:

- mit der Umsetzung des Carsharinggesetzes (CsgG) vor Ort können die Städte über eine Sondernutzungserlaubnis Carsharing-Stellplätze für einzelne Carsharing-Anbieter zur Verfügung stellen
- die Umsetzung des Carsharinggesetzes gilt ebenfalls für die Einrichtung von Carsharing-Stationen für E-Carsharing-Fahrzeuge, d. h. hier können an den von den Städten bereitgestellten Carsharing-Stellplätzen Ladesäulen für E-Carsharing errichtet werden
- über die Sondernutzungserlaubnis im Rahmen des Carsharinggesetzes können Bedingungen an die Carsharing-Anbieter gestellt werden, die von Seiten dieser erfüllt werden müssen, um etwa privilegierte Carsharing-Stellplätze zu erhalten
- über die Möglichkeit der Entwidmung sowie Teileinziehung können Parkplätze für Carsharing-Fahrzeuge geschaffen werden
- über die Erhebung sowie auch die Höhe von Parkgebühren für Carsharing-Anbieter, die free-floating Carsharing betreiben und ihre Carsharing-Fahrzeuge im öffentlichen Straßenraum in den Stadtgebieten abstellen
- über Fördermöglichkeiten, die über kommunale Planungsinstrumente bestehen wie z. B. Klimaschutzteilkonzepte Mobilität, Verkehrsentwicklungspläne oder Masterpläne Green City
- über die Nutzung von Corporate Carsharing, d. h. für Dienstfahrten von städtischen Mitarbeitern

3.2.5 Verkehrsverbünde

Die Einflusswirkungen von Seiten der Verkehrsverbünde ergeben sich insbesondere über die bestehenden Kooperationen mit den Carsharing-Anbietern, die auf freiwilliger Zusammenarbeit basieren mit dem Ziel Synergieeffekte zu erzielen, die zu einer stärkeren Nutzung beider Mobilitätsangebote führen.[243] Die verantwortlichen Mitarbeiter der Verkehrsverbünde tauschen sich hier in der Regel mit den verantwortlichen Mitarbeitern der Carsharing-Anbieter zu aktuellen Entwicklungen aus, die beide Geschäftsmodelle betreffen. Im Rahmen der Kooperationen bestehen dabei Vergünstigungen für die Kunden beider Mobilitätsangebote. So fallen etwa die Anmeldegebühren von ÖPNV-Abonnementen bei den kooperierenden Carsharing-Anbietern weg oder es bestehen etwa auch reduzierte Grundgebühren für die Carsharing-Angebote.[244]
Durch die bestehenden Kooperationen werden Informations- und Vertriebswege gemeinsam genutzt.[245] So sind Informationen zu den jeweiligen Angeboten der Carsharing-Anbieter etwa auf den Internetseiten der Verkehrsverbünde und/oder in den Kundencentern vor Ort als Printmedien verfügbar. Bestehen Mobilitäts-Apps, so kann auch hier Werbung für die Mobilitäts-Angebote der kooperierenden Verkehrsverbünde und Carsharing-Anbieter gemacht werden. Auch können Registrierungen für die Carsharing-Angebote vereinzelt

[241] Siehe Kapitel 8.6, Erläuterung relevanter Begriffe: Corporate Carsharing.

[242] Vgl. Loose 2010a.

[243] Vgl. Nehrke 2018b; Rid et al. 2018; Loose 2014.

[244] Vgl. Mucha und Sommer 2014; Loose und Glotz-Richter 2012; Huwer 2002.

[245] Vgl. Harding 2013.

in den Kundencentern kooperierender Verkehrsverbünde gemacht werden. Durch gemeinsam genutzte Ressourcen beim Marketing und Vertrieb können sich Kostenvorteile für beide Mobilitätsanbieter ergeben.[246]

Bezüglich der Beziehungen zwischen den Verkehrsverbünden und den Carsharing-Anbietern stellt sich die Frage, ob die Carsharing-Angebote die Angebote des ÖPNV ergänzen oder in Konkurrenz zu diesen stehen.[247] Werden sowohl das Carsharing als auch der ÖPNV vermehrt genutzt, bei gleichzeitigem Verzicht auf einen eigenen PKW, und besteht hier eine multimodale Nutzung beider Mobilitätsangebote[248], ergänzen sich diese. Dies ist durchaus beim stationsbasierten Carsharing der Fall, da hier die Carsharing-Fahrzeuge nach dem Ende der Fahrt an feste Stationen gefahren werden müssen, die in unmittelbarer Nähe zum ÖPNV stehen, wie dies bei Mobilitätsstationen[249] der Fall ist. Hier ist ein Umstieg vom Carsharing auf den ÖPNV und umgekehrt für die Nutzer möglich. Wird jedoch vermehrt auf das Carsharing-Angebot zurückgegriffen und werden Fahrten, die auch mit dem ÖPNV zurückgelegt werden können, mit Carsharing gemacht, besteht eine Konkurrenzsituation. Studien zum free-floating Carsharing zeigen, dass hier Nutzer vermehrt auf das free-floating Angebot zurückgreifen, um Fahrten zurückzulegen, die sie vor Beitritt zum free-floating Carsharing mit dem ÖPNV gemacht haben oder machen würden.[250] Stationsgebundene Carsharing-Nutzer zeigen hingegen eine hohe Verbundenheit zur Nutzung des ÖPNV, auch im Vergleich zu Nutzern von privaten PKW.[251]
Werden sowohl die Angebote des ÖPNV als auch die Carsharing-Angebote verstärkt genutzt und der Verkehr durch private PKW gleichzeitig reduziert, wird zudem der Umweltverbund[252] gestärkt.

Als **Einflussfaktoren** von Seiten der Verkehrsverbünde auf die in einer Kooperation stehenden Carsharing-Anbieter und deren Geschäftsmodelle können die folgenden festgehalten werden:

- die auf freiwilliger Zusammenarbeit bestehenden Kooperationen mit dem Ziel, Synergieeffekte zu erzielen. Hierbei bestehen auch Vergünstigungen für die Kunden beider Mobilitätsangebote wie z. B. Wegfall der Anmelde- sowie reduzierte Grundgebühren bei den kooperierenden Carsharing-Anbietern.
- der vorhandene Informationsaustausch von Seiten der verantwortlichen Mitarbeiter der Verkehrsverbünde zu solchen der Carsharing-Anbieter zu aktuellen Entwicklungen, die beide Geschäftsmodelle betreffen
- Kostenvorteile, die sich durch gemeinsam genutzte Ressourcen beim Marketing und Vertrieb ergeben können

3.2.6 Energieversorger

Die Einflusswirkungen von Seiten der Energieversorger auf die E-Carsharing-Anbieter ergeben sich durch deren Geschäftsbeziehungen. Dabei stellen die Energieversorger den in einer Geschäftsbeziehung stehenden E-Carsharing-Anbietern die Ladeinfrastruktur und den Strom zum Laden der E-Carsharing-Fahrzeuge bereit. Die

[246] Vgl. ebd.

[247] Vgl. Blees und Zerban 2021; Ackermann et al. 2014; Lichtenberg und Hanel 2007.

[248] Siehe Kapitel 8.6, Erläuterung relevanter Begriffe: Multimodalität.

[249] Mobilitätsstationen, in denen ein unmittelbarer Übergang zwischen Mobilitätsangeboten des ÖPNV und u. a. Bike Sharing und Carsharing gegeben ist, fördern intermodales Mobilitätsverhalten und die Möglichkeit auf ein eigenes Auto verzichten zu können.

[250] Vgl. Blees und Zerban 2021; Witzke 2016; Brockmeyer et al. 2014.

[251] Vgl. bcs. 2012; Loose 2010b.

[252] Siehe Kapitel 8.6, Erläuterung relevanter Begriffe: Umweltverbund.

Ladesäulen müssen von Seiten der Energieversorger fortlaufend betreut und gewartet werden. Die Buchungs- und Vermittlungssoftware, die beim Carsharing eingesetzt wird, muss an die Rahmenbedingungen der Elektromobilität adaptiert werden.[253]

Damit die Elektrofahrzeuge im E-Carsharing ihr umweltfreundliches Potential voll entfalten können, sollten diese ausschließlich mit Ökostrom aus regenerativen Energiequellen aufgeladen werden.[254] Beim E-Carsharing sollte erwähnt werden, dass die Elektrofahrzeuge, trotz Förderungen von Seiten des Bundes und auch vereinzelt von Seiten der Länder, in der Anschaffung immer noch teurer sind als konventionell betriebene Fahrzeuge.[255] Hinzu kommt, dass die E-Carsharing-Anbieter gegenwärtig ihre Ladeinfrastruktur selbst finanzieren müssen.[256] Bei E-Carsharing-Fahrzeugen kommen zu den hohen Anschaffungskosten verminderte Fahrzeugauslastungen hinzu, die sich durch die notwendigen Ladevorgänge ergeben. Dadurch werden die E-Carsharing-Anbieter vor größeren Herausforderungen gestellt, ihren Carsharing-Betrieb wirtschaftlich zu gestalten, als dies die Carsharing-Anbieter mit konventionell betriebenen Fahrzeugen tun können. Die Vorteile beim E-Carsharing stellen die für die Anbieter geringeren Stromkosten gegenüber den höheren Kraftstoffkosten beim konventionell betriebenen Carsharing dar, die jedoch die höheren Anschaffungs- und Betreiberkosten nicht ausgleichen können.[257] Die Preise für eine Stromaufladung eines E-Fahrzeuges liegen pro Kilowattstunde bei öffentlichen Ladestationen je nach Ladeleistung zwischen 30-50 Cent, wobei je nach Lade-Anbieter eine monatliche Grundgebühr hinzukommt.[258] Für die E-Carsharing-Anbieter sind in Bezug auf die Stromaufladekosten die jeweiligen Verträge im Rahmen der Geschäftsbeziehungen zu den Energieversorgern relevant. Nach dem ADAC Ecotest verbrauchen die Carsharing-Fahrzeuge Smart Forfour[259] 18,4 kWh, BMW i3[260] 17,9 kWh und der VW ID.3[261] 19,3 kWh pro 100 Kilometer.[262] Bei einem Durchschnittspreis von 40 Cent/kWh entstehen hier Kosten von 7-8 €.[263]
Eine Möglichkeit von Seiten der Energieversorger wie auch von Seiten der E-Carsharing-Anbieter Kosten sparen zu können, stellt das induktive, d. h. das kontaktlose Laden an den Ladesäulen dar. Dieses würde die Notwendigkeit von Ladekabeln obsolet machen und somit Kosten einsparen, die im Zusammenhang mit der Verlegung von Ladekabeln im Boden unter den Fahrzeugen und der Installation der notwendigen Technik bestehen. Aktuell ist das Laden über Kabel jedoch erste Wahl, da es gegenüber dem induktiven Laden dreimal so schnell ist[264] und es noch eine Zeit lang dauern wird bis das induktive Landen in Serie gehen wird.[265]

---

253 Vgl. Staudacher 2020; Minnich 2020; Gehrlein 2017; WiMobil 2016.

254 D. h. aus Wind-, Wasserkraft, Sonne, Biomasse oder Geothermie. Vgl. Wietschel et al. 2019; bcs. 2012; Hacker et al. 2011.

255 Siehe Kapitel 3.2.3.

256 Vgl. Hubik und Tyborski 2021.

257 Vgl. bcs. 2012.

258 Stand Ende 2020, Anfang 2021. Vgl. Kurz 2020; Kloth 2021. Neben der Bezahlung pro Kilowattstunde bieten die Ladesäulen-Betreiber Anfang 2021 Pauschal-Preise pro Ladevorgang an, die zwischen 5-10€ liegen.

259 Von car2go.

260 Von DriveNow.

261 Von WeShare.

262 Vgl. Wieler 2021.

263 Anfang 2021 kostet der Strompreis aus der Haushaltssteckdose 30,29 Cent pro Kilowattstunde. Vgl. Kloth 2021. Werden die angeführten E-Fahrzeuge über die Haushaltssteckdose geladen, entstehen hier Kosten zwischen 5,80€ und 6,40€ pro 100 Kilometer. Um den Aufladeprozess zu beschleunigen besteht die Möglichkeit, eine Wandladestation bzw. Wallbox zu installieren. Diese wird an einer Wand oder Säule befestigt und verbindet das E-Fahrzeug mit dem Stromnetz. Die Kosten für eine Wallbox liegen Anfang 2021 je nach Modell und Ladeleistung zwischen 400 und 1500€. Hinzu kommen Installationskosten, die je nach Aufwand zwischen 400 und 2300€ liegen. Für den Kauf einer Wallbox können aktuell Fördermittel beantragt werden. So gewährt die KfW Anfang 2021 eine Förderung von bis zu 900€. Vgl. Baumann 2021.

264 Stand Juni 2021.

265 Vgl. autogazette.de 2021.

Beim E-Carsharing kommt hinzu, dass der Nutzer eine gewisse Erfahrung in Bezug auf die Handhabung der E-Fahrzeuge und des Ladevorgangs mitbringen sollte. So können „unterschiedliche Wetterbedingungen und das Einschalten von stromverbrauchenden Aggregaten wie Heizung, Licht, Klimaanlage etc. die Reichweite stark beeinträchtigen."[266] Von Seiten der E-Carsharing-Anbieter sollte den Nutzern bei auftretenden Problemen geholfen werden, wobei hier der Buchungs- und Vermittlungssoftware vor Fahrtbeginn sowie der on-board Technik während der Fahrt eine besondere Rolle zukommt.[267] Nach Ende der Fahrt muss der Nutzer das E-Carsharing-Fahrzeug eigenständig an die Ladestation zurückbringen und mit dem Ladekabel an der Ladesäule verbinden, damit es für den nächsten Nutzer aufgeladen wird und so fahrtbereit ist.
Der free floating E-Carsharing-Anbieter car2go, der in Stuttgart in 2017 mit 550 Elektrofahrzeugen die größte vollelektrisches Carsharing-Flotte weltweit angeboten hat[268], hat sein Geschäftsgebiet im selben Jahr verkleinert und sich aus einigen Außenbezirken zurückgezogen.[269] Als Grund wurde die unterschiedliche Nutzungshäufigkeit der Stationen angegeben, die in einigen Außenbezirken geringer ausfällt als in anderen, insbesondere im Vergleich zum Innenstadtbereich. Auf die Ladesäulen-Infrastruktur in Stuttgart hatte der Rückzug keinen Einfluss. So können diese auch von privaten E-Fahrzeugen genutzt werden.

Als **Einflussfaktoren** von Seiten der Energieversorger auf die in einer Geschäftsbeziehung stehenden E-Carsharing-Anbieter und deren Geschäftsmodelle können die folgenden festgehalten werden:

- die Bereitstellung der Ladeinfrastruktur sowie des Stromes
- die fortlaufende Betreuung und Wartung der Ladesäulen
- ökonomische Interessen

3.2.7 Interessenverbände und Verkehrsclubs

Interessenverbände zeichnen sich durch den Zusammenschluss von Personen aus, „die ihre gemeinsamen Interessen in der Öffentlichkeit durchsetzen wollen"[270], d. h. gegenüber einer Verwaltung oder Regierung. Hier versuchen sie auch auf die Gesetzgebung Einfluss zu nehmen. Im Gegensatz zu Parteien nehmen Interessenverbände jedoch nicht an allgemeinen Wahlen teil.[271] Ihre Interessen betreffen primär ihre Mitglieder und nicht die gesamte Bevölkerung. Der Interessenverband des deutschen Carsharing ist der Bundesverband Carsharing e. V. (bcs.). Der bcs. wurde 1998 gegründet, „fördert CarSharing[272] als moderne Mobilitätsdienstleistung und strebt eine Vernetzung mit dem öffentlichen Nahverkehr an."[273] Das Hauptziel des bcs. ist es, „den Autobestand und Autoverkehr zu vermindern und die Umweltbelastung durch den motorisierten Individualverkehr zu verringern."[274] Zum 1. Januar 2021 sind 184 der 228 deutschen Carsharing-Anbieter Mitglied im Bundesverband Carsharing e. V.
Der Interessenverband der deutschen Automobilhersteller und -zulieferer und zugleich einer der einflussreichsten Interessenverbände in Deutschland ist der Verband der Automobilindustrie e. V. (VDA). Der VDA

[266] bcs. 2012, S. 6.
[267] Vgl. ebd.
[268] Vgl. media daimler 29.03.2017.
[269] Vgl. stuttgarter-nachrichten.de 19.10.2017.
[270] Bundeszentrale für politische Bildung (bpb) 2021.
[271] Vgl. ebd.
[272] Der Bundesverband Carsharing benutzt die Schreibweise CarSharing, die jedoch nicht der Dudenschreibweise entspricht, sondern der Schreibweise, die der Bundesverband Carsharing e. V. von Beginn an, also bereits vor der Aufnahme des Begriffs in den Duden, gewählt hat.
[273] bcs. 2021c.
[274] Ebd.

wurde 1901 gegründet und ihm gehören Anfang 2021 über 650 Unternehmen an, die „in Deutschland und weltweit Automobile, Anhänger, Aufbauten, Busse sowie Kfz-Teile und -Zubehör [produzieren] und innovative Mobilitätsangebote [entwickeln]."[275] Zu den wesentlichen Aufgaben des VDA gehören die Interessenvertretung und der Meinungsaustausch zwischen den Mitgliedern. Der VDA ist Ausrichter der jährlich stattfindenden Internationalen Automobil-Ausstellung (IAA) und verfolgt das Ziel, Mobilität bis 2050 klimaneutral zu gestalten, d. h, mit Elektroantrieb, mit E-Fuels und mit Wasserstoff.[276]

Verkehrsclubs sind Organisationen, die die Interessen aller oder bestimmter Verkehrsteilnehmer vertreten.[277] Der größte Verkehrsclub in Deutschland ist der Allgemeine Deutsche Automobil-Club (ADAC), der seinen Mitgliedern, den Autofahrern, verschiedene Serviceleistungen rund um das eigene Auto anbietet, zu denen u. a. Pannendienste und Versicherungen gehören. Der ADAC wurde 1903 gegründet, hat gegenwärtig über 21 Mio. Mitglieder[278] und „vertritt die Interessen des Kraftfahrtwesens, des Motorsports und des Tourismus [...]."[279] Dabei setzt sich der ADAC „für die private und berufliche Mobilität seiner Mitglieder und ihrer Familien ein, vertritt ihre Interessen und unterstützt sie auch bei der Erholung, der Freizeit und auf Reisen."[280] Verkehrsclubs können auch aus ökologischen Motiven heraus entstehen, mit dem Ziel, nachhaltige Mobilität umsetzen zu wollen, wie dies beim Verkehrsclub Deutschland e. V. (VCD) der Fall ist. Der VCD wurde 1986 gegründet, hat gegenwärtig über 55.000 Mitglieder[281] und versteht sich als gemeinnütziger Umweltverband, der sich „für eine klimaverträgliche, sichere und gesunde Mobilität für Menschen einsetzt" mit dem Ziel der Verkehrswende, d. h., dass kein Verkehrsteilnehmer mehr auf ein eigenes Auto angewiesen ist.[282] Hierbei möchte der VCD den Umweltverbund weiter stärken, d. h. u. a. „besser ausgebaute Fuß- und Radwege", „gut getaktete Bus- und Bahnverbindungen" sowie „eine gerechte Verteilung der Kosten der Verkehrs" voranbringen.[283]
Neben dem ADAC und VCD gibt es eine Reihe weiterer Verkehrsclubs mit den Schwerpunkten Automobil[284], Fahrrad[285], Motorrad[286] und Bahn[287] sowie insbesondere ökologischem Schwerpunkt.[288]

Der Autor der vorliegenden Arbeit hat sich entschlossen die oben dargestellten Interessenverbände und Verkehrsclubs in Bezug auf die Fragestellung, den Einflusswirkungen auf das Geschäftsmodell Carsharing, näher zu untersuchen. In Abgrenzung zu den weiteren Interessenverbänden und Verkehrsclubs in Deutschland bewertet der Autor die Einflusswirkungen von Seiten der oben dargestellten Interessenverbände und Verkehrsclubs als relevant für das Carsharing. D. h. hier bestehen von Seiten der Stakeholder Einflusswirkungen, die nicht nur das Geschäftsmodell Carsharing betreffen, sondern auch zu einer Ausweitung des Carsharing in Deutschland beitragen können.

[275] Verband der Automobilindustrie e. V. (VDA) 2021c.
[276] Vgl. Verband der Automobilindustrie e. V. (VDA) 2021d.
[277] Vgl. wikipedia 2020.
[278] Vgl. ADAC Redaktion 2021.
[279] ADAC e. V. 2020, S. 6.
[280] Ebd.
[281] Vgl. Verkehrsclub Deutschland e. V. (VCD) 2021.
[282] Vgl. ebd.
[283] Vgl. ebd.
[284] Hierzu gehören u. a. der Automobilclub von Deutschland (AvD) und der Auto- und Reiseclub Deutschland (ARCD).
[285] Hierzu gehört u. a. der Allgemeine Deutsche Fahrrad-Club (ADFC).
[286] Hierzu gehört u. a. die Biker Union, die Interessenvertretung für Biker, Rocker und Motoradfahrer in Deutschland.
[287] Hierzu gehört u.a. der Fahrgastverband Pro Bahn, der die Interessen von Fahrgästen des Öffentlichen Verkehrs vertritt.
[288] Hierzu gehört u. a. der Fachverband Fußverkehr Deutschland (FUSS e. V.).

Der Forschungsstand zu den Einflusswirkungen von Seiten der befragten Interessenverbände und Verkehrsclubs kann wie folgt dargestellt werden:
Von Seiten des Bundesverband Carsharing (bcs.) werden Informationen zum Carsharing sowohl online über die eigene Website[289] als auch in Form von Printmedien, die auch auf der Website zum Download bereitstehen, bereitgestellt. Hierzu gehören Informationen zum Carsharing jeglicher Art, d. h. zur Geschichte, aktuellen Zahlen, zur Marktentwicklung sowie zu den verkehrsentlastenden und ökologischen Effekten. Auch stehen vom bcs. an öffentliche Forschungseinrichtungen in Auftrag gegebene Studien, die das Carsharing betreffen, zum Download bereit. Darüber hinaus werden Themen dargestellt, die im Zusammenhang mit dem Carsharing stehen wie z. B. „Elektromobilität und Carsharing", „Carsharing für Unternehmen" sowie „Carsharing im ländlichen Raum". Der Bundesverband Carsharing gibt in unregelmäßigen Zeitabständen Pressemitteilungen zum Carsharing in Deutschland heraus, in denen er sich zu aktuellen Entwicklungen, die das Carsharing betreffen, äußert und positioniert. Die Pressemitteilungen können auf der Website des bcs. eingesehen und heruntergeladen werden. Zusammenfassend kann festgehalten werden, dass sich der Bundesverband Carsharing in seiner Informationspolitik in positiver Weise zum Carsharing äußert und positioniert, d. h. insbesondere die Vorteile des Carsharing für die Umwelt und Gesellschaft hervorhebt. Kritische Positionen zum Carsharing sind von Seiten des bcs. nicht zu finden.

Von Seiten des VDA wird das Thema Carsharing im Zusammenhang mit dem Transformationsprozess in der Automobilindustrie sowie der multimodalen und vernetzten Mobilität angesprochen. Hier wird argumentiert, dass die deutschen Automobilhersteller „den Wandel vom produzierenden Verkäufer zum mobilen Rundum-Dienstleister" gestalten und das Carsharing hier eine notwendige Mobilitätsdienstleistung darstellt, um die bestehenden Kundengruppen zu bedienen und zukunftsfähig zu sein.[290] Dabei sind es insbesondere digitale Technologien, d. h. Smartphones und Apps, die den Zugang zum Carsharing erleichtern. Auch bei der multimodalen und vernetzten Mobilität sind die digitalen Technologien unerlässlich. Hier spricht der VDA die Bedeutung des Carsharing als Ersatz zum eigenen PKW an und die Möglichkeit, insbesondere in Metropolen, wo der ÖPNV gut ausgebaut ist, multimodal unterwegs zu sein.[291] Der VDA erwähnt das Carsharing in Verbindung mit dem autonomen Fahren und dessen Vorteile. So werden nach Meinung des VDA zukünftig autonom fahrende Shuttle- und Sharing-Flotten in den Städten unterwegs sein, wodurch sich „zusätzliche Potentiale zur weiteren Verbesserung des Mobilitätsangebotes und von Verkehrssicherheit und Umweltschutz [ergeben werden]."[292] Der VDA positioniert sich positiv zum Carsharing und sieht das Sharing-Angebot in keiner Konkurrenz zum Angebot der deutschen Automobilhersteller, sondern vielmehr als umweltschonende und verkehrsentlastende Mobilitätsalternative. Dies zeigt sich nicht zuletzt darin, dass die großen Automobilbauer um Daimler, BMW und VW in den vergangenen Jahren mit ihren free-floating Angeboten in den Carsharing-Markt eingetreten sind.

Von Seiten des ADAC wird insbesondere zur Funktionsweise sowie zur Entwicklung des Carsharing allgemein informiert. Hierbei stützt sich der ADAC auch auf Zahlen des Bundesverband Carsharing e. V.[293] Dabei positioniert sich der ADAC überwiegend positiv zum Carsharing, sieht jedoch auch Kritikpunkte. So stellt das Carsharing nach Meinung des ADAC „für Wenigfahrer bis etwa 10.000 Kilometer pro Jahr, die überwiegend den ÖPNV benutzen und somit das Auto nur gelegentlich benötigen, eine kostengünstige Alternative zum Pkw-Besitz dar [und ist] auch für Familien interessant, die aus Kostengründen auf einen Zweit- oder Drittwagen

[289] Vgl. bcs. 2021d.

[290] Vgl. Verband der Automobilindustrie e. V. (VDA) 2021a.

[291] Vgl. Verband der Automobilindustrie e. V. (VDA) 2021b

[292] Vgl. Scheel und Niedenthal 2021.

[293] Vgl. Dümmer 2021.

verzichten wollen."[294] Der ADAC präferiert jedoch das stationsbasierte Carsharing im Gegensatz zum free-floating Carsharing und sieht diese Carsharing-Variante als „sinnvolle[n] Baustein eines nachhaltigen Stadtverkehrs. In Kombination mit einem leistungsfähigen ÖPNV und einer guten Radinfrastruktur schafft es die Voraussetzung, auf das eigene Auto verzichten zu können und damit den öffentlichen Parkraum zu entlasten."[295] Die verkehrlichen und ökologischen Effekte des Carsharing stuft der ADAC jedoch als gering ein, da es gegenwärtig noch viel zu wenig Carsharing-Fahrzeuge gibt, die auch kontinuierlich genutzt werden, insbesondere im Verhältnis zu den privaten PKW.[296] Dies betrifft vor allem das free-floating Carsharing, da es nach Meinung des ADAC primär für Kurzstrecken in den Metropolen genutzt wird und hier auch als Ersatz zum ÖPNV oder zum Fahrrad fahren.[297] Zudem sind die Auswirkungen des free-floating Carsharing auf die Abschaffung privater PKW marginal, wodurch hier kein zusätzlicher Effekt zur Parkraumentlastung gewonnen werden kann. Der ADAC testet darüber hinaus auch Carsharing-Angebote hinsichtlich Handhabung, d. h. Buchungsprozess und Funktionsfähigkeit der Fahrzeuge sowie Fahrzeugausstattung, Kosten, Schadenshaftung und von den Carsharing-Anbietern bereitgestellten Informationen.[298] Da es bei der Carsharing-Nutzung zuweilen Probleme bei Schadensmeldungen bei den Anbietern gibt, hat der ADAC eine entsprechende Checkliste für das richtige Vorgehen hierfür bereitgestellt, die auch online heruntergeladen werden kann.[299] Darüber hinaus stellt der ADAC eine Anleitung für privates Carsharing, dem sogenannten Peer-to-peer Carsharing, bereit inklusive eines vorgefertigten Vertragsformulars, das ebenfalls zum Download bereitsteht[300] und die folgenden Punkte beinhaltet: Rechtsverhältnisse zwischen den Vertragspartnern, das Nutzungsrecht, die laufenden Kosten sowie die Beendigung des Vertrages. ADAC-Mitglieder erhalten zudem auf verschiedene Carsharing-Angebote, d. h. sowohl bei stationsbasierten als auch bei free-floating Anbietern, diverse Rabatte, die von kostenloser Registrierung über Startguthaben, Wegfall der Grundgebühr bis zu vergünstigten Tarifen reichen.

Von Seiten des VCD werden ebenfalls diverse Informationen zum Carsharing in Deutschland bereitgestellt. Vor dem Hintergrund, dass das Kernziel des VCD die Verkehrswende ist, die insbesondere durch die Stärkung des Umweltverbundes erreicht wird, stellt das Carsharing für den VCD eine notwendige kostenerleichternde, umweltschonende und verkehrsentlastende Alternative zum eigenen PKW dar. So stellt sich auch die Informationspolitik von Seiten des VCD zum Carsharing dar, die lediglich die Vorteile des Carsharing hervorhebt sowie die Nachteile eines eigenen PKW: „Im Durchschnitt wird ein Pkw nur eine Stunde am Tag gefahren, steht also 23 Stunden am Tag herum und nimmt dabei viel Platz weg, der besser für andere Dinge genutzt werden könnte."[301] Auch die Kosten, die im Zusammenhang mit einem eigenen PKW bestehen, hebt der VCD hervor: „Bei rund drei Viertel der verursachten Kosten handelt es sich dabei um Fixkosten, also Steuern, Versicherung, Wertverlust etc., kurz: Kosten, die entstehen, ohne dass das Auto auch nur einen Zentimeter bewegt wird."[302] Zum free-floating Carsharing werden ebenfalls positive Worte gefunden, da free-floating Nutzer dem VCD zu Folge „ebenso wie klassische Carsharing-Nutzer den ÖPNV genauso oft oder sogar häufiger nutzen als vorher."[303] Einzig allein zum Carsharing im ländlichen Raum werden kritische Worte gefunden: „Allerdings ist Carsharing im ländlichen Raum in der Regel kein tragfähiges Geschäftsmodell, sondern wird

[294] Ebd.

[295] Ebd.

[296] Vgl. ebd.

[297] Vgl. ebd.

[298] Vgl. ADAC Redaktion 2016.

[299] Vgl. ADAC e. V. Juristische Zentrale 2017.

[300] Vgl. ADAC e. V. Juristische Zentrale 2020.

[301] Verkehrsclub Deutschland e. V. (VCD) 2020.

[302] Ebd.

[303] Ebd.

von den Kommunen mitfinanziert."[304] Ähnlich wie der ADAC stellt auch der VCD einen sogenannten „VCD-Mustervertrag für privates Carsharing" bereit, der jedoch zu einem Unkostenpreis über den VCD-Online-Shop bestellt werden kann und lediglich für VCD-Mitglieder kostenlos im Mitgliederbereich zum Download bereitsteht. Dieser Mustervertrag enthält Erläuterungen und Vorschläge für alle erforderlichen Regelungen im Zusammenhang mit dem Peer-to-peer Carsharing. Der VCD unterstützt darüber hinaus auch regionale Carsharing-Anbieter und -Vereine und versucht in Verbindung mit den Gemeinden und auch Autohäusern vor Ort das Carsharing im ländlichen Raum zu etablieren.[305] Der VCD steht in enger Verbindung zum Bundesverband Carsharing e. V. und hat hier auch bereits gemeinsame Veranstaltungen organisiert.[306]

Als **Einflussfaktoren** von Seiten der Interessenverbände und Verkehrsclubs auf die Carsharing-Anbieter und deren Geschäftsmodelle können die folgenden festgehalten werden:

- die Informationspolitik von Seiten des bcs. zum Carsharing
- die positive Positionierung von Seiten des VDA zum Carsharing, indem er das Geschäftsmodell in keiner Konkurrenz zum Angebot der deutschen Automobilhersteller sieht, sondern vielmehr als umweltschonende und verkehrsentlastende Mobilitätsalternative
- die Informationspolitik und Positionierung von Seiten des ADAC zum Carsharing
- der ADAC stellt seinen Mitgliedern diverse Rabatte bei Carsharing-Anbietern bereit
- die Informationspolitik von Seiten des VCD zum Carsharing

3.2.8 Weitere am Carsharing beteiligte Stakeholder

Auf das Carsharing wirken eine Reihe von weiteren Stakeholdern, die den untersuchten Stakeholdergruppen nicht zugeordnet werden können.[307] Auf Grund der geführten Interviews mit zwei Carsharing-Anbietern sowie deren Ausführungen[308] hat sich der Autor der vorliegenden Arbeit dazu entschieden, Interviews mit zwei Weiteren am Carsharing beteiligten Stakeholdern zu führen. Der Autor begründet dies damit, dass die zwei Carsharing-Anbieter bzw. deren befragte Verantwortliche wiederholt auf die Bedeutung der in unmittelbarer Beziehung zu ihnen stehenden Stakeholdern hingewiesen haben. Die beiden Stakeholder können den folgenden Einheiten zugeordnet werden: Einem Mobility-as-a-Service (Maas)-Dienstleister (1.WB) sowie einer Regionalen Wirtschaftsförderung (2.WB).

Die Einflusswirkungen von Seiten der beiden Weiteren am Carsharing beteiligten Stakeholdern können wie folgt dargestellt werden:[309]
Von Seiten von 1.WB kann über die Rolle als Schwesterunternehmen zum Carsharing-Anbieter Nr. 1 (1.CSA) Einfluss genommen werden. Der Mobility-as-a-Service Dienstleister stellt eine Mobilitäts-App bereit, in der neben dem free-floating Carsharing-Angebot des Tochterunternehmens auch alternative Mobilitätsangebote gebucht werden können. Hierzu gehören Angebote aus dem ÖPNV und der Deutschen Bahn sowie Taxi-Dienste und Mietfahrrad-Angebote.[310] Die Vorteile der Mobilitäts-App liegen insbesondere darin, dass unterschiedliche Mobilitätsangebote gesucht, gebucht und unkompliziert bezahlt werden können. Hierbei besteht

[304] Ebd.
[305] Vgl. Fahn 2020.
[306] Vgl. bcs. 2013.
[307] Siehe hierzu Kapitel 4.1.1.
[308] Diese sind 1.CSA und 5.CSA. Siehe hierzu u. a. Kapitel 5.5.1.
[309] Vor dem Hintergrund der Anonymisierung der Forschungsdaten und der damit verbundenen Pseudonymisierung der Interviewteilnehmer werden im Folgenden anonymisierte Quellen verwendet. Zur Pseudonymisierung der Stakeholder siehe Kapitel 4.1.1.1.
[310] Quelle: Website des Maas-Dienstleisters.

die Möglichkeit, die Kredit- oder EC-Karte in der Mobilitäts-App zu hinterlegen. Die gebuchten Fahrten werden direkt in der Mobilitäts-App angezeigt und die Tickets sind sowohl online als auch offline einzusehen. Somit kann der Nutzer multimodal unterwegs sein, ohne dass Hindernisse hinsichtlich der Buchung und Bezahlung der unterschiedlichen Mobilitätsangebote bestehen. Dabei wird dem Nutzer die jeweils beste Verbindung angezeigt, um von A nach B zu kommen, d. h. hinsichtlich Dauer und Kosten des zu buchenden Fahrweges.[311]

Von Seiten von 2.WB kann über seine Geschäftsbeziehung als einer von insgesamt drei Konsortialpartnern sowie zugleich Projektkoordinator Einfluss auf ein stationsbasiertes E-Carsharing-Projekt in einer Mittelstadt sowie den teilnehmenden umliegenden Gemeinden nehmen.[312] Einflussmöglichkeiten bestehen über die geschlossenen vertraglichen Vereinbarungen, die im Rahmen des Konsortiums in Beziehung mit dem E-Carsharing-Betreiber bestehen. Diese können z. B. die Zusammensetzung der Flotte des stationsbasierten E-Carsharing-Angebotes betreffen, d. h. hinsichtlich Größe und bereitgestellten Fahrzeugklassen und -Modellen.[313]

Als **Einflussfaktoren** von Seiten der beiden Weiteren am Carsharing beteiligten Stakeholder (1.WB und 2.WB) auf die in unmittelbarer Stakeholder-Beziehung stehenden Carsharing-Anbieter und deren Geschäftsmodelle können die folgenden festgehalten werden:

- Von Seiten von 1.WB:
    - über die Beziehung als Schwesterunternehmen zum Carsharing-Anbieter Nr. 1 (1.CSA). 1.WB hat eine Mobilitäts-App entwickelt, in der Mobility-as-a-Service angeboten wird und u. a. das free-floating Carsharing-Angebot des Schwesterunternehmens gebucht werden kann.
- Von Seiten von 2.WB:
    - über die Geschäftsbeziehung im Rahmen des Konsortiums hinsichtlich des E-Carsharing-Angebots von Carsharing-Anbieter Nr. 5 (5.CSA). Dies betrifft primär die geschlossenen vertraglichen Vereinbarungen.

3.3 Zwischenfazit und Begründung der Notwendigkeit einer explorativen Untersuchung

Im vorliegenden Kapitel konnten Einflusswirkungen von Seiten der relevanten Stakeholdergruppen dargestellt sowie daraus abgeleitet erste Einflussfaktoren bestimmt werden. Die Ergebnisse zeigen, dass von Seiten der relevanten Stakeholdergruppen unterschiedliche Einflussfaktoren auf die Carsharing-Anbieter und deren Geschäftsmodelle bestehen. Diese gilt es nun im Rahmen einer wissenschaftlichen Untersuchung zu bestätigen bzw. zu erweitern. Vor dem Hintergrund der Forschungsthematik der Einflusswirkungen von Seiten relevanter Stakeholdergruppen auf das Geschäftsmodell Carsharing, entschied sich der Autor hierzu drei Themenbereiche näher zu betrachten. Diese sind: (1) Erwartungen an die Carsharing-Anbieter und deren Geschäftsmodelle, (2) Einflussmöglichkeiten auf die Carsharing-Anbieter und deren Geschäftsmodelle, (3) Stakeholder-Beziehungen in Bezug auf die Carsharing-Anbieter und deren Geschäftsmodelle.[314] Da zu diesen

[311] Vgl. ebd.

[312] Quelle: bereitgestelltes Informationsmaterial von 2.WB. Siehe hierzu Kapitel 5.1.1, Carsharing-Anbieter Nr. 5 (5.CSA).

[313] Vgl. ebd.

[314] Mehr hierzu u. a. Kapitel 1.2.

einzelnen Themenbereichen hinsichtlich der relevanten Stakeholdergruppen sowie der Zielsetzung der Arbeit[315] wenig bis keine wissenschaftlichen Erkenntnisse vorliegen, bedarf es einer explorativen Untersuchung.[316] Diese dient dazu, ein neuartiges Themenfeld grundlegend und möglichst umfassend aufzuarbeiten sowie einer detaillierten Analyse zu unterziehen, um so ein besseres Verständnis der relevanten Zusammenhänge zu erhalten. Explorative Ansätze verfolgen das Ziel, induktiv abgeleitete Erkenntnisse über die Forschungsfrage zu generieren und daraus neue theoretische Konzepte zu entwickeln.

[315] „Wie nehmen die relevanten Stakeholdergruppen dahingehend Einfluss bzw. wie können diese dahingehend Einfluss nehmen, damit das Carsharing-Angebot ausgeweitet wird?" Siehe Kapitel 1.2.

[316] Vgl. Döring und Bortz 2016.

4 Methodik der empirischen Untersuchung

Wie bereits im vorausgehenden Kapitel beschrieben, bedarf es auf Grund der unzureichenden wissenschaftlichen Erkenntnisse zur vorliegenden Forschungsthematik einer explorativen Untersuchung. Diese wird mit Hilfe eines qualitativen Forschungsansatzes mit quantitativem Teil umgesetzt, d. h. es wurde ein „Mixed Methods Research"[317] durchgeführt mit dem Ziel, ein weitestgehend umfassendes Bild vom Gegenstand der Untersuchung zu erhalten.[318] Ein qualitativer Forschungsansatz eignet sich insbesondere dafür, theoretisch und empirisch wenig untersuchte Zusammenhänge zu erforschen. Hierbei werden im Rahmen der Datenerhebung Standardisierungen vermieden, wobei ein methodisches Vorgehen ermöglicht wird, mit dem offen und flexibel auf neue Erkenntnisse reagiert werden kann. In Abgrenzung zu rein quantitativen Forschungsansätzen können so komplexe Phänomene und Sachverhalte ganzheitlich erfasst werden.[319]
Die qualitative Hauptstudie besteht aus fünf Teilen, wobei einer davon quantitativ ausgerichtet ist.[320] Für den quantitativen Teil der Hauptstudie wurde eine qualitative Vorstudie mit 20 Carsharing-Nutzern/-Nicht-Nutzern durchgeführt.[321] Die Vorstudie wurde anhand eines Fragebogens mit offen formulierten Fragen durchgeführt. In der Hauptstudie wurden teilstandardisierte Interviews auf der Grundlage eines Interviewleitfadens, der auch geschlossenen Fragen enthält, erhoben.[322]
Zur Identifikation und Auswahl relevanter Stakeholdergruppen wurde eine Stakeholder-Analyse durchgeführt.[323] Dabei entschied sich der Autor acht Stakeholdergruppen näher zu betrachten. Hierbei führte er mit insgesamt 35 Stakeholdern Interviews.[324]

4.1 Auswahl relevanter Stakeholdergruppen – Stakeholder-Analyse

Eine Stakeholder-Analyse dient dazu relevante Stakeholdergruppen sowie ihre Mitglieder zu identifizieren.[325] Hierbei bietet es sich an, eine Zielsetzung zu definieren, um die relevanten Stakeholdergruppen zu identifizieren, die für die vorliegende Arbeit von Interesse sind. In der vorliegenden Arbeit sollen die Einflusswirkungen auf das Geschäftsmodell Carsharing unter Berücksichtigung relevanter Stakeholdergruppen dargestellt werden. Dabei sollen Stakeholder aus solchen Stakeholdergruppen befragt werden, die zu einer Ausweitung

---

317 D. h. ein Methodenmix.

318 D. h. den Einflusswirkungen von Seiten relevanter Stakeholdergruppen auf das Geschäftsmodell Carsharing.

319 Vgl. Carson et al. 2001.

320 Siehe hierzu Kapitel 4.3 und 5.2.

321 Siehe Kapitel 4.2.

322 Siehe Anhang, Kapitel 8.1 Interviewleitfaden.

323 Siehe Kapitel 4.1.1.

324 Zur Übersicht der interviewten Stakeholder siehe Kapitel 4.1.1.1.

325 Vgl. Hügens 2005, S. 126 f.

der Carsharing-Angebote beitragen können. Hierzu wird In Kapitel 4.1.1 die Stakeholder-Analyse der Carsharing-Anbieter durchgeführt bevor in Kapitel 4.1.1.1 eine Übersicht zu den interviewten Stakeholdern gegeben wird.

4.1.1 Stakeholder-Analyse der Carsharing-Anbieter

In einem ersten Schritt werden Stakeholdergruppen der Carsharing-Anbieter dargestellt. Hierbei bietet es sich an, die Stakeholdergruppen anhand festgelegter Kriterien einzuteilen. Im Folgenden sollen die Stakeholdergruppen in primäre und sekundare Stakeholdergruppen eingeteilt werden, d. h. in solche, die in vertraglichen Beziehungen zu den Carsharing-Anbietern stehen[326] und solche, die in keinen vertraglichen Beziehungen zu diesen stehen.[327] Die folgenden Stakeholdergruppen wurden im Rahmen eines Brainstormings von Seiten des Autors gefunden, der sich auf den Forschungsstand zum Carsharing stützt:

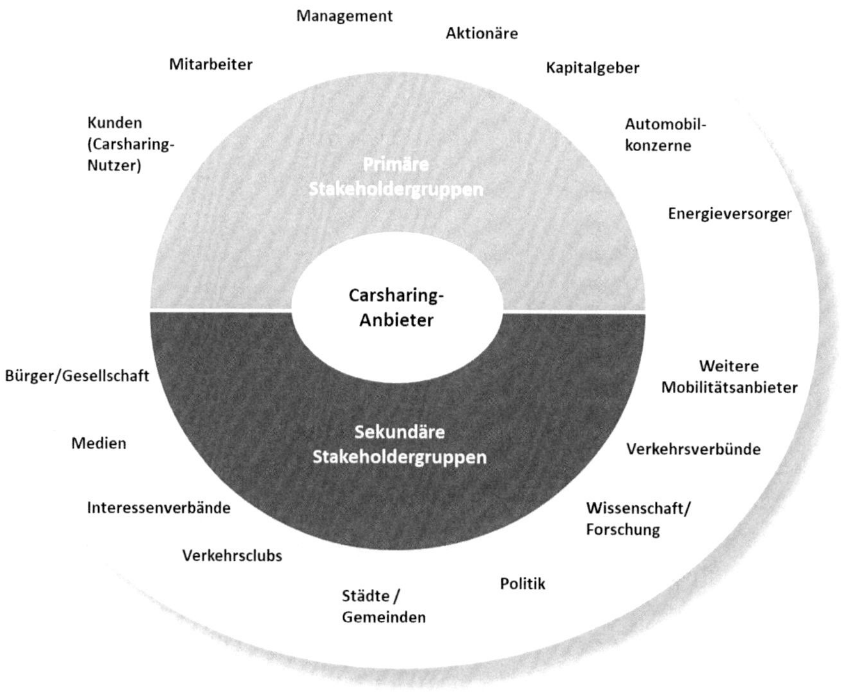

Abbildung 6: Stakeholdergruppen der Carsharing-Anbieter unterteilt in primäre und sekundäre Stakeholdergruppen

Um einen ersten Einblick zu möglichen Einflusswirkungen von Seiten der definierten Stakeholdergruppen zu erhalten, sollen diese in einem nächsten Schritt über die Zuordnung zum Unternehmensumfeld, d. h. dem Makroumfeld, eingeteilt werden. Hier bietet sich die Orientierung an der PESTEL-Analyse an, mit deren Hilfe es möglich ist, „das Unternehmensumfeld [das Makroumfeld] in Hinblick auf spezifische Marktgegebenheiten, (wahrscheinliche) Entwicklungen sowie deren Auswirkungen zu beschreiben."[328] PESTEL steht für die

[326] Diese gehören den primären Stakeholdergruppen an.

[327] Diese gehören den sekundären Stakeholdergruppen an. Zur Einteilung der Stakeholder in Stakeholdergruppen siehe Kapitel 2.2.3.

[328] Theobald o. J., S. 3.

„politischen (political), wirtschaftlichen (economic), sozio-kulturellen (social), technologischen (technological), ökologisch-geografischen (environmental) sowie rechtlichen (legal) Einflussfaktoren, die auf das Unternehmen einwirken."[329] Entsprechend dieser Einflussfaktoren lässt sich das Unternehmensumfeld in die folgenden Umfelder einteilen: politisches Umfeld, wirtschaftliches Umfeld, sozio-kulturelles Umfeld, technologisches Umfeld, ökologisch-geografisches Umfeld sowie rechtliches Umfeld. Über die Zuordnung zu diesen Umfeldern ergab sich die folgende Einteilung der Stakeholdergruppen:

Abbildung 7: Stakeholdergruppen der Carsharing-Anbieter unterteilt nach Unternehmensumfelder

Aufgrund der ausreichenden Zuordnung der bestehenden Stakeholdergruppen in die fünf Unternehmensumfelder in Abbildung 7 wurde das ökologisch-geografische Umfeld weggelassen. Die Stakeholdergruppen Kapitalgeber, Management und Aktionäre können auf Grund ihrer strategisch-ökonomischen Einflussmöglichkeiten auf die Carsharing-Anbieter und deren Geschäftsmodelle dem wirtschaftlichen Umfeld zugeordnet werden. Weitere Mobilitätsanbieter[330], Verkehrsverbünde und Automobilkonzerne können durch ihre eigenen Geschäftsmodelle in unmittelbarer Konkurrenz zu den Carsharing-Anbietern stehen und somit ebenfalls

[329] Ebd.

[330] Hierzu gehören u. a. Ride Hailing- und Ride Pooling-Anbieter, die On-Demand-Busse anbieten, Bike Sharing-Anbieter, E-Scooter-Anbieter, Taxiunternehmen sowie Autovermietung- und Leasing-Anbieter.

dem wirtschaftlichen Umfeld zugeordnet werden.[331] Aufgrund ihrer Möglichkeiten durch eigene Technologien Einfluss auf die Carsharing-Anbieter nehmen zu können, können Verkehrsverbünde[332] und Automobilkonzerne[333] jedoch auch dem technologischen Umfeld der Carsharing-Anbieter zugeordnet werden. Energieversorger stellen die Ladeinfrastruktur für E-Carsharing bereit und von Seiten der Wissenschaft/Forschung wird u. a. die Weiterentwicklung von Batterien für E-Autos vorangetragen. Interessenverbände und Verkehrsclubs sind Organisationen, die sich durch den Zusammenschluss von Personen kennzeichnen.[334] Mit Medien werden allgemeinhin alle Produkte bezeichnet, „die dazu beitragen, Informationen einer breiteren Öffentlichkeit zugänglich zu machen."[335] Hierzu gehören insbesondere die Presse, Rundfunk sowie die elektronischen, digitalen und sozialen Medien.[336] Medien werden durch Menschen gestaltet und können so wie die Bürger als Teil der Gesellschaft dem sozio-kulturellen Umfeld der Carsharing-Anbieter zugeordnet werden. Aus der Politik heraus können insbesondere *die politischen Verantwortlichen aus dem Mobilitätsbereich* Einfluss auf die Carsharing-Anbieter und deren Geschäftsmodelle nehmen. Diese können aufgrund ihrer politischen wie auch rechtlichen Einflussmöglichkeiten sowohl dem politischen wie auch dem rechtlichen Umfeld der Carsharing-Anbieter zugeordnet werden. Von Seiten der Städte/Gemeinden sind es insbesondere *die städtischen Verantwortlichen für den Verkehrs- und Mobilitätsbereich*, die über rechtliche Möglichkeiten verfügen, Einfluss auf die Carsharing-Anbieter und deren Angebote vor Ort zu nehmen. Mitarbeiter und Kunden können aufgrund ihrer Merkmale sowohl dem wirtschaftlichen als auch dem sozio-kulturellem Umfeld der Carsharing-Anbieter zugeordnet werden.[337] Darüber hinaus gibt es die Stakeholdergruppe der Weiteren am Carsharing beteiligten Stakeholder. Diese wurde deshalb mitaufgenommen, da in der vorliegenden Arbeit zwei Stakeholder (1.WB und 2.WB) interviewt wurden, die dieser Stakeholdergruppe zugeordnet werden können.[338] Diese Stakeholder verfügen über unterschiedliche Einflussmöglichkeiten und werden dementsprechend in die unterschiedlichen Unternehmensumfelder eingeteilt.[339]

Die vorliegende Arbeit soll Erkenntnisse bringen, wie Stakeholdergruppen dahingehend Einfluss nehmen bzw. nehmen können, damit das Carsharing-Angebot ausgeweitet wird und seine sowohl in ökonomischer, ökologischer und sozialer Hinsicht bestehenden positiven Effekte und Vorteile vollständig umsetzen kann. Vor dem Hintergrund des zeitlichen Aufwands können in der vorliegenden Arbeit nicht alle Stakeholdergruppen sowie deren Einflusswirkungen auf das Geschäftsmodell Carsharing berücksichtigt und dargestellt werden. Um einen signifikanten Erkenntnisgewinn zu erhalten, sollen solche Stakeholdergruppen näher betrachtet werden, die nicht nur zur Ausweitung des Carsharing beitragen können, sondern auch über unterschiedliche Einflusswirkungen verfügen. Somit soll mit der vorliegenden Arbeit ein erster Einblick in den Themenbereich der Einflusswirkungen relevanter Stakeholdergruppen auf das Geschäftsmodell Carsharing gegeben werden, auf

[331] In unmittelbarer Konkurrenz deshalb, da potentielle Carsharing-Nutzer die alternativen Mobilitätsangebote dieser Stakeholdergruppen anstatt Carsharing nutzen. Einzelne alternative Mobilitätsangebote können von Seiten der Carsharing-Nutzer jedoch auch als Ergänzung und nicht als Ersatz genutzt werden. Dies betrifft etwa den ÖPNV sowie das Nutzen von Leihrädern (Bike Sharing) und E-Scootern auf Strecken für die ein Carsharing-Fahrzeug nicht zwingend notwendig ist.

[332] So stellen Verkehrsverbünde vermehrt Apps bereit, mit denen ihre Nutzer die Mobilitätsangebote im ÖPNV buchen können. Hier besteht die Möglichkeit, Carsharing-Angebote in die Apps zu inkludieren.

[333] Diese stellen den (E-)Carsharing-Anbietern die (E-)Carsharing-Fahrzeuge bereit.

[334] Mehr hierzu siehe Kapitel 3.2.7.

[335] Gärtner o. J.

[336] Vgl. Schubert und Klein. M. 2020.

[337] So sind beide Stakeholdergruppen entscheidend für den Unternehmenserfolg der Carsharing-Anbieter verantwortlich und zugleich Bürger und somit Teil der Gesellschaft.

[338] Mehr hierzu siehe Fußnote 340.

[339] 1.WB kann dem technologischen Umfeld, 2.WB dem wirtschaftlichen Umfeld zugeordnet werden. Siehe hierzu Kapitel 5.4.8.

den weitere Untersuchungen aufbauen können. Der Autor entschied sich für die folgenden acht Stakeholdergruppen:

- Management der Carsharing-Anbieter
- Automobilkonzerne
- Politische Verantwortliche aus dem Mobilitätsbereich
- Städtische Verantwortlichen für den Verkehrs- und Mobilitätsbereich
- Verkehrsverbünde
- Energieversorger
- Interessenverbände und Verkehrsclubs
- Weitere am Carsharing beteiligte Stakeholder[340]

Die unterschiedlichen Einflusswirkungen von Seiten dieser Stakeholdergruppen lassen sich komprimiert wie folgt beschreiben:
Das *Management* ist entscheidend für die Ausgestaltung der Geschäftsmodelle der Carsharing-Anbieter verantwortlich. *Automobilkonzerne* sind vereinzelt Mutterunternehmen von Carsharing-Anbietern, die insbesondere free-floating Carsharing anbieten. *Politische Verantwortliche aus dem Mobilitätsbereich* können die rechtlichen Rahmenbedingungen für das Carsharing setzen. *Städtische Verantwortliche für den Verkehrs- und Mobilitätsbereich* können die rechtlichen Rahmenbedingungen vor Ort umsetzen. *Verkehrsverbünde* stehen mit einzelnen Carsharing-Anbietern in Kooperationen. *Energieversorger* stellen die Ladeinfrastruktur für das E-Carsharing bereit. *Interessenverbände und Verkehrsclubs* können durch ihre Informationspolitik[341] die Wahrnehmung zum Carsharing in der Öffentlichkeit beeinflussen. Die Einflusswirkungen von Seiten der beiden Weiteren am Carsharing beteiligten Stakeholder (1.WB und 2.WB) fallen unterschiedlich aus, weshalb hinsichtlich dieser keine einheitliche Aussage getroffen werden kann.

Im folgenden Kapitel ist eine Übersicht zu den in der vorliegenden Arbeit interviewten Stakeholdern, die in die zugehörigen Stakeholdergruppen eingeteilt sind, zu finden. Dabei wurde die jeweilige Position/der Verantwortungsbereich des Stakeholders sowie die Art des Interviews berücksichtigt. Hinsichtlich der Anonymisierung der Forschungsdaten, d. h. dem Entfernen personenbezogener Informationen, erhielten die Studienteilnehmer zu Beginn der Interviews eine Einwilligungserklärung. Mit der Einwilligung erklärten sie die freiwillige Teilnahme am Interview. Hier wurde individuell besprochen, inwiefern die Anonymisierung erfolgen soll. Die entsprechende Beschreibung des jeweiligen Stakeholders, d. h. hinsichtlich Position und Verantwortungsbereich wie sie in Kapitel 5.4 sowie der nachfolgenden Tabelle vorhanden ist, wurde individuell abgestimmt.[342]

---

[340] Auf der Grundlage der Erkenntnisse im Rahmen bereits geführter Interviews mit Stakeholdern aus der Stakeholdergruppe Management/Verantwortliche (d. h. Carsharing-Anbieter Nr. 1 und Nr. 5) sowie der Relevanz für deren Geschäftsmodelle, entschied sich der Autor zwei weitere Stakeholder zu interviewen, die der Stakeholdergruppe der Weiteren am Carsharing beteiligten Stakeholdern zugeordnet werden können. Dies deshalb, da die beiden Stakeholder (1.WB und 2.WB) keiner der in der vorliegenden Arbeit bestehenden Stakeholdergruppe zugeordnet werden können.

[341] D. h. das Verbreiten bestimmter Informationen zum Carsharing in Deutschland.

[342] Zu Beginn des Leitfadeninterviews wurde nach dem Profil des Stakeholders, d. h. hinsichtlich Position und Verantwortungsbereich gefragt, siehe Anhang, Kapitel 8.1.

4.1.1.1 Übersicht zu den interviewten Stakeholdern

Tabelle 2: Übersicht zu den interviewten Stakeholdern, eingeteilt nach Stakeholdergruppen

Stakeholdergruppe/ ID Stakeholder	**Position/Verantwortungsbereich**	**Interviewart**
Management/Verantwortliche Carsharing-Anbieter		
1.CSA	Business Development Manager	persönliches Interview
2.CSA	Chief Business Development Officer (CBDO)	persönliches Interview
3.CSA	Geschäftsführer und Vorstandsvorsitzender	persönliches Interview
4.CSA	Aufsichtsratsvorsitzender	persönliches Interview
5.CSA	Konsortialpartner	persönliches Interview
6.CSA	Vorsitzender	persönliches Interview
7.CSA	Geschäftsführer	telefonisches Interview
8.CSA	Vorstandsvorsitzender	telefonisches Interview
Automobilkonzerne		
1.AK	Verantwortlicher für Mobility-on-Demand	persönliches Interview
2.AK	Corporate Issues & Public Policy	persönliches Interview
3.AK	Leiter Einheit Urbane Mobilität	persönliches Interview
Politische Verantwortliche aus dem Mobilitätsbereich		
1.PV	Leiter der Abteilung Nachhaltige Mobilität im Verkehrsministerium eines Bundeslandes	persönliches Interview
2.PV	Landtagsabgeordneter und Mitglied im Ausschuss für Verkehr einer Landtagsfraktion	persönliches Interview
3.PV	parlamentarischer Berater für Verkehr einer Landtagsfraktion	persönliches Interview
4.PV	Landtagsabgeordneter und Mitglied im Ausschuss für Verkehr einer Landtagsfraktion	persönliches Interview
5.PV	parlamentarischer Berater für Verkehr einer Landtagsfraktion	persönliches Interview
6.PV	Landtagsabgeordneter und stellvertretender Vorsitzender im Ausschuss für Verkehr im Landtag	telefonisches Interview
Städtische Verantwortliche für den Verkehrs- und Mobilitätsbereich		
1.ST	Gruppenleiter für Verkehrspolitik und strategische Konzepte in der Abteilung Verkehr einer Metropole	telefonisches Interview

2.ST	Mitarbeiter im Referat Strategische Planung und Nachhaltige Mobilität einer Metropole	telefonisches Interview
3.ST	Abteilungsleiter der Abteilung Verkehrsplanung einer Metropole	persönliches Interview
4.ST	Bereichsleiter für Verkehr im Stadtplanungsamt einer Regiopole	persönliches Interview
5.ST[343]	stellvertretender Leiter des Amtes für Verkehrsmanagement (= 5.ST(1)) und Leiter der Abteilung Mobilitätsmanagement (= 5.ST(2)) einer Großstadt	persönliches Interview
6.ST[344]	Leiter des Fachbereichs Stadtentwicklung (= 6.ST(1)) und Leiter der Umweltstelle (= 6.ST(2)) einer Mittelstadt	persönliches Interview
Verkehrsverbünde		
1.VVB	Unternehmensbereichsleiter für Verkehrsplanung, Qualitätsmanagement und Fahrgastinformation	persönliches Interview
2.VVB	Geschäftsführer sowie Geschäftsbereichsleiter für den Bereich digitale Mobilität	persönliches Interview
3.VVB	Geschäftsführer sowie zuständig für Finanzen und Planung im Verkehrsverbund	telefonisches Interview
Energieversorger		
1.EV	Senior Manager Elektromobilität, zuständig für die Bereiche Strategie und Partnerschaften	persönliches Interview
2.EV	Innovationsmanager und hier im Besonderen für den Bereich Aufbau öffentlicher Ladeinfrastruktur sowie B2B-Geschäft verantwortlich	persönliches Interview
3.EV	Bereichsleiter Energievertrieb	persönliches Interview
Interessenverbände und Verkehrsclubs		
1.IV	Geschäftsführer des Bundesverband Carsharing e.V.	persönliches Interview
2.IV	Mitarbeiter in der Abteilung Verkehrspolitik beim Verband der Automobilindustrie e. V.	persönliches Interview

[343] Das Interview wurde gleichzeitig mit zwei Verantwortlichen geführt.

[344] Das Interview wurde gleichzeitig mit zwei Verantwortlichen geführt.

3.IV	Sprecher für Carsharing beim Verkehrsclub Deutschland e. V.	persönliches Interview
4.IV	Mitarbeiter im Referat Stadtverkehr und hier im Besonderen für die Verkehrspolitik beim Allgemeinen Deutschen Automobil-Club e. V.	persönliches Interview
Weitere am Carsharing beteiligte Stakeholder		
1.WB	Manager Strategic Partnerships eines MaaS[345] -Plattform-Anbieters	persönliches Interview
2.WB	Geschäftsführer einer Regionalen Wirtschaftsförderung in einer Mittelstadt	persönliches Interview

4.2 Qualitative Vorstudie – Fragebogen mit offenen Fragen

Ziel der qualitativen Vorstudie war es eine erste Annäherung an „Erwartungen" zu erhalten, die von Seiten der Stakeholdergruppen an die Carsharing-Anbieter und deren Geschäftsmodelle bestehen. Auch sollten (potentielle) Carsharing-Nutzer in die vorliegende Arbeit einbezogen werden, da diese für den Erfolg des Geschäftsmodells Carsharing ausschlaggebend sind, indem sie dieses nutzen (könnten).
Zur Durchführung der qualitativen Vorstudie wurde ein Fragebogen mit zwei offen gestellten Fragen entworfen. Da das Carsharing sowohl ökonomische, ökologische wie auch soziale Vorteile bzw. Effekte besitzt[346] und somit hier mit entsprechenden Erwartungen verbunden ist, empfand es der Autor als notwendig, diese von Seiten der (potentiellen) Nutzer näher zu definieren. Aus diesem Grund wurden die beiden folgenden offenen Fragen formuliert:

- *„Welche ökonomischen, ökologischen und sozialen Effekte und Vorteile verbinden Sie mit Carsharing?"*
- *„Welche Erwartungen haben Sie an die Carsharing-Anbieter und ihren Angeboten, damit Sie diese vermehrt nutzen?"*

Durch die schriftliche Beantwortung dieser beiden offenen Fragen, konnten ausreichend Effekte sowie Erwartungen von Seiten der (potentiellen) Carsharing-Nutzer bestimmt werden.[347] Die Fragen wurden offen formuliert, um die Befragten nicht durch Antwortmöglichkeiten zu beeinflussen und ihnen die Möglichkeit zu geben, Antworten frei zu formulieren.
Insgesamt 20 Carsharing-Nutzern/-Nicht-Nutzer haben den Fragebogen ausgefüllt, die sich anhand der folgenden wesentlichen Merkmale kennzeichnen lassen:

345 Mobility-as-a-Serice.

346 Siehe Kapitel 1.1 und 2.1.3.2.

347 Siehe hierzu Kapitel 5.2.1.

Tabelle 3: Teilnehmer der qualitativen Vorstudie - relevante Kennzeichen

ID	Geschlecht	Alter	Carsharing-Nutzer	Führerschein
1	männlich	35	nein	ja
2	männlich	33	nein	ja
3	weiblich	18	nein	nein
4	weiblich	22	ja	ja
5	männlich	38	nein	ja
6	weiblich	25	ja	ja
7	weiblich	41	nein	ja
8	männlich	32	ja	ja
9	weiblich	18	nein	ja
10	männlich	33	ja	ja
11	männlich	21	ja	ja
12	männlich	38	nein	ja
13	weiblich	28	nein	nein
14	weiblich	24	ja	ja
15	weiblich	45	nein	ja
16	männlich	51	nein	ja
17	männlich	47	nein	ja
18	männlich	22	nein	nein
19	weiblich	29	ja	ja
20	weiblich	19	nein	nein
	10 weiblich und 10 männlich	Ø 30,95 Jahre Median: 30,5	7 Carsharing-Nutzer	4 kein Führerschein

Bei der Auswahl der 20 Carsharing-Nutzer/-Nicht-Nutzer wurde darauf geachtet, eine gleiche Anzahl an weiblichen wie männlichen Teilnehmern zu erhalten. Mit einem Durchschnittsalter von 31 Jahren enthält die Stichprobe sowohl Carsharing-Nutzer/-Nicht-Nutzer, die noch zu Beginn ihrer Fahrerlaubnis zum Führen eines PKW stehen (≙ 18 Jahren) sowie auch solchen, die ausreichend Erfahrung mitbringen.[348] Von den 20 Teilnehmern waren 7 Carsharing-Nutzer. Vor dem Hintergrund, dass das Verhältnis von angemeldeten Carsharing-Nutzern in Deutschland zu solchen, die in Besitz eines Führerscheins sind, 1:20 beträgt[349], sind die Carsharing-Nutzer in der Stichprobe ausreichend vertreten. Hinzu kommt, dass vier Teilnehmer nicht in Besitz eines eigenen Führerscheins sind. Das Ziel einer relativ heterogenen Stichprobe wurde somit erreicht.

[348] So beträgt das Alter von ID 16 51 Jahre, womit dieser Teilnehmer der Älteste in der Stichprobe ist.

[349] Vgl. Pawlik 2021.

Die Teilnehmer wurden in der Innenstadt einer Regiopole gewonnen. Hierbei sprach der Autor unterschiedliche Personen, primär in öffentlichen Cafés, an und fragte diese, ob sie an der qualitativen Vorstudie teilnehmen möchten. Falls diese zusagten, wurden diese nach den relevanten Kennzeichen[350], die sie besitzen, befragt. Erfüllten die potentiellen Teilnehmer die relevanten Kennzeichen, füllten sie in der Folge den Fragebogen mit den beiden offenen Fragen aus. Bei der sukzessiven Gewinnung der Teilnehmer wurde darauf geachtet, dass die relevanten Kennzeichen in der Stichprobe möglichst heterogen abgebildet sind. Der Erhebungszeitraum war im Oktober 2017. Die offenen Fragen wurden in einem induktiven Verfahren ausgewertet, d. h. die Kategorien ergaben sich aus den Antworten aus dem Fragebogen heraus. Dabei wurden die auf der Grundlage des Fragebogens erhaltenen Effekte auf Validität überprüft, d. h. es wurde in Abgleich mit den ökonomischen, ökologischen und sozialen Effekten des Carsharing auf der Grundlage des Forschungsstandes geprüft, ob diese hier eingeordnet werden können. War dies der Fall wurden die erhaltenen Effekte näher betrachtet und entsprechend ihrer Relevanz hinsichtlich quantitativer Nennung und Relevanz aufgenommen und kategorisiert.[351] Die erhaltenen Kategorien wurden in einem weiteren Schritt wiederum in die übergeordneten Kategorien „ökonomische“, „ökologische“ und „soziale Effekte“ eingeordnet, Hierbei ergab sich die neue übergeordnete Kategorie „ökologisch-ökonomische Effekte“, die sich auf die Kategorie „einen Beitrag zum Ausbau der Elektromobilität (EL)“ bezieht.[352] In Bezug auf die zweite Frage des Fragebogens, den Erwartungen von Seiten der Carsharing-Nutzer/-Nicht-Nutzer an die Carsharing-Anbieter und deren Angebote, die mit einer vermehrten Nutzung einhergehen, ergaben sich Kategorien, die den übergeordneten Kategorien „auf das Geschäftsmodell bezogene Erwartungen“ sowie „auf das Geschäftsmodell bezogene erweiterte Kategorien" zugeordnet wurden.[353] Auch hier wurden die Kategorien entsprechend ihrer quantitativen Nennung ausgesucht.

4.3 Qualitative Hauptstudie mit quantitativem Teil – teilstandardisiertes Interview, Auswertungsmethodik

Die qualitative Hauptstudie mit quantitativem Teil wurde mit Hilfe eines Leitfadeninterviews durchgeführt. Ein Leitfadeninterview basiert auf einem Interviewleitfaden, der das Interview strukturiert.[354] In der vorliegenden Untersuchung wurde ein teilstandardisierter Interviewleitfaden, der auch geschlossene Fragen enthält, verwendet.[355] Zur Evaluation des Interviewleitfadens wurden vor dessen endgültiger Fassung Pretests mit Mitarbeitern aus dem Institut für Technikfolgenabschätzung und Systemanalyse am KIT[356] durchgeführt. Es wurden zwei Interviewleitfaden entwickelt, die sich hinsichtlich des Einleitungsteils unterscheiden. Ein Interviewleitfaden für die Stakeholdergruppe „Management/Verantwortliche der Carsharing-Anbieter“ und ein

[350] Siehe Tabelle 3 oben.

[351] D. h. es wurden diejenigen Effekte berücksichtigt, die von Seiten der Befragten am häufigsten genannt und als wichtig bewertet wurden.

[352] Siehe hierzu Kapitel 5.2.1.

[353] Ebd.

[354] Vgl. Loosen 2016.

[355] Teilstandardisierte Interviews zeichnen sich dadurch aus, dass dem Interviewpartner freigestellt wird, wie er die auf der Grundlage eines Fragebogens gestellten Fragen beantwortet. Im Gegensatz zu (voll)standardisierten Interviews gibt es keine festen Antwortmöglichkeiten. Ein teilstandardisierter Interviewleitfaden gibt Themen und ihre Reihenfolge vor. Vgl. Helfferich 2019.

[356] Karlsruher Institut für Technologie.

Interviewleitfaden für alle weiteren befragten Stakeholdergruppen. Im Anhang sind die beiden Interviewleitfaden zu finden.[357] Bei allen Interviewleitfaden wurden die einzelnen Stakeholder aus den untersuchten Stakeholdergruppen entsprechend adressiert. Wurde z. B. ein Stakeholder aus der Stakeholdergruppe der „politischen Verantwortlichen aus dem Mobilitätsbereich" oder der „Energieversorger" interviewt, ist der Interviewleitfaden an diesen adressiert worden, d. h. dieser wurde mit seiner Stakeholdergruppen-Bezeichnung angesprochen.
Durch das teilstandardisierte Interview sollen die Einflusswirkungen von Seiten der befragten Stakeholdergruppen auf das Geschäftsmodell Carsharing eruiert werden. Um dieses Ziel zu erreichen wurde der Interviewleitfaden in die folgenden fünf Teile eingeteilt:

1.) Einleitung: Kurzbeschreibung der Geschäftsmodelle der Carsharing-Anbieter und Ableitung erster Einflussfaktoren[358]
In der Einleitung des Interviewleitfadens der Stakeholdergruppe Management/Verantwortliche der Carsharing-Anbieter wird nach dem eigenen Geschäftsmodell hinsichtlich wesentlicher Kennzeichen und Entwicklungsprozess gefragt. Dadurch soll eine Kurzbeschreibung der Geschäftsmodelle der Carsharing-Anbieter ermöglicht werden, wodurch erste Einflussfaktoren abgeleitet werden sollen.

2.) Erwartungen an die Carsharing-Anbieter und deren Geschäftsmodelle[359]
Anhand der Erwartungen an die Carsharing-Anbieter und deren Geschäftsmodelle, die von Seiten der Stakeholdergruppen bestehen, sollen Einflussfaktoren ermittelt werden. Einflussfaktoren basieren auf Erwartungen bzw. Aussagen zu Erwartungen von Seiten der befragten Stakeholdergruppen, die einen Einfluss auf das Geschäftsmodell Carsharing haben. Zur erfolgreichen Verbreitung von Geschäftsmodellen wie dem Carsharing sind positive Erwartungen von Seiten der Stakeholdergruppen notwendig.[360] Dabei werden Geschäftsmodelle[361] von Seiten von Entscheidungsträgern umso mehr unterstützt, je stärkere und glaubwürdigere Erwartungen an diese bestehen.[362]

3.) Bewertung des Carsharing hinsichtlich Effekte und Erwartungen[363]
Die Bewertungen des Carsharing hinsichtlich Effekte und Erwartungen, die auf der Grundlage der qualitativen Vorstudie kategorisiert wurden, dienen dazu hier von Seiten der unterschiedlichen Stakeholdergruppen Tendenzen zu erhalten. Somit können nicht nur Aussagen getroffen werden, wie die einzelnen Stakeholdergruppen die unterschiedlichen Kategorien hinsichtlich Relevanz bewerten, sondern es können auch Differenzierungen getroffen werden, welche übergeordneten Kategorien von Seiten der Stakeholdergruppen priorisiert werden und welchen weniger Bedeutung beigemessen wird. Die übergeordneten Kategorien betreffen „ökonomische", „ökologische", „ökologisch-ökonomische" und „soziale Effekte" sowie Erwartungen, die sich auf das Geschäftsmodell Carsharing sowie darüber hinaus[364] beziehen.[365] Durch die Bewertung der Effekte von

[357] Siehe Kapitel 8.1.
[358] Siehe hierzu Kapitel 5.1.
[359] Siehe hierzu Kapitel 5.3.
[360] Im Rahmen der Literatur zur „Soziologie der Erwartungen" werden Erwartungen [an Geschäftsmodelle sowie Technologien] als kollektive Phänomene, die aus laufenden sozialen Prozessen hervorgehen und von zahlreichen Akteuren mit unterschiedlichen Interessen geprägt werden, definiert. Vgl. Bakker und Budde 2012; Borup et al. 2006.
[361] Bzw. Technologien wie das (E-)Carsharing.
[362] Vgl. van Lente 2012; Borup et al. 2006.
[363] Siehe hierzu Kapitel 5.2.
[364] Diese sind als „auf das Geschäftsmodell bezogene erweiterte Kategorien" kategorisiert (siehe Kapitel 5.2.1).
[365] Siehe hierzu Kapitel 5.2.

Seiten der Stakeholdergruppen können Aussagen getroffen werden, welche Vorteile diese mit dem Geschäftsmodell Carsharing verbinden und welchen Nutzen sie darin sehen.

4.) Einflussmöglichkeiten auf die Carsharing-Anbieter und deren Geschäftsmodelle[366]
Hier sollen die Einflussmöglichkeiten, die von Seiten der unterschiedlichen Stakeholdergruppen auf die Carsharing-Anbieter und deren Geschäftsmodelle bestehen, dargestellt werden.

5.) Stakeholder-Beziehungen in Bezug auf die Carsharing-Anbieter und deren Geschäftsmodelle[367]
Hier sollen die Stakeholder-Beziehungen von Seiten der relevanten Stakeholdergruppen in Bezug auf die Carsharing-Anbieter und deren Geschäftsmodelle umfassend dargestellt werden. Die Betrachtung dieser Beziehungen ist deshalb notwendig, um hier einen Einblick zu erhalten, wie diese überhaupt aussehen. Dadurch können Rückschlüsse gezogen werden, wie stark diese Beziehungen überhaupt sind und welche Einflussmöglichkeiten von Seiten der relevanten Stakeholdergruppen über ihre Beziehungen zu weiteren Stakeholdern der Carsharing-Anbieter bestehen.[368] Zur besseren Darstellung der Stakeholder-Beziehungen werden Mind-Maps verwendet, die diese je Stakeholdergruppe bzw. falls Subgruppen gebildet sind je Subgruppe[369] darstellen. Die bestehenden Beziehungen von Seiten der Stakeholdergruppen werden hinsichtlich ihrer Intensität farbig unterlegt, d. h. hinsichtlich der Bewertung in „keine Beziehungen" (grau), „Beziehungen vorhanden" (orange) und „starke Beziehungen" (grün).[370] Auch sollen die Stakeholder-Beziehungen von Seiten der Stakeholdergruppen hinsichtlich der Zielsetzung der Arbeit bewertet werden: „Wie nehmen die relevanten Stakeholdergruppen dahingehend Einfluss bzw. wie können diese dahingehend Einfluss nehmen, damit das Carsharing-Angebot ausgeweitet wird?[371]

Zu Beginn des Leitfadeninterviews wird im Interviewleitfaden nach der Position/dem Verantwortungsbereich des befragten Stakeholders gefragt, um hier ein kurzes Profil von diesem erstellen zu können.[372]
Die fünf Teile des Interviewleitfadens bestehen aus offen gestellten Fragen, lediglich der zweite Teil, Bewertung des Carsharing hinsichtlich Effekte und Erwartungen, sowie die Bewertung des eigenen Einflusses von Seiten des befragten Stakeholders im vierten Teil des Interviewleitfadens können auf der Grundlage von Likert-Skalen bewertet werden.

Die Reihenfolge im Interviewleitfaden entspricht nicht der Reihenfolge der dargestellten empirischen Ergebnisse in Kapitel 5. Im Leitfadeninterview wird zunächst in offen gestellten Fragen nach den Erwartungen von Seiten der befragten Stakeholder an die Carsharing-Anbieter und deren Geschäftsmodelle gestellt.[373] Im Anschluss erfolgt die Bewertung des Carsharing hinsichtlich Effekte und Erwartungen anhand vorgegebener Kategorien.[374] Diese Reihenfolge wurde deshalb gewählt, um möglichst differenzierte Ergebnisse hinsichtlich bestehender Erwartungen zu erhalten, ohne dass die Aussagen von Seiten der befragten Stakeholder durch die vorgegebenen kategorialen Variablen beeinflusst werden. Bei der Darstellung der empirischen Ergebnisse in Kapitel 5 bietet es sich jedoch an, zunächst die quantitativen Ergebnisse hinsichtlich Effekte und Erwartungen darzustellen, um im Anschluss die qualitativen Ergebnisse vorzustellen, d. h. hinsichtlich Erwartungen an

[366] Siehe hierzu Kapitel 5.4.

[367] Siehe hierzu Kapitel 5.5.

[368] D. h. hinsichtlich der Carsharing-Anbieter und deren Geschäftsmodelle.

[369] So ist etwa die Stakeholdergruppe der politischen Verantwortlichen aus dem Mobilitätsbereich (Kapitel 5.5.3) in die Subgruppen der Regierungsparteien (1.PV – 3.PV) und die der Oppositionsparteien (4.PV – 6.PV) unterteilt.

[370] Auch kann eine Stakeholder-Beziehung mit „nicht relevant" bewertet werden. Mehr hierzu siehe Kapitel 5.5.

[371] Siehe Kapitel 1.2.

[372] Siehe hierzu Kapitel 5.4.

[373] Frage 2 im Interviewleitfaden, siehe Anhang Kapitel 8.1.

[374] Frage 3 im Interviewleitfaden, siehe Anhang Kapitel 8.1.

die Carsharing-Anbieter und deren Geschäftsmodelle, die von Seiten der relevanten Stakeholdergruppen bestehen.[375]

Im Folgenden wird eine Übersicht zur Darstellung der empirischen Ergebnisse aus Kapitel 5 gegeben:

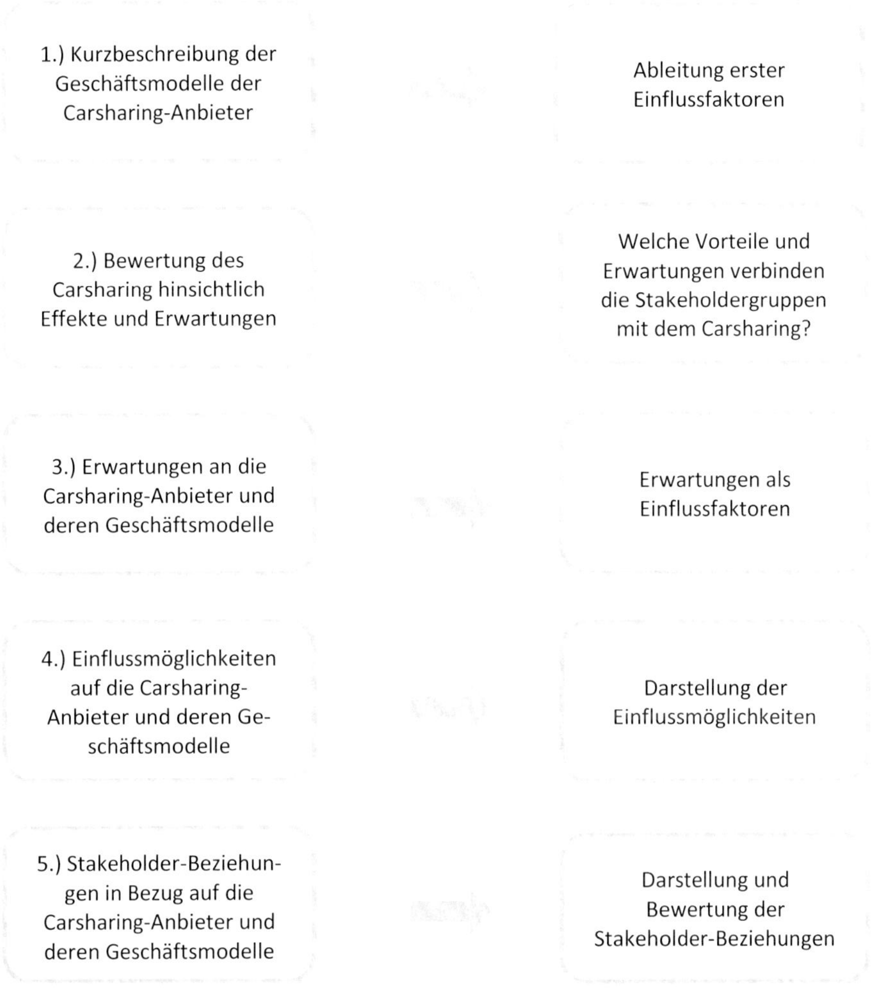

Von den Interviews mit den insgesamt 35 Stakeholdern wurden im Zeitraum von März bis Oktober 2018 30 Stakeholder in persönlichen Befragungen interviewt. Hierbei gab es Treffen, die überwiegend in den Räumlichkeiten der Stakeholder vor Ort stattfanden. Der Autor entschloss sich, nach einer ersten Auswertung der bestehenden Interviews fünf weitere Stakeholder zu befragen. Diese Interviews wurden im Zeitraum von Februar bis März 2020 auf Grund der Einschränkungen durch die COVID-19-Pandemie telefonisch durchgeführt. Alle Interviews wurden mit einem Aufnahmegerät aufgezeichnet und durch den Autor selbstständig transkribiert. Zur Analyse der vollständig transkribierten Interviews wurde das Softwareprogramm MAXQDA für qualitative und Mixed Methods-Forschung verwendet.[376] Die fünf Teile des Interviewleitfadens wurden wie im Folgenden beschrieben ausgewertet:

[375] Die qualitativen Ergebnisse stellen eine Erweiterung der quantitativen Ergebnisse dar.

[376] Vgl. MAXQDA - The Art of Data Analysis 2018.

Teil 1, die Kurzbeschreibung der Geschäftsmodelle der Carsharing-Anbieter[377], wurde durch Fallzusammenfassungen, die sich unmittelbar aus den beiden Fragestellungen: *„Wie sieht ihr/das Geschäftsmodell der ... GmbH/GmbH & Co. KGAG/e.V./eG aus?"* und *„Wie ist die ... GmbH/GmbH & Co. KGAG/e.V./eG und ihr Geschäftsmodell entstanden?"*[378] sowie bereitgestellten Unternehmensinformationen in Form von Printmedien und Websites ergeben, gebildet. Dabei wurden zunächst stichwortartige Fallzusammenfassungen geschrieben, die in einem nächsten Schritt zu einem Fließtext ausformuliert wurden.[379] Anhand der wesentlichen Kennzeichen und Ziele der Carsharing-Anbieter aus dem Fließtext wurden Einflussfaktoren abgeleitet, die mit Hilfe von Mind-Maps in Kapitel 5.1.2 dargestellt werden. Die Mind-Maps wurden mit dem Mindmapping-Softwareprogramm Xmind erstellt.[380]
Teil 2, die Erwartungen der Stakeholdergruppen an die Carsharing-Anbieter und deren Geschäftsmodelle, wurde in einem deduktiv-induktiven Auswertungsverfahren erstellt. An der Auswertung des dritten Teils des Interviewleitfadens *der Bewertung des Carsharing hinsichtlich Effekte und Erwartungen* orientiert, ergaben sich hier die A-priori-Kategorien: „ökonomische", „ökologische" und „soziale Erwartungen"[381] sowie „auf das Geschäftsmodell bezogene Erwartungen". Mit diesen A-priori-Kategorien wurden die Ergebnisse zu den Erwartungen von Seiten der Stakeholder durchlaufen und codiert. In einem zweiten Durchlauf wurden induktiv Subkategorien gebildet, die sich an den A-priori-Kategorien orientierten. Hieraus ergaben sich Mischformen der A-priori-Kategorien.[382] Anhand der Erwartungen bzw. den Aussagen zu den Erwartungen von Seiten der Stakeholdergruppen wurden Einflussfaktoren abgeleitet[383], die in Kapitel 5.3 im Rahmen von Mind-Maps dargestellt werden.
Teil 3, die Bewertung des Carsharing hinsichtlich Effekte und Erwartungen auf der Grundlage einer Likert-Skala, wurde deskriptiv mit dem Tabellenkalkulationsprogramm Excel[384] ausgewertet und in Kapitel 5.2 dargestellt.
Teil 4, die Einflussmöglichkeiten auf die Carsharing-Anbieter und deren Geschäftsmodelle[385], wurden wiederum durch stichwortartige Fallzusammenfassungen auf der Grundlage der an die jeweilige Stakeholdergruppe angepassten Frage: *„Welche Möglichkeiten haben Sie in Ihrer Funktion als ... Einfluss auf die Carsharing-Anbieter und deren Geschäftsmodelle zu nehmen, um etwa die eigenen Erwartungen und Interessen durchzusetzen?"* erstellt und in einem Fließtext ausformuliert. Die Bewertungen des eigenen Einflusses von Seiten der Stakeholdergruppen auf der Grundlage einer Likert-Skala wurden zur besseren Übersicht in Form von Balkendiagrammen mit Excel dargestellt.
Teil 5, die Stakeholder-Beziehungen in Bezug auf die Carsharing-Anbieter und deren Geschäftsmodelle[386], wurden stichwortartig zusammengefasst. Dabei wurden Fließtexte je Stakeholdergruppe bzw. falls Subgruppen gebildet sind je Subgruppe erstellt. Zur besseren Darstellung der Stakeholder-Beziehungen wurden hierzu Mind-Maps mit Hilfe der Mindmapping-Software Xmind erstellt.[387]

[377] Siehe hierzu Kapitel 5.1.

[378] Siehe hierzu Interviewleitfaden im Anhang, Kapitel 8.1.

[379] Zur Methodik von Fallzusammenfassungen („Case Summarys") vgl. Kuckartz 2016, 58 ff.

[380] Vgl. XMind - Mindmapping-Software 2018.

[381] Diese Erwartungen ergeben sich durch die „ökonomischen", „ökologischen" und „sozialen Effekte" des Carsharing, d. h. hier können aus diesen abgeleitet „ökonomische", „ökologische" und „soziale Erwartungen" an die Carsharing-Anbieter und deren Geschäftsmodelle von Seiten der Stakeholder bestehen.

[382] Siehe hierzu Kapitel 8.3.1 Übersichttabelle zur Kategorisierung der Erwartungen.

[383] Zum Prozess der Ableitung von Einflussfaktoren siehe *Erklärung zu den Übersichttabellen im Anhang* zu Beginn des Kapitels 5.3.

[384] Vgl. Microsoft Excel.

[385] Siehe hierzu Kapitel 5.4.

[386] Siehe hierzu Kapitel 5.5.

[387] Vgl. XMind - Mindmapping-Software 2018.

Um die Einflusswirkungen von Seiten der relevanten Stakeholdergruppen auf der Grundlage der empirischen Ergebnisse besser darzustellen, entschied sich der Autor diese im Rahmen des **Stakeholder Salience Models von Mitchell et al. (1997)** einzuordnen und auszuwerten. Mitchell et al. (1997) teilen Stakeholder anhand einer Stakeholder-Typologie[388] ein. Dabei werden den Stakeholdern sowie ihren Ansprüchen drei wesentliche Eigenschaften zugeteilt: „Macht, Legitimität und Dringlichkeit."[389] Die Vorstellung des Stakeholder Salience Models sowie die Einordnung und Auswertung der relevanten empirischen Ergebnisse sind in **Kapitel 6** zu finden.

[388] Eine Stakeholder-Typologie dient dazu Stakeholder aufgrund gemeinsamer Eigenschaften in Typen bzw. Stakeholdergruppen einzuteilen.

[389] „power, legitimacy, and urgency." Mitchell et al. 1997, S. 853.

5 Empirische Ergebnisse

Im Folgenden werden die Ergebnisse der qualitativen Hauptstudie einschließlich des quantitativen Teils **(Kapitel 5.2)** dargestellt. Die qualitative Hauptstudie enthält, angelehnt an die Interviewleitfaden[390], vier Teile. Diese sind:

- Kurzbeschreibung der Geschäftsmodelle der Carsharing-Anbieter und Ableitung erster Einflussfaktoren **(Kapitel 5.1)**
- Erwartungen von Seiten der Stakeholdergruppen an die Carsharing-Anbieter und deren Geschäftsmodelle **(Kapitel 5.3)**
- Einflussmöglichkeiten von Seiten der Stakeholdergruppen auf die Carsharing-Anbieter und deren Geschäftsmodelle[391] **(Kapitel 5.4)**
- Darstellung der Stakeholder-Beziehungen von Seiten der Stakeholdergruppen **(Kapitel 5.5)**

Der quantitative Teil der Hauptstudie wird in Kapitel 5.2 vorgestellt, um hier eine erste Annäherung zu Erwartungen, die von Seiten der befragten Stakeholdergruppen an das Carsharing bestehen, zu erhalten.[392]

5.1 Kurzbeschreibung der Geschäftsmodelle der Carsharing-Anbieter und Ableitung erster Einflussfaktoren

In Kapitel 5.1 wird eine erste Beschreibung zu vorhandenen Einflussfaktoren auf die Carsharing-Anbieter und deren Geschäftsmodelle gegeben. Hierbei werden zunächst die Geschäftsmodelle der untersuchten Carsharing-Anbieter näher dargestellt (Kapitel 5.1.1), um in einem zweiten Schritt anhand der wesentlichen Kennzeichen und Ziele der Carsharing-Anbieter vorhandene Einflussfaktoren abzuleiten (Kapitel 5.1.2). Als Grundlage dienen hierbei die Fragen aus dem Einleitungsteil des Interviewleitfadens an das Management/die Verantwortlichen der Carsharing-Anbieter[393]: *„Wie sieht ihr/das Geschäftsmodell der ... GmbH/GmbH & Co. KGAG/e.V./eG aus?"* und *„Wie ist die ... GmbH/GmbH & Co. KGAG/e.V./eG und ihr Geschäftsmodell entstanden?"* Diese wurden durch bereitgestellte Unternehmensinformationen in Form von Printmedien und Websites ergänzt.
Die Einflussfaktoren werden mit Hilfe von Mind-Maps für jeweils zwei Carsharing-Anbieter dargestellt, die auf Grund ähnlicher Kennzeichen miteinander verglichen werden können. Abschließend werden die Einflussfaktoren in Kapitel 5.1.3 zusammenfassend beschrieben.

Insgesamt wurden acht Carsharing-Anbieter untersucht. Die Carsharing-Anbieter lassen sich mit Hilfe der folgenden Kennzeichen kategorisieren:

---

390 Es bestehen zwei unterschiedliche Interviewleitfaden. Einer für die befragten Carsharing-Anbieter bzw. deren Management/Verantwortliche sowie einer für alle anderen befragten Stakeholder. Siehe Anhang, Kapitel 8.1.

391 In diesem Kapitel werden die befragten Stakeholder anhand ihrer Position/ihrem Verantwortungsbereich näher beschrieben.

392 Eine detaillierte Beschreibung zu den einzelnen Teilen von Kapitel 5 ist in Kapitel 4.3 zu finden.

393 Siehe Anhang, Kapitel 8.1.1.

Tabelle 4: Wesentliche Kennzeichen der acht untersuchten Carsharing-Anbieter

Carsharing-Anbieter	**1.CSA**	**2.CSA**	**3.CSA**	**4.CSA**
Carsharing-Variante	free-floating	free-floating	stationsbasiert und free-floating	stationsbasiert und free-floating
Antriebsform(en)	konventionell und elektrisch	konventionell und elektrisch	konventionell und elektrisch	konventionell und elektrisch
Rechtsform	GmbH	GmbH & Co. KG	AG	AG
Carsharing-Fahrzeuge	> 1000	> 1000	≤ 1000	≤ 500
RegioStaR 17[394]	Metropole, Großstadt	Metropole, Großstadt	Metropole, Großstadt, Mittelstadt	Regiopole, Mittelstadt, städtischer Raum, kleinstädtischer, dörflicher Raum

Carsharing-Anbieter	**5.CSA**	**6.CSA**	**7.CSA**	**8.CSA**
Carsharing-Variante	stationsbasiert	stationsbasiert	stationsbasiert	stationsbasiert
Antriebsform(en)	elektrisch	konventionell und elektrisch	elektrisch	elektrisch
Rechtsform	GmbH	e.V.	GmbH	eG
Carsharing- Fahrzeuge	≤ 50	≤ 25	≤ 25	≤ 25
RegioStaR 17	Mittelstadt, kleinstädtischer, dörflicher Raum	städtischer Raum	Metropole	städtischer Raum, kleinstädtischer, dörflicher Raum

Einordnung der untersuchten Carsharing-Anbieter anhand der Regionalstatistischen Raumtypologie – RegioStaR:

Zur Einordnung der Carsharing-Anbieter in Bezug auf deren lokale Verortung bietet sich die Regionalstatistische Raumtypologie (RegioStaR) an.[395] Siedlungsstrukturelle Raumtypen sind Gruppen von Städten und Gemeinden, die ähnliche Raum- und Siedlungsstrukturen aufweisen wie z. B. große Städte oder ländliche Gemeinden. Durch die Klassifikation in unterschiedliche siedlungsstrukturelle Raumtypen, können urbane und ländliche Räume näher bestimmt, Stadtregionen abgegrenzt sowie Städte hierarchisch gegliedert werden. RegioStaR lässt sich in unterschiedliche Typologien unterteilen. Hierzu gehören RegioStaR 2, RegioStaR 4, RegioStaR 5, RegioStaR 7 und RegioStaR 17. RegioStaR 2 entspricht der am wenigsten differenzierten Typologie mit der Enteilung in „Stadtregion“ und „Ländliche Region“ und RegioStaR 17 der differenziertesten Typologie mit insgesamt 17 Raumtypen, die vom „kleinstädtischen, dörflichen Raum“ bis hin zur „Metropole“ reichen. Die Einwohnerzahlen der berücksichtigten Raumtypen sind die folgenden:

[394] Zur Kategorisierung der Carsharing-Anbieter nach RegioStaR siehe unten.

[395] Vgl. Referat G13 „Prognosen, Statistik und Sondererhebungen“ 2020.

Tabelle 5: Übersicht zu den Einwohnerzahlen der berücksichtigten Raumtypen im Rahmen von RegioStaR 17

Raumtyp	Einwohnerzahl
Metropole	5.Mio ≥ 1.Mio
Großstadt	1.Mio. ≥ 100.000
Regiopole[396]	≥ 100.000
Mittelstadt	100.000 ≥ 20.000
städtischer Raum[397]	≥ 34.000[398]
kleinstädtischer, dörflicher Raum[399]	≤ 20.000

5.1.1 Kurzbeschreibung der Geschäftsmodelle der Carsharing-Anbieter

Um Gemeinsamkeiten und Unterschiede zu den Geschäftsmodellen der Carsharing-Anbieter zu eruieren, werden diese im Folgenden dargestellt. Dabei werden solche Carsharing-Anbieter miteinander verglichen, die auf Grund ihres gleichen Carsharing-Angebots bzw. Geschäftsmodells, d. h. Carsharing-Variante, Antriebsformen sowie Anzahl der Carsharing-Fahrzeuge, von vornherein Ähnlichkeiten aufweisen. Diese sind die folgenden:

Carsharing-Anbieter Nr. 1 und Nr. 2:
„Tochterunternehmen von Automobilkonzernen" sowie „Premium-Carsharing-Anbieter".

Carsharing-Anbieter Nr. 1 (1.CSA[400]):

1.CSA ist das *Tochterunternehmen eines Automobilkonzerns* und sieht sich als *„Premium-Carsharing-Anbieter"*, der „Mobilty-on Demand[401] für den urbanen Ballungsraum[402]" anbietet.[403] Darunter versteht er „innerstädtische Mobilität mit Einwegfahrten-Möglichkeit, um von A nach B zu kommen ohne auf ein eigenes Auto zurückgreifen zu müssen sowie sich nach Fahrplänen im ÖPNV zu richten."[404] 1.CSA sieht sein free-floating Carsharing-Angebot als innerstädtische Ergänzungsmobilität zum ÖPNV und nicht als Konkurrenz.[405] Die Carsharing-Flotte von 1.CSA besteht aus überwiegend Kleinst- und Kleinwagen[406], seit vergangenem Jahr auch aus Fahrzeugen aus höheren Fahrzeugsegmenten. Dabei werden ausschließlich neue und besonders emissionsarme Fahrzeugmodelle berücksichtigt.[407] Ziel ist es, mit den Fahrzeugmodellen „so viele Use Cases[408] wie möglich abzudecken."[409] Das Geschäftsgebiet von 1.CSA erstreckt sich über die Innenstädte, den verdichteten

[396] Siehe Kapitel 8.6, Erläuterung relevanter Begriffe: Regiopole.

[397] Siehe Kapitel 8.6, Erläuterung relevanter Begriffe: Städtischer Raum.

[398] Die gegenwärtig kleinste kreisfreie Stadt in Deutschland ist Zweibrücken mit 34.000 Einwohnern (Stand 01.01.2021).

[399] Städte, die mindestens 5.000 und höchstens 20.000 Einwohner haben entsprechen dem Typ „Kleinstadt". Städte mit weniger als 5000 Einwohnern dem Typ „Landstadt". Vgl. BBSR – Bundesinstitut für Bau-, Stadt- und Raumforschung 2017.

[400] Anmerkung: Die jeweiligen Kürzel der Carsharing-Anbieter (1.CSA - 8.CSA) stehen im Folgenden stellvertretend für den jeweiligen Carsharing-Anbieter.

[401] Siehe Kapitel 8.6, Erläuterung relevanter Begriffe: Mobility-on-Demand.

[402] Siehe Kapitel 8.6, Erläuterung relevanter Begriffe: Ballungsraum.

[403] Vgl. Interview 1.CSA, 21.

[404] Interview 1.CSA, 17.

[405] Vgl. Interview 1.CSA, 44.

[406] Zur Einordnung bzw. Systematisierung von Fahrzeugklassen vgl. Kraftfahrt-Bundesamt (2018).

[407] Vgl. Interview 1.CSA, 28.

[408] Anwendungsfälle.

[409] Interview 1.CSA, 42.

Raum sowie den Mischgebieten in den Metropolen und Großstädten.[410] 1.CSA strebt Profitabilität an und möchte weiter expandieren, jedoch nur mit dem gegenwärtigen Geschäftsmodell, das auf dem Prinzip der Kurzzeitmiete basiert und keine Langzeitmieten ermöglicht.[411] Dabei verfolgt 1.CSA die Strategie, das gegenwärtige Geschäftsmodell auf andere Metropolen und Großstädte erfolgreich zu übertragen.[412] Hierbei sollen auch Kooperationen mit weiteren Mobilitätsanbietern gesucht werden. So gibt es gegenwärtig eine Vielzahl an Kooperationen mit Verkehrsverbünden und ihren Verkehrsunternehmen.[413] Hier werden überwiegend Kombiprodukte und Produkt-Pakete angeboten. Da sich der Carsharing-Anbieter als Ergänzung zum ÖPNV sieht, ist dieser an einer weiteren Vernetzung mit den ÖPNV-Anbietern interessiert.[414] Der Carsharing-Anbieter treibt die Elektrifizierung seiner Flotte systematisch voran, weil er davon überzeugt ist, dass Elektromobilität im Mobilitätssystem der Zukunft eine entscheidende Rolle spielen wird.[415] Dabei wird die Strategie verfolgt, die Carsharing-Flotten mittelfristig komplett auf E-Carsharing umzustellen. Es gibt bereits Standorte, an denen die Carsharing-Flotten komplett elektrifiziert sind. Die restlichen Standorte sollen schrittweise vollständig auf E-Carsharing umgestellt werden.[416] Mit dem gegenwärtigen Geschäftsmodell sollen auch die Themen rund um „Dieselfahrverbote in den Innenstädten" und „Luftreinhaltepläne" bespielt werden.[417] Der Carsharing-Anbieter konnte in den vergangenen Jahren seine (E-)Carsharing-Flotte kontinuierlich ausbauen, indem er neue (E-)Carsharing-Flotten in Metropolen und Großstädten aufgesetzt hat. Dabei hat in den Jahren nach der Unternehmensgründung eine sichtbare Professionalisierung in den verschiedenen Unternehmensbereichen stattgefunden.[418] „Zu Beginn war das entscheidende Kriterium noch die Geschwindigkeit mit der die Mitarbeiter, die überwiegend Generalisten waren, arbeiten mussten, um das Unternehmen voranzubringen. Es herrschte eine Start-up-Mentalität."[419] Gegenwärtig werden die Stellen innerhalb der verschiedenen Unternehmensbereiche hingegen hauptsächlich von Fachexperten besetzt.[420]

Carsharing-Anbieter Nr. 2 (2.CSA):

Der Carsharing-Anbieter ist das *Tochterunternehmen eines Automobilkonzerns* und sieht sich ebenso wie 1.CSA als *„Premium-Carsharing-Anbieter"*, der „Mobility-on-Demand" für den urbanen Ballungsraum anbietet.[421] Dabei strebt 2.CSA[422] „mittelfristig eine Ausweitung des Carsharing-Angebots auf Mittelstädte[423] an, jedoch nicht mit dem gegenwärtigen free-floating Geschäftsmodell, sondern mit dem sta-

[410] Vgl. Interview 1.CSA, 21.

[411] Vgl. Interview 1.CSA, 49.

[412] Vgl. Interview 1.CSA, 28. Dies schließt Metropolen und Großstädte in Ländern außerhalb von Deutschland mit ein.

[413] Vgl. Interview 1.CSA, 44.

[414] Vgl. Ebd.

[415] Vgl. Interview 1.CSA, 28.

[416] Vgl. Ebd.

[417] Vgl. Interview 1.CSA, 34.

[418] Vgl. Interview 1.CSA, 55.

[419] Interview 1.CSA, 55.

[420] Vgl. Interview 1.CSA, 55.

[421] Vgl. Interview 2.CSA, 30. 2.CSA betont, dass er im Vergleich zu anderen Carsharing-Anbietern am Markt einen höheren Preispunkt hat, diesen aber als gerechtfertigt sieht, da er verschiedene Fahrzeugmodelle mit entsprechenden Standards anbietet, die verschiedene Anwendungsfälle abdecken, d. h. Privatfahrten, Fahrten im Zusammenhang mit der eigenen Arbeit, Einkaufsfahrten sowie auch Freizeitfahrten, vgl. Interview 2.CSA, 36.

[422] 2.CSA steht stellvertretend für den Carsharing-Anbieter Nr. 2.

[423] Siehe Kapitel 8.6, Erläuterung relevanter Begriffe: Mittelstadt.

tionsbasierten Geschäftsmodell.“[424] Im Unternehmen gibt es eine Abteilung, die „operatives Business Development betreibt, d. h. Geschäftsfeld- bzw. Unternehmensentwicklung.“[425] In der praktischen Umsetzung setzt 2.CSA sein Geschäftsmodell in einer neuen Metropole oder Großstadt auf, wobei notwendige Anpassungen an das bisherige Geschäftsmodell gemacht werden können, wie dies z. B. bei einem neuen Buchungs-Start-, Buchungs-Ende-Prozess[426] der Fall war.[427] Hierbei bedient sich 2.CSA Unternehmensinstrumenten wie Wettbewerbsanalysen und Foresight-Prozessen.[428] 2.CSA steht in Kooperationen mit Verkehrsverbünden und deren Verkehrsunternehmen. Hierbei ist das Carsharing-Angebot von 2.CSA in der Mobilitäts-App eines Verkehrsverbundes integriert. Der Carsharing-Anbieter sieht sich als „Frontrunner“ in Bezug auf Elektromobilität.[429] 2.CSA befasst sich mit zukünftigen Entwicklungen im Rahmen der urbanen Mobilität und der Frage, wie das eigene Geschäftsmodell hier weiterentwickelt werden kann. Dies schließt z. B. die Mobilitätsdienste Ride Hailing[430] und Ride Pooling[431] mit ein und die Frage, ob diese Mobilitätsdienste das eigene Geschäftsmodell erweitern können oder ob obsolet machen.[432] In Bezug auf die Unternehmensentwicklung betont 2.CSA, dass man „gerade im Bereich Sharing Economy auch mit einem halbfertigen Produkt auf den Markt gehen kann, d. h., dass nicht alles zu 100% fertig entwickelt sein muss und man so schauen kann, ob es funktioniert.“[433] Dies hat auch zur erfolgreichen Unternehmensentwicklung von 2.CSA beigetragen. So schildert 2.CSA, dass er „bei der Implementierung des Carsharing-Angebots einfach auch mal Dinge ausprobiert hat, die nicht immer erfolgreich waren, daraus aber gelernt hat und auf Basis dieser Erkenntnisse innovative Anpassungen gemacht hat.“[434] Diesen Erkenntnis- und Entwicklungsprozess möchte 2.CSA auch für die zukünftige Unternehmensentwicklung beibehalten.[435]

---

[424] Interview 2.CSA, 46. 2.CSA spricht hierbei an, dass „die Auslastung der Carsharing-Fahrzeuge gegeben sein sollte, da sich das Geschäftsmodell sonst nicht rechnet.“ Beim free-floating Geschäftsmodell in den Geschäftsgebieten in den Metropolen ist erfahrungsgemäß eine hohe Auslastung gegeben, da viele Carsharing-Fahrzeuge „geshared“ werden. Aus diesem Grund ist es auch möglich free-floating anstatt stationsbasiertes Carsharing anzubieten, d. h die Carsharing-Fahrzeuge innerhalb eines festgelegten Geschäftsgebietes frei abstellen zu können. In den Mittelstädten ist die Auslastung erfahrungsgemäß hingegen nicht immer so hoch, wie bei den dortigen Carsharing-Anbietern zu sehen ist. Aus diesem Grund ist es hier sinnvoller, feste Stationen zu haben, die in unmittelbarer Entfernung zu möglichen Nutzern bzw. zu relevanten Orten, wie z. B. Straßenbahnhaltestellen, Einkaufszentren oder Wohngebieten, stehen, sodass dort eine gewisse Auslastung der Carsharing-Fahrzeuge gegeben ist. Ist die Auslastung hingegen nicht so hoch, wenn z. B. die Carsharing-Fahrzeuge zu weit weg von potentiellen Nutzern platziert sind und diese den Weg zu den Carsharing-Fahrzeugen nicht in Kauf nehmen wollen, würde sich nach 2.CSA das Carsharing-Geschäftsmodell auch nicht rechnen.

[425] Interview 2.CSA, 3.

[426] Dieser wird auch „Fastlane-Prozess“ genannt. Hierdurch können Carsharing-Nutzer vorab leichter ein Carsharing-Fahrzeug buchen, dass während der Buchung noch von einem anderen Carsharing-Nutzer gefahren wird.

[427] Vgl. Interview 2.CSA, 19.

[428] Vgl. Interview 2.CSA, 3.

[429] Vgl. Interview 2.CSA, 24.

[430] Siehe Kapitel 8.6, Erläuterung relevanter Begriffe: Ride Hailing.

[431] Siehe Kapitel 8.6, Erläuterung relevanter Begriffe: Ride Pooling.

[432] Vgl. Interview 2.CSA, 17.

[433] Interview 2.CSA, 64.

[434] Ebd.

[435] Vgl. Interview 2.CSA, 64.

Carsharing-Anbieter Nr. 3 und Nr. 4:
„Carsharing-Anbieter der ersten Stunde, die ihr Geschäftsmodell um das free-floating Carsharing erweitert haben."

Carsharing-Anbieter Nr. 3 (3.CSA):

Der Carsharing-Anbieter ist *Anfang der 1990er auf Initiative eines ökologisch orientierten Vereins*[436] *entstanden* und trug zunächst die Rechtsform eines eingetragenen Vereins. Dabei standen zu Beginn zwei Fahrzeuge zur Verfügung, die sich zwanzig Personen geteilt haben.[437] Ende der 1990er ist der Carsharing-Anbieter in die Rechtsform GmbH übergegangen und zum Mobilitätsdienstleister geworden, der seitdem Mitglied in einem überregionalen Carsharing-Verbund ist. Anfang der 2000er hat der Carsharing-Anbieter seine Rechtsform hin zu einer Aktiengesellschaft umgewandelt, um so das Unternehmen mit einer tragfähigeren Eigenkapitalbasis auszustatten.[438] Durch die positive Unternehmensentwicklung konnte 3.CSA sein Carsharing-Angebot mit neuen Carsharing-Fahrzeugen kontinuierlich erweitern. 3.CSA hat sich zum Ziel gesetzt, „den privaten Autobesitz in der Metropole zu reduzieren und dabei dennoch individuelle Mobilität zu ermöglichen, die zudem zur Umweltentlastung beiträgt."[439] 3.CSA sieht sein Carsharing-Angebot als Ergänzung zum ÖPNV, zum Fahrradfahren und zum zu Fuß gehen und damit als Mobilitätsbaustein zur Stärkung des Umweltverbundes. In seiner Satzung verpflichtet sich die AG mit seinem Carsharing-Angebot „insbesondere ökologische und soziale Ziele für eine nachhaltige Entwicklung, die der gesamten Gesellschaft zugutekommen, zu verfolgen."[440] Hierbei nennt 3.CSA den Begriff der Gemeinwohl-Ökonomie. So steht für 3.CSA „nicht die Profitmaximierung im Mittelpunkt, sondern die Frage, wie sich das unternehmerische Handeln auf das Gemeinwohl auswirkt."[441] Der Carsharing-Anbieter versteht sich als gemeinwohlorientiertes Unternehmen. 3.CSA bietet seit einigen Jahren neben seinem stationsbasierten Carsharing-Angebot auch *free-floating Carsharing* an. Das Geschäftsgebiet erstreckt sich beim free-floating Carsharing über zentrale Stadtteile in der Metropole sowie einer angrenzenden Großstadt. Der Carsharing-Anbieter möchte weiterhin organisch wachsen ohne jedoch überregional zu expandieren.[442] Hierbei möchte 3.CSA insbesondere den Anteil der E-Fahrzeuge in seiner Flotte erhöhen, betont jedoch, dass das E-Carsharing-Angebot gegenwärtig immer noch ein Verlustgeschäft sei.[443] Die Fahrtpreise wurden nach Angaben von 3.CSA seit nunmehr 15 Jahren nicht mehr erhöht, um so möglichst vielen Menschen im Geschäftsgebiet individuelle motorisierte Mobilität zu ermöglichen.[444] In Bezug auf die Ausweitung des Carsharing-Angebots auf den suburbanen Raum macht 3.CSA deutlich, dass das bisherige Geschäftsmodell aus Kostengründen nicht darauf zugeschnitten werden kann.[445]

[436] Dieser Verein besteht bis heute und fördert u. a. Maßnahmen, die zur Energieeinsparung, zur gemeinschaftlichen Nutzung von Konsumgütern sowie zur Förderung umweltschonender Verkehrsmittel in der Metropole von 3.CSA beitragen.

[437] Vgl. Interview 3.CSA, 21.

[438] Hauptaktionär ist der ökologisch orientierte Verein, der das Carsharing von 3.CSA initiiert hat.

[439] Interview 3.CSA, 88.

[440] Interview 3.CSA, 65.

[441] Ebd.

[442] Vgl. Interview 3.CSA, 47.

[443] Vgl. Interview 3.CSA, 34.

[444] Vgl. Interview 3.CSA, 47.

[445] Vgl. Interview 3.CSA, 60.

Carsharing-Anbieter Nr. 4 (4.CSA):

Anfang der 1990er schlossen sich drei Bekannte mit der Intention zusammen, Autos teilen zu wollen. Beim Gründungstreffen des zunächst gemeinnützig organisierten Vereins kamen rund dreißig Personen zusammen. Hier wurde ein Konzept ausgearbeitet, mittels Mitgliedereinlagen Neufahrzeuge zu erwerben und deren Nutzung über eine Buchungszentrale zu ermöglichen. Einige Monate später hatte der e. V. bereits um die 50 Mitglieder, die mit Geld- und Sachdarlehen drei Fahrzeuge zum Teilen bereitstellen konnten.[446] 4.CSA bezeichnet sich als „Carsharing-Pionier" und betont hierbei, dass er das stationsbasierte Carsharing aus ökologischen Gründen initiiert hat.[447] Nach eigenen Angaben ist die Unternehmensphilosophie gemeinwohl- und nachhaltigkeitsorientiert.[448] Hierbei betont 4.CSA, dass die Unternehmenskultur sehr mitbestimmungspflichtig aufgebaut ist, d. h., dass die Beschäftigten auf die wesentlichen Entscheidungen des Unternehmens Einfluss nehmen können.[449] Im Laufe der Jahre stieg die Mitgliederzahl auf über 3000 an. Auch die Anzahl der Carsharing-Fahrzeuge von 4.CSA stieg kontinuierlich. So standen den Nutzern Anfang der 2010er rund 130 Fahrzeuge in der Regiopole sowie angrenzenden Städten und Gemeinden[450] zur Verfügung. Der Carsharing-Verein stieß in der Folge an seine organisatorischen und vereinsrechtlichen Grenzen, weshalb man sich entschloss die Rechtsform einer AG anzunehmen. Aktien können nur von den Gründern, Mitarbeitern und Kunden gezeichnet werden.[451] Das Carsharing-Angebot ist im Laufe der Jahre *um das free-floating Carsharing erweitert* und auf den angrenzenden ländlichen Raum ausgeweitet worden.[452] Der Fuhrpark des Carsharing-Anbieters besteht aus emissionsarmen Fahrzeugen, die im Sinne einer guten Ökobilanz im Schnitt 3-7 Jahre in der Flotte verbleiben.[453] Im Laufe der Jahre hat eine Technisierung des Carsharing-Betriebs eingesetzt. So wurde Anfang der 2000er der Papierfahrtbericht durch einen Bordcomputer ersetzt, wodurch die Fahrtdaten viel einfacher ausgelesen werden konnten. Die Schlüsseltresore wurden durch digitale Zugangskarten abgelöst. Anfang der 2010er wurden weitere internet- und mobilfunkbasierte Systeme eingeführt. So hat 4.CSA sein Carsharing-Angebot mit einer neuen Buchungs-, Abrechnungs- und Fuhrparkverwaltungssoftware ausgestattet.[454] Mitte der 2010er hat 4.CSA in Kooperation mit einem überregionalen Energieversorgungsunternehmen ein Gemeinschaftsunternehmen gegründet, das Elektro-Carsharing im ländlichen Raum der Regiopole anbietet. Der E-Carsharing-Anbieter hält derzeit rund 120 Ladesäulen bereit. Die Ladesäulen stehen auch privaten E-Fahrzeugen zur Verfügung, die eine Ladekarte beim E-Carsharing-Anbieter oder beim Energieversorgungsunternehmen erwerben können.[455]

---

[446] Vgl. Interview 4.CSA, 17.

[447] Vgl. Interview 4.CSA, 3.

[448] Vgl. Interview 4.CSA, 17.

[449] Vgl. Interview 4.CSA, 19.

[450] Dies inkludiert Mittelstädte sowie Gemeinden im städtischen Raum und im kleinstädtischen, dörflichen Raum. Siehe hierzu Tabelle 4.

[451] Vgl. Interview 4.CSA, 21. Hierbei ist ein festgelegtes Höchstkontingent vorgegeben. Nach Konstituierung zur AG Anfang der 2010er machten um die 100 Mitglieder von ihrem Aktienbezugsrecht Gebrauch, womit ein Grundkapital von 200.000€ garantiert werden konnte.

[452] Vgl. Interview 4.CSA, 17.

[453] Ebd. Die 3-7 Jahre ergeben sich primär durch den jeweiligen Standort des Carsharing-Fahrzeuges, da die Nutzer diese hier jeweils unterschiedlich lang fahren.

[454] Diese wurde von einen IT-Plattform-Anbieter speziell für das Carsharing entwickelt.

[455] Vgl. Interview 4.CSA, 26.

Carsharing-Anbieter Nr. 5 und Nr. 6:
„Stationsbasierte (E-)Carsharing-Anbieter – innovativ organisiert, kundenorientiert und subventioniert."

Carsharing-Anbieter Nr. 5 (5.CSA):

Das *stationsbasierte E-Carsharing-Angebot* ist ein Gemeinschaftsprojekt eines Konsortiums aus einer Umwelt- und Energieagentur[456], einer regionalen Wirtschaftsförderung sowie der Stadtwerke in der Mittelstadt.[457] Die Idee zum E-Carsharing-Projekt wurde im Rahmen eines durch die regionale Wirtschaftsförderung veranstalteten Zukunftsforum zur nachhaltigen Mobilität im Landkreis ausgearbeitet.[458] Das E-Carsharing-Projekt wurde *mit Subventionen vom Land sowie der EU* gefördert.[459] Die Konsortialpartner haben verschiedene Aufgaben bzw. Verantwortlichkeiten innerhalb des E-Carsharing-Projektes. So ist die Umwelt- und Energieagentur primär für das Marketing und die Öffentlichkeitsarbeit, die regionale Wirtschaftsförderung für die Koordination des E-Carsharing-Projektes und die Stadtwerke für die Bereitstellung und Wartung der Ladesäulen verantwortlich.[460] 5.CSA betont, dass sich das E-Carsharing-Konzept explizit von den vielen gängigen Carsharing-Angeboten unterscheidet, da hier E-Carsharing im suburbanen-ländlichen Raum angeboten wird.[461] Hinzu kommt, dass im normalen Carsharing-Betrieb in der Regel der Carsharing-Betreiber nicht nur die Carsharing-Fahrzeuge zur Verfügung stellt, sondern auch Eigentümer der Fahrzeuge ist. Beim vorliegenden E-Carsharing-Projekt ist dies jedoch nicht der Fall.[462] Fahrzeugeigentümer sind die kommunalen Verwaltungen der Mittelstadt sowie der teilnehmenden umliegenden Gemeinden sowie vor Ort ansässige Unternehmen, Betriebe[463], Sparkassen, Volksbanken und Versicherungen. Diese stellen ihre E-Fahrzeuge in der Regel am Wochenende sowie bei Nichtbuchung durch eigene Mitarbeiter den Bürgern vor Ort zur eigenen Buchung über die Carsharing-App zur Verfügung. Der E-Carsharing-Betreiber wurde mittels Ausschreibung gesucht. Übergreifend nimmt dieser die Schnittstellenfunktion zwischen E-Carsharing-Nutzer und Fahrzeugeigentümer ein.[464] Das Geschäftsgebiet des E-Carsharing-Anbieters ist explizit auf die Mittelstadt sowie den umliegenden Gemeinden im kleinstädtischen, dörflichen Raum ausgerichtet. So gibt es u. a. eine E-Carsharing-Station in einem Dorf mit rund 1600 Einwohnern.[465] Zum Zeitpunkt der Befragung gab es 40 Stationen[466], die an zentralen und für den Kunden attraktiven Standorten installiert wurden. Hierzu wurde eine Standortanalyse durchgeführt.[467] 5.CSA betont, dass er „weitere Interessenten für das E-Carsharing-Projekt gewinnen möchte, um so nicht nur neue Stationen zu installieren, sondern auch die Auslastung der E-Fahrzeuge zu erhöhen."[468] Das E-Carsharing-Angebot besteht aus elektrischen Kleinwagen sowie einigen Kleintransportern.

---

[456] Diese hat sich zum Ziel gesetzt, den Energiebedarf im Landkreis langfristig ohne Kohlendioxid-Emissionen zu decken und damit die Energiewende auf regionaler Ebene fortzuführen.

[457] Vgl. Interview 5.CSA, 57.

[458] Vgl. Interview 5.CSA, 62.

[459] Vgl. Interview 5.CSA, 69.

[460] Vgl. Interview 5.CSA, 57.

[461] Vgl. Interview 5.CSA, 64.

[462] Vgl. Interview 5.CSA, 18.

[463] Hierzu gehören u. a. Elektrofirmen, Ingenieurbüros, Handwerksbetriebe und Werbeagenturen.

[464] Vgl. Interview 5.CSA, 16. Der ausgewählte E-Carsharing-Betreiber bietet sein Carsharing-Angebot deutschlandweit in einer Vielzahl von weiteren Städten sowie auch in einigen ländlichen Regionen an. Die Anforderungen an den E-Carsharing-Betreiber sind: Management des E-Carsharing-Betriebs, Berücksichtigung der Interessen der E-Carsharing-Nutzer, Vertretung der Interessen der Fahrzeugeigentümer sowie Abwicklung der Kunden.

[465] Vgl. Interview 5.CSA, 51.

[466] Zeitpunkt: September 2018.

[467] Vgl. Interview 5.CSA, 41. Dabei wurden die folgenden Kriterien berücksichtigt: Platzverhältnisse, Einwohnerzahl, Nähe zur Gemeindeverwaltung, ÖPNV-Anschluss in unmittelbarer Nähe sowie Nähe zu Unternehmen, Betrieben, Sparkassen etc.

[468] Interview 5.CSA, 53.

Carsharing-Anbieter Nr. 6 (6.CSA):

Drei Bekannte, die Anfang der 1990er in einer Wohngemeinschaft zusammenlebten, hatten zu diesem Zeitpunkt nur ein Auto zur Verfügung, das sie sich teilen mussten. Inspiriert durch die ersten Carsharing-Gründungen Anfang der 1990er in Deutschland, kam den drei WG-Mitgliedern der Gedanke, auch Carsharing betreiben zu wollen.[469] Bei der Gründungsversammlung des Carsharing-Vereins ein halbes Jahr später konnten die Gründer mit Hilfe von Eigenkapital zwei Fahrzeuge bereitstellen, die sie dem Carsharing-Betrieb zur Verfügung stellten.[470] In den ersten fünf Jahren kam lediglich ein weiteres Carsharing-Fahrzeug hinzu. Anfang der 2000er waren es dann fünf Carsharing-Fahrzeuge. Im Laufe der folgenden Jahre stieg die Anzahl der Carsharing-Fahrzeuge kontinuierlich und beträgt zum gegenwärtigen Zeitpunkt 25.[471] Das *stationsbasierte Carsharing-Angebot* ist in einer Kleinstadt bzw. städtischer Raum verfügbar. 6. CSA betont, dass der Carsharing-Verein ökologisch und nicht profitorientiert ist. Im Vordergrund stehen für 6.CSA vor allem die Kundenzufriedenheit, so dass die bisherigen Mitglieder im Carsharing-Verein gehalten werden.[472] Die Carsharing-Flotte besteht aus konventionell betriebenen Fahrzeugen sowie einem Drittel Elektrofahrzeugen.[473] Hierbei sind alle Fahrzeugklassen vom Kleinstwagen bis hin zu Transportern verfügbar.[474] Der Carsharing-Anbieter nutzt eine Carsharing-Buchungssoftware, auf die die Nutzer über eine App zugreifen können. Die Mitglieder haben eine Kundenkarte mit der sie die Carsharing-Fahrzeuge vor Ort öffnen können. Der Carsharing-Verein kümmert sich um das gesamte Carsharing-Angebot eigenständig und hat darüber hinaus lediglich einen Wagenwart angestellt, der den Mitgliedern und neuen Nutzern in Fragen rund um An- und Abmeldung sowie Versicherung zur Seite steht und auch für die Wartung und Pflege der Carsharing-Fahrzeuge hauptverantwortlich ist.[475] Einzelne Carsharing-Fahrzeuge können auch für längere Fahrten wie z. B. Urlaubsfahrten gebucht werden, jedoch muss hier im Voraus ein entsprechender Antrag beim Carsharing-Verein gestellt werden. Hinsichtlich der Ladesäulen für die Elektrofahrzeuge besteht eine Kooperation mit einem überregionalen Energieversorgungsunternehmen, der den Strom liefert. Darüber hinaus wurde das E-Carsharing-Angebot von 6.CSA *im Rahmen eines regionalen Förderprogrammes für Elektromobilität*[476] *sowie zusätzlich mit Mitteln aus Bundes- und Landesförderung*[477] *subventioniert*. Das E-Carsharing-Angebot soll weiter ausgebaut werden, wobei primär Ladesäulen in einem neu entstehenden Stadtquartier in der Kleinstadt installiert werden sollen. Der Carsharing-Anbieter hat mit zwei weiteren Carsharing-Anbietern aus der Region Quernutzungsvereinbarungen geschlossen, wodurch die Mitglieder von 6.CSA direkt auf die Fahrzeuge dieser Carsharing-Anbieter zugreifen können ohne sich dort nochmals separat anmelden zu müssen.[478]

Carsharing-Anbieter Nr. 7 und Nr. 8:
„E-Carsharing-Anbieter – quartiersbezogen und durch Investoren finanziert, genossenschaftlich organisiert und nischenorientiert."

Carsharing-Anbieter Nr. 7 (7.CSA):

[469] Vgl. Interview 6.CSA, 15.

[470] Vgl. Ebd.

[471] Vgl. Interview 6.CSA, 17. Zeitpunkt: Oktober 2018.

[472] Vgl. Interview 6.CSA, 41.

[473] Vgl. Interview 6.CSA, 27.

[474] Die Carsharing-Fahrzeuge können spontan wie auch Wochen im Voraus gebucht werden.

[475] Vgl. Interview 6.CSA, 67.

[476] Mit dieser Förderung konnten fünf Ladestationen aufgebaut werden.

[477] Vgl. Interview 6.CSA, 65. Diese liegt gegenwärtig bei 5-7000€ pro E-Fahrzeug (Stand 2020).

[478] Vgl. Interview 6.CSA, 51.

Das E-Carsharing-Angebot von 7.CSA ist *in einem neu entstehenden Stadtquartier*[479] *in einer Metropole vorhanden und rein quartiersbezogen ausgerichtet*.[480] Das E-Carsharing-Angebot ist ursprünglich durch die Stadtverwaltung der Metropole in Kooperation mit einer städtischen Entwicklungsgesellschaft initiiert worden.[481] So hatte die Stadt[482] von Anfang an die Intention, für das neu entstehende Stadtquartier eine Mobilitätsmanagementgesellschaft einzurichten, die innovative Mobilitätsangebote[483] für die dort ansässigen Bewohner und Unternehmen bereitstellt.[484] Hierzu sollte auch ein E-Carsharing-Angebot gehören.[485] Das Energieversorgungsunternehmen aus der Metropole[486], das sich im Stadtquartier primär um die klassischen Themen der Energieversorgung, d. h. Strom, Wärme und Fernwärme, kümmert, zeigte Interesse daran, das E-Carsharing-Angebot zu managen und bekam hierfür auch den Zuschlag von der Stadtverwaltung und der städtischen Entwicklungsgesellschaft.[487] Der E-Carsharing-Anbieter möchte mit seinem E-Carsharing-Angebot „primär eine Mobilitätsalternative zum Zweitwagen im Stadtquartier sowie eine Ergänzung zum ÖPNV, Fahrradfahren und zu Fuß gehen anbieten."[488] Aktuell stellt der E-Carsharing-Anbieter vier E-Fahrzeuge zur Verfügung. Das E-Carsharing-Angebot wurde und wird *durch diverse Investoren finanziert*.[489] Hierzu gehören u. a. eine Gesellschaft für energiesparendes und kostengünstiges Bauen, eine Wohnungsbaugesellschaft sowie ein Immobilienunternehmen. Die Investoren besitzen Büros im Stadtquartier.[490] Da die Anzahl der Bewohner im neuen Stadtquartier gegenwärtig noch unter 1000 liegt, bestehen relativ niedrige Nutzungszahlen zum E-Carsharing. 7.CSA betont hierbei, dass „das E-Carsharing-Angebot ohne die Finanzierung durch die Investoren über die Anschubphase hinaus nicht wirtschaftlich bestehen kann."[491] Das quartiersbezogene E-Carsharing-Angebot können grundsätzlich alle Interessenten nutzen, jedoch müssen die E-Carsharing-Fahrzeuge nach Nutzung wieder an die Ladesäulen im Stadtquartier zurückgebracht werden, wodurch „One-Way-Fahrten" ausgeschlossen sind.[492] 7.CSA hat sein E-Carsharing-Angebot ein Jahr nach Gründung um zehn E-Roller erweitert, die ebenfalls im Stadtquartier „geshared" werden können.[493] 7.CSA betont, dass er sein E-Sharing Angebot den zukünftigen Entwicklungen im Stadtquartier anpassen möchte. Dabei möchte 7.CSA sein E-Carsharing-Angebot gerne auch auf weitere Stadtquartiere in der Metropole ausweiten, wobei er sein Geschäftsmodell des quartiersbezogenen Carsharing beibehalten möchte.[494]

[479] In diesem Stadtquartier sollen zukünftig ca.10.000 neue Einwohner wohnen.

[480] Vgl. Interview 7.CSA, 5.

[481] Vgl. Interview 7.CSA, 11.

[482] Hiermit ist die Stadtverwaltung bzw. deren Verantwortliche für Verkehr & Mobilität in der Metropole gemeint.

[483] Diese sollen primär als Ergänzung und Alternative zum privaten PKW bereitstehen.

[484] Ziel der Mobilitätsmanagementgesellschaft ist u. a. „ein emissions-, barrierearmes und gut ausgebautes ÖPNV-Angebot im Stadtquartier zu etablieren" sowie „den ÖPNV durch innovative, emissionsarme Mobilitätsangebote der Sharing-Ökonomie (Leihauto- und Leihfahrradsystem) sowie durch attraktive Mobilitätsdienstleistungen (Mobilitäts-App, Mobilitätszentrale) zu ergänzen, um den Bewohnern einen niedrigschwelligen Einstieg in eine multimodale Art der Fortbewegung zu ermöglichen." Quelle: Website des neu entstehenden Stadtquartiers, Abrufdatum: 20.08.2020.

[485] Neben dem E-Carsharing-Angebot wird auch Bike Sharing sowie Lastenrad Sharing im Stadtquartier angeboten.

[486] Dieses ist für die städtische Energieversorgung verantwortlich.

[487] Das Energieversorgungsunternehmen stellt bereits die Ladeinfrastruktur für einen regionalen E-Carsharing-Anbieter in der Metropole bereit.

[488] Interview 7.CSA, 21.

[489] Vgl. Interview 7.CSA, 45.

[490] Vgl. Interview 7.CSA, 55.

[491] Interview 7.CSA, 47.

[492] Vgl. Interview 7.CSA, 49.

[493] Vgl. Interview 7.CSA, 23.

[494] Vgl. Interview 7.CSA, 65.

Carsharing-Anbieter Nr. 8 (8.CSA):

Der E-Carsharing-Anbieter ist *genossenschaftlich organisiert* und bietet sein E-Carsharing-Angebot in einer Kleinstadt bzw. im städtischen Raum sowie kleinstädtischen, dörflichen Raum an, unmittelbar angrenzend an eine Großstadt. Die Genossenschaft ist aus einer Arbeitsgruppe entstanden, die sich im Rahmen eines Dorf-Erneuerungsprozesses gefunden hat.[495] Bei der Gründungsitzung Anfang der 2010er waren zehn Interessenten anwesend, die zu Mitgliedern wurden. Aktuell hat 8.CSA 130 Mitglieder, die auch aus der angrenzenden Großstadt kommen und nicht primär wegen dem E-Carsharing-Angebot zu solchen wurden, sondern weil sie die Genossenschaft als Ganzes unterstützen möchten.[496] Die Genossenschaft verfolgt das Ziel, „die drei teilnehmenden Gemeinden energieautonom zu gestalten und zusätzliche Wertschöpfung für die Bürger, Unternehmen und öffentlichen Einrichtungen zu schaffen."[497]
Neben dem Geschäftsbereich Mobilität werden die beiden Geschäftsbereiche Strom und Wärme unterhalten.[498] Im Bereich Mobilität soll der Kohlendioxid-Ausstoß in den teilnehmenden Gemeinden reduziert werden. Übergreifend möchte die Genossenschaft eine ökologische, lokale und kostengünstige Energieversorgung aufbauen und hierbei die drei Geschäftsfelder Strom, Wärme und Mobilität mit einem integrativen Ansatz verbinden.[499] Die Genossenschaft ist basisdemokratisch organisiert und hat gegenwärtig zwei Vorstände mit einem Vorsitzenden sowie einen Aufsichtsrat bestehend aus drei Mitgliedern.[500] Die Mitglieder der Genossenschaft treffen sich bei wichtigen grundlegenden und strategischen Entscheidungen in der Generalversammlung.[501] Das E-Carsharing-Angebot wurde von 8.CSA initiiert, um „Elektromobilität zu fördern sowie den Bürgern eine Alternative zum konventionell betriebenen privaten Zweitwagen anzubieten."[502] Aktuell stehen den Mitgliedern der Genossenschaft drei E-Carsharing-Fahrzeuge in den drei teilnehmenden Gemeinden zur Verfügung. Die E-Carsharing-Fahrzeuge haben eigene Stellplätze, die zentral liegen. Hierbei wurden mit den Gemeinden Nutzungsverträge vereinbart.[503] Zwei E-Carsharing-Fahrzeuge haben Ankermieter, das sind solche, die die E-Carsharing-Fahrzeuge vermehrt nutzen. Zum einen ist das die kommunale Verwaltung einer teilnehmenden Gemeinde, die ein E-Carsharing-Fahrzeug als Dienstwagen bucht, zum anderen ein Unternehmen, das ein E-Carsharing-Fahrzeug für den Außendienst nutzt.[504] Auf das E-Carsharing-Angebot können auch Nicht-Mitglieder der Genossenschaft zugreifen.[505] Bezüglich des E-Carsharing-Angebots besteht eine Kooperation mit einem Energieversorgungsunternehmen aus der angrenzenden Großstadt, das Öko-Strom aus erneuerbaren Energiequellen aus der unmittelbaren Umgebung generiert, d. h. aus Windkraft, Sonnenenergie und Wasserkraft.[506] Des Weiteren betont 8.CSA mit seinem genossenschaftlich organisierten E-Carsharing in keiner Konkurrenz zum kommerziellen Carsharing zu stehen, sondern *vielmehr eine Nische*

---

495 Vgl. Interview 8.CSA, 10.

496 Vgl. ebd.

497 Quelle: Printmedium von 8.CSA.

498 Vgl. Interview 8.CSA, 3. Im Bereich Strom baut 8.CSA Photovoltaikanlagen für Häuser sowie gewerbliche und öffentliche Einrichtungen in den teilnehmenden Gemeinden. Im Bereich Wärme hat sich die Genossenschaft das Ziel gesetzt, die Effizienz von lokaler Wärmeerzeugung aus regenerativen Quellen zu erhöhen wie auch den Wärmebedarf in den Gemeinden zu reduzieren.

499 Quelle: Printmedium von 8.CSA.

500 Vgl. Interview 8.CSA, 1.

501 Hier hat jedes Mitglied gleiches Stimmrecht, unabhängig von der Höhe seines Genossenschaftsanteils.

502 Vgl. Interview 8.CSA, 18.

503 Vgl. Interview 8.CSA, 33.

504 Der Geschäftsführer des Unternehmens ist zugleich Mitglied in der Genossenschaft. Vgl. Interview 8.CSA, 33.

505 Vgl. Interview 8.CSA, 8.

506 Quelle: Printmedium von 8.CSA.

bedienen zu wollen, um hier ein Alleinstellungsmerkmal zu erhalten.[507] Aktuell werden Gespräche in der Genossenschaft geführt, zwei weitere E-Fahrzeuge zu erwerben.[508] Bezüglich der zukünftigen Entwicklung des E-Carsharing-Angebotes kann sich 8.CSA vorstellen, dass sich Verbindungen zu Wohnungsbaugesellschaften ergeben könnten und nennt hier konkret neue Wohnanlagen und Mehrgenerationenhäuser, wo eine größere Anzahl an Bewohnern zusammenlebt, die mobil sind und ein Auto benötigen. Hier würde 8.CSA neue E-Carsharing-Stationen installieren wollen.[509]

5.1.2 Vorhandene Einflussfaktoren

Vor dem Hintergrund der Forschungsfrage der Einflusswirkungen auf das Geschäftsmodell Carsharing, gilt es die bisherigen wesentlichen Kennzeichen der Carsharing-Anbieter in Beziehung zu diesen zu stellen. Einflusswirkungen basieren auf Einflussfaktoren, die von Seiten der Stakeholder genannt werden bzw. bestehen. Im Folgenden werden Einflussfaktoren, die auf der Grundlage der Kurzbeschreibung der Geschäftsmodelle von Seiten der untersuchten Carsharing-Anbieter mit Hilfe von Mind-Maps dargestellt. Hierbei werden Mind-Maps für jeweils zwei Carsharing-Anbieter erstellt, die auf Grund ihres gleichen Carsharing-Angebots bzw. Geschäftsmodells Ähnlichkeiten aufweisen. Die Einflussfaktoren lassen sich auf der Grundlage der wesentlichen Kennzeichen und Ziele der Carsharing-Anbieter ableiten. Diese werden im Anschluss an die Kommentierung zu den Mind-Maps im Rahmen einer Tabelle kompakt dargestellt.[510]

Carsharing-Anbieter Nr. 1 und Nr. 2:[511]

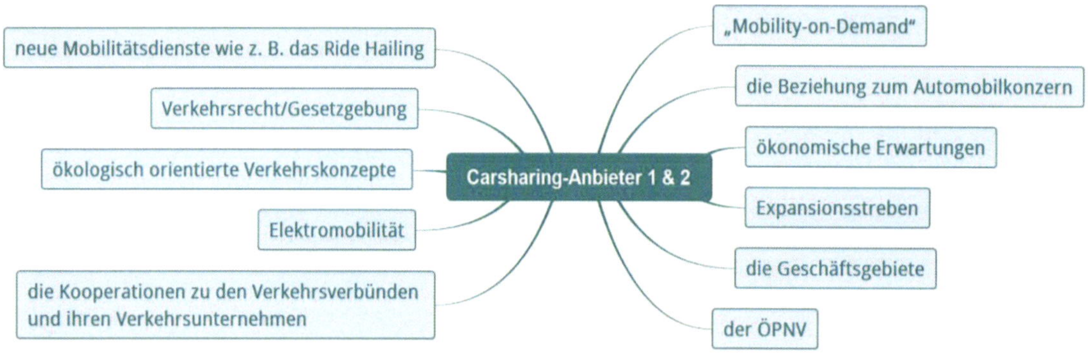

Abbildung 8: Einflussfaktoren auf die Carsharing-Anbieter 1 und 2 und deren Geschäftsmodelle.

Bei den Einflussfaktoren auf die free-floating Carsharing-Anbieter 1 und 2 und deren Geschäftsmodelle sind die Beziehungen zu den Automobilkonzernen, eigene ökonomische Erwartungen verbunden mit dem Expansionsstreben sowie das Mobilitätskonzept „Mobility-on-Demand" und innovative Mobilitätsdienste wie das Ride Hailing hervorzuheben. Dies zeigt, dass die Geschäftsmodelle der beiden free-floating Carsharing-Anbieter insbesondere technologiegetrieben und profitorientiert sind.

[507] Vgl. Interview 8.CSA, 72.
[508] Vgl. Interview 8.CSA, 26.
[509] Vgl. Interview 8.CSA, 64.
[510] In den tabellarischen Zusammenfassungen wird auf die Quellenangabe verzichtet, da diese bereits in den Zusammenfassungen der Geschäftsmodelle der einzelnen Carsharing-Anbieter im Text zuvor gemacht sind.
[511] Diese sind: „Tochterunternehmen von Automobilkonzernen" sowie „Premium-Carsharing-Anbieter".

Wesentliche Kennzeichen und Ziele der Carsharing-Anbieter Nr. 1 und Nr. 2	Einflussfaktoren
Die beiden free-floating Anbieter sind Tochterunternehmen von Automobilkonzernen und möchten „Mobility-on-Demand" für den urbanen Ballungsraum anbieten.	• „Mobility-on-Demand" • die Beziehung zum Automobilkonzern
Profitabilität wird angestrebt. Es sollen weitere Geschäftsgebiete in Metropolen und Großstädten sowie vereinzelt in Mittelstädten erschlossen werden.	• ökonomische Erwartungen • Expansionsstreben • die Geschäftsgebiete
Das Geschäftsmodell wird als innerstädtische Ergänzungsmobilität zum ÖPNV gesehen. Es bestehen Kooperationen mit Verkehrsverbünden und deren Verkehrsunternehmen.	• der ÖPNV • die Kooperationen zu den Verkehrsverbünden und deren Verkehrsunternehmen
Eine vollständige Elektrifizierung der Flotten wird angestrebt.	• Elektromobilität
Es sollen Themen rund um „Dieselfahrverbote in den Innenstädten" und „Luftreinhaltepläne" bespielt werden.	• ökologisch orientierte Verkehrskonzepte • Verkehrsrecht/Gesetzgebung
Der free-floating Anbieter Nr. 2 befasst sich mit zukünftigen Entwicklungen im Rahmen der urbanen Mobilität, z. B. mit den Mobilitätsdiensten Ride Hailing und Ride Pooling.	• neue Mobilitätsdienste wie das Ride Hailing und Ride Pooling

Carsharing-Anbieter Nr. 3 und Nr. 4:[512]

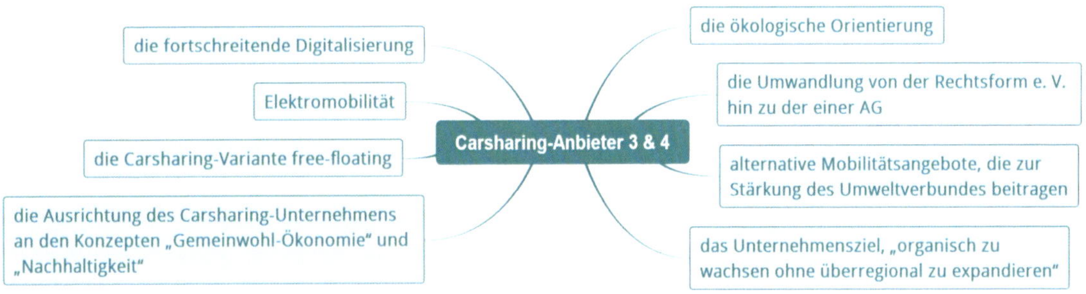

Abbildung 9: Einflussfaktoren auf die Carsharing-Anbieter 3 und 4 und deren Geschäftsmodelle.

Die Carsharing-Anbieter 3 und 4 sind solche der ersten Stunde, d. h. sie sind zur Gründungszeit Anfang der 1990er Jahre aus der Umweltbewegung heraus entstanden mit der Intention, das Carsharing als ökologische Alternative zum privaten PKW zu initiieren. Dies spiegelt sich auch in den Einflussfaktoren auf deren Geschäftsmodelle wider. So sind diese immer noch primär ökologisch getrieben, was jedoch nicht heißt, dass

[512] Diese sind: „Carsharing-Anbieter der ersten Stunde, die ihr Geschäftsmodell um das free-floating Carsharing erweitert haben."

sie sich dem technischen Fortschritt entziehen. Dies zeigt sich in der Erweiterung des stationsbasierten Carsharing um free-floating Carsharing sowie der Erweiterung der konventionell betriebenen Carsharing-Flotte um Elektro-Fahrzeuge.

Wesentliche Kennzeichen und Ziele der Carsharing-Anbieter Nr. 3 und Nr. 4	**Einflussfaktoren**
Die Carsharing-Anbieter sind aus der ökologischen Bewegung heraus entstanden und waren zunächst gemeinnützig organisiert mit dem Ziel, Autos teilen zu wollen.	• die ökologische Orientierung
Beide Carsharing-Anbieter haben aus organisatorischen und finanziellen Gründen die ursprüngliche Rechtsform e. V. hin zu der einer AG umgewandelt.	• die Umwandlung von der Rechtsform e. V. hin zu der einer AG
Carsharing-Anbieter 3 sieht sein Geschäftsmodell als Ergänzung zum ÖPNV, zum Fahrradfahren und zum zu Fuß gehen und damit als Mobilitätsbaustein zur Stärkung des Umweltverbundes.	• alternative Mobilitätsangebote, die zur Stärkung des Umweltverbundes beitragen
Carsharing-Anbieter Nr. 3 strebt ein organisches Wachsen an ohne überregional expandieren zu wollen.	• das Unternehmensziel, „organisch zu wachsen ohne überregional zu expandieren"
Die Unternehmensphilosophie der Carsharing-Anbieter ist gemeinwohl- und nachhaltigkeitsorientiert: „Nicht die Profitmaximierung steht im Mittelpunkt, sondern die Frage, wie sich das unternehmerische Handeln auf das Gemeinwohl auswirkt."[513]	• die Ausrichtung des Carsharing-Unternehmens an den Konzepten „Gemeinwohl-Ökonomie" und „Nachhaltigkeit"
Das stationsbasierte Carsharing wurde um das free-floating Carsharing ergänzt.[514]	• die Carsharing-Variante free-floating
Der Anteil an E-Fahrzeugen soll ausgebaut werden.	• Elektromobilität
Carsharing-Anbieter 4 erwähnt, dass im Laufe der Jahre eine Technisierung des Carsharing-Betriebs eingesetzt hat. So wurde u. a. der Papierfahrtbericht durch einen Bordcomputer ersetzt, die Schlüsseltresore durch digitale Zugangskarten abgelöst, sowie eine neue Buchungs-, Abrechnungs- und Fuhrparkverwaltungssoftware implementiert.	• die fortschreitende Digitalisierung

[513] Interview 3.CSA, 65.

[514] Dies betrifft beide Carsharing-Anbieter.

Carsharing-Anbieter Nr. 5 und Nr. 6:[515]

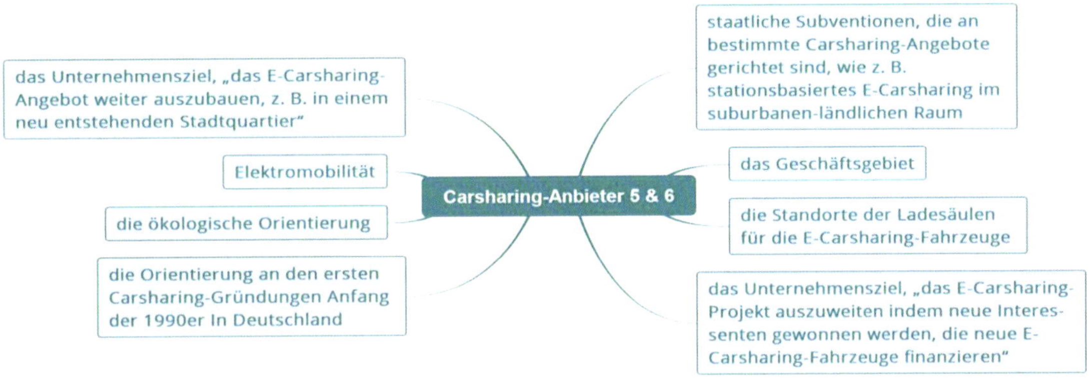

Abbildung 10: Einflussfaktoren auf die (E-)Carsharing-Anbieter 5 und 6 und deren Geschäftsmodelle.

Als Einflussfaktoren auf die Geschäftsmodelle der (E-)Carsharing-Anbieter 5 und 6 sind insbesondere staatliche Subventionen, Elektromobilität und das eigene Expansionsstreben zu nennen. Dies zeigt, dass auch kleinere (E-)Carsharing-Anbieter[516] das Ziel verfolgen, ihre Carsharing-Flotten auszubauen.

Wesentliche Kennzeichen und Ziele der (E-)Carsharing-Anbieter Nr. 5 und Nr. 6	Einflussfaktoren
Das E-Carsharing-Projekt wurde mit Subventionen vom Land sowie der EU gefördert.[517] / Das E-Carsharing-Angebot wurde im Rahmen eines regionalen Förderprogrammes für Elektromobilität sowie zusätzlich mit Mitteln aus Bundes- und Landesförderung subventioniert.[518]	• staatliche Subventionen, die an bestimmte Carsharing-Angebote gerichtet sind, wie z. B. stationsbasiertes E-Carsharing im suburbanen-ländlichen Raum
Das E-Carsharing-Projekt von 5.CSA wurde mit der Intention ins Leben gerufen, E-Carsharing im suburbanen-ländlichen Raum anzubieten.	• das Geschäftsgebiet
Es besteht die Intention, Ladesäulen an zentralen und für den Kunden attraktiven Standorten zu installieren.[519]	• die Standorte der Ladesäulen für die E-Carsharing-Fahrzeuge
Für das E-Carsharing-Projekt von 5.CSA sollen weitere Interessenten gewonnen werden.	• das Unternehmensziel, „das E-Carsharing-Projekt auszuweiten indem neue Interessenten gewonnen werden, die neue E-Carsharing-Fahrzeuge finanzieren"
Die Intention, Autos teilen zu wollen, wobei man sich hier an den ersten Carsharing-Gründungen Anfang der 1990er In Deutschland orientiert hat.[520]	• die Orientierung an den ersten Carsharing-Gründungen Anfang der 1990er In Deutschland

[515] Diese sind: „Stationsbasierte (E-)Carsharing-Anbieter – innovativ organisiert, kundenorientiert und subventioniert."

[516] E-Carsharing-Anbieter 5 verfügt über weniger als 50 E-Carsharing-Fahrzeuge, Carsharing-Anbieter 6 über weniger als 25 Carsharing-Fahrzeuge.

[517] Dies betrifft Carsharing-Anbieter 5.

[518] Dies betrifft Carsharing-Anbieter 6.

[519] Dies betrifft Carsharing-Anbieter 5.

[520] Dies betrifft Carsharing-Anbieter 6.

Der Carsharing-Verein ist ökologisch und nicht profitorientiert.[521]	• die ökologische Orientierung
Das E-Carsharing-Angebot von Carsharing-Anbieter Nr. 6 soll weiter ausgebaut werden wie etwa in einem neu entstehenden Stadtquartier.	• Elektromobilität • das Unternehmensziel, „das E-Carsharing-Angebot weiter auszubauen, z. B. in einem neu entstehenden Stadtquartier“

Carsharing-Anbieter Nr. 7 und Nr. 8:[522]

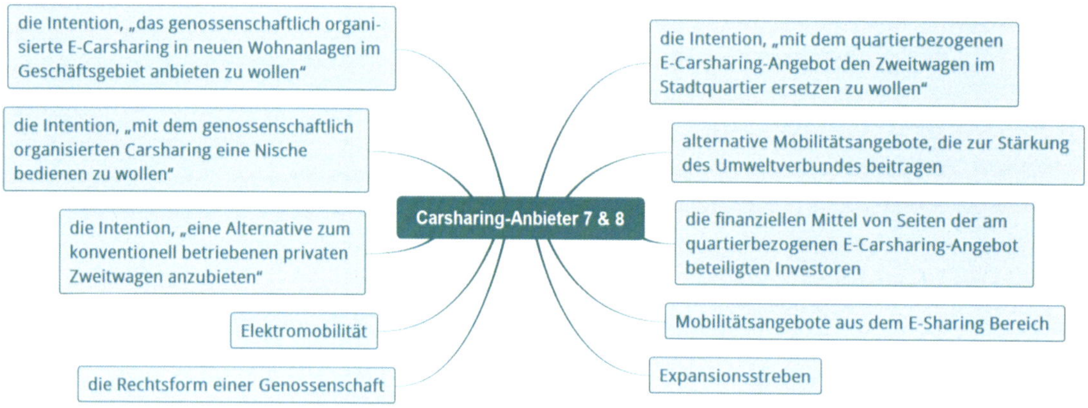

Abbildung 11: Einflussfaktoren auf die E-Carsharing-Anbieter 7 und 8 und deren Geschäftsmodelle.

Bei den Einflussfaktoren auf die Geschäftsmodelle der E-Carsharing-Anbieter 7 und 8 wird deutlich, dass diese nicht primär das Ziel verfolgen, die privaten PKW zu substituieren, sondern mit ihren Geschäftsmodellen vielmehr eine Alternative zum privaten Zweitwagen anbieten wollen. Als weitere Einflussfaktoren werden alternative Mobilitätsangebote, die zur Stärkung des Umweltverbundes beitragen sowie im Besonderen Mobilitätsangebote aus dem E-Sharing-Bereich genannt. Hier wird deutlich, dass die E-Carsharing-Anbieter ihre Geschäftsmodelle als Teil multimodaler und zugleich nachhaltigkeitsorientierter Mobilitätsdienstleistungen sehen.[523] Hervorzuheben ist auch, dass Carsharing-Anbieter 8 mit seinem genossenschaftlich organisierten Carsharing explizit eine Nische bedienen möchte und in keiner Konkurrenz zu den kommerziellen Carsharing-Anbietern stehen will.

Wesentliche Kennzeichen und Ziele der E-Carsharing-Anbieter Nr. 7 und Nr. 8	Einflussfaktoren
Mit dem E-Carsharing-Angebot von 7.CSA soll primär eine Mobilitätsalternative zum Zweitwagen im Stadtquartier sowie eine Ergänzung zum ÖPNV,	• die Intention, „mit dem quartiersbezogenen E-Carsharing-Angebot den Zweitwagen im Stadtquartier ersetzen zu wollen“

[521] Dies betrifft Carsharing-Anbieter 6.

[522] Diese sind: „E-Carsharing-Anbieter – quartiersbezogen und durch Investoren finanziert, genossenschaftlich organisiert und nischenorientiert.“

[523] Multimodale Mobilitätsdienstleistungen sind solche, die „die Nutzung von verschiedenen Modi bei der Durchführung von Wegen ermöglichen bzw. erleichtern.“ Kagerbauer 2017, S. 5. In der Praxis heißt dies, dass Carsharing-Nutzer in ihrer Wegekette etwa auch den ÖPNV sowie E-Bike-Sharing nutzen.

Fahrradfahren und zu Fuß gehen angeboten werden.	• alternative Mobilitätsangebote, die zur Stärkung des Umweltverbundes beitragen
Das quartiersbezogene E-Carsharing-Angebot von 7.CSA wird durch diverse Investoren finanziert.	• die finanziellen Mittel von Seiten der am quartiersbezogenen E-Carsharing-Angebot beteiligten Investoren
Das E-Carsharing-Angebot von 7.CSA wurde um zehn E-Roller erweitert.	• Mobilitätsangebote aus dem E-Sharing Bereich
Das quartiersbezogene E-Carsharing-Angebot soll auf weitere Stadtquartiere in der Metropole ausgeweitet werden.[524]	• Expansionsstreben
Die Intention, ein genossenschaftlich organisiertes E-Carsharing-Angebot anzubieten.[525]	• die Rechtsform einer Genossenschaft
Die Intention, Elektromobilität zu fördern sowie eine Alternative zum konventionell betriebenen privaten Zweitwagen anzubieten.[526]	• Elektromobilität • die Intention, „eine Alternative zum konventionell betriebenen privaten Zweitwagen anzubieten"
Die Intention, mit dem genossenschaftlich organisierten E-Carsharing eine Nische bedienen zu wollen.[527]	• die Intention, „mit dem genossenschaftlich organisierten Carsharing eine Nische bedienen zu wollen"
Die Intention, das genossenschaftlich organisierte E-Carsharing in neuen Wohnanlagen im Geschäftsgebiet anbieten zu wollen.[528]	• die Intention, „das genossenschaftlich organisierte E-Carsharing in neuen Wohnanlagen im Geschäftsgebiet anbieten zu wollen" • Expansionsstreben

5.1.3 Zusammenfassung zu den Einflussfaktoren

Im Folgenden sollen die vorhandenen Einflussfaktoren auf die Carsharing-Anbieter und deren Geschäftsmodelle näher betrachtet werden. Hierbei kann festgehalten werden, dass die Einflussfaktoren über alle Carsharing-Anbieter hinweg ähnlichen Kategorien zugeordnet werden können. Aus den Ergebnissen zu den wesentlichen Kennzeichen und Zielen der Carsharing-Anbieter konnten die folgenden Einflussfaktoren ermittelt werden:

Bei allen Carsharing-Anbietern hat die **Antriebstechnologie Elektromobilität** einen Einfluss auf das eigene Geschäftsmodell bzw. (E-)Carsharing-Angebot. In der Praxis bedeutet dies, dass die Carsharing-Anbieter den Anteil an Elektrofahrzeugen in ihren Flotten kontinuierlich ausbauen.
Alternative Mobilitätsangebote, die zur Stärkung des Umweltverbundes beitragen, können einen Einfluss auf die Carsharing-Nutzung und somit auch auf die Angebote der Carsharing-Anbieter haben. Hierzu gehören der ÖPNV, das Fahrradfahren und zu Fuß gehen sowie weitere Mobilitätsangebote aus dem Sharing-Bereich zu denen E-Bikes und E-Roller gehören. Durch diese alternativen Mobilitätsangebote inklusive des Carsharing-Angebots wird den Nutzern eine **multimodale Wegekette** ermöglicht[529] ohne zwingend auf ein eigenes Auto

[524] Dies betrifft Carsharing-Anbieter 7.
[525] Dies betrifft Carsharing-Anbieter 8.
[526] Ebd.
[527] Ebd.
[528] Ebd.
[529] Siehe Kapitel 8.6, Erläuterung relevanter Begriffe: Multimodalität.

zurückgreifen zu müssen. Dies kann mit einer Zunahme der Carsharing-Nutzung einhergehen und somit zu einer steigenden Nachfrage nach Carsharing-Fahrzeugen führen.
In diesem Zusammenhang können auch die **Kooperationen von Seiten der Verkehrsverbünde und deren Verkehrsunternehmen** zu den Carsharing-Anbietern als Einflussfaktor auf diese geltend gemacht werden. So zielen diese in der Regel darauf ab, **Synergieeffekte** zu erzielen von denen beide Mobilitätsanbieter profitieren können. Hierzu gehören etwa gemeinsame Marketingmaßnahmen, die bessere Vernetzung von ÖPNV und Carsharing[530] sowie Vergünstigungen für Nutzer, die beide Mobilitätsangebote häufig nutzen. Die Umsetzung der Synergieeffekte kann mit einer Attraktivitätssteigerung des ÖPNV wie auch des Carsharing einhergehen und sich positiv auf deren Nachfrage auswirken.
Als weitere Einflussfaktoren können **innovative Mobilitätsdienste** wie das Ride Hailing[531] und Ride Pooling[532] genannt werden. Diese ergänzen das Carsharing nicht und können so in einer Konkurrenzsituation zu diesem stehen. So könnten (potentielle) Carsharing-Nutzer auf Grund von Vorteilen für ihre eigenen Mobilitätsbedürfnisse[533] auf die angeführten innovativen Mobilitätsdiensten umsteigen, was mit einer reduzierten Carsharing-Nutzung einhergehen könnte.
Das **Expansionsstreben** einzelner Carsharing-Anbieter verbunden mit der Implementierung der eigenen Geschäftsmodelle in neuen Städten sowie der Ausweitung bereits bestehender Geschäftsgebiete in den aktuellen Städten, könnte mit einer größeren Verfügbarkeit von Carsharing-Fahrzeugen einhergehen.
Hier wird deutlich, dass auch die **Geschäftsgebiete** einen Einfluss auf die Carsharing-Anbieter und deren Angebote haben können. So kann sich die Auswahl eines Geschäftsgebietes fördernd oder hemmend auf die Carsharing-Nutzung auswirken. Wird beispielsweise ein Carsharing-Angebot in einer Metropole angeboten, wo die Nachfrage hierzu entsprechend hoch ist, kann auch mit einer stärkeren Carsharing-Nutzung gerechnet werden. Wird hingegen ein Carsharing-Angebot im ländlichen Raum angeboten, wo es zudem keinen unmittelbaren ÖPNV-Anschluss gibt, kann mit einer geringeren Carsharing-Nutzung gerechnet werden.[534] Carsharing-Anbieter 5, der E-Carsharing in einer Mittelstadt sowie kleinstädtischen, dörflichen Raum anbietet, erwähnt in diesem Zusammenhang, dass er die Ladesäulen für seine E-Fahrzeuge bewusst an **zentralen und für den Kunden attraktiven Standorten** installiert, um dadurch die E-Carsharing-Nutzung positiv zu gestalten.
Als weitere Einflussfaktoren auf die Carsharing-Anbieter und deren Geschäftsmodelle können **ökologisch orientierte Verkehrskonzepte** wie auch das **Verkehrsrecht** bzw. die entsprechende **Gesetzgebung** hierzu genannt werden. Bestehende Luftreinhaltepläne und Dieselfahrverbote in den Innenstädten können sich etwa positiv auf die Carsharing-Nutzung auswirken. Carsharing-Flotten bestehen in der Regel aus emissionsarmen Fahrzeugen, die in Städten mit Luftreinhalteplänen und Dieselfahrverboten problemlos genutzt werden können.
In diesem Zusammenhang können auch **staatliche Subventionen**, die an bestimmte Carsharing-Angebote, wie z. B. stationsbasiertes E-Carsharing im kleinstädtischen, dörflichen Raum gerichtet sind, als Einflussfaktoren genannt werden. Dadurch kann auf die Geschäftsgebiete sowie die Zusammensetzung der Carsharing-Flotten entsprechend Einfluss genommen werden.
Die Wahl der **Rechtsform** von Seiten der Carsharing-Anbieter hat einen Einfluss auf deren Geschäftsmodelle. So haben Carsharing-Anbieter 3 und 4 ihre Rechtsform aus organisatorischen und finanziellen Gründen von der einer e. V. hin zu der einer AG umgewandelt. Dadurch sind die beiden Carsharing-Anbieter mit einer

[530] Z. B. über gemeinsame Mobilitäts-Apps in denen beide Mobilitätsangebote gebucht werden können oder durch den Bau von Mobilitätsstationen, in denen der Umstieg von Carsharing auf ÖPNV sowie umgekehrt erleichtert wird. Siehe Kapitel 8.6, Erläuterung relevanter Begriffe: Mobilitätsstation.
[531] Siehe Kapitel 8.6, Erläuterung relevanter Begriffe: Ride Hailing.
[532] Siehe Kapitel 8.6, Erläuterung relevanter Begriffe: Ride Pooling.
[533] Etwa in Bezug auf Erreichbarkeit, Bequemlichkeit sowie einfache Start-Ende-Buchungsprozesse.
[534] So ist im ländlichen Raum die Bevölkerungsdichte geringer als in den Metropolen.

tragfähigeren Eigenkapitalbasis ausgestattet und können ihre Carsharing-Angebote den steigenden Marktanforderungen entsprechend auch leichter anpassen.[535] Carsharing-Anbieter 8 hat hingegen bewusst die Rechtsform einer Genossenschaft angenommen, da er mit seinem genossenschaftlich organisierten E-Carsharing explizit eine Nische bedienen möchte.

Als Einflussfaktoren auf die Geschäftsmodelle der beiden free-floating Carsharing-Anbieter 1 und 2 können nicht nur die **vorhandenen Beziehungen von Seiten der Mutterunternehmen**, den Automobilkonzernen, gegenüber ihren Tochterunternehmen, den free-floating Anbietern, genannt werden, sondern auch das Mobilitätskonzept **„Mobility-on-Demand"**. „Mobility-on-Demand", d. h. „Mobilität auf Abruf bzw. nach Bedarf", die dem „Nutzer bedarfsorientiert und individuell für seine Anforderungen, wie etwa Abfahrtspunkt, -zeit und Zielpunkt, zur Verfügung [steht]"[536] wurde durch die **fortschreitende Digitalisierung** und der **Verbreitung mobiler Endgeräte wie Smartphones und Tabletcomputer** ermöglicht. Mit diesen können die Carsharing-Nutzer die **Carsharing-Apps** der Anbieter nutzen und hier deren free-floating Fahrzeuge vor Ort in einem festgelegten Geschäftsgebiet orten und buchen. Hierbei wird deutlich, dass durch die fortschreitende Digitalisierung das stationsbasierte Carsharing durch die **Carsharing-Variante free-floating** ergänzt wurde. Dies ist bei den Carsharing-Anbietern 3 und 4 der Fall, die ihr stationsbasiertes Carsharing-Angebot in den vergangenen Jahren um free-floating Carsharing ergänzt haben und dadurch ihre Geschäftsmodelle entsprechend angepasst haben. Dabei erwähnt Carsharing-Anbieter 4, dass bei ihm im Laufe der Jahre eine **Technisierung des Carsharing-Betriebs** eingesetzt hat und die analogen Instrumente um Papierfahrtbericht und Schlüsseltresore durch digitale Instrumente und Carsharing-Software ersetzt wurden.

Carsharing-Anbieter 1 und 2 verbinden insbesondere **ökonomische Erwartungen** mit ihren eigenen Carsharing-Angeboten und Geschäftsmodellen und grenzen sich somit von den anderen Carsharing-Anbietern ab. Dies spiegelt sich in ihrem Expansionsstreben wider.

Carsharing-Anbieter 3 und 4 sind aus der ökologischen Bewegung heraus entstanden. Die **ökologische Orientierung** spiegelt sich in ihren Geschäftsmodellen wider. So verfolgt Carsharing-Anbieter 3 das Unternehmensziel, „organisch zu wachsen ohne überregional zu expandieren."[537] Beide Carsharing-Anbieter betonen, dass sie ihre Carsharing-Unternehmen explizit an den **Konzepten „Gemeinwohl-Ökonomie" und „Nachhaltigkeit"** ausrichten. Auch Carsharing-Anbieter 6 betont, dass er „ökologisch und nicht profitorientiert ist"[538] und sein Carsharing-Angebot inspiriert durch die ersten Carsharing-Gründungen Anfang der 1990er Jahre initiiert hat. Carsharing-Anbieter 5 verfolgt im Rahmen seines E-Carsharing-Projektes hingegen das Ziel, „neue Interessenten zu gewinnen, die neue E-Carsharing-Fahrzeuge finanzieren."[539]

Das in einem neuen Stadtquartier in einer Metropole vorhandene E-Carsharing-Angebot von Carsharing-Anbieter 7 wird **mit Hilfe finanzieller Mittel von Investoren** mitfinanziert, die sich am E-Carsharing-Projekt beteiligen. Dadurch können die Investoren auf die Zusammensetzung des quartiersbezogenen E-Carsharing-Angebots hinsichtlich vorhandener E-Fahrzeuge Einfluss nehmen. Hierbei hat Carsharing-Anbieter 7 die Intention, „mit seinem E-Carsharing-Angebot den Zweitwagen im Stadtquartier ersetzen zu wollen."[540] Auch der genossenschaftlich organisierte E-Carsharing-Anbieter 8 hat die Intention, „eine Alternative zum konventionell betriebenen privaten Zweitwagen anzubieten", wobei er betont, dass er „in keiner Konkurrenz zum

[535] Sowohl Carsharing-Anbieter 3 als auch 4 haben ihre Carsharing-Angebote nach Übergang hin zu einer AG kontinuierlich ausgebaut.

[536] Koesling 2018, S. 14.

[537] Vgl. Interview 3.CSA, 47.

[538] Vgl. Interview 6.CSA, 41.

[539] Mehr zum Geschäftsmodell von Carsharing-Anbieter Nr. 5 siehe Kapitel 5.1.1.

[540] Vgl. Interview 7.CSA, 21.

kommerziellen Carsharing steht, sondern vielmehr **eine Nische bedienen** möchte, um hier ein **Alleinstellungsmerkmal** zu erhalten."[541] Dabei hat E-Carsharing-Anbieter 8 die Intention, „das genossenschaftlich organisierte E-Carsharing in neuen Wohnanlagen im Geschäftsgebiet anbieten zu wollen."[542]

5.2 Quantitativer Teil der Hauptstudie

Vor dem Hintergrund, dass das Geschäftsmodell Carsharing sowohl ökonomische, ökologische wie auch soziale Vorteile erfüllt[543], entschied sich der Autor hierzu eine Bewertung von Seiten der befragten Stakeholdergruppen machen zu lassen. So soll im folgenden quantitativen Teil der Hauptstudie eine erste Annäherung an Erwartungen, die von Seiten der Stakeholdergruppen an die Carsharing-Anbieter und deren Geschäftsmodelle bestehen, erfolgen. Grundlage hierfür ist eine quantitative Studie zu vorhandenen Effekten und Erwartungen zum Geschäftsmodell Carsharing. Zur Ermittlung dieser Effekte wurde eine qualitative Vorstudie mit 20 Carsharing-Nutzern/-Nicht-Nutzern durchgeführt.[544]

Dabei wurden die folgenden Fragen gestellt:

- *„Welche ökonomischen, ökologischen und sozialen Effekte und Vorteile verbinden Sie mit Carsharing?"*
- *„Welche Erwartungen haben Sie an die Carsharing-Anbieter und ihren Angeboten, damit Sie diese vermehrt nutzen?"*

Die ermittelten Effekte wurden in Abgleich mit dem Forschungsstand zu den vorhandenen Effekten des Carsharing auf Validität überprüft und bei Gültigkeit in die quantitative Studie übernommen.

Kapitel 5.2 setzt sich wie folgt zusammen:

In Kapitel 5.2.1 werden die ermittelten Effekte und Erwartungen anhand von Übersichttabellen vorgestellt. Hierbei werden diese übergeordneten Kategorien zugeteilt, die die folgenden sind: „ökonomische", „ökologische", „ökologisch-ökonomische" sowie „soziale Effekte"; „auf das Geschäftsmodell bezogene" sowie „auf das Geschäftsmodell bezogene erweiterte Erwartungen". Im Anschluss werden die konkreten Fragestellungen hinsichtlich dieser Effekte und Erwartungen, die an die einzelnen Stakeholder gestellt wurden, inklusive der hier verwendeten Likert-Skala, vorgestellt.

In Kapitel 5.2.2 wird eine tabellarische Übersicht zur Bewertung der Effekte des Carsharing sowie mit dem Carsharing verbundenen Erwartungen von Seiten der Stakeholdergruppen gegeben. In Kapitel 5.2.3 werden die Ergebnisse ausgewertet, um in Kapitel 5.2.4 interpretiert zu werden.

[541] Vgl. Interview 8.CSA, 72.

[542] Vgl. Interview 8.CSA, 64.

[543] Siehe Kapitel 1.1 und 2.1.3.2.

[544] Zu den soziodemographischen Merkmalen der 20 Carsharing-Nutzer/-Nicht-Nutzer siehe Kapitel 4.2.

5.2.1 Bewertung des Carsharing hinsichtlich Effekte und Erwartungen – Fragestellungen, Likert-Skala

Die aus der Vorstudie in Verbindung mit dem Forschungsstand erhaltenen Effekte und Erwartungen lassen sich in die folgenden übergeordneten Kategorien einteilen:

Ökonomische Effekte
Einen Beitrag zur Kostenersparnis bei ausschließlicher Nutzung des Carsharing als Ersatz zum eigenen PKW und dem Wegfall der damit in Verbindung stehenden Kosten (KE)
Ökologische Effekte
Einen Beitrag zur Verkehrsentlastung in den Städten (VE)
Einen Beitrag zum ökologisch bewussten Mobilitätsverhalten (ÖBM)
Ökologisch-ökonomische Effekte
Einen Beitrag zum Ausbau der Elektromobilität (EL)
Soziale Effekte
Einen Beitrag zu mehr Lebensqualität in den Städten (LQ)
Einen Beitrag, individuell mobil sein zu können (IM)
Auf das Geschäftsmodell bezogene Erwartungen
Attraktives Preis-Leistungsangebot (PLA)
Verfügbarkeit in unmittelbarer Nähe (VN)
Verfügbarkeit von verschiedenen Fahrzeugklassen (VF)
Auf das Geschäftsmodell bezogene erweiterte Erwartungen
Carsharing-Stellplätze (CS)
Kooperationen mit den Verkehrsverbünden und ihren Verkehrsunternehmen (KV)
Ausweitung auf den suburbanen Raum (SR)

Dabei wurden die folgenden **Fragestellungen** an die einzelnen Stakeholder der Stakeholdergruppen gestellt:

Ökonomische Effekte
Wie würden Sie den Beitrag des Carsharing zur Kostenersparnis bei ausschließlicher Nutzung des Carsharing als Ersatz zum eigenen PKW und dem Wegfall der damit in Verbindung stehenden Kosten bewerten? (KE)
Ökologische Effekte
Wie würden Sie den Beitrag des Carsharing zur Verkehrsentlastung in den Städten (VE) bewerten?
Wie würden Sie den Beitrag des Carsharing zum ökologisch bewussten Mobilitätsverhalten bewerten? (ÖBM)
Ökologisch-ökonomische Effekte
Wie würden Sie den Beitrag des (E-)Carsharing zum Ausbau der Elektromobilität (EL) bewerten?
Soziale Effekte
Wie würden Sie den Beitrag des Carsharing zu mehr Lebensqualität (LQ) bewerten?

Wie würden Sie den Beitrag des Carsharing zur Möglichkeit, individuell mobil sein zu können (IM), bewerten?
Auf das Geschäftsmodell bezogene Erwartungen
Für wie wichtig halten Sie ein attraktives Preis-Leistungsangebot der Carsharing-Anbieter (PLA)?
Für wie wichtig halten Sie die Verfügbarkeit der Carsharing-Fahrzeuge in unmittelbarer Nähe (VN)?
Für wie wichtig halten Sie die Verfügbarkeit von verschiedenen Fahrzeugklassen (VF), d. h. von Kleinstwagen bis hin zu Transportern, um die verschiedenen Use Cases abdecken zu können?
Auf das Geschäftsmodell bezogene erweiterte Erwartungen
Für wie wichtig halten Sie Carsharing-Stellplätze (CS), d. h. solche die explizit den Carsharing-Fahrzeugen zur Verfügung stehen?
Für wie wichtig halten Sie Kooperationen zwischen Carsharing-Anbietern und den Verkehrsverbünden sowie ihren Verkehrsunternehmen (KV)?
Für wie wichtig halten Sie eine Ausweitung des Carsharing-Angebots auf den suburbanen Raum (SR)?[545]

Auf Grund der Messung persönlicher Einstellungen zu Kategorien, die das Carsharing bewerten, wird eine Likert-Skala verwendet.[546] Dabei wird eine gerade Zahl an Antwortmöglichkeiten verwendet, da keine mittlere Ausprägung, sondern eine Tendenz erzielt werden soll. Die Stakeholder konnten die unterschiedlichen Kategorien wie folgt bewerten:

nr	nicht relevant
0	weiß nicht
1	nicht wichtig
2	wenig wichtig
3	wichtig
4	sehr wichtig

5.2.2 Übersicht zur Bewertung des Carsharing hinsichtlich Effekte und Erwartungen

Tabelle 6: Übersicht zur Bewertung der des Carsharing hinsichtlich Effekte und Erwartungen

Stakeholder	KE	VE	ÖBM	EL	LQ	IM	PLA	VN	VF	CS	KV	SR	Summe
1.CSA	2	2	4	4	3	3	3	4	2	3	3	nr	33
2.CSA	2	2	4	3	2	4	4	4	4	3	4	nr	36
3.CSA	4	3	4	2	2	3	4	4	3	4	4	2	39
4.CSA	4	4	4	4	4	4	3	4	4	3	4	4	46

[545] Mit suburbanem Raum werden im Allgemeinen städtische Siedlungen, die über die Grenzen der Kernstädte hinaus ins Umland ragen, bezeichnet. Vgl. Reicher und Hesse 2013, S. 10.

[546] Vgl. Diekmann 2013, S. 240.

5.CSA	3	4	4	4	2	3	4	3	3	2	nr	4	36
6.CSA	3	4	3	4	3	4	3	4	3	2	nr	3	36
7.CSA	3	3	3	3	3	4	4	4	3	4	4	2	40
8.CSA	3	1	4	4	2	4	4	3	nr	4	nr	4	33
Ø	**3,00**	**2,88**	**3,75**	**3,50**	**2,63**	**3,63**	**3,63**	**3,75**	**3,14**	**3,13**	**3,80**	**3,17**	**39,99** **Ø (3,33)**

1.AK	2	3	4	4	3	4	3	3	3	3	3	nr	35
2.AK	1	3	4	4	4	3	4	4	4	3	4	2	40
3.AK	2	3	3	4	4	3	4	4	3	3	4	1	38
Ø	**1,67**	**3,00**	**3,67**	**4,00**	**3,67**	**3,33**	**3,67**	**3,67**	**3,33**	**3,00**	**3,67**	**1,50**	**38,17** **Ø (3,18)**

1.PV	3	3	4	3	3	3	4	4	3	4	3	4	41
2.PV	3	3	4	4	3	4	4	3	4	3	4	4	43
3.PV	2	3	3	3	3	3	4	4	3	3	4	2	37
4.PV	3	3	3	2	2	3	4	3	4	3	3	3	36
5.PV	2	2	3	3	3	3	4	4	4	3	4	2	37
6.PV	1	1	1	3	1	2	3	3	4	1	nr	nr	20
Ø	**2,33**	**2,50**	**3,00**	**3,00**	**2,50**	**3,00**	**3,83**	**3,50**	**3,67**	**2,83**	**3,60**	**3,00**	**36,77** **Ø (3,06)**

1.ST	2	nr	3	2	3	3	2	2,5	3	3	3	3	29,5
2.ST	3	4	3,5	2	3	4	3	3	3	4	3	4	39,5
3.ST	3	3	3	3	3	3	3	4	4	3	4	nr	36
4.ST	3	nr	4	2	3	3	3	3	3	4	4	3	35
5.ST	3	3	3	4	3	3	3	4	4	4	4	3	41
6.ST	2	3	3	4	3	3	3	3	3	2	2	4	35
Ø	**2,67**	**3,25**	**3,25**	**2,83**	**3,00**	**3,17**	**2,83**	**3,25**	**3,33**	**3,33**	**3,33**	**3,40**	**37,65** **Ø (3,14)**

1.VVB	2	3	3	3	3	3	3	3	4	4	4	3	38
2.VVB	2	2	2	4	3	2	3	4	4	4	4	4	38
3.VVB	2	3	4	2	4	4	3	3	4	3	4	2	38
Ø	**2,00**	**2,67**	**3,00**	**3,00**	**3,33**	**3,00**	**3,00**	**3,33**	**4,00**	**3,67**	**4,00**	**3,00**	**38** **Ø (3,17)**

1.EV	2	2	4	4	3	2	3	4	3	4	4	3	38
2.EV	2	3	4	4	3	3	3	3	3	4	3	nr	35
3.EV	3	nr	3	4	nr	3	3	nr	3	2	nr	4	25

Ø	**2,33**	**2,50**	**3,67**	**4,00**	**3,00**	**2,67**	**3,00**	**3,50**	**3,00**	**3,33**	**3,50**	**3,50**	**38** **Ø (3,17)**

1.IV	4	4	4	3	4	4	4	4	4	4	4	4	47
2.IV	1	2	2	4	2	2	2	4	3	4	3	4	33
3.IV	4	4	3	3	3	4	3	3	3	2	4	3	39
4.IV	2	3	4	4	1	3	4	3	3	3	4	3	37
Ø	**2,75**	**3,25**	**3,25**	**3,5**	**2,5**	**3,25**	**3,25**	**3,5**	**3,25**	**3,25**	**3,75**	**3,5**	**39** **Ø (3,25)**

1.WB	2	4	3	3	3	3	3	3	3	3	4	3	37
2.WB	3	3	4	4	3	nr	3	3	3	2	nr	4	32
Ø	**2,50**	**3,50**	**3,50**	**3,50**	**3,00**	**3,00**	**3,00**	**3,00**	**3,00**	**2,50**	**4,00**	**3,50**	**38** **Ø (3,17)**

5.2.3 Vorgehensweise Auswertung quantitative Ergebnisse

Um Vergleiche zwischen den Stakeholdern der Carsharing-Anbieter wie auch zwischen den Stakeholdergruppen zu ziehen, bieten sich die folgenden Möglichkeiten an:

- (1) Vergleich der (unterschiedlichen) Werte einer Kategorie innerhalb einer Stakeholdergruppe:[547] hierbei ist es sinnvoll, insbesondere solche Werte näher zu betrachten, die geringe Zustimmung erhalten haben[548], da dadurch signalisiert wird, dass weniger Verbundenheit mit diesen Kategorien in Bezug auf das Carsharing besteht.
  Dabei kann auch der Summenwert der Kategorien betrachtet werden, da dieser Aufschluss darüber geben kann, welche Zustimmung die einzelnen Stakeholder den zu bewerteten Kategorien geben.[549]
- (2) Vergleich der Durchschnittswerte der Kategorien innerhalb einer Stakeholdergruppe: hierdurch können Reihenfolgen bestimmt werden, welche Kategorien im Durchschnitt eine höhere Zustimmung und welche Kategorien im Durchschnitt eine geringere Zustimmung innerhalb einer Stakeholdergruppe erhalten haben.
- (3) Vergleich der Summen der Durchschnittswerte der übergeordneten Kategorien[550] über die Stakeholdergruppen hinweg: hierdurch können Aussagen getroffen werden, welche Stakeholdergruppen den übergeordneten Kategorien am meisten und am wenigsten Zustimmung gewähren.

[547] D. h. z. B. in Bezug auf die Kategorie „einen Beitrag zur Verkehrsentlastung in den Städten (VE)“ oder „Verfügbarkeit in unmittelbarer Nähe (VN)“ oder „Ausweitung auf den suburbanen Raum (SR)“ usw. in der Stakeholdergruppe „Automobilkonzerne“ (=drei Stakeholder) oder der Stakeholdergruppe „städtische Verantwortliche für den Verkehrs- und Mobilitätsbereich“ (= sechs Stakeholder).

[548] D. h. mit 1 = nicht wichtig und 2 = wenig wichtig bewertet wurden.

[549] Fällt dieser beispielsweise geringer aus, lässt dies erahnen, dass über die Kategorien hinweg eher Werte unter 3, d. h. „nicht wichtig“ und „wenig wichtig“, vergeben werden, als dies der Fall ist, wenn der Summenwert im Vergleich höher ausfällt. Hierbei sollte jedoch beachtet werden, dass einzelne Werte von Seiten der befragten Stakeholder mit nicht relevant (nr) bewertet wurden. Diesen wird ein Wert von 0 zugeordnet, was sich wiederum auf die Summenwerte der einzelnen Stakeholder reduzierend auswirkt. Hierbei bittet es sich an, den Summenwert der einzelnen Durchschnittswerte zu betrachten, da sich dieser auf die Durchschnittswerte der einzelnen Kategorien bezieht und somit eine nähere Aussage zur Zustimmung zu den einzelnen Kategorien geben kann.

[550] Siehe hierzu Kapitel 5.2.1.

5.2.3.1 Management der Carsharing-Anbieter

(1): Die beiden free-floating Anbieter (1.CSA und 2.CSA) bewerten die Kategorien „einen Beitrag zur Kostenersparnis bei ausschließlicher Nutzung des Carsharing als Ersatz zum eigenen PKW [...]" (KE) sowie „einen Beitrag zur Verkehrsentlastung in den Städten" (VE) mit einer 2. Der genossenschaftlich organisierte Carsharing-Anbieter 8 bewertet die Kategorie VE mit einer 1. Somit wird der Beitrag des Carsharing zur Kostenersparnis bei ausschließlicher Nutzung des Carsharing sowie zur Verkehrsentlastung in den Städten mit „wenig wichtig" bzw. „nicht wichtig" bewertet. Die Kategorie „einen Beitrag zum Ausbau der Elektromobilität" (EL) wird von 3.CSA mit „wenig wichtig" bewertet, die Kategorie „Verfügbarkeit von verschiedenen Fahrzeugklassen" (VF) wird von 1.CSA mit „wenig wichtig" bewertet. Die Kategorie „Carsharing-Stellplätze" (CS) bewerten die Carsharing-Anbieter 5 und 6, die Kategorie „Ausweitung auf den suburbanen Raum" (SR) die Carsharing-Anbieter 3 und 7 mit „wenig wichtig". Die Kategorie „einen Beitrag zu mehr Lebensqualität in den Städten" (LQ) wird von den Carsharing-Anbietern 2, 3, 5 und 8 mit „wenig wichtig" bewertet.
Auffällig ist, dass die Kategorien „Kooperationen mit den Verkehrsverbünden und ihren Verkehrsunternehmen" (KV) von drei Carsharing-Anbietern (5.CSA, 6.CSA und 8.CSA) sowie „Ausweitung auf den suburbanen Raum" (SR) von zwei Carsharing-Anbietern (1.CSA und 2.CSA) mit „nicht relevant" bewertet werden. Insgesamt liegen jedoch nur zwei Durchschnittswerte unter dem Wert 3 („wichtig"), was einer allgemeinen Zustimmung zu den relevanten Kategorien in Bezug auf das Carsharing entspricht. Die Summenwerte der bewerteten Kategorien der einzelnen Stakeholder reichen von 33 bis 46, der Summenwert der einzelnen Durchschnittswerte beträgt 39,99 und ist damit der höchste Summenwert aller Stakeholdergruppen.[551]

(2): Die Kategorien „einen Beitrag zur Verkehrsentlastung in den Städten" (VE) sowie „einen Beitrag zu mehr Lebensqualität in den Städten" (LQ) sind mit Durchschnittswerten von 2,88 und 2,63 am geringsten bewertet. Die Kategorien „einen Beitrag zum ökologisch bewussten Mobilitätsverhalten" (ÖBM) sowie „Verfügbarkeit in unmittelbarer Nähe" (VN) mit den Durchschnittswerten 3,75 sowie die Kategorie „Kooperationen mit den Verkehrsverbünden und ihren Verkehrsunternehmen" (KV) mit einem Durchschnittswert von 3,8 sind am höchsten bewertet. Insgesamt liegen nur zwei Durchschnittswerte unter dem Wert 3 („wichtig"), was einer allgemeinen Zustimmung zu den Kategorien entspricht.

5.2.3.2 Automobilkonzerne

(1): Bei den Automobilkonzernen werden lediglich bei den Kategorien „Kostenersparnis bei ausschließlicher Nutzung des Carsharing als Ersatz zum eigenen PKW [...]" (KE) sowie „Ausweitung auf den suburbanen Raum" (SR) die Werte 1, 2 und nr vergeben. Ansonsten werden bei allen anderen Kategorien die Werte 3 und 4, d. h. „wichtig" und „sehr wichtig" vergeben. Somit sehen die Automobilkonzerne den Beitrag der zu bewerteten Kategorien in Bezug auf das Carsharing als „wichtig" und „sehr wichtig" an. Der Summenwert der Durchschnittswerte von Stakeholdergruppe 2 liegt bei 38,17 und ist damit der dritthöchste aller Stakeholdergruppen.

(2): Bei den Durchschnittswerten liegen lediglich die Kategorien „Kostenersparnis bei ausschließlicher Nutzung des Carsharing als Ersatz zum eigenen PKW [...]" (KE) und „Ausweitung auf den suburbanen Raum" (SR)

[551] Je höher der Summenwert der einzelnen Durchschnittswerte ist, als desto „wichtiger" werden die verschiedenen Kategorien von den einzelnen Stakeholdern der Stakeholdergruppen bewertet.

mit Durchschnittswerten von 1,67 und 1,5 unter 3. Die Kategorie „einen Beitrag zum Ausbau der Elektromobilität" (EL) wird von allen drei Automobilkonzernen als „sehr wichtig" (Ø 4,0) bewertet. Alle weiteren Kategorien werden mit einem Durchschnittswert über 3 („wichtig") bewertet.

5.2.3.3 Politische Verantwortliche aus dem Mobilitätsbereich

(1): Hier fällt insbesondere auf, dass der Summenwert von 6.PV mit 20 deutlich unter den Summenwerten der übrigen Stakeholder innerhalb der Stakeholdergruppe liegt, die zwischen 36 und 43 liegen. Bei näherer Betrachtung wird hier deutlich, dass 6.PV lediglich den Kategorien „einen Beitrag zum Ausbau der Elektromobilität" (EL), „attraktives Preis-Leistungsangebot" (PLA), „Verfügbarkeit in unmittelbarer Nähe" (VN) sowie „Verfügbarkeit von verschiedenen Fahrzeugklassen" (VF) einen Wert von über 3, d. h. „wichtig" und „sehr wichtig", vergibt, die weiteren Kategorien wurden mit 1, 2 und „nicht relevant" bewertet. 1.PV und 2.PV bewerten keine Kategorie mit einem Wert unter 3. 3.PV bewertet die Kategorien „Kostenersparnis bei ausschließlicher Nutzung des Carsharing als Ersatz zum eigenen PKW […]" (KE) und „Ausweitung auf den suburbanen Raum" (SR) mit „wenig wichtig", 4.PV bewertet die Kategorien „einen Beitrag zum Ausbau der Elektromobilität" (EL) sowie „einen Beitrag zu mehr Lebensqualität in den Städten" (LQ) mit „wenig wichtig". 5.PV bewertet die Kategorien „Kostenersparnis bei ausschließlicher Nutzung des Carsharing als Ersatz zum eigenen PKW […]" (KE), „einen Beitrag zur Verkehrsentlastung in den Städten" (VE) sowie „Ausweitung auf den suburbanen Raum" (SR) mit „wenig wichtig". Der Summenwert der Durchschnittswerte von Stakeholdergruppe 3 liegt bei 36,77 und ist damit der zweitniedrigste aller Stakeholdergruppen.

(2): Bei den Durchschnittswerten der Kategorien liegen die Kategorien „Kostenersparnis bei ausschließlicher Nutzung des Carsharing als Ersatz zum eigenen PKW […]" (KE) (Ø 2,33) „einen Beitrag zur Verkehrsentlastung in den Städten" (VE) (Ø 2,5), „einen Beitrag zu mehr Lebensqualität in den Städten" (LQ) (Ø 2,5) sowie Carsharing-Stellplätze (CS) (Ø 2,83) unter einem Wert von 3. Die höchsten Durchschnittsbewertungen erhielten die Kategorien „Kooperationen mit den Verkehrsverbünden und ihren Verkehrsunternehmen" (KV) (Ø 3,60), „Verfügbarkeit von verschiedenen Fahrzeugklassen" (VF) (Ø 3,67) sowie „attraktives Preis-Leistungsangebot" (PLA) (Ø 3,83).

5.2.3.4 Städtische Verantwortliche für den Verkehrs- und Mobilitätsbereich

(1): Bei den städtischen Verantwortlichen für den Verkehrs- und Mobilitätsbereich fällt der Summenwert von 1.ST auf, der bei 29,5 liegt. So bewertet 1.ST die Kategorien „Kostenersparnis bei ausschließlicher Nutzung des Carsharing als Ersatz zum eigenen PKW […]" (KE), „einen Beitrag zum Ausbau der Elektromobilität" (EL) sowie „attraktives Preis-Leistungsangebot" (PLA) mit „wenig wichtig". Die Kategorie „Verfügbarkeit in unmittelbarer Nähe" (VN) wird mit „wenig wichtig - wichtig", die Kategorie „einen Beitrag zur Verkehrsentlastung in den Städten" (VE) von Seiten von 1.ST mit „nicht relevant" bewertet. Bei den weiteren Kategorien vergibt 1.ST lediglich eine 3 („wichtig") und keine 4 („sehr wichtig"). 2.ST bewertet ebenso wie 4.ST die Kategorie „einen Beitrag zum Ausbau der Elektromobilität" (EL) mit „wenig wichtig". 6.ST bewertet die Kategorien „Carsharing-Stellplätze" (CS) und „Kooperationen mit den Verkehrsverbünden und ihren Verkehrsunternehmen" (KV) mit „wenig wichtig". Mit „nicht relevant" bewertet 3.ST die Kategorie „Ausweitung auf den suburbanen Raum" (SR) und 4.ST die Kategorie „einen Beitrag zur Verkehrsentlastung in den Städten" (VE). Die Summenwerte der einzelnen Stakeholder reichen von 29,5 bis 41, der Summenwert der einzelnen Durchschnittswerte beträgt 37,65 und ist damit der niedrigste Summenwert aller Stakeholdergruppen.

(2): Bei den Durchschnittswerten der Kategorien fallen die Kategorien „Kostenersparnis bei ausschließlicher Nutzung des Carsharing als Ersatz zum eigenen PKW […]" (KE) mit 2.67 sowie „einen Beitrag zum Ausbau der Elektromobilität" (EL) und „attraktives Preis-Leistungsangebot" (PLA) mit Durchschnittswerten von 2,83 am geringsten aus. Die Kategorien „Verfügbarkeit von verschiedenen Fahrzeugklassen (VF), „Carsharing-Stellplätze" (CS) sowie „Kooperationen mit den Verkehrsverbünden und ihren Verkehrsunternehmen" (KV) werden mit Durchschnittswerten von 3,33, die Kategorie „Ausweitung auf den suburbanen Raum" (SR) mit einem Durchschnittswert von 3,40 als am wichtigsten bewertet.

5.2.3.5 Verkehrsverbünde

(1): Bei den Verkehrsverbünden fallen die bei allen drei gleichen Summenwerte auf, die bei 38 liegen. Hierbei bewerten alle drei Verkehrsverbünde die Kategorie „Kostenersparnis bei ausschließlicher Nutzung des Carsharing als Ersatz zum eigenen PKW […]" (KE) mit einer 2 („wenig wichtig"). 2.VVB bewertet darüber hinaus die Kategorien „einen Beitrag zur Verkehrsentlastung in den Städten" (VE), „einen Beitrag zum ökologisch bewussten Mobilitätsverhalten" (ÖBM) sowie „einen Beitrag, individuell mobil sein zu können" (IM) mit „wenig wichtig". 3.VVB bewertet die Kategorien „einen Beitrag zum Ausbau der Elektromobilität" (EL) sowie „Ausweitung auf den suburbanen Raum" (SR) mit „wenig wichtig". Die Summenwerte der drei befragten Verkehrsverbünde liegen alle bei 38 ebenso wie der Summenwert der einzelnen Durchschnittswerte.

(2): Die Kategorie „Kooperationen mit den Verkehrsverbünden und ihren Verkehrsunternehmen" (KV) wird mit dem höchstmöglichen Durchschnittswert von 4 („sehr wichtig") bewertet. Die Kategorien „Kostenersparnis bei ausschließlicher Nutzung des Carsharing als Ersatz zum eigenen PKW […]" (KE) sowie „einen Beitrag zur Verkehrsentlastung in den Städten" (VE) liegen mit ihren Durchschnittswerten von 2,0 und 2,67 als einzige Kategorien unter 3,0.

5.2.3.6 Energieversorger

(1): Bei den Energieversorgern fällt der Summenwert von 3.EV auf, der lediglich bei 25 liegt. Dabei bewertet 3.EV die Kategorien „einen Beitrag zur Verkehrsentlastung in den Städten" (VE), „einen Beitrag zu mehr Lebensqualität in den Städten" (LQ), „Verfügbarkeit in unmittelbarer Nähe" (VN) sowie „Kooperationen mit den Verkehrsverbünden und ihren Verkehrsunternehmen" (KV) mit „nicht relevant". Die Kategorie „Carsharing-Stellplätze" (CS) bewertet 3.EV mit „wenig wichtig", die Kategorie „Kostenersparnis bei ausschließlicher Nutzung des Carsharing als Ersatz zum eigenen PKW […]" (KE) bewerten 1.EV und 2.EV mit „wenig wichtig". 1.EV bewertet darüber hinaus die Kategorien „einen Beitrag zur Verkehrsentlastung in den Städten" (VE) sowie „einen Beitrag, individuell mobil sein zu können" (IM) mit „wenig wichtig". Die Summenwerte der drei befragten Energieversorger reichen von 25 bis 38, der Summenwert der einzelnen Durchschnittswerte beträgt 38 und ist somit der gleiche wie bei den Verkehrsverbünden.

(2): Die Kategorie „einen Beitrag zum Ausbau der Elektromobilität" (EL) wird mit dem höchstmöglichen Durchschnittswert von 4 („sehr wichtig") bewertet. Die Kategorien „Kostenersparnis bei ausschließlicher Nutzung des Carsharing als Ersatz zum eigenen PKW […]" (KE), „einen Beitrag zur Verkehrsentlastung in den Städten" (VE) und „einen Beitrag, individuell mobil sein zu können" (IM) liegen mit Durchschnittswerten von 2,33, 2,5 und 2,67 als einzige Kategorien unter 3 („wichtig").

5.2.3.7 Interessenverbände und Verkehrsclubs

(1): Bei den Interessensverbänden und Verkehrsclubs fällt der Summenwert von 47 auf, der unter allen Summenwerten aller befragten Stakeholder der höchste ist. 1.IV bewertet hierbei alle Kategorien mit einer 4 („sehr wichtig“) bis auf die Kategorie „einen Beitrag zum Ausbau der Elektromobilität“ (EL) mit einer 3 („wichtig“). 2.IV hat hingegen nur einen Summenwert von 33, der dadurch zustande kommt, dass er den Kategorien „einen Beitrag zur Verkehrsentlastung in den Städten“ (VE), „einen Beitrag zum ökologisch bewussten Mobilitätsverhalten“ (ÖBM), „einen Beitrag zu mehr Lebensqualität in den Städten“ (LQ), „einen Beitrag, individuell mobil sein u können“ (IM) sowie „attraktives Preis-Leistungsangebot“ (PLA) den Wert 2 („wenig wichtig“) und der Kategorie „Kostenersparnis bei ausschließlicher Nutzung des Carsharing als Ersatz zum eigenen PKW [...]“ (KE) lediglich den Wert 1 („nicht wichtig“) vergibt. 3.IV bewertet die Kategorie „Carsharing-Stellplätze“ (CS), 4.IV die Kategorie „Kostenersparnis bei ausschließlicher Nutzung des Carsharing als Ersatz zum eigenen PKW [...]“ (KE) mit „wenig wichtig“, wobei 4.IV die Kategorie „einen Beitrag zu mehr Lebensqualität in den Städten“ mit „nicht wichtig“ bewertet. Der Summenwert der einzelnen Durchschnittswerte beträgt 39 und ist damit der zweithöchste Summenwert.

(2): Die Durchschnittswerte der Kategorien liegen über 3,25, lediglich die Kategorien „Kostenersparnis bei ausschließlicher Nutzung des Carsharing als Ersatz zum eigenen PKW [...]“ (KE) mit einem Durchschnittswert von 2,75 und „einen Beitrag zu mehr Lebensqualität in den Städten“ (LQ) mit einem Durchschnittswert von 2,5 darunter. Die Kategorie „Kooperationen mit den Verkehrsverbünden und ihren Verkehrsunternehmen“ (KV) wurde mit einem Durchschnittswert von 3,75 am höchsten bewertet.

5.2.3.8 Weitere am Carsharing beteiligte Stakeholder

(1): Der Summenwert von 1.WB liegt bei 37, der dadurch zustande kommt, dass 1.WB lediglich der Kategorie „Kostenersparnis bei ausschließlicher Nutzung des Carsharing als Ersatz zum eigenen PKW [...]“ (KE) einen Wert von unter 3, nämlich eine 2 („wenig wichtig“) zuordnet. Der Summenwert von 2.WB liegt bei 32. Dabei bewertet 2.WB die Kategorie „Carsharing-Stellplätze“ (CS) mit „wenig wichtig“ und die Kategorien „einen Beitrag, individuell mobil sein zu können“ (IM) sowie „Kooperationen mit den Verkehrsverbünden und ihren Verkehrsunternehmen“ (KV) mit „nicht relevant“. Der Summenwert der einzelnen Durchschnittswerte beträgt 38 und ist somit der gleiche wie bei den Verkehrsverbünden und den Energieversorgern.

(2): Bei den Durchschnittswerten wurde die Kategorie „Kooperationen mit den Verkehrsverbünden und ihren Verkehrsunternehmen“ (KV) mit dem höchstmöglichen Durchschnittswert von 4 („sehr wichtig“) bewertet. Lediglich die Kategorien „Kostenersparnis bei ausschließlicher Nutzung des Carsharing als Ersatz zum eigenen PKW [...]“ (KE) sowie „Carsharing-Stellplätze“ (CS) liegen mit einem Durchschnittswert von 2,5 unter einer Bewertung von „wichtig“."

Zwischenfazit:
Die Ergebnisse zeigen, dass die Stakeholder der einzelnen Stakeholdergruppen die vorhandenen Effekte des Carsharing wie auch die mit dem Carsharing verbundenen Erwartungen als überwiegend „wichtig“ bewerten. Dies kommt einer allgemeinen Zustimmung des Carsharing hinsichtlich der zu bewertenden Effekte und Erwartungen bei. D. h. die Stakeholdergruppen verbinden sowohl „ökonomische“, „ökologische“, „ökologisch-ökonomische“ sowie „soziale Effekte“ bzw. Vorteile mit dem Carsharing, wobei von Seiten der Carsharing-Anbieter die dargestellten Erwartungen erfüllt werden sollten, um ein funktionierendes Carsharing-Angebot

zu gewährleisten. Ein attraktives Carsharing-Angebot ist notwendig, um die Nutzerzahlen zu erhöhen und so eine Ausweitung des Carsharing herbeizuführen.

In einem nächsten Schritt sollen die Bewertungen der Effekte des Carsharing anhand ihrer Zuordnung zu den übergeordneten Kategorien näher betrachtet werden.

In Bezug auf **(3): Vergleich der Summen der Durchschnittswerte der übergeordneten Kategorien über die Stakeholdergruppen hinweg** konnten die folgenden Ergebnisse erzielt werden:

Stakeholdergruppe 1 (CSA)	ökonomischer Effekt	ökologische Effekte		ökologisch-ökonomischer Effekt	soziale Effekte		auf das Geschäftsmodell bezogene Erwartungen			auf das Geschäftsmodell bezogene erweiterte Erwartungen		
	KE	VE	ÖBM	EL	LQ	IM	PLA	VN	VF	CS	KV	SR
∅	3,0	2,88	3,75	3,5	2,63	3,63	3,63	3,75	3,14	3,13	3,8	3,17
Summe/AM[552]	**3,0**	**6,63/3,32**		**3,5**	**6,26/3,13**		**10,52/3,51**			**10,1/3,37**		

Stakeholdergruppe 2 (AK)	ökonomischer Effekt	ökologische Effekte		ökologisch-ökonomischer Effekt	soziale Effekte		auf das Geschäftsmodell bezogene Erwartungen			auf das Geschäftsmodell bezogene erweiterte Erwartungen		
	KE	VE	ÖBM	EL	LQ	IM	PLA	VN	VF	CS	KV	SR
∅	1,67	4,0	3,67	4,0	3,67	3,33	3,67	3,67	3,33	3,0	3,67	1,50
Summe/AM	**1,67**	**7,67/3,84**		**4,0**	**7,0/3,35**		**10,67/3,56**			**8,17/2,72**		

552 Arithmetisches Mittel.

Stakeholder-gruppe 3 (PV)	ökonomischer Effekt	ökologische Effekte		ökologisch-ökonomischer Effekt	soziale Effekte		auf das Geschäftsmodell bezogene Erwartungen			auf das Geschäftsmodell bezogene erweiterte Erwartungen		
	KE	VE	ÖBM	EL	LQ	IM	PLA	VN	VF	CS	KV	SR
Ø	2,33	3,17	3,0	3,0	2,5	3,0	3,83	3,5	3,67	2,83	3,6	3,0
Summe/AM	**2,33**	**6,17/3,09**		**3,0**	**5,5/2,75**		**11,0/3,66**			**9,43/3,14**		

Stakeholder-gruppe 4 (ST)	ökonomischer Effekt	ökologische Effekte		ökologisch-ökonomischer Effekt	soziale Effekte		auf das Geschäftsmodell bezogene Erwartungen			auf das Geschäftsmodell bezogene erweiterte Erwartungen		
	KE	VE	ÖBM	EL	LQ	IM	PLA	VN	VF	CS	KV	SR
Ø	2,67	3,5	3,25	2,83	3,0	3,17	2,83	3,25	3,33	3,33	3,33	3,4
Summe/AM	**2,67**	**6,75/3,38**		**2,83**	**6,17/3,09**		**9,41/3,14**			**10,06/3,35**		

Stakeholder-gruppe 5 (VVB)	ökonomischer Effekt	ökologische Effekte		ökologisch-ökonomischer Effekt	soziale Effekte		auf das Geschäftsmodell bezogene Erwartungen			auf das Geschäftsmodell bezogene erweiterte Erwartungen		
	KE	VE	ÖBM	EL	LQ	IM	PLA	VN	VF	CS	KV	SR
Ø	2,0	3,0	3,0	3,0	3,33	3,0	3,0	3,33	4,0	3,67	4,0	3,0
Summe/AM	**2,0**	**6,0/3,0**		**3,0**	**6,33/3,17**		**10,33/3,44**			**10,67/3,56**		

Stakeholder-gruppe 6 (EV)	ökonomischer Effekt	ökologische Effekte		ökologisch-ökonomischer Effekt	soziale Effekte		auf das Geschäftsmodell bezogene Erwartungen			auf das Geschäftsmodell bezogene erweiterte Erwartungen		
	KE	VE	ÖBM	EL	LQ	IM	PLA	VN	VF	CS	KV	SR
Ø	2,33	3,5	3,67	4,0	3,0	2,67	3,0	3,5	3,0	3,33	3,5	3,5
Summe/AM	**2,33**	**7,17/3,59**		**4,0**	**5,67/2,84**		**9,5/3,16**			**10,33/3,44**		

Stakeholdergruppe 7 (IV)	ökonomischer Effekt	ökologische Effekte		ökologisch-ökonomischer Effekt	soziale Effekte		auf das Geschäftsmodell bezogene Erwartungen			auf das Geschäftsmodell bezogene erweiterte Erwartungen		
	KE	VE	ÖBM	EL	LQ	IM	PLA	VN	VF	CS	KV	SR
Ø	2,75	3,5	3,25	3,5	2,5	3,25	3,25	3,5	3,25	3,25	3,75	3,5
Summe/AM	**2,75**	**6,75/3,38**		**3,5**	**5,75/2,88**		**10,0/3,33**			**10,5/3,5**		

Stakeholdergruppe 8 (WB)	ökonomischer Effekt	ökologische Effekte		ökologisch-ökonomischer Effekt	soziale Effekte		auf das Geschäftsmodell bezogene Erwartungen			auf das Geschäftsmodell bezogene erweiterte Erwartungen		
	KE	VE	ÖBM	EL	LQ	IM	PLA	VN	VF	CS	KV	SR
Ø	2,5	3,5	3,0	3,5	3,0	3,0	3,0	3,0	3,0	2,5	4	3,5
Summe/AM	**2,5**	**6,5/3.25**		**3,5**	**6,0/3,0**		**9,0/3,0**			**10,0/3,33**		

In Bezug auf den **ökonomischen Effekt** „einen Beitrag zur Kostenersparnis bei ausschließlicher Nutzung des Carsharing als Ersatz zum eigenen PKW und dem Wegfall der damit in Verbindung stehenden Kosten" wurden die folgenden Ergebnisse erzielt:
Den höchsten Durchschnittswert erzielt Stakeholdergruppe 1 (Management der Carsharing-Anbieter) mit 3,0 gefolgt von den Stakeholdergruppen 7 (Interessenverbände & Verkehrsclubs) mit Ø2,75, 4 (städtische Verantwortliche für den Verkehrs- und Mobilitätsbereich) mit Ø2,67, 8 (Weitere am Carsharing beteiligte Stakeholder) mit Ø2,5 und 3 (politische Verantwortliche aus dem Mobilitätsbereich) sowie 6 (Energieversorger) mit jeweils Ø2,33. Es folgen die Stakeholdergruppen 5 (Verkehrsverbünde) mit Ø2,0 und 2 (Automobilkonzerne) mit Ø1,67.

In Bezug auf die **ökologischen Effekte** „einen Beitrag zur Verkehrsentlastung in den Städten" und „einen Beitrag zum ökologisch bewussten Mobilitätsverhalten" wurden die folgenden Ergebnisse erzielt:
Den höchsten Durchschnittswert erzielt Stakeholdergruppe 2 (Automobilkonzerne) mit Ø7,67[553] gefolgt von den Stakeholdergruppen 6 (Energieversorger) mit Ø7,17, 4 (städtische Verantwortliche für den Verkehrs- und Mobilitätsbereich) und 7 (Interessenverbände & Verkehrsclubs) mit jeweils Ø6,75 sowie 1 (Management der Carsharing-Anbieter) mit Ø6,63. Es folgen die Stakeholdergruppen 8 (Weitere am Carsharing beteiligte Stakeholder) mit Ø6,5, 3 (politische Verantwortliche aus dem Mobilitätsbereich) mit Ø6,17 und 5 (Verkehrsverbünde) mit Ø6,0.

[553] Von möglichen 8 Punkten.

In Bezug auf den **ökologisch-ökonomischen Effekt** „einen Beitrag zum Ausbau der Elektromobilität" wurden die folgenden Ergebnisse erzielt:
Die Stakeholdergruppen 2 (Automobilkonzerne) und 6 (Energieversorger) erzielten den höchstmöglichen Durchschnittswert von 4,0 gefolgt von den Stakeholdergruppen 1 (Management der Carsharing-Anbieter), 7 (Interessenverbände & Verkehrsclubs) und 8 (Weitere am Carsharing beteiligte Stakeholder) mit jeweils Ø3,5. Es folgen die Stakeholdergruppen 3 (politische Verantwortliche aus dem Mobilitätsbereich) und 5 (Verkehrsverbünde) mit jeweils Ø3,0 sowie die Stakeholdergruppe 4 (städtische Verantwortliche für den Verkehrs- und Mobilitätsbereich) mit Ø2,83.

In Bezug auf die **sozialen Effekte** „einen Beitrag zu mehr Lebensqualität in den Städten" sowie „einen Beitrag, individuell mobil sein zu können" wurden die folgenden Ergebnisse erzielt:
Den höchsten Durchschnittswert hat Stakeholdergruppe 2 (Automobilkonzerne) mit 7,0 erzielt gefolgt von der Stakeholdergruppe 5 (Verkehrsverbünde) mit Ø6,33, der Stakeholdergruppe 1 (Management der Carsharing-Anbieter) mit Ø6,26, der Stakeholdergruppe 4 (städtische Verantwortliche für den Verkehrs- und Mobilitätsbereich) mit Ø6,17 und der Stakeholdergruppe 8 (Weitere am Carsharing beteiligte Stakeholder) mit Ø6,0. Die letzten drei Plätze belegen Stakeholdergruppe 7 (Interessenverbände & Verkehrsclubs) mit Ø5,75, Stakeholdergruppe 6 (Energieversorger) mit Ø5,67 sowie Stakeholdergruppe 3 (politische Verantwortliche aus dem Mobilitätsbereich) mit Ø5,5.

In Bezug auf die Kategorie **„auf das Geschäftsmodell bezogene Erwartungen"**[554] wurden die folgenden Ergebnisse erzielt: Stakeholdergruppe 3 (politische Verantwortliche aus dem Mobilitätsbereich) hat den höchsten Durchschnittswert mit 11,0[555] erhalten. Es folgen Stakeholdergruppe 2 (Automobilkonzerne) mit Ø10,67, Stakeholdergruppe 1 (Management der Carsharing-Anbieter) mit Ø10,52, Stakeholdergruppe 5 (Verkehrsverbünde) mit Ø10,33 und Stakeholdergruppe 7 (Interessenverbände & Verkehrsclubs) mit Ø10. Die hinteren drei Plätze belegen Stakeholdergruppe 6 (Energieversorger) mit Ø9,5, Stakeholdergruppe 4 (städtische Verantwortliche für den Verkehrs- und Mobilitätsbereich) mit Ø9,41 sowie Stakeholdergruppe 8 (Weitere am Carsharing beteiligte Stakeholder) mit Ø9,0.

In Bezug auf die Kategorie **„auf das Geschäftsmodell bezogene erweiterte Erwartungen"**[556] wurden die folgenden Ergebnisse erzielt: Stakeholdergruppe 5 (Verkehrsverbünde) hat den höchsten Durchschnittswert mit 10,67 erhalten. Es folgen Stakeholdergruppe 7 (Interessenverbände & Verkehrsclubs) mit Ø10,5, Stakeholdergruppe 6 (Energieversorger) mit Ø10,33, Stakeholdergruppe 1 (Management der Carsharing-Anbieter) mit Ø10,1 sowie Stakeholdergruppe 4 (städtische Verantwortliche für den Verkehrs- und Mobilitätsbereich) mit Ø10,06. Die hinteren drei Plätze belegen Stakeholdergruppe 8 (Weitere am Carsharing beteiligte Stakeholder) mit Ø10,0, Stakeholdergruppe 3 (politische Verantwortliche aus dem Mobilitätsbereich) mit Ø9,43 sowie Stakeholdergruppe 2 (Automobilkonzerne) mit Ø8,17.

5.2.4 Zusammenfassung zu den quantitativen Ergebnissen

Durch (1) die Betrachtung der Summenwerte der einzelnen Durchschnittswerte sowie (2) der Werte der übergeordneten Kategorien über die Stakeholdergruppen hinweg ergeben sich die folgenden ersten Ergebnisse:

[554] Diese sind „attraktives Preis-Leistungsangebot", „Verfügbarkeit in unmittelbarer Nähe" und „Verfügbarkeit von verschiedenen Fahrzeugklassen".

[555] Von möglichen 12 Punkten.

[556] Diese sind „Carsharing-Stellplätze", „Kooperationen mit den Verkehrsverbünden und ihren Verkehrsunternehmen" und „Ausweitung auf den suburbanen Raum".

(1) Die höchste Zustimmung zu den Effekten des Carsharing sowie zu den mit dem Carsharing verbundenen Erwartungen besteht von Seiten des Managements der Carsharing-Anbieter. Hier liegt der Summenwert der einzelnen Durchschnittswerte bei 39,99.[557] Auf Platz zwei folgen die Interessenverbände & Verkehrsclubs (Summenwert: 39), auf Platz 3 die Automobilkonzerne (Summenwert: 38,17). Die Stakeholdergruppen Verkehrsverbünde, Energieversorger und Weitere am Carsharing beteiligte Stakeholder weisen einen Summenwert der einzelnen Durchschnittswerte von jeweils 38,0 auf.[558] Die geringste Zustimmung besteht von Seiten der städtischen Verantwortlichen für den Verkehrs- und Mobilitätsbereich mit einem Summenwert von 37,65 sowie politischen Verantwortlichen aus dem Mobilitätsbereich mit einem Summenwert von 36,77.
Bei der Betrachtung der Durchschnittswerte hinsichtlich der Bewertung zu den einzelnen Kategorien über die Stakeholdergruppen hinweg[559] ergibt sich das folgende Bild: Der niedrigste Durchschnittswert liegt bei 3,06 von der Stakeholdergruppe 3 (politische Verantwortliche aus dem Mobilitätsbereich), der höchste bei 3,33 von der Stakeholdergruppe 1 (Management der Carsharing-Anbieter). Damit liegt keiner der Durchschnittswerte in Bezug auf die Bewertung zu den einzelnen Kategorien über die Stakeholdergruppen hinweg unter der Bewertung von „wichtig". Dies kann als eine allgemeine Zustimmung zu den zu bewertenden Effekten des Carsharing sowie mit dem Carsharing verbundenen Erwartungen verstanden werden.

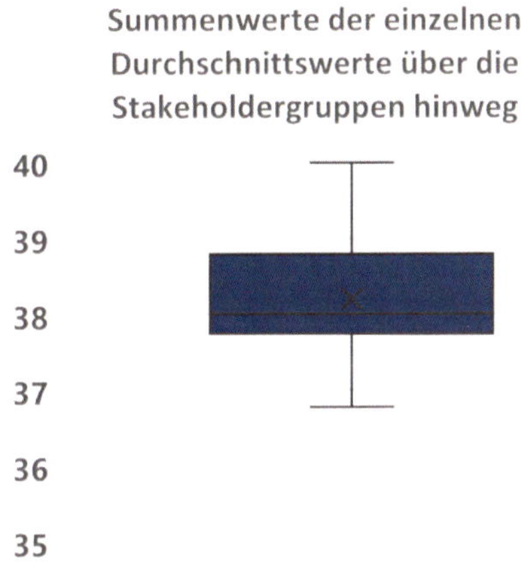

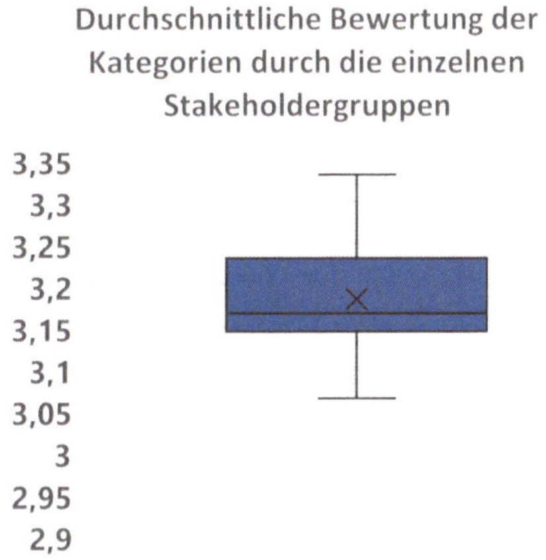

(2) Das Management der Carsharing-Anbieter bewertet den „ökonomischen Effekt" (KE) des Carsharing mit „wichtig", alle anderen Stakeholdergruppen hingegen mit „wenig wichtig – wichtig". Die Automobilkonzerne bewerten den ökonomischen Effekt des Carsharing mit „nicht wichtig - wenig wichtig".
Die ökologischen Effekte des Carsharing (VE, ÖBM) werden von allen Stakeholdergruppen mit „wichtig - sehr wichtig" bewertet.
Der ökologisch-ökonomische Effekt (EL) wird mit Ausnahme von Stakeholdergruppe 4 (städtische Verantwortliche für den Verkehrs- und Mobilitätsbereich) mit „wichtig - sehr wichtig" bewertet.

---

[557] Der höchstmögliche Summenwert der einzelnen Durchschnittswerte liegt bei 48, der sich daraus ergibt, dass den insgesamt zu bewertenden 12 Kategorien die höchstmögliche Bewertung von 4 (=sehr wichtig) gegeben werden kann.

[558] Hier sollten jedoch auch die Boxplots zu den Summenwerten der einzelnen Stakeholder über die Stakeholdergruppen hinweg betrachtet werden (Kapitel 8.2.1.9). Hierbei werden die unterschiedlichen Längen der Boxen deutlich, die darauf zurückzuführen sind, dass sowohl die Energieversorger (2.EV und 3.EV) als auch Weitere am Carsharing beteiligte Stakeholder (2.WB) Bewertungen mit nicht relevant (nr) vergeben. Dadurch ist der Interquartilsabstand bei den Boxen der Energieversorger sowie Weiteren am Carsharing beteiligten Stakeholder länger als bei den Verkehrsverbünden.

[559] Diese ergeben sich durch die Summenwerte der einzelnen Durchschnittswerte über die Stakeholdergruppen hinweg, die durch die zu bewertenden Kategorien (=12) geteilt werden müssen. Siehe Tabelle 5.

Die sozialen Effekte des Carsharing (LQ, IM) werden mit Ausnahme der Stakeholdergruppen 3 (politische Verantwortliche aus dem Mobilitätsbereich), 6 (Energieversorger) und 7 (Interessenverbände & Verkehrsclubs) mit „wichtig - sehr wichtig" bewertet.
Die „auf das Geschäftsmodell bezogenen Erwartungen" (PLA, VN, VF) werden von allen Stakeholdergruppen mit „wichtig - sehr wichtig" bewertet.
Die „auf das Geschäftsmodell bezogenen erweiterten Erwartungen" (CS, KV, SR) werden mit Ausnahme von Stakeholdergruppe 2 (Automobilkonzerne) mit „wichtig - sehr wichtig" bewertet.

In Bezug auf die Werte der übergeordneten Kategorien über die Stakeholdergruppen hinweg kann festgehalten werden, dass von Seiten der Stakeholdergruppen die „ökologischen Effekte" sowie „auf das Geschäftsmodell bezogene Erwartungen" mit „wichtig - sehr wichtig" bewertet werden. Mit Ausnahme einer Stakeholdergruppe werden auch die „auf das Geschäftsmodell bezogenen erweiterten Erwartungen" sowie der „ökologisch-ökonomische Effekt" mit „wichtig - sehr wichtig" bewertet. Die „sozialen Effekte" werden hingegen von drei Stakeholdergruppen mit „wenig wichtig - wichtig" bewertet. Der „ökonomische Effekt" des Carsharing wird lediglich von einer Stakeholdergruppe mit „wichtig" und allen anderen mit „nicht wichtig - wenig wichtig" bewertet.
Somit sind es insbesondere „ökologische Effekte" und Vorteile, die die Stakeholdergruppen mit dem Carsharing-Angebot verbinden. Die „sozialen Effekte" sowie der „ökonomische Effekt" bzw. die entsprechenden Vorteile spielen für die Stakeholdergruppen eine eher untergeordnete Rolle. Den Beitrag des E-Carsharing zum Ausbau der Elektromobilität bewerten die Stakeholdergruppen als „wichtig". Somit wird dem E-Carsharing nicht nur eine Treiberfunktion zum Ausbau der Elektromobilität zugeschrieben, sondern es wird von Seiten der Stakeholdergruppen als Geschäftsmodell akzeptiert. Damit das Carsharing-Angebot attraktiv genug ist, sollte es mindestens die folgenden Kriterien erfüllen: Das Preis-Leistungsangebot sollte stimmen, d. h. es sollte nicht zu teuer sein, damit alle Carsharing-Interessenten die Möglichkeit erhalten, das Carsharing nutzen zu können. Das Carsharing-Angebot sollte aus möglichst verschiedenen Fahrzeugklassen bestehen sowie in unmittelbarer Nähe sein, d. h. fußläufig erreichbar sein. Darüber hinaus sind Carsharing-Stellplätze, d. h. Stellplätze die ausschließlich für Carsharing-Fahrzeugen bereitstehen, erwünscht. Auch sollten Kooperationen mit Verkehrsverbünden und ihren Verkehrsunternehmen bestehen, um hier etwa „ein Mobilitätsangebot aus einer Hand" anbieten zu können. Eine Ausweitung des Carsharing-Angebots auf den suburbanen Raum ist ebenfalls erwünscht.

5.3 Erwartungen

In Kapitel 5.3 werden Einflussfaktoren, die von Seiten der Stakeholdergruppen bestehen, vorgestellt. Diese bauen auf Erwartungen bzw. Aussagen zu Erwartungen von Seiten der befragten Stakeholder auf, die einen Einfluss auf das Geschäftsmodell Carsharing haben. Diese Erwartungen werden im Rahmen von Übersichttabellen kategorisiert und deren möglicher Einfluss bzw. Auswirkungen auf sowie für das Carsharing werden dargestellt.[560] Als Grundlage für das Kapitel 5.3 dient die an die jeweilige Stakeholdergruppe angepasste Frage aus dem Interviewleitfaden zu den Erwartungen an die Carsharing-Anbieter und deren Geschäftsmodelle: *„Welche Erwartungen haben Sie in ihrer Funktion als ... an die Carsharing-Anbieter und deren Geschäftsmodelle beim ersten Kontakt sowie gegenwärtig?"*.

[560] Die Übersichttabellen sind im Anhang zu finden, siehe Kapitel 8.3.

Kapitel 5.3 ist wie folgt aufgebaut:

In den Kapiteln 5.3.1 – 5.3.8 werden die Einflussfaktoren von Seiten der Stakeholdergruppen anhand von Mind-Maps dargestellt. Hierbei werden die Stakeholdergruppen auf Grund vorhandener Merkmale vereinzelt in Subgruppen unterteilt. Dies betrifft neben dem befragten Management/den Verantwortlichen der Carsharing-Anbieter[561] die politischen Verantwortlichen aus dem Mobilitätsbereich (Unterteilung in Regierungsparteien und Oppositionsparteien), die städtischen Verantwortlichen für den Verkehrs- und Mobilitätsbereich (Unterteilung einerseits in Metropolen sowie andererseits in Regiopole, Großstadt und Mittelstadt) sowie die Interessenverbände und Verkehrsclubs sowie Weitere am Carsharing beteiligte Stakeholder. Die in den Mind-Maps dargestellten Einflussfaktoren entsprechen den Einflussfaktoren aus den Übersichttabellen im Anhang (Kapitel 8.3.2 – 8.3.9.). Die Übersichttabellen im Anhang sind wie folgt aufgebaut:

ID Stakeholder-Aussage	**Aussagen zu Erwartungen, die einen Einfluss auf das Geschäftsmodell Carsharing haben**	Möglicher Einfluss bzw. Auswirkungen auf sowie für das Carsharing / **Einflussfaktor(en) auf das Geschäftsmodell Carsharing**
2.PV, d1	„Die Carsharing-Anbieter sollen auch in den suburbanen Raum und die Mittelstädte gehen, insbesondere dort, wo es einen direkten ÖPNV-Anschluss gibt“[562]	Das Carsharing-Angebot ist vermehrt im suburbanen Raum sowie den Mittelstädten zu finden.
		• **die Erwartung, dass die Carsharing-Anbieter in den suburbanen Raum und die Mittelstädte gehen**

In der linken Spalte ist die ID zur Stakeholder-Aussage angeführt. Diese ID entspricht dem jeweiligen Kürzel aus der Übersichttabelle zur Kategorisierung zu den aus den Interviews erhaltenen Erwartungen.[563]
In der Mitte der Tabelle sind die Aussagen zu den Erwartungen zu finden, die einen Einfluss auf das Geschäftsmodell Carsharing haben
In der rechten Spalte sind in der oberen Zeile der „mögliche Einfluss bzw. Auswirkungen auf sowie für das Carsharing“ beschrieben, in der unteren Zeile die „Einflussfaktor(en) auf das Geschäftsmodell Carsharing“.
Die Mind-Maps sind so aufgebaut, dass die Erwartungen im Uhrzeigersinn von rechts oben nach links oben den zugeordneten Kürzeln in alphabetischer Reihenfolge entsprechen.[564]
In Kapitel 5.3.9 werden die Erwartungen sowie die damit verbundenen Einflussfaktoren von Seiten der Stakeholdergruppen zusammenfassend dargestellt.

5.3.1 Management/Verantwortliche der Carsharing-Anbieter

Frage: *Welche Erwartungen haben Sie in Ihrer Funktion als verantwortlicher Vertreter des Carsharing-Anbieters an das eigene Unternehmen und Carsharing-Geschäftsmodell sowohl bei Gründung wie auch im weiteren Verlauf der Unternehmensentwicklung?*

[561] Zur Einteilung der Carsharing-Anbieter siehe Kapitel 5.1.
[562] Vgl. Interview 2.PV, 52.
[563] Siehe Kapitel 8.3.1.
[564] D. H. Erwartungen, die dem Kürzel a) („auf das Geschäftsmodell bezogene Erwartungen“) zugeordnet werden, stehen in der Mind-Map rechts oben. Erwartungen, die dem Kürzel j) („ökologisch-soziale Erwartungen“) zugeordnet werden können stehen links oben. Diese Reihenfolge der Zuordnung der Erwartungen beginnt mit der Mind-Map der Automobilkonzerne (siehe Kapitel 5.3.2.

Beschreibung der Einflussfaktoren auf die Geschäftsmodelle von 1.CSA und 2.CSA:
Als Einflussfaktoren auf die Geschäftsmodelle von 1.CSA und 2.CSA können die folgenden festgehalten werden:

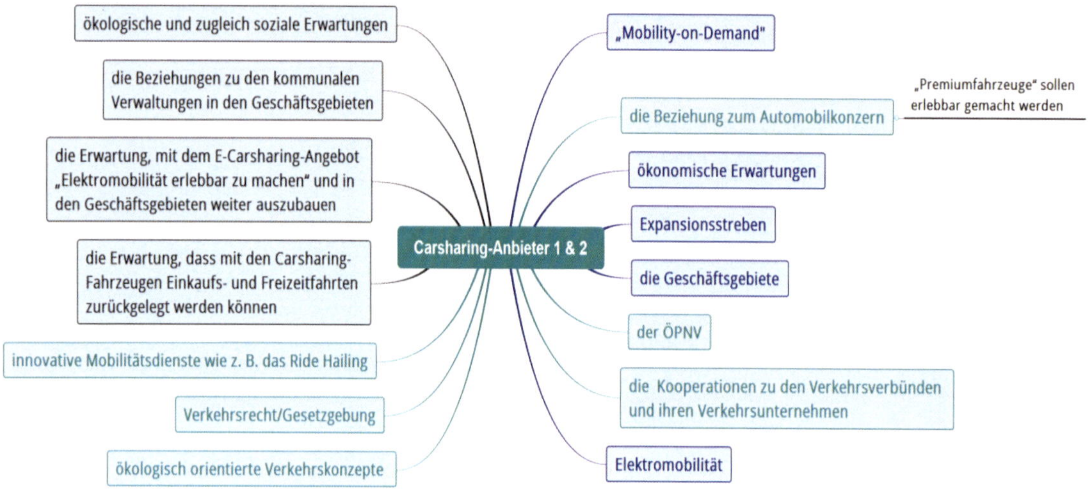

Abbildung 12: Einflussfaktoren auf die Carsharing-Anbieter 1 und 2, erweitert.[565]

Legende:
Einflussfaktoren, die wiederholt genannt wurden[566]
Einflussfaktoren, die neu hinzugekommen sind[567]

Bei den neu hinzugekommenen Einflussfaktoren auf die free-floating Carsharing-Anbieter 1 und 2 sind die Beziehungen zu den kommunalen Verwaltungen in den Geschäftsgebieten zu nennen. Darüber hinaus bestehen Erwartungen, die sich auf das Carsharing-Angebot beziehen. So soll zum einen die Möglichkeit bestehen, mit den Carsharing-Fahrzeugen Einkaufs- und Freizeitfahrten zurücklegen zu können, zum anderen soll mit dem E-Carsharing „Elektromobilität vor Ort erlebbar gemacht werden." Auch bestehen Erwartungen, die sich auf die ökologischen und sozialen Effekte des Carsharing beziehen.

Beschreibung der Einflussfaktoren auf die Geschäftsmodelle von 3.CSA und 4.CSA:
Als Einflussfaktoren auf die Geschäftsmodelle von 3.CSA und 4.CSA können die folgenden festgehalten werden:

565 Diese entsprechen dem Typ: „Tochterunternehmen von Automobilkonzernen" sowie „Premium-Carsharing-Anbieter".
566 In Bezug zu denjenigen aus Kapitel 5.1.2.
567 Das heißt zusätzlich zu denen aus Kapitel 5.1.2.

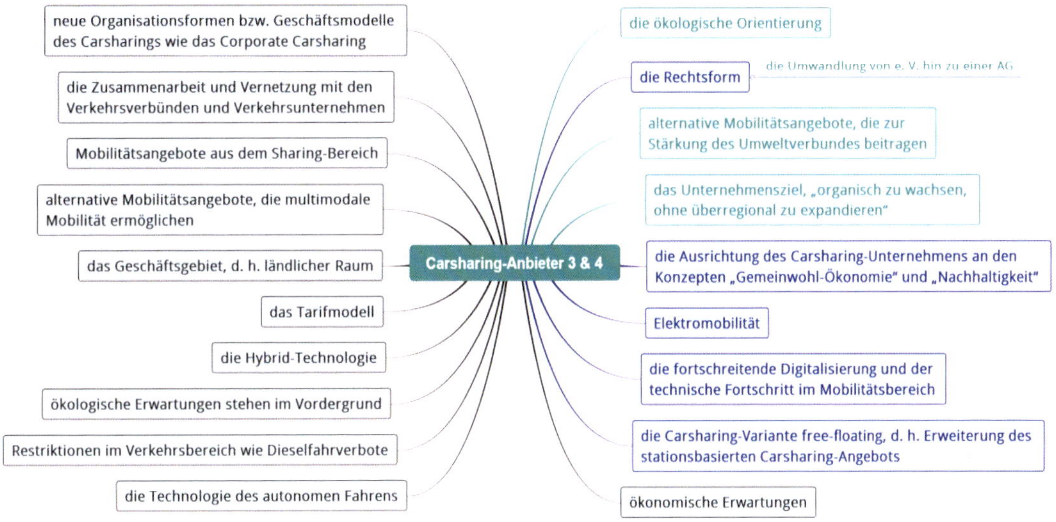

Abbildung 13: Einflussfaktoren auf die Carsharing-Anbieter 3 und 4, erweitert.[568]

Legende:
Einflussfaktoren, die wiederholt genannt wurden[569]
Einflussfaktoren, die neu hinzugekommen sind[570]

Bei den neu hinzugekommenen Einflussfaktoren auf die Carsharing-Anbieter 3 und 4 sind u. a. Restriktionen im Verkehrsbereich, zu denen Dieselfahrverbote gehören, anzuführen. Als weitere Einflussfaktoren können alternative Mobilitätsangebote, die multimodale Mobilität ermöglichen, die Zusammenarbeit und Vernetzung mit den Verkehrsverbünden und den Verkehrsunternehmen, die Hybrid-Technologie sowie neue Organisationsformen bzw. Geschäftsmodelle des Carsharing wie das Corporate Carsharing genannt werden.

Beschreibung der Einflussfaktoren auf die Geschäftsmodelle von 5.CSA und 6.CSA:
Als Einflussfaktoren auf die Geschäftsmodelle von 5.CSA und 6.CSA können die folgenden festgehalten werden:

[568] Diese entsprechen dem Typ: „Carsharing-Anbieter der ersten Stunde, die ihr Geschäftsmodell um das free-floating Carsharing erweitert haben."

[569] In Bezug zu denjenigen aus Kapitel 5.1.2.

[570] Das heißt zusätzlich zu denen aus Kapitel 5.1.2.

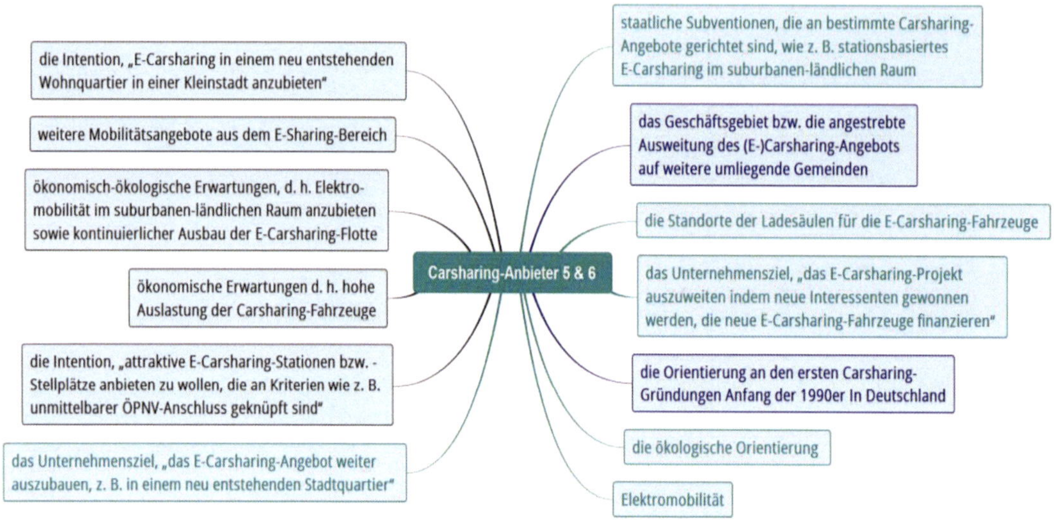

Abbildung 14: Einflussfaktoren auf die (E-)Carsharing-Anbieter 5 und 6, erweitert.[571]

Legende:
Einflussfaktoren, die wiederholt genannt wurden[572]
Einflussfaktoren, die neu hinzugekommen sind[573]

Bei den neu hinzugekommenen Einflussfaktoren auf die Carsharing-Anbieter 5 und 6 sind u. a. ökonomische Erwartungen, d. h. hohe Auslastung der Carsharing-Fahrzeuge, sowie ökonomisch-ökologische Erwartungen, d. h. kontinuierlicher Ausbau der E-Carsharing-Flotte, zu nennen. Darüber hinaus möchte Carsharing-Anbieter 6 sein E-Carsharing-Angebot in einem neu entstehenden Wohnquartier in einer Kleinstadt anbieten. Als weitere Einflussfaktoren auf die Carsharing-Anbieter und deren Geschäftsmodelle sind zum einen weitere Mobilitätsangebote aus dem E-Sharing-Bereich, zum anderen die Intention, „attraktive E-Carsharing-Stationen zu schaffen, die an Kriterien wie unmittelbarer ÖPNV-Anschluss geknüpft sind", zu nennen.

Beschreibung der Einflussfaktoren auf die Geschäftsmodelle von 7.CSA und 8.CSA:
Als Einflussfaktoren auf die Geschäftsmodelle von 7.CSA und 8.CSA können die folgenden festgehalten werden:

[571] Diese entsprechen dem Typ: „Stationsbasierte (E-)Carsharing-Anbieter – innovativ organisiert, kundenorientiert und subventioniert."
[572] In Bezug zu denjenigen aus Kapitel 5.1.2.
[573] Das heißt zusätzlich zu denen aus Kapitel 5.1.2.

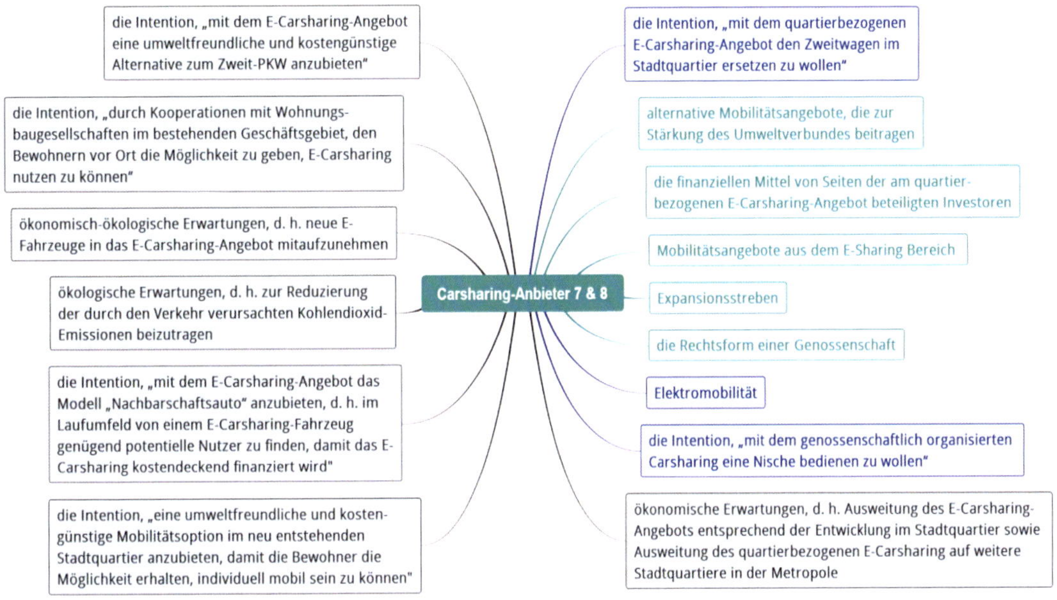

Abbildung 15: Einflussfaktoren auf die E-Carsharing-Anbieter 7 und 8, erweitert.[574]

Legende:
Einflussfaktoren, die wiederholt genannt wurden[575]
Einflussfaktoren, die neu hinzugekommen sind[576]

Bei den neu hinzugekommenen Einflussfaktoren auf die E-Carsharing-Anbieter 7 und 8 sind u. a. ökonomische Erwartungen, d. h. Ausweitung des E-Carsharing-Angebots auf weitere Stadtquartiere in der Metropole sowie ökologische Erwartungen, d. h. mit dem E-Carsharing zur Reduzierung der durch den Verkehr verursachten Kohlendioxid-Emissionen beizutragen, zu nennen. Darüber hinaus möchte Carsharing-Anbieter 8 Kooperationen zu Wohnungsbaugesellschaften im Geschäftsgebiet aufbauen, um so den Bewohnern vor Ort die Möglichkeit zu geben, relativ einfach auf ein E-Carsharing-Fahrzeug zugreifen zu können. Allgemein besteht die Intention, „mit dem E-Carsharing-Angebot eine umweltfreundliche und kostengünstige Alternative zum Zweit-PKW anzubieten."

5.3.2 Automobilkonzerne

Frage: *Welche Erwartungen haben Sie in Ihrer Funktion als verantwortlicher Vertreter des Automobilkonzerns an den free-floating Carsharing-Anbieter bzw. das Tochterunternehmen und sein Geschäftsmodell?*

Als Einflussfaktoren, die von Seiten der Automobilkonzerne in Bezug auf ihre Tochterunternehmen und deren Geschäftsmodelle bestehen, können die folgenden festgehalten werden:

[574] Diese entsprechen dem Typ: „E-Carsharing-Anbieter – quartiersbezogen und durch Investoren finanziert, genossenschaftlich organisiert und nischenorientiert."

[575] In Bezug zu denjenigen aus Kapitel 5.1.2.

[576] Das heißt zusätzlich zu denen aus Kapitel 5.1.2.

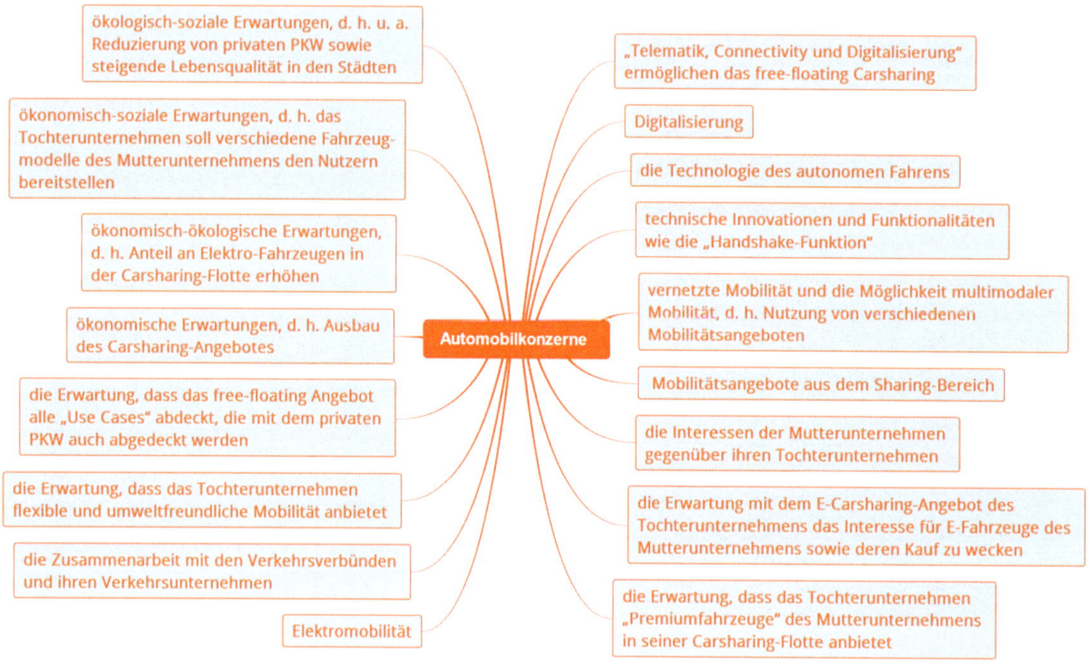

Abbildung 16: Einflussfaktoren von Seiten der Automobilkonzerne

Bei den Einflussfaktoren, die von Seiten der Automobilkonzerne auf ihre Tochterunternehmen und deren Geschäftsmodelle bestehen bzw. genannt wurden, fällt die Technologie Telematik, technische Innovationen und Funktionalitäten sowie die Digitalisierung allgemein auf, die das free-floating Geschäftsmodell kennzeichnen. Die aus der Digitalisierung heraus sich ergebenen Möglichkeiten der vernetzten Mobilität sowie Multimodalität[577] können das free-floating Carsharing positiv tangieren, indem sie dessen Attraktivität steigern und so zu steigenden Nutzerzahlen beitragen könnten.
Zu erwähnen ist auch, dass die Automobilkonzerne auf ihre Tochterunternehmen dahingehend Einfluss nehmen, indem sie von diesen erwarten, die eigenen „Premiumfahrzeuge"[578] sowie Elektrofahrzeuge in ihren Carsharing-Flotten anzubieten. Die Intention hierbei ist, bei den Carsharing-Nutzern das Interesse für den Kauf eines dieser Fahrzeuge des Mutterunternehmens zu wecken.
In Bezug auf die zukünftige Entwicklung des free-floating Carsharing der Tochterunternehmen könnte auch die Technologie des autonomen Fahrens eine wesentliche Rolle spielen und das free-floating Carsharing-Geschäftsmodell entsprechend verändern bzw. obsolet machen.
Als weitere Einflussfaktoren auf die Tochterunternehmen können die in der Mind-Map dargestellten ökonomischen, ökonomisch-ökologischen, ökonomisch-sozialen wie auch ökologisch-sozialen Erwartungen an diese angeführt werden. Hierdurch wird ersichtlich, dass die Automobilkonzerne mit den Carsharing-Angeboten ihrer Tochterunternehmen nicht nur gänzlich monetäre Interessen verfolgen.

[577] Siehe Kapitel 8.6, Erläuterung relevanter Begriffe: Multimodalität.
[578] Siehe Kapitel 8.6, Erläuterung relevanter Begriffe: Premiumfahrzeuge.

5.3.3 Politik/politische Verantwortliche aus dem Mobilitätsbereich

Frage: *Welche Erwartungen haben Sie in Ihrer Funktion als politischer Verantwortlicher aus dem Mobilitätsbereich an die Carsharing-Anbieter und deren Geschäftsmodelle?*

1.PV - 3.PV (Regierungsparteien):
Als Einflussfaktoren auf die Carsharing-Anbieter und deren Geschäftsmodelle, die von Seiten der politischen Verantwortlichen aus dem Mobilitätsbereich von Regierungsparteien bestehen, können die folgenden festgehalten werden:

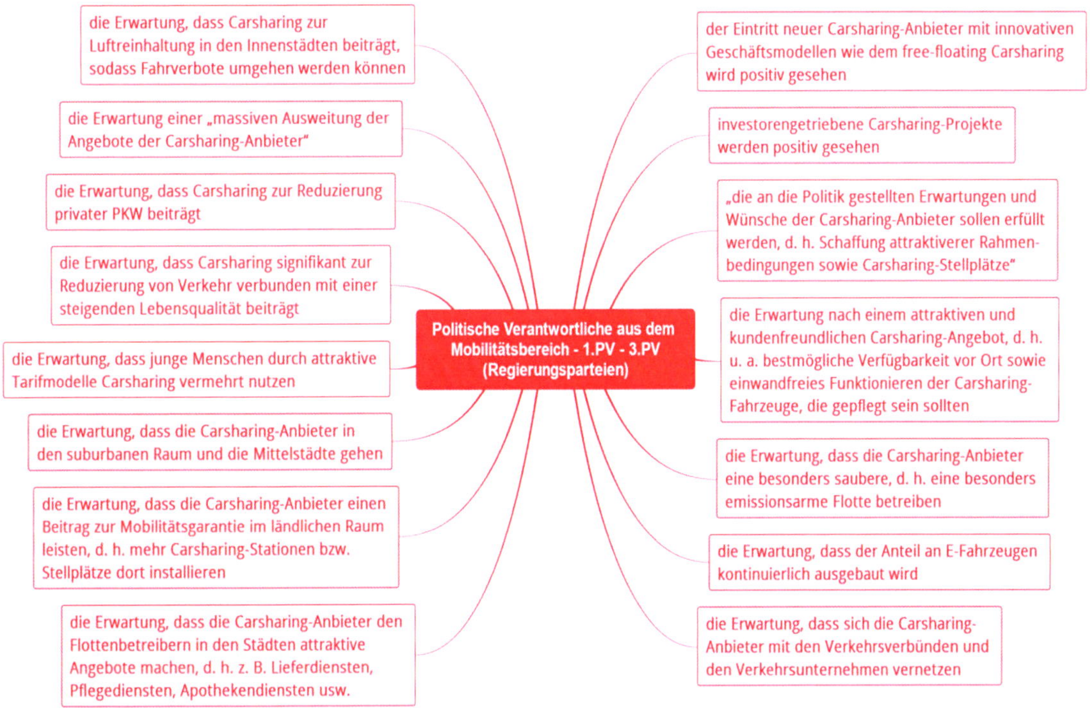

Abbildung 17: Einflussfaktoren von Seiten der politischen Verantwortlichen aus dem Mobilitätsbereich, 1.PV - 3.PV (Regierungsparteien).

Die Erwartungen von Seiten der politischen Verantwortlichen aus dem Mobilitätsbereich, 1.PV - 3.PV (Regierungsparteien), an die Carsharing-Anbieter und deren Geschäftsmodelle sind mit einer Ausweitung, Verbesserung und Attraktivitätssteigerung der Carsharing-Angebote verbunden und beziehen sich u. a. auf die folgenden Punkte: bestmögliche Verfügbarkeit vor Ort, besonders emissionsarme Fahrzeuge in den Carsharing-Flotten, kontinuierlicher Ausbau des Anteils an E-Fahrzeugen, mehr Carsharing-Stationen im suburbanen Raum und den Mittelstädten, attraktive Tarifmodelle für junge Menschen sowie attraktive Angebote für Flottenbetreiber in den Städten. Hinzu kommen auch Erwartungen, die im Zusammenhang mit den Effekten des Carsharing für Umwelt und Verkehr bestehen. Hierzu gehören etwa die Erwartungen, dass Carsharing zur Reduzierung von Verkehr und privaten PKW sowie zur Luftreinhaltung in den Innenstädten beitragen soll.

Erwähnenswert ist auch, dass ein politischer Verantwortlicher investorengetriebene Carsharing-Projekte[579] positiv sieht. Diese können zu einem immensen Anstieg von Carsharing-Fahrzeugen in den Städten führen.

4.PV - 6.PV (Oppositionsparteien):
Als Einflussfaktoren auf die Carsharing-Anbieter und deren Geschäftsmodelle, die von Seiten der politischen Verantwortlichen aus dem Mobilitätsbereich von Oppositionsparteien bestehen, können die folgenden festgehalten werden:

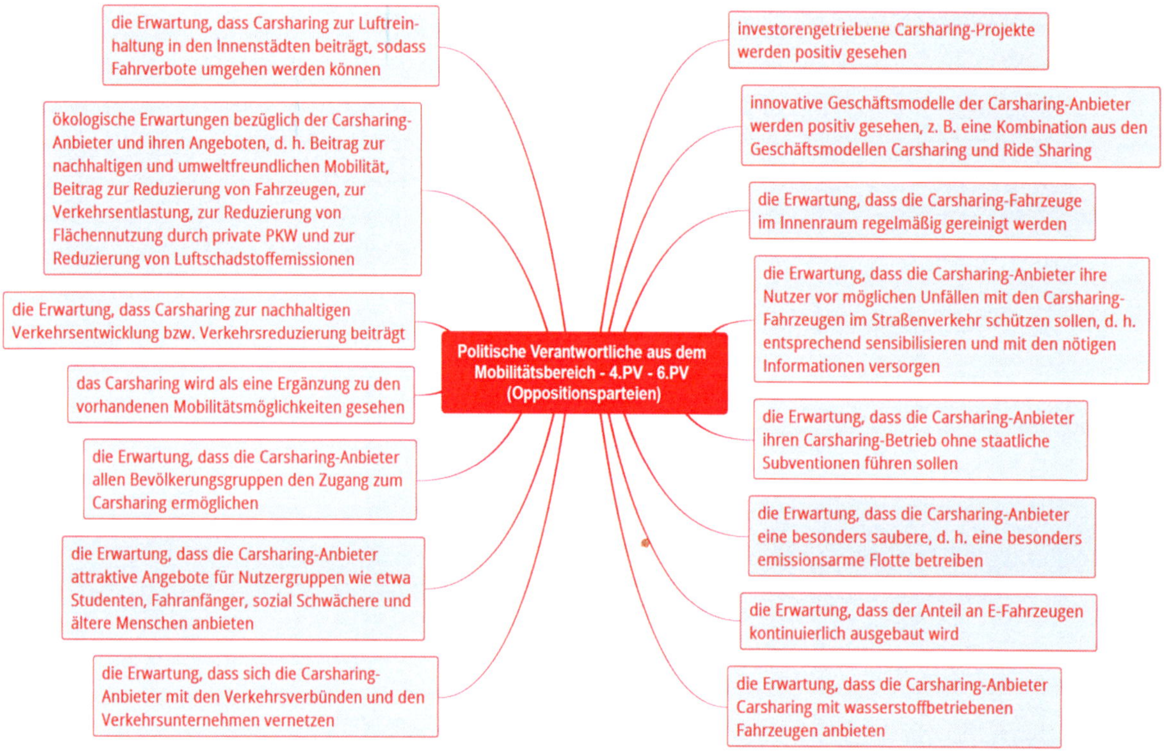

Abbildung 18: Einflussfaktoren von Seiten der politischen Verantwortlichen aus dem Mobilitätsbereich, 4.PV - 6.PV (Oppositionsparteien).

Die Erwartungen von Seiten der politischen Verantwortlichen aus dem Mobilitätsbereich, 4.PV - 6.PV (Oppositionsparteien), an die Carsharing-Anbieter und deren Geschäftsmodelle sind wie die von 1.PV - 3.PV mit einer Ausweitung, Verbesserung und Attraktivitätssteigerung der Carsharing-Angebote verbunden und beziehen sich u. a. auf die folgenden Punkte: die Carsharing-Anbieter sollen aktiv zum Schutz vor Unfällen mit Carsharing-Fahrzeugen beitragen, eine besonders emissionsarme Flotte betreiben, attraktive Angebote für verschiedene Nutzergruppen wie etwa Fahranfänger und sozial Schwächere schaffen, ihr bestehendes Carsharing-Angebot um wasserstoffbetriebene Fahrzeuge erweitern sowie die Vernetzung mit den Verkehrsverbünden vorantragen. Darüber hinaus werden innovative Carsharing-Geschäftsmodelle wie z. B. eine Kombination mit Ride Sharing[580] positiv gesehen. Hinzu kommen ebenfalls Erwartungen, die im Zusammenhang mit den Effekten des Carsharing für Umwelt und Verkehr bestehen. Hierzu gehören etwa die Erwartungen, dass

[579] Im Rahmen von investorengetriebenen Carsharing-Projekten streben neue Mobilitätsanbieter bzw. Carsharing-Anbieter in die Städte und skalieren ihre Carsharing-Angebote direkt, d. h. sie setzen Carsharing-Flotten mit mehr als hundert Fahrzeugen auf.

[580] Siehe Kapitel 8.6, Erläuterung relevanter Begriffe: Ride Sharing.

Carsharing zur Verkehrsentlastung und Reduzierung von Flächennutzung durch private PKW sowie zur Reduzierung von Luftschadstoffemissionen beitragen soll. Erwähnenswert ist auch, dass ein politischer Verantwortlicher die Erwartung hat, dass die Carsharing-Anbieter ihren Carsharing-Betrieb ohne staatliche Subventionen führen sollen.

5.3.4 Städte/städtische Verantwortliche für den Verkehrs- und Mobilitätsbereich

Frage: *Welche Erwartungen haben Sie in Ihrer Funktion als verantwortlicher Vertreter des Verkehrs- bzw. Mobilitätsbereiches ihrer Stadt an die Carsharing-Anbieter und deren Geschäftsmodelle?*

1.ST - 3.ST (Metropolen):
Als Einflussfaktoren auf die Carsharing-Anbieter und deren Geschäftsmodelle, die von Seiten der städtischen Verantwortlichen für den Verkehrs- und Mobilitätsbereich aus den Metropolen bestehen, können die folgenden festgehalten werden:

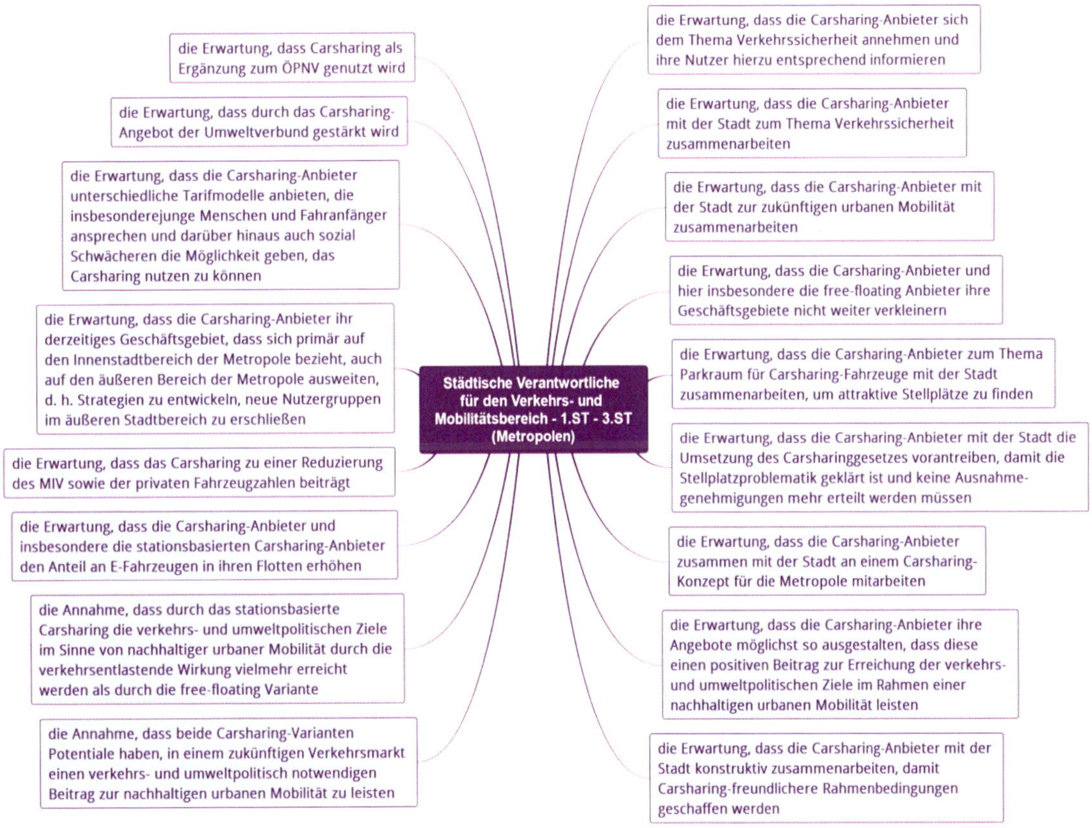

Abbildung 19: Einflussfaktoren von Seiten der städtischen Verantwortlichen für den Verkehrs- und Mobilitätsbereich, 1.ST - 3.ST (Metropolen).

Die Erwartungen von Seiten der städtischen Verantwortlichen für den Verkehrs- und Mobilitätsbereich, 1.ST - 3.ST (Metropolen), an die Carsharing-Anbieter und deren Geschäftsmodelle sind mit einer Ausweitung, Verbesserung und Attraktivitätssteigerung der Carsharing-Angebote verbunden und betreffen u. a. die folgenden

Punkte: die Carsharing-Anbieter sollen ihre Zusammenarbeit mit den Städten zu den Themen Verkehrssicherheit und Parkraum für Carsharing-Fahrzeuge ausbauen, d. h. Umsetzung des Carsharinggesetzes vor Ort vorantreiben. Die Carsharing-Anbieter sollen mit den Städten konstruktiv zusammenarbeiten, damit Carsharing-freundlichere Rahmenbedingungen geschaffen werden. Hierfür sollen auch gemeinsame Carsharing-Konzepte ausgearbeitet werden, wobei die Carsharing-Anbieter ihre bestehenden Geschäftsgebiete in den Metropolen nicht weiter verkleinern, sondern vielmehr Strategien entwickeln sollen, neue Nutzergruppen im äußeren Bereich der Metropole zu erschließen. Erwähnenswert ist auch die Erwartung, dass die Carsharing-Anbieter ihre Angebote möglichst so ausgestalten, dass diese einen positiven Beitrag zur Erreichung der verkehrs- und umweltpolitischen Ziele im Rahmen einer nachhaltigen urbanen Mobilität beitragen. Hier ist die getroffene Annahme zu erwähnen, dass beide Carsharing-Varianten Potentiale haben, in einem zukünftigen Verkehrsmarkt einen verkehrs- und umweltpolitisch notwendigen Beitrag zur nachhaltigen urbanen Mobilität zu leisten. Daneben besteht auch die Annahme, dass durch das stationsbasierte Carsharing die verkehrs- und umweltpolitischen Ziele im Sinne von nachhaltiger urbaner Mobilität durch die verkehrsentlastende Wirkung vielmehr erreicht werden als durch die free-floating Variante. Zu erwähnen sind auch die Erwartungen, dass Carsharing als Ergänzung zum ÖPNV genutzt sowie zur Stärkung des Umweltverbundes beitragen soll. Die Erwartungen zeigen, dass hier von Seiten der Carsharing-Anbieter durch eine Zusammenarbeit mit den Metropolen bzw. Städten durchaus Potentiale vorhanden sind, die zu einem attraktiveren Carsharing-Angebot führen können.

4.ST - 6.ST (Regiopole, Großstadt, Mittelstadt):

Als Einflussfaktoren auf die Carsharing-Anbieter und deren Geschäftsmodelle, die von Seiten der städtischen Verantwortlichen für den Verkehrs- und Mobilitätsbereich aus einer Regiopole, Großstadt und Mittelstadt bestehen, können die folgenden festgehalten werden:

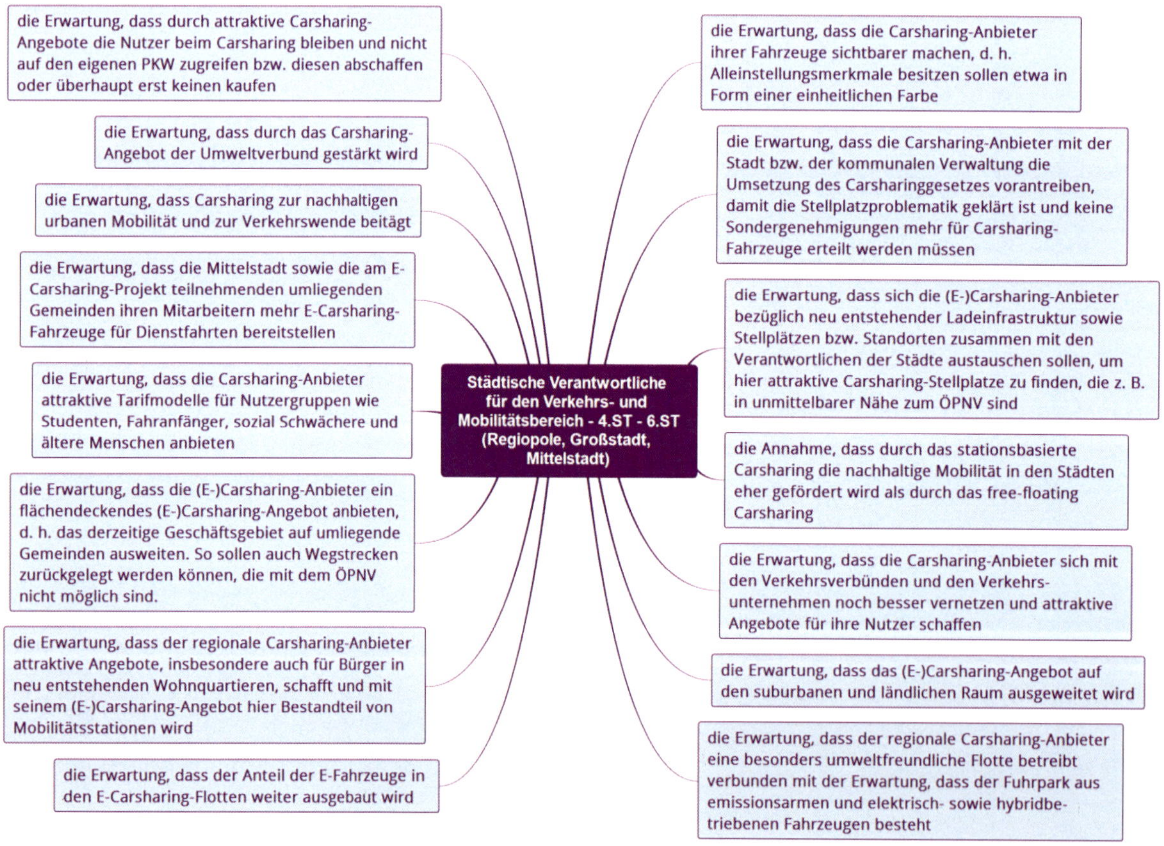

Abbildung 20: Einflussfaktoren von Seiten der städtischen Verantwortlichen für den Verkehrs- und Mobilitätsbereich, 4.ST - 6.ST (Regiopole, Großstadt, Mittelstadt).

Die Erwartungen von Seiten der städtischen Verantwortlichen für den Verkehrs- und Mobilitätsbereich, 4.ST - 6.ST (Regiopole, Großstadt, Mittelstadt) an die Carsharing-Anbieter und deren Geschäftsmodelle sind mit einer Ausweitung, Verbesserung und Attraktivitätssteigerung der Carsharing-Angebote verbunden. In der Praxis soll dies u. a. bedeuten: die Carsharing-Fahrzeuge sollen Alleinstellungsmerkmale etwa in Form einer einheitlichen Farbe besitzen, die Carsharing-Anbieter sollen sich bezüglich neu entstehender Ladeinfrastruktur und attraktiven Carsharing-Stellplätzen mit den Städten austauschen sowie ihre Carsharing-Angebote auf den suburbanen und ländlichen Raum ausweiten. Hinzu kommen Erwartungen, Carsharing insbesondere auch für Bürger in neu entstehenden Wohnquartieren im Rahmen von Mobilitätsstationen[581] anzubieten sowie attraktive Carsharing-Angebote und Tarifmodelle für Nutzergruppen wie u. a. Studenten oder Fahranfänger zu schaffen. Durch attraktive Carsharing-Angebote sollen die Nutzer dazu bewegt werden, beim Carsharing zu bleiben und nicht auf einen eigenen PKW zurückzugreifen bzw. diesen abzuschaffen oder überhaupt erst keinen zu kaufen. Auch wird die Erwartung geäußert, dass Carsharing zur nachhaltigen urbanen Mobilität, zur Verkehrswende und zur Stärkung des Umweltverbundes beitragen soll. Hierbei soll nicht nur der Anteil an elektrisch- und hybridbetriebenen Carsharing-Fahrzeugen ausgebaut, sondern auch die Vernetzung mit den Verkehrsverbünden vorangetragen werden. Erwähnenswert ist die getroffene Annahme, dass durch das stationsbasierte Carsharing die nachhaltige Mobilität in den Städten eher gefördert wird als durch das free-floating Carsharing.

5.3.5 Verkehrsverbünde

Frage: *Welche Erwartungen haben Sie in Ihrer Funktion als verantwortlicher Vertreter des Verkehrsverbundes an die Carsharing-Anbieter und deren Geschäftsmodellen?*

Als Einflussfaktoren auf die Carsharing-Anbieter und deren Geschäftsmodelle, die von Seiten der Verkehrsverbünde bestehen, können die folgenden festgehalten werden:

[581] Siehe Kapitel 8.6, Erläuterung relevanter Begriffe: Mobilitätsstation.

Abbildung 21: Einflussfaktoren von Seiten der Verkehrsverbünde.

Die Erwartungen von Seiten der Verkehrsverbünde an die Carsharing-Anbieter und deren Geschäftsmodelle sind mit einer Ausweitung, Verbesserung und Attraktivitätssteigerung der Carsharing-Angebote verbunden, wobei hier insbesondere die bestehenden Kooperationen mit diesen ausgebaut werden sollen. Dies schließt die Erwartung mit ein, dass gemeinsame Kundengruppen erschlossen werden sollen, d. h. sowohl für die Carsharing-Anbieter als auch für die Verkehrsverbünde, sowie die Erwartung einer besseren Vernetzung etwa über gemeinsame Mobilitäts-Apps. Darüber hinaus sollen die Carsharing-Anbieter u. a. ihre Elektro-Flotten ausbauen und mehr Ladesäulen in den Innenstädten installieren, ihre Angebote auf den suburbanen Raum ausweiten und dort Bestandteil von gemeinsamen Mobilitätsstationen werden, an denen direkte ÖPNV-Anschlussmöglichkeiten bestehen. Auch sollen die Carsharing-Anbieter attraktivere Angebote im Rahmen von Corporate Carsharing[582] anbieten sowie die Eintrittshürden durch attraktive Tarifmodelle weiter sinken.

5.3.6 Energieversorger

Frage: *Welche Erwartungen haben Sie in Ihrer Funktion als verantwortlicher Vertreter des Energieversorgers an die E-Carsharing-Anbieter und deren Geschäftsmodellen?*

Als Einflussfaktoren auf die E-Carsharing-Anbieter und deren Geschäftsmodelle, die von Seiten der Energieversorger bestehen, können die folgenden festgehalten werden:

[582] Beim Corporate Carsharing stellen Unternehmen ihren Mitarbeitern Carsharing-Fahrzeuge für Dienstfahrten bereit. Siehe Kapitel 8.6, Erläuterung relevanter Begriffe: Corporate Carsharing.

Abbildung 22: Einflussfaktoren von Seiten der Energieversorger

Die Erwartungen von Seiten der Energieversorger an die E-Carsharing-Anbieter und deren Geschäftsmodelle richten sich primär auf die bestehenden Geschäftsbeziehungen, wobei diese kontinuierlich verbessert werden sollen. Dies schließt die Erwartung mit ein, dass gemeinsame Abstimmungsprozesse mit den E-Carsharing-Anbietern zum Aufbau von Ladeinfrastruktur durchlaufen werden sollen sowie die Erwartung, dass man sich zu potentiellen Ladestandorten für die E-Carsharing-Fahrzeuge anhand ausgesuchter Kriterien regelmäßig abstimmt. Daneben bestehen auch die Erwartungen, dass man sich regelmäßig bei neuen technischen Entwicklungen im Zusammenhang mit Elektromobilität und Ladeinfrastruktur, die das E-Carsharing betreffen, abstimmt und neue E-Fahrzeuge, die auf den Markt kommen und in das E-Carsharing aufgenommen werden, an den Ladesäulen vorab testet. Darüber hinaus besteht von Seiten der Energieversorger das Interesse, den Absatz von Elektrostrom zu steigern, indem möglichst viele E-Fahrzeuge an den Ladesäulen platziert sind und geladen werden verbunden mit der Erwartung, dass die E-Carsharing-Anbieter ihre bestehenden Geschäftsgebiete nicht weiter verkleinern. Zu erwähnen ist auch, dass ein Energieversorger plant, ein eigenes E-Carsharing-Angebot in einem Stadtquartier in einer Metropole anzubieten, wobei er die bereits bestehenden selbst installierten Ladesäulen, die bisher von einem in einer Geschäftsbeziehung stehenden E-Carsharing-Anbieter genutzt werden, für den Eigenbedarf nutzen will. Auch wird das Interesse verfolgt, mit dem E-Carsharing-Angebot Elektromobilität vor Ort erlebbar zu machen.

5.3.7 Interessenverbände und Verkehrsclubs

Frage: *Welche Erwartungen haben Sie in Ihrer Funktion als verantwortlicher Vertreter des Interessenverbandes bzw. des Verkehrsclubs an die Carsharing-Anbieter und deren Geschäftsmodellen?*

Interessenverbände:

Als Einflussfaktoren auf die Carsharing-Anbieter und deren Geschäftsmodelle, die von Seiten der Interessenverbände bestehen, können die folgenden festgehalten werden:

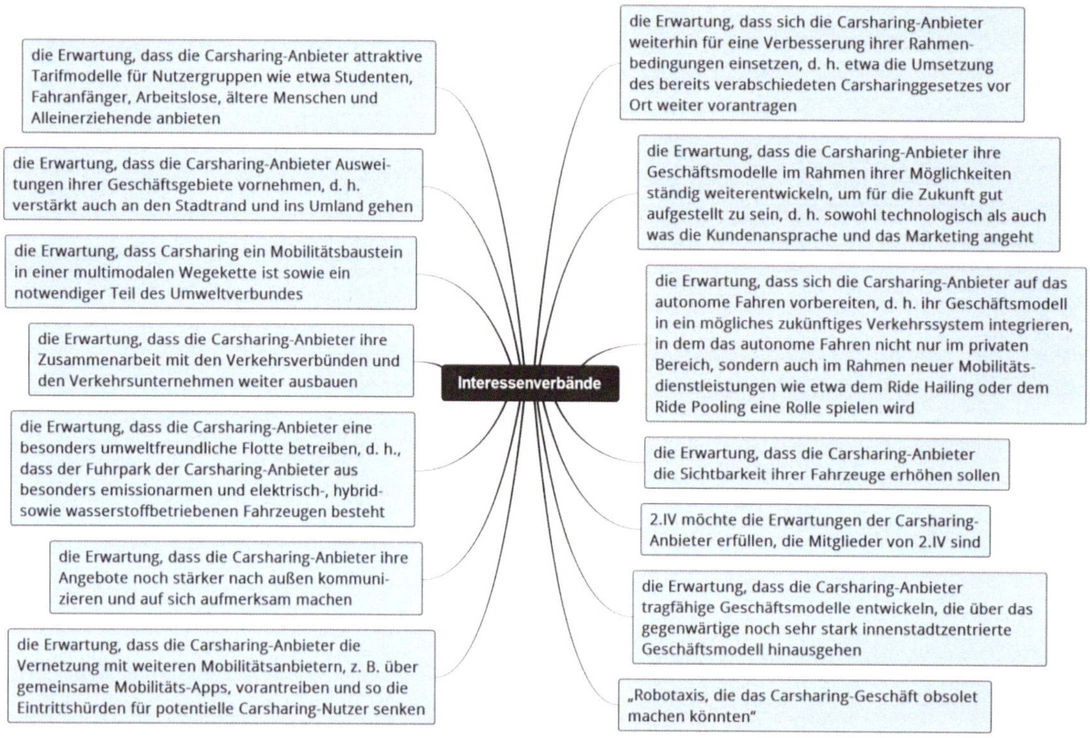

Abbildung 23: Einflussfaktoren von Seiten der Interessenverbände

Die Erwartungen von Seiten der Interessenverbände an die Carsharing-Anbieter und deren Geschäftsmodelle sind mit einer Ausweitung, Verbesserung und Attraktivitätssteigerung der Carsharing-Angebote verbunden und betreffen u. a. die folgenden Punkte: die Carsharing-Anbieter sollen zur Verbesserung ihrer Rahmenbedingungen beitragen, ihre Geschäftsmodelle ständig weiterentwickeln, sich auf das autonome Fahren vorbereiten, die Sichtbarkeit ihrer Fahrzeuge erhöhen, die Vernetzung mit weiteren Mobilitätsanbietern etwa über gemeinsame Mobilitäts-Apps vorantreiben sowie ihre Angebote noch stärker nach außen kommunizieren. Darüber hinaus sollen die Carsharing-Anbieter Fahrzeuge mit alternativen Antriebsformen anbieten, die Zusammenarbeit mit den Verkehrsverbünden und den Verkehrsunternehmen weiter ausbauen, ihre Geschäftsgebiete ausweiten sowie attraktive Tarifmodelle für verschiedene Nutzergruppen anbieten. Erwähnenswert ist auch die Aussage, dass Robotaxis das Carsharing-Geschäft obsolet machen könnten.

Verkehrsclubs:

Als Einflussfaktoren auf die Carsharing-Anbieter und deren Geschäftsmodelle, die von Seiten der Verkehrsclubs bestehen, können die folgenden festgehalten werden:

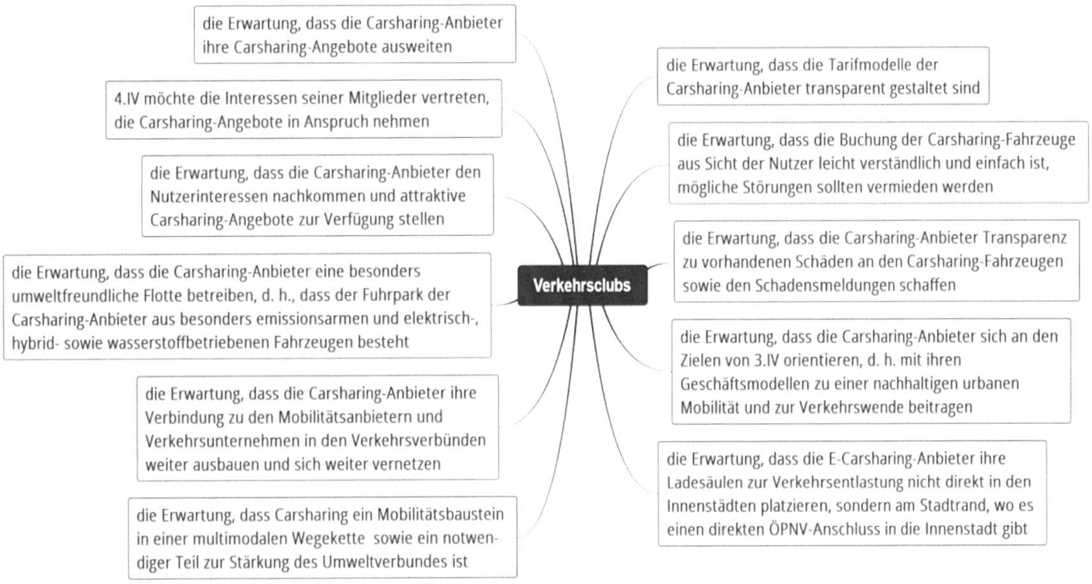

Abbildung 24: Einflussfaktoren von Seiten der Verkehrsclubs

Die Erwartungen von Seiten der Verkehrsclubs an die Carsharing-Anbieter und deren Geschäftsmodelle sind mit einer Ausweitung, Verbesserung und Attraktivitätssteigerung der Carsharing-Angebote verbunden und betreffen u. a. die folgenden Punkte: die Carsharing-Anbieter sollen einen einfachen und reibungslosen Buchungsprozess gewähren, transparente Tarifmodelle anbieten sowie Transparenz zu an den Carsharing-Fahrzeugen vorhandenen Schäden schaffen. 3.IV erwartet von den Carsharing-Anbietern, dass sie mit ihren Geschäftsmodellen zu einer nachhaltigen urbanen Mobilität und zur Verkehrswende beitragen und sich so an den Zielen von 3.IV orientieren[583], 4.IV möchte hingegen die Interessen seiner Mitglieder vertreten[584], die das Carsharing nutzen.

5.3.8 Weitere am Carsharing beteiligte Stakeholder

Frage: *Welche Erwartungen haben Sie in Ihrer Funktion als verantwortlicher Vertreter des Mobility-as-a-Service (MaaS)-Dienstleister (1.WB) sowie verantwortlicher Vertreter der Regionalen Wirtschaftsförderung und zugleich Projektkoordinator des regionalen E-Carsharing-Projektes (2.WB) an den Carsharing-Anbieter und sein Geschäftsmodell?*

Als Einflussfaktoren auf den free-floating Carsharing-Anbieter und sein Geschäftsmodell, die von Seiten von **1.WB** bestehen, können die folgenden festgehalten werden:

[583] Kapitel 3.2.7.

[584] Ebd.

Abbildung 25: Einflussfaktoren von Seiten von 1.WB

Bei den Einflussfaktoren von Seiten von 1.WB ist primär die Mobilitäts-App zu nennen, mit der das free-floating Carsharing-Angebot des Schwesterunternehmens gebucht werden kann. In dieser können auch alternative Carsharing- und Mobilitätsangebote[585] gebucht werden und es wird Werbung für E-Mobilität gemacht. Darüber hinaus bestehen von Seiten von 1.WB Erwartungen, die sich auf das Carsharing-Geschäftsmodell beziehen und dessen ökologischen Nutzen betreffen.

Als Einflussfaktoren auf den stationsbasierten E-Carsharing-Anbieter und sein Geschäftsmodell, die von Seiten von **2.WB** bestehen, können die folgenden festgehalten werden:

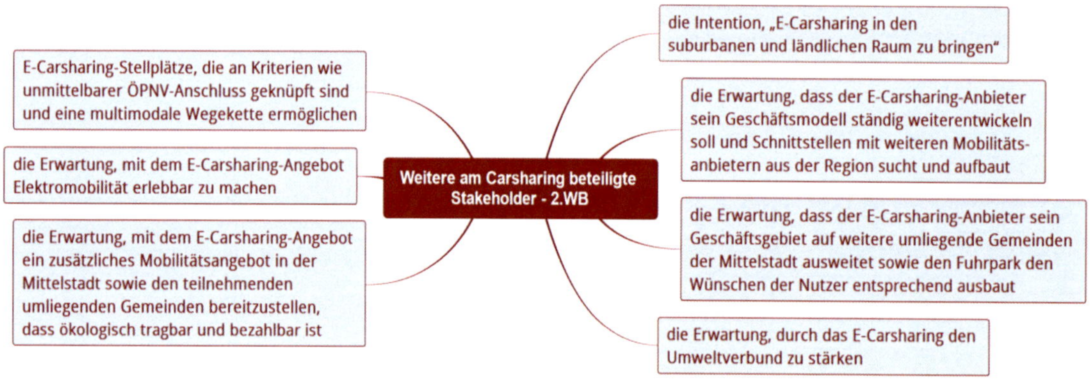

Abbildung 26: Einflussfaktoren von Seiten von 2.WB

Als Einflussfaktoren von Seiten von 2.WB auf den stationsbasierten E-Carsharing-Anbieter und sein Geschäftsmodell kann insbesondere die Intention angeführt werden, E-Carsharing im suburbanen und ländlichen Raum anbieten zu wollen und dadurch Elektromobilität für die Bürger vor Ort erlebbar zu machen. Darüber hinaus bestehen die Erwartungen, dass der stationsbasierte E-Carsharing-Anbieter sein Geschäftsmodell ständig weiterentwickeln, sein Geschäftsgebiet ausweiten sowie allgemein zur Stärkung des Umweltverbundes bei-

[585] Mehr hierzu siehe Kapitel 3.2.8.

tragen soll. Zur Platzierung der Ladesäulen für die E-Carsharing-Fahrzeuge wurde eine Standortanalyse durchgeführt, die an Kriterien wie unmittelbarer ÖPNV-Anschluss geknüpft war und von 2.WB in Auftrag gegeben wurde.

5.3.9 Zusammenfassung zu den Erwartungen sowie den damit verbundenen Einflussfaktoren von Seiten der Stakeholdergruppen

Anhand der Erwartungen von Seiten der Stakeholdergruppen an die Carsharing-Anbieter und deren Geschäftsmodelle konnten Einflussfaktoren bestimmt werden. Dabei konnte gezeigt werden, dass über alle Stakeholdergruppen hinweg ähnliche wie auch unterschiedliche Erwartungen sowie damit verbundene Einflussfaktoren bestehen.[586] Betrachtet man die Erwartungen von Seiten des Managements/der Verantwortlichen der untersuchten Carsharing-Anbieter bestehen auch hier ähnliche sowie unterschiedliche Erwartungen.[587] So bestehen etwa von Seiten von 1.CSA[588] und 2.CSA ökonomische Erwartungen, die auch von Seiten von 5.CSA und 6.CSA bestehen. Von Seiten von 3.CSA bestehen hingegen soziale Erwartungen, die von Seiten der übrigen Verantwortlichen der Carsharing-Anbieter nicht bestehen. Ökologisch-soziale Erwartungen bestehen hingegen von Seiten aller Verantwortlichen mit Ausnahme von 6.CSA. In Bezug auf die Einflussfaktoren[589] ist über alle Carsharing-Anbieter hinweg die Antriebstechnologie Elektromobilität vorhanden. Bei den Carsharing-Anbietern Nr. 1 und Nr. 2 sind als Einflussfaktoren vor allem die Beziehungen zu den Automobilkonzernen, die Mutterunternehmen sind, das Mobilitätskonzept „Mobility-on-Demand" sowie neue Mobilitätsdienste wie z. B. das Ride Hailing[590] zu nennen. In Bezug auf die Geschäftsmodelle der Carsharing-Anbieter Nr. 3 und Nr. 4 sind als Einflussfaktoren insbesondere die Ausrichtung an den Konzepten „Gemeinwohl-Ökonomie" und „Nachhaltigkeit"[591], die fortschreitende Digitalisierung und der technische Fortschritt im Mobilitätsbereich[592], die Carsharing-Variante free-floating, die Hybrid-Technologie[593] sowie alternative Mobilitätsangebote, die multimodale Mobilität ermöglichen[594], zu nennen. In Bezug auf die Geschäftsmodelle der Carsharing-Anbieter Nr. 5 und Nr. 6 sind als Einflussfaktoren insbesondere staatliche Subventionen[595], die Intention, „attraktive E-Carsharing-Stationen bzw. Stellplätze anbieten zu wollen, die an bestimmte Kriterien wie z. B. unmittelbarer ÖPNV-Anschluss geknüpft sind", sowie weitere Mobilitätsangebote aus dem (E-)Sharing-Bereich[596] zu nennen. In Bezug auf die Geschäftsmodelle der Carsharing-Anbieter Nr. 7 und Nr. 8 sind als Einflussfaktoren insbesondere die finanziellen Mittel von Seiten der am quartiersbezogenen E-Carsharing-Angebot beteiligten Investoren[597], die Rechtsform einer Genossenschaft[598] sowie die Intention, „mit dem genossenschaftlich organisierten Carsharing eine Nische bedienen zu wollen"[599], zu nennen. Die Darstellung

[586] Die bestehenden Erwartungen von Seiten der Stakeholdergruppen stellen eine Erweiterung der Erwartungen aus dem quantitativen Teil der Hauptstudie aus Kapitel 5.2 dar.

[587] Zur besseren Übersicht siehe hierzu Kapitel 8.3.10.

[588] 1.CSA steht stellvertretend für das befragte Management/den Verantwortlichen von Carsharing-Anbieter Nr. 1.

[589] Diese haben sich auf der Grundlage der Kurzbeschreibung der Geschäftsmodelle der Carsharing-Anbieter (siehe Kapitel 5.1.1) sowie der Erwartungen von Seiten des Managements/der Verantwortlichen (siehe Kapitel 5.3.1) ergeben.

[590] Dies betrifft Carsharing-Anbieter Nr. 2.

[591] Dies betrifft Carsharing-Anbieter Nr. 3.

[592] Dies betrifft Carsharing-Anbieter Nr. 4.

[593] Dies betrifft Carsharing-Anbieter Nr. 3.

[594] Dies betrifft Carsharing-Anbieter Nr. 4.

[595] Dies betrifft Carsharing-Anbieter Nr. 5.

[596] Dies betrifft Carsharing-Anbieter Nr. 6.

[597] Dies betrifft Carsharing-Anbieter Nr. 7.

[598] Dies betrifft Carsharing-Anbieter Nr. 8.

[599] Dies betrifft Carsharing-Anbieter Nr. 8.

dieser relevanten Einflussfaktoren, die die Geschäftsmodelle der Carsharing-Anbieter betreffen, zeigt wie vielfältig diese sind und wie unterschiedlich die Carsharing-Anbieter mit ihren Geschäftsmodellen ausgerichtet sind.

Die Einflussfaktoren, die von Seiten der Automobilkonzerne in Bezug auf ihre Tochterunternehmen, den free-floating Carsharing-Anbietern, und deren Geschäftsmodelle bestehen, verdeutlichen den wesentlichen Einfluss, der von Seiten der Mutterunternehmen besteht. So stellen diese nicht nur technische Innovationen und Funktionalitäten wie die „Handshake-Funktion“[600] bereit, sondern erwarten auch, dass diese „Premiumfahrzeuge“[601] ihrer Mutterunternehmen in ihren Flotten anbieten. Darüber hinaus erwarten sie mit den E-Carsharing-Angeboten das Interesse für den Kauf eigener E-Fahrzeuge zu wecken.
Die Einflussfaktoren in Form von Erwartungen, die von Seiten der politischen Verantwortlichen aus dem Mobilitätsbereich an die Carsharing-Anbieter und deren Geschäftsmodelle bestehen sind mit einer Ausweitung, Verbesserung und Attraktivitätssteigerung der Carsharing-Angebote verbunden. Dasselbe gilt für die städtischen Verantwortlichen für den Verkehrs- und Mobilitätsbereich sowie für die Interessenverbände und Verkehrsclubs. Die Einflussfaktoren in Form von Erwartungen von Seiten der Verkehrsverbünde beziehen sich insbesondere auf den Ausbau der bestehenden Kooperationen mit den Carsharing-Anbietern. Die Einflussfaktoren in Form von Erwartungen von Seiten der Energieversorger beziehen sich primär auf die kontinuierliche Verbesserung der bestehenden Geschäftsbeziehungen mit den E-Carsharing-Anbietern. Bei den beiden Weiteren am Carsharing beteiligten Stakeholdern bestehen Einflussfaktoren, die sich nicht miteinander vergleichen lassen. Von Seiten von 1.WB ist die bereitgestellte Mobilitäts-App für das free-floating Angebot des Schwesterunternehmens hervorzuheben, von Seiten von 2.WB besteht die Intention, mit dem E-Carsharing-Projekt E-Carsharing in den suburbanen und ländlichen Raum zu bringen.

Zusammenfassend kann festgehalten werden, dass von Seiten aller Stakeholdergruppen durchgehend positive Erwartungen in Bezug auf die Carsharing-Anbieter und deren Geschäftsmodelle bestehen, d. h. sowohl in ökologischer, ökonomischer und sozialer Hinsicht sowie darüber hinaus.[602] Diese positiven Erwartungen sind essentiell dafür, dass sich das Geschäftsmodell Carsharing unter dem Einfluss der relevanten Stakeholdergruppen weiterentwickeln kann und auch in der Fläche ausgeweitet wird. Somit kann es als Alternative zum privaten PKW aufgebaut werden.

5.4 Einflussmöglichkeiten und Beschreibung der Stakeholder

In Kapitel 5.4 werden die Einflussmöglichkeiten von Seiten der Stakeholdergruppen auf die Carsharing-Anbieter und deren Geschäftsmodelle dargestellt. Hierzu wurde die an die jeweilige Stakeholdergruppe angepasste Teilfrage aus dem Interviewleitfaden zu den Einflussmöglichkeiten gestellt: *„Welche Möglichkeiten haben Sie in Ihrer Funktion als... Einfluss auf die Carsharing-Anbieter und ihre Geschäftsmodelle zu nehmen?“*

Kapitel 5.4 ist wie folgt aufgebaut:

Der Aufbau ist für jede Stakeholdergruppe gleich. Zunächst wird der jeweilige Stakeholder hinsichtlich Position/Verantwortungsbereich vorgestellt. Im Anschluss werden die Einflussmöglichkeiten, die von Seiten der

---

600 Siehe hierzu Stakeholder-Aussage im Anhang: 1.AK,a4.

601 Siehe Kapitel 8.6, Erläuterung relevanter Begriffe: Premiumfahrzeuge.

602 Siehe hierzu Kapitel 8.3.1.

Stakeholder auf die Carsharing-Anbieter und deren Geschäftsmodelle bestehen, beschrieben. Hierbei bewerten die Stakeholder ihren Einfluss auch auf einer Ordinalskala.[603] Am Ende einer jeweiligen Stakeholdergruppe folgt eine Übersicht zu den Bewertungen, die von Seiten der Stakeholder gemacht wurden, sowie eine Zusammenfassung zu den Einflussmöglichkeiten, die von Seiten der Stakeholder in der jeweiligen Stakeholdergruppe genannt wurden. In Kapitel 5.4.9 werden die Einflussmöglichkeiten von Seiten der Stakeholdergruppen zusammenfassend dargestellt.

5.4.1 Management/Verantwortliche der Carsharing-Anbieter

Frage: *Welche Möglichkeiten hat das Management sowie Sie in Ihrer Funktion als verantwortlicher Vertreter des Carsharing-Anbieters Einfluss auf das eigene Geschäftsmodell zu nehmen?*

1.CSA:

- 1.CSA ist Business Development Manager des Carsharing-Anbieter.
- 1.CSA beschreibt seinen Einfluss bzw. den des Managements als sehr großen Einfluss, insbesondere während der Wachstumsphase des Carsharing-Unternehmens. 1.CSA führt dies vor allem auf die kurzen Kommunikationswege zurück, d. h. er kennt alle Mitarbeiter persönlich.[604] 1.CSA hat dabei in den verschiedenen Unternehmenstätigkeiten persönlich mitgewirkt und richtungsweisend gehandelt, d. h. vor allem beim Aufsetzen der Carsharing-Angebote in den Metropolen sowie diverser Produkterweiterungen im Rahmen der Integration von neuen Carsharing-Fahrzeugen in die Carsharing-Flotten.[605] 1.CSA beschreibt die zurückliegende Unternehmensentwicklung als „Unternehmensevolution, d. h. das Unternehmen ist nicht nur signifikant gewachsen, sondern in den unterschiedlichen Unternehmensbereichen auch professioneller geworden."[606] 1.CSA macht deutlich, dass das Unternehmen fortlaufend nach Möglichkeiten sucht, mit dem gegenwärtigen Geschäftsmodell in neue Städte zu gehen und dieses dort auf der Grundlage bisheriger Erfahrungen bestmöglich implementieren möchte.[607]
- 1.CSA bewertet seinen Einfluss differenziert. Als Beispiel führt er die Geschäftsgebiete-Optimierung in Metropolen an. Hier hat 1.CSA einen sehr großen Einfluss. Jedoch gibt es auch Verantwortungsbereiche, wo der Einfluss von 1.CSA geringer ausfällt. Allgemein würde 1.CSA seinen Einfluss als signifikanten bis großen Einfluss beschreiben.[608]

kein Einfluss	
geringer Einfluss	
signifikanter Einfluss	x
großer Einfluss	x
sehr großer Einfluss	

[603] Eine Ordinalskala wurde deshalb verwendet, um hier eine quantitative Bewertung zum Einfluss von Seiten der Stakeholder anhand einer Rangfolge machen zu können. D. h., dass der „geringe Einfluss" in der Rangfolge hinter dem „großen Einfluss" liegt. Bei einer Ordinalskala werden die Ausprägungen der Merkmale in Kategorien eingeteilt, wobei die Abstände zwischen den Kategorien nicht quantifizierbar sind, sondern in einer Ordnungsbeziehung liegen. Vgl. Duller 2019, S. 15.

[604] Vgl. Interview 1.CSA, 59.

[605] Vgl. Interview 1.CSA, 53.

[606] Interview 1.CSA, 55.

[607] Interview 1.CSA, 3.

[608] Vgl. Interview 1.CSA, 57.

2.CSA:

- 2.CSA ist Chief Business Development Officer (CBDO) des Carsharing-Anbieter und für den Bereich Unternehmensentwicklung zuständig.[609] Dieser besteht aus den Einheiten Expansion, operative Geschäftsentwicklung und „Foresight".
- 2.CSA nennt als Einflussmöglichkeiten das Expandieren mit dem eigenen Geschäftsmodell vorzugeben, zu steuern und umzusetzen. In der Praxis werden hierbei neue Städte bewertet, in denen der Carsharing-Anbieter sein Geschäftsmodell implementieren könnte. Hierbei erwähnt 2.CSA jedoch auch, dass er bestehende Geschäftsgebiete hinsichtlich Profitabilität prüfen und anpassen muss. So wurden bereits vereinzelt Geschäftsgebiete verkleinert. 2.CSA kann und muss darüber hinaus das Carsharing-Unternehmen zukunftsfähig machen, d. h. fortlaufend prüfen und bewerten, ob das gegenwärtige Geschäftsmodell in Zukunft so bestehen kann oder hinsichtlich neuer Technologien wie dem autonomen Fahren angepasst werden muss.
- 2.CSA bewertet seinen Einfluss als großen Einfluss.

kein Einfluss	
geringer Einfluss	
signifikanter Einfluss	
großer Einfluss	x
sehr großer Einfluss	

3.CSA:

- 3.CSA ist einer von zwei Vorständen und persönlich haftbar für das Unternehmen. Der Aufgabenbereich von 3.CSA bezieht sich im Wesentlichen auf die Bereiche Kunden, Marketing und Kooperationen.
- 3.CSA beschreibt „sämtliche Möglichkeiten zu haben, Einfluss auf das Carsharing-Unternehmen zu nehmen ohne jedoch das Geschäftsmodell Carsharing grundlegend verändern zu können."[610] Als Kontrollorgan dient der Aufsichtsrat, der 3.CSA bei einigen seiner Entscheidungen unterstützen muss. 3.CSA nennt als gegenwärtige Entscheidungsmöglichkeiten die folgenden: Einfluss nehmen zu können auf das „organische Wachsen" und die Zusammensetzung des gegenwärtigen Carsharing-Angebots, d. h. bei Möglichkeit auch eine Erhöhung der Fahrzeugzahlen sowie Ausweitung des Geschäftsgebietes vornehmen zu können.[611] Hierbei spricht 3.CSA auch mögliche Software-Weiterentwicklungen an, die das Geschäftsmodell Carsharing zukünftig betreffen können.[612]
- 3.CSA bewertet seinen Einfluss als sehr großen Einfluss.[613]

kein Einfluss	
geringer Einfluss	
signifikanter Einfluss	
großer Einfluss	
sehr großer Einfluss	x

4.CSA:

[609] Vgl. Interview 2.CSA, 2.

[610] D. h. etwa kein Carsharing mehr anzubieten.

[611] Vgl. Interview 3.CSA, 68.

[612] Vgl. ebd.

[613] Vgl. Interview 3.CSA, 72.

- 4.CSA ist Aufsichtsratsvorsitzender des Carsharing-Anbieters und insbesondere für strategische Fragen verantwortlich.[614] Der Carsharing-Anbieter ist sehr mitbestimmungspflichtig aufgebaut, d. h. wesentliche Entscheidungen müssen die Beschäftigten mittragen. Aktionäre sind nur Mitarbeiter und Kunden.
- 4.CSA beschreibt „sämtliche Möglichkeiten zu haben, Einfluss auf das Carsharing-Unternehmen zu nehmen ohne jedoch das Geschäftsmodell Carsharing grundlegend verändern zu können."[615] Auf Grund der weitreichenden Mitbestimmungsrechte der Aktionäre beschreibt 4.CSA den Unternehmensentscheidungs- und -entwicklungsprozess als „etwas träge", hebt jedoch hervor, dass „bisher weitreichend sinnvolle und nachhaltige Entscheidungen mit den Aktionären zusammengetroffen wurden und werden."[616]
- 4.CSA bewertet seinen Einfluss als sehr großen Einfluss.[617]

kein Einfluss	
geringer Einfluss	
signifikanter Einfluss	
großer Einfluss	
sehr großer Einfluss	x

5.CSA:

- 5.CSA ist Geschäftsführer einer Umwelt- und Energieagentur aus einem Landkreis und für die Koordination zwischen den Konsortialpartnern sowie für das E-Carsharing-Projekt verantwortlich.[618]
- 5.CSA ist einer von drei Konsortialpartnern und betont, dass wichtige Themen hinsichtlich des E-Carsharing-Projektes „immer im Konsortium zusammen besprochen und grundlegende Entscheidungen immer zusammengetroffen werden."[619] Die beiden weiteren Konsortialpartner haben andere Zuständigkeiten als 5.CSA, der explizit für die Koordination und das Marketing zuständig ist.
- 5.CSA bewertet seinen Einfluss als großen Einfluss und betont hierbei, dass es das E-Carsharing-Projekt ohne die Umwelt- und Energieagentur so nicht geben würde und die Idee hierzu von der Umwelt- und Energieagentur angestoßen wurde.[620]

kein Einfluss	
geringer Einfluss	
signifikanter Einfluss	
großer Einfluss	x
sehr großer Einfluss	

6.CSA:

- 6.CSA ist Vorsitzender des Carsharing-Vereins und übt seine Tätigkeit neben drei weiteren Verantwortlichen im Vorstand ehrenamtlich aus.

[614] Vgl. Interview 4.CSA, 3.
[615] D. h. etwa kein Carsharing mehr anzubieten.
[616] Interview 4.CSA, 52.
[617] Vgl. Interview 4.CSA, 54.
[618] Vgl. Interview 5.CSA, 6.
[619] Vgl. Interview 5.CSA, 57.
[620] Vgl. Interview 5.CSA, 59 ff.

- 6.CSA betont, dass der Vorstand in sämtlichen Angelegenheiten zum Carsharing-Angebot zusammen entscheiden muss. Dies inkludiert auch Angelegenheiten wie Kooperationen mit weiteren Mobilitätsanbietern aus der Region.[621] 6.CSA betont, dass der Carsharing-Verein „so lange wie möglich autark bleiben soll."[622]
- 6.CSA bewertet seinen Einfluss als sehr großen Einfluss.[623]

kein Einfluss	
geringer Einfluss	
signifikanter Einfluss	
großer Einfluss	
sehr großer Einfluss	x

7.CSA:

- 7.CSA ist Geschäftsführer des E-Carsharing-Anbieters und darüber hinaus beim Energieversorgungsunternehmen in der Metropole in leitender Position tätig.[624]
- 7.CSA beschreibt „weitreichende Möglichkeiten zu haben, Einfluss auf das Geschäftsmodell des Carsharing-Anbieters zu nehmen." Hierbei führt er auf, dass er zukünftig neben den E-Fahrzeugen auch konventionell betriebene Fahrzeuge in die Carsharing-Flotte integrieren möchte.
- 7.CSA bewertet seinen Einfluss als großen Einfluss.[625]

kein Einfluss	
geringer Einfluss	
signifikanter Einfluss	
großer Einfluss	x
sehr großer Einfluss	

8.CSA:

- 8.CSA ist einer von zwei Vorständen des Carsharing-Anbieter, wobei er den Vorsitz innehat. Hierbei ist 8.CSA nicht nur für den betriebswirtschaftlichen Teil verantwortlich, sondern vertritt den Carsharing-Anbieter bzw. die Genossenschaft auch nach außen hin.[626]
- 8.CSA beschreibt „sämtliche Möglichkeiten zu haben, Einfluss auf das Geschäftsmodell des Carsharing-Anbieters bzw. die Genossenschaft zu nehmen." Hierbei betont 8.CSA, dass sämtliche Projekte der Genossenschaft, zu denen auch das E-Carsharing-Angebot gehört, aus dem Vorstand sowie dem Aufsichtsrat heraus angestoßen wurden.[627]
- 8.CSA bewertet seinen Einfluss als sehr großen Einfluss.[628]

kein Einfluss	
geringer Einfluss	
signifikanter Einfluss	

621 Vgl. Interview 6.CSA, 61.
622 Interview 6.CSA, 66.
623 Vgl. Interview 6.CSA, 63.
624 Vgl. Interview 7.CSA, 3.
625 Vgl. Interview 7.CSA, 121.
626 Vgl. Interview 8.CSA, 2.
627 Vgl. Interview 8.CSA, 35.
628 Vgl. Interview 8.CSA, 39.

großer Einfluss	
sehr großer Einfluss	x

5.4.1.1 Übersicht zur Bewertung des Einflusses von Seiten des Managements/der Verantwortlichen der Carsharing-Anbieter[629]

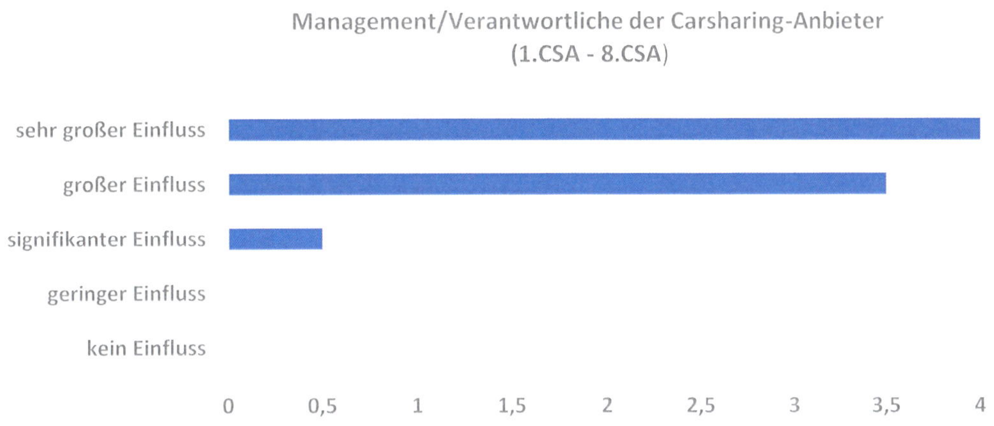

5.4.1.2 Zusammenfassung zu den Einflussmöglichkeiten von Seiten des Managements/der Verantwortlichen auf die Carsharing-Unternehmen

Bei der Bewertung der Einflussmöglichkeiten von Seiten der Verantwortlichen auf die eigenen Carsharing-Unternehmen sollte zunächst berücksichtigt werden, dass es unterschiedliche Rechtsformen gibt. Daraus lässt sich ableiten, dass es unterschiedliche Führungsstrukturen wie auch Verantwortlichkeiten in den Carsharing-Unternehmen gibt. Hieraus ergibt sich die Schwierigkeit, die Einflussmöglichkeiten von Seiten der Verantwortlichen auf ihre Carsharing-Unternehmen adäquat zu vergleichen. Darüber hinaus unterscheiden sich die Carsharing-Angebote der untersuchten Carsharing-Anbieter dadurch, dass unterschiedliche Carsharing-Varianten, Antriebsformen sowie Fahrzeuganzahlen angeboten werden, wodurch die Bedürfnisse der Carsharing-Nutzer unterschiedlich bedient werden.

Bei allen befragten Verantwortlichen wird deutlich, dass sie ihren Einfluss auf die Carsharing-Unternehmen als großen bis sehr großen Einfluss bewerten, lediglich 1.CSA bewertet seinen Einfluss als signifikanten bis großen Einfluss.
Es bestehen weitere Gemeinsamkeiten zwischen einzelnen Verantwortlichen zu ihren Einflussmöglichkeiten, jedoch auch Unterschiede wie im Folgenden zu sehen ist:
Der Verantwortliche von Carsharing-Anbieter 1 (1.CSA) macht deutlich, dass das Carsharing-Unternehmen eine „Unternehmensevolution“ durchgemacht hat und nicht nur signifikant gewachsen ist, sondern auch in den unterschiedlichen Unternehmensbereichen professioneller geworden ist. Dabei sucht das Unternehmen fortlaufend nach Möglichkeiten, das Carsharing-Angebot auf weitere Städte auszuweiten, was in den Aufgabenbereich von 1.CSA fällt. Das „Expansionsstreben“ fällt auch in den Aufgabenbereich von 2.CSA, wobei

[629] Werte von 0,5 kommen dadurch zu Stande, da die befragten Stakeholder ihren Einfluss auch innerhalb von zwei Kategorien bewerten können, d. h. z. B. ihren Einfluss mit „großen bis sehr großen Einfluss“ quantifizieren können.

dieser die Unternehmenseinheit „Foresight“ im Bereich der Unternehmensentwicklung des Carsharing-Unternehmens anspricht. Durch diese soll der Carsharing-Anbieter mit Blick auf gegenwärtige und zukünftige Entwicklungen im Mobilitätsbereich zukunftsfähig gemacht werden. Die Aufgaben- und Einflussbereiche der beiden Verantwortlichen zeigen Ähnlichkeiten auf, was auch auf die beiden Geschäftsmodelle der Carsharing-Unternehmen zurückgeführt werden kann, die hinsichtlich der Carsharing-Variante (free-floating), Antriebsformen (konventionell und elektrisch) sowie Anzahl an Carsharing-Fahrzeugen (> 1000 Kfz) gleich sind.
Die beiden Verantwortlichen von Carsharing-Anbieter 3 und 4 (3.CSA und 4.CSA) geben an, „sämtliche Möglichkeiten zu haben, Einfluss auf die eigenen Carsharing-Unternehmen zu nehmen ohne jedoch das Geschäftsmodell Carsharing grundlegend verändern zu können.“ Dabei ist der Carsharing-Anbieter von 4.CSA sehr mitbestimmungspflichtig aufgebaut, d. h. die Beschäftigten können bei wesentlichen Entscheidungen mitwirken. Der Verantwortliche von Carsharing-Anbieter 5 (5.CSA) ist einer von drei Konsortialpartnern, wodurch sein Einflussbereich begrenzt und auch klar definiert ist. Der Verantwortliche von Carsharing-Anbieter 6 (6.CSA) ist Vorsitzender des Carsharing-Vereins und entsprechend der Rechtsform e. V. bei Angelegenheiten zu möglichen Entscheidungen, wie etwa möglichen Veränderungen des Carsharing-Angebots, auf die Meinung der weiteren Vorstands-Mitglieder sowie der Vereinsmitglieder angewiesen. Der Verantwortliche von Carsharing-Anbieter 7 (7.CSA) beschreibt „weitreichende Möglichkeiten zu haben, Einfluss auf das Geschäftsmodell des Carsharing-Anbieter zu nehmen.“ Der Verantwortliche von Carsharing-Anbieter 8 (8.CSA) beschreibt „sämtliche Möglichkeiten zu haben, Einfluss auf das Geschäftsmodell des Carsharing-Anbieter bzw. die Genossenschaft zu nehmen.“

5.4.2 Automobilkonzerne

Frage: *Welche Möglichkeiten hat der Automobilkonzern Einfluss auf den free-floating Carsharing-Anbieter bzw. das Tochterunternehmen und dessen Geschäftsmodell zu nehmen?*

1.AK:

- 1.AK ist Verantwortlicher für Mobility-on-Demand eines Automobilkonzerns. Das Aufgabenspektrum im Bereich Mobility-on-Demand ist breit gefächert und geht von der ständigen Softwareaktualisierung und -einspielung in die Carsharing-Fahrzeuge bis hin zur Beantwortung von Fragen, wie das Produktangebot im Jahr 2030 aussehen könnte, wenn das autonome Fahren und Robotaxis an Bedeutung gewonnen haben könnten.[630]
- Der Carsharing-Anbieter ist das Tochterunternehmen eines Automobilkonzerns. 1.AK beschreibt als vorhandenen Einfluss „jegliche Maßnahmen und Möglichkeiten, die ein Mutterunternehmen gegenüber einem Tochterunternehmen hat.“[631] So bespricht 1.AK zusammen mit dem Carsharing-Anbieter die Anforderungen des Carsharing-Marktes sowie die Weiterentwicklung des Carsharing-Geschäftsmodells. Der Carsharing-Anbieter hat ein eigenes Produktmanagement, mit dem dieser festlegt, wie er am Carsharing-Markt agiert und wie er die Kundenschnittstelle gestaltet, d. h. Carsharing-App und Website. Der Automobilkonzern stellt die Telematik-Technologie und weitere technische Innovationen und Funktionalitäten wie z. B. die „Handshake-Funktion“[632] für die Carsharing-Fahrzeuge bereit, die aus eigenen Fahrzeugmodellen besteht.[633]

[630] Vgl. Interview 1.AK, 3.
[631] Vgl. Interview 1.AK, 46.
[632] Mehr hierzu siehe Kapitel 8.3.3, Aussage 1.AK, a4.
[633] Vgl. Interview 1.AK, 46 f.

- 1.AK bewertet den Einfluss des Automobilkonzern als sehr großen Einfluss. Die Zielsetzungen des Carsharing-Anbieters sind zugleich die Zielsetzungen des Automobilkonzerns, die er mit seinem Carsharing-Angebot verfolgt.[634]

kein Einfluss	
geringer Einfluss	
signifikanter Einfluss	
großer Einfluss	
sehr großer Einfluss	x

2.AK:

- 2.AK ist Leiter der Abteilung Corporate Issues & Public Policy bei einem Automobilkonzern. Der Aufgabenbereich von 2.AK bezieht sich primär auf die Beziehungen zur Politik und den Städten, insbesondere zum Themenbereich urbane Mobilität.[635]
- Der Carsharing-Anbieter ist das Tochterunternehmen eines Automobilkonzerns. 2.AK hat keinen operativen Einfluss und keine Entscheidungsbefugnisse, sondern trägt zur Meinungsbildung bei, wobei er die Interessen des Automobilkonzerns nach außen hin vertritt. Dabei steht er im ständigen Informationsaustausch zum Carsharing-Anbieter. Hierbei kommuniziert 2.AK die Interessen, die die unterschiedlichen Stakeholder an den Automobilkonzern zum Thema urbane Mobilität herantragen, an den Carsharing-Anbieter. Somit fungiert 2.AK als Bindeglied zwischen den diversen Stakeholdern, dem Automobilkonzern und dem Carsharing-Anbieter. Der Automobilkonzern stellt eigene Fahrzeugmodelle sowie die Telematik-Technologie für das free-floating-Carsharing seines Tochterunternehmens bereit.[636]
- 2.AK bewertet den Einfluss des Automobilkonzerns gegenüber dem Carsharing-Anbieter als sehr großen Einfluss.[637]

kein Einfluss	
geringer Einfluss	
signifikanter Einfluss	
großer Einfluss	
sehr großer Einfluss	x

3.AK:

- 3.AK ist Leiter der Einheit Urbane Mobilität eines Automobilkonzerns. Durch die Einheit Urbane Mobilität will der Automobilkonzern „urbane Mobilität besser verstehen, d. h. wo die Städte hinsichtlich Mobilität hinwollen und wie man gemeinsam Win-win-Situationen erzeugen kann."[638] Hierbei besteht die Vision, Stadtentwicklung, Lebensqualität in den Städten und Mobilität gleichzeitig deutlich besser zu gestalten.[639]

[634] Vgl. Interview 1.AK, 52.
[635] Vgl. Interview 2.AK, 5.
[636] Vgl. Interview 2.AK, 54 ff.
[637] Vgl. Interview 2.AK, 62.
[638] Interview 3.AK, 4.
[639] Vgl. Interview 3.AK, 4.

- Der Carsharing-Anbieter ist das Tochterunternehmen eines Automobilkonzerns. 3.AK hat keinen operativen Einfluss und keine Entscheidungsbefugnisse, sondern trägt zur Meinungsbildung bei, wobei er die Interessen des Automobilkonzerns nach außen hin vertritt. Dabei steht er im ständigen Informationsaustausch mit dem Carsharing-Anbieter. Hierbei macht 3.AK auch Vorschläge zur Weiterentwicklung des Geschäftsmodells seines Tochterunternehmens. Dies betrifft etwa den Bereich Positionierung auf dem Carsharing-Markt durch unterschiedliche Tarifmodelle sowie Ausweitung des E-Carsharing-Angebots. 3.AK vermittelt die Interessen, die die unterschiedlichen Stakeholder an den Automobilkonzern zum Thema urbane Mobilität herantragen, an den Carsharing-Anbieter. Somit fungiert dieser als Bindeglied zwischen den diversen Stakeholdern, dem Automobilkonzern und dem Carsharing-Anbieter. Dabei geht es insbesondere darum, sich mit den Städten darüber auszutauschen, welche Rahmenbedingungen für zukünftige urbane Mobilität notwendig sind. Der Automobilkonzern stellt eigene Fahrzeugmodelle sowie die Telematik-Technologie für das free-floating-Carsharing seines Tochterunternehmens bereit.[640]
- 3.AK bewertet den Einfluss des Automobilkonzerns gegenüber dem Carsharing-Anbieter als sehr großen Einfluss, da dieser jegliche Maßnahmen und Möglichkeiten hat, die ein Mutterunternehmen gegenüber seinem Tochterunternehmen hat.[641]

kein Einfluss	
geringer Einfluss	
signifikanter Einfluss	
großer Einfluss	
sehr großer Einfluss	x

5.4.2.1 Übersicht zur Bewertung des Einflusses von Seiten der Automobilkonzerne

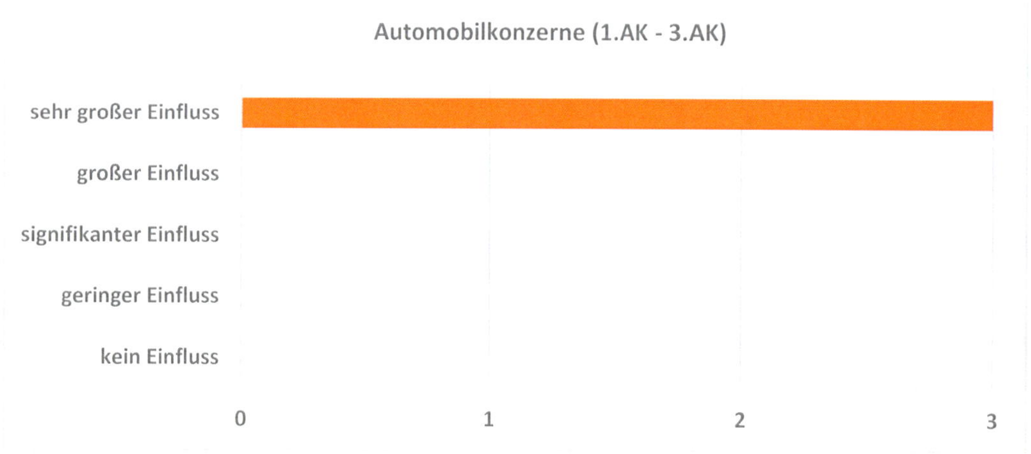

5.4.2.2 Zusammenfassung zu den Einflussmöglichkeiten von Seiten der Automobilkonzerne

- der Automobilkonzern von 1.AK hat „jegliche Maßnahmen und Möglichkeiten, die ein Mutterunternehmen gegenüber einem Tochterunternehmen hat"

[640] Vgl. Interview 3.AK, 56 ff.

[641] Vgl. Interview 3.AK, 63.

- alle drei Automobilkonzerne stellen eigene Fahrzeugmodelle sowie die Telematik-Technologie für die Carsharing-Angebote ihrer Tochterunternehmen bereit. 1.AK erwähnt hier auch weitere technische Innovationen und Funktionalitäten wie z. B. die „Handshake-Funktion", die von Seiten von 1.AK für die Carsharing-Fahrzeuge entwickelt wurde.
- 2.AK und 3.AK stehen im ständigen Informationsaustausch zu den Tochterunternehmen, wobei 3.AK auch Vorschläge zur Weiterentwicklung des Carsharing-Geschäftsmodells macht
- 2.AK und 3.AK fungieren als Bindeglieder zwischen den diversen Stakeholdern der Automobilkonzerne, insbesondere zu den politischen Verantwortlichen und Städten und hier zum Thema urbane Mobilität, den Automobilkonzernen sowie den Carsharing-Anbietern. Dabei kommunizieren sie die Interessen, die die unterschiedlichen Stakeholder an die Automobilkonzerne zum Thema urbane Mobilität herantragen, an die Carsharing-Anbieter.

5.4.3 Politik/politische Verantwortliche aus dem Mobilitätsbereich

Frage: *Welche Möglichkeiten haben Sie in Ihrer Funktion als politischer Verantwortlicher aus dem Mobilitätsbereich Einfluss auf die Carsharing-Anbieter und ihren Geschäftsmodellen zu nehmen?*

1.PV:

- 1.PV ist Leiter der Abteilung Nachhaltige Mobilität im Verkehrsministerium eines Bundeslandes in Deutschland. Die Abteilung Nachhaltige Mobilität ist zuständig für alle Fragen rund um „neue Mobilität" und schließt u. a. die Bereiche Elektromobilität, Fuß- und Radverkehr, kommunale Mobilitätskonzepte sowie neue Mobilitätsdienste wie das Carsharing mit ein.[642]
- 1.PV nennt als Einflussmöglichkeiten „die rechtlichen Rahmenbedingungen für das Carsharing zu setzen, die das Straßengesetz und die Anwendung der Straßenverkehrsverordnung betreffen."[643] Neben diesen besteht die Möglichkeit, finanzielle Fördermöglichkeiten geben zu können, die insbesondere für E-Carsharing-Anbieter sowie ländliche Carsharing-Anbieter relevant sind.[644] In Bezug auf die finanziellen Fördermöglichkeiten besteht von Seiten von 1.PV auch die Möglichkeit, Fördermöglichkeiten anderer Ministerien für (E-)Carsharing-Angebote zu unterstützen bzw. zu empfehlen. So hat 1.PV eine Förderung eines E-Carsharing-Anbieters im ländlichen Raum, die durch das Umweltministerium mit Hilfe von EFRE[645]-Mitteln ausgesprochen wurde, unterstützt.[646]
- 1.PV bewertet den Einfluss des Verkehrsministeriums gegenüber den Carsharing-Anbietern als signifikanten bis großen Einfluss.[647]

kein Einfluss	
geringer Einfluss	
signifikanter Einfluss	x
großer Einfluss	x
sehr großer Einfluss	

[642] Vgl. Interview 1.PV, 3.
[643] Interview 1.PV, 54.
[644] Vgl. Interview 1.PV, 54.
[645] Europäischer Fond für regionale Entwicklung.
[646] Vgl. Interview 1.PV, 15.
[647] Vgl. Interview 1.PV, 59.

2.PV:

- 2.PV ist Landtagsabgeordnete und Mitglied im Ausschuss für Verkehr einer Landtagsfraktion. Im Ausschuss für Verkehr ist 2.PV zuständig für die Themen öffentlicher Personennahverkehr und Carsharing. Darüber hinaus ist 2.PV Sprecherin des Arbeitskreises ÖPNV sowie Mitglied im Arbeitskreis Verkehr ihrer Partei.[648]
- 2.PV nennt als Einflussmöglichkeiten die rechtlichen Rahmenbedingungen für das Carsharing zu setzen. Hierbei spricht 2.PV das Gesetz zur Bevorrechtigung des Carsharing – das Carsharinggesetz (CsgG) – an, durch das u. a. an Bundesstraßen Carsharing-Stellplätze ausgewiesen werden können.[649] 2.PV sieht die Überführung des Carsharinggesetzes in ein Landesgesetz als Aufgabe der Verkehrsministerien auf Landesebene bzw. der Landesregierungen sowie der Landtagsabgeordneten.[650] Als weitere Einflussmöglichkeit spricht 2.PV Förderprogramme insbesondere für Elektro-Carsharing an, die sowohl bei der Anschaffung von E-Fahrzeugen als auch bei der Installation der Ladeinfrastruktur für die E-Carsharing-Anbieter greifen sollen.[651] In Bezug auf Förderprogramme für Carsharing im ländlichen Raum macht 2.PV deutlich, dass „Carsharing im ländlichen Raum an gewisse Bedingungen geknüpft ist, da es sich gegenwärtig für einen kommerziellen Carsharing-Anbieter wirtschaftlich noch nicht wirklich rechnet. Aus diesem Grund müssen sich im ländlichen Raum vielmehr Menschen finden, die ein solches Carsharing-Angebot anstoßen und zunächst ehrenamtlich organisieren. Bei der Zusammenstellung des Carsharing-Fuhrparkes bzw. der Anschaffung der Carsharing-Fahrzeuge sollen dann Förderprogramme unterstützend wirken."[652] 2.PV spricht an, dass „eine gewisse Grundauslastung des Carsharing-Betriebs notwendig sei und der Staat dahingehend unterstützen kann, indem er seinen Mitarbeitern vor Ort, sei es z. B. von einem Landesunternehmen, einer Forstverwaltung oder einer Hochschule, die Carsharing-Nutzung ermöglicht bzw. Carsharing-Fahrzeuge für Dienstfahrten bucht."[653] Als Alternative spricht 2.PV eine „Sockelfinanzierung für Carsharing im ländlichen Raum [an], d. h. dass die Carsharing-Anbieter mit einem festen monatlichen Beitrag bzw. Zuschuss von Seiten des Staates rechnen können."[654] Neben der finanziellen Unterstützung spricht 2.PV auch die „ideelle Unterstützung" an, die notwendig sei, um Carsharing-Angebote zu unterstützen. Hierbei ist es sinnvoll, dass „die verschiedenen Stakeholder der Carsharing-Anbieter nicht nur miteinander ins Gespräch kommen, sondern sich auch untereinander vernetzen."[655] Dabei spricht 2.PV an, dass „von Seiten des Staates bzw. der verantwortlichen Verkehrsministerien dahingehend unterstützt werden kann, indem Plattformen eingerichtet werden, sowohl digital als auch in Form von Carsharing-Veranstaltungen vor Ort, wo sich die Stakeholder der Carsharing-Anbieter unmittelbar miteinander austauschen können."[656] Diese Plattformen sollen sowohl für die Weiterentwicklung des gegenwärtigen Carsharing als auch zum Informationsaustausch für neu geschaffene Carsharing-Angebote genutzt werden können. 2.PV spricht in Bezug auf mögliche Einflussmöglichkeiten auch

[648] Vgl. Interview 2.PV, 4.

[649] Dieses muss jedoch noch in Landesgesetz überführt werden, sodass auch an Landesstraßen Carsharing-Stellplätze ausgewiesen werden können. Mehr hierzu siehe Kapitel 3.2.3.

[650] Vgl. Interview 2.PV, 55.

[651] Vgl. Interview 2.PV, 59.

[652] Interview 2.PV, 59.

[653] Interview 2.PV, 59. Bei Nicht-Buchung der Carsharing-Fahrzeuge für eigene Mitarbeiter können diese den Bewohnern vor Ort zur eigenen Buchung bereitgestellt werden.

[654] Interview 2.PV, 59.

[655] Interview 2.PV, 60.

[656] Interview 2.PV, 62.

von der „eigenen politischen Verantwortung, mit gutem Beispiel voranzugehen, d. h. als Landesmitarbeiter selbst Carsharing zu nutzen."[657] Dabei betont 2.PV, dass es durchaus sinnvoll ist, den Carsharing-Anbietern von Seiten des Landes attraktive Angebote in Bezug auf Corporate Carsharing[658] zu machen. Somit könne der Staat zeigen, dass es möglich ist, Fahrten, die im Zusammenhang mit der Arbeit durchgeführt werden müssen und einen PKW erfordern, mit einem Carsharing-Fahrzeug zurückgelegt werden können.[659]

- 2.PV bewertet seinen Einfluss gegenüber den Carsharing-Anbietern als großen Einfluss. Hierbei erwähnt er insbesondere die Möglichkeit, die gesetzlichen Rahmenbedingungen für das Carsharing aktiv verbessern zu können.[660]

kein Einfluss	
geringer Einfluss	
signifikanter Einfluss	
großer Einfluss	x
sehr großer Einfluss	

3.PV:

- 3.PV ist parlamentarischer Berater für Verkehr einer Landtagsfraktion. Hierbei ist er bei der Landtagsfraktion für die fachliche Beratung zur gesamten Verkehrspolitik zuständig, die bei der Landesregierung vom Verkehrsministerium und beim Parlament vom Verkehrsausschuss abgebildet wird. 3.PV fungiert als Bindeglied zwischen der Landtagsfraktion und dem Verkehrsministerium.[661]
- 3.PV nennt als Einflussmöglichkeiten die rechtlichen Rahmenbedingungen für das Carsharing zu setzen. Hierbei spricht er das Carsharinggesetz (CsgG) an, durch das an Bundesstraßen Carsharing-Stellplätze ausgewiesen werden können. 3.PV sieht die Überführung des Carsharinggesetzes in ein Landesgesetz als Aufgabe der Verkehrsministerien auf Landesebene bzw. der Landesregierungen sowie der Landtagsabgeordneten.[662] Als weiteren Einfluss nennt 3.PV Förderprogramme für Carsharing und hier im Besonderen für das E-Carsharing im Zusammenhang mit Luftreinhalteplänen und Diesel-Fahrverboten in den Innenstädten. Dabei ist es 3.PV vor allem wichtig, dass die Carsharing-Flotten weitestgehend elektrifiziert werden und die konventionell betriebenen Carsharing-Flotten aus den neuesten besonders emissionsarmen Fahrzeugen bestehen. [663]
- 3.PV bewertet seinen Einfluss gegenüber den Carsharing-Anbietern als signifikanten bis großen Einfluss.[664]

kein Einfluss	
geringer Einfluss	
signifikanter Einfluss	x
großer Einfluss	x
sehr großer Einfluss	

[657] Interview 2.PV, 69. Dabei sollten auch Dienstreisen mit Carsharing-Fahrzeugen möglich sein, d. h. es sollte möglich sein, die Carsharing-Nutzung als Dienstreise abzusetzen.

[658] Beim Corporate Carsharing stellen Unternehmen ihren Mitarbeitern Carsharing-Fahrzeuge für Dienstfahrten bereit.

[659] Vgl. Interview 2.PV, 71.

[660] Vgl. Interview 2.PV, 75 f.

[661] Vgl. Interview 3.PV, 3.

[662] Vgl. Interview 3.PV, 51.

[663] Vgl. Interview 3.PV, 12.

[664] Vgl. Interview 3.PV, 57.

4.PV:

- 4.PV ist Landtagsabgeordneter und Mitglied im Ausschuss für Verkehr einer Landtagsfraktion. Darüber hinaus ist 4.PV Mitglied im Arbeitskreis Verkehr seiner Partei.[665]
- 4.PV nennt als Einflussmöglichkeiten die rechtlichen Rahmenbedingungen für das Carsharing mitzugestalten. Dabei ist 4.PV wichtig, die Entwicklung des Carsharing im Land genauer zu betrachten und Erkenntnisse hierzu zu gewinnen. Dies kann im politischen Bereich bzw. auf dem parlamentarischen Weg u. a. durch das Stellen von Anfragen an die Landesregierung zum gegenwärtigen Carsharing-Angebot im Land erreicht werden. Die Anfragen können z. B. zu den folgenden Punkten gestellt werden:[666]

- Zusammensetzung des gegenwärtigen (E-)Carsharing-Angebots im Land
- bisher getroffene Initiativen zur Erhöhung des Carsharing-Anteils am Verkehrsaufkommen
- Status quo der Ladeinfrastruktur für E-Carsharing sowie mögliche Ausbaumöglichkeiten
- Umsetzung des Carsharinggesetzes auf Landesebene sowie in den Städten und Gemeinden.

Durch die Betrachtung der gegenwärtigen Entwicklung des Carsharing im Land anhand aktueller Zahlen, Initiativen und relevanter Gesetzesbeschlüsse, können gezielt politische Möglichkeiten gesucht werden, wie das Carsharing noch besser gefördert werden kann bzw. wie die Rahmenbedingungen für ein attraktiveres und kundenfreundlicheres Carsharing weiter verbessert werden können. In Bezug auf die Einflussmöglichkeiten gilt es von Seiten von 4.PV sinnvolle und notwendige Anreize zu schaffen, die vor allem Carsharing-Stellplätze im öffentlichen Raum sowie die Bereitstellung von Ladestationen bzw. der entsprechenden Ladeinfrastruktur für E-Carsharing betreffen.[667] Direkte finanzielle Bezuschussung der Carsharing-Anbieter sollte im Sinne von 4.PV nicht ermöglicht werden.[668]

- 4.PV bewertet seinen Einfluss gegenüber den Carsharing-Anbietern als großen Einfluss. Hierbei spricht er insbesondere die Möglichkeit an, fördernde Anreize für das Carsharing setzen zu können.[669]

kein Einfluss	
geringer Einfluss	
signifikanter Einfluss	
großer Einfluss	x
sehr großer Einfluss	

5.PV:

- 5.PV ist parlamentarischer Berater für Verkehr einer Landtagsfraktion. Hierbei ist er bei der Landtagsfraktion für die fachliche Beratung zur gesamten Verkehrspolitik verantwortlich, die bei der Landesregierung vom Verkehrsministerium und beim Parlament vom Verkehrsausschuss abgebildet wird. 5.PV fungiert als Bindeglied zwischen der Landtagsfraktion und dem Verkehrsministerium.[670]
- 5.PV nennt als Einflussmöglichkeiten die rechtlichen Rahmenbedingungen für das Carsharing mitzugestalten. Dabei betont 5.PV, dass ihm keine Fördermittel zur Verfügung stehen, um das Carsharing im Land finanziell zu unterstützen. Vielmehr gilt es von Seiten von 5.PV das Thema Carsharing in den Landtag zu bringen, was über aktuelle Debatten, Landtagsanträge sowie über Gespräche mit den

[665] Vgl. Interview 4.PV, 3.
[666] Vgl. Interview 4.PV, 48 f.
[667] Vgl. Interview 4.PV, 54.
[668] Vgl. ebd.
[669] Vgl. Interview 4.PV, 52.
[670] Vgl. Interview 5.PV, 3.

verantwortlichen verkehrspolitischen Sprechern geschehen kann.[671] 5.PV hat als Oppositionsfraktion keine unmittelbaren Einflussmöglichkeiten, wie dies die Regierungsfraktion hat, die über Förderprogramme das Carsharing auch finanziell unterstützen kann. Vielmehr können von Seiten von 5.PV Anreizprogramme initiiert werden, die vor allem die Ermöglichung und Einrichtung von Carsharing-Stellplätzen im öffentlichen Raum sowie die Bereitstellung von Ladesäulen bzw. der Ladeinfrastruktur für E-Carsharing betreffen.[672] Direkte finanzielle Bezuschussung der Carsharing-Anbieter von Seiten des Staates lehnt 5.PV ab. 5.PV betont, dass die Carsharing-Anbieter in ihren Entscheidungen frei sein sollten.[673]

- 5.PV bewertet seinen Einfluss gegenüber den Carsharing-Anbietern als geringen Einfluss.[674]

kein Einfluss	
geringer Einfluss	x
signifikanter Einfluss	
großer Einfluss	
sehr großer Einfluss	

6.PV:

- 6.PV ist Landtagsabgeordneter und stellvertretender Vorsitzender im Ausschuss für Verkehr im Landtag sowie Sprecher für Verkehr seiner Landtagsfraktion.[675]
- 6.PV nennt als Einflussmöglichkeiten die gesetzlichen Rahmenbedingungen für das Carsharing mitzugestalten. Hierbei betont 6.PV, dass „die Carsharing-Anbieter autark agieren sollen und diese ohne Subventionen der Politik auskommen müssen, da neben den Carsharing-Anbietern weitere Mobilitätsanbieter, und hier im Besonderen das Taxigewerbe, auch subventionslos im Mobilitätssmarkt bestehen müssen."[676]
- 6.PV bewertet seinen Einfluss gegenüber den Carsharing-Anbietern als signifikanten Einfluss, da er die gesetzlichen Rahmenbedingungen mitgestalten kann.[677]

kein Einfluss	
geringer Einfluss	
signifikanter Einfluss	x
großer Einfluss	
sehr großer Einfluss	

[671] Vgl. Interview 5.PV, 49 f.

[672] Vgl. Interview 5.PV, 50 ff.

[673] Vgl. Interview 5.PV. 50.

[674] Vgl. Interview 5.PV, 56.

[675] Vgl. Interview 6.PV, 2.

[676] Interview 6.PV, 23.

[677] Vgl. Interview 6.PV, 24 f.

5.4.3.1 Übersicht zur Bewertung des Einflusses von Seiten der politischen Verantwortlichen aus dem Mobilitätsbereich

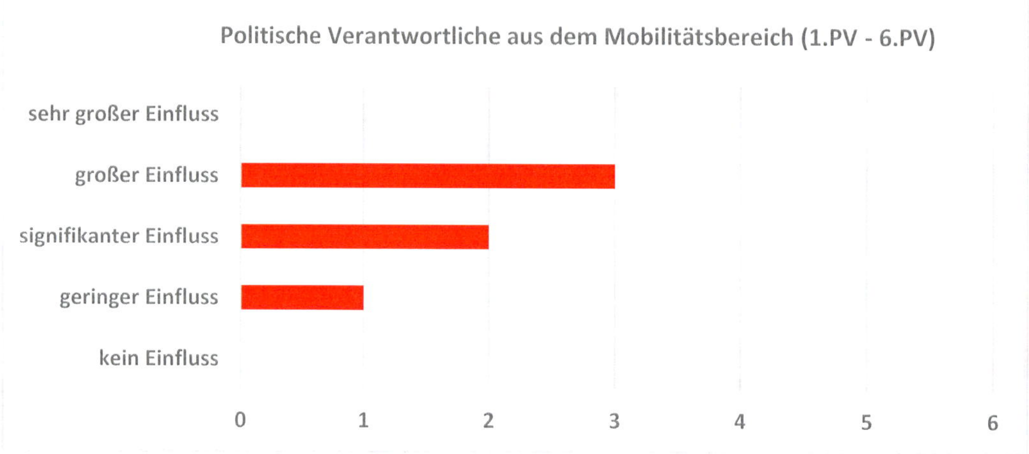

5.4.3.2 Zusammenfassung zu den Einflussmöglichkeiten von Seiten der politischen Verantwortlichen aus dem Mobilitätsbereich

1.PV - 3.PV (Regierungsparteien)

- die rechtlichen Rahmenbedingungen für das Carsharing setzen, die das Straßengesetz und die Anwendung der Straßenverkehrsverordnung betreffen. Konkret betrifft dies das Carsharinggesetz (CsgG) und dessen Umsetzung vor Ort.
- finanzielle Fördermöglichkeiten im Rahmen von Förderprogrammen geben, die insbesondere für E-Carsharing-Anbieter sowie solchen im ländlichen Raum relevant sind
- Fördermöglichkeiten anderer Ministerien für (E-)Carsharing-Angebote unterstützen
- die Möglichkeit, Carsharing-Fahrzeuge für Dienstfahrten für Mitarbeiter im öffentlichen Dienst zu buchen
- die ideelle Unterstützung, d. h. Vernetzung der verschiedenen Stakeholder der Carsharing-Anbieter untereinander durch entsprechende Formate wie digitale Plattformen oder Veranstaltungen vor Ort
- die Möglichkeit als gewählter Abgeordneter mit gutem Beispiel voranzugehen und selbst Carsharing-Fahrzeuge zu nutzen

4.PV - 6.PV (Oppositionsparteien)

- die rechtlichen Rahmenbedingungen für das Carsharing mitgestalten
- die Landesregierung zum Handeln hinsichtlich des Ausbaus von (E-)Carsharing animieren, z. B. durch das Stellen von parlamentarischen Anfragen zur gegenwärtigen Entwicklung des (E-)Carsharing-Angebots im Bundesland
- das Thema Carsharing in den Landtag zu bringen, d. h. über aktuelle Debatten, Landtagsanträge sowie über Gespräche mit den verantwortlichen verkehrspolitischen Sprechern

5.4.4 Städte/städtische Verantwortliche für den Verkehrs- und Mobilitätsbereich

Frage: *Welche Möglichkeiten haben Sie in Ihrer Funktion als verantwortlicher Vertreter des Verkehrs- und Mobilitätsbereiches ihrer Stadt Einfluss auf die Carsharing-Anbieter und ihren Geschäftsmodellen zu nehmen?*

1.ST:

- 1.ST ist Gruppenleiter für Verkehrspolitik und strategische Konzepte in der Abteilung Verkehr einer Metropole.[678]
- Die Metropole von 1.ST hat sich im Rahmen von Projekten zu Elektromobilität entschieden, den Ausbau von Elektromobilität dadurch zu fördern, indem im öffentlichen Raum eine für alle zugängliche Ladeinfrastruktur errichtet wird.[679] Hierbei hat sich 1.ST auch mit den vor Ort vertretenden Carsharing-Anbietern zu den Standortkonzepten zur Ladeinfrastruktur intensiv ausgetauscht. Dies betrifft primär die free-floating Anbieter, da diese vermehrt E-Fahrzeuge in ihren Flotten anbieten, die eine relevante Auslastung der Ladeinfrastruktur mit sich bringen. So konnte 1.ST Einfluss auf die Standorte der E-Fahrzeuge nehmen bzw. sich mit den E-Carsharing-Anbietern hierzu konstruktiv austauschen.[680] Als weitere Möglichkeit, Einfluss auf die Carsharing-Anbieter zu nehmen, führt 1.ST die Option auf, in der Vergangenheit sowie gegenwärtig über Teileinziehung Stellplätze für stationsgebundene Angebote bereitzustellen.[681] Dabei erwähnt 1.ST, dass „durch das vorhandene aber bisher noch nicht vor Ort angewandte Carsharinggesetz die Teileinziehung künftig durch eine Sondernutzungserlaubnis ersetzt werden kann, die es ermöglicht, Stellplätze für Carsharing-Fahrzeuge im öffentlichen Raum bereitstellen zu können."[682] Darüber hinaus steht 1.ST im ständigen Informationsaustausch mit den Carsharing-Anbietern in der Metropole, um hier entsprechende Möglichkeiten für bessere Rahmenbedingungen für das Carsharing eruieren zu können. In Bezug auf mögliche zukünftige Einflussmöglichkeiten auf die Carsharing-Anbieter betont 1.ST, dass „die Carsharing-Angebote einen Wandel durchgemacht haben – vom klassischen Carsharing, bei dem das Teilen im Vordergrund stand und primär stationsbasiert war – zu einem Mietangebot."[683] 1.ST betont hierbei, dass „beim Carsharing der Mietvorgang quasi auf Basis eines Rahmenvertrages sowie die Buchung und Reservierung quasi auf der Straße stattfindet und nicht mehr vor Ort bei einem Autovermieter auf seinem Geschäftsgelände."[684] Hierzu diskutiert 1.ST gegenwärtig mit den städtischen Verantwortlichen, „ob dieses Sharing- bzw. Mietangebot, das sozusagen das Bereitstellen der Carsharing-Fahrzeuge in den öffentlichen Raum verlagert, nicht mindestens einen Genehmigungstatbestand erfüllt."[685] Ist dies der Fall, kann 1.ST steuernd eingreifen, d. h. Auflagen an Carsharing-Angebote knüpfen, die sich auf die Größe und Verteilung der Flotten auswirken. So würde sich nach Angaben von 1.ST „der gegenwärtig vorhandene geringe Einfluss auf die Carsharing-Anbieter zu einem großen Einfluss wandeln."[686]

---

[678] Vgl. Interview 1.ST, 3.

[679] Vgl. Interview 1.ST, 21.

[680] Vgl. ebd.

[681] Nach §7 (1) des Straßengesetzes kann eine Straße eingezogen werden, „wenn sie für den Verkehr entbehrlich ist oder wenn überwiegende Gründe des Wohls der Allgemeinheit die Einziehung erforderlich machen." StrG 2020. Mehr hierzu siehe Kapitel 3.2.4.

[682] Interview 1.ST, 91.

[683] Interview 1.ST, 93.

[684] Ebd.

[685] Ebd.

[686] Ebd.

- 1.ST bewertet den Einfluss der Stadt gegenüber den Carsharing-Anbietern als geringen Einfluss.[687]

kein Einfluss	
geringer Einfluss	x
signifikanter Einfluss	
großer Einfluss	
sehr großer Einfluss	

2.ST:

- 2.ST arbeitet im Referat Strategische Planung und Nachhaltige Mobilität einer Metropole. In diesem werden Themen rund um nachhaltige urbane Mobilität behandelt, zu denen neben Elektromobilität, Maßnahmen zur Luftreinhaltung sowie Fahrverbote auch der Fußverkehr und das Carsharing gehören.[688]
- 2.ST beschreibt seine Einflussmöglichkeiten dahingehend, dass er „auf das Geschäftsmodell der Carsharing-Anbieter weniger, auf deren Strategie hingegen mehr Einfluss ausüben kann."[689] Dies begründet er damit, dass die Stadt die Möglichkeit hat, im Rahmen des Carsharinggesetzes (CsgG) über Sondernutzungserlaubnisse Carsharing-Stellplätze im öffentlichen Raum für einzelne Carsharing-Anbieter auszuweisen, die jedoch an Bedingungen geknüpft sein können. Will die Stadt z. B., dass die Carsharing-Anbieter ihre Fahrzeuge auch in den Außenbezirken platzieren sollen, könnte sie nach Angabe von 2.ST die folgende Forderung aussprechen: „Ein Carsharing-Anbieter erhält nur dann attraktive Stellplätze in der Innenstadt, wenn er mit seinem Carsharing-Angebot auch in die Außenbezirke geht und dieses dort den Bürgern zur Verfügung stellt."[690] So kann 2.ST unmittelbar Einfluss auf die Größe des Geschäftsgebiets des Carsharing-Anbieters nehmen, indem er dieses durch fordernde Bedingungen ausweitet.
- 2.ST bewertet den Einfluss der Stadt gegenüber den Carsharing-Anbietern als signifikanten Einfluss, da diese durch die Stellplatzzuweisung entscheiden kann, wo die Carsharing-Angebote im Stadtbereich platziert und angeboten werden. Hierbei arbeitet 2.ST auch mit den Carsharing-Anbietern vor Ort zusammen, da diese besser abschätzen können, wo ihre Fahrzeuge besonders häufig gebucht und genutzt werden.[691]

kein Einfluss	
geringer Einfluss	
signifikanter Einfluss	x
großer Einfluss	
sehr großer Einfluss	

3.ST:

- 3.ST ist Abteilungsleiter der Abteilung Verkehrsplanung einer Metropole.[692]
- 3.ST nennt als Einflussmöglichkeit, Standorte für einzelne Carsharing-Anbieter im öffentlichen Raum im Rahmen des Carsharinggesetzes (CsgG) durch Sondernutzungserlaubnisse zur Verfügung stellen

687 Interview 1.ST, 95.
688 Vgl. Interview 2.ST, 2.
689 Interview 2.ST, 14.
690 Ebd.
691 Vgl. Interview 2.ST, 20.
692 Vgl. Interview 3.ST, 3.

zu können.[693] Auch über Fördermöglichkeiten könnte 3.ST Einfluss auf die (E-)Carsharing-Anbieter und ihr (E-)Angebote nehmen, wie es z. B. über die Umsetzung von „Sustainable Urban Mobility Plans" möglich ist.[694] Als weitere Möglichkeit Einfluss auf die Carsharing-Anbieter nehmen zu können sieht 3.ST die Möglichkeit, „Corporate Carsharing als gesamte Stadtverwaltung zu nutzen."[695] Dies entspricht im Grunde einer Förderung des Carsharing-Betriebs durch die kommunale Verwaltung. 3.ST erwähnt in diesem Zusammenhang, dass es bereits einzelne Fachbereiche bei der Stadt gibt, die Carsharing nutzen.[696]

- 3.ST bewertet den Einfluss der Stadt gegenüber den Carsharing-Anbietern als signifikanten Einfluss.[697]

kein Einfluss	
geringer Einfluss	
signifikanter Einfluss	x
großer Einfluss	
sehr großer Einfluss	

4.ST:

- 4.ST ist Bereichsleiter für Verkehr im Stadtplanungsamt einer Regiopole und hier für die strategische Verkehrsplanung verantwortlich.[698]
- 4.ST nennt als Einflussmöglichkeit lediglich den Informationsaustausch mit dem regionalen Carsharing-Anbieter[699], z. B. zu möglichen Carsharing-Stellplätzen in einem neu entstehenden Wohnquartier in der der Regiopole. Dabei betont 4.ST, dass „das stationsbasierte Carsharing-Angebot für eine nachhaltige Mobilität in den Städten zielführender ist als das free-floating Angebot."[700] Auf Grund der bislang unzureichenden Umsetzung des Carsharinggesetzes auf Landesebene bzw. in der Regiopole hat 4.ST immer noch keine Möglichkeiten, Carsharing-Stellplätze an den Carsharing-Anbieter im öffentlichen Raum vergeben zu können. Hier spricht 4.ST an, dass „falls in naher Zukunft die Möglichkeit bestehen wird, Carsharing-Stellplätze im öffentlichen Raum vergeben zu können, er solche an die Carsharing-Anbieter vor Ort ausschreiben möchte."[701]
- 4.ST bewertet den Einfluss der Stadt gegenüber den Carsharing-Anbietern als keinen Einfluss.[702]

kein Einfluss	x
geringer Einfluss	
signifikanter Einfluss	
großer Einfluss	
sehr großer Einfluss	

[693] Vgl. Interview 3.ST, 58. Mehr hierzu Kapitel 3.2.4.

[694] Siehe Kapitel 8.6, Erläuterung relevanter Begriffe: Sustainable Urban Mobility Plan.

[695] Interview 3.ST, 60.

[696] Vgl. Interview 3.ST, 60.

[697] Vgl. Interview 3.ST, 62.

[698] Vgl. Interview 4.ST, 3.

[699] Hier wird der Begriff „regionaler Carsharing-Anbieter" genutzt, da dieser Carsharing-Anbieter sein Angebot nur in dieser Regiopole bereitstellt und hier auch der einzige Carsharing-Anbieter ist.

[700] Interview 4.ST, 39.

[701] Ebd.

[702] Interview 4.ST, 41.

5.ST:

- 5.ST(1) und 5.ST(2) arbeiten im Amt für Verkehrsmanagement einer Großstadt.[703] 5.ST(1) ist stellvertretender Leiter des Amtes für Verkehrsmanagement und repräsentiert innerhalb des Amtes die Straßenverkehrsbehörde, d. h. er ist hier u. a. auch für die Zuordnung von Stellplätzen für das Carsharing bzw. für die Erteilung von Ausnahmegenehmigungen für Carsharing-Fahrzeuge verantwortlich. 5.ST(2) ist Leiter der Abteilung Mobilitätsmanagement und für die Verkehrswende vor Ort verantwortlich.
- 5.ST(1) und 5.ST(2) nennen als Einflussmöglichkeit, Standorte für Carsharing-Fahrzeuge im öffentlichen Raum im Rahmen des Carsharinggesetzes durch Sondernutzungserlaubnisse zur Verfügung stellen zu können. Hierbei betonen 5.ST(1) und 5.ST(2) besonders attraktive Standorte in Absprache mit den Carsharing-Anbietern finden zu wollen, z. B. solche in der Nähe von stark frequentierten Plätzen in bestimmten Stadtteilen sowie solche mit direktem Anschluss an den ÖPNV. In Bezug auf die free-floating Carsharing-Fahrzeuge kann von Seiten des Amtes für Verkehrsmanagement direkter Einfluss genommen werden, d. h. es kann durch die erteilten Sondergenehmigungen genau festgelegt werden, wie viele free-floating Fahrzeuge in einem Stadtteil abgestellt werden dürfen.[704]
- 5.ST(1) und 5.ST(2) bewerten den Einfluss des Amtes für Verkehrsmanagement bzw. den der Stadt gegenüber den Carsharing-Anbietern als geringen Einfluss.[705]

kein Einfluss	
geringer Einfluss	x
signifikanter Einfluss	
großer Einfluss	
sehr großer Einfluss	

6.ST:

- 6.ST(1) und 6.ST(2) arbeiten im Fachbereich Stadtentwicklung einer Mittelstadt.[706] 6.ST(1) ist Leiter des Fachbereichs Stadtentwicklung, zu dessen Aufgaben u. a. die räumliche Entwicklung der Stadt sowie Verkehrsplanung gehören. 6.ST(2) ist Leiter der Umweltstelle, die dem Fachbereich Stadtentwicklung untergeordnet ist. Die Umweltstelle ist u. a. für Radverkehrsförderung sowie nachhaltige Mobilität allgemein inklusive Carsharing verantwortlich. Die Stadt ist einer von drei Konsortialpartner im E-Carsharing-Projekt in der Mittelstadt. 6.ST(1) und 6.ST(2) sind im Konsortium Teil des Lenkungskreises des E-Carsharing-Projektes.[707]
- Als Teil des Lenkungskreises des E-Carsharing-Projektes in der Mittelstadt können 6.ST(1) und 6.ST(2) Einfluss auf die Weiterentwicklung des E-Carsharing-Projektes nehmen, d. h. z. B. Entscheidungen im Zusammenhang mit der räumlichen Ausweitung sowie der Anschaffung neuer E-Fahrzeuge treffen. Als weitere Einflussmöglichkeit nennen 6.ST(1) und 6.ST(2) die zeitlich festgelegte Blockbuchung einzelner E-Carsharing-Fahrzeuge, die von Seiten der Stadt bzw. deren Mitarbeiter besteht, temporär zurücknehmen zu können. So können die E-Carsharing-Fahrzeuge in dieser Zeit den Bürgern vor Ort zur eigenen Buchung bereitgestellt werden.[708]

[703] Das Interview wurde gleichzeitig mit zwei verantwortlichen Vertretern des Amtes für Verkehrsmanagement der Großstadt geführt.
[704] Vgl. Interview 5.ST, 48.
[705] Vgl. Interview 5.ST, 50.
[706] Das Interview wurde gleichzeitig mit zwei verantwortlichen Vertretern des Fachbereichs Stadtentwicklung der Mittelstadt geführt.
[707] Vgl. Interview 6.ST, 3 f. Mehr zum E-Carsharing-Projekt siehe Kapitel 5.1.1, Carsharing-Anbieter Nr. 5.
[708] Vgl. Interview 6.ST, 59.

- 6.ST(1) und 6.ST(2) bewerten den Einfluss der Stadt gegenüber dem E-Carsharing-Projekt vor Ort als großen bis sehr großen Einfluss.[709]

kein Einfluss	
geringer Einfluss	
signifikanter Einfluss	
großer Einfluss	x
sehr großer Einfluss	x

5.4.4.1 Übersicht zur Bewertung des Einflusses von Seiten der städtischen Verantwortlichen für den Verkehrs- und Mobilitätsbereich[710]

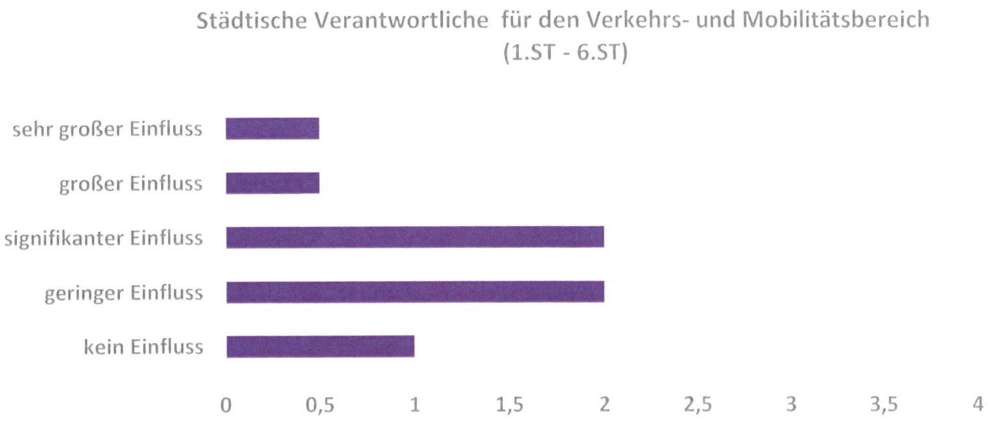

5.4.4.2 Zusammenfassung zu den Einflussmöglichkeiten von Seiten der städtischen Verantwortlichen für den Verkehrs- und Mobilitätsbereich

1.ST - 3.ST (Metropolen)

- über den Aufbau der Ladeinfrastruktur für E-Carsharing-Fahrzeuge können Standorte festgelegt werden
- die Möglichkeit, über Teileinziehung Stellplätze für stationsgebundene Angebote bereitzustellen
- die Möglichkeit, über das Carsharinggesetz (CsgG) Stellplätze für Carsharing-Fahrzeuge im öffentlichen Raum bereitstellen zu können
- die Möglichkeit, im Rahmen des Carsharinggesetzes (CsgG) über Sondernutzungserlaubnisse Carsharing-Stellplätze im öffentlichen Raum für einzelne Carsharing-Anbieter bereitzustellen
- die Möglichkeit, im Rahmen des Carsharinggesetzes (CsgG) über Sondernutzungserlaubnisse im öffentlichen Raum Stellplätze für einzelne Carsharing-Anbieter auszuweisen, die an Bedingungen geknüpft sein können, z. B., dass die Carsharing-Anbieter ihr Carsharing-Angebot auch in den Außenbezirken von Metropolen anbieten sollen. Dadurch kann auf die Größe des Carsharing-Geschäftsgebiets Einfluss genommen werden.

[709] Vgl. Interview 6.ST, 61.

[710] Werte von 0,5 kommen dadurch zu Stande, da die befragten Stakeholder ihren Einfluss auch innerhalb von zwei Kategorien bewerten können, d. h. z. B. ihren Einfluss mit „großen bis sehr großen Einfluss" quantifizieren können.

- über Fördermöglichkeiten Einfluss auf die (E-)Carsharing-Anbieter und ihre (E-)Angebote zu nehmen, wie z. B. über die Umsetzung von „Sustainable Urban Mobility Plans"[711]
- die Möglichkeit, Corporate Carsharing als gesamte Stadtverwaltung zu nutzen

4.ST - 6.ST (Regiopole, Großstadt, Mittelstadt)

- der Informationsaustausch zum regionalen Carsharing-Anbieter[712], z. B. zu möglichen Carsharing-Stellplätzen in einem neu entstehenden Wohnquartier in der der Regiopole (4.ST)
- die Möglichkeit, besonders attraktive Standorte für Carsharing-Fahrzeuge im öffentlichen Raum durch Sondernutzungserlaubnisse im Rahmen des Carsharinggesetzes (CsgG) zur Verfügung stellen zu können, d. h. z. B. Nähe zum ÖPNV und stark frequentierten Plätzen (5.ST)
- die Möglichkeit, als ein Konsortialpartner in dem E-Carsharing-Projekt direkt auf das E-Carsharing-Angebot Einfluss nehmen zu können, d. h. Weiterentwicklung z. B. in Bezug auf räumliche Ausweitung (6.ST)
- die Möglichkeit, als Stadt die zeitlich festgelegte Blockbuchung einzelner E-Carsharing-Fahrzeuge temporär zurücknehmen zu können und diese der Bevölkerung zur eigenen Buchung bereit zu stellen (6.ST)

5.4.5 Verkehrsverbünde

Frage: *Welche Möglichkeiten haben Sie in Ihrer Funktion als verantwortliche Vertreter des Verkehrsverbundes Einfluss auf die Carsharing-Anbieter und ihren Geschäftsmodellen zu nehmen?*

1.VVB:

- 1.VVB ist Unternehmensbereichsleiter für Verkehrsplanung, Qualitätsmanagement und Fahrgastinformation bei einem Verkehrsverbund. 1.VVB ist darüber hinaus für diverse Mobilitätsprojekte im Verkehrsverbund verantwortlich, zu denen u. a. ein regionales Mobilitätsprojekt gehört, bei dem 1.VVB intensiv mit der Regiopole und den umliegenden Gemeinden, mit weiteren Mobilitätsanbietern sowie mit dem regionalen Carsharing-Anbieter zusammenarbeitet. Ziel hierbei ist, das bestehende Mobilitätsangebot in der Regiopole mit dem der umliegenden Gemeinden zu vernetzen.[713]
- 1.VVB nennt als Einflussmöglichkeit den vorhandenen Informationsaustausch mit dem regionalen Carsharing-Anbieter[714] zu neuen Entwicklungen, die beide Geschäftsmodelle betreffen.[715] Dabei betont 1.VVB, dass er „selbst keinen Druck auf den Carsharing-Anbieter ausüben kann. Vielmehr möchte [er] aufzeigen, wie aus Sicht des Verkehrsverbundes attraktive Geschäftsmodelle in Bezug auf urbane Mobilität und gemeinsamen Kooperationen aussehen können."[716] Nach 1.VVB „sollte ein kooperativer Ansatz mit dem Ziel verfolgt werden, gemeinsam mehr Kunden für beide Mobilitätsangebote zu gewinnen und bei Möglichkeit auch weitere Mobilitätsanbieter in hierbei zu integrieren."[717] 1.VVB ist zudem selber Kunde des regionalen Carsharing-Anbieters, d. h. seine Mitarbeiter

[711] Siehe Kapitel 8.6, Erläuterung relevanter Begriffe: Sustainable Urban Mobility Plan.

[712] Hier wird der Begriff „regionaler Carsharing-Anbieter" genutzt, da dieser Carsharing-Anbieter sein Angebot nur in dieser Regiopole bereitstellt und hier auch der einzige Carsharing-Anbieter ist.

[713] Vgl. Interview 1.VVB, 3.

[714] Hier wird der Begriff „regionaler Carsharing-Anbieter" genutzt, da dieser Carsharing-Anbieter sein Angebot nur in dieser Regiopole bereitstellt und hier auch der einzige Carsharing-Anbieter ist.

[715] D. h. sowohl das Geschäftsmodell des regionalen Carsharing-Anbieters als auch das des Verkehrsverbundes.

[716] Interview 1.VVB, 49.

[717] Ebd.

nutzen Carsharing-Fahrzeuge für Dienstfahrten. Über die getätigten Blockbuchungen kann 1.VVB Einfluss auf das Carsharing-Angebot nehmen, indem die Carsharing-Fahrzeuge bei Nichtnutzung durch eigene Mitarbeiter den Bürgern vor Ort zur eigenen Buchung zur Verfügung gestellt werden.[718]

- 1.VVB bewertet seinen Einfluss gegenüber dem Carsharing-Anbieter als geringen Einfluss. Dies begründet er neben seinen vorhandenen Einflussmöglichkeiten damit, dass 1.VVB „auch über die Politik etwas Druck hinsichtlich des Carsharing-Angebotes in der Regiopole ausüben kann."[719] Hierbei führt 1.VVB an, dass die Regiopole bzw. die Stadt Gesellschafter des Verkehrsverbundes ist und 1.VVB durchaus Forderungen an diese stellen könnte, die z. B. die Bereitstellung von Parkflächen im öffentlichen Straßenraum für Carsharing-Fahrzeuge betreffen.[720]

kein Einfluss	
geringer Einfluss	x
signifikanter Einfluss	
großer Einfluss	
sehr großer Einfluss	

2.VVB:

- 2.VVB ist Geschäftsführer eines Verkehrsverbundes sowie hier Geschäftsbereichsleiter für den Bereich digitale Mobilität.[721]
- 2.VVB nennt als Einflussmöglichkeit den vorhandenen Informationsaustausch mit dem regionalen Carsharing-Anbieter[722] zu neuen Entwicklungen, die beide Geschäftsmodelle betreffen sowie eine „ausschließlich freiwillige kooperative Zusammenarbeit."[723] Dabei betont 2.VVB, dass es auch keine vorhandenen Beschlussgremien gibt, in denen sowohl der regionale Carsharing-Anbieter als auch 2.VVB präsent sind und Beschlüsse hinsichtlich beider Geschäftsmodelle treffen könnten.[724]
- 2.VVB bewertet seinen Einfluss gegenüber dem Carsharing-Anbieter als geringen Einfluss. Dies begründet 2.VVB damit, dass neben seinen vorhandenen Einflussmöglichkeiten auch eine Kooperation in Form von gemeinsamen Marketingmaßnahmen mit dem regionalen Carsharing-Anbieter besteht. Hierbei kann 2.VVB positiv auf das Carsharing-Angebot wirken.[725]

kein Einfluss	
geringer Einfluss	x
signifikanter Einfluss	
großer Einfluss	
sehr großer Einfluss	

[718] Vgl. Interview 1.VVB, 51.

[719] Interview 1.VVB, 51.

[720] Vgl. Interview 1.VVB, 51.

[721] Vgl. Interview 2.VVB, 3.

[722] Die Definition „regionaler Carsharing-Anbieter" wird deshalb verwendet, da der Carsharing-Anbieter sein Carsharing-Angebot nur in dieser Metropole anbietet. Neben diesem Carsharing-Anbieter gibt es noch weitere Carsharing-Anbieter in der Metropole.

[723] Interview 2.VVB, 46.

[724] Vgl. Interview 2.VVB, 46.

[725] Vgl. Interview 2.VVB, 48.

3.VVB:

- 3.VVB ist Geschäftsführer eines Verkehrsverbundes sowie hier zuständig für Finanzen und Planung.[726]
- 3.VVB nennt als Einflussmöglichkeit den vorhandenen Informationsaustausch mit den Carsharing-Anbietern im Verkehrsverbund zu neuen Entwicklungen, die beide Geschäftsmodelle betreffen sowie die freiwillige kooperative Zusammenarbeit. So bestehen für die Kunden von 3.VVB, die in Besitz von Jahreskarten sind, Vergünstigungen auf das Angebot eines regionalen Carsharing-Anbieters. Auch müssen Neukunden bei dem regionalen Carsharing-Anbieter keine Aufnahmegebühr zahlen. Hierbei betont 3.VVB, dass er „die Kooperation mit dem regionalen Carsharing-Anbieter gerne ausbauen würde, es jedoch auf Grund der begrenzten finanziellen Möglichkeiten für den regionalen Carsharing-Anbieter gegenwärtig keine Möglichkeit gibt."[727]
- 3.VVB bewertet seinen Einfluss gegenüber dem Carsharing-Anbieter als geringen Einfluss.[728]

kein Einfluss	
geringer Einfluss	x
signifikanter Einfluss	
großer Einfluss	
sehr großer Einfluss	

5.4.5.1 Übersicht zur Bewertung des Einflusses von Seiten der Verkehrsverbünde

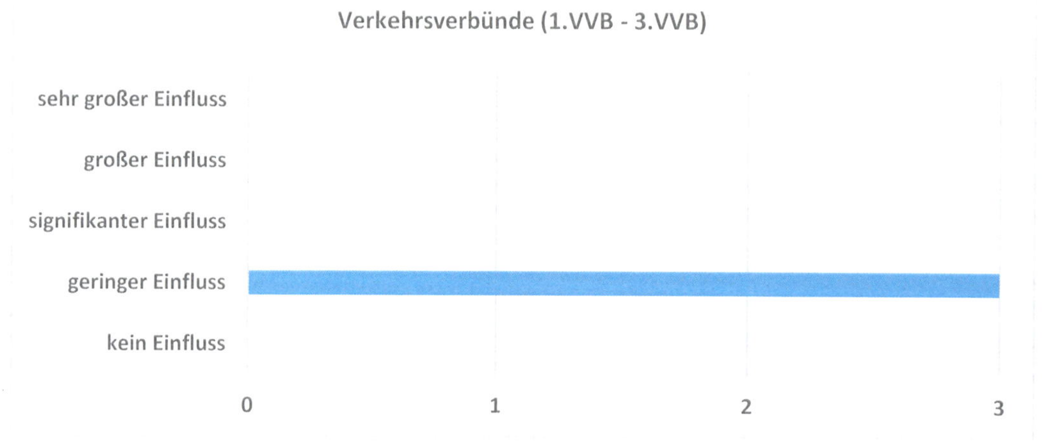

5.4.5.2 Zusammenfassung zu den Einflussmöglichkeiten von Seiten der Verkehrsverbünde

- der vorhandene Informationsaustausch zu den Carsharing-Anbietern zu neuen Entwicklungen, die beide Geschäftsmodelle betreffen
- die Mitarbeiter von 1.VVB nutzen Carsharing-Fahrzeuge für Dienstfahrten, wobei Blockbuchungen bestehen. Diese können bei Nichtnutzung den Bürgern vor Ort zur eigenen Buchung zur Verfügung gestellt werden.

[726] Vgl. Interview 3.VVB, 3.
[727] Interview 3.VVB, 29.
[728] Vgl. Interview 3.VVB, 33.

- da die Stadt Gesellschafter des Verkehrsverbundes ist, kann 1.VVB Forderungen an diese stellen, z. B. zur Schaffung von Stellplätzen für die Carsharing-Fahrzeuge im öffentlichen Straßenraum
- es bestehen freiwillige kooperative Zusammenarbeiten zwischen den Verkehrsverbünden und Carsharing-Anbietern
- es besteht eine Kooperation in Form von gemeinsamen Marketingmaßnahmen zum Carsharing-Anbieter.[729] Dies schließt auch Vergünstigungen für Nutzer mit ein, die beide Mobilitätsangebote nutzen.

5.4.6 Energieversorger

Frage: *Welche Möglichkeiten haben Sie in Ihrer Funktion als verantwortlicher Vertreter des Energieversorgers Einfluss auf die E-Carsharing-Anbieter und ihren Geschäftsmodellen zu nehmen?*

1.EV:

- 1.EV ist Senior Manager Elektromobilität eines Energieversorgungsunternehmens und hier für die Bereiche Strategie und Partnerschaften verantwortlich. Neben seiner politischen Gremienarbeit für den Energieversorger in Berlin und Brüssel zu allen Themen der Elektromobilität, ist er Leiter eines Projektes zur Installation von Ladeinfrastruktur für einen großen free-floating Carsharing-Anbieter.[730]
- 1.EV nennt als Einflussmöglichkeit die Bereitstellung der Ladeinfrastruktur sowie des Stromes für die E-Carsharing-Fahrzeuge des Carsharing-Anbieters. Dabei betont 1.EV, dass es „bei neuen E-Fahrzeug-Modellen wichtig ist, diese mit den Ladesäulen des Energieversorgers im Voraus zu vernetzen, d. h., dass diese zunächst an den Ladesäulen getestet werden müssen. Dies liegt daran, dass neue E-Fahrzeuge in der Regel neue Ladeeinrichtungen, neue Software, neue IT und neue Schnittstellen haben und es gerade zu Beginn des Kommunikationsprozesses zwischen E-Fahrzeugen und Ladesäulen zu Verbindungsproblemen kommen kann."[731] 1.EV spricht in diesem Zusammenhang von „Kinderkrankheiten der Elektromobilität, die es gilt, schnellstmöglich zu beheben. Andernfalls könnten sich die schlechten Erfahrungen mit E-Carsharing-Fahrzeugen auch auf die Elektromobilität als Ganzes übertragen."[732] Aus diesem Grund gilt es von Seiten des Energieversorgers in Zusammenarbeit mit den E-Carsharing-Anbietern für eine reibungslose Funktionalität der Ladeinfrastruktur zu sorgen.[733]
- 1.EV bewertet seinen Einfluss gegenüber dem E-Carsharing-Anbieter als geringen bis signifikanten Einfluss.[734]

kein Einfluss	
geringer Einfluss	x
signifikanter Einfluss	x
großer Einfluss	
sehr großer Einfluss	

[729] Von Seiten von 3.VVB.
[730] Vgl. Interview 1.EV, 3.
[731] Interview 1.EV, 50.
[732] Interview 1.EV, 52.
[733] Vgl. Interview 1.EV, 50.
[734] Vgl. Interview 1.EV, 54.

2.EV:

- 2.EV ist Innovationsmanager eines Energieversorgungsunternehmens und hier im Besonderen für den Bereich Aufbau öffentlicher Ladeinfrastruktur sowie B2B-Geschäft verantwortlich, d. h. Ladeinfrastruktur für Gewerbe- und Industriekunden, verantwortlich.[735]
- 2.EV nennt als Einflussmöglichkeit die Bereitstellung der Ladeinfrastruktur sowie des Stromes für die E-Carsharing-Fahrzeuge des Carsharing-Anbieters. Hierbei werden zusammen mit dem E-Carsharing-Anbieter Standortkriterien festgelegt anhand dieser geeignete und für die Carsharing-Nutzer attraktive Ladestandorte ausgesucht werden.[736] Als weiteren Einfluss gegenüber den Carsharing-Anbietern nennt er das alternativ zum öffentlichen Carsharing-Angebot aus dem eigenen Produktportfolio neu geschaffene und objektbezogene E-Carsharing-Projekt in einem neu entstehenden Stadtquartier in der Metropole.[737] 2.EV betont hier, „nicht in unmittelbarer Konkurrenz zu den weiteren Carsharing-Anbietern in der Metropole sowie ihren Angeboten stehen zu wollen, sondern vielmehr ein ergänzendes Carsharing-Angebot in einem Stadtquartier anzubieten."[738]
- 2.EV bewertet seinen Einfluss gegenüber dem E-Carsharing-Anbieter als geringen Einfluss. 2.EV begründet diesen damit, dass sich der Einfluss im Wesentlichen auf die Bereitstellung der Ladeinfrastruktur beschränkt.[739]

kein Einfluss	
geringer Einfluss	x
signifikanter Einfluss	
großer Einfluss	
sehr großer Einfluss	

3.EV:

- 3.EV ist Bereichsleiter Energievertrieb einer Stadtwerke. Im Energievertrieb werden schwerpunktmäßig Sondervertragskunden betreut, d. h. größere Industrie- und Gewerbekunden sowie Energiedienstleistungen angeboten, zu denen auch Produktangebote rund um Elektromobilität gehören.[740]
- 3.EV nennt als Einflussmöglichkeit die Bereitstellung der Ladeinfrastruktur sowie des Stromes für die E-Carsharing-Fahrzeuge des E-Carsharing-Anbieters. Hierbei betont 3.EV, dass die Ladesäulen für die E-Carsharing-Fahrzeuge im Laufe der Zeit weiterentwickelt wurden, d. h. es wurde ein Backend installiert, damit die Ladesäule über eine App gesteuert werden kann. Dadurch können die Carsharing-Nutzer die E-Fahrzeuge an der Ladesäule leichter aufladen.[741] 3.EV spricht die aktuelle Vernetzung mit einem weiteren überregional agierenden Energieversorger an, der Ladesäulen in der Region von 3.EV installiert hat. Mit der Ladekarte der Stadtwerke für ihre eigenen Ladesäulen können die Carsharing-Nutzer die E-Carsharing-Fahrzeuge sowie auch private E-Fahrzeuge auch an den Ladesäulen des anderen Energieversorgers aufladen. Dadurch wird es den E-Carsharing-Nutzern ermöglicht, ihre Fahrten flächenmäßig auszuweiten.[742] 3.EV hat sich das Ziel gesetzt, die Ladeinfrastruktur bzw. La-

[735] Vgl. Interview 2.EV, 3.
[736] Vgl. Interview 2.EV, 33.
[737] Vgl. Interview 2.EV, 39.
[738] Interview 2.EV, 39.
[739] Vgl. Interview 2.EV, 39.
[740] Vgl. Interview 3.EV, 3.
[741] Vgl. Interview 3.EV, 32.
[742] Vgl. ebd.

demöglichkeiten für E-Carsharing-Nutzer bestmöglich zu gestalten, sodass die Nutzer die E-Fahrzeuge überall dort aufladen können, wohin sie hinfahren, und keinerlei Probleme beim Ladevorgang haben. 3.EV spricht hierbei den geplanten Aufbau von E-Ladeinfrastruktur in weiteren Gemeinden in der Region an und ist offen dafür, diese für weitere E-Carsharing-Anbieter anzubieten.[743]

- 3.EV bewertet seinen Einfluss gegenüber dem E-Carsharing-Anbieter als großen Einfluss. 3.EV begründet diesen damit, dass er einer von drei Konsortialpartner im E-Carsharing-Projekt in der Regiopole von 3.EV ist.[744]

kein Einfluss	
geringer Einfluss	
signifikanter Einfluss	
großer Einfluss	x
sehr großer Einfluss	

5.4.6.1 Übersicht zur Bewertung des Einflusses von Seiten der Energieversorger

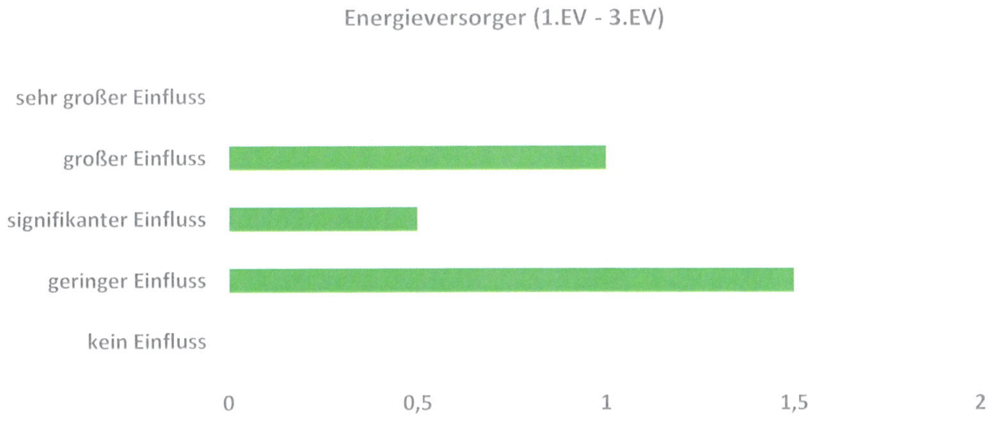

5.4.6.2 Zusammenfassung zu den Einflussmöglichkeiten von Seiten der Energieversorger

- die Bereitstellung der Ladeinfrastruktur sowie des Stromes für die E-Carsharing-Fahrzeuge
- der gemeinsame Findungsprozess von geeigneten und für die E-Carsharing-Nutzer attraktiven Ladestandorten anhand gemeinsam festgelegter Standortkriterien
- der Energieversorger hat ein eigenes objektbezogenes E-Carsharing-Angebot in einem neuen Stadtquartier in der Metropole installiert[745]
- der Energieversorger spricht die Vernetzung mit einem weiteren überregional agierenden Energieversorger an und erwähnt hierbei, dass auch private E-Fahrzeuge an den gemeinsamen Ladesäulen mit einer Ladekarte geladen werden können[746]

743 Vgl. Interview 3.EV, 34.

744 Vgl. Interview 3.EV, 36. Mehr zum E-Carsharing-Projekt siehe Kapitel 5.1.1, Carsharing-Anbieter Nr. 5.

745 Dies betrifft 2.EV.

746 Dies betriftt 3.EV.

- der Energieversorger plant, die Ladeinfrastruktur auf weitere Gemeinden in der Region auszuweiten und ist offen dafür, diese für weitere E-Carsharing-Anbieter anzubieten[747]

5.4.7 Interessenverbände und Verkehrsclubs

Frage: *Welche Möglichkeiten haben Sie in Ihrer Funktion als verantwortlicher Vertreter des Interessenverbandes bzw. des Verkehrsclubs Einfluss auf die Carsharing-Anbieter und ihren Geschäftsmodellen zu nehmen?*

1.IV:

- 1.IV ist Geschäftsführer des Bundesverband Carsharing e. V. (bcs.). Der Bundesverband Carsharing ist der Interessenverband des deutschen Carsharing.[748]
- 1.IV nennt als Einflussmöglichkeit lediglich die Informationspolitik von Seiten des bcs. zum Carsharing allgemein sowie an seine Mitglieder. So kann der bcs. eine Vielzahl an Informationen rund um das Thema Carsharing seinen Mitgliedern bereitstellen und unter den verschiedenen Carsharing-Stakeholdern zu verschiedenen Themen, gemeinsamen Interessen sowie möglichen Kooperationen vermitteln.[749] Direkten Einfluss kann 1.IV jedoch nicht auf die Carsharing-Anbieter nehmen, da „keinerlei Durchgriffsmöglichkeiten bestehen." 1.IV betont hierbei, dass jeder Carsharing-Anbieter für seine wirtschaftliche Situation selbst verantwortlich ist. Durch die unmittelbare Verbindung zur Bundespolitik sowie zum Verkehrsministerium auf Bundesebene kann der bcs. verkehrspolitische und verkehrstechnische Entwicklungen früher erkennen und antizipieren als etwa die Carsharing-Anbieter vor Ort. 1.IV hebt in diesem Zusammenhang hervor, dass „die Mitglieder des bcs. sich in Bezug auf verkehrspolitische und verkehrstechnische Entwicklungen, die ihr Carsharing-Angebot betreffen, an den Positionen und Handlungsempfehlungen des bcs. orientieren."[750]
- 1.IV bewertet seinen Einfluss gegenüber den Carsharing-Anbietern als geringen bis signifikanten Einfluss. 1.IV begründet diesen damit, dass „der bcs. zwar keinen formellen Einfluss auf die Carsharing-Anbieter hat, jedoch auf Grund der Informationspolitik sowie der Vorgaben des bcs. durchaus ein Einfluss vorhanden ist, der auch in der Praxis zum Tragen kommt."[751]

kein Einfluss	
geringer Einfluss	x
signifikanter Einfluss	x
großer Einfluss	
sehr großer Einfluss	

2.IV:

- 2.IV ist Mitarbeiter in der Abteilung Verkehrspolitik beim Verband der Automobilindustrie e. V. (VDA). Hierbei ist 2.IV für verkehrspolitische Themen im weiteren Sinne zuständig. Dies schließt klassische verkehrspolitische Themen rund um Pkw-Maut, Lkw-Maut und Tempolimit sowie auch Fragen in Bezug auf die zukünftige Mobilität mit ein.

[747] Dies betrifft 3.EV.
[748] Vgl. Interview 1.IV, 3. Mehr hierzu siehe Kapitel 3.2.7.
[749] Vgl. Interview 1.IV, 44.
[750] Interview 1.IV, 45.
[751] Interview 1.IV, 47.

- 2.IV nennt als Einflussmöglichkeit die eigene Verbindung zu verantwortlichen Politikern auf Bundes- und Landesebene zum Thema Verkehr und Infrastruktur und hier vor allem zum Verkehrsministerium. Dadurch kann 2.IV durch seine Positionen indirekten Einfluss auf die Carsharing-Anbieter und deren Geschäftsmodelle nehmen, wenn es etwa um Carsharing-relevante Themen wie Carsharing-Stellplätze, Ladeinfrastruktur oder auch das Carsharinggesetz geht. 2.IV betont in diesem Zusammenhang durchweg Carsharing-fördernde Positionen gegenüber der Politik einzunehmen.[752] Als weitere Einflussmöglichkeit nennt er den direkten und indirekten Informationsaustausch mit den Carsharing-Anbietern. So besteht nicht nur unmittelbarer Kontakt zu den Carsharing-Anbietern, sondern auch solcher, der über die Automobilkonzerne abläuft, da diese vereinzelt Carsharing-Angebote über Tochterunternehmen anbieten und Mitglieder von 2.IV sind.[753]
- 2.IV bewertet seinen Einfluss gegenüber den Carsharing-Anbietern als geringen Einfluss.[754]

kein Einfluss	
geringer Einfluss	x
signifikanter Einfluss	
großer Einfluss	
sehr großer Einfluss	

3.IV:

- 3.IV ist beim Verkehrsclub Deutschland e. V. (VCD) für alle Fragen rund um das Thema Carsharing zuständig.[755]
- 3.IV nennt als Einflussmöglichkeit den unmittelbaren und mittelbaren Informationsaustausch zu allen Themen rund um das Carsharing sowohl mit den Carsharing-Anbietern selbst als auch mit weiteren beteiligten Stakeholdern.[756] So ist 3.IV im ständigen Informationsaustausch mit dem bcs. und gibt auch über diesen seine Meinungen und Stellungnahmen zum Carsharing in Deutschland ab. 3.IV betont, dass er „die Carsharing-Anbieter auch direkt vor Ort anspricht, wenn er mögliche Probleme im Zusammenhang mit dem Carsharing und den verschiedenen Geschäftsmodellen erkennt und hier konkret Verbesserungsvorschläge machen will."[757] Als weitere Einflussmöglichkeit nennt 3.IV die unmittelbare Beteiligung an einzelnen Carsharing-Anbietern, die als Aktiengesellschaft konstituiert sind. So hält 3.IV bei diesen Carsharing-Unternehmen Aktienanteile, wodurch er ein Stimmrecht bei den Aktionärsversammlungen innehat und hier „zumindest im kleinen Rahmen Einfluss nehmen kann."[758]
- 3.IV bewertet seinen Einfluss gegenüber den Carsharing-Anbietern differenziert. Bezüglich den neuen reinen free-floating Anbietern, die Tochterunternehmen von Automobilkonzernen sind, gibt es von Seiten von 3.IV keinen Einfluss. Ein geringer Einfluss hingegen besteht gegenüber den klassischen Carsharing-Anbietern, die überwiegend stationsbasiertes Carsharing anbieten.[759]

kein Einfluss	x
geringer Einfluss	x

[752] Vgl. Interview 2.IV, 44.

[753] Vgl. Interview 2.IV, 11.

[754] Vgl. Interview 2.IV, 48.

[755] Vgl. Interview 3.IV, 3 ff. Mehr zum VCD siehe Kapitel 3.2.7.

[756] Vgl. Interview 3.IV, 53.

[757] Interview 3.IV, 53.

[758] Ebd.

[759] Vgl. Interview 3.IV, 57.

signifikanter Einfluss	
großer Einfluss	
sehr großer Einfluss	

4.IV:

- 4.IV ist beim Allgemeinen Deutschen Automobil-Club e. V. (ADAC) Mitarbeiter im Referat Stadtverkehr und hier im Besonderen für die Verkehrspolitik zuständig. Dies schließt neue Mobilitätsdienste wie das Carsharing mit ein.[760]
- 4.IV nennt als Einflussmöglichkeit lediglich den indirekten Einfluss, den 4.IV über den Meinungsaustausch mit den Städten und ihren Bewohnern zum Carsharing-Angebot nehmen kann, d. h. z. B. zu den Themen Parkraum-Angebot sowie vorhandene Privilegien für PKW-Besitzer oder Carsharing-Nutzer. 4.IV betont in diesem Zusammenhang, dass der Parkraum in den Städten „Gemeingebrauch ist und letztendlich den Bewohnern zur Verfügung stehen sollte, d. h. jeder Bewohner-Stellplatz, der zugunsten eines Carsharing-Fahrzeuges wegfällt, muss begründet und gerechtfertigt sein."[761] Hier kann 4.IV durch positive Meinungsbildung zum Carsharing bei den Städten und Gemeinden für die Carsharing-Angebote werben. Dabei betont 4.IV, dass es sinnvoll sei, für die notwendige Schaffung von Stellplätzen für Carsharing-Fahrzeuge in den Städten bei den politischen Verantwortlichen wie auch bei den Bürgern zu werben. So könnten etwa Carsharing-Parkhäuser im Bereich der Innenstädte eine Option sein. Auf die Carsharing-Anbieter selbst bestehen von Seiten von 4.IV keinerlei Möglichkeiten Einfluss zu nehmen.[762]
- 4.IV bewertet seinen Einfluss gegenüber den Carsharing-Anbietern als nicht vorhanden.[763]

kein Einfluss	x
geringer Einfluss	
signifikanter Einfluss	
großer Einfluss	
sehr großer Einfluss	

[760] Vgl. Interview 4.IV, 3.

[761] Interview 4.IV, 47.

[762] Vgl. ebd.

[763] Vgl. Interview 4.IV, 51.

5.4.7.1 Übersicht zur Bewertung des Einflusses von Seiten der Interessenverbände und Verkehrsclubs

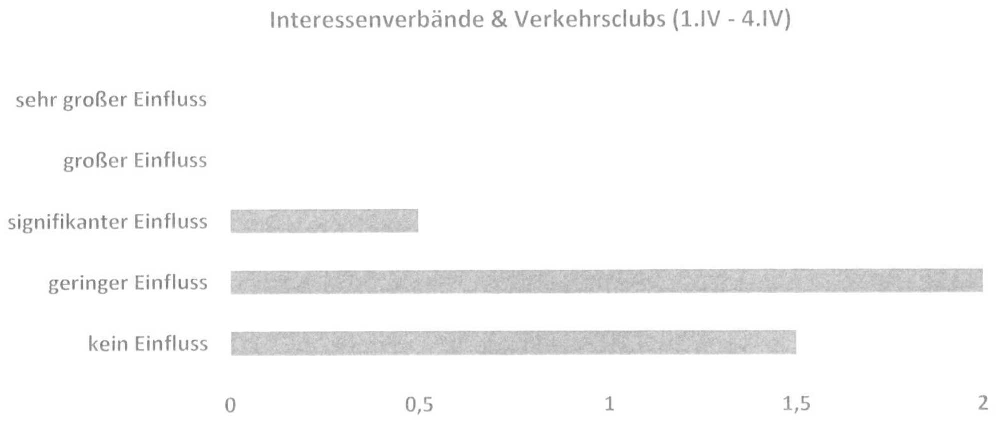

5.4.7.2 Zusammenfassung zu den Einflussmöglichkeiten von Seiten der Interessenverbände und Verkehrsclubs

- die Informationspolitik von Seiten des bcs. an seine Mitglieder sowie die Möglichkeit, die Carsharing-Stakeholder untereinander vernetzen zu können
- 2.IV steht im direkten und indirekten Informationsaustausch mit den Carsharing-Anbietern, d. h. auch über Automobilkonzerne, die Mutterunternehmen von Carsharing-Anbieter sind
- 2.IV steht mit verantwortlichen Politikern auf Bundes- und Landesebene zum Thema Verkehr und Infrastruktur im ständigen Kontakt und kann hier durch Carsharing-freundliche und -fördernde Positionen positiv auf das Carsharing-Angebot wirken
- 3.IV steht im direkten und indirekten Informationsaustausch, d. h. zu den Carsharing-Anbietern selbst sowie auch über Stakeholder der Carsharing-Anbieter, zu denen der bcs. gehört, und gibt u. a. Verbesserungsvorschläge zu den Geschäftsmodellen an diese weiter
- 3.IV hat als Aktionär einzelner Carsharing-Unternehmen ein Stimmrecht auf deren Aktionärsversammlungen
- 4.IV kann indirekt positiven Einfluss nehmen, d. h. über den Meinungsaustausch mit den Städten und ihren Bewohnern hinsichtlich der Vorteile des Carsharing

5.4.8 Weitere am Carsharing beteiligte Stakeholder

Frage: *Welche Möglichkeiten haben Sie in Ihrer Funktion als verantwortlicher Vertreter des Mobility-as-a-Service (MaaS)-Dienstleister sowie verantwortlicher Vertreter der Regionalen Wirtschaftsförderung Einfluss auf den Carsharing-Anbieter und sein Geschäftsmodell zu nehmen?*

1.WB:

- 1.WB ist Manager Strategic Partnerships eines MaaS[764]-Plattform-Anbieters und hier für strategische Partnerschaften sowie für das Business Development verantwortlich.[765]

[764] Mobility-as-a-Service. Siehe Kapitel 8.6, Erläuterung relevanter Begriffe: Mobility-as-a-Service.

[765] Vgl. Interview 1.WB, 3.

- 1.WB kann dahingehend auf den free-floating Carsharing-Anbieter[766] Einfluss nehmen, indem gemeinsame Treffen mit dem Schwesterunternehmen abgehalten werden können und hier technische Entwicklungen, die beide Geschäftsmodelle betreffen, besprochen werden und bei Bedarf und Konsens umgesetzt werden. Dies betrifft primär die Mobilitäts-App von 1.WB und deren Weiterentwicklung. Mit dieser kann das free-floating Angebot des Schwesterunternehmens gebucht werden.[767]
- 1.WB bewertet seinen Einfluss auf das Schwesterunternehmen als signifikanten Einfluss.[768]

kein Einfluss	
geringer Einfluss	
signifikanter Einfluss	x
großer Einfluss	
sehr großer Einfluss	

2.WB:

- 2.WB ist Geschäftsführer einer Regionalen Wirtschaftsförderung einer Mittelstadt. Hierbei betreut die Regionale Wirtschaftsförderung verschiedene Handlungsfelder zu denen u. a. „die nachhaltige Mobilität in der Mittelstadt" zählt, die in den Verantwortungsbereich von 2.WB fällt. 2.WB ist hier stellvertretend für die Regionale Wirtschaftsförderung als Projektkoordinator für ein regionales E-Carsharing-Angebot als einer von insgesamt drei Konsortialpartner verantwortlich.[769]
- Es besteht eine Geschäftsbeziehung zwischen den Konsortialpartnern und dem E-Carsharing-Betreiber, der per Ausschreibung gefunden wurde. An die hier geschlossenen vertraglichen Vereinbarungen ist 2.WB zusammen mit den weiteren Konsortialpartnern und dem E-Carsharing-Betreiber gebunden. 2.WB macht deutlich, dass bei Bedarf Änderungen zu den vertraglichen Vereinbarungen über einen gemeinsamen Verhandlungsweg mit den Konsortialpartnern erreicht werden können. Hier kann 2.WB Einfluss nehmen, indem er Veränderungsvorschläge zum gegenwärtigen E-Carsharing-Angebot einbringen kann, z. B. in Bezug auf Flottenzusammensetzung, räumliche Ausweitung des E-Carsharing-Angebots oder auch Ablösung des aktuellen E-Carsharing-Betreibers durch einen neuen. Diese werden dann gemeinsam diskutiert und bei Konsens umgesetzt.[770]
- 2.WB bewertet seinen Einfluss auf das E-Carsharing-Projekt als großen Einfluss.[771]

kein Einfluss	
geringer Einfluss	
signifikanter Einfluss	
großer Einfluss	x
sehr großer Einfluss	

766 Dieser ist ein Schwesterunternehmen von 1.WB.

767 Mehr zur Mobilitäts-App siehe Kapitel 3.2.8.

768 Vgl. Interview 1.WB, 55.

769 Vgl. Interview 2.WB, 3. Mehr zum Geschäftsmodell des regionalen E-Carsharing-Anbieters siehe Kapitel 5.1.1, Carsharing-Anbieter Nr. 5.

770 Vgl. Interview 2.WB, 61 ff.

771 Vgl. Interview 2.WB, 67.

5.4.8.1 Übersicht zur Bewertung des Einflusses von Seiten der weiteren am Carsharing beteiligten Stakeholder

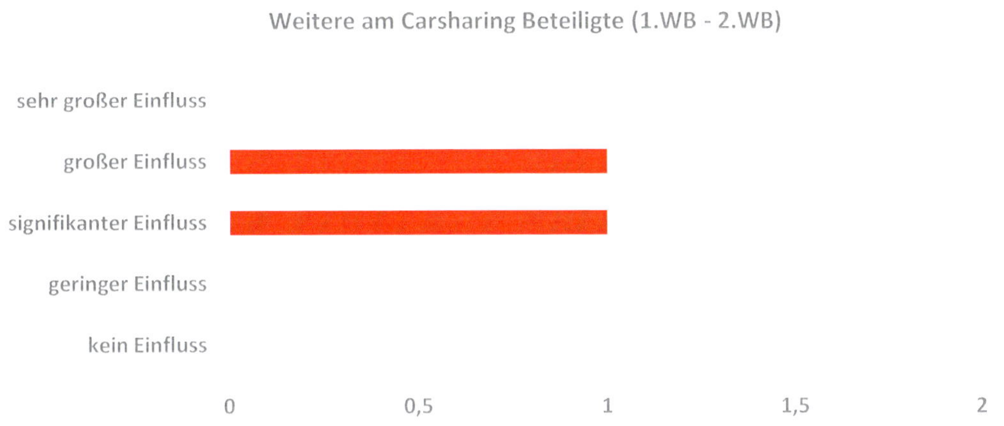

5.4.8.2 Zusammenfassung zu den Einflussmöglichkeiten von Seiten der beiden Weiteren am Carsharing beteiligten Stakeholder

- 1.WB: über gemeinsame Treffen mit dem Schwesterunternehmen und hier insbesondere zu technischen Entwicklungen, die beide Geschäftsmodelle betreffen. Dies betrifft primär die Mobilitäts-App von 1.WB.
- 2.WB: durch Veränderungsvorschläge im Rahmen des Konsortiums zum gegenwärtigen E-Carsharing-Angebot

5.4.9 Zusammenfassung zu den Einflussmöglichkeiten von Seiten der Stakeholdergruppen

Von Seiten der Stakeholdergruppen bestehen unterschiedliche Möglichkeiten, Einfluss auf die Carsharing-Anbieter und deren Geschäftsmodelle zu nehmen. In Bezug auf die eigene Bewertung des Einflusses von Seiten der Stakeholdergruppen auf der Grundlage einer Ordinalskala[772] haben das Management/die Verantwortlichen der Carsharing-Anbieter sowie die Automobilkonzerne den „größten Einfluss“ auf die zu ihnen in unmittelbarer Beziehung stehenden Carsharing-Anbieter.[773] Die politischen Verantwortlichen aus dem Mobilitätsbereich bewerten ihren Einfluss auf die Carsharing-Anbieter und deren Geschäftsmodelle größer als die städtischen Verantwortlichen für den Verkehrs- und Mobilitätsbereich. Die Verkehrsverbünde bewerten ihren Einfluss als „geringen Einfluss“, ähnlich wie die Interessenverbände und Verkehrsclubs, die ihren Einfluss auf die Carsharing-Anbieter und deren Geschäftsmodelle von „keinen Einfluss“ bis „signifikanten Einfluss“ einordnen. Die Energieversorger bewerten ihren Einfluss auf die in einer Geschäftsbeziehung stehenden E-Carsharing-Anbieter als „geringen“ bis „großen Einfluss“. Die beiden Weiteren am Carsharing beteiligten Stakeholder bewerten ihren Einfluss als „signifikanten“ (1.WB) sowie „großen Einfluss“ (2.WB).

[772] Siehe hierzu Kapitel 8.1 Interviewleitfaden im Anhang, Frage 4b.

[773] Siehe hierzu auch Kapitel 8.4 Einflussmöglichkeiten, Darstellung anhand von Boxplots.

Anhand der dargestellten Bewertungen hinsichtlich ihres eigenen Einflusses kann hier eine Tendenz ausgemacht werden, wie die Stakeholdergruppen ihren Einfluss hinsichtlich der Carsharing-Anbieter und deren Geschäftsmodelle einordnen.[774]

Hinsichtlich der bestehenden Einflussmöglichkeiten von Seiten der Stakeholdergruppen ergibt sich das folgende Bild:

Der „signifikante" bis zu „sehr große Einfluss" von Seiten des Managements/der Verantwortlichen der Carsharing-Anbieter macht sich in dem Sinne bemerkbar, dass diese „sämtliche bzw. weitreichende Möglichkeiten haben, Einfluss auf die eigenen Geschäftsmodelle zu nehmen."[775]

Der „sehr große Einfluss" von Seiten der Automobilkonzerne auf deren Tochterunternehmen, den free-floating Carsharing-Anbietern, ergibt sich vor allem dadurch, dass diese „jegliche Maßnahmen und Möglichkeiten haben, die sich aus der Beziehung von Mutterunternehmen zu Tochterunternehmen ergeben."[776] Dabei stellen die Automobilkonzerne eigene Fahrzeugmodelle sowie die Telematik-Technologie bereit.

Der „geringe" bis zu „große Einfluss" von Seiten der politischen Verantwortlichen aus dem Mobilitätsbereich besteht insbesondere darin, dass diese die rechtlichen Rahmenbedingungen für das Carsharing setzen können, die das Straßengesetz und die Anwendung der Straßenverkehrsverordnung betreffen. Konkret betrifft dies das Carsharinggesetz (CsgG) und dessen Umsetzung vor Ort. Darüber hinaus können diese auch finanzielle Fördermöglichkeiten im Rahmen von Förderprogrammen geben.[777]

Der „geringe" bis zu „sehr große Einfluss" von Seiten der städtischen Verantwortlichen für den Verkehrs- und Mobilitätsbereich[778] ergibt sich u. a. durch die Möglichkeit, im Rahmen des Carsharinggesetzes (CsgG) über Sondernutzungserlaubnisse Carsharing-Stellplätze im öffentlichen Raum für einzelne Carsharing-Anbieter bereitzustellen. So können attraktive Stellplätze für die Carsharing-Fahrzeuge geschaffen werden, die zudem an Bedingungen geknüpft sein können.[779]

Der „geringe Einfluss" von Seiten der Verkehrsverbünde lässt sich auf die bestehenden Kooperationen zurückführen. Hier tauschen sich die Verkehrsverbünde mit den Carsharing-Anbietern zu neuen Entwicklungen aus, die beide Geschäftsmodelle betreffen. Auch bestehen gemeinsame Marketingmaßnahmen sowie Vergünstigungen für die Nutzer beider Mobilitätsangebote.[780]

Der „geringe" bis zu „große Einfluss" von Seiten der Energieversorger ergibt sich durch die bestehenden Geschäftsbeziehungen und der damit verbundenen Bereitstellung der Ladeinfrastruktur sowie des Stromes für die E-Carsharing-Fahrzeuge.[781]

Der „geringe" bis zu „signifikante Einfluss" von Seiten der Interessenverbände und Verkehrsclubs[782] ergibt sich durch deren direkten und indirekten Informationsaustausch mit den Carsharing-Anbietern, wobei sie auch Carsharing-freundliche und fördernde Positionen einnehmen und diese an die Öffentlichkeit kommunizieren.[783]

Der „signifikante Einfluss" von Seiten von 1.WB, dem Mobility-as-Service-Dienstleister, auf das Schwesterunternehmen, einem free-floating Anbieter, ergibt sich u. a. durch die Bereitstellung einer Mobilitäts-App, in

[774] Zur Übersicht der Bewertung des eigenen Einflusses von Seiten der Stakeholdergruppen siehe Anhang, Kapitel 8.4.

[775] Siehe Kapitel 5.4.1.

[776] Siehe Kapitel 5.4.2.

[777] Siehe Kapitel 5.4.3.

[778] Wobei 4.ST seinen eigenen Einfluss mit „keinen Einfluss" bewertet.

[779] Siehe hierzu Kapitel 5.4.4.

[780] Siehe hierzu Kapitel 5.4.5.

[781] Siehe hierzu Kapitel 5.4.6.

[782] Wobei 4.IV seinen eigenen Einfluss mit „keinen Einfluss" bewertet.

[783] Siehe hierzu Kapitel 5.4.7.

der neben weiteren Mobilitätsangeboten das free-floating Carsharing-Angebot von diesem gebucht werden kann.[784]
Der „große Einfluss“ von Seiten von 2.WB basiert auf seiner Rolle als Projektkoordinator im Rahmen eines Konsortiums, das für ein regionales E-Carsharing-Angebot verantwortlich ist.[785]

Anhand der unterschiedlichen Einflussmöglichkeiten von Seiten der Stakeholdergruppen konnte gezeigt werden, dass hier verschiedene Kräfte wirken, die die Geschäftsmodelle der Carsharing-Anbieter konstituieren und weiterentwickeln.

5.5 Stakeholder-Beziehungen

In Kapitel 5.5 werden die Stakeholder-Beziehungen von Seiten der befragten Stakeholdergruppen in Bezug auf die Carsharing-Anbieter und deren Geschäftsmodelle dargestellt. Hierbei wurde den befragten Stakeholdern zur Unterstützung ein Schaubild mit potentiellen Stakeholdern der Carsharing-Anbieter vorgelegt.[786]
Über die Stakeholdergruppen hinweg konnten Beziehungen zu den folgenden Stakeholdern der Carsharing-Anbieter festgestellt werden, die sich in ihrer Intensität und Ausprägung unterscheiden:

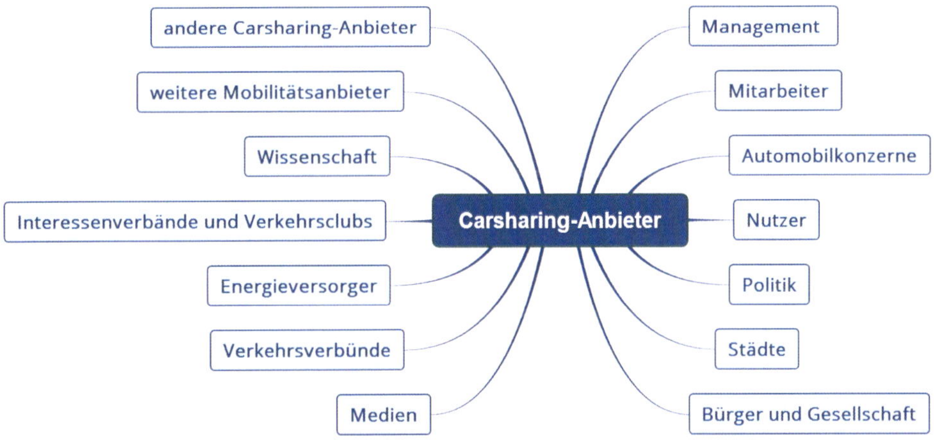

Die Unterteilung der Stakeholder-Beziehungen in *Management, Mitarbeiter* und *andere Carsharing-Anbieter* ergibt sich dadurch, dass Beziehungen zum Management eines/mehrerer Carsharing-Anbieter und zu deren Mitarbeiter bestehen sowie darüber hinaus auch Aussagen zu anderen Carsharing-Anbietern gemacht wurden, ohne dass hier eine Beziehung zu deren Management besteht.
Den befragten Stakeholdern wurde die an die jeweilige Stakeholdergruppe angepasste Teilfrage aus dem Interviewleitfaden zu den Stakeholder-Beziehungen gestellt: *„Gibt es in Bezug auf die Carsharing-Anbieter und deren Geschäftsmodelle vorhandene Beziehungen zu weiteren Stakeholdern? Wie sehen diese aus?“*.

Kapitel 5.5 ist wie folgt aufgebaut:

[784] Siehe hierzu Kapitel 5.4.8.
[785] Ebd.
[786] Siehe Kapitel 8.1, Interviewleitfaden Frage 5.

Der Aufbau ist für jede Stakeholdergruppe gleich. Zu Beginn werden die Stakeholder-Beziehungen von Seiten der Stakeholdergruppen beschrieben. Hierbei werden die Stakeholder-Beziehungen wie im Schaubild dargestellt im Uhrzeigersinn von rechts oben nach links oben vorgestellt.[787] Im Anschluss an die Beschreibung der jeweiligen Stakeholder-Beziehungen folgen Mind-Maps, die die einzelnen Stakeholder-Beziehungen hinsichtlich ihrer Intensität graphisch sowie farbig unterlegt veranschaulichen. Um einen besseren Überblick zu den Stakeholder-Beziehungen von Seiten der Stakeholdergruppen zu erhalten, wurden einzelne Stakeholder in Subgruppen eingeteilt. Die Subgruppen entsprechen den Subgruppen aus Kapitel 5.3, die auf Grund vorhandener Merkmale gebildet wurden.

Die Intensität der Beziehungen wird anhand der folgenden vier Kriterien bewertet: starke Beziehungen (grün), Beziehungen vorhanden (orange), keine Beziehungen (grau) sowie nicht relevant (farblos). Da in einer Mind-Map Beziehungen von mehreren Stakeholdern vorhanden sind, wird bei der Bewertung der Intensität der Beziehungen wie folgt vorgegangen: Bestehen in einer Mind-Map Stakeholder-Beziehungen von zwei Stakeholdern[788], wird eine Beziehung als starke Beziehung bewertet, also farbig grün unterlegt, wenn mindestens eine der beiden Beziehungen von Seiten der Stakeholder stark ist.[789] Dieselbe Bewertung wird bei den drei weiteren Kriterien vorgenommen.[790] Bestehen in einer Mind-Map Stakeholder-Beziehungen von drei Stakeholdern[791], wird eine Beziehung als vorhanden bewertet, d. h. farbig orange unterlegt, wenn mindestens eine der drei Beziehungen von Seiten der Stakeholder vorhanden ist.[792] Auch hier wird dieselbe Bewertung bei den drei weiteren Kriterien vorgenommen. Bezüglich der Bewertung von Beziehungen hinsichtlich Intensität, wird wie folgt vorgegangen: Starke Beziehungen zeichnen sich vor allem dadurch aus, dass hier nicht nur ein Kontakt zum jeweiligen Stakeholder der Carsharing-Anbieter besteht[793], sondern dass dieser Kontakt mindestens in Form eines unmittelbaren und permanenten Informationsaustausches vorhanden ist. Dieser Kontakt kann etwa auch in Form einer Kooperation[794] und Geschäftsbeziehung[795] bestehen. Die Bewertung in „keine Beziehungen" ist gegeben, falls kein Kontakt zum jeweiligen Stakeholder der Carsharing-Anbieter vorhanden ist. Eine Beziehung wird mit „nicht relevant" bewertet, falls hier keine Aussage zur jeweiligen Beziehung getroffen werden kann.

Die farbig unterlegten Mind-Maps dienen dazu, einen Einblick in die vorhandenen Stakeholder-Beziehungen hinsichtlich ihrer Intensität zu erhalten. Um jedoch einen genauen Einblick in die vorhandenen Stakeholder-Beziehungen der einzelnen Stakeholder zu erhalten, bietet sich der Blick in den Anhang in *Kapitel 8.5 Übersicht zu den Stakeholder-Beziehungen* an. Hier sind die einzelnen Stakeholder-Beziehungen aus den Mind-Maps wie im Fließtext unten jedoch tabellarisch dargestellt.

In Kapitel 5.5.9 werden die Stakeholder-Beziehungen von Seiten der Stakeholdergruppen hinsichtlich der Zielsetzung der Arbeit bewertet: „Wie nehmen die relevanten Stakeholdergruppen dahingehend Einfluss bzw. wie können diese dahingehend Einfluss nehmen, damit das Carsharing-Angebot ausgeweitet wird?[796]

[787] D. h. es werden als erstes die Stakeholder-Beziehungen zum „Management" und als letztes diejenigen zu den „anderen Carsharing-Anbietern" dargestellt.

[788] Wie z. B. in der Mind-Map von Carsharing Anbieter 1 & 2.

[789] Dies ist etwa bei der Beziehung der Carsharing-Anbieter 1 & 2 zur Politik der Fall, wo lediglich von Seiten von 1.CSA eine starke Beziehung vorhanden ist. Zur besseren Übersicht der Beziehungen von 1.CSA und 2.CSA zur Politik siehe Anhang, Kapitel 8.5.1.

[790] D. h. bei Beziehungen vorhanden (orange), keine Beziehungen (grau) sowie nicht relevant (farblos).

[791] Wie z. B. in der Mind-Map der drei Automobilkonzerne 1.AK - 3.AK.

[792] Als Beispiel können hier die Beziehungen von 1.EV - 3.EV zu den Interessenverbänden und Verkehrsclubs angeführt werden. So sind von 1.EV Beziehungen vorhanden, wohingegen von 2.EV und 3.EV keine Beziehungen vorhanden sind. Zur besseren Orientierung für den Leser wird diese Beziehung jedoch farbig orange unterlegt, d. h., dass hier eine Beziehung vorhanden ist.

[793] Wie es bei einer Beziehung mit der Bewertung „Beziehung vorhanden" der Fall ist.

[794] So bestehen Kooperationen zwischen Verkehrsverbünden und Carsharing-Anbietern.

[795] So bestehen Geschäftsbeziehungen zwischen Energieversorgern und E-Carsharing-Anbietern.

[796] Siehe Kapitel 1.2.

5.5.1 Stakeholder-Beziehungen der Carsharing-Anbieter

Frage [an das Management/die Verantwortlichen der Carsharing-Anbieter]: *Gibt es in Bezug auf das Carsharing-Angebot vorhandene Beziehungen zu weiteren Stakeholdern? Wie sehen diese aus?*

Vorgehensweise im Folgenden:
Um Gemeinsamkeiten und Unterschiede zu den Stakeholder-Beziehungen der Carsharing-Anbieter zu eruieren, werden diese im Folgenden vergleichend gegenübergestellt. Dabei werden in einem ersten Schritt zunächst solche Carsharing-Anbieter miteinander verglichen, die auf Grund ihrer Geschäftsmodell-Variante sowie Anzahl der Carsharing-Fahrzeuge von vornherein Ähnlichkeiten versprechen.[797] Diese sind die folgenden:

Carsharing-Anbieter Nr. 1 und Nr. 2:[798]
Das Management beider Carsharing-Anbieter sieht die Verbindung zu den eigenen Mitarbeitern als sehr wichtig an, diese sind nicht nur „Innovationstreiber", sondern auch „das stärkste Asset."[799] 1.CSA betont hierbei, dass „der persönliche Austausch mit den Mitarbeitern das Unternehmen weiterbringt."[800] Das Management ist hingegen „für den Erfolg des Unternehmens verantwortlich."[801]
Beide Carsharing-Anbieter sind Tochterunternehmen von Automobilkonzernen. Die Mutterunternehmen liefern die Technologie und die Fahrzeuge für die Carsharing-Anbieter.
Für 2.CSA entscheiden die Nutzer über den Erfolg des Carsharing-Geschäftsmodells, wobei das Ziel ist, „Mehrwert für die Kunden zu schaffen sowie das bestmögliche Carsharing-Angebot bereitzustellen."[802] Bei 1.CSA können die Carsharing-Nutzer über die Carsharing-App direkt Kontakt zu den verantwortlichen Mitarbeitern bezüglich Verbesserungswünsche aufnehmen, die sowohl das Carsharing allgemein als auch z. B. die Carsharing-App betreffen. Darüber hinaus kann Feedback von Seiten der Nutzer über Bewertungstools in der App gegeben werden.
2.CSA sieht den Kontakt zu den politischen Verantwortlichen sowohl auf Landes- als auch auf Bundesebene als sehr wichtig an, da diese die Rahmenbedingungen für das Carsharing setzen. 1.CSA hat sowohl Kontakt zum Verkehrsministerium auf Bundesebene sowie zu den Verkehrsministerien auf Landesebene in Bezug auf das Carsharinggesetz und dessen Umsetzung vor Ort. 1.CSA ist darüber hinaus als Gesprächspartner bei Expertengesprächen zur zukünftigen urbanen Mobilität und der Rolle von Carsharing hierbei in einzelnen Umwelt- und Verkehrsministerien auf Landesebene eingeladen. 1.CSA steht vereinzelt mit verschiedenen Landtagsfraktionen in Bezug auf das Carsharing und dessen Rolle im Rahmen zukünftiger urbaner Mobilität in Kontakt. 1.CSA betont, dass er viel Input zum Carsharinggesetz gegeben hat, wobei er hier vereinzelt eine andere Meinung im Gegensatz zu den stationsbasierten Carsharing-Anbietern vertreten hat, die das free-floating Carsharing von 1.CSA teilweise kritisch sehen.[803]
Für beide Verantwortliche der free-floating Carsharing-Anbieter ist eine gute Verbindung zu den Städten und deren Verantwortlichen für Verkehr und Mobilität unbedingt notwendig. Diese setzen die Rahmenbedingungen zur urbanen Mobilität vor Ort, indem sie etwa Parkregelungen erlassen und das Carsharinggesetz anwenden. Somit sind sie verantwortlich, ob das Carsharing vor Ort erfolgreich umgesetzt wird. Für 2.CSA ist die

[797] Siehe hierzu Übersicht zu den wesentlichen Kennzeichen der Carsharing-Anbieter, Kapitel 5.1, Tabelle 4.
[798] ≙ 1.CSA & 2.CSA. Im Folgenden vgl. Interview 1.CSA, 59 & Interview 2.CSA, 54.
[799] Interview 2.CSA, 54.
[800] Interview 1.CSA, 59.
[801] Vgl. Interview 1.CSA, 59 & Interview 2.CSA, 54.
[802] Interview 2.CSA, 54.
[803] So wird das free-floating Carsharing im Gegensatz zum stationsbasierten Carsharing vermehrt als Ersatz und nicht als Ergänzung zum ÖPNV genutzt. Vgl. Witzke und Meier-Berberich 2015.

Unterstützung der Städte Grundvoraussetzung überhaupt erst in diese mit dem eigenen free-floating Geschäftsmodell zu gehen und dieses dort aufzusetzen. Beide Verantwortliche fordern die finale Umsetzung des Carsharinggesetzes vor Ort in den Städten. Hierbei sieht 1.CSA Untätigkeit und Intransparenz der Städte besonders kritisch.

Die Bürger in den Städten werden von beiden Verantwortlichen als potentielle Nutzer gesehen. Bei beiden Carsharing-Anbietern gibt es PR-Abteilungen, die nicht nur Werbung für die Carsharing-Angebote machen, sondern auch Nutzer-Fragen beantworten.

Beide Carsharing-Anbieter stehen in Kooperationen mit den Verkehrsverbünden und ihren Verkehrsunternehmen, wobei diese weiter ausgebaut werden sollen. Hierbei soll die Vernetzung mit den Verkehrsunternehmen weiter vorangetrieben werden, z. B. über gemeinsame Mobilitäts-Apps. 1.CSA sieht sein Carsharing-Angebot „als Ergänzung und nicht als Konkurrenz zum ÖPNV."[804] 2.CSA sieht sein Carsharing-Angebot als „einen notwendigen Mobilitätsbaustein zur Stärkung des Umweltverbundes, wobei ein Trend hin zur Multimodalität gegeben ist."[805]

Beide Carsharing-Anbieter stehen in Geschäftsbeziehungen mit überregionalen Energieversorgungsunternehmen hinsichtlich ihrer E-Carsharing-Angebote. Hierbei soll die Elektrifizierung der Carsharing-Flotten weiter vorangetrieben werden, wobei jetzt schon einzelne Carsharing-Flotten beider Carsharing-Anbieter in den Städten voll elektrifiziert sind.

Beide free-floating Carsharing-Anbieter sind zwar keine Mitglieder beim Bundesverband Carsharing (bcs.), tauschen sich jedoch regelmäßig mit diesem aus. 1.CSA betont hierbei, dass es zwar gemeinsame Interessen wie z. B. zur Umsetzung des Carsharinggesetzes gibt, jedoch auch teilweise ein kontroverser Meinungsaustausch besteht, da der bcs. eher das stationsbasierte Carsharing unterstützt als das free-floating Carsharing. 1.CSA betont dennoch, dass die Beziehung zum bcs. „immer freundschaftlich geprägt ist."[806] 1.CSA hat darüber hinaus Kontakt zum VDA[807], wobei dieser primär über den Mutterkonzern abläuft. 2.CSA steht in partnerschaftlichen Verbindungen zu Umweltverbänden.

1.CSA steht in Kooperationen mit Universitäten und Forschungseinrichtungen zu Forschungsprojekten im Bereich der urbanen Mobilität und der Rolle des Carsharing hierbei. Der Kontakt zur Wissenschaft wird weiterhin gesucht, jedoch etwas reglementierter als noch zu Beginn des Carsharing-Betriebs von 1.CSA. 2.CSA hat den Markteintritt seines free-floating Carsharing-Angebots in neue Städte mit an Universitäten und Forschungseinrichtungen in Auftrag gegebenen Studien verbunden, die in einzelnen Metropolen in Deutschland und Europa durchgeführt wurden. Darüber hinaus hat 2.CSA an Forschungsprojekten zur nachhaltigen urbanen Mobilität in Metropolen in Deutschland teilgenommen.

Beide Verantwortliche betonen, dass mit anderen Carsharing-Anbietern sowohl im free-floating wie auch im stationsbasierten Carsharing Gemeinsamkeiten wie auch Meinungsverschiedenheiten bezüglich des Geschäftsmodells Carsharing bestehen. 1.CSA steht zudem in Kooperationen mit anderen Sharing-Anbietern aus dem Mobilitätsbereich.

Bewertung der Stakeholder-Beziehungen von 1.CSA und 2.CSA:

[804] Interview 1.CSA, 59.

[805] Interview 2.CSA, 54.

[806] Interview 1.CSA, 59.

[807] Verband der Automobilindustrie.

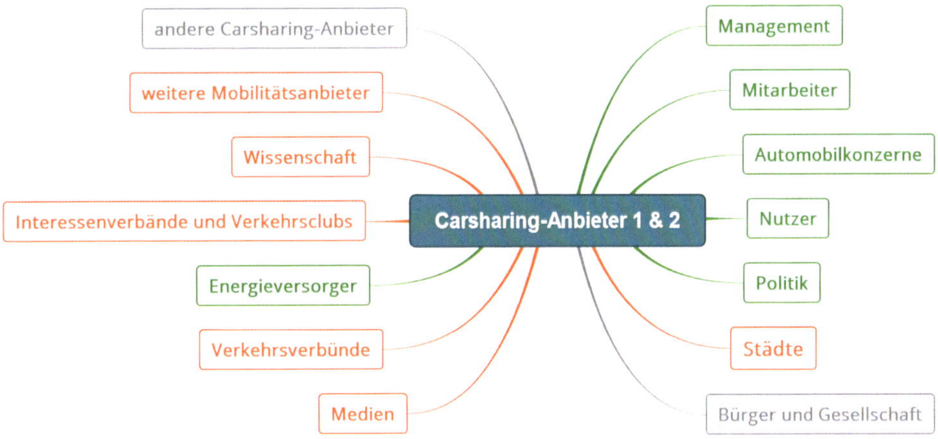

Legende:
starke Beziehungen
Beziehungen vorhanden

Bei den Stakeholder-Beziehungen von 1.CSA und 2.CSA sind insbesondere die Beziehungen zur Politik und den Städten hervorzuheben. Die Politik setzt die rechtlichen Rahmenbedingungen für das Carsharing und die Städte sind für die Umsetzung dieser rechtlichen Rahmenbedingungen vor Ort verantwortlich. Zur Politik besteht regelmäßiger Kontakt, der Kontakt zu den Städten könnte jedoch ausgeprägter sein, so dass diese die Umsetzung des Carsharinggesetzes vor Ort vorantragen und für Carsharing-freundlichere Rahmenbedingungen sorgen. Die Beziehungen zu den Automobilkonzernen sind stark ausgeprägt, da diese Mutterunternehmen beider Carsharing-Anbieter sind. Zu erwähnen sind auch die Beziehungen zu den Verkehrsverbünden und ihren Verkehrsunternehmen in Form von Kooperationen, die zwar gegenwärtig bestehen jedoch zukünftig weiter ausgebaut werden müssen, um hier Synergieeffekte für eine nachhaltige urbane Mobilität zu erzielen. Ein zielführendes Mittel sind hier Mobilitäts-Apps, in denen beide Mobilitätsangebote gebucht werden können und so den Nutzern eine multimodale Wegekette ermöglicht wird. Die Beziehungen zu den Energieversorgern sind durch die bestehenden Geschäftsbeziehungen stark ausgeprägt. Es bestehen Beziehungen zu Interessenverbänden und zur Wissenschaft. Beziehungen zu anderen Mobilitätsanbietern, d. h. zu weiteren Sharing-Anbietern, sind vorhanden, zu anderen Carsharing-Anbietern hingegen nicht.

Carsharing-Anbieter Nr. 3 und Nr. 4:[808]

Beide Carsharing-Anbieter tragen die Rechtsform einer AG. 3.CSA erwähnt, dass „die Zusammenarbeit der Mitarbeiter im Unternehmen kollegial abläuft."[809] 4.CSA betont, dass die Mitarbeiter in alle Entscheidungsprozesse mit eingebunden werden und zugleich auch Aktionäre des Carsharing-Anbieters sind.

Beide Carsharing-Anbieter haben Kontakt zu verschiedenen Autohäusern in ihrer Region, da hier Fahrzeuge für die Carsharing-Flotten gekauft werden. Beide Carsharing-Anbieter betonen, dass der Kauf von E-Fahrzeugen gegenwärtig mit erheblichen Preisproblemen verbunden ist und ohne Subventionen nicht zu bewerkstelligen sei. 3.CSA sieht zukünftig eine engere Verbindung zur Automobilindustrie in Bezug auf das autonome Fahren.

[808] ≙ 3.CSA & 4.CSA. Im Folgenden vgl. Interview 3.CSA, 74 & Interview 4.CSA, 56.

[809] Interview 3.CSA, 74.

Beide Carsharing-Anbieter haben Stadtbüros vor Ort, in denen die Carsharing-Nutzer in direkten Kontakt zu ihnen bzw. ihren Mitarbeitern treten können und so alle Angelegenheiten im Zusammenhang mit den Carsharing-Angeboten besprechen können. Sowohl die Kunden von 3.CSA als auch von 4.CSA sind vereinzelt Aktionäre der Carsharing-Anbieter.

Beide Carsharing-Anbieter haben Kontakt zum Verkehrsministerium auf Landesebene hinsichtlich der Umsetzung des Carsharinggesetzes auf kommunaler Ebene. Beide Carsharing-Anbieter haben vereinzelt Kontakt zum Verkehrsministerium auf Bundesebene zu Themen wie Elektromobilität und nachhaltige Mobilität in den Städten. Carsharing-Anbieter 3 spricht hier die positiven Effekte des Carsharing für den Umwelt- und Klimaschutz an.

3.CSA steht mit den Verantwortlichen für Verkehr und Mobilität in der Metropole bezüglich der finalen Umsetzung des Carsharinggesetzes in Kontakt. Hierbei betont 3.CSA, dass gute Beziehungen zu den Verantwortlichen der Metropole sowie zum Gemeinderat seit der Gründungsphase des Carsharing-Anbieters bestehen. So war ein aktuelles Vorstandsmitglied während der Gründungsphase Stadträtin in der Metropole. 4.CSA erwähnt, dass ein aktuelles Vorstandsmitglied gegenwärtig Mitglied des Gemeinderates in der Regiopole ist. 4.CSA fordert produktivere Beziehungen zu den Städten in Bezug auf das Carsharing, da er dieses als notwendigen Baustein multimodaler nachhaltiger Mobilität sieht.

Beide Carsharing-Anbieter sehen die Bürger in den Städten als potentielle Nutzer. 3.CSA erwähnt hierbei, dass Bürger bei Problemen zum Parken der Carsharing-Fahrzeuge vor deren „Haustüre" vereinzelt an ihn bzw. seine Mitarbeiter herantreten, da sie den öffentlichen Raum als Parkplätze für ihre privaten PKW nutzen wollen. 4.CSA fordert, dass die Beziehungen zu den Bürgern ausgebaut werden sollen.

Beide Carsharing-Anbieter haben eigene PR-Abteilungen, die ausgebaut werden sollen.

Beide Carsharing-Anbieter stehen in Kooperationen mit Verkehrsverbünden aus ihrer Region, wobei Inhaber von Zeitkarten Vergünstigungen auf die Carsharing-Angebote erhalten.

Beide Carsharing-Anbieter stehen in Geschäftsbeziehungen mit überregionalen bzw. städtischen Energieversorgern hinsichtlich ihrer E-Carsharing-Angebote. 3.CSA steht darüber hinaus in Kooperationen mit vier Stadtwerken aus der Region.

Beide Carsharing-Anbieter sind Mitglieder beim Bundesverband Carsharing und haben darüber hinaus Kontakte zu Umweltverbänden. Carsharing-Anbieter 3 steht in Kontakt zum VDA.

Carsharing-Anbieter 3 steht im losen Kontakt zu Hochschulen und Forschungseinrichtungen in der Metropole zum Thema „nachhaltige urbane Mobilität und der Rolle von Carsharing hierbei."[810] Carsharing-Anbieter 4 hat hingegen Kontakt zu verschiedenen regionalen und überregionalen Hochschulen und Forschungseinrichtungen zu Fragestellungen zum (E-)Carsharing-Angebot.

Nutzer von Carsharing-Anbieter 3 erhalten Vergünstigungen auf das Bike Sharing-Angebot in der Metropole. Carsharing-Anbieter 3 steht in einer Kooperation mit einem städtischen Parkhausbetreiber, der Stellplätze für die Carsharing-Fahrzeuge bereitstellt. Das Carsharing-Angebot von 4.CSA kann mit einer Mobilitätskarte[811] des Verkehrsverbundes genutzt werden. Inhaber dieser Mobilitätskarte erhalten Vergünstigungen auf das Carsharing-Angebot von 4.CSA wie auch auf das städtische Bike Sharing-Angebot. Darüber hinaus dient die Mobilitätskarte als Ladekarte für die Ladesäulen des regionalen Energieversorgers, d. h. E-Fahrzeuge können mit dieser an den Ladesäulen aufgeladen werden.

Carsharing-Anbieter 3 ist Mitglied eines Carsharing-Verbundes, der deutschlandweit aus mehreren regional agierenden Carsharing-Anbietern besteht. Carsharing-Anbieter 4 steht im losen Informationsaustausch mit weiteren Carsharing-Anbietern aus der näheren Umgebung hinsichtlich möglicher Verbesserungsmöglichkeiten zum Carsharing.

---

[810] Interview 3.CSA, 74.

[811] Diese ist als Chipkarte sowie als E-Ticket erhältlich.

Bewertung der Stakeholder-Beziehungen von 3.CSA und 4.CSA:

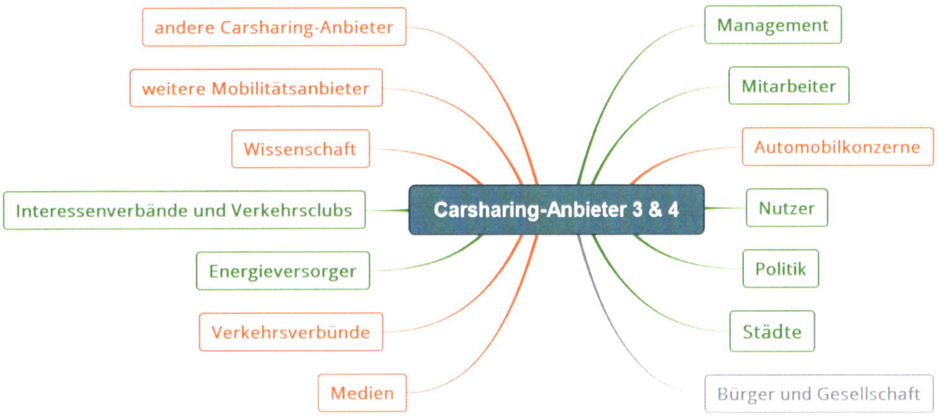

Legende:
starke Beziehungen
Beziehungen vorhanden

Bei den Stakeholder-Beziehungen von 3.CSA und 4.CSA bestehen wie bei 1.CSA und 2.CSA aus denselben Gründen notwendige Beziehungen zur Politik und den Städten. Im Gegensatz zu den beiden free-floating Anbietern sind die Beziehungen zu den Städten jedoch stärker ausgeprägt. Die Beziehungen zu Automobilkonzernen sind hingegen schwächer ausgeprägt. Beziehungen zu den Verkehrsverbünden sind vorhanden sowie Geschäftsbeziehungen zu den Energieversorgern. Die Beziehungen zu den Interessenverbänden sind stärker ausgeprägt als bei den beiden free-floating Anbietern. Beziehungen zur Wissenschaft sowie zu weiteren Mobilitätsanbietern sind ebenfalls vorhanden. Darüber hinaus bestehen Beziehungen zu anderen Carsharing-Anbietern.

Carsharing-Anbieter Nr. 5 und Nr. 6:[812]

Carsharing-Anbieter 5 wird von einem Konsortium aus einer Regionalen Wirtschaftsförderung, einer Umwelt- und Energieagentur aus dem Landkreis sowie der Stadtwerke vor Ort geführt. „Entscheidungen werden immer gemeinsam im Konsortium getroffen."[813] Carsharing-Anbieter 6 wird als e. V. ehrenamtlich geführt. 5.CSA erwähnt, dass die Konsortialpartner unterschiedliche Verantwortlichkeiten haben. So ist der E-Carsharing-Betreiber, der per Ausschreibung gesucht wurde, für das Management des E-Carsharing-Betriebs, die Berücksichtigung der Interessen der Carsharing-Nutzer sowie der Interessen der Fahrzeugeigentümer verantwortlich. Carsharing-Anbieter 6 erwähnt, dass der Carsharing-Verein gegenwärtig aus einem Vorstand mit drei Personen mit einem Vorsitzenden sowie zwei stellvertretenden Vorsitzenden besteht. Daneben gibt es noch einen Kassier, einen Schriftführer/Pressearbeit sowie einen IT-Verantwortlichen.
5.CSA hat keine direkte Beziehung zu Automobilkonzernen, sondern lediglich über den E-Carsharing-Betreiber zum Automobilkonzern, dessen E-Fahrzeuge Bestandteil der E-Carsharing-Flotte sind. 6.CSA spricht an, dass einzelne Carsharing-Fahrzeuge bei Autohäusern aus der Region von verschiedenen Autoherstellern gekauft wurden. Die Eigentümer der E-Carsharing-Fahrzeuge von 5.CSA sind die kommunalen Verwaltungen

[812] ≙ 5.CSA & 6.CSA. Im Folgenden vgl. Interview 5.CSA, 68 & Interview 6.CSA, 65.
[813] Interview 5.CSA, 68.

und städtischen Ämter der Mittelstadt sowie der teilnehmenden umliegenden Gemeinden und stellen diese ihren Mitarbeitern für Dienstfahrten zur Verfügung. Bei Nichtbuchung durch eigene Mitarbeiter werden die E-Carsharing-Fahrzeuge den Bürgern vor Ort zur eigenen Buchung zur Verfügung gestellt. Es bestehen unterschiedliche Fahrzeuganzahlen in den teilnehmenden Gemeinden. Weitere Gemeinden aus dem Umland sollen als weitere E-Carsharing-Partner gewonnen werden. Unternehmen, Betriebe, Sparkassen, Volksbanken und Versicherungen im Geschäftsgebiet von 5.CSA sind auch Eigentümer der E-Carsharing-Fahrzeuge.
Bürger der Mittelstadt und teilnehmenden umliegenden Gemeinden können die E-Carsharing-Fahrzeuge nach erfolgreicher Anmeldung bei 5.CSA buchen. Die Carsharing-Nutzer von 6.CSA sind die Bürger einer Kleinstadt, wo der Carsharing-Anbieter sein Geschäftsgebiet hat. Ein Mitarbeiter der kommunalen Verwaltung nutzt ein Carsharing-Fahrzeug für Dienstfahrten, die er auf Grund seines Aufgabenbereiches bei der Kleinstadt täglich durchführen muss. Die Carsharing-Station ist in unmittelbarer Nähe zur kommunalen Verwaltung. Die Kleinstadt stellt Stellplätze für die E-Carsharing-Fahrzeuge zur Verfügung.
Die Bürger in den Geschäftsgebieten von 5.CSA und 6.CSA werden als potentielle Nutzer gesehen.
Carsharing-Anbieter 5 hat Kontakt zum Verkehrsministerium auf Landesebene sowie zur EU.[814] Das E-Carsharing-Projekt wurde mit Fördermitteln vom Land und der EU subventioniert. Carsharing-Anbieter 6 hat Kontakt zum Verkehrsministerium auf Landes- und Bundesebene. So wurden Förderprogramme für das (E-)Carsharing-Angebot von 6.CSA angenommen, zu denen u. a. eine Förderung im Rahmen eines regionalen Förderprogrammes zur nachhaltigen Mobilität sowie Bundes- und Landesförderung für die E-Fahrzeuge gehören.
Für das E-Carsharing Angebot von 5.CSA wird im regionalen Fernsehsender, der regionalen Presse sowie dem Stadtmagazin Werbung gemacht. Für das Carsharing-Angebot von 6.CSA wird in der regionalen Presse Werbung gemacht.
Beide Carsharing-Anbieter stehen bisher in keiner Kooperation mit den regionalen Verkehrsverbünden, wobei 5.CSA betont, dass ein Kriterium bei der Auswahl der E-Carsharing-Standorte u. a. ein ÖPNV-Anschluss in unmittelbarer Nähe zur E-Carsharing-Station ist.
Die städtischen Stadtwerke stellen die Ladeinfrastruktur für das E-Carsharing von 5.CSA zur Verfügung. 6.CSA erwähnt, dass ein überregionales Energieversorgungsunternehmen den Strom für die Ladesäulen der E-Fahrzeuge zum Aufladen liefert, wobei es neben dem Stromversorger einen separaten Netzbetreiber gibt.
Carsharing-Anbieter 5 hat keinen Kontakt zu Interessenverbänden und Verkehrsclubs, Carsharing-Anbieter 6 ist hingegen Mitglied beim Bundesverband Carsharing.
5.CSA erwähnt, dass Kontakt zu einer Hochschule aus der Region besteht, die bei der Standortanalyse hinsichtlich Ladestationen beteiligt ist. 6.CSA steht in keinem Kontakt zu einer Hochschule oder Forschungseinrichtung.
5.CSA erwähnt den Kontakt zu den städtischen Stadtwerken in Bezug auf deren E-Roller Sharing-Angebot. So wird hier gemeinsam Werbung sowohl für das E-Carsharing-Angebot als auch das E-Roller Sharing-Angebot gemacht. 6.CSA hat derzeit keinen Kontakt zu weiteren Mobilitätsanbietern.
5.CSA steht in keinem weiteren Kontakt zu Carsharing-Anbietern aus der Region. Die Mitglieder von 6.CSA können auf zwei weitere Carsharing-Angebote in der Region zugreifen, ohne sich bei deren Anbieter nochmals separat anmelden zu müssen. Hierbei bestehen Quernutzungsvereinbarungen.

Bewertung der Stakeholder-Beziehungen von 5.CSA und 6.CSA:

[814] D. h. zu den verantwortlichen Ausschüssen und ihren Vertretern im Europäischen Parlament.

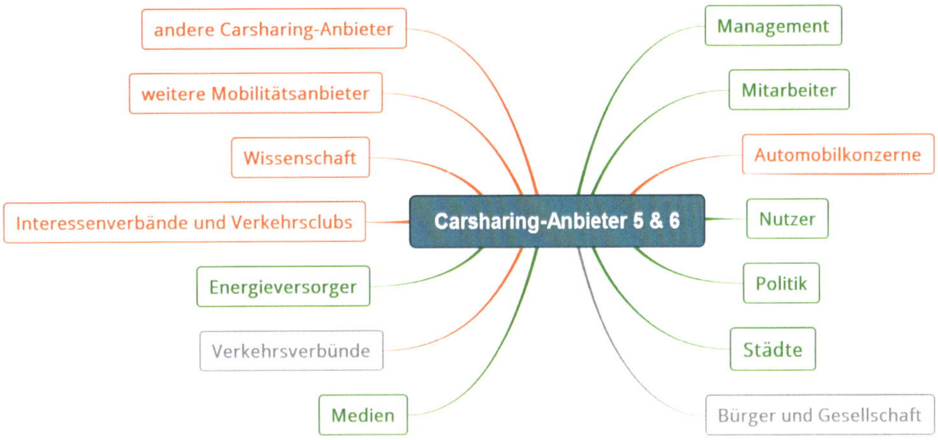

Legende:
starke Beziehungen
Beziehungen vorhanden
keine Beziehungen

Von Seiten der Carsharing-Anbieter 5 und 6 gibt es starke Beziehungen zur Politik und den Städten. Gründe sind hier insbesondere der Erwerb von Fördermitteln sowie die unmittelbare Beteiligung von Seiten der Städte an den Carsharing-Angeboten. Es gibt schwache Beziehungen zu Automobilkonzernen, die über den Kauf der (E-)Fahrzeuge für die Carsharing-Flotten bestehen. Zu den regionalen Verkehrsverbünden bestehen keine Beziehungen, zu den Energieversorgern Geschäftsbeziehungen, zu Interessenverbänden schwache Beziehungen, ebenso zur Wissenschaft. Zu weiteren Mobilitätsanbietern hat nur Carsharing-Anbieter 5 Kontakt. Zu anderen Carsharing-Anbietern hat lediglich Carsharing-Anbieter 6 Kontakt.

Carsharing-Anbieter Nr. 7 und Nr. 8:[815]

Carsharing-Anbieter 7 ist ein Tochterunternehmen des städtischen Energieversorgers in einer Metropole. Hinzu kommen verschiedene Investoren, die das E-Carsharing-Angebot finanzieren. Hierzu gehören eine Gesellschaft für energiesparendes und kostengünstiges Bauen, eine Wohnungsbaugesellschaft sowie ein Immobilienunternehmen. Der E-Carsharing-Anbieter ist Teil einer Mobilitätsmanagementgesellschaft, die durch die Stadt initiiert wurde und deren Aufgabe es ist, Mobilitätsangebote zu betreiben und weiterzuentwickeln, um den Bewohnern im neu entstehenden Stadtquartier in der Metropole Ergänzungen und Alternativen zum privaten PKW sowie zum ÖPNV anzubieten. Dies schließt emissionsarme Mobilitätsangebote der Sharing-Ökonomie in Form von Pedelecs, Lastenfahrrädern, E-Rollern sowie dem E-Carsharing mit ein sowie darüber hinaus Mobilitätsdienstleistungen in Form einer Mobilitäts-App sowie einer vor Ort bestehenden Mobilitätszentrale zur persönlichen Mobilitätsberatung. Carsharing-Anbieter 8 wird als Genossenschaft geführt.
7.CSA hat Kontakt zu den Mitarbeitern in der Mobilitätszentrale. 8.CSA besteht gegenwärtig aus zwei Vorständen mit einem Vorsitzenden.
7.CSA hat Kontakt zu einem Automobilkonzern, deren E-Fahrzeuge in der E-Carsharing-Flotte vorhanden sind. 8.CSA hat keinen Kontakt zu Automobilkonzernen. Die E-Fahrzeuge von 8.CSA wurden von Autohäusern aus der näheren Umgebung gekauft.

[815] ≙ 7.CSA & 8.CSA. Im Folgenden vgl. Interview 7.CSA, 130 & Interview 8.CSA, 43.

Die Nutzer von Carsharing-Anbieter 7 sind primär die Bewohner aus dem neuen Stadtquartier in der Metropole sowie die Mitarbeiter der Investoren[816], die vor Ort Büros haben. Die Nutzer von Carsharing-Anbieter 8 sind die Bürger in der Landstadt[817] sowie den teilnehmenden umliegenden Gemeinden. 8.CSA berichtet, dass ein E-Carsharing-Fahrzeug aus der eigenen E-Carsharing-Flotte von einem Unternehmen in der Landstadt gemietet wird, um es seinen Mitarbeitern als Dienstwagen bereitzustellen.[818]
In Bezug auf die Verbindungen zur Politik erwähnt 7.CSA, dass lediglich Kontakt zu den kommunalen Entscheidungsträgern in der Metropole besteht, ansonsten agiert der E-Carsharing-Anbieter autark. 8.CSA erwähnt hierbei, dass indirekter Kontakt zur Landesregierung und zum Verkehrsministerium auf Landesebene besteht. So arbeitet 8.CSA mit einer Klimaschutz- und Energieagentur zusammen, die auf Initiative der Landesregierung im Bundesland von 8.CSA vor einigen Jahren gegründet wurde.
8.CSA erwähnt, dass es Kontakt zu den Kommunalverwaltungen der drei beteiligten Gemeinden im Geschäftsgebiet von 8.CSA gibt. Ein E-Carsharing-Fahrzeug wird von der kommunalen Verwaltung der Landstadt als Dienstfahrzeug gebucht.
Die Bewohner im neu entstehenden Stadtquartier[819] sowie alle weiteren Bürger der Metropole haben die Möglichkeit das E-Carsharing-Angebot von 7.CSA zu nutzen.
7.CSA erwähnt, dass über verschiedene Kommunikationskanäle Werbung für das quartiersbezogene E-Carsharing-Angebot gemacht wird, d. h. über die Website, Social Media sowie über die regionale Presse. 8.CSA erwähnt, dass sein E-Carsharing-Angebot Thema bei Sendungen im regionalen Fernsehen wie auch im Hörfunk zum Thema „E-Mobilität im ländlichen Raum" ist. Für das E-Carsharing-Angebot von 8.CSA wird auch in der lokalen Presse geworben.
In Bezug auf die Verbindung zu Verkehrsverbünden beschreibt 7.CSA, dass im Stadtquartier an den Mobilitätsstationen, d. h. dort wo E-Carsharing-Fahrzeuge, Pedelecs, Lastenfahrräder sowie E-Roller in unmittelbarer Nähe vorhanden sind, direkter Zugang zum ÖPNV, d. h. zur Stadtbahn und zur E-Buslinie, besteht. Die Mobilitätsstationen wurden in Zusammenarbeit mit dem regionalen Verkehrsverbund errichtet. Bei Carsharing-Anbieter 8 besteht keine Kooperation mit dem regionalen Verkehrsverbund.
In Bezug auf die Verbindung zu Energieversorgern ist der städtische Energieversorger das Mutterunternehmen von Carsharing-Anbieter 7. Die Stromversorgung für die Ladesäulen von Carsharing-Anbieter 8 wird vom lokalen Energieversorger übernommen. Mit diesem besteht nicht nur eine Zusammenarbeit zur E-Mobilität, sondern auch im Bereich Solarenergie der Genossenschaft.
Beide Carsharing-Anbieter sind Mitglied beim Bundesverband Carsharing. 8.CSA ist Mitglied im Landesnetzwerk Bürgerenergiegenossenschaften e. V. in seinem Bundesland und sieht sich hier als Vorreiter in Bezug auf genossenschaftlich organisierte E-Mobilität.
Zu Hochschulen und Forschungseinrichtungen bestehen von Seiten von 7.CSA kein Kontakt. 8.CSA erwähnt hier, dass aus der Wissenschaft vereinzelt Anfragen bestehen, das genossenschaftlich organisierte E-Carsharing-Geschäftsmodell bei Studien berücksichtigen zu wollen. 7.CSA erwähnt, dass er zu weiteren regionalen (E-)Carsharing-Anbietern Kontakt hat, um sich hier zu möglichen Verbesserungsmöglichkeiten zum E-Carsharing-Angebot auszutauschen.

Bewertung der Stakeholder-Beziehungen von 7.CSA und 8.CSA:

[816] Die das E-Carsharing-Angebot im Stadtquartier mitfinanzieren.

[817] Diese hat weniger als 5000 Einwohner. Zur Klassifikation von Städten vgl. BBSR – Bundesinstitut für Bau-, Stadt- und Raumforschung (2017).

[818] Ein Vorstand des Unternehmens ist Mitglied in der Genossenschaft von 8.CSA.

[819] Diese bezahlen einen vergünstigten Tarif für das E-Carsharing-Angebot.

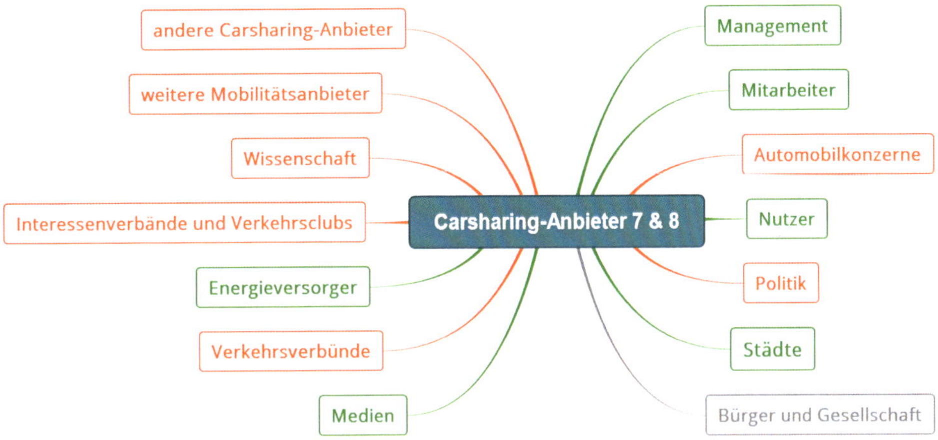

Legende:
starke Beziehungen
Beziehungen vorhanden
keine Beziehungen

Die Stakeholder-Beziehungen von Seiten der Carsharing-Anbieter 7 und 8 sind zur Politik schwach, zu den Städten bzw. deren Verantwortlichen für Verkehr und Mobilität in den Geschäftsgebieten hingegen stark ausgeprägt. Es gibt Beziehungen zu Automobilkonzernen, die über den Erwerb der E-Fahrzeuge bestehen. E-Carsharing-Anbieter 5 steht in Kontakt zum regionalen Verkehrsverbund insbesondere über den gemeinsamen Aufbau von Mobilitätsstationen im Geschäftsgebiet. Beide E-Carsharing-Anbieter stehen in Geschäftsbeziehungen zu Energieversorgern. Es bestehen Beziehungen zu Interessenverbänden, zur Wissenschaft hingegen nicht. Carsharing-Anbieter 7 ist Teil einer Mobilitätsmanagementgesellschaft und somit Teil eines Mobilitätsangebotes, das primär aus Sharing-Angeboten besteht. Zu anderen Carsharing-Anbietern hat lediglich Carsharing-Anbieter 7 Kontakt.

5.5.2 Stakeholder-Beziehungen der Automobilkonzerne

Frage: *Gibt es in Bezug auf die free-floating Carsharing-Anbieter bzw. den Tochterunternehmen und deren Geschäftsmodelle vorhandene Beziehungen zu weiteren Stakeholdern? Wie sehen diese aus?*

1.AK - 3.AK:
Alle drei Automobilkonzerne sind Mutterunternehmen von free-floating Carsharing-Anbietern. 1.AK kann Einfluss auf das Management des Tochterunternehmens „über die Gesellschafterversammlung auf der Top-Management-Ebene nehmen."[820] Auf der operativen Ebene kann 1.AK Einfluss auf das Tochterunternehmen „über die Abstimmung zu den Features und der Strategie, die umgesetzt wird"[821], nehmen. Darüber hinaus besteht Einfluss über das Produktmanagement zu Mobility-on-Demand[822] des Automobilkonzerns auf das Tochterunternehmen. 2.AK sowie auch 3.AK sprechen an, dass enger Kontakt zu allen relevanten Themen, die sowohl den Automobilkonzern als auch den Carsharing-Anbieter betreffen, besteht. Alle drei Automobilkonzerne liefern die Technologie und die Fahrzeuge für ihre Tochterunternehmen. Hierbei erwähnt 1.AK, dass

[820] Interview 1.AK, 54.
[821] Ebd.
[822] Siehe Kapitel 8.6, Erläuterung relevanter Begriffe: Mobility-on-Demand.

Hardware und Telematikdienste über den Automobilkonzern entgeltlich an das Tochterunternehmen verkauft werden, wobei kontinuierliche Softwareupdates mit den Schnittstellen der Carsharing-Fahrzeuge durchgeführt und „innovative features" eingebaut werden.[823]
Alle drei Automobilkonzerne bzw. die zuständigen Mitarbeiter haben vereinzelt Kontakt über das Management des Tochterunternehmens zu den Mitarbeitern der Carsharing-Anbieter.
Die Carsharing-Nutzer der Tochterunternehmen sind und können Kunden der drei Automobilkonzerne sein.
Der Kontakt zu den politischen Verantwortlichen aus dem Mobilitätsbereich wird von allen drei Automobilkonzernen als sehr wichtig gesehen. So hat jegliche Form der Regulierung Einfluss auf die Geschäftsmodelle der Automobilkonzerne wie auch auf die der free-floating Carsharing-Anbieter. 1.AK und 3.AK erwähnen hierbei, dass die Politik ein Interesse daran hat, zur Entlastung der Städte hinsichtlich Verkehr und Luftschadstoffemissionen beizutragen. Hierbei sei auch die Positionierung der Automobilkonzerne relevant, wobei 1.AK und 3.AK das free-floating Carsharing-Angebot als notwendigen Mobilitätsbaustein hier sehen. 2.AK spricht an, dass er allgemein guten Kontakt zu den Verkehrsministerien auf Landes- und Bundesebene sowie zur EU zum Thema urbane Mobilität hat. 1.AK und 3.AK suchen aktuell zu den politischen Verantwortlichen Gespräche zum Carsharinggesetz allgemein sowie dessen Umsetzung auf Landesebene und in den Kommunen, wobei sie ihre Unterstützung hierbei deutlich machen. 2.AK hat gegenwärtig Kontakt zum Verkehrsministerium auf Bundesebene in Bezug auf das Carsharinggesetz, wobei er von den Landesregierungen und Kommunen die finale Umsetzung des Carsharinggesetzes vor Ort fordert. Darüber hinaus hat 2.AK die Erwartung an die Politik, dass „die Rahmenbedingungen für neue Mobilitätsdienste und insbesondere auch für das Carsharing so attraktiv wie möglich gestaltet werden sollen."[824] 2.AK fordert nicht nur konsistente Parkvereinbarungen in den Städten für die Carsharing-Anbieter und ihre Fahrzeuge, sondern auch die sinnvolle Verknüpfung von ÖPNV, Carsharing und anderen Sharing-Angeboten, die insbesondere über Mobilitätsstationen vorangetrieben werden soll.
Alle drei Automobilkonzerne sehen die Verbindungen zu den Städten als wichtig an. Nach 1.AK „brauchen die Städte Begleitung, wie neue Mobilitätsdienste vor Ort bestmöglich implementiert werden können."[825] Dabei gilt es den Städten den Beitrag des Carsharing zur Verkehrs- und Umweltentlastung näher zu bringen. Hierbei spielt auch die Verbindung zur Wissenschaft eine wichtige Rolle, die die in ökologischer, sozialer und auch ökonomischer Hinsicht positiven Effekte des Carsharing in zahlreichen Studien bestätigen.
2.AK bündelt die verschiedenen Einzelinteressen zum Thema urbane Mobilität, die von Seiten diverser Stakeholder an ihn herangetragen werden, und vertritt diese nach außen, insbesondere gegenüber den Städten. 2.AK kommuniziert die Interessen des Carsharing-Anbieters an die Städte. 3.AK „möchte verstehen, wo die Städte in Bezug auf urbane Mobilität hinwollen und wie man gemeinsam Win-win-Situationen erzielen kann."[826]
Die Bürger vor Ort sind Kunden der Automobilkonzerne sowie (potentielle) Kunden der free-floating Carsharing-Anbieter.
Alle drei Automobilkonzerne haben PR-Abteilungen, in denen u. a. auch für die Tochterunternehmen und ihren Carsharing-Angeboten geworben wird.
Zu Verkehrsverbünden und Energieversorgern haben die Automobilkonzerne hinsichtlich der Carsharing-Angebote ihrer Tochterunternehmen keinen Kontakt.
Die Kontakte zu Interessenverbänden und Verkehrsclubs sehen alle drei Automobilkonzerne als wichtig an. So sehen 1.AK und 3.AK diese als „Befähiger und Befürworter nachhaltiger Mobilität in den Städten sowie im Besonderen des Carsharing", da sie die positiven Effekte des Carsharing für Umwelt und Klima im Rahmen

[823] Vgl. Interview 1.AK, 54.
[824] Interview 2.AK, 63.
[825] Interview 1.AK, 54.
[826] Interview 3.AK, 65.

ihrer Öffentlichkeitsarbeit hervorheben.[827] 1.AK steht im losen Kontakt zu Umweltverbänden. 2.AK steht in enger Zusammenarbeit mit dem VDA. Hier bestehen Schnittpunkte zu Themen wie „Diesel-Fahrverbote in den Innenstädten" sowie neue Mobilitätsdienste, zu denen das free-floating Carsharing als „notwendiger Mobilitätsbaustein im Rahmen der zukünftigen urbanen Mobilität"[828] gehört. 2.AK erwähnt, dass Schnittpunkte zum Bundesverband Carsharing bestehen. Hier bringen sich die Carsharing-Anbieter mit ähnlichen oder konträren Interessen mit ein, wobei man sich dann „erfahrungsgemäß auf gemeinsame Interessen verständigt."[829]

Alle drei Automobilkonzerne pflegen eine intensive Zusammenarbeit mit Hochschulen und Forschungseinrichtungen in ganz Deutschland. Forschungsfelder sind hier u. a. automatisiertes und vernetztes Fahren, Optimierung der Verteilung der Fahrzeuge in den Städten sowie Angebotsoptimierungen allgemein. 3.AK erwähnt hierbei, dass selbst in Auftrag gegebene Studien die Entlastungseffekte des Carsharing für Umwelt und Klima belegen.

Alle drei Automobilkonzerne stehen in Kontakt zu weiteren Mobilitätsanbietern in Bezug auf „Mobility-on-Demand".[830] Zu weiteren Carsharing-Anbietern als ihren Tochterunternehmen besteht aktuell kein Kontakt.

Bewertung der Stakeholder-Beziehungen von Seiten der Automobilkonzerne hinsichtlich der Verbindungen zu den Tochterunternehmen, den free-floating Carsharing-Anbietern:

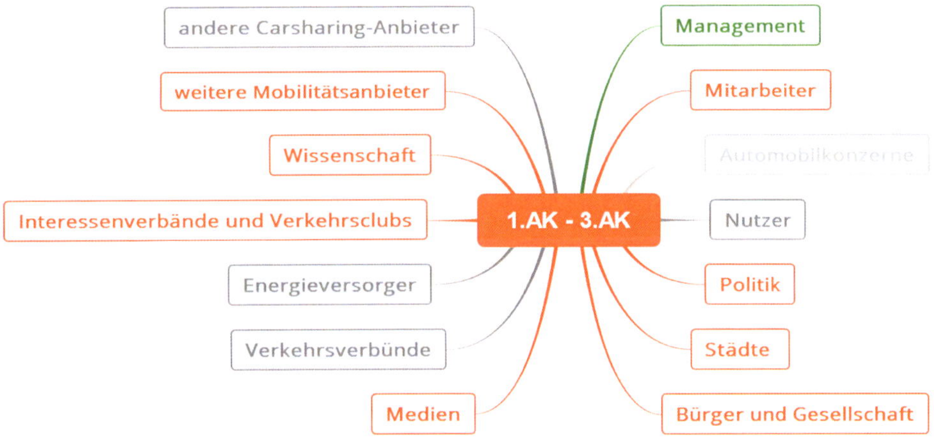

Legende:
starke Beziehungen
Beziehungen vorhanden
keine Beziehungen

Von Seiten der Automobilkonzerne bestehen hinsichtlich der Stakeholder-Beziehungen zu den Tochterunternehmen, den free-floating Anbietern, lediglich starke Beziehungen zu deren Management. Zu allen anderen angeführten Stakeholdergruppen bestehen Beziehungen, davon ausgenommen sind jedoch die Stakeholdergruppen Verkehrsverbünde, Energieversorger und andere Carsharing-Anbieter, zu denen keine Beziehungen vorhanden sind.

[827] Vgl. Interview 1.AK, 54. & Interview 3.AK, 65.
[828] Interview 2.AK, 63.
[829] Ebd.
[830] Siehe Kapitel 8.6, Erläuterung relevanter Begriffe: Mobility-on-Demand.

5.5.3 Stakeholder-Beziehungen von Seiten der Politik/der politischen Verantwortlichen aus dem Mobilitätsbereich

Frage: *Gibt es in Bezug auf die Carsharing-Anbieter und deren Geschäftsmodelle vorhandene Beziehungen zu weiteren Stakeholdern? Wie sehen diese aus?*

Um Gemeinsamkeiten und Unterschiede zu den Stakeholder-Beziehungen der politischen Verantwortlichen aus dem Mobilitätsbereich zu eruieren, werden diese im Folgenden näher dargestellt. Dabei bittet es sich an, die befragten politischen Verantwortlichen in solche, die Mitglieder von Regierungsparteien sind, sowie solche, die in der Opposition vertreten sind, einzuteilen. Aus diesem Grund werden die folgenden Befragten gegenübergestellt:

1.PV, 2.PV und 3.PV (Regierungsparteien):
Alle drei politischen Verantwortlichen stehen in Kontakt zu verschiedenen Carsharing-Anbietern in ihren Bundesländern. 2.PV hat hier insbesondere in seinem Wahlkreis Kontakt zu Carsharing-Anbietern. Bei 1.PV läuft der Kontakt zu den Carsharing-Anbietern auch über den Bundesverband Carsharing ab. 2.PV hatte u. a. bei Veranstaltungen zu den Themen „nachhaltige urbane Mobilität" sowie zu „Carsharing im ländlichen Raum" direkten Kontakt zu den Carsharing-Anbietern. 3.PV erwähnt hier, dass Carsharing-Anbieter bezüglich der gegenwärtigen Stellplatzproblematik für Carsharing-Fahrzeuge sowie der Umsetzung des Carsharinggesetzes vor Ort vereinzelt an ihn herangetreten sind.
1.PV hat vereinzelt Kontakt über das Management der Carsharing-Anbieter zu deren Mitarbeiter. 2.PV war vor einigen Jahren im Vorstand des regionalen Carsharing-Anbieters in seinem Wahlkreis und hat dadurch auch engen Kontakt zu dessen Mitarbeiter. 3.PV ist bei Besuchen der Carsharing-Anbieter im Wahlkreis mit deren Mitarbeiter in Kontakt gekommen.
Alle drei politischen Verantwortlichen stehen in Kontakt zu Automobilkonzernen deren Tochterunternehmen Carsharing-Anbieter sind. Der Informationsaustausch läuft aber vielmehr zu Themen wie „Transformationsprozess in der Automobilindustrie", „Fahrverbote in den Innenstädten" und „E-Mobilität" ab. 1.PV sieht hier Carsharing als „einen notwendigen Baustein zukünftiger urbaner Mobilität."[831]
1.PV hat vereinzelt Kontakt zu Carsharing-Nutzern und spricht potentielle Carsharing-Nutzer über die eigenen Kommunikationskanäle an, d. h. z. B. im Rahmen von herausgebrachten Printmedien zur urbanen Mobilität oder auf Veranstaltungen zu nachhaltiger Mobilität. 2.PV und 3.PV kennen Carsharing-Nutzer aus ihren Wahlkreisen. 2.PV hat über Veranstaltungen zum Thema Carsharing einige Carsharing-Nutzer von verschiedenen Carsharing-Anbietern persönlich kennengelernt.
1.PV steht in Kontakt zur Bundesregierung über Gespräche zum Carsharinggesetz sowie dessen Umsetzung auf Landesebene. 1.PV und 2.PV stehen in Kontakt zu Landesregierungen in anderen Bundesländern, wobei 1.PV erwähnt, dass hier ein Informationsaustausch zum Thema nachhaltige urbane Mobilität besteht, zu dem nach 1.PV auch das Carsharing gehört. 2.PV erwähnt, dass Verkehrspolitiker der Partei von 2.PV sich hier untereinander vernetzen wollen mit dem Ziel, „ein nationales Netzwerk der interessierten Verkehrspolitiker in den Landesregierungen zu knüpfen."[832] 3.PV hat Kontakt zum Verkehrsministerium auf Bundesebene, wobei hier die Umsetzung des Carsharinggesetzes auf Landesebene und in den Städten angesprochen wird. Darüber hinaus hat 3.PV Kontakt zum Verkehrsministerium auf Landesebene und zur Landesregierung. Hier agiert 3.PV stellvertretend für seine Landtagsfraktion zu Themen rund um nachhaltige urbane Mobilität.
1.PV steht in Kontakt zu Bürgermeistern von Städten in seinem Bundesland, wobei er diese dazu bewegen wil, privilegierte Carsharing-Stellplätze vor Ort auszuweisen. 2.PV und 3.PV haben Kontakt zu Städten und

[831] Vgl. Interview 1.PV, 61.
[832] Interview 2.PV, 80.

deren Bürgermeister in ihren Wahlkreisen, primär im Rahmen zur zukünftigen nachhaltigen Mobilität vor Ort. Hierbei erwähnt 2.PV, dass „die Unterstützung von Bürgermeistern und Gemeinderäten bei der Gründung von Carsharing-Organisationen vor Ort notwendig ist.“[833] Dabei „können die Städte die Carsharing-Anbieter als Nutzer unterstützen, indem sie Carsharing-Fahrzeuge für ihre Mitarbeiter im Rahmen von Dienstfahrten buchen, wodurch eine gewisse Grundauslastung der Carsharing-Fahrzeuge erzielt wird.“[834] 3.PV führt mit den Verantwortlichen der Städte Diskussionen zur Stellplatzproblematik, wobei er die Städte in der Verantwortung sieht, „Stellplätze für Carsharing-Fahrzeuge im öffentlichen Raum zu schaffen.“[835]

1.PV wirbt auf Veranstaltungen zu nachhaltiger urbaner Mobilität für das Carsharing. 2.PV möchte den Kontakt zu den Bürgern und der Gesellschaft über die eigenen Kommunikationskanäle, d. h. u. a. über Pressemitteilungen und Social Media, verstärkt herstellen mit dem Ziel, mehr Aufmerksamkeit für das Carsharing allgemein zu erzeugen. 3.PV erwähnt hierbei, dass er zu vielen Bürgern im Wahlkreis, die das Carsharing vor Ort nutzen, Kontakt hat, und dass auch die Mitarbeiter von 3.PV Carsharing persönlich nutzen. Dabei „sollen die positiven Erfahrungen mit Carsharing an weitere potentielle Nutzer weitergegeben werden.“[836] 1.PV macht über seine Kommunikationskanäle Werbung für neue Mobilitätsdienstleistungen zu denen das Carsharing gehört, d. h. u. a. in Form von Pressemitteilungen, Bürgerständen und Social Media. 2.PV und 3.PV machen vereinzelt auf das Carsharing über eigene Kommunikationskanäle aufmerksam. Hierbei „soll das Thema Carsharing positiv besetzt werden, indem u. a. die vielfältigen Vorteile angesprochen werden, um so einen Anstoß zu geben, dass Menschen vermehrt Carsharing nutzen.“[837]

1.PV und 2.PV stehen im Informationsaustausch zu verschiedenen Verkehrsverbünden in ihren Bundesländern, insbesondere zum Thema „Ausbau des Umweltverbundes“. 2.PV betont, dass Carsharing hierbei „ein wichtiger Mobilitätsbaustein ist.“[838] Nach 1.PV soll die Vernetzung zwischen den ÖPNV-Anbietern, den Carsharing-Anbietern sowie weiteren Mobilitätsanbietern weiter ausgebaut werden. Dies kann über gemeinsame Mobilitäts-Apps und weiteren Kombinationsangeboten mit entsprechenden Vergünstigungen ablaufen. Dabei leistet 1.PV Unterstützung bei der Transition von Verkehrsverbünden zu Mobilitätsverbünden, die einzelne Verkehrsverbünde anstreben.[839]

1.PV steht im Informationsaustausch mit Energieversorgern im Bundesland „zum Ausbau der Ladeinfrastruktur sowie zum Ausbau des E-Carsharing allgemein.“[840] Hierbei möchte 1.PV erfahren, wo er durch Förderprogramme E-Carsharing unterstützen kann. 2.PV hat Kontakte zu Energieversorgern im Bundesland. Diese Kontakte sieht 2.PV als sehr wichtig an, da „die schrittweise aufgebaute Ladeinfrastruktur Grundvoraussetzung für den Transformationsprozess hin zur flächendeckenden E-Mobilität ist.“[841] 3.PV führt fortlaufend Gespräche mit Energieversorgern im Bundesland, wobei der notwendige Auf- und Ausbau der Ladeinfrastruktur für E-Carsharing-Fahrzeuge angesprochen wird.

Alle drei politischen Verantwortlichen stehen in Kontakt zum Bundesverband Carsharing. 1.PV hatte mit diesem eine gemeinsame Veranstaltung zum Thema „Carsharing im ländlichen Raum“. 2.PV hat sich mit diesem zur Umsetzung des Carsharinggesetzes auf Landesebene bezüglich einheitlicher Standards sowie länderübergreifender Regelungen ausgetauscht. 2.PV und 3.PV stehen in Kontakt zum Verkehrsclub VCD. 3.PV hat darüber hinaus Kontakt zum VDA.

[833] Ebd.

[834] Ebd.

[835] Interview 3.PV, 59.

[836] Ebd.

[837] Interview 2.PV, 80 & Interview 3.PV, 59.

[838] Interview 2.PV, 80.

[839] Vgl. Interview 1.PV, 61.

[840] Interview 1.PV, 61.

[841] Interview 2.PV, 80.

1.PV hat Kontakt zu Universitäten und Forschungseinrichtungen im Bundesland und hat hier u. a. Studien zum Themenbereich „nachhaltige urbane Mobilität" in Auftrag gegeben. 2.PV und 3.PV haben Kontakte zu Universitäten und Forschungseinrichtungen in den eigenen Bundesländern u. a. im Zusammenhang mit „Verkehrskonzepten der Zukunft", wo Carsharing als ein notwendiger Mobilitätsbaustein gesehen wird. Hierbei spricht 3.PV an, dass Verbesserungsmöglichkeiten zum Geschäftsmodell Carsharing eruiert werden sollen, um die Attraktivität für potentielle Nutzer zu steigern und so die Anzahl der Carsharing-Nutzer zu erhöhen.[842] 1.PV und 2.PV haben Kontakt zu Mobilitätsanbietern in ihren Bundesländern zu folgenden Mobilitätsangeboten: „Mobility-on-Demand", dies betrifft Ride Hailing und Ride Pooling sowie darüber hianus zu Bike Sharing, E-Roller Sharing und E-Scooter Sharing. 3.PV hat Kontakt zu einem Bike Sharing-Anbieter in seinem Wahlkreis. In Bezug auf weitere Carsharing-Anbieter erwähnt 1.PV, dass ihn neue sowie investorengetriebene Mobilitätsanbieter, auch aus dem Ausland, bezüglich eines möglichen Markteintritts mit einem eigenen Carsharing-Angebot in seinem Bundesland kontaktieren, wobei sie diesen an Forderungen bezüglich attraktiver Rahmenbedingungen knüpfen.

Bewertung der Stakeholder-Beziehungen von Seiten der Politik[843] hinsichtlich ihrer Verbindungen zu den Carsharing-Anbietern:

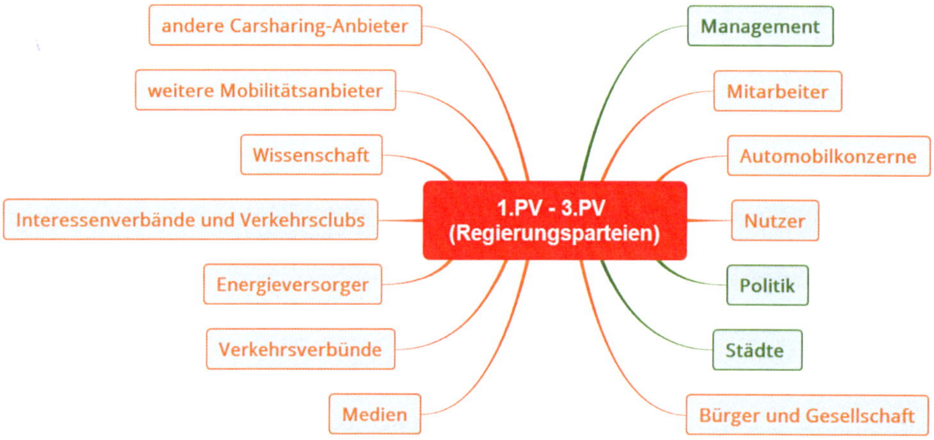

Legende:
starke Beziehungen
Beziehungen vorhanden
keine Beziehungen
nicht relevant

Von Seiten der politischen Verantwortlichen aus dem Mobilitätsbereich (1.PV - 3.PV/Regierungsparteien) bestehen hinsichtlich ihrer Stakeholder-Beziehungen zu den Carsharing-Anbietern starke Beziehungen zu den Carsharing-Anbietern selbst bzw. zu deren Management, zu weiteren politischen Verantwortlichen bzw. Verkehrsministerien auf Landes- und Bundesebene[844] sowie Landesregierungen, sowie zu den Städten und ihren Bürgermeistern. Zu allen anderen Stakeholdergruppen sind Beziehungen vorhanden.

4.PV, 5.PV und 6.PV (Oppositionsparteien):

[842] Vgl. Interview 3.PV, 59.

[843] Stellvertretend stehen hier die politischen Verantwortlichen aus dem Mobilitätsbereich (1.PV - 3.PV, Regierungsparteien).

[844] Hiermit ist das Bundesministerium für Verkehr und digitale Infrastruktur gemeint.

4.PV hat Kontakt zu Carsharing-Anbietern in seinem Wahlkreis. 5.PV hatte im Rahmen einer Veranstaltung seiner Landtagsfraktion zum Thema „zukünftige urbane Mobilität" Kontakt zu einem Carsharing-Anbieter aufgenommen. Hierbei konnte ein Vertreter des Carsharing-Managements als Referent gewonnen werden. Darüber hinaus hat 5.PV keine Kontakte zu Carsharing-Anbietern in seinem Bundesland. 6.PV hat keine Kontakte zu Carsharing-Anbietern, wobei er betont, dass bisher keine Carsharing-Anbieter an ihn herangetreten sind.
4.PV ist bei einem Besuch von einem Carsharing-Anbieter in seinem Wahlkreis mit dessen Mitarbeiter in Kontakt gekommen. 5.PV und 6.PV haben keinen Kontakt zu Carsharing-Mitarbeitern.
Alle drei politischen Verantwortlichen haben Kontakt zu Automobilkonzernen in ihren Bundesländern, der Informationsaustausch geht aber vielmehr zu Themen wie „Transformationsprozess in der Automobilindustrie", „Fahrverbote in den Innenstädten", „E-Mobilität im Rahmen urbaner Mobilität" sowie „autonom fahrende Fahrzeuge in den Städten".
4.PV kennt Carsharing-Nutzer aus seinem Wahlkreis. 5.PV kennt Carsharing-Nutzer aus der Landtagsfraktion sowie aus dem privaten Umfeld. 6.PV hat keinen Kontakt zu Carsharing-Nutzern.
4.PV hat Kontakt zur Landesregierung durch eine gestellte „Kleine Anfrage"[845] an diese zum Status quo des Carsharing in seinem Bundesland. 5.PV hat Kontakt zum Verkehrsministerium auf Landesebene sowie zur Landesregierung zum Thema nachhaltige urbane Mobilität. Darüber hinaus hat 5.PV Kontakt zum Verkehrsministerium auf Bundesebene über die eigene Bundestagsfraktion zu Themen rund um zukünftige urbane Mobilität. 6.PV hat keinen Kontakt zu weiteren politischen Verantwortlichen zum Thema Carsharing.
4.PV hat Kontakt zu Städten und deren Bürgermeistern im eigenen Wahlkreis zu Themen rund um nachhaltige Mobilität. Hierbei werden auch Diskussionen zur Stellplatzproblematik für Carsharing-Fahrzeuge geführt. 4.PV sieht die Städte in der Verantwortung, Stellplätze für Carsharing-Fahrzeuge im öffentlichen Raum zu schaffen.[846] 5.PV hat Kontakt zu Bürgermeistern von Städten in seinem Bundesland. Im Rahmen von Verkehrsproblemen vor Ort treten Bürger an Abgeordnete der Landtagsfraktion von 5.PV heran. 5.PV wendet sich in der Regel direkt an die Bürgermeister der Städte, um hier Verbesserungsmöglichkeiten in die Wege zu leiten. In diesem Zusammenhang sind Landtagsabgeordnete der Fraktion von 5.PV auch auf vorhandene Carsharing-Angebote und damit verbundenen Problemen, etwa im Zusammenhang mit der Stellplatzproblematik, von Bürgern angesprochen worden. 5.PV macht die Bürgermeister der Städte darauf aufmerksam, das Carsharinggesetz vor Ort final umzusetzen.[847] 6.PV hat keinen Kontakt zu Städten und ihren Entscheidungsträgern in Bezug auf Carsharing.
4.PV möchte den Kontakt zu den Bürgern und der Gesellschaft über eigene Kommunikationskanäle, d. h. u. a. Pressemitteilungen und Social Media verstärkt herstellen, „mit dem Ziel, mehr Aufmerksamkeit für das Carsharing zu erzeugen."[848] 5.PV und 6.PV haben keinen Kontakt zu Bürgern und der Gesellschaft zum Thema Carsharing.
4.PV macht vereinzelt auf das Carsharing über eigene Kommunikationskanäle aufmerksam, d. h. in Form von Pressemitteilungen und Social Media. Das Thema Carsharing soll hier positiv besetzt werden, indem die vielen Vorteile angesprochen werden, um so einen Anstoß zu geben, dass Menschen vermehrt Carsharing nutzen. 5.PV möchte zukünftig auf das Thema „Carsharing im Rahmen nachhaltiger urbaner Mobilität" über die eigenen Kommunikationskanäle aufmerksam machen. 6.PV spricht das Thema Carsharing in seinen Kommunikationskanälen nicht an.

[845] Über „Kleine Anfragen" können Abgeordnete von der Exekutive bzw. Regierung Auskunft über bestimmte Sachverhalte einholen, die schriftlich beantwortet werden.

[846] Vgl. Interview 4.PV, 56.

[847] Vgl. Interview 5.PV, 58.

[848] Interview 4.PV, 56.

4.PV steht im Informationsaustausch zu verschiedenen Verkehrsverbünden im Bundesland mit dem Wunsch, die Vernetzung zwischen ÖPNV und Carsharing weiter auszubauen. Dies könnte durch gemeinsame Mobilitäts-Apps sowie weiteren Kombinationsangeboten mit entsprechenden Vergünstigungen ablaufen. 5.PV und 6.PV stehen in keinem Kontakt zu Verkehrsverbünden in Bezug auf das Carsharing.

4.PV führt fortlaufend Gespräche mit Energieversorgern in seinem Bundesland. Hierbei wird u. a. der notwendige Ausbau der bestehenden Ladeinfrastruktur für E-Carsharing angesprochen. 5.PV hatte Kontakt zu einem überregionalen Energieversorgungsunternehmen, welches fortlaufend Ladestationen für E-Carsharing Fahrzeuge installiert. Der Vorstandsvorsitzende dieses Energieversorgungsunternehmens war zu einem Gespräch in der Landtagsfraktion von 5.PV eingeladen. 6.PV möchte zukünftig verstärkt den Kontakt zu Energieversorgungsunternehmen suchen, um so „die E-Mobilität im Land voranzutreiben."[849] 6.PV sieht die E-Carsharing Anbieter als sinnvolle Treiber für E-Mobilität, da diese die Ladeinfrastruktur mit aufbauen.

4.PV hat Kontakt zum Bundesverband Carsharing. 4.PV und 5.PV haben Kontakt zum Verkehrsclub VCD. 4.PV und 5.PV haben Kontakt zum VDA zu Themen rund um „urbane Mobilität". 6.PV spricht im Zusammenhang mit Verbindungen zu Interessenverbänden & Verkehrsclubs explizit seinen Kontakt zum Bundesverband Taxi und Mietwagen e. V. sowie Taxiverbänden in Großstädten in seinem Bundesland an.

4.PV hat Kontakt zu Universitäten und Forschungseinrichtungen in seinem Bundesland, u. a. im Zusammenhang mit „Verkehrskonzepten der Zukunft", wo Carsharing als „ein wichtiger Mobilitätsbaustein" gesehen wird. 5.PV hat Kontakt zu Universitäten und Forschungseinrichtungen im Bundesland zu Themen rund um „nachhaltige urbane Mobilität". 5.PV sucht hier gezielt den Kontakt zu Wissenschaftlern, bevor sich seine Landtagsfraktion hinsichtlich Mobilitäts-Themen positioniert. 6.PV erwähnt im Zusammenhang zur Verbindung zur Wissenschaft, dass er „Studien zu Stickoxidbelastungen in deutschen Großstädten, die zu Diesel-Fahrverboten führen", kritisch sieht.[850]

4.PV hat Kontakt zu Bike Sharing- und E-Scooter Sharing-Anbietern in seinem Wahlkreis. 5.PV hat keinen Kontakt zu weiteren Mobilitätsanbietern. 6.PV hat insbesondere zu diversen Taxiunternehmen in seinem Wahlkreis Kontakt.

Bewertung der Stakeholder-Beziehungen von Seiten der Politik[851] hinsichtlich ihrer Verbindungen zu den Carsharing-Anbietern:

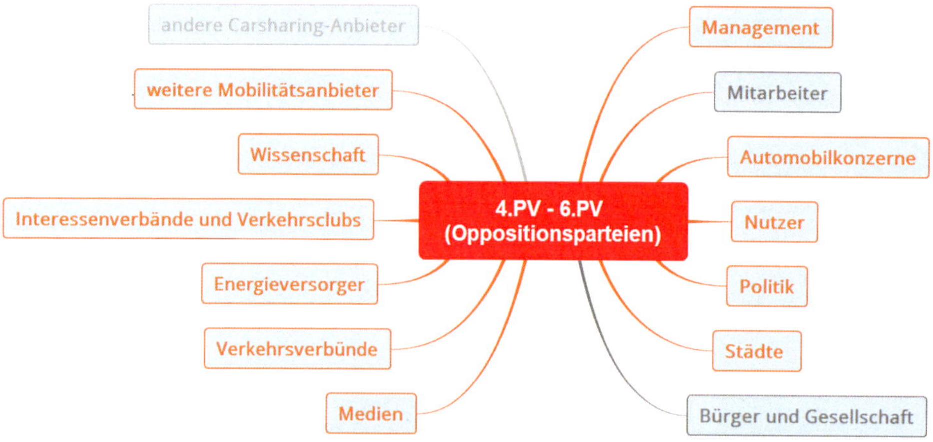

Legende:

[849] Interview 6.PV, 34.

[850] Vgl. Interview 6.PV, 38.

[851] Stellvertretend stehen hier die politischen Verantwortlichen aus dem Mobilitätsbereich (4.PV - 6.PV, Oppositionsparteien).

starke Beziehungen
Beziehungen vorhanden
keine Beziehungen

Von Seiten der politischen Verantwortlichen aus dem Mobilitätsbereich (4.PV - 6.PV/Oppositionsparteien) bestehen hinsichtlich ihrer Stakeholder-Beziehungen zu den Carsharing-Anbietern keine starken Beziehungen zu einer der aufgeführten Stakeholdergruppen. Mit Ausnahmen der Stakeholdergruppen „Mitarbeiter" und „Bürger und Gesellschaft" sind Beziehungen zu den anderen Stakeholdergruppen vorhanden. Hierbei muss jedoch berücksichtigt werden, dass 5.PV und insbesondere 6.PV in Abgrenzung zu 4.PV zu einzelnen Stakeholdergruppen keine Beziehungen pflegen.[852]

5.5.4 Stakeholder-Beziehungen von Seiten der Städte/der städtischen Verantwortlichen für den Verkehrs- und Mobilitätsbereich

Frage: *Gibt es in Bezug auf die Carsharing-Anbieter und deren Geschäftsmodelle vorhandene Beziehungen zu weiteren Stakeholdern? Wie sehen diese aus?*

Um Gemeinsamkeiten und Unterschiede zu den Stakeholder-Beziehungen der Städte zu eruieren, werden diese im Folgenden näher dargestellt. Dabei bittet es sich an, die Städte anhand der Regionalstatistischen Raumtypologie (RegioStaR) einzuteilen.[853] Hierbei ergeben sich die beiden folgenden Gruppen:

1.ST, 2.ST und 3.ST (Metropolen):
1.ST ist im ständigen informellen Austausch mit den Carsharing-Anbietern in der Metropole. Dies inkludiert primär die Themen „Geschäftsgebietentwicklungen" sowie „Elektrifizierung und Bedarf an Ladeinfrastruktur im öffentlichen Raum". Beim Aufbau der Ladeinfrastruktur werden Standortkonzepte ausgearbeitet. Hierbei sind die vor Ort vertretenen Carsharing-Anbieter involviert, wobei dies primär die free-floating Anbieter sind, da diese den größten Teil an E-Fahrzeugen in ihren Flotten haben. 2.ST ist im ständigen informellen Austausch mit den Carsharing-Anbietern in der Metropole. 3.ST ist im ständigen informellen Austausch mit dem regionalen Carsharing-Anbieter in der Metropole.[854]. Bei neuen Bebauungsplänen in der Metropole wird versucht, den regionalen Carsharing-Anbieter als Träger zu beteiligen, damit dieser von Anfang an dort Stellplätze erhalten kann.
1.ST und 2.ST tauschen sich gelegentlich mit Mitarbeitern der Carsharing-Anbieter in den Metropolen zu vorhandenen Veränderungen, wie z. B. zur Größe der Geschäftsgebiete oder neu geschaffenen Carsharing-Stellplätzen, aus. 3.ST hat gegenwärtig losen Kontakt zu den Mitarbeitern des regionalen Carsharing-Anbieters.
1.ST und 2.ST haben über die free-floating Anbieter in der Metropole Kontakt zu Automobilkonzernen, die deren Mutterunternehmen sind. 2.ST hat über die Plattform „Urbane Mobilität" Kontakt zur Automobilindustrie. Hier kommen die Kommunen mit den größten Industriepartnern der Automobilbranche des Landes

[852] Zur besseren Übersicht hierzu siehe Anhang, Kapitel 8.5.3, Tabelle 15.

[853] Mehr hierzu siehe Kapitel 5.1.

[854] Die Definition „regionaler Carsharing-Anbieter in der Metropole" wird hier verwendet, da der Carsharing-Anbieter sein Carsharing-Angebot nur in dieser Metropole anbietet. Neben diesem Carsharing-Anbieter gibt es noch weitere Carsharing-Anbieter in der Metropole.

zusammen.[855] Das Carsharing wird hier als eines von vielen Mobilitätsdiensten und notwendiger Baustein nachhaltiger urbaner Mobilität gesehen. 3.ST hat keinen Kontakt zur Automobilindustrie.

1.ST erwähnt, dass einzelne städtische Ämter in der Metropole Carsharing-Fahrzeuge für ihre Mitarbeiter buchen. 2.ST und 3.ST sowie deren Mitarbeiter können über eigene Carsharing-Karten die Carsharing-Angebote jeweils eines Anbieters in den Metropolen für Dienstfahrten nutzen.

1.ST hat Kontakt zur Landesregierung, insbesondere zu den Themen „Ausbau von Elektromobilität in der Metropole" sowie zur „Verabschiedung eines Mobilitätsgesetzes", das auch Fragestellungen rund um das Carsharing beantworten soll. Hierbei kümmert sich das Bundesland bzw. deren Verantwortliche für Mobilität seit 2015 darum, eine im öffentlichen Raum für alle zugängliche Ladeinfrastruktur aufzubauen. Dies erfolgt primär angebotsorientiert, d. h. auf Basis eines ausgearbeiteten Standortkonzeptes. Darüber hinaus hat 1.ST Kontakt zum Verkehrsministerium auf Bundesebene in Bezug auf das Carsharinggesetz und dessen Umsetzung auf kommunaler Ebene sowie zur EU in Bezug auf ein gemeinsames Forschungsprojekt, in dem auch das Carsharing berücksichtigt wird. 2.ST hat Kontakt zur Bundes- und Landesregierung in Bezug auf das Carsharinggesetz und dessen Umsetzung auf kommunaler Ebene. 3.ST hat Kontakt zum Verkehrsministerium auf Landesebene mit folgenden Forderungen: „Die Rahmenbedingungen für das Carsharing müssen verbessert werden"[856], „das Carsharinggesetz muss auf Länder- und Kommunalebene endlich umgesetzt werden, um die Stellplatzproblematik im öffentlichen Raum zu lösen."[857] Darüber hinaus hat sich 3.ST beim Verkehrsministerium für das neue free-floating Angebot des regionalen Carsharing-Anbieters in der Metropole eingesetzt und entsprechende Gespräche geführt.

1.ST hat Kontakt zu den zuständigen Ämtern und den verantwortlichen Bürgermeistern in der Metropole hinsichtlich der Carsharing-Angebote vor Ort. 2.ST hat Kontakt zu kommunalen Entscheidungsträgern, d. h. zu Gemeinderäten und Bezirksbeiräten, die die Möglichkeit haben, sich zum Carsharing-Angebot und dessen Förderung von Seiten der Stadtverwaltung zu äußern. 3.ST hat darüber hinaus Kontakt zu folgenden städtischen Ämtern in Bezug auf das Carsharing vor Ort: das Tiefbauamt macht die Ausführungsplanung und baut entsprechend. Die Bauverwaltung macht die Sondernutzungssatzung. Der Fachbereich Sicherheit und Ordnung ist für die Ausnahmegenehmigungen zuständig.

Es bestehen von Seiten der Bürger Anfragen an 1.ST zu den Carsharing-Angeboten in der Metropole, z. B. zur gewünschten Ausweitung der Geschäftsgebiete in die Außenbezirke der Metropole. Die Bürger werden vereinzelt über die vorhandenen Kommunikationskanäle von 2.ST auf die Carsharing-Angebote in der Metropole aufmerksam gemacht, z. B. über das Stadtmagazin und auf öffentlichen Ständen vor Ort. Bürger beschweren sich vereinzelt bei 3.ST wegen „abgestellten Carsharing-Fahrzeugen vor dem eigenen Haus."[858] Sie empfinden die Carsharing-Fahrzeuge als störend, da sie teilweise auch Stellplätze für die eigenen PKW wegnehmen. 3.ST macht deutlich, dass „solange kein privater Stellplatz vorhanden ist, von Seiten der Bürger auch keine Handhabe besteht, gegen die geparkten Carsharing-Fahrzeuge vorzugehen."[859]

Es bestehen Anfragen von regionalen Medienvertretern zu den von Seiten von 1.ST ausgearbeiteten Mobilitätskonzepten für die Metropole bei denen auch die verschiedenen Carsharing-Angebote vor Ort berücksichtigt werden. Über die eigenen Kommunikationskanäle von 2.ST wird in positiver Weise für das Carsharing in der Metropole geworben und auf damit verbundene eigene Maßnahmen aufmerksam gemacht, wie z. B. zu neu geschaffenen Carsharing-Stellplätzen. 2.ST hat ein Carsharing-Konzept für die Metropole ausgearbeitet,

---

855 „Um gemeinsam Lösungsansätze für die Gestaltung der urbanen Mobilität der Zukunft zu entwickeln und umzusetzen, haben sich sieben deutsche Städte und acht Unternehmen der Automobilindustrie zusammen mit dem VDA zur Plattform Urbane Mobilität zusammengeschlossen." Verband der Automobilindustrie e.V. (VDA) 2020.

856 Interview 3.ST, 64.

857 Ebd.

858 Ebd.

859 Ebd.

das öffentlich einsehbar ist, d. h. als Broschüre bei 2.ST kostenlos erworben werden kann bzw. auch zum Download bereitgestellt wird. 3.ST hat keinen Kontakt zu regionalen Medienvertretern zum vorhandenen Carsharing-Angebot in der Metropole.
1.ST hat Kontakt zum Verkehrsverbund der Metropole zu geplanten Mobilitätsstationen, an denen auch einzelne Carsharing-Anbieter ihre E-Carsharing-Fahrzeuge platzieren sollen. 2.ST hat keinen Kontakt zum Verkehrsverbund der Metropole, wohingegen 3.ST Kontakt zu diesem hat. Dabei hat er bereits den Versuch unternommen, mehr Carsharing-Stellplätze an Bus- und Bahn-Haltestellen zu platzieren, damit die ÖPNV-Nutzer leichter auf Carsharing-Fahrzeuge sowie auch umgekehrt umsteigen können und so eine multimodale Wegekette ermöglicht wird. Allgemein geht es darum, Mobilitäts-Punkte bzw. -Stationen zu schaffen, um hier den Nutzern den Umstieg vom ÖPNV auf weitere Mobilitätsangebote zu ermöglichen.
Alle drei städtischen Verantwortlichen für den Verkehrs- und Mobilitätsbereich stehen in keinem Kontakt zu den Energieversorgern in den Metropolen in Bezug auf die E-Carsharing-Angebote vor Ort.
1.ST und 2.ST haben Kontakt zum Bundesverband Carsharing, wobei 2.ST erwähnt, dass er eine gute Verbindung zu diesem pflegt, da dieser eine Vielzahl an Informationen zum Thema „Carsharing in den Städten" bereitstellt. 1.ST hat Kontakt zu den Verkehrsclubs ADAC und VCD, die beim Beteiligungsprozess für das Mobilitätsgesetz in der Metropole involviert sind. 2.ST hat Kontakt zum VDA über die Plattform „Urbane Mobilität". 3.ST steht in keinem Kontakt zu Interessenverbänden und Verkehrsclubs in Bezug auf das Carsharing-Angebot in der Metropole.
1.ST hat Kontakt zu Hochschulen in der Metropole hinsichtlich der wissenschaftlichen Begleitung zu Mobilitätskonzepten für die Metropole. Hierbei soll auch das Carsharing als „Befähiger individueller und zugleich nachhaltiger Mobilität" berücksichtigt werden.[860] Das Carsharing-Konzept der Metropole von 2.ST wurde von einem Umweltforschungsinstitut wissenschaftlich begleitet. 3.ST hat Kontakt zu Hochschulen und Forschungseinrichtungen in der Metropole. 3.ST ist Partner von Mobilitätsprojekten und liefert u. a. Grundlagendaten durch Verkehrserhebungen, wobei er hier auch Untersuchungen zum Themenbereich „zukünftige urbane Mobilität" in Auftrag gibt. Alle drei städtischen Verantwortlichen für den Verkehrs- und Mobilitätsbereich berichten, dass weitere Mobilitätsanbieter im Rahmen von „Mobility-on-Demand" vermehrt an sie herantreten, da sie ihre Mobilitätsangebote in den Metropolen platzieren möchten.
1.ST und 2.ST erwähnen, dass sie zu allen Carsharing-Anbietern in der Metropole Kontakt haben. 3.ST macht deutlich, dass bei Lösung der Stellplatzproblematik für Carsharing-Fahrzeuge durchaus neue Carsharing-Anbieter in die Metropole kommen könnten, d. h. auch investorengetriebene Carsharing-Anbieter.

Bewertung der Stakeholder-Beziehungen von Seiten der Städte[861] hinsichtlich ihrer Verbindungen zu den Carsharing-Anbietern:

[860] Interview 1.ST, 55.

[861] Stellvertretend stehen hier die städtischen Verantwortlichen für den Verkehrs- und Mobilitätsbereich (1.ST - 3.ST, Metropolen).

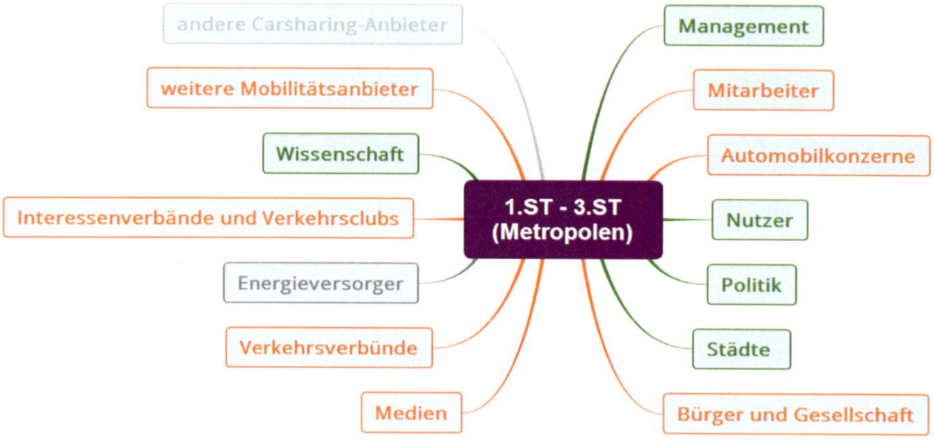

Legende:
starke Beziehungen
Beziehungen vorhanden
keine Beziehungen
nicht relevant

Von Seiten der städtischen Verantwortlichen für den Verkehrs- und Mobilitätsbereich (1.ST - 3.ST/Metropolen) bestehen hinsichtlich ihrer Stakeholder-Beziehungen zu den Carsharing-Anbietern starke Beziehungen zu den Carsharing-Anbietern selbst bzw. deren Management, zu Carsharing-Nutzern, zu politischen Verantwortlichen bzw. Verkehrsministerien auf Landes- und Bundesebene[862] sowie Landesregierungen, zu den kommunalen Entscheidungsträgern, Bürgermeistern und zuständigen Ämtern sowie zur Wissenschaft bzw. Hochschulen und Forschungseinrichtungen. Zu den weiteren Stakeholdergruppen mit Ausnahme der Energieversorger sind Beziehungen vorhanden.

4.ST, 5.ST und 6.ST (Regiopole, Großstadt, Mittelstadt):

4.ST ist im ständigen informellen Austausch mit dem regionalen Carsharing-Anbieter in der Regiopole.[863] Hierbei erwähnt 4.ST, dass er bzw. die Stadt den regionalen Carsharing-Anbieter „wo möglich unterstützt, jedoch sind diese Möglichkeiten gegenwärtig relativ begrenzt."[864] 5.ST ist im ständigen Austausch mit der Vorstandsvorsitzenden des Carsharing-Anbieters in der Großstadt.[865] 6.ST war Mitarbeiter in der Projektentwicklung und ist Mitglied in der Projektleitung und dem Steuerungsgremium des E-Carsharing-Anbieters in der Mittelstadt. 6.ST ist im ständigen Austausch mit dem E-Carsharing-Betreiber, „primär in Bezug auf die schnelle Abwicklung von Einschränkungen der Einsatzbereitschaft der E-Carsharing-Fahrzeuge, zum Beispiel durch fehlerhafte Nutzung oder durch Einschränkungen in der Funktionalität."[866]

4.ST ist im Austausch mit den Mitarbeitern des regionalen Carsharing-Anbieters. 5.ST tauscht sich gelegentlich mit den Mitarbeitern des Carsharing-Anbieters aus, z. B. zu möglichen neuen Stellplätzen in der Großstadt. 6.ST erwähnt, dass es im Grunde keine Mitarbeiter beim E-Carsharing-Anbieter in der Mittelstadt gibt,

[862] Hiermit ist das Bundesministerium für Verkehr und digitale Infrastruktur gemeint.

[863] Die Definition „regionaler Carsharing-Anbieter in der Regiopole" wird deshalb verwendet, da der Carsharing-Anbieter sein Carsharing-Angebot nur in dieser Stadt (=Regiopole) anbietet. Neben diesem Carsharing-Angebot besteht kein weiteres vor Ort.

[864] Interview 4.ST, 43.

[865] Dieser Carsharing-Anbieter ist der einzige Carsharing-Anbieter in der Großstadt.

[866] Interview 6.ST, 63.

da der E-Carsharing-Betrieb über den E-Carsharing-Betreiber abgewickelt wird, der zugleich ein überregionaler Carsharing-Anbieter ist. 6.ST ist einer von drei Konsortialpartnern im E-Carsharing-Projekt in der Mittelstadt.
4.ST und 5.ST haben keinen Kontakt zu Automobilkonzernen in Bezug auf die Carsharing-Angebote vor Ort. 6.ST hat Kontakt zu einem Automobilkonzern über den E-Carsharing-Betreiber. Dieser Automobilkonzern stellt die E-Fahrzeuge für das E-Carsharing-Angebot in der Mittelstadt bereit. Hierbei spricht 6.ST an, dass Kontakt zu weiteren E-Fahrzeug-Herstellern gesucht wird, um die E-Carsharing-Flotte bei Möglichkeit mit weiteren E-Fahrzeug-Modellen zu erweitern.
Sowohl die Mitarbeiter von 4.ST als auch von 5.ST können mit einer eigenen Carsharing-Karte ein Carsharing-Fahrzeug des Carsharing-Anbieters vor Ort für Dienstfahrten nutzen. 6.ST erwähnt hierbei, dass wenig Kontakt zu Nutzern besteht, da sich diese bei Fragen oder Problemen in der Regel direkt an den E-Carsharing-Betreiber wenden.
4.ST hat Kontakt zum Verkehrsministerium auf Landesebene mit folgenden Forderungen: „Die Rahmenbedingungen für das Carsharing müssen verbessert werden“[867], „das bereits am 1.September 2017 verabschiedete Carsharinggesetz (CsgG) muss auf Länder- und Kommunalebene endlich umgesetzt werden, damit die Stellplatzproblematik für Carsharing-Fahrzeuge im öffentlichen Raum final gelöst ist.“[868] 5.ST steht in Kontakt zum Verkehrsministerium auf Landesebene zur Erteilung von Ausnahmegenehmigungen bzw. von Parksonderausweisen für free-floating Carsharing-Fahrzeuge in der Großstadt. Mit diesen können die Carsharing-Nutzer in Anwohnerbereichen sowie kostenfrei auf allen öffentlichen Parkplätzen in der Großstadt parken. 5.ST hat Kontakt zum Verkehrsministerium auf Bundesebene und zur Bundesregierung. Dieser Kontakt läuft über den Carsharing-Anbieter vor Ort ab, da dieser über einen Arbeitskreis in das Carsharing-Bundesgesetzgebungsverfahren involviert war. 6.ST hat Kontakt zur Landesregierung und zum Verkehrsministerium auf Landesebene sowie zur EU[869]. Das E-Carsharing-Projekt wurde mit Fördermitteln vom Land und der EU subventioniert.
Die kommunale Verwaltung von 4.ST ist Mitglied beim regionalen Carsharing-Anbieter. Einzelne Ämter haben eine Carsharing-Karte, mit der die Mitarbeiter Carsharing-Fahrzeuge für Dienstfahrten nutzen können. Die kommunale Verwaltung von 4.ST tritt als Vermieter für Carsharing-Parkplätze auf. So wird etwa die Garage im Hinterhof der städtischen Verwaltung für Carsharing-Fahrzeuge vermietet, zu der die Carsharing-Nutzer ganz normalen Zugang haben. Die kommunale Verwaltung von 4.ST will zukünftig Standorte bzw. Stellplätze im öffentlichen Raum für Carsharing-Fahrzeuge vergeben. Das Carsharinggesetz muss hier noch entsprechend umgesetzt werden. „Die Stellplätze im öffentlichen Raum müssen in der Folge per Ausschreibung an alle Carsharing-Anbieter angeboten werden.“[870] Es besteht Kontakt zu städtischen Ämtern zum Carsharing in der Regiopole: das Tiefbauamt stellt Flächen im öffentlichen Raum zur Verfügung, z. B. für die Schlüsselsafes. Das Ordnungsamt trifft sämtliche Schilderanordnungen, die im öffentlichen Raum umgesetzt werden. „Die Zusammenarbeit mit den städtischen Ämtern ist notwendig, um gemeinsame Flächen festzulegen, wo öffentliche Carsharing-Stellplätze platziert werden können.“[871] Die Großstadt von 5.ST ist Mitglied bei dem Carsharing-Anbieter vor Ort. Die städtischen Ämter haben eine Carsharing-Karte, mit der die Mitarbeiter Carsharing-Fahrzeuge für Dienstfahrten buchen können. Der Gemeinderat der Mittelstadt von 6.ST entscheidet zukünftig über die Fortführung des E-Carsharing-Projektes über die bisher vereinbarte Dauer von 5 Jahren. Das E-Carsharing-Projekt wurde durch eine Expertengruppe bestehend aus den Verantwortlichen des E-Carsharing-Konsortiums unter Beteiligung und Zustimmung der Mittelstadt initiiert. Die Mittelstadt von 6.ST ist Mitglied

[867] Interview 4.ST, 43.
[868] Ebd.
[869] D. h. zu den verantwortlichen Ausschüssen und ihren Vertretern im Europäischen Parlament.
[870] Interview 4.ST, 43.
[871] Ebd.

beim E-Carsharing-Anbieter und selbst Eigentümer eines E-Carsharing-Fahrzeuges. Es bestehen Blockbuchungszeiten von Seiten der Mitarbeiter der städtischen Ämter. Bei Nichtbuchung des E-Carsharing-Fahrzeuges durch städtische Mitarbeiter werden diese den Bürgern vor Ort zur eigenen Buchung zur Verfügung gestellt. 6.ST hat Kontakt zu weiteren Gemeinden in der Region. Diese zeigen Interesse am E-Carsharing-Projekt teilzunehmen und weitere E-Carsharing-Fahrzeuge zu erwerben, die sie dem E-Carsharing-Betrieb vor Ort zur Verfügung stellen wollen.

4.ST hat keinen direkten Kontakt zu Bürgern in der Regiopole in Bezug auf das regionale Carsharing-Angebot. Bürger aus der Großstadt beschweren sich vereinzelt bei 5.ST wegen abgestellten Carsharing-Fahrzeugen vor dem eigenen Haus. Diese empfinden sie als störend, da sie teilweise auch Stellplätze für die eigenen PKW wegnehmen. Die E-Carsharing-Fahrzeuge in der Mittelstadt von 6.ST sowie den teilnehmenden umliegenden Gemeinden stehen den Bürgern frei zur Verfügung. Einzelne E-Carsharing-Fahrzeuge stehen im Eigentum von Unternehmen, Betrieben, Sparkassen, Volksbanken und Versicherungen aus der Mittelstadt sowie den teilnehmenden umliegenden Gemeinden. Die meisten dieser Eigentümer lassen ihre Fahrzeuge bei Nichtbuchung durch die eigenen Mitarbeiter für Dienstfahrten den Bürgern vor Ort zur eigenen Buchung zur Verfügung.

4.ST und 5.ST haben keinen Kontakt zu regionalen Medienvertretern in Bezug auf die Carsharing-Angebote vor Ort. 6.ST bzw. die Mittelstadt wirbt in der regionalen Presse sowie dem regionalen Fernsehsender für das E-Carsharing-Angebot.

4.ST und 5.ST stehen in Kontakt zu den regionalen Verkehrsverbünden in Bezug auf die Carsharing-Angebote, u. a. im Rahmen eines gemeinsamen Pilotprojektes zur Vernetzung zwischen dem ÖPNV und weiteren Mobilitätsanbietern, durch die der Verkehrsverbund zum Mobilitätsverbund weiterentwickelt werden soll. 6.ST hat keinen Kontakt zum regionalen Verkehrsverbund in Bezug auf das E-Carsharing-Projekt.

4.ST hat keinen Kontakt zu Energieversorgern in der Regiopole in Bezug auf das E-Carsharing-Angebot. 5.ST ist mit den städtischen Stadtwerken bezüglich der Standortbestimmung für neue Ladesäulen im Austausch. Die Stadtwerke der Mittelstadt von 6.ST ist Mitglied im Konsortium des E-Carsharing-Projektes.

4.ST und 5.ST haben Kontakt zum Bundesverband Carsharing u. a. in Bezug auf die Umsetzung des Carsharinggesetzes vor Ort. 5.ST steht in Kontakt zu einem Umweltverbund in der Großstadt, der zugleich Aktionär beim Carsharing-Anbieter vor Ort ist. Der Umweltverbund hat in der Großstadt ein Pedelec-Vermietsystem mit den Fahrradhändlern vor Ort initiiert. Das E-Carsharing-Projekt[872] in der Mittelstadt ist kein Mitglied im Bundesverband Carsharing und agiert autark.

4.ST hat Kontakt zur Hochschule und zu Forschungseinrichtungen in der Regiopole, u. a. in Bezug auf das Pilotprojekt, bei dem durch eine bessere Vernetzung der unterschiedlichen Mobilitätsanbieter in der Regiopole und dem Umland der bestehende Verkehrsverbund hin zu einem Mobilitätsverbund weiterentwickelt werden soll. Hier betont 4.ST, dass „zukünftig eine engere Zusammenarbeit mit den umliegenden Gemeinden bezüglich der Vernetzung der unterschiedlichen Mobilitätsangebote geplant ist."[873] 5.ST hat Kontakt zum Fraunhofer Institut. Die Elektrokonzeption für die Großstadt von 5.ST wird vom Fraunhofer Institut wissenschaftlich begleitet sowie vom Bund gefördert. 6.ST erwähnt, dass bei der Standortanalyse der Ladestationen für die E-Carsharing-Fahrzeuge in der Mittelstadt und den teilnehmenden umliegenden Gemeinden, die an bestimmte Kriterien geknüpft ist, eine Hochschule aus der Region beteiligt war.

4.ST spricht an, dass über die Teilnahme am Pilotprojekt Kontakt zu weiteren Mobilitätsanbietern in der Regiopole sowie umliegenden Gemeinden besteht, u. a. zu einem E-Carsharing-Anbieter in einer angrenzenden Mittelstadt, zu Bike Sharing-Anbietern wie auch E-Scooter-Anbietern in der Regiopole. 5.ST hat Kontakt zum

[872] Damit ist das E-Carsharing-Angebot gemeint. Von einem E-Carsharing-Anbieter kann jedoch nicht gesprochen werden, da der E-Carsharing-Betrieb über einen externen (E-)Carsharing-Anbieter abläuft. Dieser (E-)Carsharing-Anbieter, der auch konventionell betriebenes Carsharing anbietet, ist hingegen Mitglied im Bundesverband Carsharing.

[873] Interview 4.ST, 43.

E-Bike Sharing-Anbieter in der Großstadt. 6.ST hat Kontakt zu den städtischen Stadtwerken, die ein eigenes E-Roller Sharing-Angebot in der Mittelstadt anbieten.
4.ST macht deutlich, dass bei Lösung der Stellplatzproblematik für Carsharing-Fahrzeuge durchaus neue Carsharing-Anbieter in die Regiopole kommen könnten. 5.ST steht nur zum regionalen Carsharing-Anbieter in der Großstadt und darüber hinaus zu keinem weiteren in Kontakt. 6.ST war vor Aufsetzen des E-Carsharing-Projektes mit einem anderen Carsharing-Anbieter aus der Region im Gespräch, ob dieser den E-Carsharing-Betrieb übernehmen möchte. Dieser hat jedoch abgelehnt, da für ihn das E-Carsharing-Projekt nicht attraktiv genug war.

Bewertung der Stakeholder-Beziehungen von Seiten der Städte[874] hinsichtlich ihrer Verbindungen zu den Carsharing-Anbietern:

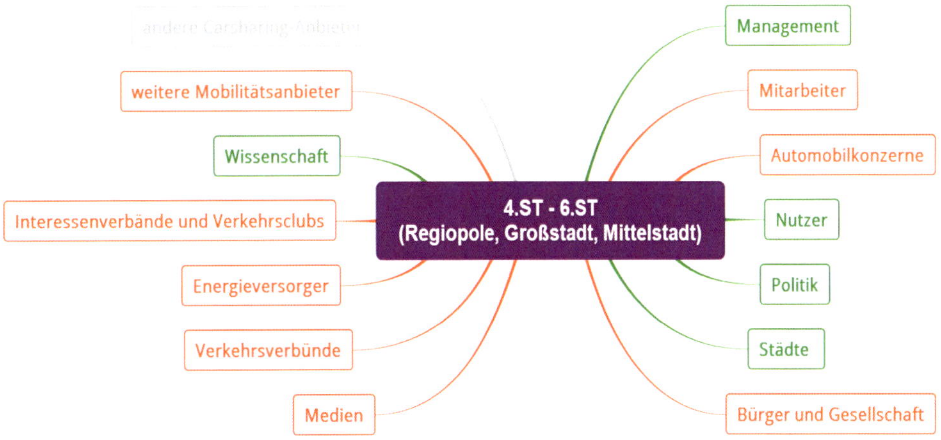

Legende:
starke Beziehungen
Beziehungen vorhanden
keine Beziehungen

Von Seiten der städtischen Verantwortlichen für den Verkehrs- und Mobilitätsbereich (4.ST - 6.ST/ Regiopole, Großstadt, Mittelstadt) bestehen hinsichtlich ihrer Stakeholder-Beziehungen zu den Carsharing-Anbietern dieselben Beziehungen wie von Seiten von 1.ST - 3.ST (Metropolen) mit der Ausnahme, dass auch Beziehungen zu Energieversorgern vorhanden sind.

5.5.5 Stakeholder-Beziehungen der Verkehrsverbünde

Frage: *Gibt es in Bezug auf die Carsharing-Anbieter und deren Geschäftsmodelle vorhandene Beziehungen zu weiteren Stakeholdern? Wie sehen diese aus?*

1.VVB - 3.VVB:

[874] Stellvertretend stehen hier die städtischen Verantwortlichen für den Verkehrs- und Mobilitätsbereich (4.ST - 6.ST, Regiopole, Großstadt, Mittelstadt).

1.VVB ist im ständigen Austausch mit den Verantwortlichen des regionalen Carsharing-Anbieters in der Regiopole.[875] Es besteht eine gemeinsame Kooperation mit dem regionalen Carsharing-Anbieter sowie weiteren Mobilitätsanbietern aus der Region in einem regionalen Mobilitätsprojekt, in dem das bestehende Verkehrsangebot der Regiopole mit dem des Umlandes vernetzt werden soll und eine gemeinsame digitale Mobilitätsplattform entwickelt wird. Dadurch möchte sich der Verkehrsverbund zum Mobilitätsverbund weiterentwickeln. Auf die digitale Mobilitätsplattform soll über eine Mobilitäts-App zugegriffen werden können. Hierbei sollen die Nutzer auch auf das Carsharing-Angebot des regionalen Carsharing-Anbieters zugreifen können, d. h. die Carsharing-Fahrzeuge sollen über die Mobilitäts-App geortet, gebucht und bezahlt werden können. Es besteht eine seit mittlerweile 10 Jahre lang andauernde Marketing-Kooperation mit dem regionalen Carsharing-Anbieter. Auf jedem Carsharing-Fahrzeug ist ein Aufkleber des Verkehrsverbundes sichtbar. Kunden des Verkehrsverbundes, die in Besitz eines der vielen Fahrkarten-Abonnements sind, erhalten Vergünstigungen für den Anfangszeitraum von drei Monaten auf das Carsharing-Angebot des regionalen Carsharing-Anbieters. 2.VVB ist im ständigen Austausch mit den Verantwortlichen des regionalen Carsharing-Anbieters der Metropole.[876] Es besteht eine seit ca. 20 Jahren andauernde Marketing-Kooperation, die zu Beginn eher lose war und in den vergangenen Jahren intensiver geworden ist. Es wurde eine Kooperationsvereinbarung zur Zusammenarbeit im Schnittstellenbereich geschlossen, d. h. zur ÖPNV-Nutzung, Tarifierung und zum Marketing. So erhalten die Kunden des Verkehrsverbundes, die in Besitz eines Fahrkarten-Abonnements sind, Vergünstigungen beim regionalen Carsharing-Anbieter. Der Verkehrsverbund hat in der Unternehmenszentrale einen Stellplatz bzw. eine Ladesäule für ein E-Carsharing-Fahrzeug des regionalen (E-)Carsharing-Anbieters installiert. Das E-Carsharing-Fahrzeug ist für die Mitarbeiter von 2.VVB reserviert, die dieses für Dienstfahrten nutzen können. 3.VVB ist im ständigen Austausch mit den Verantwortlichen eines regionalen Carsharing-Anbieters in der Metropole. Es besteht eine enge Kooperation mit dem regionalen Carsharing-Anbieter v. a. in Form von gemeinsamen Marketing-Maßnahmen und Veranstaltungen. Darüber hinaus bestehen Vergünstigungen beim Carsharing-Anbieter für die Inhaber eines Jahreskartenabonnements des Verkehrsverbundes. Der erste Kontakt wurde vor über 20 Jahren geschlossen. Der Verkehrsverbund hat in der Tiefgarage der Unternehmenszentrale Stellplätze für den regionalen Carsharing-Anbieter reserviert. Dabei sind zwei Carsharing-Fahrzeuge von 8-18 Uhr exklusiv für die eigenen Mitarbeiter reserviert. Ab 18 Uhr und am Wochenende stehen diese Carsharing-Fahrzeuge den Bürgern vor Ort frei zur Verfügung, die diese buchen können. Es besteht zu zwei weiteren überregionalen Carsharing-Anbietern in der Metropole eine eher lose Kooperation. Der Verkehrsverbund gewährt seinen Jahresfahrkarten-Inhabern über die digitale Mobilitätskarte ein Fahrtguthaben, dass sie bei diesen Carsharing-Anbietern einlösen können.

Alle drei Verkehrsverbünde bzw. deren verantwortliche Mitarbeiter sind im ständigen Austausch mit den Mitarbeitern der regionalen Carsharing-Anbieter. Alle drei Verkehrsverbünde haben bezüglich der Verbindung zu den Carsharing-Anbietern keinen Kontakt zu Automobilkonzernen.

In Bezug auf die Verbindung zu den Carsharing-Nutzern erwähnt 1.VVB, dass über die gemeinsam geplante Mobilitäts-App und einer entsprechend eingebauten Funktion Kontakt zu den Carsharing-Nutzern aufgebaut werden soll. So können sich die Carsharing-Nutzer bei Fragen und Problemen über diese Funktion direkt an den Carsharing-Anbieter oder den Verkehrsverbund wenden. 2.VVB hat über seine Kooperationsangebote mit dem regionalen Carsharing-Anbieter auch Kontakt zu den Carsharing-Nutzern. 3.VVB berichtet, dass über die Verkehrsverbund-Mobilitäts-App auch Kontakt zu den Carsharing-Nutzern besteht, die zugleich Nutzer

[875] Die Definition „regionaler Carsharing-Anbieter in der Regiopole" wird deshalb verwendet, da der Carsharing-Anbieter sein Carsharing-Angebot nur in dieser Stadt (=Regiopole) anbietet. Neben diesem Carsharing-Angebot besteht kein weiteres vor Ort.

[876] Die Definition „regionaler Carsharing-Anbieter in der Metropole" wird deshalb verwendet, da der Carsharing-Anbieter sein Carsharing-Angebot nur in dieser Metropole anbietet. Neben diesem Carsharing-Anbieter gibt es noch weitere Carsharing-Anbieter in der Metropole.

des ÖPNV-Angebots im Verkehrsverbund sind. Hier können sich die ÖPNV-Nutzer bei Fragen und Problemen über einen entsprechenden Kontakt-Button direkt an den Verkehrsverbund wenden.
Alle drei Verkehrsverbünde haben Kontakt zum Verkehrsministerium auf Landes- und Bundesebene in Bezug auf Förderprogramme, für die sich die Verkehrsverbünde beworben bzw. die diesen bereits zugeteilt wurden. So können z. B. Subventionen zum Bau von Mobilitätsstationen sowie den Bau von Ladesäulen für E-Carsharing-Fahrzeuge in Anspruch genommen werden. 1.VVB berichtet, dass zum gemeinsamen regionalen Mobilitätsprojekt eine Zusammenarbeit mit den angrenzenden Mittelstädten und Gemeinden der Regiopole besteht. 2.VVB erwähnt, dass mit Städten im Verkehrsverbund „eine Zusammenarbeit zum Ausbau der gegenwärtigen Straßen- und Schieneninfrastruktur hin zu einer Verkehrsinfrastruktur, die nachhaltige Mobilität fördert“[877], besteht. 2.VVB sieht hier Carsharing als „einen notwendigen Mobilitätsbaustein nachhaltiger individueller Mobilität.“[878] 3.VVB berichtet, dass die an die Metropole angrenzenden Städte und Gemeinden vermehrt Interesse zeigen, ein eigenes (E-)Carsharing-Angebot vor Ort in ihr bereits bestehendes öffentliches Mobilitätsangebot zu integrieren und kommunizieren dies auch an 3.VVB.
1.VVB berichtet, dass der Verkehrsverbund die Bürger hinsichtlich der Entwicklung bzw. dem Ansatz hin zum Mobilitätsverbund, d. h. der Nutzung alternativer Mobilitätsangebote zum eigenen Auto, ansprechen möchte. Hierzu wird es in naher Zukunft Bürger- sowie Beteiligungsforen vor Ort geben, an denen der regionale Carsharing-Anbieter auch teilnehmen wird. 2.VVB und 3.VVB berichten, dass die Bürger bei Fragen, Problemen oder Beschwerden zum ÖPNV-Angebot der Verkehrsverbünde mit ihnen in Kontakt treten. Dabei machen die Verkehrsverbünde über ihre gemeinsamen Marketing-Kooperationen mit den Carsharing-Anbietern die eigenen Nutzer mit Werbung auf die Carsharing-Angebote aufmerksam.
1.VVB hat keinen Kontakt zu Energieversorgern in Bezug auf das E-Carsharing-Angebot in der Regiopole. 2.VVB hat Kontakt zu einem Energieversorgungsunternehmen in der Metropole. Der Verkehrsverbund hat in seiner Unternehmenszentrale einen Stellplatz für ein E-Carsharing Fahrzeug reserviert und eine Ladesäule vom Energieversorgungsunternehmen installieren lassen. 3.VVB steht in einer Kooperation mit einem Energieversorgungsunternehmen, der die Ladesäulen für die E-Carsharing Fahrzeuge eines free-floating Carsharing-Anbieters in dessen Geschäftsgebiet in der Metropole installiert hat. Das Geschäftsgebiet des E-Carsharing-Anbieters erstreckt sich überwiegend auf die Innenstadt der Metropole. Mit der digitalen Verkehrsverbund-Mobilitätskarte können die ÖPNV-Nutzer, die zugleich das free-floating E-Carsharing Angebot nutzen, an den Ladesäulen des Energieversorgungsunternehmens die E-Carsharing-Fahrzeuge aufladen.
1.VVB und 2.VVB haben lediglich Kontakt zu Fahrgastverbänden und keinen weiteren Kontakt zu Interessenverbänden und Verkehrsclubs. 3.VVB hat neben dem Kontakt zu Fahrgastverbänden Kontakt zum VCD, der im Verkehrsverbund sehr aktiv ist.
1.VVB erwähnt, dass zum gemeinsamen regionalen Mobilitätsprojekt eine Zusammenarbeit mit der Hochschule aus der Regiopole besteht. 2.VVB hat Kontakt zur Hochschule in der Metropole zur Weiterentwicklung von Mobilitätsangeboten im Verkehrsverbund. Für 2.VVB spielt hier auch das Carsharing als Möglichkeit individueller motorisierter Mobilität eine wichtige Rolle. 3.VVB hat Kontakt zur Hochschule in der Metropole zum Thema „autonomes Fahren und dessen zukünftige Rolle in der Metropole.“ Hierbei stellt sich die Frage, „ob das autonome Fahren das Geschäftsmodell Carsharing substituiert oder ob das Carsharing eher in Richtung Ride Sharing gehen wird?“[879]
1.VVB hat das Bike Sharing-System, das von der Regiopole ausgeschrieben war, in das Mobilitätsangebot des Verkehrsverbundes mit aufgenommen. 2.VVB hat vor kurzem das Mobilitätsangebot des Verkehrsverbundes um ein Bike Sharing-Angebot erweitert. 3.VVB spricht im Zusammenhang mit dem Kontakt zu weiteren Mobilitätsanbietern an, dass mit der digitalen Verkehrsverbund-Mobilitätskarte die Nutzer auf weitere Sharing-

[877] 2.VVB, 50.
[878] Ebd.
[879] Interview 3.VVB, 38. Siehe Kapitel 8.6, Erläuterung relevanter Begriffe: Ride Sharing.

Angebote in der Metropole zugreifen können, zu denen ein E-Roller Sharing- sowie ein Bike Sharing-Angebot gehören. Darüber hinaus kann mit der digitalen Mobilitätskarte an einigen öffentlichen Parkhäusern in der Metropole geparkt werden, d. h. die Nutzer können diese dort als Dauerparkausweis verwenden oder mit ihr die Parkgebühren bezahlen. Elektro-Fahrzeuge können an entsprechenden Ladepunkten in den Parkhäusern mit der digitalen Mobilitätskarte aufgeladen werden.
1.VVB möchte den E-Carsharing-Anbieter, der in der angrenzenden Mittelstadt sowie umliegenden Gemeinden sein Geschäftsgebiet hat, für seine digitale Mobilitätsplattform gewinnen, d. h., dass die Nutzer über die Mobilitäts-App auch dieses E-Carsharing-Angebot buchen können. 2.VVB spricht zu Verbindungen zu weiteren Carsharing-Anbietern an, dass ein loser Kontakt zu einem überregionalen Carsharing-Anbieter, der auf einer tariflichen Kooperation basiert, besteht. Kunden, die in Besitz eines Fahrkarten-Abonnements des Verkehrsverbundes sind, müssen die Aufnahmegebühr beim überregionalen Carsharing-Anbieter nicht bezahlen. 3.VVB steht neben dem regionalen Carsharing-Anbieter mit weiteren (E-)Carsharing-Anbietern in der Metropole, zu denen auch ein free-floating-Anbieter gehört, im gelegentlichen Kontakt.

Bewertung der Stakeholder-Beziehungen von Seiten der Verkehrsverbünde hinsichtlich ihrer Verbindungen zu den Carsharing-Anbietern:

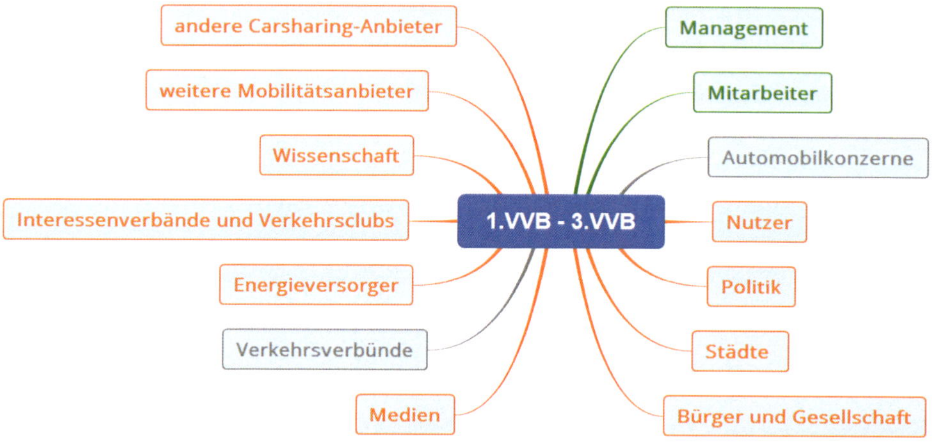

Legende:
starke Beziehungen
Beziehungen vorhanden
keine Beziehungen
nicht relevant

Von Seiten der Verkehrsverbünde bestehen hinsichtlich ihrer Stakeholder-Beziehungen zu den Carsharing-Anbietern starke Beziehungen zu den Carsharing-Anbietern selbst bzw. deren Management sowie zu deren Mitarbeitern. Keine Beziehungen bestehen zu Automobilkonzernen sowie zu anderen Verkehrsverbünden, d. h. zwischen den Verkehrsverbünden untereinander. Zu allen anderen Stakeholdergruppen sind Beziehungen vorhanden.

5.5.6 Stakeholder-Beziehungen der Energieversorger

Frage: *Gibt es in Bezug auf die E-Carsharing-Anbieter und deren Geschäftsmodelle vorhandene Beziehungen zu weiteren Stakeholdern? Wie sehen diese aus?*

1.EV - 3.EV

1.EV steht in einer Geschäftsbeziehung mit einem überregionalen E-Carsharing-Anbieter[880], der sein E-Carsharing-Angebot primär in Metropolen anbietet. 1.EV hat hier zusammen mit dem E-Carsharing-Anbieter die Ladesäuleninfrastruktur aufgesetzt und stetig weiterentwickelt. Zum Betriebsstart neuer Ladesäulen sind Tests zur Schnittstelle zwischen E-Fahrzeugen und der Ladesäule notwendig, um einen reibungslosen Ladevorgang zu gewähren. Diese Tests müssen auch bei neuen E-Fahrzeugen durchgeführt werden, da diese eine neue Ladeeinrichtung, neue Software, neue IT und neue Schnittstellen haben. Hier fordert 1.EV eine reibungslose Zusammenarbeit mit dem E-Carsharing-Anbieter, um die entsprechenden Schnittstellen-Tests bei den E-Fahrzeugen durchführen zu können. 2.EV steht mit dem regionalen E-Carsharing-Anbieter in der Metropole[881] in einer Geschäftsbeziehung zur Bereitstellung der Ladeinfrastruktur. 2.EV hat darüber hinaus ein eigenes quartiersbezogenes E-Carsharing-Angebot in einem neu entstehenden Stadtquartier in der Metropole. 3.EV ist einer von drei Konsortialpartner im E-Carsharing-Projekt einer Mittelstadt und hier für die Ladeinfrastruktur verantwortlich.

1.EV steht im Austausch mit den Mitarbeitern des E-Carsharing-Anbieters. Der E-Carsharing-Anbieter lässt seine E-Fahrzeuge von zuständigen Mitarbeitern an die Ladesäulen im Geschäftsgebiet zurückfahren, falls deren Nutzer diese außerhalb des Geschäftsgebiets abstellen. Hierbei steht 1.EV mit den zuständigen Mitarbeitern in Kontakt, falls hier z. B. Probleme bezüglich des Ladevorgangs auftreten. 2.EV ist im Austausch mit den Mitarbeitern des regionalen Carsharing-Anbieters. Für das eigene E-Carsharing-Angebot sind eigene Mitarbeiter verantwortlich, die bei 2.EV angestellt sind. 3.EV hat vor dem Hintergrund seines definierten Verantwortungsbereiches keinen Kontakt zu den Mitarbeitern des E-Carsharing-Betreibers, sondern lediglich zu den beiden weiteren Konsortialpartnern. Der Kontakt zum E-Carsharing-Betreiber läuft über den Konsortialpartner Regionale Wirtschaftsförderung ab.

1.EV steht in Kontakt zu verschiedenen Automobilherstellern, die E-Fahrzeuge verkaufen. 1.EV macht hierbei deutlich, dass es „gegenwärtig immer noch viel zu wenig massenmarktfähige E-Fahrzeuge gibt."[882] 2.EV ist im Forschungs- und Entwicklungsbereich in Projekten mit der Automobilindustrie involviert sowie auch im Lobbying für Elektromobilität. Zum E-Carsharing-Angebot in der Metropole gibt es jedoch keine Schnittstellen mit einem Automobilkonzern. 3.EV steht mit einem Automobilhersteller, der die E-Fahrzeuge für das E-Carsharing Projekt verkauft hat, im Austausch. Die Nutzer der Ladesäulen treten sowohl an 1.EV[883] als auch an 2.EV[884] heran, wenn irgendwelche Probleme beim Ladevorgang auftreten bzw. rufen dann die entsprechende Kundenhotline an. 3.EV möchte den Nutzern „Elektromobilität erlebbar machen"[885], wobei sich die Nutzer bei Fragen und Problemen zum E-Carsharing und den Ladesäulen jederzeit telefonisch sowie über ein entsprechendes Kontaktformular online und per Mail an 3.EV wenden können.

1.EV betreibt politische Gremienarbeit in Berlin[886] und Brüssel[887] zu allen Themen rund um Elektromobilität, die das Energieversorgungsunternehmen betreffen. 1.EV hat Kontakt zu verantwortlichen Ministerien auf Landes- und Bundesebene zu Förderprogrammen für E-Mobilität sowie den Auf- und Ausbau der Ladeinfrastruktur. 1.EV ist Mitglied in der „Nationalen Plattform Elektromobilität"[888], in der u. a. diskutiert wird, wie

---

880 Dieser bietet sein E-Carsharing-Angebot in Metropolen und Großstädten in Deutschland an und hat sowohl E-Fahrzeuge wie auch konventionell betriebene Fahrzeuge in seinen Carsharing-Flotten.

881 Die Definition „regionaler E-Carsharing-Anbieter in der Metropole" wird deshalb verwendet, da der E-Carsharing-Anbieter sein E-Carsharing-Angebot nur in dieser Metropole anbietet.

882 Interview 1.EV, 56.

883 Bzw. den verantwortlichen Mitarbeitern.

884 Bzw. den verantwortlichen Mitarbeitern.

885 Interview 3.EV, 38.

886 Im Bundestag.

887 Im Europäischen Parlament.

888 Diese ist in der Zwischenzeit in die „Nationale Plattform Zukunft der Mobilität" übergegangen.

die Hochlaufkurven der E-Fahrzeuge gegenwärtig sowie beim Ausbau der Ladeinfrastruktur aussehen. Hier besteht eine direkte Verbindung in die einzelnen Arbeitsgruppen der „Nationalen Plattform Elektromobilität", an denen Beamte aus verschiedenen Ministerien teilnehmen. Auch von hier bekommt 1.EV Unterstützung durch unterschiedliche Förderprogramme zur E-Mobilität und Ladeinfrastrukturausbau. 2.EV hat Kontakt zu verantwortlichen Ministerien auf Landes- und Bundesebene hinsichtlich Förderprogramme für E-Mobilität sowie den Auf- und Ausbau der Ladeinfrastruktur. 3.EV hat Kontakt zum Verkehrsministerium auf Landesebene sowie zur EU in Bezug auf das geleistete Förderprogramm für das E-Carsharing Projekt.
1.EV hat Kontakt zu den kommunalen Verwaltungen bzw. Stadtplanungsämtern der Städte, wenn es darum geht, Standorte für E-Ladesäulen auf öffentlichem Grund und Boden neu auszusuchen. Hierbei sind verschiedene städtische Ämter involviert, vom Stadtplanungsamt über den Denkmalschutz über das Gartenbauamt bis hin zur Stadtgärtnerei. 1.EV ist offen dafür, nicht nur in Metropolen, Großstädten und Regiopolen, sondern auch in Mittel- und Kleinstädten Ladeinfrastruktur aufzubauen, wenn ein funktionierendes E-Carsharing-System vor Ort mit Nutzern vorhanden ist. 2.EV steht in einer engen Beziehung zur Stadt[889], die zugleich auch Shareholder des Energieversorgungsunternehmens ist. Das gemeinsame Ziel ist es, Elektromobilität und Ladeinfrastruktur in der Metropole weiter auszubauen. Das E-Carsharing wird als wichtiger Treiber gesehen, da dadurch Ladesäulen im öffentlichen Raum sukzessive aufgebaut werden. Auf Grund der politischen Vorgaben zu den (Diesel-)Fahrverboten in den Innenstädten bestehen gemeinsame Gespräche mit den Verantwortlichen der Stadt, „umweltfreundliche und emissionsarme Mobilität weiter auszubauen."[890] Hierbei spielen auch Förderprogramme zur E-Mobilität eine wichtige Rolle. Die E-Carsharing-Anbieter nehmen nach Meinung von 2.EV „eine Schlüsselposition ein, da sie den Aufbau der Ladeinfrastruktur vorantreiben."[891] 3.EV steht als Konsortialpartner indirekt in einer Beziehung zur Mittelstadt, da deren Regionale Wirtschaftsförderung für die Koordination des E-Carsharing Projektes zuständig ist. 3.EV ist primär für die Bereitstellung und Wartung der Ladesäulen verantwortlich und tauscht sich hierzu mit den zuständigen städtischen Ämtern der Mittelstadt sowie denen der teilnehmenden umliegenden Gemeinden aus. In Bezug auf die Energielieferungen und den Stromverbrauch der E-Carsharing-Fahrzeuge stellt 3.EV der Mittelstadt und den teilnehmenden Gemeinden die entsprechenden Rechnungen aus. Es bestehen neue Anfragen aus weiteren umliegenden Gemeinden am E-Carsharing-Projekt teilnehmen zu wollen. 3.EV ist hier als Konsortialpartner offen, die Ladeinfrastruktur auch in diesen Gemeinden aufzubauen. Da die E-Carsharing-Fahrzeuge von den Mitarbeitern der Unternehmen, Betriebe, Volksbanken, Sparkassen und Versicherungen genutzt[892] und an den Ladesäulen aufgeladen werden, ist hier eine Grundlast sowie ein Stromabsatz vorhanden.
1.EV hat keinen direkten Kontakt zu Bürgern in Bezug auf das E-Carsharing-Angebot seines Kunden. 2.EV spricht über sein vorhandenes Produktangebot die eigenen Kunden auch auf das eigene E-Carsharing-Angebot im neu entstehenden Stadtquartier an. 3.EV hat über sein eigenes Produktangebot die eigenen Stromkunden bereits auf das regionale E-Carsharing-Angebot aufmerksam gemacht.
Alle drei Energieversorger machen über ihre Kommunikationskanäle Werbung für die E-Carsharing-Angebote. 1.EV berichtet, dass ein Teilprojekt mit einem Verkehrsverbund, der im Ladesäulen-Gebiet von 1.EV liegt, besteht. Kunden des Verkehrsverbundes, die in Besitz einer Mobilitätskarte[893] sind, können mit dieser auch private E-Fahrzeuge an den Ladesäulen von 1.EV laden. 1.EV möchte dadurch die Vernetzung zwischen den unterschiedlichen Mobilitätsangeboten vorantreiben. 2.EV berichtet, dass über das eigene E-Carsharing-Angebot eine Kooperation mit dem regionalen Verkehrsverbund geplant ist. So möchte 2.EV in Kooperation mit dem regionalen Verkehrsverbund und weiteren Mobilitätsanbietern in der Metropole „nachhaltige Mobilität

[889] Damit ist die Metropole bzw. deren verantwortliche Mitarbeiter in Bezug auf Mobilität gemeint.

[890] Interview 2.EV, 41.

[891] Ebd.

[892] Diese sind Eigentümer der E-Carsharing-Fahrzeuge.

[893] Diese kann als Chipkarte sowie auch als E-Ticket erworben werden.

etablieren."[894] Dies geht nach 2.EV nur, „wenn die Mobilitätsanbieter sich noch besser miteinander vernetzen, kooperieren und attraktive Angebote für ihre Nutzer schaffen."[895] 3.EV berichtet, dass es erste Gespräche mit dem regionalen Verkehrsverbund gibt, die Vernetzung voranzutreiben, d. h. zunächst einmal gemeinsame Marketingmaßnahmen zu entwickeln, die neben dem E-Carsharing-Angebot auch das Stadtbusangebot mit E-Bussen von 3.EV in der Mittelstadt betreffen sollen.

1.EV und 2.EV stehen in keinem Kontakt zu weiteren Energieversorgern. 3.EV hat mit den Stadtwerken aus angrenzenden Mittelstädten in der Region einen Ladeverbund geschlossen. Die E-Carsharing-Nutzer sowie Mitglieder dieser Stadtwerke können ihre (privaten) E-Fahrzeuge an den im Ladeverbund vorhandenen Ladesäulen mit einem einheitlichen Zugangs-, Lade- und Preissystem laden.

1.EV hat Kontakt zum VDA zum Thema: „Wann kommen welche E-Fahrzeuge mit welchen Ladeleistungen und Hochlaufkurven auf den Markt?" So erhält 1.EV Planungssicherheit und kann auch die Strom-Netze sukzessive weiterentwickeln. Darüber hinaus hat 1.EV Kontakt zu Umweltverbänden im Rahmen seiner politischen Gremienarbeit. 2.EV und 3.EV haben keinen Kontakt zu Interessenverbänden und Verkehrsclubs in Bezug auf die Verbindung zu den E-Carsharing-Anbietern.

1.EV und 2.EV haben Kontakt zu Forschungseinrichtungen zur Weiterentwicklung der Ladesäulen-Technologie sowie Elektromobilität allgemein. 3.EV berichtet, dass Kontakt zu einer Hochschule aus der Region besteht, die die Standortauswahl der Ladesäulen für die E-Carsharing-Fahrzeuge in der Mittelstadt sowie den teilnehmenden umliegenden Gemeinden wissenschaftlich begleitet hat.

1.EV und 2.EV sind offen dafür, die Ladeinfrastruktur für weitere E-Mobilitätsanbieter aufzubauen bzw. zur Verfügung zu stellen, z. B. für Pedelec-, E-Roller- oder E-Busse-Anbieter. Darüber hinaus sollen auch private E-Fahrzeuge an den Ladesäulen von 1.EV und 2.EV geladen werden können. 3.EV stellt seine Ladeinfrastruktur nicht nur für das E-Carsharing-Angebot, sondern auch für ein eigenes E-Roller Sharing-Angebot in der Mittelstadt bereit.

1.EV berichtet, dass er offen dafür ist, die Ladeinfrastruktur für weitere E-Carsharing-Anbieter aufzubauen, falls „eine gewisse Grundlast bzw. ein vorhandener Traffic an den Ladesäulen gegeben ist, d. h., dass die E-Carsharing-Fahrzeuge genutzt und aufgeladen werden."[896] 2.EV ist mit anderen E-Carsharing-Anbietern aus anderen Städten in Gesprächen, den Aufbau und die Wartung der Ladeinfrastruktur für diese zu übernehmen 3.EV ist offen dafür, dass weitere E-Carsharing-Anbieter die Ladesäulen, die von 3.EV für den E-Carsharing-Anbieter in der Mittelstadt sowie teilnehmenden umliegenden Gemeinden errichtet wurden und werden, nutzen können.

Bewertung der Stakeholder-Beziehungen von Seiten der Energieversorger hinsichtlich ihrer Verbindungen zu den Carsharing-Anbietern:

[894] Interview 2.EV, 41.

[895] Ebd.

[896] Interview 1.EV, 56.

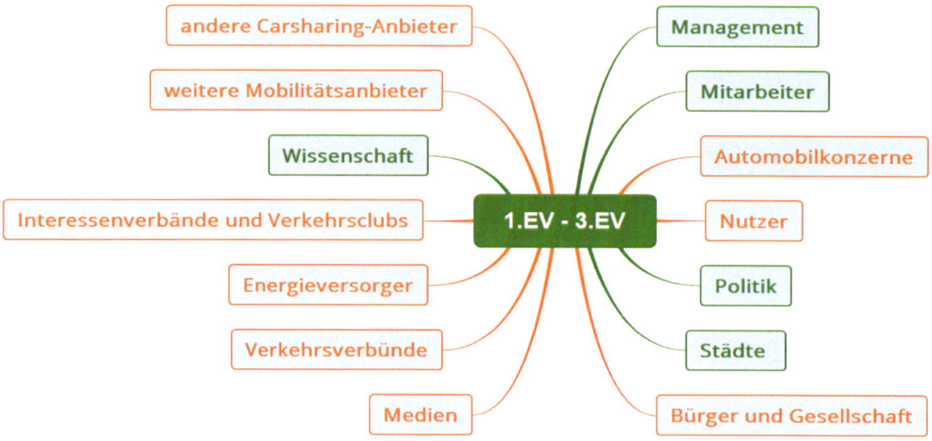

Legende:
starke Beziehungen
Beziehungen vorhanden
keine Beziehungen
nicht relevant

Von Seiten der Energieversorger bestehen hinsichtlich ihrer Stakeholder-Beziehungen zu den E-Carsharing-Anbietern starke Beziehungen zu den E-Carsharing-Anbietern selbst bzw. deren Management, zu deren Mitarbeitern und zu politischen Verantwortlichen bzw. Verkehrsministerien auf Landes- und Bundesebene[897], Landesregierungen sowie auch zur EU[898]. Auch bestehen starke Beziehungen zu den Städten und ihren verantwortlichen Mitarbeitern in Bezug auf Mobilität sowie zur Wissenschaft bzw. Hochschulen und Forschungseinrichtungen. Zu allen anderen Stakeholdergruppen sind Beziehungen vorhanden.

5.5.7 Stakeholder-Beziehungen der Interessenverbände und Verkehrsclubs

Frage: *Gibt es in Bezug auf die Carsharing-Anbieter und deren Geschäftsmodelle vorhandene Beziehungen zu weiteren Stakeholdern? Wie sehen diese aus?*

Um Gemeinsamkeiten und Unterschiede zu den Stakeholder-Beziehungen der ausgesuchten Interessenverbände und Verkehrsclubs zu eruieren, werden diese im Folgenden näher dargestellt. Dabei bittet es sich an, diese in Interessenverbände und Verkehrsclubs einzuteilen.

1.IV und 2.IV (Interessenverbände)

Die Carsharing-Anbieter sind Mitglieder von 1.IV.[899] Aufgaben von 1.IV sind die folgenden: unternehmensübergreifende Öffentlichkeitsarbeit, allgemeine Informationspolitik, Veröffentlichung aktueller Statistiken zum Carsharing in Deutschland, Lobbyarbeit gegenüber der Politik, ausgehandelte Angebote an die Mitglieder weitergeben. Dies betrifft Dienstleistungen in Form von Rahmenverträgen mit Automobilherstellern, mit Versicherungen sowie mit Mineralölkonzernen. Es besteht auch eine Zusammenarbeit mit Carsharing-Anbietern, die keine Mitglieder bei 1.IV sind, wobei dies primär free-floating Anbieter der Automobilkonzerne sind. Hierbei werden z. B. gemeinsame Themen diskutiert sowie Stellungnahmen und Positionen verfasst, wie dies

[897] Hiermit ist das Bundesministerium für Verkehr und digitale Infrastruktur gemeint.

[898] D. h. zu den verantwortlichen Ausschüssen und ihren Vertretern im Europäischen Parlament.

[899] Zum Zeitpunkt des Interviews waren von insgesamt 165 Carsharing-Anbietern in Deutschland 140 Mitglieder bei 1.IV. Zeitpunkt: August 2018.

beim Carsharinggesetz der Fall war. Auch gibt es gemeinsame Veranstaltungen wie z. B. auf der IAA[900]. 1.IV betreibt jedoch keine Lobbyarbeit für die Nicht-Mitglieder. 2.IV berichtet, dass der Kontakt zu den Carsharing-Anbietern im Wesentlichen über den Bundesverband Carsharing abläuft. 2.IV hat über die Automobilkonzerne, die Mitglieder von 2.IV sind, Kontakte zu deren Carsharing-Anbietern, die Tochterunternehmen der Automobilkonzerne sind.

1.IV hat in allen Bereichen, wo Kontakt mit den Carsharing-Anbietern besteht, auch Kontakt zu deren Mitarbeitern. 1.IV ist auf aktuelle Rückmeldungen der Carsharing-Anbieter zu deren Unternehmensentwicklungen angewiesen, weil 1.IV auch nur solche Informationen weitergeben kann, die von Seiten ihrer Mitglieder kommuniziert werden. 2.IV hat zu den Mitarbeitern der Carsharing-Anbieter der Automobilkonzerne auf gemeinsamen Veranstaltungen Kontakt. 1.IV berichtet, dass in Bezug auf die bestehenden Rahmenverträge Kontakt zu den Automobilkonzernen besteht. Dies schließt die Fahrzeugverkäufe von Seiten der Automobilhersteller an die Carsharing-Anbieter mit ein. Im Rahmen der „Dieselaffäre" wurde ein kontroverser Meinungsaustausch mit Vertretern der Automobilindustrie geführt, da die Diesel-Fahrzeuge in den Carsharing-Flotten durch emissionsarme Fahrzeuge ersetzt werden müssen. 1.IV kritisiert die teuren Marktpreise für E-Fahrzeuge und kommuniziert dies auch an die Automobilindustrie. So bekommt 1.IV zwar Großabnehmer-Nachlässe, die er an seine Mitglieder weitergibt, diese betreffen jedoch nur konventionell betriebene Fahrzeuge und nicht E-Fahrzeuge, für die es momentan nur einen sehr geringen Nachlass gibt. 2.IV erwähnt, dass es Verbindungen zur Automobilindustrie zu verkehrspolitischen Themen wie z. B. „PKW-Maut", „Diesel-Fahrverbote", „Tempolimit" sowie in Bezug auf Fragen zur „zukünftigen urbanen Mobilität etwa auch in Verbindung mit dem autonomen Fahren sowie neuen Mobilitätsdienstleitungen wie dem Ride Hailing oder dem Ride Pooling" gibt.[901]

1.IV hat nur indirekten Kontakt zu Carsharing-Nutzern über die Carsharing-Anbieter. 2.IV steht in keiner direkten Verbindung zu Carsharing-Nutzern.

1.IV hat intensiven Kontakt zum Verkehrsministerium auf Bundesebene sowie weiteren involvierten Ministerien in Bezug auf die Umsetzung des Carsharinggesetzes. Hierbei erwähnt 1.IV, dass „in der Weiterentwicklung des Carsharinggesetzes [...] auch die Landesregierungen gefordert [sind], weil sie ihre Landesstraßengesetzgebung in dem Punkt Sondernutzung anpassen müssen."[902] 1.IV hat kürzlich zwei Stellungnahmen zu zwei Gesetzesvorhaben auf Landesebene geschrieben, bei denen es um das Carsharinggesetz auf Landesebene sowie um eine Änderung des Landesstraßengesetzes geht. Der Kontakt zur EU[903] ist eher lose, jedoch ist 1.IV stark abhängig davon, was an Richtlinien von der EU vorgegeben werden, die 1.IV an seine Mitglieder weitergibt. 2.IV steht im intensiven Dialog mit politischen Verantwortlichen in Bezug auf Mobilität über eine Plattform zum Thema „urbane Mobilität". Hierbei geht es um die Implementierung neuer Mobilitätsangebote zu denen auch das Carsharing gehört.

1.IV steht in intensiven Kontakt zu den kommunalen Verwaltungen in Bezug auf die Umsetzung des Carsharinggesetzes vor Ort. Hierbei wissen viele Städte nicht, wie sie die Gesetzesvorgaben bzw. die Fördermöglichkeiten, die durch das Carsharinggesetz gegeben sind, auf kommunaler Ebene umsetzen können, weil dies „eine völlig neue Rechtsthematik betrifft."[904] 1.IV holt hierzu gegenwärtig juristische Fachexpertise ein, „weil dies Spezialgebiete wie Vergabe- und Wettbewerbsrecht betrifft"[905], womit sich nach Angaben von 1.IV „nur wenige auskennen, gerade was das Thema Carsharing-Stellplätze im öffentlichen Raum angeht."[906] 2.IV steht

[900] Internationale Automobil-Ausstellung.

[901] Interview 1.IV, 49.

[902] Ebd.

[903] D. h. zu den verantwortlichen Ausschüssen und ihren Vertretern im Europäischen Parlament.

[904] Interview 1.IV, 49.

[905] Ebd.

[906] Interview 1.IV, 49.

in Kontakt zu den Städten zu verkehrspolitischen Themen wie z. B. „Verkehrsentlastungen", „innovative Mobilitätsdienstleistungen" sowie „zukünftige urbane Mobilität". Hierbei wird auch die Bedeutung des Carsharing für eine verkehrsentlastende und umweltschonende Wirkung in den Städten angesprochen.
1.IV hat Kontakt zu Bürgern bzw. der Gesellschaft über die eigene Öffentlichkeitsarbeit, Informationspolitik sowie auf öffentlichen Veranstaltungen zu den Themen „Carsharing allgemein" sowie im Besonderen zu „den Vorteilen des Carsharing im Vergleich zu einem eigenen Auto."[907] 1.IV hat darüber hinaus Kontakt zu Bürgern, die ehrenamtlich Carsharing-Vereine organisieren. Diese werden überwiegend im ländlichen Raum aufgebaut. 2.IV berichtet, dass er in Bezug auf die Carsharing-Anbieter und ihren Angeboten keinen direkten Kontakt zu Bürgern und der Gesellschaft hat, lediglich über gemeinsame öffentliche Veranstaltungen mit dem Bundesverband Carsharing.
1.IV berichtet, dass über die eigenen Kommunikationskanäle alle aktuellen Informationen zum Carsharing in Deutschland veröffentlicht werden, d. h. über die Website, Pressemitteilungen, Printmedien und öffentlichen Informationsveranstaltungen. 2.IV spricht an, dass keine Werbung für das Carsharing über die eigenen Kommunikationskanäle gemacht wird.
1.IV spricht sich für eine noch bessere Vernetzung der Carsharing-Anbieter mit den Verkehrsverbünden und den Verkehrsunternehmen aus, um so den Umweltverbund weiter zu stärken. 1.IV möchte den Kontakt zu den Verkehrsverbünden weiter ausbauen. 2.IV erwähnt, dass vereinzelt Kontakt zu Verkehrsverbünden und Verkehrsunternehmen bezüglich der Vernetzung zu weiteren Mobilitätsanbietern besteht, zu denen auch Carsharing-Anbieter gehören.
1.IV hat mit den Energieversorgern direkt weniger zu tun, sondern es sind die Mitglieder von 1.IV die Elektrofahrzeuge in ihren Flotten haben und sich um die Ladeinfrastruktur kümmern müssen, wodurch sie mit den Energieversorgern im direkten Kontakt stehen. 1.IV steht im Zusammenhang mit der Elektromobilität in Kontakt zu Energiegenossenschaften, die auch E-Carsharing mit selbst erzeugtem Strom betreiben. 2.IV hat keinen Kontakt zu Energieversorgern in Bezug auf die E-Carsharing-Angebote.
1.IV hat Kontakt zum VDA, so werden gemeinsame Veranstaltungen wie auf der IAA[908] gemacht. 1.IV steht in enger Beziehung zu den Umweltverbänden und insbesondere zum VCD über gemeinsame Veranstaltungen und Projekte. Hierbei werden Informationen ausgetauscht und gemeinsame Positionen zum Carsharing abgestimmt und veröffentlicht. 2.IV steht in einer Kooperation mit dem Bundesverband Carsharing zu gemeinsamen Themen. So gibt es etwa eine gemeinsame Veranstaltung zum Carsharing auf der IAA. 2.IV steht im engen Kontakt zu den Gewerkschaften, und hier vor allem zur IG Metall, weil sich diese u. a. dafür interessieren, „wie sich das Geschäftsmodell der Automobilindustrie zukünftig verändern kann und was dies konkret für die Arbeitsplätze in der Automobilbranche bedeutet."[909]
1.IV steht in Kontakt zu Hochschulen und Forschungseinrichtungen. 1.IV versteht sich sowohl als „Durchführender von Forschung als auch als Vermittler gegenüber den Forschenden"[910], d. h., dass 1.IV u. a. Kontakte zu seinen Mitgliedern herstellt, eigene erhobene Daten zum Carsharing weitergibt, relevante Informationen austauscht und gemeinsame Positionen entwickelt. 2.IV steht in Kontakt zu Hochschulen und Forschungseinrichtungen, jedoch „eher am Rande zum Thema Carsharing im Zusammenhang mit zukünftiger urbaner Mobilität."[911]

[907] Ebd.
[908] Internationale Automobil-Ausstellung.
[909] Interview 1.IV, 49.
[910] Ebd.
[911] Interview 2.IV, 50.

1.IV hat Rahmenverträge mit Mineralölgesellschaften, die Tankkarten ausgeben, die in den Carsharing-Fahrzeugen liegen. 2.IV hat Kontakt zu weiteren Mobilitätsanbietern insbesondere im Zusammenhang mit „Mobility-on-Demand“[912], die nach 2.IV „richtungsweisend für die zukünftige urbane Mobilität sein wird.“[913]
1.IV sieht sich als Interessenverband aller Carsharing-Anbieter in Deutschland. 2.IV hat über die Kooperation mit dem Bundesverband Carsharing Kontakt zu weiteren Carsharing-Anbietern. Auch über die Automobilkonzerne, die Mitglieder von 2.IV sind und deren Tochterunternehmen free-floating Carsharing-Anbieter sind, besteht Kontakt.

Bewertung der Stakeholder-Beziehungen von Seiten der Interessenverbände hinsichtlich ihrer Verbindungen zu den Carsharing-Anbietern:

Legende:
starke Beziehungen
Beziehungen vorhanden
keine Beziehungen

Von Seiten der Interessenverbände bestehen hinsichtlich ihrer Stakeholder-Beziehungen zu den Carsharing-Anbietern starke Beziehungen zu den Carsharing-Anbietern selbst bzw. deren Management, zu politischen Verantwortlichen aus dem Mobilitätsbereich sowie zu weiteren Interessenverbänden und Verkehrsclubs. Keine Beziehungen bestehen zu den Carsharing-Nutzern sowie zu Energieversorgern. Zu allen anderen Stakeholdergruppen sind Beziehungen vorhanden.

3.IV und 4.IV (Verkehrsclubs)

3.IV spricht die Carsharing-Anbieter direkt an, wenn er z. B. Verbesserungsvorschläge zu deren Geschäftsmodellen hat. Einzelne Mitglieder von 3.IV haben in der Vergangenheit selbst Carsharing-Organisationen gegründet und sind gegenwärtig immer noch für diese verantwortlich. 3.IV beteiligt sich vereinzelt finanziell an Carsharing-Organisationen mit der Rechtsform AG, so dass er die Möglichkeit hat, an Aktionärsversammlungen teilzunehmen und „zumindest im kleinen Rahmen mitzuwirken.“[914] 3.IV sagt aus, dass er auf die „klassischen Carsharing-Anbieter“ einen größeren Einfluss hat als auf die neuen Carsharing-Anbieter, d. h. die free-floating Anbieter, die zugleich Tochterunternehmen von Automobilkonzernen sind. 4.IV hat keine direkte Beziehung

[912] Siehe Kapitel 8.6, Erläuterung relevanter Begriffe: Mobility-on-Demand.
[913] Ebd.
[914] Interview 3.IV, 59.

3.IV steht im engen Kontakt zum Bundesverband Carsharing und kommuniziert vereinzelt seine Meinungen und Positionen zu den Carsharing-Anbietern und ihren Geschäftsmodellen über diesen. 3.IV hat „aktive Gruppen" in den Städten, wo sich Bürger für die Ziele von 3.IV einsetzen. Hierbei besteht auch Kontakt zu Organisationen und Bürgervereinen, die vor allem ökologisch orientiert sind. 4.IV steht im Informationsaustausch mit dem Bundesverband Carsharing, insbesondere im Kontext des verabschiedeten Carsharinggesetzes, bei dem der Bundesverband Carsharing den Schulterschluss mit 4.IV gesucht hat.
Sowohl 3.IV als auch 4.IV haben keinen Kontakt zur Wissenschaft in Bezug auf das Carsharing-Angebot in Deutschland.
3.IV geht aktiv auf Mobilitätsanbieter insbesondere aus dem Sharing-Bereich zu, wie z. B. E-Bike Sharing-, E-Roller Sharing- oder Ride Sharing-Anbieter, und unterstützt diese vereinzelt mit Werbung über die eigenen Kommunikationskanäle. 4.IV hat insbesondere zur Automobilindustrie und ihren Herstellern Kontakt.
3.IV setzt sich primär für das stationsbasierte Carsharing-Angebot ein, sieht aber auch Vorteile des free-floating Carsharing zur Reduzierung von privaten PKW und Luftschadstoffemissionen in den Städten.
4.IV pflegt denselben Kontakt zu allen Carsharing-Anbietern im Land, d. h. er spricht sich nicht für einzelne Carsharing-Anbieter und deren Geschäftsmodellen aus.

Bewertung der Stakeholder-Beziehungen von Seiten der Verkehrsclubs hinsichtlich ihrer Verbindungen zu den Carsharing-Anbietern:

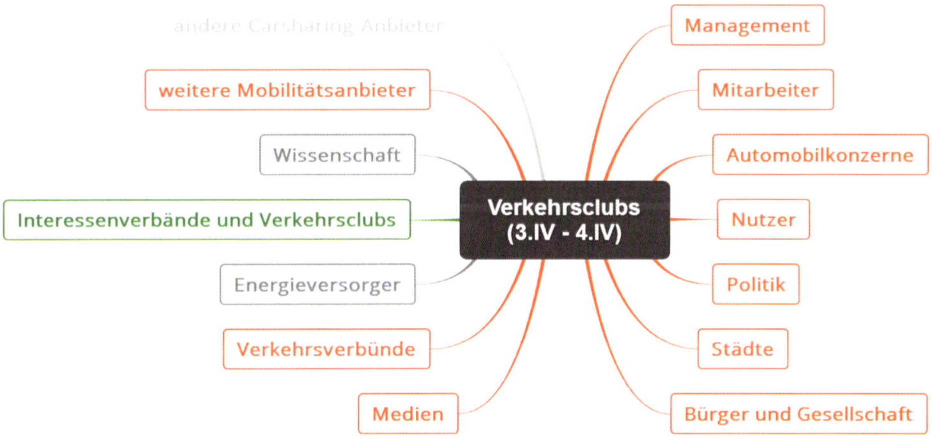

Legende:
starke Beziehungen
Beziehungen vorhanden
keine Beziehungen

Von Seiten der Verkehrsclubs bestehen hinsichtlich ihrer Stakeholder-Beziehungen zu den Carsharing-Anbietern starke Beziehungen lediglich zu Interessenverbänden. Keine Beziehungen bestehen zu Energieversorgern sowie zur Wissenschaft bzw. Forschungseinrichtungen und Hochschulen. Zu den weiteren Stakeholdergruppen sind Beziehungen vorhanden.

5.5.8 Stakeholder-Beziehungen der beiden Weiteren am Carsharing beteiligten Stakeholder

Frage: *Gibt es in Bezug auf den Carsharing-Anbieter und sein Geschäftsmodell vorhandene Beziehungen zu weiteren Stakeholdern? Wie sehen diese aus?*

Da die beiden Stakeholder unterschiedlichen Stakeholdergruppen zugeordnet werden können und sich in Bezug auf ihre Verbindungen zu den Carsharing-Anbietern nur schwer miteinander vergleichen lassen, werden ihre Beziehungen im Folgenden nacheinander vorgestellt.

1.WB:
1.WB ist das Schwesterunternehmen eines Carsharing-Anbieters, das Tochterunternehmen eines Automobilkonzerns ist. 1.WB bietet als Mobility-as-a-Service-Dienstleister verschiedene Mobilitätsdienstleistungen in einer App an. Hierzu gehört auch das Carsharing-Angebot des Schwesterunternehmen. 1.WB strebt mit dem Carsharing-Anbieter eine optimale Geschäftsbeziehung in Bezug auf Schnittstellen und gemeinsame Kommunikation an, damit das Carsharing-Angebot über die Mobilitäts-App für die Nutzer problemlos such- und buchbar ist.
1.WB ist über das Verhältnis als Schwesterunternehmen zum Carsharing-Anbieter mit dessen Mitarbeiter im ständigen Informationsaustausch.
1.WB ist das Tochterunternehmen eines Automobilkonzerns.
1.WB steht über die Mobilitäts-App mit den Carsharing-Nutzern des Carsharing-Anbieters im Informationsaustausch, da diese bei vorhandenen Problemen sowie Verbesserungswünschen über die App Kontakt mit 1.WB[919] aufnehmen können.
1.WB hat keinen Kontakt zur Politik in Bezug auf die Verbindung zum Carsharing-Anbieter bzw. zum Tochterunternehmen.
1.WB steht mit verschiedenen Städten sowie ihren Verantwortlichen für Verkehr & Mobilität, d. h. Stadtplanungsämter und Verkehrsämter im Austausch, die Interesse zeigen, die Mobilitätsangebote, die in den Städten bestehen, in einer Mobilitäts-App zusammenzuführen. Hierbei besteht auch Kontakt zu ausländischen Städteverwaltungen. So werden gegenwärtig Business Cases mit zwei ausländischen Städten zur Implementierung der vor Ort vorhandenen Mobilitätsangebote in der Mobilitäts-App durchgeführt.
Bürger sind (potentielle) Nutzer der Mobilitäts-App und damit auch der Mobilitätsdienstleistungen inklusive dem Carsharing-Angebot des Schwesterunternehmens.
Über die eigenen Kommunikationskanäle wird Werbung für die Mobilitäts-App und somit auch für das Carsharing-Angebot des Schwesterunternehmens gemacht.
Über die Mobilitäts-App können auch ÖPNV-Angebote aus verschiedenen Verkehrsverbünden gebucht werden. 1.WB betont hierbei, dass der Kontakt zu den Verkehrsverbünden primär über das Mutterunternehmen, den Automobilkonzern, abläuft, der die verschiedenen Kontakte bündelt.
1.WB hat keinen Kontakt zu Energieversorger sowie zur Wissenschaft.
1.WB steht in keinem Kontakt zu Interessenverbänden & Verkehrsclubs in Bezug auf die Verbindung zum Schwesterunternehmen.
1.WB bietet als Mobility-as-a-Service-Dienstleister verschiedene Mobilitätsdienstleistungen von verschiedenen Mobilitätsanbietern sowie Verkehrsunternehmen in seiner Mobilitäts-App an.
1.WB ist offen dafür, die Carsharing-Angebote von weiteren Carsharing-Anbietern in seiner Mobilitäts-App anzubieten und steht gegenwärtig hierzu mit einem weiteren Carsharing-Anbieter in Kontakt.

[919] Bzw. den zuständigen Mitarbeitern.

Bewertung der Stakeholder-Beziehungen von 1.WB hinsichtlich seiner Verbindung zum Carsharing-Anbieter:[920]

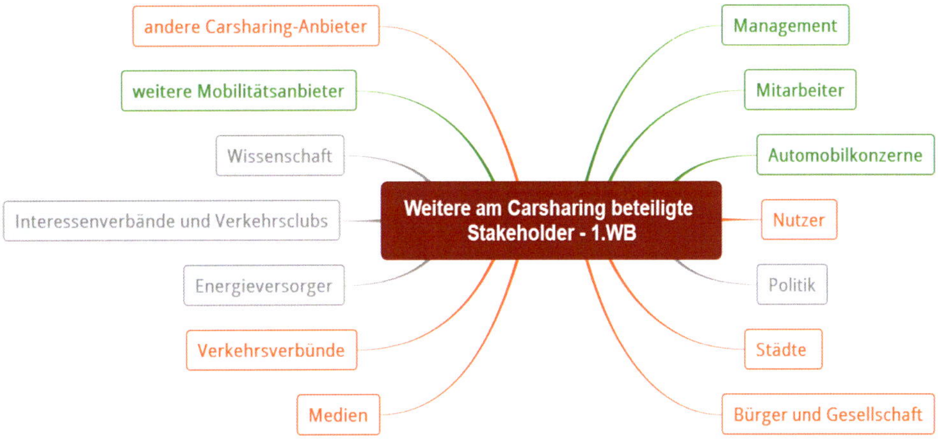

Legende:
starke Beziehungen
Beziehungen vorhanden
keine Beziehungen

Von Seiten von 1.WB besteht hinsichtlich seiner Stakeholder-Beziehungen zum Schwesterunternehmen, dem free-floating Carsharing-Anbieter, starke Beziehungen zu dessen Management, den Mitarbeitern wie auch zum Mutterunternehmen, dem Automobilkonzern. Auch bestehen von Seiten des Mobility-as-a-Service-Dienstleister starke Beziehungen zu weiteren Mobilitätsanbietern, da deren Angebote Bestandteil der Mobilitäts-App von 1.WB sind. Keine Beziehungen bestehen zur Politik bzw. politischen Verantwortlichen aus dem Mobilitätsbereich, zu Energieversorgern, zu Interessenverbänden und Verkehrsclubs sowie zur Wissenschaft bzw. Forschungseinrichtungen und Hochschulen. Beziehungen von Seiten von 1.WB bestehen hingegen zu Nutzern, den Städten, den Bürgern und der Gesellschaft, den Medien, Verkehrsverbünden sowie weiteren Carsharing-Anbietern, die bereit sind, ihre Carsharing-Angebote in der Mobilitäts-App von 1.WB anzubieten.

2.WB:
2.WB ist Auftraggeber und Koordinator eines E-Carsharing-Projektes in einer Mittelstadt sowie teilnehmenden umliegenden Gemeinden. Hierbei ist 2.WB einer von insgesamt drei Konsortialpartnern. Das E-Carsharing-Projekt ist ein stationsbasiertes E-Carsharing-Angebot und wird von einem E-Carsharing-Betreiber betreut, der zugleich ein überregionaler Carsharing-Anbieter in Deutschland ist. Dieser wurde von 2.WB per Ausschreibung gesucht. 2.WB steht mit dem E-Carsharing-Betreiber in direktem Kontakt sowie ständigen Informationsaustausch.
2.WB steht im stetigen Austausch mit den Mitarbeitern des E-Carsharing-Betreibers.
2.WB hat gegenwärtig Kontakt zu zwei Automobilkonzernen, deren E-Fahrzeuge Bestandteil der E-Carsharing Flotte sind.
Die Carsharing-Nutzer wenden sich bei Fragen oder Problemen an den E-Carsharing-Betreiber, weshalb es zu 2.WB keinen direkten Kontakt gibt.

[920] D. h. in Bezug auf die Verbindung zum Schwesterunternehmen.

Das E-Carsharing-Projekt wurde mit Subventionen des Verkehrsministeriums auf Landesebene sowie von Seiten der EU gefördert. 2.WB hat als Auftraggeber Kontakt zu den verantwortlichen Mitarbeitern im Verkehrsministerium sowie im Europäischen Parlament[921].

2.WB steht als Koordinator des E-Carsharing-Projektes mit den Verantwortlichen der teilnehmenden Mittelstadt sowie der teilnehmenden umliegenden Gemeinden im ständigen Austausch. Die Mittelstadt sowie die teilnehmenden umliegenden Gemeinden sind Eigentümer von E-Carsharing-Fahrzeugen, die sie ihren Mitarbeitern vor Ort für Dienstfahrten zur Verfügung stellen.

Die Bürger werden über Werbung in den regionalen Printmedien sowie dem regionalen Fernsehsender auf das E-Carsharing-Angebot aufmerksam gemacht.

Über die vorhandenen Kommunikationskanäle von 2.WB, d. h. über die Website, Werbematerialien sowie der regionalen Presse und dem regionalen Fernsehsender wird Werbung für das E-Carsharing-Angebot gemacht.

2.WB hat keinen Kontakt zum regionalen Verkehrsverbund in Bezug auf das E-Carsharing-Projekt.

Die Stadtwerke der Mittelstadt ist ein Konsortialpartner im E-Carsharing Projekt.

Es besteht kein Kontakt zu Interessenverbänden und Verkehrsclubs.

2.WB steht in Bezug auf die Standortanalyse für die Ladesäulen für die E-Carsharing-Fahrzeuge in der Mittelstadt sowie den teilnehmenden umliegenden Gemeinden mit einer Hochschule aus der Region in Kontakt, die durch einen wissenschaftlichen Mitarbeiter durchgeführt wurde.

Der Konsortialpartner Stadtwerke stellt seine Ladesäulen nicht nur für das E-Carsharing, sondern auch für ein eigenes angebotenes E-Roller Sharing-Angebot in der Mittelstadt zur Verfügung.

2.WB hatte bei der Ausschreibung des E-Carsharing-Projektes bzw. der Suche nach dem verantwortlichen E-Carsharing-Betreiber mit weiteren Carsharing-Anbietern aus der Region Kontakt.

Bewertung der Stakeholder-Beziehungen von 2.WB hinsichtlich seiner Verbindung zum Carsharing-Anbieter:[922]

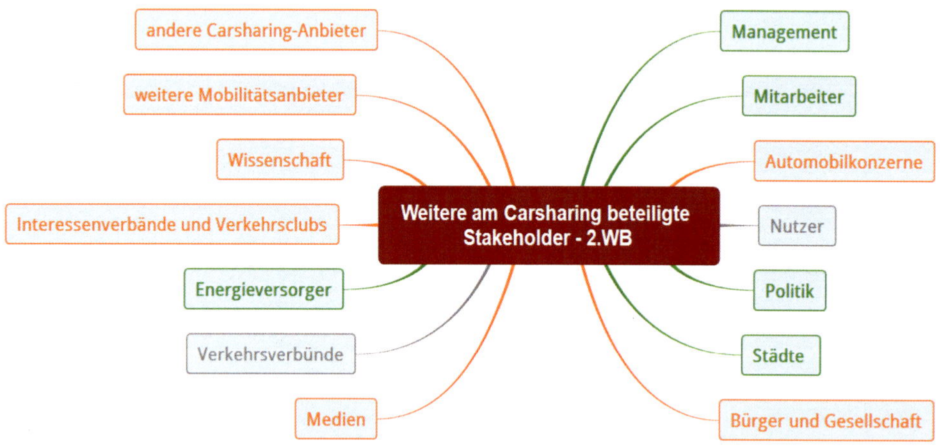

Legende:
starke Beziehungen
Beziehungen vorhanden
keine Beziehungen
nicht relevant

---

[921] D. h. zu den relevanten Ausschüssen und ihren Verantwortlichen.

[922] D. h. in Bezug auf die Verbindung zum stationsbasierten E-Carsharing-Anbieter.

Von Seiten von 2.WB bestehen hinsichtlich seiner Position als Koordinator eines E-Carsharing-Projektes in einer Mittelstadt sowie teilnehmenden umliegenden Gemeinden und einer von drei Konsortialpartnern starke Beziehungen zu den beiden weiteren Konsortialpartnern, von denen einer die städtischen Stadtwerke[923] sind, sowie zum E-Carsharing-Betreiber. Auch bestehen starke Beziehungen zu den Mitarbeitern des E-Carsharing-Betreibers, zu politischen Verantwortlichen bzw. zum Verkehrsministerium auf Landesebene und zur EU[924] sowie zu den Verantwortlichen der Mittelstadt und den teilnehmenden umliegenden Gemeinden. Keine Beziehungen bestehen zum regionalen Verkehrsverbund sowie zu den Carsharing-Nutzern. Zu allen weiteren Stakeholdergruppen sind Beziehungen vorhanden.

5.5.9 Bewertung der Stakeholder-Beziehungen von Seiten der Stakeholdergruppen mit Bezug auf die Zielsetzung der Arbeit

Mit Hilfe der Mind-Maps konnten die Stakeholder-Beziehungen der untersuchten Stakeholdergruppen hinsichtlich ihrer Intensität dargestellt werden. Im Folgenden sollen die Stakeholder-Beziehungen von Seiten der Stakeholdergruppen mit Bezug auf die Zielsetzung der Arbeit bewertet werden: „Wie nehmen die relevanten Stakeholdergruppen dahingehend Einfluss bzw. wie können diese dahingehend Einfluss nehmen, damit das Carsharing-Angebot ausgeweitet wird?[925]

Die Stakeholder-Beziehungen der acht Carsharing-Anbieter sind hinsichtlich ihrer Intensität überwiegend ähnlich, wobei vereinzelt Unterschiede bestehen. In Bezug auf eine Ausweitung der gegenwärtigen Carsharing-Angebote sind insbesondere die folgenden Stakeholder-Beziehungen zu erwähnen:

Die Beziehungen zur Politik sowie den Städten sind deshalb wichtig, da diese zum einen die rechtlichen Rahmenbedingungen für das Carsharing setzen sowie zum anderen diese vor Ort umsetzen.[926] Diese Beziehungen sind über alle Carsharing-Anbieter hinweg stark ausgeprägt mit Ausnahme der Beziehungen zu den Städten von Seiten der Carsharing-Anbieter Nr. 1 und Nr. 2 sowie der Beziehungen zur Politik von Seiten der Carsharing-Anbieter Nr. 7 und Nr. 8. Hier bestehen Verbesserungspotentiale. Die Beziehungen zu den Verkehrsverbünden sind deshalb relevant, da hier Synergieeffekte erzielt werden können, indem hier etwa durch die bestehenden Kooperationen gemeinsame Kundengruppen erschlossen werden können und es so zu einer stärkeren Nutzung des Carsharing-Angebots kommen kann. Mit Ausnahme der Carsharing-Anbieter Nr. 5, Nr. 6 und Nr. 8 sind hier von Seiten der Carsharing-Anbieter Beziehungen vorhanden. Diese sollten jedoch weiter ausgebaut werden mit dem Ziel einer noch besseren Vernetzung beider Mobilitätsanbieter, um hier den Kunden ein Mobilitätsangebot aus einer Hand anbieten zu können. Eine Möglichkeit stellen Mobilitäts-Apps dar, in denen die Nutzer sowohl die Carsharing-Angebote wie auch die der Verkehrsverbünde buchen und bezahlen können. Die Beziehungen zu den Energieversorgern sind deshalb wichtig, da diese die Ladeinfrastruktur sowie den Strom für die E-Carsharing-Fahrzeuge der (E-)Carsharing-Anbieter bereitstellen. Hier bestehen von Seiten aller (E-)Carsharing-Anbieter starke Beziehungen. Die Interessenverbände und Verkehrsclubs können durch Carsharing-freundliche und -fördernde Positionen positiv auf die bestehenden Carsharing-Angebote wirken, indem sie hier u. a. die Vorteile des Carsharing gegenüber einem privaten PKW hervorheben und dadurch die Wahrnehmung von Seiten der (potentiellen) Nutzer hinsichtlich der bestehenden Carsharing-Angebote positiv beeinflussen. Mit Ausnahme von Carsharing-Anbieter Nr. 5 sind hier von Seiten der Carsharing-Anbieter Beziehungen vorhanden. Diese gilt es weiter auszubauen, damit der direkte wie auch indirekte Informationsaustausch zu Entwicklungen, die das Carsharing betreffen, bestehen bleibt. Die Beziehungen zur

[923] D. h. die Stakeholdergruppe Energieversorger.

[924] D. h. zu den relevanten Ausschüssen im Europäischen Parlament sowie ihren Verantwortlichen.

[925] Siehe Kapitel 1.2.

[926] Siehe hierzu auch Kapitel 5.4.3 und 5.4.4 Einflussmöglichkeiten von Seiten der Politik sowie der Städte.

Wissenschaft dienen primär dazu, um Fragestellungen rund um das Thema Carsharing und dessen Funktion für eine nachhaltige urbane Mobilität zu beantworten. Hier sind mit Ausnahme von Carsharing-Anbieter Nr. 6 und Nr. 7 Beziehungen vorhanden. Diese sollten aufrecht erhalten bleiben, da auch zukünftig Fragestellungen bestehen können, die die Funktion des Carsharing für eine nachhaltige urbane Mobilität und darüber hinaus thematisieren. Die Beziehungen zu weiteren Mobilitätsanbietern basieren insbesondere auf Kooperationen zu weiteren Sharing-Anbietern aus dem Mobilitätsbereich. Diese gilt es zu bewahren bzw. weiter auszubauen, da hier eine multimodale Wegekette[927] für die Carsharing-Nutzer ermöglicht wird, die den Verzicht auf einen privaten PKW attraktiver macht. So können Nutzer von Carsharing-Angeboten etwa bei Bedarf auf E-Bikes, Lastenfahrräder oder weitere Mobilitätsangebote zurückgreifen. Die Beziehungen zu anderen Carsharing-Anbietern basieren überwiegend auf losen Kontakten und dienen dazu sich zu Verbesserungsmöglichkeiten der eigenen Carsharing-Angebote auszutauschen. Auch diese sollten erhalten bleiben. Die Beziehungen zu den Medien ergeben sich insbesondere durch eigene PR-Abteilungen der Carsharing-Anbieter sowie über Social Media und Werbung in der regionalen Presse. Diese sind notwendig, um Werbung für die Carsharing-Angebote sowie deren Vorteile zu machen, damit noch mehr potentielle Nutzer vom privaten PKW auf das Carsharing umsteigen. In Bezug auf die Beziehungen zu den Bürgern sowie der Gesellschaft werden die Bürger von Seiten der Carsharing-Anbieter als potentielle Carsharing-Nutzer gesehen. Hier bedarf es von Seiten der Carsharing-Anbieter einer Ausweitung ihrer Aktivitäten über die Medien, um deren Carsharing-Angebote bei den Bürgern wie auch der Gesellschaft bekannter zu machen. Hierbei kann u. a. die Möglichkeit aufgezeigt werden, dass ein privater PKW insbesondere im städtischen Raum, wo ein gut ausgebauter ÖPNV vorhanden ist, nicht mehr zwingend notwendig ist und hier ein Umstieg auf Carsharing durchaus möglich ist. Zu den Carsharing-Nutzern bestehen von Seiten aller Carsharing-Anbieter starke Beziehungen. Diese sind für die Auslastung der Carsharing-Fahrzeuge vor Ort verantwortlich. Zu Automobilkonzernen bestehen lediglich von Seiten der Carsharing-Anbieter Nr. 1 und Nr. 2 starke Beziehungen. Die Automobilkonzerne, die zugleich deren Mutterunternehmen sind, stellen eigene Fahrzeugmodelle sowie die Telematik-Technologie für diese bereit. Von Seiten der anderen Carsharing-Anbieter sind zu verschiedenen Automobilkonzernen Beziehungen vorhanden, die sich daraus ergeben, dass die Carsharing-Anbieter in deren Autohäuser Fahrzeuge für ihren Carsharing-Betrieb erwerben.

Die Automobilkonzerne sind in ihrer Funktion als Mutterunternehmen für die Ausweitung der free-floating Carsharing-Angebote ihrer Tochterunternehmen wesentlich verantwortlich.[928] Dies zeigt sich auch in der Bewertung ihrer Stakeholder-Beziehungen, die zeigen, dass lediglich starke Beziehungen zum Management ihrer Tochterunternehmen bestehen. Um zu einer signifikanten Ausweitung der free-floating Carsharing-Angebote ihrer Tochterunternehmen beizutragen sind jedoch auch starke Beziehungen insbesondere zur Politik und den Städten notwendig. Zum einen um sich bei den politischen Verantwortlichen für Carsharing-freundlichere Rahmenbedingungen einzusetzen, zum anderen um die Städte von den free-floating Angeboten ihrer Tochterunternehmen zu überzeugen. Dabei gilt es den Städten die positiven Effekte des free-floating Carsharing zur Reduzierung privater PKW darzustellen und diese bei der Umsetzung des Carsharinggesetzes vor Ort sowie der damit verbundenen Schaffung von Carsharing-Stellplätzen zu unterstützen. Keine Beziehungen von Seiten der Automobilkonzerne in Bezug auf die free-floating Angebote ihrer Tochterunternehmen bestehen zu Verkehrsverbünden und Energieversorgern. In Bezug auf eine bessere Vernetzung zwischen den free-floating Angeboten und den Mobilitätsangeboten der Verkehrsverbünde sowie der Ausweitung der E-Carsharing-Angebote der Tochterunternehmen, wären auch hier direkte Beziehungen von Seiten der Automobilkonzerne vorteilhaft. Positiv hervorzuheben ist, dass die Automobilkonzerne über ihre eigenen PR-Abteilungen Wer-

---

[927] Siehe Kapitel 8.6, Erläuterung relevanter Begriffe: Multimodalität.

[928] Siehe hierzu Kapitel 5.4.2 Einflussmöglichkeiten der Automobilkonzerne.

bung für die free-floating Angebote ihrer Tochterunternehmen machen. Auch bestehen Beziehungen zu Interessenverbänden und Verkehrsclubs, die durch Carsharing-freundliche und -fördernde Positionen positiv auf die free-floating Angebote wirken können.

Die Politik und hier stellvertretend die politischen Verantwortlichen aus dem Mobilitätsbereich sind insbesondere für die Gestaltung der rechtlichen Rahmenbedingungen hinsichtlich des Carsharing sowie für finanzielle Fördermöglichkeiten im Rahmen von Förderprogrammen verantwortlich.[929] Dabei unterscheiden sich die Stakeholder-Beziehungen der politischen Verantwortlichen aus den Regierungsparteien (1.PV - 3.PV) von denen der Oppositionsparteien (4.PV – 6.PV) insbesondere dahingehend, dass hier starke Beziehungen zum Management der Carsharing-Anbieter sowie zu weiteren politischen Verantwortlichen und Städten bestehen, die bei den politischen Verantwortlichen aus den Oppositionsparteien nicht bestehen. Anhand der Stakeholder-Beziehungen von Seiten der politischen Verantwortlichen aus dem Mobilitätsbereich ist zu erkennen, dass sich diese für eine Stärkung und Ausweitung der Carsharing-Angebote einsetzen. So sind von nahezu allen politischen Verantwortlichen zu allen Stakeholdern im Rahmen der Mind-Map Beziehungen vorhanden, die im Zusammenhang mit den Carsharing-Anbietern und ihren Angeboten stehen. Davon auszunehmen ist jedoch 6.PV, der zu vielen Stakeholdern keine Beziehungen in Bezug auf die Carsharing-Anbieter und deren Angebote pflegt sowie 5.PV, der zu einzelnen Stakeholdern ebenfalls keine entsprechenden Beziehungen pflegt.[930] Damit es zu einer Ausweitung der Carsharing-Angebote kommt, müssen die politischen Verantwortlichen jedoch ihre bisherigen Tätigkeiten hinsichtlich attraktiver Rahmenbedingungen für das Carsharing weiter ausbauen. Mit der Verabschiedung des Carsharinggesetzes wurde hier ein wichtiges Instrument zur Bevorrechtigung des Carsharing im öffentlichen Raum geschaffen. Auch sollten finanzielle Fördermöglichkeiten im Rahmen von Förderprogrammen insbesondere für E-Carsharing-Anbieter sowie ländliche Carsharing-Anbieter weiter bestehen. Die Nutzung von Corporate Carsharing[931] im Rahmen von Dienstfahrten für Beschäftigte im öffentlichen Dienst sollte vorangetrieben werden.

Die Städte und hier stellvertretend deren Verantwortliche für den Verkehrs- und Mobilitätsbereich sind insbesondere für die Umsetzung des Carsharinggesetzes vor Ort und der damit verbundenen Schaffung von Carsharing-Stellplätzen im öffentlichen Raum verantwortlich.[932] Dabei sind die Stakeholder-Beziehungen von Seiten der städtischen Verantwortlichen für den Verkehrs- und Mobilitätsbereich aus den Metropolen (1.ST – 3.ST) mit denjenigen der Verantwortlichen aus der Regiopole, Großstadt und Mittelstadt (4.ST – 6.ST) identisch, mit der Ausnahme, dass zu den Energieversorgern von Seiten der Metropolen keine Beziehungen bestehen. Hierbei ist zu erkennen, dass die Städte zu den in der Mind-Map vorhandenen Stakeholdergruppen Beziehungen pflegen, die im Zusammenhang mit den Carsharing-Anbietern und ihren Geschäftsmodellen stehen. So bestehen etwa zu Verkehrsverbünden dahingehend Kontakte, dass hier gemeinsam Mobilitätsstationen[933] geschaffen werden sollen, an denen der Umstieg vom ÖPNV auf Carsharing-Angebote sowie weitere Mobilitätsangebote erleichtert wird. Auch zum Management und den Mitarbeitern der (E-)Carsharing-Anbieter bestehen von Seiten der städtischen Verantwortlichen für den Verkehrs- und Mobilitätsbereich regelmäßige Kontakte etwa im Zusammenhang mit Geschäftsgebiete-Entwicklungen sowie Bedarf an Ladeinfrastruktur im öffentlichen Raum. Diese Beziehungen sind notwendig dafür, dass die (E-)Carsharing-Angebote in den Städten weiterhin bestehen bleiben und falls möglich ausgeweitet werden.

[929] Siehe hierzu Kapitel 5.4.3 Einflussmöglichkeiten von Seiten der Politik.

[930] Siehe hierzu Kapitel 8.5.3, Übersicht zu den Stakeholder-Beziehungen von Seiten der Politik.

[931] Siehe Kapitel 8.6, Erläuterung relevanter Begriffe: Corporate Carsharing.

[932] Siehe hierzu Kapitel 5.4.4 Einflussmöglichkeiten von Seiten der Städte.

[933] Siehe Kapitel 8.6, Erläuterung relevanter Begriffe: Mobilitätsstation.

Die Beziehungen zwischen den Verkehrsverbünden und den Carsharing-Anbietern ergeben sich insbesondere daraus, dass hier freiwillige kooperative Zusammenarbeiten bestehen, die sich u. a. in Form von Informationsaustausch zu neuen Entwicklungen, die beide Geschäftsmodelle betreffen, sowie gemeinsamen Marketingmaßnahmen bemerkbar machen.[934] Die Stakeholder-Beziehungen der Verkehrsverbünde zeigen, dass hier Beziehungen zu allen Stakeholdergruppen mit Ausnahme zu Automobilkonzernen sowie den Verkehrsverbünden untereinander bestehen. Hierdurch wird deutlich, dass die Verkehrsverbünde die Carsharing-Anbieter und deren Geschäftsmodelle als ein notwendiges Mobilitätsangebot zur Stärkung des ÖPNV sowie des Umweltverbundes sehen. Dies zeigt sich insbesondere an der zukünftigen Entwicklung des Verkehrsverbundes von 1.VVB, der sich hin zu einem Mobilitätsverbund weiterentwickeln will. Dabei sollen die Mobilitätsangebote des Verkehrsverbundes mit denen weiterer Mobilitätsanbieter in der Region des Verkehrsverbundes über eine digitale Mobilitätsplattform, auf die über eine Mobilitäts-App zugegriffen werden kann, vernetzt werden. Dies schließt auch die bestehenden Carsharing-Angebote mit ein.

Die Beziehungen zwischen den Energieversorgern und den E-Carsharing-Anbietern ergeben sich durch die bestehenden Geschäftsbeziehungen, die insbesondere darauf basieren, dass die Energieversorger die Ladeinfrastruktur sowie den Strom für die E-Carsharing-Fahrzeuge bereitstellen.[935] Die Stakeholder-Beziehungen der Energieversorger zeigen, dass diese zu allen Stakeholdergruppen im Rahmen der Mind-Map Beziehungen pflegen. Somit erkennen die Energieversorger die Wichtigkeit der E-Carsharing-Angebote der mit ihnen in einer Geschäftsbeziehung stehenden E-Carsharing-Anbieter für die Weiterentwicklung und den Ausbau der Elektromobilität an. Dies zeigt sich nicht zuletzt darin, dass die Energieversorger offen dafür sind, die Ladeinfrastruktur für weitere E-Carsharing-Anbieter aufzubauen.

Die Beziehungen zwischen den Interessenverbänden, Verkehrsclubs und Carsharing-Anbietern basieren insbesondere auf dem gegenseitigen Informationsaustausch zu Entwicklungen, die das Carsharing betreffen, wobei hier von Seiten der Interessenverbände und Verkehrsclubs durch Carsharing-freundliche und -fördernde Positionen ein positiver Einfluss auf die Geschäftsmodelle der Carsharing-Anbieter genommen werden kann.[936] Die Stakeholder-Beziehungen zeigen, dass sowohl von Seiten der Interessenverbände wie auch von Seiten der Verkehrsclubs Beziehungen zu weiteren Stakeholdergruppen[937] bestehen. Jedoch werden hier die relativ geringen Einflussmöglichkeiten offensichtlich.[938] So sind zwar Beziehungen zur Politik, den Städten, Bürgern und Verkehrsverbünden sowie weiteren Mobilitätsanbietern vorhanden, diese lassen sich jedoch darauf reduzieren, dass hier hauptsächlich Dialoge in Form von Carsharing-fördernden Positionen geführt werden, denen jedoch die Durchschlagskraft fehlt, damit die Carsharing-Angebote ausgeweitet werden. Positiv zu bewerten sind hier jedoch die Stakeholder-Beziehungen von 1.IV, die in Form von Rahmenverträgen mit Automobilkonzernen, Versicherungen und Mineralölkonzernen bestehen. Hier gibt 1.IV ausgehandelte Angebote und Dienstleistungen an die eigenen Mitglieder weiter, d. h. hier erhalten die Carsharing-Anbieter diverse Vergünstigungen, die zur Aufrechterhaltung ihres Carsharing-Betriebs von Vorteil sind. Die Interessenverbände und Verkehrsclubs können durch ihre positive Informationspolitik zu den ökologischen, ökonomischen und sozialen Vorteilen des Carsharing in der Öffentlichkeit dazu beitragen, dass hier ein verstärktes Bewusstsein entstehen kann, sich mit dieser Mobilitätsalternative zum privaten PKW auseinanderzusetzen. Steigen potentielle Nutzer in der Folge vermehrt auf Carsharing-Angebote um, wäre dies mit einer Ausweitung der gegenwärtigen Carsharing-Angebote verbunden. Aus diesem Grund ist es sinnvoll, dass die Carsharing-Anbieter ihre Beziehungen zur Stakeholdergruppe der Interessenverbände und Verkehrsclubs weiterhin

[934] Siehe hierzu Kapitel 5.4.5 Einflussmöglichkeiten der Verkehrsverbünde.

[935] Siehe hierzu Kapitel 5.4.6 Einflussmöglichkeiten der Energieversorger.

[936] Siehe hierzu Kapitel 5.4.7 Einflussmöglichkeiten der Interessenverbände und Verkehrsclubs.

[937] In Bezug auf die Carsharing-Anbieter und deren Geschäftsmodelle.

[938] Siehe hierzu Kapitel 5.4.7.1 Übersicht zur Bewertung des Einflusses von Seiten der Interessenverbände und Verkehrsclubs.

pflegen und unterstützend wirken, damit diese auf dem neuesten Stand zu Entwicklungen rund um das Carsharing sind.
Die Beziehungen zwischen den beiden Weiteren am Carsharing beteiligten Stakeholdern 1.WB und 2.WB und den in einer Stakeholder-Beziehung stehenden Carsharing-Anbietern ergeben sich zum einen durch die Beziehung als Schwesterunternehmen (≙ 1.WB) zu einem free-floating Anbieter sowie der Rolle als Projektkoordinator (≙ 2.WB) im Rahmen eines Konsortiums, das für ein regionales E-Carsharing-Projekt bzw. -Angebot verantwortlich ist. In Bezug auf eine Ausweitung der Carsharing-Angebote sind von Seiten von 1.WB die Beziehungen zu anderen bzw. weiteren Carsharing-Anbieter relevant. So ist 1.WB offen dafür, die Carsharing-Angebote von weiteren Carsharing-Anbietern in seiner Mobilitäts-App anzubieten und steht gegenwärtig mit einem weiteren Carsharing-Anbieter neben seinem Schwesterunternehmen in Kontakt.[939] Die übrigen Stakeholder-Beziehungen von 1.WB hängen insbesondere mit der eigenen Mobilitäts-App zusammen sowie der Integration von vor Ort bestehenden Mobilitätsangeboten in diese. In Bezug auf die Ausweitung des regionalen E-Carsharing-Angebots von 2.WB sind die Beziehungen zur Politik und der Mittelstadt sowie den teilnehmenden umliegenden Gemeinden relevant. So wird das E-Carsharing-Angebot durch Subventionen von Seiten des Landes und der EU gefördert. Die Mittelstadt sowie die teilnehmenden umliegenden Gemeinden sind Eigentümer der E-Carsharing-Fahrzeuge, die sie ihren Mitarbeitern vor Ort für Dienstfahrten zur Verfügung stellen und somit für eine Auslastung verantwortlich. Bei Nichtbuchung durch die eigenen Mitarbeiter stehen diese den Bürgern vor Ort zur eigenen Buchung frei zur Verfügung. Die Stakeholder-Beziehungen von 1.WB und 2.WB unterscheiden sich von den Stakeholder-Beziehungen der übrigen Stakeholder-Gruppen derart, dass hier die Stakeholder-Beziehungen von zwei Stakeholdern näher betrachtet werden, die sich nicht unmittelbar vergleichen lassen. Festzuhalten bleibt jedoch, dass 1.WB in seiner Funktion als Mobility-as-a-Service Dienstleister mit seiner entwickelten Mobilitäts-App zu einer unkomplizierten Buchung der Carsharing-Angebote beitragen kann und hier auch den Umstieg auf weitere Mobilitätsangebote möglich macht, die Bestandteil der App sind. Somit kann eine multimodale Wegekette ermöglicht werden ohne zwingend einen eigenen PKW besitzen zu müssen. 2.WB kann hingegen nur im Rahmen seines Verantwortungsbereichs als Projektkoordinator eines regionalen E-Carsharing-Angebotes zur Ausweitung des Carsharing in der Region beitragen.

Anhand der Bewertung der Stakeholder-Beziehungen der relevanten Stakeholdergruppen konnte gezeigt werden, wie unterschiedlich hier die Beziehungen sind und dass hier Unterschiede hinsichtlich Kompetenzen zur Ausweitung des (E-)Carsharing in Deutschland bestehen.

[939] 1.WB stellt in seiner Funktion als Mobility-as-a-Service Dienstleister eine Mobilitäts-App bereit, in der das free-floating Angebot des Schwesterunternehmens gebucht werden kann. Mehr hierzu siehe Kapitel 5.4.8.

6 Einordnung und Auswertung der empirischen Ergebnisse auf der Grundlage des Stakeholder Salience Modells von Mitchell et al. (1997)

Zur besseren Darstellung der Einflusswirkungen von Seiten der Stakeholdergruppen werden im folgenden Kapitel die empirischen Ergebnisse aus den Kapiteln 5.3 (Erwartungen der Stakeholder) und 5.4 (Einflussmöglichkeiten) je Stakeholdergruppe auf der Grundlage des Stakeholder Salience Modells von Mitchell et al. (1997) eingeordnet und hinsichtlich der sich daraus ergebenen Einflusswirkungen auf das Geschäftsmodell Carsharing bewertet.

Kapitel 6 ist wie folgt aufgebaut: Zunächst wird das Stakeholder Salience Modell von Mitchell et al. (1997) vorgestellt (Kapitel 6.1) bevor die drei relevanten Eigenschaften je Stakeholdergruppe[940] dargestellt und die daraus abgeleiteten Einflusswirkungen auf das Geschäftsmodell Carsharing bewertet werden (Kapitel 6.2). In Kapitel 6.3 werden die Stakeholdergruppen im Rahmen der Stakeholder-Typologie, die sich durch das Stakeholder Salience Modell ergibt, eingeteilt. Hier wird eine Übersicht zu den Einflusswirkungen von Seiten der Stakeholdergruppen auf die Carsharing-Anbieter und deren Geschäftsmodelle gegeben, die nach Carsharing-Variante und Antriebsform unterteilt ist. In Kapitel 6.4 werden mit Hilfe von Schaubildern die Stakeholder-Beziehungen der befragten Stakeholdergruppen hinsichtlich der Einflusswirkungen auf die Carsharing-Anbieter und deren Geschäftsmodelle dargestellt.

6.1 Vorstellung des Stakeholder Salience Modells – Stakeholder-Typologie

Mitchell et al. (1997) teilen Stakeholder anhand einer Stakeholder-Typologie[941] ein. Dabei werden den Stakeholdern und ihren Ansprüchen drei wesentliche Eigenschaften zugeteilt: „Macht, Legitimität und Dringlichkeit."[942] Mitchell et al. (1997) gehen davon aus, dass Stakeholder anhand einer, zwei sowie auch allen drei Eigenschaften eingeteilt werden können: (1) Die Macht des Stakeholders, das Unternehmen zu beeinflussen,

[940] Auf der Grundlage der empirischen Ergebnisse aus den Kapiteln 5.3 und 5.4.

[941] Eine Stakeholder-Typologie dient dazu Stakeholder aufgrund gemeinsamer Eigenschaften in Typen bzw. Stakeholdergruppen einzuteilen.

[942] „power, legitimacy, and urgency." Mitchell et al. 1997, S. 853.

(2) die Legitimität der Beziehung des Stakeholders zum Unternehmen[943] und (3) die Dringlichkeit der Stakeholder-Ansprüche an das Unternehmen.[944] Mitchell et al. (1997) definieren die drei Eigenschaften wie folgt, wobei sie sich hier an weiteren Autoren orientieren:[945]

- *Macht*: „Eine Beziehung zwischen zwei sozialen Akteuren, in der ein sozialer Akteur, A, einen anderen sozialen Akteur, B, dazu bringen kann, etwas zu tun, was B sonst nicht getan hätte."[946] Im Unternehmenskontext verfügen Stakeholder über Macht, wenn sie in der Lage sind, „der Unternehmensleitung Ressourcen und Mittel zu entziehen, die diese zur Leistungserstellung zwingend benötigen."[947]
- *Legitimität*: „Eine verallgemeinerte Wahrnehmung oder Annahme, dass die Handlungen einer Entität innerhalb eines sozial konstruierten Systems von Normen, Werten, Überzeugungen und Definitionen wünschenswert, richtig oder angemessen sind."[948]
- *Dringlichkeit*: „Der Grad, in dem die Erwartungen der Stakeholder sofortige Aufmerksamkeit erfordern."[949]

Hierbei ist zu erwähnen, dass sich die Macht der Stakeholder durch deren Ansprüche, die legitim und dringlich sein können, sowie deren Ausprägung formen lässt. Die Legitimität der Stakeholder-Ansprüche kann hingegen von der Macht der Stakeholder sowie deren Dringlichkeit abhängen. Die Dringlichkeit der Stakeholder-Ansprüche an ein Unternehmen ist nicht stetig, sondern kann sich über die Zeit hinweg in der jeweiligen Stakeholder-Beziehung wandeln.[950]

Die Stakeholder-Typologie nach Mitchell et al. (1997) lässt sich anhand des Stakeholder Salience Modells bildlich darstellen:

[943] Wobei sich diese auf die Ansprüche der Stakeholder bezieht, die unter den vorherrschenden gesellschaftlichen Bedingungen „wünschenswert" oder „angemessen" sein sollten. Vgl. Ejderyan et al. 2006, S. 97.

[944] Vgl. Mitchell et al. 1997, S. 854.

[945] Vgl. Mitchell et al. 1997, S. 869.

[946] „A relationship among social actors in which one social actor, A, can get another social actor, B, to do something that B would have not otherwise done." Vgl. Weber 1947; Dahl 1957; Pfeffer 1981.

[947] Albrecht 2008, S. 27; Vgl. Schaltegger 1999.

[948] „A generalized perception or assumption that the actions of an entity are desirable, proper, or appropriate within some socially constructed system of norms, values, beliefs, definitions." Vgl. Weber 1947; Suchman 1995.

[949] „The degree to which stakeholder claims call for immediate attention." Mitchell et al. 1997, S. 867.

[950] Vgl. Mitchell et al. 1997, 868 ff.

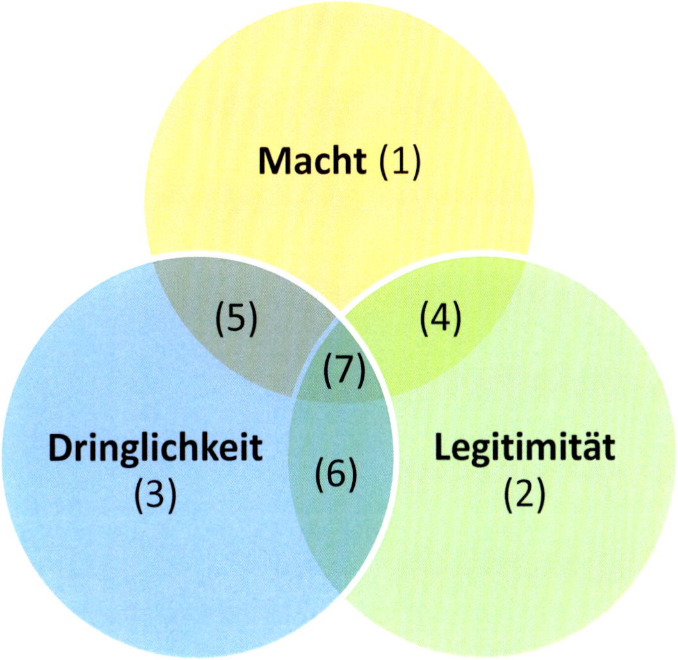

Abbildung 27: Stakeholder Salience Modell nach Mitchell et al. (1997).

Hierbei bilden Mitchell et al. (1997) sieben Stakeholdergruppen, die wie folgt eingeteilt werden können:[951]

(1-3): *Latente Stakeholder*[952]: Verfügt ein Stakeholder über nur eine Eigenschaft, ist er den latenten Stakeholdern zuzuordnen. Dabei können diese Stakeholder den folgenden Untergruppen zugeteilt werden: (1) *Ruhende Stakeholder*[953]: Diese verfügen über genügend Macht, ihre Ansprüche durchzusetzen[954], jedoch sind diese nicht legitim und dringlich. (2) *Vernachlässigbare Stakeholder*[955]: Diese verfügen über legitime Ansprüche, jedoch sind diese nicht dringlich und es fehlt ihnen die Macht, diese durchzusetzen. (3) *Fordernde Stakeholder*[956]: Diese stellen zwar dringliche Ansprüche an das Unternehmen, jedoch sind diese nicht legitim und es fehlt ihnen die Macht, diese durchzusetzen.

(4-6): *Erwartungsvolle Stakeholder*[957]*:* Stakeholder, die über zwei Eigenschaften verfügen, können den erwartungsvollen Stakeholdern zugeordnet werden. Diese sind: (4) *Dominante Stakeholder*[958]: Diese verfügen über legitime Ansprüche und über die entsprechende Macht, diese durchzusetzen, jedoch sind diese nicht dringlich. (5) *Gefährliche Stakeholder*[959]: Diese verfügen über genügend Macht, ihre Ansprüche durchzusetzen, die dringlich sind jedoch nicht legitim. (6) *Abhängige Stakeholder*[960]: Die Ansprüche dieser Stakeholder sind legitim und dringlich, jedoch fehlt ihnen die Macht, diese durchzusetzen.

[951] Vgl. Mitchell et al. 1997, S. 874.
[952] Latent stakeholders.
[953] Dormant stakeholders.
[954] D. h. gegenüber einem Unternehmen.
[955] Disrcretionary stakeholders.
[956] Demanding stakeholders.
[957] Expectant stakeholders.
[958] Dominant stakeholders.
[959] Dangerous stakeholders.
[960] Dependent stakeholders.

(7): *Maßgebliche Stakeholder*[961]: Diese Stakeholder verfügen über alle drei Eigenschaften.
Personen oder Organisationen, die über keine Eigenschaft verfügen, sind *keine Stakeholder* bzw. *potentielle Stakeholder*.

6.2 Anwendung des Stakeholder Salience Modells – Bewertung der Einflusswirkungen von Seiten der Stakeholdergruppen

6.2.1 Bewertungskriterien

Um die Stakeholdergruppen mit Hilfe des Stakeholder Salience Models von Mitchell et al. (1997) einzuteilen, gilt es die drei relevanten Eigenschaften je Stakeholdergruppe näher darzustellen. Mitchell et al. (1997) sprechen in ihrem Stakeholder Salience Model von Ansprüchen der Stakeholder. Diese können mit den Erwartungen der Stakeholder gleichgesetzt werden.[962]

Bewertung der Macht: Die Macht der Stakeholder orientiert sich an deren Einflussmöglichkeiten auf das Geschäftsmodell Carsharing bzw. den Carsharing-Anbietern gegenüber.

Bewertung der Legitimität der Stakeholder-Erwartungen: Hier werden die Erwartungen hinsichtlich ihrer Legitimität beurteilt, d. h., ob diese gegenüber den Carsharing-Anbietern gerechtfertigt sind und den ökologischen und sozialen Nutzen des Carsharing berücksichtigen.[963] Es werden lediglich direkte Erwartungen berücksichtigt, die sich an die Carsharing-Anbieter und deren Geschäftsmodelle richten. Diese Erwartungen beziehen sich auf mögliche Veränderungen sowie Anpassungen der Carsharing-Geschäftsmodelle.[964]

Bewertung der Dringlichkeit der Stakeholder-Erwartungen: Hier werden die Erwartungen hinsichtlich ihrer Dringlichkeit bewertet, d. h., ob diese umgesetzt werden müssen, um den ökologischen und sozialen Nutzen des Carsharing zu adressieren.

Im Anschluss an die Darstellung der drei Eigenschaften je Stakeholdergruppe werden *die Einflusswirkungen von Seiten der jeweiligen Stakeholdergruppe auf das Geschäftsmodell Carsharing* zusammenfassend bewertet.

Bei der Bewertung der Einflusswirkungen wird zwischen direktem und indirektem Einfluss unterschieden: *Direkter Einfluss* besteht, wenn das Carsharing-Geschäftsmodell durch die entsprechende Maßnahme von Seiten des Stakeholders verändert wird bzw. verändert werden kann.[965] Dies betrifft primär Kapitalressourcen der Carsharing-Anbieter wie Finanz-, Real- und Humankapital.[966] Direkter Einfluss besteht ebenfalls, wenn

[961] Definitive stakeholders.

[962] Siehe Kapitel 5.3 Erwartungen der Stakeholder.

[963] Zur Beschreibung der ökologischen und sozialen Effekte bzw. Vorteile des Carsharing siehe Kapitel 1.1, 2.1.3.2., 3.1 und 5.2.1.

[964] Neben diesen Erwartungen existieren auch Erwartungen von Seiten der befragten Stakeholdergruppen, die keine unmittelbare Veränderung der gegenwärtigen Carsharing-Geschäftsmodelle nach sich ziehen, sondern lediglich im Zusammenhang mit dem Geschäftsmodell Carsharing genannt werden, wie u. a. die Erwartung, dass Carsharing zu einer Reduzierung des MIV und der privaten Fahrzeugzahlen, zur Stärkung des Umweltverbundes, zur Luftreinhaltung oder als Ergänzung zu den vorhandenen Mobilitätsmöglichkeiten gesehen wird. Siehe hierzu u. a. Kapitel 5.3.3 und 5.3.4.

[965] Dies ist etwa dann der Fall, wenn Subventionen von Seiten eines Stakeholders bereitgestellt werden.

[966] Mehr hierzu siehe Kapitel 2.2.2.

durch die entsprechende Maßnahme eine Kapitalressource entzogen wird, die zur Aufrechterhaltung des Carsharing-Geschäftsmodells notwendig ist.[967]

Indirekter Einfluss besteht, wenn durch die entsprechende Maßnahme von Seiten des Stakeholders die Rahmenbedingungen für das Carsharing gestaltet werden.[968] Indirekter Einfluss besteht ebenfalls, wenn durch die entsprechende Maßnahme eine Konkurrenzsituation zum jeweiligen Carsharing-Geschäftsmodell geschaffen wird.[969]

6.2.2 Ergebnisse von Seiten der Stakeholdergruppen

Management/Verantwortliche der Carsharing-Anbieter (1.CSA – 8.CSA):

Macht:

Auf Grund des Kompetenzbereichs des Managements/der Verantwortlichen der Carsharing-Anbieter haben diese die Macht, ihre Carsharing-Geschäftsmodelle zu gestalten. Dies wird insbesondere durch die Beschreibung der Einflussmöglichkeiten sowie der Bewertung des eigenen Einflusses deutlich. So beschreiben die Verantwortlichen u. a, dass sie sämtliche Möglichkeiten haben, Einfluss auf das eigene Carsharing-Unternehmen und Geschäftsmodell zu nehmen.[970] Hierzu gehören u. a. die Verantwortung, das gegenwärtige Carsharing-Angebot auf weitere Städte auszuweiten sowie die Carsharing-Unternehmen vor dem Hintergrund neuer Trends und Technologien[971] im Mobilitätsbereich zukunftsfähig zu machen. Der eigene Einfluss wird als „signifikant-großer" bis „sehr großer Einfluss" bewertet.[972]

Legitimität & Dringlichkeit der Erwartungen:

Da das Carsharing sowohl einen ökologischen wie auch sozialen Nutzen hat und einen Beitrag zum Gemeinwohl zusteuert[973] ist eine Legitimität vorhanden, das gegenwärtige Carsharing-Geschäftsmodell in der Praxis zu implementieren. Die Erwartungen von Seiten des Managements/der Verantwortlichen, das gegenwärtige Carsharing-Angebot in den Städten und Gemeinden weiter auszuweiten, können daher als legitim bewertet werden.

Die Dringlichkeit der Erwartungen in Bezug auf Ausweitung der Carsharing-Angebote sowie Zukunftsfähigkeit des Geschäftsmodells[974] sind gegeben.

Bewertung der Einflusswirkungen auf die Carsharing-Anbieter und deren Geschäftsmodelle:

Das Management/die Verantwortlichen können auf ihre eigenen Geschäftsmodelle direkten Einfluss nehmen und diese entsprechend eigener Vorgaben gestalten und weiterentwickeln. Neben den eigenen Vorgaben hängen die Gestaltungsmöglichkeiten von den zur Verfügung stehenden Ressourcen ab. Dies schließt Kapitalressourcen wie Finanz-, Real- und Humankapital mit ein. Bei den untersuchten Carsharing-Anbietern haben

[967] Dies betrifft etwa die Ladeinfrastruktur beim E-Carsharing.

[968] Dies betrifft etwa die rechtlichen Rahmenbedingungen hinsichtlich des Carsharing.

[969] Dies ist etwa dann der Fall, wenn von Seiten eines Stakeholders eine bestimmte Carsharing-Variante und Antriebsform unterstützt wird oder etwa auch ein alternatives Mobilitätsangebot.

[970] Siehe Kapitel 5.4.1.

[971] Wie dem automatisierten Fahren.

[972] Siehe Kapitel 5.4.1.1.

[973] Siehe Business Model Canvas zum Geschäftsmodell Carsharing, Kapitel 2.1.3.2.

[974] Das heißt, dass die Carsharing-Anbieter ihre Geschäftsmodelle permanent dahingehend weiterentwickeln, dass diese zukunftsfähig sind. Dies kann etwa hinsichtlich Benutzerfreundlichkeit der Fahrzeuge wie auch der Buchungs-Apps erfolgen.

die free-floating Anbieter Nr. 1 und Nr. 2 mehr als 1000 Carsharing-Fahrzeuge in ihren Flotten und grenzen sich somit bezüglich ihres hier vorhandenen Realkapitals von den übrigen Carsharing-Anbietern wesentlich ab. Neben den zur Verfügung stehenden Ressourcen sollten auch die bestehenden Geschäftsgebiete sowie die Nachfrage nach dem Carsharing berücksichtigt werden. So liegt es nahe, dass die beiden free-floating-Anbieter, die ihre Geschäftsgebiete in Metropolen und Großstädten haben und über mehr als 1000 Carsharing-Fahrzeuge zur Verfügung stellen, über mehr Möglichkeiten verfügen, die Nachfrage nach Carsharing vor Ort bedienen zu können, als etwa die (E-)Carsharing-Anbieter Nr. 5[975] und Nr. 6[976]. Grundvoraussetzung ist hierbei jedoch die bestehende Nachfrage nach dem Carsharing vor Ort, d. h. sowohl nach free-floating Carsharing als auch nach stationsbasiertem Carsharing. Ist die Nachfrage nach einer Carsharing-Variante vor Ort jedoch höher, sind die vorhandenen Ressourcen ausschlaggebend über die ein Carsharing-Anbieter verfügt, um hier sein Carsharing-Angebot entsprechend skalieren zu können.
Hierbei stellt sich auch die Frage, ob Carsharing-Nutzer konventionell betriebenes Carsharing oder elektrobetriebenes Carsharing vor Ort bevorzugen und die Nachfrage hierzu entsprechend variiert.[977] Dies hängt neben den Präferenzen der Carsharing-Nutzer auch von der Verfügbarkeit an konventionell betriebenen sowie elektro-betriebenen Carsharing-Fahrzeugen in den Geschäftsgebieten der (E-)Carsharing-Anbieter ab. Hierbei gilt es zu berücksichtigen, dass der Betrieb von E-Carsharing mit dem Bau von Ladesäulen verbunden ist und hier ein entsprechender Mehraufwand von Seiten der E-Carsharing-Anbieter betrieben werden muss, der in der Praxis mit erheblichen Kosten verbunden ist, die nicht jeder Carsharing-Anbieter ohne weiteres stemmen kann. Die Ergebnisse der vorliegenden Arbeit zeigen jedoch, dass alle untersuchten Carsharing-Anbieter neben konventionell betriebenen Fahrzeugen auch E-Fahrzeuge bzw. ausschließlich E-Carsharing[978] anbieten und den Anteil an E-Fahrzeugen in ihren Flotten kontinuierlich ausbauen. Durch den kontinuierlichen Ausbau des E-Carsharing könnten die konventionell betriebenen Carsharing-Fahrzeuge in Zukunft substituiert werden, was zur Folge hätte, dass ausschließlich E-Carsharing angeboten wird.

Automobilkonzerne (1.AK – 3.AK):[979]

Macht:

Die Macht der Automobilkonzerne gegenüber ihren Tochterunternehmen, den free-floating-Anbietern, ist gegeben. So stellen die Automobilkonzerne eigene Fahrzeugmodelle sowie die Telematik-Technologie für das free-floating Carsharing bereit. Hinzu kommen weitere technische Innovationen und Funktionalitäten wie etwa die „Handshake-Funktion".[980] Ein Automobilkonzern erwähnt, dass er „jegliche Maßnahmen und Möglichkeiten [hat], die ein Mutterunternehmen gegenüber einem Tochterunternehmen hat."[981]
Dabei tauschen sich die Automobilkonzerne mit ihren Tochterunternehmen zu möglichen Weiterentwicklungen ihrer Carsharing-Geschäftsmodelle aus, z. B. zum Ausbau der E-Flotten sowie unterschiedlichen Tarifmodellen. Zwei befragte Verantwortliche (2.AK und 3.AK) kommunizieren die Interessen, die die unterschiedlichen Stakeholder an die Automobilkonzerne zum Thema „urbane Mobilität" herantragen, an die Carsharing-

975 Der weniger als 50 E-Carsharing-Fahrzeuge im Geschäftsgebiet einer Mittelstadt sowie kleinstädtischer, dörflicher Raum zur Verfügung stellt. Siehe hierzu Kapitel 5.1, Tabelle 4.

976 Der weniger als 25 (E-)Carsharing-Fahrzeuge im städtischen Raum zur Verfügung stellt. Siehe hierzu Kapitel 5.1, Tabelle 4.

977 Darüber hinaus bieten Carsharing-Anbieter vereinzelt auch hybrid-betriebene Carsharing-Fahrzeuge an. Auf Grund der geringen Anzahl an hybrid-betriebenen Carsharing-Fahrzeugen in den Carsharing-Flotten werden diese hier nicht weiter berücksichtigt.

978 Dies betrifft die E-Carsharing-Anbieter Nr. 5, Nr. 7 und Nr. 8.

979 Hierbei werden deren Beziehungen zu ihren Tochterunternehmen, den free-floating Anbietern, berücksichtigt.

980 Siehe hierzu Kapitel 5.4.2.

981 Siehe hierzu Kapitel 5.4.2, 1.AK.

Anbieter. Der eigene Einfluss von Seiten der Automobilkonzerne auf ihre Tochterunternehmen wird als „sehr großer Einfluss" bewertet.[982]

Legitimität & Dringlichkeit der Erwartungen:

Die Automobilkonzerne nutzen das free-floating Carsharing ihrer Tochterunternehmen, um primär Eigeninteressen zu verfolgen. So werden die free-floating Carsharing-Geschäftsmodelle als Mobilitätsangebote bzw. Mobilitätsdienstleistungen gesehen, um die Automobilkonzerne auf die zukünftige urbane Mobilität vorzubereiten. Dabei werden durch das free-floating Carsharing anonymisiert Daten erhoben, um Vorhersagen zu machen, wie heutige und zukünftige Mobilitätsströme in den Metropolen und Geschäftsgebieten aussehen (könnten). Durch die Analyse der Mobilitätsströme der Carsharing-Flotten sollen in Zukunft autonom fahrende Carsharing-Flotten sowie Robotaxis optimal gesteuert werden.[983]
Die folgenden Erwartungen werden von Seiten der Mutterunternehmen gegenüber ihren Tochterunternehmen gestellt:
[die free-floating-Anbieter sollen...]

- technische Innovationen und Funktionalitäten in ihre Carsharing-Geschäftsmodelle inkludieren[984]
- ihre Geschäftsmodelle in Bezug auf vernetzte Mobilität und Multimodalität weiterentwickeln[985]
- die Zusammenarbeit mit den Verkehrsverbünden und ihren Verkehrsunternehmen ausbauen[986]
- mit ihren Flotten alle „Use Cases" abdecken, die mit den privaten PKW auch abgedeckt werden[987]
- ihre Carsharing-Angebote auf weitere europäische Metropolen und Großstädte ausweiten[988]
- den Anteil an Elektrofahrzeugen weiter ausbauen[989]
- verschiedene Fahrzeugmodelle der Mutterunternehmen bereitstellen[990]

Die Erwartungen dienen primär dazu, das free-floating Carsharing-Angebot für die Kunden attraktiver zu machen. Aus diesem Grund ist deren **Legitimität** gegeben.
Bei der Bewertung der **Dringlichkeit** der Erwartungen stellt sich die Frage, ob diese umgesetzt werden müssen oder nicht. Da bei Umsetzung der Erwartungen das free-floating Carsharing attraktiver wird, ist hier eine Dringlichkeit vorhanden. Erwähnt werden sollte hierbei jedoch die Beziehung von Mutter- zu Tochterunternehmen, d. h. die Abhängigkeit von den free-floating Anbietern von den Automobilkonzernen. So verpflichten die Mutterunternehmen ihre Tochterunternehmen ihre Fahrzeugmodelle mit entsprechenden technischen Innovationen und Funktionalitäten in ihre Carsharing-Flotten mitaufzunehmen, was so viel heißt, dass hier Erwartungen bestehen, die umgesetzt werden müssen.

Als weitere Erwartungen wurden die folgenden genannt:
[die free-floating Anbieter sollen...]

---

[982] Siehe hierzu Kapitel 5.4.2.1.

[983] Siehe hierzu Stakeholder-Aussagen im Anhang: 1.AK,a2, 1.AK,a3; 2.AK,b1, 2.AK,b2; 3.AK,b1.

[984] Die von Seiten der Mutterunternehmen bereitgestellt werden, wie z. B. die „Handshake-Funktion". Siehe hierzu Stakeholder-Aussage im Anhang: 1.AK,a4.

[985] D. h. etwa das Geschäftsmodell Carsharing mit dem Geschäftsmodell Ride Sharing verbinden bzw. kombinieren und aus einer Flotte heraus betreiben, um dann nachfragegerecht entsprechend zwischen den Geschäftsmodellen hin und her zu „switchen". Siehe hierzu Stakeholder-Aussage im Anhang: 1.AK,a5.

[986] Siehe hierzu Stakeholder-Aussagen im Anhang: 1.AK,c1; 3.AK,c1.

[987] D. h. Fahrten im Zusammenhang mit der Arbeit, Freizeitfahrten, Urlaubsfahrten, Transport- und Umzugsfahrten sowie Fahrten zwischen Städten. Siehe hierzu Stakeholder-Aussage im Anhang: 3.AK,d1.

[988] Siehe hierzu Stakeholder-Aussagen im Anhang: 1.AK,e1; 2.AK,e1; 3.AK,e1.

[989] Siehe hierzu Stakeholder-Aussagen im Anhang: 1.AK,g1; 2.AK,g1; 3.AK,g1.

[990] Siehe hierzu Stakeholder-Aussagen im Anhang: 1.AK,i1; 2.AK,i1; 3.AK,i1.

- Berührungsängste zur Elektromobilität abbauen, wodurch das Interesse an E-Mobilität weiter geweckt und der Kauf von E-Fahrzeugen des Automobilkonzerns weiter vorangetrieben werden soll[991]
- „Premiumfahrzeuge“[992] der Automobilkonzerne in ihre Flotten integrieren und anbieten[993]

Diese Erwartungen sind hinsichtlich ihrer **Legitimität** diskussionswürdig. So ist positiv zu bewerten, dass durch das free-floating E-Carsharing-Angebot Berührungsängste zur Elektromobilität abgebaut werden sollen. Da hier jedoch das free-floating E-Carsharing bzw. die E-Fahrzeuge vom Mutterunternehmen dahingehend genutzt werden sollen, um deren Kauf beim Automobilkonzern voranzutreiben, stellt sich die Frage, ob das E-Carsharing hier auch seinen Zweck im Sinne seines ökologischen und sozialen Nutzens erfüllt. Der Kauf von E-Fahrzeugen beim Mutterunternehmen durch die bisherigen E-Carsharing-Nutzer würde bedeuten, dass diese das E-Carsharing-Angebot nicht mehr nutzen würden, was mit sinkenden Nutzerzahlen einhergehen würde.
Durch das Nutzen von „Premiumfahrzeugen“ im free-floating Angebot greifen die Carsharing-Nutzer auf Autos zurück, die dazu dienen, den Kundenansprüchen in Form einer gehobenen Ausstattung sowie zusätzlichen digitalen Features nachzukommen. Dies spiegelt sich auch im Kaufpreis der „Premiumfahrzeuge“ wider, der deutlich höher liegt als der Durchschnittspreis im gleichen Fahrzeugsegment. Hier liegt die Vermutung nahe, dass sich die free-floating Anbieter durch das Angebot mit den „Premiumfahrzeugen“ ihrer Mutterunternehmen nicht nur von den weiteren Carsharing-Anbietern abgrenzen, sondern auch die Nachfrage nach den „Premiumfahrzeugen“ bei ihren Mutterunternehmen positiv beeinflussen wollen. Auch hier stellt sich die Frage, ob das Carsharing-Angebot mit „Premiumfahrzeugen“ seinen Zweck im Sinne eines ökologischen und sozialen Nutzens[994] erfüllt, da bei einem späteren Kauf[995] dieser „Premiumfahrzeugen“ des Automobilkonzerns die Carsharing-Nutzung wegfallen würde.
Vor dem Hintergrund, dass diese beiden Erwartungen den eigentlichen Nutzen des Carsharing in ökologischer und sozialer Hinsicht nicht erfüllen, ist ihre Legitimität nicht gegeben.
Da diese Erwartungen von Seiten der Mutterunternehmen gegenüber ihren Tochterunternehmen durchgesetzt werden, fällt eine Bewertung hinsichtlich deren **Dringlichkeit** weg.

Bewertung der Einflusswirkungen auf die free-floating Carsharing-Anbieter und deren Geschäftsmodelle:

Die Automobilkonzerne können auf Grund ihrer bereitgestellten Kapitalressourcen[996] sowie ihren Stakeholder-Beziehungen zu ihren Tochterunternehmen, den free-floating Carsharing-Anbietern, weitreichenden und direkten Einfluss auf die Gestaltung ihrer Geschäftsmodelle nehmen. Die Erwartungen, die sie an ihre Tochterunternehmen stellen, sind mit einer Weiterentwicklung sowie Attraktivitätssteigerung des free-floating Angebots verbunden. Hierbei soll insbesondere der Anteil an E-Fahrzeugen im free-floating E-Carsharing-Angebot ausgebaut werden. Die Automobilkonzerne können als wesentliche Treiber zur Ausweitung des free-floating (E-)Carsharing ihrer Tochterunternehmen gesehen werden.

Politik/politische Verantwortliche aus dem Mobilitätsbereich (1.PV – 6.PV):

---

991 Siehe Stakeholder-Aussagen im Anhang: 1.AK,b2; 2.AK,b3.

992 Siehe Kapitel 8.6, Erläuterung relevanter Begriffe: Premiumfahrzeuge.

993 Siehe Stakeholder-Aussagen im Anhang: 1.AK,b3; 2.AK,b4; 3.AKb2.

994 Zwar kann man auch mit den „Premiumfahrzeugen“ individuell mobil sein, nur stellt sich hier die Frage, ob gerade soziale Schwache solche „Premiumfahrzeuge“ unbedingt nutzen sollten. Zum einen können sie sich solche „Premiumfahrzeuge“ nur schwer selbst kaufen, zum anderen wird ihnen ihre ohnehin schon schwache Stellung in der Gesellschaft vergegenwärtigt.

995 D. h. nach der Carsharing-Nutzung der „Premiumfahrzeuge“.

996 Siehe Punkt „Macht“ oben.

Macht:

Die Macht von Seiten der politischen Verantwortlichen aus dem Mobilitätsbereich auf die Carsharing-Anbieter und deren Geschäftsmodelle ist in dem Maße vorhanden, dass diese, je nach Verantwortungsbereich als Regierungspartei oder Oppositionspartei, die rechtlichen Rahmenbedingungen für das Carsharing setzen oder mitgestalten können. Dies betrifft das Straßengesetz sowie die Anwendung der Straßenverkehrsverordnung und hier im Besonderen das bereits verabschiedete Carsharinggesetz (CsgG), durch das Carsharing-Stellplätze von Seiten der Städte und Gemeinden im öffentlichen Raum ausgewiesen werden können.[997] Als weitere Möglichkeit bestehen finanzielle Fördermöglichkeiten im Rahmen von Förderprogrammen zu geben, die insbesondere für E-Carsharing-Anbieter sowie ländliche Carsharing-Anbieter relevant sind. Dadurch können Elektro-Fahrzeuge wie auch der Bau der Ladeinfrastruktur subventioniert werden. Carsharing-fördernder Einfluss von Seiten der Politik kann auch dadurch genommen werden, indem Mitarbeiter, die im öffentlichen Dienst beschäftigt sind, dazu bewegt werden, Carsharing-Fahrzeuge für Dienstfahrten zu buchen.[998] Darüber hinaus kann auch eine ideelle Unterstützung der Carsharing-Anbieter erfolgen, die insbesondere die Vernetzung der verschiedenen Carsharing-Stakeholder untereinander sowie einen gegenseitigen Informationsaustausch ermöglicht. Formate könnten hier digitale Plattformen wie auch Carsharing-Veranstaltungen vor Ort sein. Der eigene Einfluss von Seiten der politischen Verantwortlichen aus dem Mobilitätsbereich auf die Carsharing-Anbieter und deren Geschäftsmodelle wird von „geringer Einfluss" bis „großer Einfluss" bewertet.[999]

Legitimität & Dringlichkeit der Erwartungen:

Die folgenden Erwartungen werden an die Carsharing-Anbieter und deren Geschäftsmodelle gestellt:
[die Carsharing-Anbieter sollen...]

- ein attraktives und kundenfreundliches Carsharing anbieten, d. h. u. a. bestmögliche Verfügbarkeit vor Ort sowie einwandfreies Funktionieren der Carsharing-Fahrzeuge, die gepflegt sein sollten[1000]
- ihre Nutzer vor möglichen Unfällen mit den Carsharing-Fahrzeugen im Straßenverkehr schützen, indem sie diese entsprechend sensibilisieren und mit den nötigen Informationen versorgen[1001]
- eine besonders saubere, d. h. eine besonders emissionsarme und umweltfreundliche Flotte betreiben sowie wasserstoffbetriebene Fahrzeuge anbieten und den Anteil an E-Fahrzeugen kontinuierlich ausbauen[1002]
- sich mit den Verkehrsverbünden und den Verkehrsunternehmen vernetzen sowie in den suburbanen Raum und die Mittelstädte gehen und dort mehr Carsharing-Stationen bzw. Stellplätze installieren[1003]
- attraktive Angebote und Tarifmodelle für Nutzergruppen wie etwa Studenten, Fahranfänger, sozial Schwächere oder ältere Menschen anbieten sowie den Flottenbetreibern in den Städten attraktive Angebote machen, d. h. z. B. Lieferdiensten, Pflegediensten, Apothekendiensten usw.[1004]

---

[997] Vgl. Bundesregierung 05.07.2017.

[998] Hier können die politischen Verantwortlichen mit gutem Beispiel vorangehen und für Dienstfahrten selbst Carsharing-Fahrzeuge nutzen.

[999] Siehe hierzu Kapitel 5.4.3.1.

[1000] Siehe hierzu Stakeholder-Aussagen im Anhang: 3.PV,a1; 6.PV,a1.

[1001] Siehe hierzu Stakeholder-Aussage im Anhang: 6.PV,a2.

[1002] Siehe hierzu Stakeholder-Aussagen im Anhang: 1.PV,c1, 1.PV,c2; 4.PV,c1, 4.PV,c2, 4.PV,c3; 6.PV,c1.

[1003] Siehe hierzu Stakeholder-Aussagen im Anhang: 1.PV,d1; 2.PV,c1, 2.PV,d1; 5.PV,c1.

[1004] Siehe hierzu Stakeholder-Aussagen im Anhang: 2.PV,d2; 3.PV,c1; 4.PV,d1; 6.PV,d1.

Die **Legitimität** dieser Erwartungen ist gegeben, da sie das Geschäftsmodell Carsharing positiv beeinflussen, d. h. den ökologischen wie auch sozialen Nutzen fördern und somit beitragen, dass das Carsharing-Angebot bei Umsetzung dieser Erwartungen an Attraktivität gewinnt, was eine verstärkte Nutzung nach sich ziehen könnte.
Bei der Bewertung der **Dringlichkeit** der Erwartungen stellt sich die Frage, ob diese umgesetzt werden müssen oder nicht. Da bei Umsetzung dieser Erwartungen das Carsharing-Angebot an Attraktivität gewinnt, ist hier eine Dringlichkeit gegeben. Wie dringlich die einzelnen Erwartungen für die jeweiligen Carsharing-Anbieter sind, muss jedoch von Carsharing-Anbieter zu Carsharing-Anbieter einzeln getroffen werden.

Als weitere Erwartung wurde die folgenden genannt:
[die Carsharing-Anbieter sollen...]

- ihren Carsharing-Betrieb ohne staatliche Subventionen führen[1005]

Die **Legitimität** dieser Erwartung ist diskussionswürdig, da Carsharing-Anbieter, die E-Carsharing anbieten sowie solche, die im ländlichen Raum vertreten sind, auf staatliche Subventionen angewiesen sind, um ihren Carsharing-Betrieb zu finanzieren. Dies betrifft den Kauf von E-Fahrzeugen sowie die Ladeinfrastruktur, die mit erheblichen Kosten verbunden sind, die von den Carsharing-Anbietern[1006] nicht vollständig getragen werden können. Carsharing-Anbieter, die ihr Carsharing-Angebot im ländlichen Raum anbieten, sind in den meisten Fällen und hier insbesondere beim Aufsetzten des Carsharing-Betriebs auf staatliche Subventionen angewiesen Die **Dringlichkeit** dieses Anspruchs ist daher nicht gegeben, da durch diesen das Carsharing nicht gefördert wird.

Bewertung der Einflusswirkungen auf die Carsharing-Anbieter und deren Geschäftsmodelle:

Die politischen Verantwortlichen aus dem Mobilitätsbereich können über die Gestaltung der rechtlichen Rahmenbedingungen indirekten Einfluss, über finanzielle Fördermöglichkeiten, etwa im Rahmen von Förderprogrammen, direkten Einfluss auf die Carsharing-Anbieter und deren Geschäftsmodelle nehmen. Mit der Umsetzung des Carsharinggesetzes (CsgG) vor Ort besteht die Möglichkeit, sowohl für stationsbasiertes Carsharing als auch für free-floating Carsharing Stellplätze im öffentlichen Straßenraum zu schaffen.[1007] Mit Hilfe von Subventionen können hingegen bestimmte Carsharing-Geschäftsmodelle gefördert werden, d. h. die Carsharing-Variante stationsbasiert oder free-floating in Kombination mit den Antriebsformen konventionell-, elektrisch-, hybrid- oder wasserstoff-betrieben. Indirekter Einfluss auf die Carsharing-Anbieter und deren Geschäftsmodelle von Seiten der Politik kann auch über die Nutzung einer bestimmten Carsharing-Variante und Antriebsform im Rahmen von Dienstfahrten von Beschäftigten im öffentlichen Dienst genommen werden. Die angeführte ideelle Unterstützung, d. h. Vernetzung der verschiedenen Carsharing-Stakeholder untereinander, könnte dahingehend ausgerichtet sein, dass hierbei eine Carsharing-Variante sowie Antriebsform unterstützt werden.
Die Erwartungen von Seiten der politischen Verantwortlichen richten sich an alle Carsharing-Anbieter, d. h. sowohl stationsbasiert als auch free-floating Carsharing, und sind mit einer Weiterentwicklung und Attraktivitätssteigerung der Geschäftsmodelle verbunden. Hierbei besteht die Erwartung, dass der Anteil an E-Fahrzeugen in den Carsharing-Flotten kontinuierlich ausgebaut wird und auch wasserstoffbetriebene Fahrzeuge angeboten werden.

[1005] Siehe hierzu Stakeholder-Aussage im Anhang: 6.PV,b1.

[1006] Hiermit sind nicht die free-floating Anbieter gemeint, die Tochterunternehmen von finanzstarken Automobilkonzernen sind, und von diesen finanziell gefördert werden.

[1007] Vgl. Bundesregierung 05.07.2017.

Städte/städtische Verantwortliche für den Verkehrs- und Mobilitätsbereich (1.ST – 6.ST):

Macht:

Die Macht von Seiten der städtischen Verantwortlichen für den Verkehrs- und Mobilitätsbereich auf die Carsharing-Anbieter und deren Geschäftsmodelle ist in dem Maße vorhanden, dass diese insbesondere die Verteilung der Carsharing-Fahrzeuge im öffentlichen Raum festlegen können. So werden von Seiten der befragten *städtischen Verantwortlichen für den Verkehrs- und Mobilitätsbereich aus den Metropolen* die folgenden Möglichkeiten genannt:[1008] Über den Aufbau der Ladeinfrastruktur für E-Carsharing-Fahrzeuge können Standorte festgelegt werden. Es besteht die Möglichkeit, über Teileinziehung Stellplätze für stationsgebundene Angebote sowie im Rahmen des Carsharinggesetzes über Sondernutzungserlaubnisse Carsharing-Stellplätze im öffentlichen Raum für einzelne Carsharing-Anbieter bereitzustellen.Die Möglichkeit, von Seiten der Metropolen Carsharing-Stellplätze im öffentlichen Raum auszuweisen, könnte auch an Bedingungen für die Carsharing-Anbieter geknüpft werden, z. B., dass diese ihr Carsharing-Angebot auch in den Außenbezirken der Metropolen anbieten sollen. Somit kann auf die Größe des Carsharing-Geschäftsgebiets Einfluss genommen werden. Als weitere Möglichkeiten Einfluss von Seiten der Metropolen auf die Carsharing-Anbieter und ihre Angebote zu nehmen wird die Förderung von Carsharing im Rahmen von „Sustainable Urban Mobility Plans"[1009] genannt sowie die Möglichkeit von Seiten der gesamten Stadtverwaltung Carsharing-Fahrzeuge für Dienstfahrten zu nutzen.
Von Seiten der befragten *städtischen Verantwortlichen für den Verkehrs- und Mobilitätsbereich aus der Regiopole, der Großstadt sowie der Mittelstadt* wurden die folgenden Möglichkeiten genannt, Einfluss auf die Carsharing-Anbieter vor Ort nehmen zu können:[1010] Der Informationsaustausch zum regionalen Carsharing-Anbieter, z. B. zu möglichen Stellplätzen in einem neu entstehenden Wohnquartier in der Regiopole. Die Möglichkeit, besonders attraktive Standorte für Carsharing-Fahrzeuge im öffentlichen Raum durch Sondergenehmigungen zur Verfügung stellen zu können, d. h. z. B. Nähe zum ÖPNV und stark frequentierten Plätzen. Die Möglichkeit, als ein Konsortialpartner in dem E-Carsharing-Projekt direkt auf das E-Carsharing-Angebot Einfluss nehmen zu können, d. h. Weiterentwicklung z. B. in Bezug auf räumliche Ausweitung. Die Möglichkeit, als Stadt die zeitlich festgelegte Blockbuchung einzelner E-Carsharing-Fahrzeuge temporär zurücknehmen zu können und diese der Bevölkerung zur eigenen Buchung zur Verfügung zu stellen. Der eigene Einfluss von Seiten der städtischen Verantwortlichen für den Verkehrs- und Mobilitätsbereich auf die Carsharing-Anbieter und deren Geschäftsmodelle wird von „kein Einfluss" bis „sehr großer Einfluss" bewertet.[1011]

Legitimität & Dringlichkeit der Erwartungen:

Die folgenden Erwartungen werden an die Carsharing-Anbieter und deren Geschäftsmodelle gestellt:
[die Carsharing-Anbieter sollen...]

- sich dem Thema Verkehrssicherheit annehmen und ihre Nutzer hierzu entsprechend informieren, u. a. zu „Dooring-Unfällen"[1012]. Hierbei sollen sie mit den Städten zum Thema Verkehrssicherheit zusammenarbeiten.[1013]

[1008] Siehe hierzu Kapitel 5.4.4.2.

[1009] Siehe Kapitel 8.6, Erläuterung relevanter Begriffe: Sustainable Urban Mobility Plan.

[1010] Siehe hierzu Kapitel 5.4.4.2.

[1011] Siehe hierzu Kapitel 5.4.4.1.

[1012] „Dooring-Unfälle" sind solche Unfälle im Straßenverkehr, die sich durch eine geöffnete PKW-Tür ereignen und sich hier auf den Zusammenprall mit Zweiradfahrern wie Fahrrad-Fahrer, Roller-Fahrer oder auch E-Scooter-Fahrer beziehen.

[1013] Siehe hierzu Stakeholder-Aussagen im Anhang: 1.ST,a1, 1.ST,a2.

- ihre Geschäftsgebiete nicht weiter verkleinern. Carsharing-Anbieter, die ihre Geschäftsgebiete im Innenstadtbereich von Metropolen haben, sollen diese auf die äußeren Bereiche der Metropolen ausweiten, um so neue Nutzergruppen zu erreichen.[1014]
- ihre Fahrzeuge sichtbarer machen, indem diese etwa Alleinstellungsmerkmale besitzen sollen wie in Form einer einheitlichen Farbe[1015]
- zum Thema Parkraum mit den Städten zusammenarbeiten, um attraktive Stellplätze zu finden. Dies betrifft auch gemeinsame Carsharing-Konzepte.[1016]
- zusammen mit den Städten die Umsetzung des Carsharinggesetzes vorantreiben, damit die Stellplatzproblematik geklärt ist und keine Ausnahmegenehmigungen mehr erteilt werden müssen. Hierbei sollen mit den städtischen Verantwortlichen zusammen auch attraktive Carsharing-Stellplätze gefunden werden, die z. B. in unmittelbarer Nähe zum ÖPNV sind.[1017]
- sich mit den Verkehrsverbünden und den Verkehrsunternehmen noch besser vernetzen und attraktive Angebote für ihre Nutzer schaffen, die eine multimodale Wegekette ermöglichen[1018]
- ihr Carsharing-Angebot auf den suburbanen und ländlichen Raum ausweiten. Carsharing-Anbieter in Städten sollen ihre Geschäftsgebiete auf umliegende Gemeinden ausweiten, um u. a. auch Wegstrecken zu ermöglichen, die mit dem ÖPNV nicht möglich sind.[1019]
- eine besonders umweltfreundliche Flotte betreiben verbunden mit der Erwartung, dass der Fuhrpark aus emissionsarmen und elektrisch- bzw. hybridbetriebenen Fahrzeugen besteht[1020]
- den Anteil an E-Fahrzeugen in den Flotten erhöhen. Dies betrifft insbesondere die stationsbasierten Carsharing-Anbieter.[1021]
- unterschiedliche und attraktive Tarifmodelle anbieten, die insbesondere junge Menschen, Fahranfänger, sozial Schwächere wie auch ältere Menschen ansprechen[1022]
- attraktive Angebote, insbesondere auch für Bürger in neu entstehenden Wohnquartieren, schaffen. Hierbei sollen Mobilitätsstationen aufgebaut werden, die multimodales Verkehrsverhalten ermöglichen.[1023]

Die **Legitimität** dieser Erwartungen ist gegeben, da sie das Geschäftsmodell Carsharing positiv beeinflussen, d. h. den ökologischen wie auch sozialen Nutzen fördern und somit beitragen, dass das Carsharing-Angebot bei Umsetzung dieser Erwartungen an Attraktivität gewinnt, was eine verstärkte Nutzung nach sich ziehen könnte.

Bei der Bewertung der **Dringlichkeit** der Erwartungen stellt sich die Frage, ob diese umgesetzt werden müssen oder nicht. Hier sticht insbesondere der Punkt Verkehrssicherheit hervor, da dadurch mögliche Unfälle im Zusammenhang mit dem Carsharing vermieden werden sollen. Ein weiterer notwendiger Punkt, der unmittelbar umgesetzt werden sollte, betrifft die Umsetzung des Carsharinggesetzes vor Ort, um die Stellplatzproblematik abschließend zu klären und so Carsharing-Stellplätze zu ermöglichen. Sowohl bei Umsetzung dieser Erwartung wie auch bei der Umsetzung der weiteren angeführten Erwartungen gewinnt das Carsharing

[1014] Siehe hierzu Stakeholder-Aussagen im Anhang: 1.ST,d1; 2.ST,a2; 3.ST,d1.

[1015] Siehe hierzu Stakeholder-Aussagen im Anhang: 4.ST,a1; 6.ST,a2.

[1016] Siehe hierzu Stakeholder-Aussagen im Anhang: 3.ST,a1, 3.ST,a3; 5.ST,a1; 6.ST,a1.

[1017] Siehe hierzu Stakeholder-Aussagen im Anhang: 3.ST,a2; 4.ST,a2.

[1018] Siehe hierzu Stakeholder-Aussagen im Anhang: 4.ST,c2; 5.ST,c2. Siehe Kapitel 8.6, Erläuterung relevanter Begriffe: Multimodalität.

[1019] Siehe hierzu Stakeholder-Aussagen im Anhang: 4.ST,c3, 4.ST,d2; 5.ST,d1; 6.ST,d1.

[1020] Siehe hierzu Stakeholder-Aussage im Anhang: 5.ST,c1.

[1021] Siehe hierzu Stakeholder-Aussagen im Anhang: 1.ST,c5; 2.ST,c2; 3.ST,c1; 5.ST,c3; 6.ST,c1.

[1022] Siehe hierzu Stakeholder-Aussagen im Anhang: 2.ST,d1; 3.ST,d2; 4.ST,d1; 5.ST,d3;

[1023] Siehe hierzu Stakeholder-Aussagen im Anhang: 4.ST,d3; 5.ST,d2.

an Attraktivität. Wie dringlich die einzelnen Erwartungen für die jeweiligen Carsharing-Anbieter sind, muss jedoch von Carsharing-Anbieter zu Carsharing-Anbieter einzeln getroffen werden.

Bewertung der Einflusswirkungen auf die Carsharing-Anbieter und deren Geschäftsmodelle:

Die städtischen Verantwortlichen für den Verkehrs- und Mobilitätsbereich können über die Möglichkeit der Verteilung der Carsharing-Fahrzeuge im öffentlichen Straßenraum indirekten Einfluss auf die Carsharing-Anbieter und deren Geschäftsmodelle nehmen. Dies betrifft die Anwendung des Carsharinggesetzes (CsgG) vor Ort, Sondergenehmigungen, die Möglichkeit der Teileinziehung[1024] sowie den Aufbau der Ladeinfrastruktur. Hierbei besteht von Seiten der Städte die Möglichkeit, die Stellplatzzuweisung an die Carsharing-Anbieter[1025] an Bedingungen zu knüpfen, die sich etwa auf die Größe des Geschäftsgebietes sowie die Verteilung der Carsharing-Fahrzeuge auswirken. Indirekter Einfluss von Seiten der Städte kann auch über die Nutzung einer bestimmten Carsharing-Variante und Antriebsform im Rahmen von Dienstfahrten von städtischen Mitarbeitern sowie über bestehende Blockbuchungen[1026] genommen werden. Darüber hinaus kann das Carsharing im Rahmen von „Sustainable Urban Mobility Plans" gefördert werden.[1027] 6.ST ist ein Konsortialpartner im Rahmen des E-Carsharing-Projektes in einer Mittelstadt sowie umliegenden Gemeinden und kann in seiner Funktion direkten Einfluss auf das E-Carsharing-Angebot nehmen, z. B. in Bezug auf die räumliche Ausweitung.
Die Erwartungen von Seiten der städtischen Verantwortlichen für den Verkehrs- und Mobilitätsbereich richten sich an alle Carsharing-Anbieter, d. h. sowohl stationsbasiert als auch free-floating Carsharing, und sind mit einer Weiterentwicklung und Attraktivitätssteigerung ihrer Geschäftsmodelle verbunden. Hierbei besteht die Erwartung, dass der Anteil an E-Fahrzeugen in den Carsharing-Flotten, und hier insbesondere im stationsbasierten Carsharing, kontinuierlich ausgebaut wird und auch hybridbetriebene Fahrzeuge angeboten werden.

Verkehrsverbünde (1.VVB – 3.VVB):

Macht:

Die Macht von Seiten der Verkehrsverbünde auf die Carsharing-Anbieter und deren Geschäftsmodelle ist nicht gegeben, es bestehen lediglich freiwillige kooperative Zusammenarbeiten. Hierbei besteht ein Informationsaustausch zu neuen Entwicklungen, die beide Geschäftsmodelle betreffen. Die Kooperationen basieren auf gemeinsamen Marketingmaßnahmen. Dies schließt auch Vergünstigungen für Nutzer mit ein, die beide Mobilitätsangebote nutzen. 1.VVB erwähnt, dass seine Mitarbeiter Carsharing-Fahrzeuge für Dienstfahrten nutzen, wobei Blockbuchungen bestehen. Diese können bei Nichtnutzung den Bürgern vor Ort zur eigenen Nutzung bereitgestellt werden. 1.VVB erwähnt auch, dass er Forderungen an die Stadt stellen kann, da diese Gesellschafter des Verkehrsverbundes ist. Diese könnten z. B. zu Stellplätzen für Carsharing-Fahrzeuge im öffentlichen Raum bestehen. Der eigene Einfluss von Seiten der Verkehrsverbünde auf die in Kooperation stehenden Carsharing-Anbieter wird als „geringer Einfluss" bewertet.[1028]

[1024] Dies betrifft die stationsgebundenen Carsharing-Angebote. Mehr hierzu siehe Kapitel 3.2.4.

[1025] Z. B. bezüglich attraktiver Stellplätze, d. h. Nähe zum ÖPNV, zu stark frequentierten Plätzen oder auch in neu entstehenden Wohnquartieren.

[1026] Die temporär zurückgenommen werden können und somit den Bewohnern vor Ort zur eigenen Buchung bereitgestellt werden. Wie dies z. B. von Seiten von 6.ST gemacht wird.

[1027] Siehe Kapitel 8.6, Erläuterung relevanter Begriffe: Sustainable Urban Mobility Plan.

[1028] Siehe Kapitel 5.4.5.1.

Legitimität & Dringlichkeit der Erwartungen:

Die Erwartungen von Seiten der Verkehrsverbünde an die Carsharing-Anbieter und deren Geschäftsmodelle betreffen die folgenden Punkte:

- Kundenfreundlichkeit erhöhen. Dies betrifft u. a. die Verbesserung der Carsharing-App sowie attraktive Tarifmodelle für Kundengruppen wie Spontan- und Seltennutzer, Studenten oder Fahranfänger.[1029]
- Ausbau des Carsharing-Angebots um weitere Sharing-Angebote wie z. B. (E-)Bike Sharing sowie attraktivere Angebote im Rahmen von Corporate Carsharing[1030]
- die bisherigen Kooperationen sollen weiter ausgebaut werden, um den Kunden ein Mobilitätsangebot aus einer Hand anzubieten[1031]
- es sollen zusammen mit den Carsharing-Anbietern gemeinsame Kundengruppen erschlossen werden sowie durch die Vernetzung beider Mobilitätsangebote[1032] etwa im Rahmen von Mobilitäts-Apps Synergieeffekte erzielt werden[1033]
- es sollen besonders umweltfreundliche und emissionsarme Carsharing-Fahrzeuge angeboten werden[1034]
- die Elektro-Flotten sollen ausgebaut werden, wobei mehr Ladesäulen in den Innenstädten installiert werden sollen[1035]
- die Carsharing-Angebote in den Städten sollen auf umliegende Gemeinden sowie den suburbanen Raum ausgeweitet sowie hier Bestandteil von Mobilitätsstationen werden[1036]

Die **Legitimität** dieser Erwartungen ist gegeben, da sie das Geschäftsmodell Carsharing positiv beeinflussen, d. h. den ökologischen wie auch sozialen Nutzen fördern und somit beitragen, dass das Carsharing-Angebot bei Umsetzung dieser Erwartungen an Attraktivität gewinnt, was eine verstärkte Nutzung nach sich ziehen könnte.
Bei der Bewertung der **Dringlichkeit** der Erwartungen stellt sich die Frage, ob diese umgesetzt werden müssen oder nicht. Erwartungen, die die Kooperationen zu den Verkehrsverbünden betreffen, können von Seiten der Verkehrsverbünde als dringlich eingestuft werden, da sich so die Beziehungen zu den Carsharing-Anbietern verbessern, wovon beide Geschäftsmodelle positiv tangiert werden. Dies betrifft die Punkte: „bisherige Kooperationen ausbauen“, „gemeinsame Kundengruppen erschließen“, „Synergieeffekte durch Vernetzung ausbauen“. Die weiteren genannten Erwartungen können zu einem attraktiveren Carsharing Angebot führen und deshalb ebenfalls als dringlich eingestuft werden. Wie dringlich die Umsetzung dieser einzelnen Erwartungen für die jeweiligen Carsharing-Anbieter ist, muss jedoch von Carsharing-Anbieter zu Carsharing-Anbieter einzeln getroffen werden.

Bewertung der Einflusswirkungen auf die Carsharing-Anbieter und deren Geschäftsmodelle:

[1029] Siehe hierzu Stakeholder-Aussagen im Anhang: 1.VVB, a1,1.VVB, d2.

[1030] Siehe hierzu Stakeholder-Aussage im Anhang: 1.VVB,a2.

[1031] Siehe hierzu Stakeholder-Aussagen im Anhang: 1.VVB,b1; 2.VVB,b1.

[1032] D. h. zwischen den Mobilitätsangeboten des Verkehrsverbundes und denen der Carsharing-Anbieter.

[1033] Siehe hierzu Stakeholder-Aussagen im Anhang: 2.VVB,b2; 3.VVB,b1.

[1034] Siehe hierzu Stakeholder-Aussage im Anhang: 1.VVB,c1.

[1035] Siehe hierzu Stakeholder-Aussagen im Anhang: 2.VVB,c1; 3.VVB,c2.

[1036] Siehe hierzu Stakeholder-Aussagen im Anhang: 1.VVB,d1; 2.VVB,d1. Siehe Kapitel 8.6, Erläuterung relevanter Begriffe: Mobilitätsstation.

Die Verkehrsverbünde können lediglich geringen und indirekten Einfluss auf die Carsharing-Anbieter und deren Geschäftsmodelle nehmen. So bestehen lediglich freiwillige kooperative Zusammenarbeiten, die mit einem Informationsaustausch zu neuen Entwicklungen, die beide Geschäftsmodelle betreffen, sowie gemeinsamen Marketingmaßnahmen und Vergünstigungen für die Nutzer beider Mobilitätsangebote einhergehen. 1.VVB kann an die Stadt Forderungen in Bezug auf das in der Regiopole bestehende Carsharing-Angebot stellen, da dieser Gesellschafter des Verkehrsverbundes ist. Diese könnten etwa zur Stellplatzzuweisung für Carsharing-Fahrzeuge im öffentlichen Straßenraum bestehen.
Die Erwartungen von Seiten der Verkehrsverbünde richten sich an alle Carsharing-Anbieter, d. h. sowohl stationsbasiert als auch free-floating Carsharing, und sind mit einer Weiterentwicklung und Attraktivitätssteigerung der Geschäftsmodelle verbunden. Dabei soll vor allem die Vernetzung von Carsharing und ÖPNV vorangetrieben werden wie etwa über Mobilitätsstationen, an denen ein direkter Umstieg vom ÖPNV auf Carsharing und umgekehrt möglich ist. Es besteht die Erwartung, dass der Anteil an E-Fahrzeugen in den Carsharing-Flotten ausgebaut wird.

Energieversorger (1.EV – 3.EV):

Macht:

Die Macht von Seiten der Energieversorger auf die E-Carsharing-Anbieter und deren Geschäftsmodelle ist in dem Maße vorhanden, dass diese die Ladeinfrastruktur sowie den Strom für die E-Carsharing Fahrzeuge bereitstellen. Hierbei werden zusammen geeignete und für die E-Carsharing-Nutzung attraktive Ladestandorte anhand gemeinsam festgelegter Standortkriterien gesucht. Ein Energieversorger erwähnt, dass er gegenwärtig ein eigenes objektbezogenes E-Carsharing-Angebot in einem neuen Stadtquartier in der Metropole installiert.[1037] Ein anderer Energieversorger spricht die Vernetzung mit einem weiteren überregional agierenden Energieversorger an und erwähnt hierbei, dass auch private E-Fahrzeuge an den gemeinsamen Ladesäulen mit einer Ladekarte geladen werden können.[1038] Dabei plant der Energieversorger die Ladeinfrastruktur auf weitere Gemeinden in der Region auszuweiten und ist offen dafür, diese für weitere E-Carsharing-Anbieter anzubieten. Der eigene Einfluss von Seiten der Energieversorger auf die E-Carsharing-Anbieter und deren Geschäftsmodell wird von „geringer Einfluss" bis „großer Einfluss" bewertet.[1039]

Legitimität & Dringlichkeit der Erwartungen:

Die Erwartungen von Seiten der Energieversorger an die E-Carsharing-Anbieter und deren Geschäftsmodelle betreffen die folgenden Punkte:

- gemeinsame Abstimmungsprozesse zum Aufbau der Ladeinfrastruktur sollen durchlaufen werden[1040]
- regelmäßige Abstimmungen zu potentiellen Ladestandorten für die E-Carsharing-Fahrzeuge sollen gemacht werden und dies anhand bestimmter Kriterien, die das E-Carsharing attraktiv machen[1041]
- gemeinsame Verabredungen sollen bei neuen technischen Entwicklungen im Zusammenhang mit Elektromobilität und Ladeinfrastruktur bestehen, die das E-Carsharing betreffen[1042]

[1037] Dieser ist 2.EV. Siehe hierzu Kapitel 5.4.6.
[1038] Dieser ist 3.EV. Siehe hierzu Kapitel 5.4.6.
[1039] Siehe Kapitel 5.4.6.1.
[1040] Siehe hierzu Stakeholder-Aussage im Anhang: 1.EV,a1.
[1041] Siehe hierzu Stakeholder-Aussagen im Anhang: 1.EV,a2; 2.EV,a2.
[1042] Siehe hierzu Stakeholder-Aussagen im Anhang: 1.EV,a3; 2.EV,a3.

- neue E-Fahrzeuge, die auf den Markt kommen und in das E-Carsharing aufgenommen werden, sollen an den Ladesäulen vorab getestet werden[1043]
- die E-Carsharing-Anbieter sollen ihre bereits vorhandenen und gemeinsam abgestimmten Geschäftsgebiete in ihrer gegenwärtigen Größe nicht weiter verkleinern[1044]
- die E-Carsharing-Anbieter sollen attraktive E-Carsharing-Angebote anbieten sowie die Vernetzung mit den Verkehrsverbünden und den Verkehrsunternehmen sowie weiteren Mobilitätsanbietern vorantreiben[1045]

Die Erwartungen dienen primär dazu, dass die Geschäftsbeziehungen zwischen den Energieversorgern und den E-Carsharing-Anbietern optimal ablaufen, d. h. in Bezug auf die Bereiche Ladeinfrastruktur, Ladevorgang, E-Carsharing-Fahrzeuge sowie jeglichen Veränderungen im Rahmen von Elektromobilität, die die Geschäftsmodelle der E-Carsharing-Anbieter sowie die der Energieversorger betreffen. Werden diese Erwartungen erfüllt, laufen nicht nur die Geschäftsbeziehungen zwischen den Energieversorgern und den E-Carsharing-Anbietern optimal ab, auch die Nutzerakzeptanz des E-Carsharing wird gefördert, da damit versucht wird, mögliche Probleme beim Laden und Nutzen der E-Fahrzeuge zu vermeiden. Aus diesem Grund ist die **Legitimität** dieser Erwartungen gegeben. Die weiteren Erwartungen – Geschäftsgebieteerhalt, attraktive E-Carsharing-Angebote sowie weitere Vernetzung mit alternativen Mobilitätsanbietern – können die E-Carsharing-Geschäftsmodelle auch in positiver Weise beeinflussen und daher als legitim bewertet werden.
Bei der Bewertung der **Dringlichkeit** der Erwartungen stellt sich die Frage, ob diese umgesetzt werden müssen oder nicht. Da bei Umsetzung dieser Erwartungen die E-Carsharing-Angebote an Attraktivität gewinnen, ist hier eine Dringlichkeit gegeben. Wie dringlich die Umsetzung dieser einzelnen Erwartungen für die jeweiligen E-Carsharing-Anbieter ist, muss jedoch von E-Carsharing-Anbieter zu E-Carsharing-Anbieter einzeln getroffen werden.

Bewertung der Einflusswirkungen auf die E-Carsharing-Anbieter und deren Geschäftsmodelle:

Die Energieversorger können über die Bereitstellung der Ladeinfrastruktur sowie des Stromes für die E-Carsharing-Fahrzeuge direkten Einfluss auf die E-Carsharing-Anbieter und deren Geschäftsmodelle nehmen.[1046] Hinzu kommt der gemeinsame Findungsprozess von geeigneten und für die E-Carsharing-Nutzung attraktiven Ladestandorten anhand gemeinsam festgelegter Standortkriterien. Indirekter Einfluss besteht dahingehend, dass ein Energieversorger ein eigenes objektbezogenes E-Carsharing-Angebot in einem neuen Stadtquartier anbietet.[1047] Indirekter Einfluss auf die E-Carsharing-Anbieter und deren Geschäftsmodelle wird von Seiten eines Energieversorgers auch dahingehend genommen, indem er seine Ladesäulen nicht nur den E-Carsharing-Fahrzeugen bereitstellt, sondern auch privaten E-Fahrzeugen.[1048]
Die Erwartungen von Seiten der Energieversorger sind explizit an die E-Carsharing-Anbieter gerichtet und dienen primär dazu, die gemeinsamen Geschäftsbeziehungen optimal ablaufen zu lassen sowie die Attraktivität des E-Carsharing-Angebots zu steigern. Hierbei besteht ein regelmäßiger Informationsaustausch zu jeglichen Neuerungen im Rahmen von Elektromobilität, die sich unmittelbar auf das E-Carsharing-Geschäftsmodell auswirken und bei Notwendigkeit mit entsprechenden Modifikationen verbunden sind. Die

[1043] Siehe hierzu Stakeholder-Aussage im Anhang: 1.EV,a4.

[1044] Siehe hierzu Stakeholder-Aussage im Anhang: 1.EV,b2.

[1045] Siehe hierzu Stakeholder-Aussagen im Anhang: 1.EV,b1; 2.EV,a4; 3.EV,a1.

[1046] Direkter Einfluss deshalb, da ohne Bereitstellung der Ladeinfrastruktur sowie des Stromes das E-Carsharing-Geschäftsmodell nicht bestehen kann.

[1047] Das somit in einer Konkurrenzsituation zu den weiteren E-Carsharing-Angeboten vor Ort steht. Alternativ kann hier auch von direktem Einfluss von Seiten des Energieversorgers gesprochen werden, da er über die notwendigen Mittel und Ressourcen verfügt, sein eigenes E-Carsharing-Angebot zu gestalten.

[1048] Die Verfügbarkeit der Ladesäulen wird hierdurch eingeschränkt.

Energieversorger können als wesentlicher Treiber des E-Carsharing gesehen werden. Dies betrifft sowohl das stationsbasierte wie auch das free-floating E-Carsharing.

Interessenverbände und Verkehrsclubs (1.IV – 4.IV):

Macht:

Von Seiten der befragten Interessenverbände und Verkehrsclubs bestehen lediglich indirekte Einflussmöglichkeiten. Hierbei wurden die folgenden genannt:

- die Informationspolitik von Seiten des Bundesverband Carsharing (bcs.) zum Carsharing allgemein sowie an seine Mitglieder, indem er diesen eine Vielzahl an Informationen rund um das Thema Carsharing bereitstellt. Darüber hinaus besteht von Seiten des bcs. die Möglichkeit, die Carsharing-Stakeholder untereinander zu vernetzen (1.IV)
- der direkte und indirekte Informationsaustausch mit den Carsharing-Anbietern, d. h. auch über Automobilkonzerne, die Mutterunternehmen von Carsharing-Anbietern sind (2.IV)
- der ständige Kontakt zu verantwortlichen Politikern auf Bundes- und Landesebene zum Thema Verkehr und Infrastruktur, wobei durch Carsharing-freundliche und -fördernde Positionen positiv auf das Carsharing und deren Anbieter gewirkt werden kann (2.IV)
- der direkte und indirekte Kontakt, d. h. über den bcs., zu den Carsharing-Anbietern wie auch ihren Stakeholdern, wobei u. a. Verbesserungsvorschläge zu deren Geschäftsmodellen gegeben werden (3.IV)
- der indirekte Einfluss von Seiten von 4.IV, d. h. über den Meinungsaustausch mit den Städten und ihren Bürgern zum Carsharing-Angebot

Der eigene Einfluss von Seiten der Interessenverbände und Verkehrsclubs auf die Carsharing-Anbieter und deren Geschäftsmodelle wird von „kein Einfluss“ bis „signifikanter Einfluss“ bewertet.[1049]

Legitimität & Dringlichkeit der Erwartungen:

Die Erwartungen von Seiten der Interessenverbände und Verkehrsclubs an die Carsharing-Anbieter und deren Geschäftsmodelle betreffen die folgenden Punkte:
[die Carsharing-Anbieter sollen...]

(Interessenverbände)

- sich für eine Verbesserung ihrer Rahmenbedingungen einsetzen, dies betrifft u. a. die Umsetzung des Carsharinggesetzes vor Ort[1050]
- ihre Geschäftsmodelle im Rahmen ihrer Möglichkeiten ständig weiterentwickeln, d. h. sowohl technologisch als auch was die Kundenansprache und das Marketing angeht[1051]
- sich auf das autonome Fahren vorbereiten[1052]
- die Sichtbarkeit ihrer Fahrzeuge erhöhen[1053]
- tragfähige Geschäftsmodelle entwickeln, die über das gegenwärtige noch sehr stark innenstadtzentrierte Geschäftsmodell hinausgehen[1054]

[1049] Siehe Kapitel 5.4.7.1.
[1050] Siehe hierzu Stakeholder-Aussage im Anhang: 1.IV,a1.
[1051] Siehe hierzu Stakeholder-Aussage im Anhang: 1.IV,a2.
[1052] Siehe hierzu Stakeholder-Aussage im Anhang: 1.IV,a2.
[1053] Siehe hierzu Stakeholder-Aussagen im Anhang: 1.IV,a4.
[1054] Siehe hierzu Stakeholder-Aussage im Anhang: 2.IV,a2.

zu den Carsharing-Anbietern. Es bestehen vereinzelt Kooperationen zwischen „Regionalclubs“ von 4.IV und Carsharing-Anbietern vor Ort, z. B. im Rahmen von Fahrsicherheitstrainings für Fahranfänger sowie solche, die noch kein Carsharing genutzt haben. 4.IV hat als Verbraucherschützer eine Vielzahl von Carsharing-Angeboten getestet und anhand bestimmter Kriterien, wie z. B. Verfügbarkeit, Zustand der Fahrzeuge, Kostentransparenz sowie Sicherheit im Schadensfall, vergleichend bewertet.
3.IV hat zu den Mitarbeitern der klassischen Carsharing-Anbieter Kontakt. So gibt es etwa auch Mitglieder von 3.IV, die selbst Mitarbeiter der klassischen Carsharing-Organisationen sind. 4.IV steht im losen Kontakt zu den Carsharing-Mitarbeitern, dieser läuft, wenn überhaupt, über das Management der Carsharing-Anbieter ab.
3.IV sucht den Kontakt zur Automobilindustrie über seine Kommunikationskanäle, d. h. hauptsächlich per E-Mail und Briefe, um die eigenen Positionen und Ziele bezüglich der Verkehrswende zu verdeutlichen und hier gemeinsame Wege zu finden. Einzelne Automobilkonzerne haben als Tochterunternehmen Carsharing-Anbieter. 4.IV hat Kontakt zu diesen Automobilkonzernen und bewertet auch deren Carsharing-Angebote.
Mitglieder von 3.IV sind selbst Carsharing-Nutzer. Die Mitglieder von 4.IV erhalten bei einzelnen Carsharing-Anbietern Vergünstigungen, z. B. Wegfall der Aufnahmegebühr, zeitlich begrenzte Tarifvergünstigungen oder Rabatte für Fahranfänger.
3.IV hat Kontakt zur Landesregierung und dem Verkehrsministerium auf Landesebene. 3.IV vertritt hierbei aktiv seine Forderungen für eine Verkehrswende und zur Stärkung des Umweltverbundes. 4.IV hat keinen direkten Kontakt zu politischen Verantwortlichen in Bezug auf das Carsharing in Deutschland.
3.IV hat „aktive Gruppen“ in den Städten, wo sich die Mitglieder von 3.IV vor Ort treffen und „sich gemeinsam für eine Verkehrswende einsetzen.“[915] Hierbei wird auch der Kontakt zu den kommunalen Verwaltungen und den Entscheidungsträgern für Verkehr & Mobilität vor Ort gesucht. 4.IV hat Kontakt zu den Städten zu den Themen „Parkraum-Angebot“ sowie „Stellplatz-Privilegien“ und macht hier seine Position deutlich. 4.IV betont hierbei, dass „der Parkraum in den Städten Gemeingebrauch ist und primär den Bewohnern zur Verfügung stehen sollte. Bei Carsharing-Stellplätzen stehen hingegen auch wirtschaftliche Interessen dahinter.“[916] Jeder Bewohner-Stellplatz, der zugunsten eines Carsharing-Fahrzeuges wegfällt, muss nach 4.IV gerechtfertigt sein: „So müssen die Carsharing-Anbieter nachweisen, dass Carsharing-Fahrzeuge positive ökologische Effekte haben und tatsächlich auch private PKW ersetzen.“[917] Ist dies der Fall, stehen den Carsharing-Anbietern nach 4.IV auch Stellplatz-Privilegien zu.
3.IV sucht auf öffentlichen Veranstaltungen sowie Bürgerständen in den Städten den Kontakt zu den Bürgern vor Ort, um diesen seine Position und Forderungen zur Verkehrswende näher zu bringen. 3.IV sieht Carsharing als „wichtigen Mobilitätsbaustein individueller motorisierter Mobilität für eine Verkehrswende.“[918] 4.IV macht durch seine Bewertungen verschiedener Carsharing-Angebote über seine Kommunikationskanäle, d. h. über die eigene Mitgliederzeitschrift und Pressemitteilungen die Bürger vereinzelt auf die Carsharing-Angebote aufmerksam.
Sowohl 3.IV als auch 4.IV veröffentlichen über ihre Kommunikationskanäle, d. h. Website, Printmedien, Pressemitteilungen und Mitgliederzeitschrift eigene Positionen und Meinungen zum Carsharing in Deutschland.
3.IV hat vereinzelt Kontakt zu Verkehrsverbünden und ihren Verkehrsunternehmen zum gemeinsamen Informationsaustausch zur Stärkung des Umweltverbundes. 3.IV sieht Carsharing hierbei als wichtigen Baustein. 4.IV spricht sich für eine bessere Vernetzung von ÖPNV und Carsharing aus, z. B. über gemeinsame Mobilitätsstationen und kommuniziert dies auch an die Verantwortlichen der Verkehrsverbünde.
3.IV und 4.IV haben keinen direkten Kontakt zu Energieversorgern in Bezug auf die E-Carsharing-Angebote.

[915] Ebd.
[916] Interview 4.IV, 53.
[917] Ebd.
[918] Interview 3.IV, 59.

- die Vernetzung mit weiteren Mobilitätsanbietern, z. B. über gemeinsame Mobilitäts-Apps, vorantreiben und so die Eintrittshürden für potentielle Carsharing-Nutzer senken[1055]
- ihre Angebote noch stärker nach außen kommunizieren und auf sich aufmerksam machen[1056]
- eine besonders umweltfreundliche Flotte betreiben, d. h., dass der Fuhrpark der Carsharing-Anbieter aus besonders emissionsarmen und elektrisch-, hybrid- sowie wasserstoffbetriebenen Fahrzeugen bestehen soll[1057]
- ihre Zusammenarbeit mit den Verkehrsverbünden und den Verkehrsunternehmen weiter ausbauen[1058]
- Ausweitungen ihrer Geschäftsgebiete vornehmen, d. h. verstärkt auch an den Stadtrand und ins Umland gehen[1059]
- flexible und attraktive Tarifmodelle für Nutzergruppen wie etwa Studenten, Fahranfänger, Arbeitslose, ältere Menschen oder Alleinerziehende anbieten[1060]

(Verkehrsclubs)
- ihre Tarifmodelle transparent gestalten[1061]
- die Buchung der Carsharing-Fahrzeuge für ihre Nutzer leicht verständlich und einfach gestalten. Mögliche Störungen sollten vermieden werden.[1062]
- sollen Transparenz zu vorhandenen Schäden an den Carsharing-Fahrzeugen sowie den Schadensmeldungen schaffen[1063]
- ihre Verbindung zu den Mobilitätsanbietern und Verkehrsunternehmen in den Verkehrsverbünden weiter ausbauen und sich weiter vernetzen[1064]
- den Nutzerinteressen nachkommen und attraktive Carsharing-Angebote zur Verfügung stellen[1065]

Die Erwartungen dienen primär dazu das Geschäftsmodell Carsharing in positiver Weise zu gestalten und zu verbessern, womit dessen ökologischer sowie sozialer Nutzen gefördert wird. Die **Legitimität** dieser Erwartungen ist daher gegeben.
Bei der Bewertung der **Dringlichkeit** der Erwartungen stellt sich die Frage, ob diese umgesetzt werden müssen oder nicht. Da bei Umsetzung dieser Erwartungen das Carsharing-Angebot an Attraktivität gewinnt, ist hier eine Dringlichkeit gegeben. Wie dringlich die Umsetzung dieser einzelnen Erwartungen für die jeweiligen Carsharing-Anbieter ist, muss jedoch von Carsharing-Anbieter zu Carsharing-Anbieter einzeln getroffen werden.

Als weitere Erwartung von Seiten eines Verkehrsclubs wurde die folgende genannt:
[die E-Carsharing-Anbieter sollen...]

1055 Siehe hierzu Stakeholder-Aussagen im Anhang: 1.IV,b1; 2.IV,a3.
1056 Siehe hierzu Stakeholder-Aussagen im Anhang: 1.IV,b2.
1057 Diese Erwartung wurde auch von Seiten eines Verkehrsclubs genannt. Siehe hierzu Stakeholder-Aussagen im Anhang: 1.IV,c1; 3.IV,c5.
1058 Diese Erwartung wurde auch von Seiten eines Verkehrsclubs genannt. Siehe hierzu Stakeholder-Aussagen im Anhang: 1.IV,c2; 2.IV,c2; 3.IV,c3.
1059 Diese Erwartung wurde auch von Seiten eines Verkehrsclubs genannt. Siehe hierzu Stakeholder-Aussagen im Anhang: 2.IV,c3; 4.IV,d3.
1060 Diese Erwartung wurde auch von Seiten eines Verkehrsclubs genannt. Siehe hierzu Stakeholder-Aussagen im Anhang: 1.IV,d1; 3.IV,d1.
1061 Siehe hierzu Stakeholder-Aussage im Anhang: 4.IV,a1.
1062 Siehe hierzu Stakeholder-Aussage im Anhang: 4.IV,a2.
1063 Siehe hierzu Stakeholder-Aussage im Anhang: 4.IV, a3.
1064 Siehe hierzu Stakeholder-Aussage im Anhang: 4.IV, c1.
1065 Siehe hierzu Stakeholder-Aussage im Anhang: 4.IV, d2.

- ihre Ladesäulen zur Verkehrsentlastung nicht direkt in den Innenstädten platzieren, sondern am Stadtrand, wo es einen direkten ÖPNV-Anschluss in die Innenstadt gibt[1066]

Hier stellt sich die Frage, ob es sinnvoll ist, Ladesäulen ausschließlich am Stadtrand zu platzieren. So werden E-Carsharing-Fahrzeuge von den Nutzern u. a. auch dafür genutzt, um größere Einkäufe zu machen und Gegenstände zu transportieren. Hierzu sind Fahrten direkt vor die Haustür notwendig. Aus diesem Grund ist es sinnvoll, Ladesäulen nicht ausschließlich am Stadtrand zu platzieren, vielmehr sind Mobilitätsstationen in den Innenstädten die bessere Option, an denen E-Carsharing-Fahrzeuge aufgeladen werden können. Die **Legitimität** wie auch die **Dringlichkeit** dieses Anspruchs ist daher nicht vollständig gegeben.

Bewertung der Einflusswirkungen auf die Carsharing-Anbieter und deren Geschäftsmodelle:

Die Interessenverbände und Verkehrsclubs können lediglich geringen und indirekten Einfluss auf die Carsharing-Anbieter und deren Geschäftsmodelle nehmen. Dies betrifft die Informationspolitik zum Carsharing allgemein[1067], Vernetzungsmöglichkeiten der Carsharing-Stakeholder untereinander, den direkten und indirekten Informationsaustausch mit den Carsharing-Anbietern[1068] sowie die Möglichkeit, durch Carsharing-freundliche und -fördernde Positionen, auch über den Meinungsaustausch mit den Städten und den Bürgern vor Ort, positiv auf das Carsharing und deren Anbieter zu wirken.
Die Erwartungen von Seiten der Interessenverbände und Verkehrsclubs sind an alle Carsharing-Anbieter gerichtet, unabhängig von Carsharing-Variante und Antriebsform, wobei diese mit einer Weiterentwicklung, Attraktivitätssteigerung und Zukunftsfähigkeit der Geschäftsmodelle verbunden sind.

Weitere am Carsharing beteiligte Stakeholder (1.WB & 2.WB):

Macht:

Von Seiten der beiden Weiteren am Carsharing beteiligten Stakeholdern ist Macht vorhanden, die jedoch differenziert ausfällt.
1.WB steht über gemeinsame Treffen mit dem Schwesterunternehmen, dem free-floating Carsharing-Anbieter, im Informationsaustausch. Hierbei werden u. a. technische Entwicklungen, die beide Geschäftsmodelle betreffen, besprochen und bei Bedarf und Konsens umgesetzt. Dies betrifft primär die Mobilitäts-App von 1.WB, in der das free-floating Angebot vom Schwesterunternehmen gebucht werden kann, sowie deren Weiterentwicklung.
2.WB ist als Projektkoordinator für ein regionales E-Carsharing-Projekt und -Angebot als einer von insgesamt drei Konsortialpartnern verantwortlich. Hier kann er im Rahmen des Konsortiums Veränderungsvorschläge zum gegenwärtigen E-Carsharing-Angebot einbringen, z. B. zum Geschäftsgebiet, zur Flottenzusammensetzung oder auch in Bezug auf personelle Angelegenheiten bzw. den E-Carsharing-Betreiber, die dann gemeinsam diskutiert und bei Konsens umgesetzt werden.
1.WB bewertet seinen eigenen Einfluss gegenüber dem Schwesterunternehmen als „signifikanten Einfluss“.
2.WB bewertet seinen eigenen Einfluss in Bezug auf das regionale E-Carsharing-Angebot als „großen Einfluss“.[1069]

[1066] Siehe hierzu Stakeholder-Aussage im Anhang: 3.IV, c4.

[1067] Dies schließt die Informationsversorgung zu allen Themen rund um das Carsharing von Seiten des bcs. an seine Mitglieder, den Carsharing-Anbietern, mit ein.

[1068] So besteht auch Kontakt zu den Automobilkonzernen, die Mutterunternehmen von free-floating Anbietern sind.

[1069] Siehe Kapitel 5.4.8.1.

Legitimität & Dringlichkeit der Erwartungen:

Die Erwartungen von Seiten der beiden Weiteren am Carsharing beteiligten Stakeholdern an die Carsharing-Anbieter und deren Geschäftsmodelle betreffen die folgenden Punkte:

- 1.WB möchte, dass die Geschäftsbeziehung mit dem free-floating Anbieter optimal abläuft. Dies betrifft den Datenaustausch über gemeinsame Schnittstellen sowie den Informationsaustausch allgemein.[1070]
- 2.WB möchte, dass der E-Carsharing-Anbieter sein Geschäftsmodell ständig weiterentwickelt und Schnittstellen mit weiteren Mobilitätsanbietern aus der Region sucht und aufbaut. Dabei soll der E-Carsharing-Anbieter sein Geschäftsgebiet auf weitere umliegende Gemeinden der Mittelstadt ausweiten sowie den Fuhrpark den Wünschen der Nutzer entsprechend mit weiteren E-Carsharing Fahrzeugen erweitern.[1071]

Die **Legitimität** des Anspruchs von 1.WB ist gegeben, da dieser die Aufrechterhaltung der Geschäftsbeziehung zum free-floating Anbieter adressiert, die auf dem Anbieten des free-floating Angebots in der Mobilitäts-App von 1.WB basiert. Auch die Legitimität der Erwartungen von 2.WB sind gegeben, da dadurch das E-Carsharing-Geschäftsmodell positiv beeinflusst und an Attraktivität gewinnen wird.
Bei der Bewertung der **Dringlichkeit** der Erwartungen stellt sich die Frage, ob diese umgesetzt werden müssen oder nicht. Die Erwartung von 1.WB muss zur Aufrechterhaltung der Geschäftsbeziehung mit dem free-floating Anbieter umgesetzt werden.
Da bei Umsetzung der Erwartungen von 2.WB das E-Carsharing-Angebot an Attraktivität gewinnt, ist hier eine Dringlichkeit gegeben.

Bewertung der Einflusswirkungen auf die Carsharing-Anbieter und deren Geschäftsmodelle:

Die Einflusswirkungen von Seiten der beiden Weiteren am Carsharing beteiligten Stakeholder fallen differenziert aus.
So kann 1.WB indirekten Einfluss über gemeinsame Treffen und den Informationsaustausch zum Schwesterunternehmen, dem free-floating Carsharing-Anbieter, nehmen. Dies betrifft auch die Weiterentwicklung der Mobilitäts-App von 1.WB, in der, neben weiteren Mobilitätsdiensten, auch das free-floating Angebot des Schwesterunternehmen gebucht werden kann.[1072]
2.WB kann in seiner Rolle als Projektkoordinator und einer von drei Konsortialpartnern eines E-Carsharing-Projektes in einer Mittelstadt sowie umliegenden Gemeinden direkten Einfluss auf das E-Carsharing-Projekt und -Angebot nehmen. Dies betrifft primär Veränderungsvorschläge jeglicher Art, die sich auf das gegenwärtige E-Carsharing-Projekt beziehen können.
Die Erwartungen von Seiten der beiden Weiteren am Carsharing beteiligten Stakeholder richten sich an die in unmittelbarer Beziehung zu ihnen stehenden Carsharing-Anbieter.

[1070] Siehe hierzu Stakeholder-Aussage im Anhang: 1.WB,a1.
[1071] Siehe hierzu Stakeholder-Aussagen im Anhang: 2.WB,a2; 2.WB,b1.
[1072] Der free-floating Anbieter bietet sein Carsharing-Angebot in einer eigenen App an sowie zusätzlich in der Mobilitäts-App von 1.WB.

6.3 Einteilung der Stakeholdergruppen im Rahmen der Stakeholder-Typologie

Wie aus der Beschreibung der jeweiligen „Macht" von Seiten der Stakeholdergruppen ersichtlich wird, bestehen hierbei unterschiedliche Einflussmöglichkeiten. Da hier lediglich nach „Macht vorhanden" oder „keine Macht vorhanden" kategorisiert wurde, gilt es die genannten Einflussmöglichkeiten, die diese Macht ermöglichen, in einem nächsten Schritt differenzierter zu betrachten. Hierbei bietet es sich an, die *zusammenfassenden Bewertungen der Einflusswirkungen auf das Geschäftsmodell Carsharing je Stakeholdergruppe* aus dem vorausgehenden Kapitel hinzuzuziehen.

Übersicht zu den Einflusswirkungen von Seiten der Stakeholdergruppen auf das Geschäftsmodell Carsharing unterteilt nach Carsharing-Variante und Antriebsform:

Wie aus den *Bewertungen der Einflusswirkungen auf das Geschäftsmodell Carsharing von Seiten der Stakeholdergruppen* hervorgeht, wird zwischen direktem und indirektem Einfluss bzw. den entsprechenden Einflusswirkungen unterschieden. Hieraus ergibt sich die folgende Übersicht:

Tabelle 7: Übersicht zu den Einflusswirkungen von Seiten der Stakeholdergruppen auf die (E-)Carsharing-Anbieter und deren Geschäftsmodelle

Carsharing-Variante / Stakeholdergruppe	**stationsbasiertes (E-)Carsharing**	**free-floating (E-)Carsharing**
Management/Verantwortliche		
Automobilkonzerne		*(Tochterunternehmen)*
Politik		
Städte		
Verkehrsverbünde		
Energieversorger[1073]		
Interessenverbände und Verkehrsclubs		
Weitere am Carsharing beteiligte Stakeholder	*2.WB*	*1.WB*

Legende:

- starke und direkte Einflusswirkungen
- signifikante und (in)direkte Einflusswirkungen
- signifikante und indirekte Einflusswirkungen
- geringe und indirekte Einflusswirkungen
- keine direkten Einflusswirkungen

[1073] Die signifikanten und (in)direkten Einflusswirkungen von Seiten der Energieversorger bestehen ausschließlich auf die E-Carsharing-Anbieter und deren Geschäftsmodelle unabhängig von Carsharing-Variante.

Aus der Übersicht zu den Einflusswirkungen können die folgenden Schlüsse gezogen werden:
Die bestehende „Macht“ [1074], die auf den Einflusswirkungen basiert, fällt von Seiten der Stakeholdergruppen heterogen aus. So fällt die „Macht“ von Seiten des Managements/der Verantwortlichen durch die bestehenden *starken und direkten Einflusswirkungen* höher aus, als die „Macht“ von Seiten der politischen Verantwortlichen aus dem Mobilitätsbereich durch ihre *bestehenden signifikanten und (in)direkten Einflusswirkungen*.
Entsprechend der Ergebnisse zu den *drei Eigenschaften je Stakeholdergruppe*[1075] sowie der *Übersicht zu den Einflusswirkungen von Seiten der Stakeholdergruppen*[1076] ergibt sich die folgende Einteilung der Stakeholdergruppen im Rahmen der Stakeholder-Typologie auf der Grundlage des Stakeholder Salience Modells von Mitchell et al. (1997):

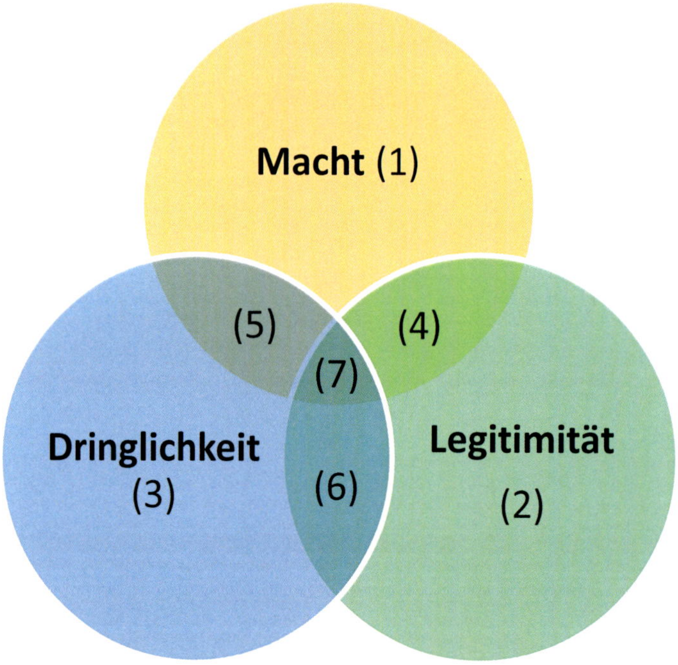

Als maßgebliche Stakeholder, das sind solche die über alle drei Eigenschaften verfügen, können das Management/Verantwortliche, Automobilkonzerne sowie der Stakeholder 2.WB eingeteilt werden. Diese verfügen über starke und direkte Einflusswirkungen. Weitere maßgebliche Stakeholder sind politische Verantwortliche aus dem Mobilitätsbereich und Energieversorger. Diese verfügen über signifikante und (in)direkte Einflusswirkungen auf die E-Carsharing-Anbieter und deren Geschäftsmodelle. Auch die städtischen Verantwortlichen für den Verkehrs- und Mobilitätsbereich und der Stakeholder 1.WB sind maßgebliche Stakeholder. Diese verfügen jedoch über signifikante und indirekte Einflusswirkungen.

[1074] Hiermit ist die Eigenschaft „Macht“ im Rahmen des Stakeholder Salience Modells gemeint.
[1075] Siehe Kapitel 6.2.2.
[1076] Siehe Tabelle 7.

Als abhängige Stakeholder, das sind solche, die über dringliche und legitime Erwartungen gegenüber den Carsharing-Anbietern und ihren Geschäftsmodellen verfügen, jedoch nicht über die entsprechende „Macht", können Verkehrsverbünde sowie Interessenverbände und Verkehrsclubs eingeteilt werden.
Hierdurch ergibt sich die folgende Einteilung der Stakeholdergruppen:

(7): Maßgebliche Stakeholder[1077]

i. **Management/Verantwortliche; Automobilkonzerne[1078]; 2.WB[1079]**
ii. **Politische Verantwortliche aus dem Mobilitätsbereich; Energieversorger[1080]**
iii. **Städtische Verantwortliche für den Verkehrs- und Mobilitätsbereich; 1.WB[1081]**

(6): Abhängige Stakeholder

- **Verkehrsverbünde; Interessenverbände und Verkehrsclubs**

6.4 Darstellung der Stakeholder-Beziehungen hinsichtlich der Einflusswirkungen von Seiten der Stakeholdergruppen

Auf der Grundlage der Ergebnisse zur Einteilung der Stakeholdergruppen mit Hilfe des Stakeholder Salience Modells von Mitchell et al. (1997) (Kapitel 6.3) sind in den folgenden Schaubildern die Stakeholder-Beziehungen hinsichtlich der Einflusswirkungen von Seiten der befragten Stakeholdergruppen auf die (E-)Carsharing-Anbieter und deren Geschäftsmodelle dargestellt. Vor dem Hintergrund der unterschiedlichen Stakeholder-Konstellationen[1082] werden die Stakeholder-Beziehungen differenziert dargestellt. D. h. zum einen werden die Stakeholder-Beziehungen hinsichtlich Einflusswirkungen auf die free-floating (E-)Carsharing-Geschäftsmodelle der Tochterunternehmen von Automobilkonzerne dargestellt (Abbildung 29), zum anderen werden die Stakeholder-Beziehungen hinsichtlich Einflusswirkungen auf die Geschäftsmodelle der stationsbasierten (E-)Carsharing-Anbieter dargestellt (Abbildung 30). In Abbildung 28 werden die Stakeholder-Beziehungen hinsichtlich Einflusswirkungen auf die (E-)Carsharing-Anbieter und deren Geschäftsmodelle zusammenfassend dargestellt. Die Schaubilder sind dahingehend zu interpretieren, dass in der Mitte der Schaubilder das Carsharing-Geschäftsmodell steht und von innen nach außen die Stakeholdergruppen derart platziert sind, dass je weiter sie von diesem entfernt sind, d. h. von der Mitte des Schaubildes, ihre Einflusswirkungen auf dieses abnehmen. Zur besseren Orientierung sind in den Schaubildern Pfeile platziert, die die abnehmenden Einflusswirkungen (Pfeil von innen nach außen) sowie zunehmenden Einflusswirkungen (Pfeil von außen nach

[1077] Auf Grund der unterschiedlich vorhandenen „Macht" hinsichtlich Einflusswirkungen (siehe Tabelle 7) ergibt sich die folgende Reihenfolge.

[1078] In Bezug auf die Stakeholder-Beziehungen zu ihren Tochterunternehmen, den free-floating Carsharing-Anbietern.

[1079] In Bezug auf die Stakeholder-Beziehung zu dem in einer Geschäftsbeziehung stehenden stationsbasierten E-Carsharing-Anbieter in einer Mittelstadt sowie umliegenden Gemeinden.

[1080] In Bezug auf die Stakeholder-Beziehungen zu den E-Carsharing-Anbietern.

[1081] In Bezug auf die Stakeholder-Beziehung zum Schwesterunternehmen, einem free-floating Carsharing-Anbieter.

[1082] Siehe oben: Einteilung der Stakeholdergruppen mit Hilfe des Stakeholder Salience Models von Mitchell et al. (1997). So stehen die Automobilkonzerne in Stakeholder-Beziehungen zu ihren Tochterunternehmen, den free-floating Carsharing-Anbietern. 2.WB steht in einer Stakeholder-Beziehung zu einem stationsbasierten E-Carsharing-Anbieter und 1.WB steht in einer Stakeholder-Beziehung zu einem Schwesterunternehmen, einem free-floating Carsharing-Anbieter.

innen) von Seiten der Stakeholdergruppen hinsichtlich der (E-)Carsharing-Anbieter und deren Geschäftsmodelle zeigen.

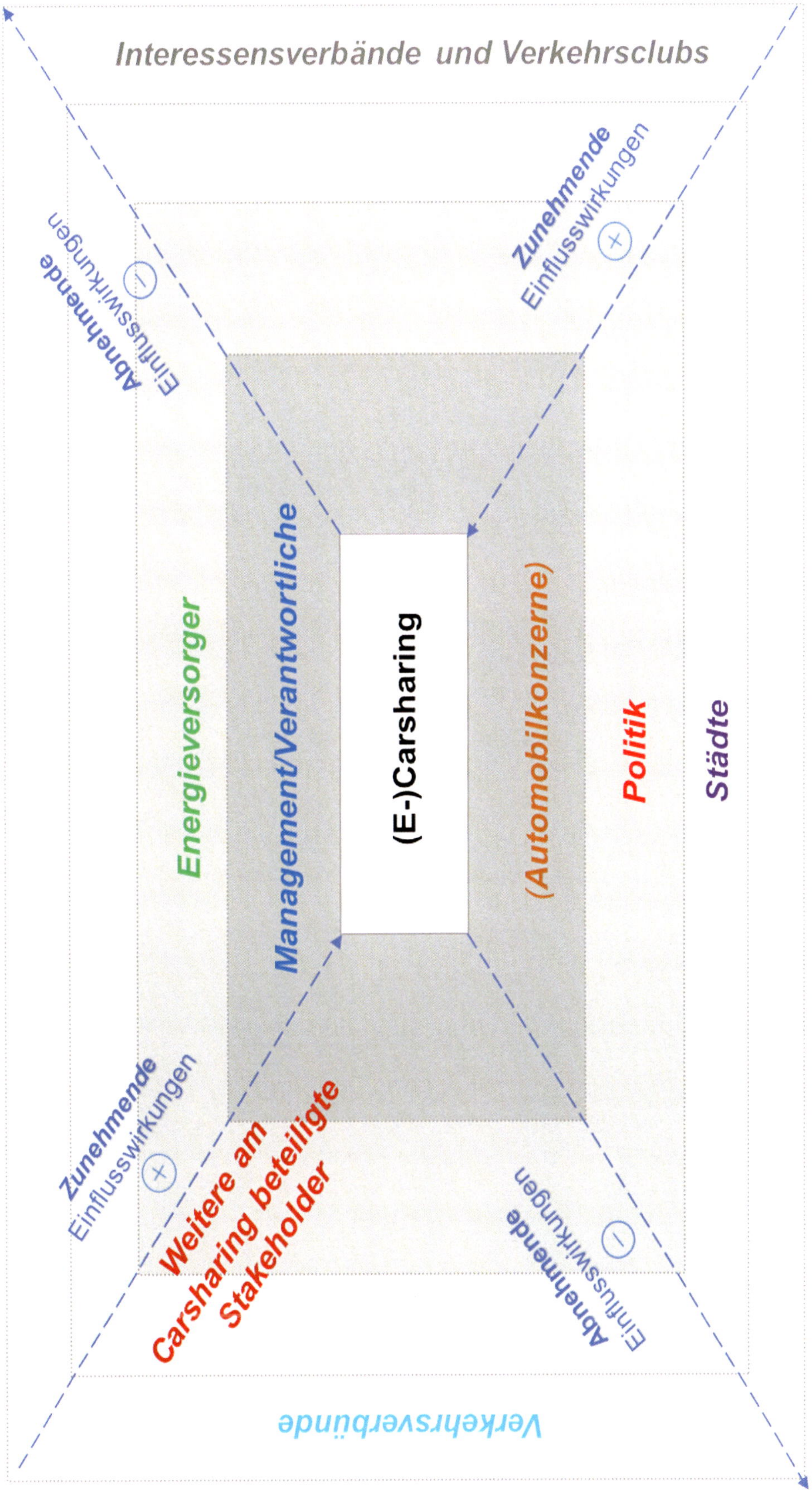

Abbildung 28: Zusammenfassende Darstellung der Stakeholder-Beziehungen von Seiten der befragten Stakeholdergruppen hinsichtlich ihrer Einflusswirkungen auf die (E-)Carsharing-Anbieter und deren Geschäftsmodelle

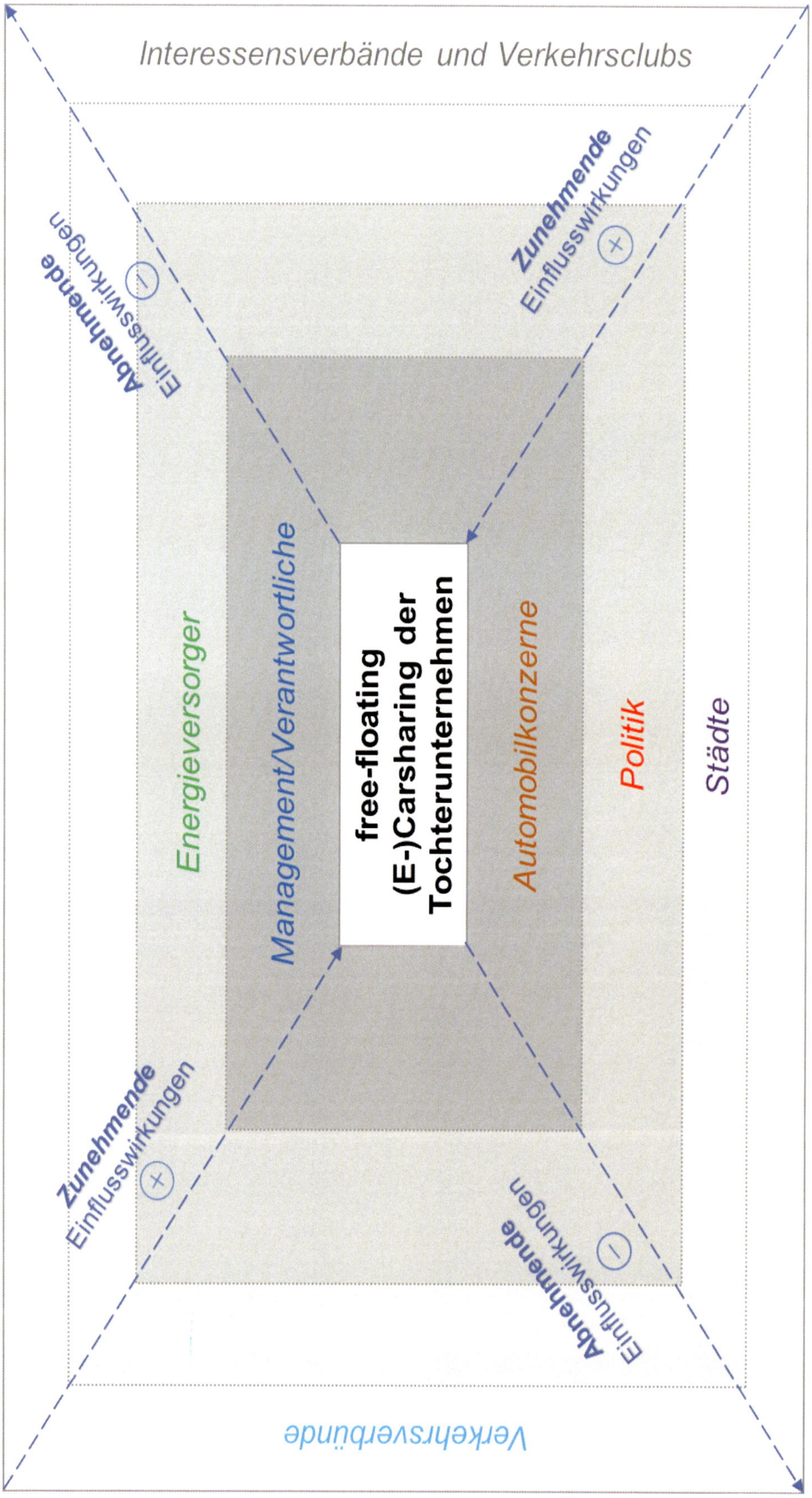

Abbildung 29: Darstellung der Stakeholder-Beziehungen von Seiten der befragten Stakeholdergruppen hinsichtlich ihrer Einflusswirkungen auf die free-floating (E-)Carsharing-Anbieter der Tochterunternehmen von Automobilkonzernen und deren Geschäftsmodelle

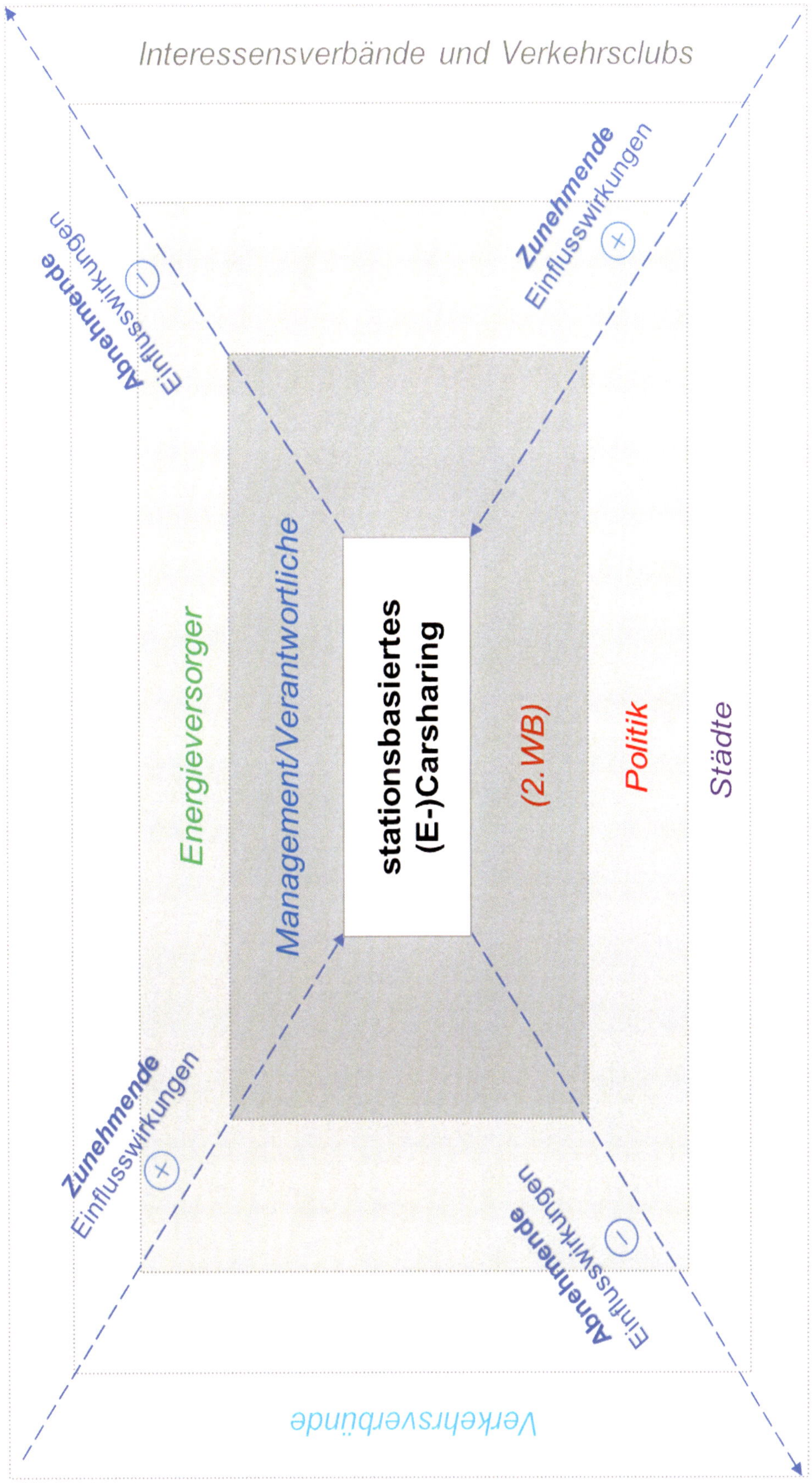

Abbildung 30: Darstellung der Stakeholder-Beziehungen von Seiten der befragten Stakeholdergruppen hinsichtlich ihrer Einflusswirkungen auf die stationsbasierten (E-)Carsharing-Anbieter und deren Geschäftsmodelle

7 Diskussion

7.1 Zusammenfassung der Ergebnisse

Mit der vorliegenden Arbeit wurde das Ziel verfolgt, die Einflusswirkungen auf das Geschäftsmodell Carsharing unter Berücksichtigung des Stakeholder-Ansatzes darzustellen. Auf der Grundlage einer Stakeholder-Analyse wurden die folgenden acht Stakeholdergruppen näher betrachtet: Das Management/die Verantwortlichen der Carsharing-Anbieter, Automobilkonzerne, politische Verantwortliche aus dem Mobilitätsbereich, städtische Verantwortliche für den Verkehrs- und Mobilitätsbereich, Verkehrsverbünde, Energieversorger, Interessenverbände und Verkehrsclubs sowie Weitere am Carsharing beteiligte Stakeholder. Dabei wurden Interviews mit insgesamt 35 Stakeholdern geführt.

Anhand der Kurzbeschreibungen der Geschäftsmodelle der acht untersuchten Carsharing-Anbieter (Kapitel 5.1) konnten erste Einflussfaktoren abgeleitet werden (Kapitel 5.1.2). Hier bestehen über die Carsharing-Anbieter hinweg ähnliche wie auch unterschiedliche Einflussfaktoren, die die Geschäftsmodelle betreffen und konstituieren.[1083] Entsprechend der Einflussfaktoren sowie zur Differenzierung der Carsharing-Anbieter und deren Geschäftsmodelle wurden knappe Typen-Bezeichnungen vorgenommen, die deren Hauptkennzeichen enthalten. So wurden die Carsharing-Anbieter Nr. 1 und Nr. 2 dem Typ „Tochterunternehmen von Automobilkonzernen“ sowie „Premium-Carsharing-Anbieter“, die Carsharing-Anbieter Nr. 3 und Nr. 4 dem Typ „Carsharing-Anbieter der ersten Stunde, die ihr Geschäftsmodell um das free-floating Carsharing erweitert haben“, die Carsharing-Anbieter Nr. 5 und Nr. 6 dem Typ „Stationsbasierte (E-)Carsharing-Anbieter – innovativ, organisiert, kundenorientiert und subventioniert“ und die Carsharing-Anbieter Nr. 7 und Nr. 8 dem Typ „E-Carsharing-Anbieter – quartiersbezogen und durch Investoren finanziert, genossenschaftlich organisiert und nischenorientiert“ zugeordnet.

Im quantitativen Teil der Hauptstudie, der auf der Grundlage einer qualitativen Vorstudie mit 20 Carsharing-Nutzern/-Nicht-Nutzern basiert[1084], wurde eine erste Annäherung an Erwartungen, die von Seiten der Stakeholdergruppen bestehen, durchgeführt. Hierbei konnte gezeigt werden, dass die Stakeholdergruppen insbesondere ökologische Effekte und Vorteile mit dem Carsharing-Angebot verbinden. Den sozialen und ökonomischen Effekten und Vorteilen des Carsharing schreiben die Stakeholdergruppen hingegen eine geringere Bedeutung zu. Dem E-Carsharing wird von Seiten der Stakeholdergruppen eine Treiberfunktion zum Ausbau der Elektromobilität zugeschrieben. Die zu bewertenden Erwartungen, die sich auf das Geschäftsmodell Carsharing sowie darüber hinaus beziehen, wurden von Seiten der Stakeholdergruppen als „wichtig“ erachtet. D. h. diese wünschen sich u. a. nicht nur unterschiedliche Fahrzeugklassen in den Carsharing-Flotten, sondern auch Carsharing-Stellplätze, wobei die Carsharing-Fahrzeuge fußläufig in unmittelbarer Nähe erreichbar sein sollten.

In Kapitel 5.3 wurden anhand bestehender Erwartungen von Seiten der befragten Stakeholdergruppen an die Carsharing-Anbieter und deren Geschäftsmodelle Einflussfaktoren ermittelt. Diese wurden mit Hilfe von Mind-Maps zur besseren Übersicht dargestellt. Die Erwartungen lassen sich über alle Stakeholdergruppen hinweg in kategorisierte Erwartungen einteilen, die von „auf das Geschäftsmodell bezogene Erwartungen“

[1083] Zur Zusammenfassung der Einflussfaktoren siehe Kapitel 5.1.3.

[1084] Siehe hierzu Kapitel 4.2.

über „ökonomische Erwartungen“, „ökologische Erwartungen“, „soziale Erwartungen“ bis Mischformen[1085] reichen.[1086] Dabei konnte gezeigt werden, dass über alle Stakeholdergruppen hinweg ähnliche wie auch unterschiedliche Erwartungen sowie damit verbundene Einflussfaktoren bestehen. In Kapitel 5.3.9 wurden die Erwartungen sowie die damit verbundenen Einflussfaktoren zusammengefasst. Hier konnte festgehalten werden, dass von Seiten aller Stakeholdergruppen durchgehend positive Erwartungen in Bezug auf die Carsharing-Anbieter und deren Geschäftsmodelle bestehen. Diese positiven Erwartungen sind essentiell dafür, dass das Geschäftsmodell Carsharing unter dem Einfluss der relevanten Stakeholdergruppen bestehen bleibt sowie auch ausgeweitet wird.

In Kapitel 5.4 wurden die Einflussmöglichkeiten von Seiten der Stakeholdergruppen, die auf die Carsharing-Anbieter und deren Geschäftsmodelle bestehen, dargestellt. Die Ergebnisse zeigen, dass von Seiten der Stakeholdergruppen unterschiedliche Möglichkeiten bestehen, Einfluss auf die Carsharing-Anbieter und deren Geschäftsmodelle zu nehmen. Durch eine eigene Bewertung des Einflusses von Seiten der Stakeholdergruppen[1087] konnten Tendenzen ermittelt werden, wie diese ihren eigenen Einfluss einordnen. Die Tendenzen wurden mit Hilfe von Boxplots übersichtlich dargestellt.[1088] So ergibt sich etwa der „sehr große Einfluss“ von Seiten der Automobilkonzerne auf deren Tochterunternehmen, den free-floating Carsharing-Anbietern, dadurch, dass diese u. a. eigene Fahrzeugmodelle sowie die Telematik-Technologie bereitstellen. Von Seiten der politischen Verantwortlichen aus dem Mobilitätsbereich wird der eigene Einfluss als „geringer“ bis zu „großer Einfluss“ bewertet, der u. a. darauf zurückzuführen ist, dass diese die rechtlichen Rahmenbedingungen für das Carsharing setzen können, die das Straßengesetz und die Anwendung der Straßenverkehrsverordnung betreffen. Der „geringe Einfluss“ von Seiten der Verkehrsverbünde ergibt sich u. a. durch die vorhandenen Kooperationen zu den Carsharing-Anbietern, die in Form von gemeinsamen Marketingmaßnahmen bestehen. Anhand der unterschiedlichen Einflussmöglichkeiten von Seiten der Stakeholdergruppen konnte gezeigt werden, dass hier verschiedene Kräfte wirken, die die Geschäftsmodelle der Carsharing-Anbieter konstituieren und weiterentwickeln.

In Kapitel 5.5 wurden die Stakeholder-Beziehungen von Seiten der Stakeholdergruppen in Bezug auf die Carsharing-Anbieter und deren Geschäftsmodelle dargestellt. Hierbei wurden Mind-Maps erstellt, die die einzelnen Stakeholder-Beziehungen hinsichtlich ihrer Intensität graphisch sowie farbig unterlegt veranschaulichen. Um einen besseren Überblick zu den Stakeholder-Beziehungen von Seiten der Stakeholdergruppen zu erhalten, wurden einzelne Stakeholder in Subgruppen eingeteilt.[1089] Dabei konnte gezeigt werden, dass über die Stakeholdergruppen hinweg unterschiedliche Stakeholder-Beziehungen bestehen. In Kapitel 5.5.9 wurden die Stakeholder-Beziehungen von Seiten der Stakeholdergruppen hinsichtlich der Zielsetzung der Arbeit bewertet.[1090] Hier konnte zusammenfassend festgehalten werden, dass von Seiten der Stakeholdergruppen Unterschiede hinsichtlich Kompetenzen zur Ausweitung des Carsharing in Deutschland bestehen.

In Kapitel 6 wurden die empirischen Ergebnisse aus den Kapiteln 5.3 (Erwartungen der Stakeholder) und 5.4 (Einflussmöglichkeiten) je Stakeholdergruppe auf der Grundlage des Stakeholder Salience Models von Mitchell et al. (1997) eingeordnet und hinsichtlich der sich daraus ergebenen Einflusswirkungen auf das Geschäftsmodell Carsharing bewertet. Hierbei konnte gezeigt werden, dass von Seiten der Stakeholdergruppen

[1085] Z. b. „ökonomisch-ökologische Erwartungen“ und „ökologisch-soziale Erwartungen“.

[1086] Für einen Überblick siehe hierzu Anhang, Kapitel 8.3.1, Tabelle 8.

[1087] Auf der Grundlage einer Ordinalskala, siehe hierzu Interviewleitfaden im Anhang, Kapitel 8.1, Frage 4b.

[1088] Siehe hierzu Anhang, Kapitel 8.4.

[1089] Siehe hierzu u. a. Kapitel 5.5.

[1090] „Wie nehmen die relevanten Stakeholdergruppen dahingehend Einfluss bzw. wie können diese dahingehend Einfluss nehmen, damit das Carsharing-Angebot ausgeweitet wird?“ Siehe Kapitel 1.2.

unterschiedliche Einflusswirkungen bestehen (Kapitel 6.3). Auf der Grundlage der Ergebnisse zu den drei Eigenschaften je Stakeholdergruppe[1091] (Kapitel 6.2.2) sowie der Übersicht zu den Einflusswirkungen von Seiten der Stakeholdergruppen (Kapitel 6.3) wurden die Stakeholdergruppen im Rahmen der Stakeholder-Typologie des Stakeholder Salience Models von Mitchell et al (1997) eingeteilt. Hierbei wurden die Stakeholdergruppen Management/Verantwortliche der Carsharing-Anbieter, Automobilkonzerne, politische Verantwortliche aus dem Mobilitätsbereich, Energieversorger, städtische Verantwortliche für den Verkehrs- und Mobilitätsbereich sowie die beiden Weiteren am Carsharing beteiligten Stakeholder den „Maßgeblichen Stakeholdern", die Stakeholdergruppen Verkehrsverbünde sowie Interessenverbände und Verkehrsclubs den „Abhängigen Stakeholdern" zugeordnet. Die aufgeführten „Maßgeblichen Stakeholder" wurden entsprechend ihrer Einflusswirkungen in drei Subgruppen (i, ii, iii) unterteilt. In Kapitel 6.4 wurden die Stakeholder-Beziehungen hinsichtlich der Einflusswirkungen von Seiten der Stakeholdergruppen auf die Carsharing-Anbieter und deren Geschäftsmodelle zur besseren Übersicht mit Hilfe von Schaubildern dargestellt.

7.2 Interpretation der Ergebnisse[1092]

Anhand der Ergebnisse zu den Einflusswirkungen von Seiten der relevanten Stakeholdergruppen konnte gezeigt werden, dass die Voraussetzungen für eine Ausweitung des Carsharing-Angebots in Deutschland gegeben sind, diese jedoch entsprechend umgesetzt werden müssen.[1093]

So bestehen etwa unterschiedliche Carsharing-Angebote und Geschäftsmodelle, die sich dahingehend unterscheiden, dass unterschiedliche Schlüsselpartner[1094], Schlüsselressourcen[1095] und Einnahmequellen[1096] vorhanden sind sowie eine Kostenstruktur, die sich zwischen den Carsharing-Anbietern unterscheidet.[1097] Auch werden mit den unterschiedlichen Carsharing-Angeboten verschiedene Kundensegmente[1098] bedient.[1099] Diese unterschiedlichen Carsharing-Geschäftsmodelle könnten zur Ausweitung des Carsharing in Deutschland gezielt eingesetzt werden.
Von den zur Verfügung stehenden Ressourcen haben die beiden free-floating Anbieter (Carsharing-Anbieter Nr. 1 und Nr. 2) das größte Potential, Ihre Carsharing-Angebote auszuweiten und zu einem flächendeckenden Carsharing beizutragen. Dies lässt sich nicht nur darauf zurückführen, dass diese bereits gegenwärtig mehr als 1000 Carsharing-Fahrzeuge in ihren Flotten haben, die konventionell wie auch elektrisch betrieben sind, sondern durch ihre Stellung als Tochterunternehmen von Automobilkonzernen auch Unterstützung von diesen in Form von Kapitalressourcen erhalten.[1100] Die Geschäftsgebiete dieser beiden free-floating Anbieter liegen gegenwärtig in Metropolen und Großstädten.[1101]

[1091] Diese sind „Macht" des Stakeholders sowie „Legitimität" und „Dringlichkeit" seiner Erwartungen.

[1092] Diese beziehen sich auf die Ergebnisse aus den Kapiteln 6.2 und 6.3.

[1093] Siehe hierzu insbesondere Kapitel 6.2.2 Abschnitt *Bewertung der Einflusswirkungen auf die Carsharing-Anbieter und deren Geschäftsmodelle*, dargestellt für jede Stakeholdergruppe.

[1094] Z. B. Automobilkonzerne, App-Entwickler sowie auch Städte, die Carsharing nutzen.

[1095] Diese können besonders attraktive (E-)Carsharing-Fahrzeuge sowie das Image des Carsharing-Anbieters sein.

[1096] Diese ergeben sich durch die Carsharing-Nutzung von Seiten diverser Kunden, d. h. Privatpersonen wie auch Gewerbe oder Städte.

[1097] Diese ergibt sich primär durch Kosten für den Erwerb der Carsharing-Fahrzeuge sowie darüber hinaus hinsichtlich Wartung, Reparatur, IT-Kosten und Werbung für das eigene Carsharing-Angebot.

[1098] Diese sind u. a. Einwohner in den Geschäftsgebieten, Touristen wie auch Beschäftigte von Geschäftskunden.

[1099] Zur Beschreibung des Geschäftsmodells Carsharing bietet sich das Business Model Canvas an, das aus unterschiedlichen Bausteinen besteht. Siehe hierzu Kapitel 2.1.3.2.

[1100] Mehr hierzu siehe Kapitel 5.4.2.

[1101] Zur Einordnung der Carsharing-Anbieter in Bezug auf deren lokale Verortung siehe Kapitel 5.1, Tabelle 4.

Die Carsharing-Anbieter Nr. 3 und Nr. 4 haben gegenwärtig weniger als 1000 bzw. weniger als 500 Carsharing-Fahrzeuge in ihren Carsharing-Flotten und bieten sowohl konventionell betriebenes wie auch elektrisch betriebenes Carsharing an.[1102] Dabei haben sie ihr ehemals rein stationsbasiertes Carsharing-Angebot um free-floating Carsharing erweitert. Die Geschäftsgebiete reichen vom kleinstädtischen, dörflichen Raum bis hin zur Metropole.
Die restlichen Carsharing-Anbieter[1103] bieten lediglich stationsbasiertes Carsharing an und ihre Flotten mit weniger als 50 bzw. 25 Carsharing-Fahrzeugen sind deutlich kleiner, als die der ersten beiden Carsharing-Anbieter-Gruppen. Dies korreliert mit den Geschäftsgebieten dieser Carsharing-Anbieter, die bis auf Carsharing-Anbieter Nr. 7[1104] in keiner Metropole liegen. Bis auf Carsharing-Anbieter Nr. 6 bieten die „kleineren" Carsharing-Anbieter ausschließlich elektrisch betriebenes Carsharing an. Dabei haben die Carsharing-Anbieter unterschiedliche Geschäftsmodelle. So ist das E-Carsharing-Angebot von Carsharing-Anbieter Nr. 5 ein Gemeinschaftsprojekt eines Konsortiums, in dem die Konsortialpartner unterschiedliche Verantwortlichkeiten haben. Die Carsharing-Angebote von Carsharing-Anbieter Nr. 5 wie auch von Nr. 6 wurden mit Subventionen vom Land, dem Bund sowie der EU gefördert. Das E-Carsharing-Angebot von Carsharing-Anbieter Nr. 7 ist in einem neuen Stadtquartier in einer Metropole vorhanden, rein quartiersbezogen ausgerichtet und wird durch diverse Investoren finanziert, die vor Ort einquartiert sind. Carsharing-Anbieter Nr. 8 ist genossenschaftlich organisiert, wobei er betont in keiner Konkurrenz zum kommerziellen Carsharing zu stehen, sondern vielmehr eine Nische bedienen zu wollen.

Zusammenfassend lässt sich eine Zweiteilung der untersuchten Carsharing-Anbieter vornehmen, in solche, die über deutlich mehr Ressourcen verfügen, das Carsharing-Angebot auszuweiten (Carsharing-Anbieter Nr. 1 - Nr. 4) und ihre Geschäftsgebiete primär in Städten mit mehr als 100.000 Einwohnern haben sowie solche, die weniger als 50 bzw. 25 Carsharing-Fahrzeuge in ihren E-Carsharing-Flotten haben und ihr Angebot in Städten mit unter 100.00 Einwohner anbieten.[1105] In Bezug auf eine Ausweitung des Carsharing-Angebots in Deutschland können die Ergebnisse dahingehend interpretiert werden, dass die Geschäftsmodelle der Carsharing-Anbieter Nr. 1 - Nr. 4 insbesondere in Städten mit mehr als 100.000 Einwohnern, d. h. Metropolen, Großstädte und Regiopolen, erfolgreich umgesetzt werden können und die Geschäftsmodelle der Carsharing-Anbieter Nr. 5 - Nr. 8 in Städten unter 100.000 Einwohnern. Dabei gibt es nicht nur innerhalb der größeren Carsharing-Anbieter, sondern auch innerhalb der kleineren Carsharing-Anbieter unterschiedliche Carsharing-Geschäftsmodelle. Hier gilt es herauszufinden, welche davon vor Ort bestmöglich funktionieren und die Akzeptanz von Seiten der (potentiellen) Nutzer erhöhen, damit diese verstärkt auf die Carsharing-Angebote als Ersatz zum privaten PKW zurückgreifen.[1106]

Wie aus den Schaubildern aus Kapitel 6.4 zu erkennen ist, haben die Stakeholdergruppe **Management/ Verantwortliche der Carsharing-Anbieter** die größten Einflusswirkungen. So können diese auf ihre eigenen Geschäftsmodelle *direkten Einfluss* nehmen und diese entsprechend eigener Vorgaben gestalten und weiterentwickeln. Dies betrifft etwa die Erweiterung des stationsbasierten Carsharing um das free-floating Carsharing sowie auch umgekehrt, um den Nutzern vor Ort das bestmögliche Carsharing-Angebot bereitzustellen.

Von Seiten der **Automobilkonzerne** bestehen *starke und direkte Einflusswirkungen* auf ihre Tochterunternehmen, den free-floating Carsharing-Anbietern, auf alle anderen Carsharing-Anbieter bestehen hingegen *keine*

[1102] Siehe hierzu Übersicht zu den wesentlichen Kennzeichen der acht untersuchten Carsharing-Anbieter, Kapitel 5.1, Tabelle 4.

[1103] D. h. Carsharing-Anbieter Nr. 5 - Nr. 8.

[1104] Dieser bietet sein stationsbasiertes E-Carsharing-Angebot explizit in einem neu entstehenden Stadtquartier in einer Metropole an.

[1105] Zur Übersicht von Städtebezeichnungen bzw. Raumtypen sowie dazugehörigen Einwohnerzahlen siehe Tabelle 5.

[1106] Siehe hierzu auch Kapitel 7.5 zukünftige Forschung.

direkten Einflusswirkungen. Aufgrund ihrer bereitgestellten Kapitalressourcen sowie ihrer Stakeholder-Beziehungen zu ihren Tochterunternehmen können die Automobilkonzerne weitreichenden und direkten Einfluss auf die Gestaltung der free-floating Carsharing-Geschäftsmodelle nehmen. Somit können diese eine Ausweitung der free-floating Carsharing-Angebote ihrer Tochterunternehmen in Deutschland vorantreiben. Um sich auf die zukünftige urbane Mobilität vorzubereiten, verfolgen die Automobilkonzerne mit den Carsharing-Angeboten ihrer Tochterunternehmen jedoch vielmehr Eigeninteressen. Zu nennen ist hier u. a. die Intention, mit dem E-Carsharing und den hier bereitgestellten eigenen E-Fahrzeugen das Interesse bei den Nutzern für den Kauf dieser Fahrzeuge zu wecken und somit das eigene E-Fahrzeuge-Geschäft voranzutreiben.[1107] Festzuhalten bleibt, dass die Automobilkonzerne die Möglichkeiten haben, zur Ausweitung der Carsharing-Angebote ihrer Tochterunternehmen wesentlich beizutragen, dies jedoch aus Eigeninteressen in Bezug auf das eigene Kerngeschäft, dem Verkauf von Neu- und Gebrauchtwagenfahrzeugen, nicht tun.

Von Seiten der **Politik** und der **Energieversorger** bestehen *signifikante und (in)direkte Einflusswirkungen* auf die (E-)Carsharing-Anbieter und deren Geschäftsmodelle.[1108] So kann die Politik insbesondere über die Gestaltung der rechtlichen Rahmenbedingungen[1109] indirekten Einfluss, über finanzielle Fördermöglichkeiten im Rahmen von Förderprogrammen direkten Einfluss auf die Carsharing-Anbieter und deren Geschäftsmodelle nehmen. Durch diese Möglichkeiten kann die Politik auf die Carsharing-Anbieter und deren Geschäftsmodelle fördernd wirken und den flächendeckenden Ausbau des Carsharing forcieren.
Die Energieversorger können über die Bereitstellung der Ladeinfrastruktur sowie des Stromes für die E-Carsharing-Fahrzeuge direkten Einfluss auf die E-Carsharing-Anbieter und deren Geschäftsmodelle nehmen.[1110] Die Energieversorger können somit als wesentlicher Treiber des E-Carsharing gesehen werden.[1111] Die Stakeholder-Beziehungen von Seiten der Energieversorger zu den E-Carsharing-Anbietern sind für eine flächendeckende Ausweitung des E-Carsharing essentiell.

Von Seiten der **Städte** bestehen *signifikante und indirekte Einflusswirkungen*. So können diese über die Möglichkeit der Verteilung der Carsharing-Fahrzeuge im öffentlichen Straßenraum indirekten Einfluss auf die Carsharing-Anbieter und deren Geschäftsmodelle nehmen. Dies betrifft die Anwendung des Carsharinggesetzes (CsgG) vor Ort, Sondergenehmigungen, die Möglichkeit der Teileinziehung sowie den Aufbau der Ladeinfrastruktur. Die Städte können somit im Rahmen ihrer Kompetenzen festlegen, wie viele Carsharing-Stellplätze und E-Stationen geschaffen werden und wie die (E-)Carsharing-Fahrzeuge im öffentlichen Straßenraum verteilt werden. Carsharing-Stellplätze und E-Stationen stellen eine wesentliche Grundlage zur Ausweitung des (E-)Carsharing in den Städten und Gemeinden dar.

Von Seiten der **Verkehrsverbünde** sowie **Interessenverbänden und Verkehrsclubs** bestehen *geringe und indirekte Einflusswirkungen*. Die Verkehrsverbünde können im Rahmen von Kooperationen mit den Carsharing-

---

1107 Auch verpflichten die Automobilkonzerne ihre Tochterunternehmen die eigenen „Premiumfahrzeuge" in ihren Carsharing-Flotten anzubieten. Durch die Analyse der Mobilitätsströme der Carsharing-Flotten sollen in Zukunft autonom fahrende Carsharing-Flotten sowie Robotaxis optimal gesteuert werden. Siehe Kapitel 5.3.2 und 8.3.3.

1108 Dies betrifft sowohl free-floating als auch stationsbasierte E-Carsharing-Anbieter.

1109 Dies betrifft das Straßengesetz sowie die Anwendung der Straßenverkehrsverordnung und hier im Besonderen das bereits verabschiedete Carsharinggesetz (CsgG), durch das Carsharing-Stellplätze von Seiten der Städte und Gemeinden im öffentlichen Straßenraum ausgewiesen werden können.

1110 Direkter Einfluss besteht deshalb, da ohne Bereitstellung der Ladeinfrastruktur sowie des Stromes das E-Carsharing-Geschäftsmodell nicht bestehen kann. Zur Kategorisierung des Einflusses siehe Kapitel 6.2.1.

1111 Dies betrifft sowohl das stationsbasierte wie auch das free-floating E-Carsharing.

Anbietern über gemeinsame Marketingmaßnahmen und Vergünstigungen für die Nutzer beider Mobilitätsangebote[1112] fördernd auf die Carsharing-Angebote wirken. Die Interessenverbände und Verkehrsclubs können im Rahmen ihrer Informationspolitik durch Carsharing-freundliche und -fördernde Positionen positiv auf die Wahrnehmung des Carsharing in der Öffentlichkeit wirken.

Die Einflusswirkungen von Seiten der beiden **Weiteren am Carsharing beteiligten Stakeholdern** können wie folgt interpretiert werden:
Von Seiten von 1.WB[1113] bestehen *signifikante und indirekte Einflusswirkungen* auf sein Schwesterunternehmen, einem free-floating Carsharing-Anbieter. Dabei kann 1.WB mit seiner entwickelten Mobilitäts-App, in der neben weiteren Mobilitätsdiensten auch das free-floating Angebot seines Schwesterunternehmens gebucht werden kann, positiv auf dessen Nutzung wirken. So besteht durch die Mobilitäts-App von 1.WB eine weitere Option, das free-floating Carsharing-Angebot buchen zu können.[1114] Hierdurch wird insbesondere multimodale Mobilität gefördert ohne einen eigenen PKW besitzen zu müssen.[1115]
Von Seiten von 2.WB bestehen *starke und direkte Einflusswirkungen* auf ein stationsbasiertes E-Carsharing-Projekt und -Angebot in einer Mittelstadt sowie den teilnehmenden umliegenden Gemeinden. 2.WB ist hierbei Projektkoordinator und einer von drei Konsortialpartner und kann hier Veränderungsvorschläge jeglicher Art hinsichtlich des E-Carsharing-Projektes einbringen.
Die aufgeführten Einflusswirkungen von Seiten der beiden *Weiteren am Carsharing beteiligten Stakeholder* verdeutlichen, dass auf die Carsharing-Anbieter und deren Geschäftsmodelle Weitere am Carsharing beteiligte Stakeholder wirken, die keiner Stakeholdergruppe zugeordnet werden können, die im Rahmen dieser Arbeit näher untersucht wurden. Dies deutet das komplexe Stakeholdergruppen-Beziehungsgeflecht in Bezug auf das Geschäftsmodell Carsharing an.

7.3 Handlungsempfehlungen für eine Ausweitung des Carsharing-Angebots in Deutschland

Mit Bezug auf die untersuchten Stakeholdergruppen sowie der Interpretation der Ergebnisse können die folgenden **Handlungsempfehlungen** abgeleitet werden, die zu einer Ausweitung des Carsharing-Angebots führen können:

1. Management/Verantwortliche der Carsharing-Anbieter:
Für eine flächendeckende Ausweitung des Carsharing bedarf es unterschiedlicher Carsharing-Angebote und Geschäftsmodelle, die in der vorliegenden Arbeit näher untersucht wurden. Dabei konnte gezeigt werden, dass free-floating Carsharing-Angebote in Städten mit über 100.000 Einwohnern, stationsbasierte Carsharing-Angebote in Städten unter 100.000 Einwohnern vorhanden sind.[1116]

[1112] D. h. für solche, die sowohl die Carsharing-Angebote als auch die Mobilitätsangebote von Seiten der Verkehrsverbünde nutzen.
[1113] Einem Mobility-as-a-Service-Dienstleister.
[1114] Neben der eigenen Carsharing-App des free-floating Anbieters.
[1115] Siehe Kapitel 8.6, Erläuterung relevanter Begriffe: Multimodalität.
[1116] Siehe hierzu Tabelle 4.

Damit die Carsharing-Angebote für ihre (potentiellen) Nutzer attraktiv gestaltet sind, sollten kombinierte Carsharing-Systeme vor Ort angeboten werden, d. h. sowohl stationsbasiertes als auch free-floating Carsharing.[1117] Somit können die Carsharing-Nutzer je nach Bedarf eine Carsharing-Variante nutzen. Da die Carsharing-Nutzer vermehrt auch auf E-Carsharing-Fahrzeuge zugreifen, sollten Carsharing-Anbieter, die bisher ausschließlich konventionell betriebenes Carsharing anbieten, ihre Carsharing-Flotten um E-Fahrzeuge erweitern.[1118]
Für eine Ausweitung des Carsharing-Angebots auf den suburbanen und ländlichen Raum bieten sich solche Carsharing-Geschäftsmodelle an, die von Seiten von Carsharing-Anbieter Nr. 5 und Nr. 8 bestehen. So wird das stationsbasierte E-Carsharing-Angebot von Carsharing-Anbieter Nr. 5 durch ein Konsortium geführt und die E-Carsharing-Fahrzeuge befinden sich im Eigentum der im Geschäftsgebiet bestehenden kommunalen Verwaltungen[1119] sowie Unternehmen, Betrieben, Sparkassen, Volksbanken und Versicherungen.[1120] Das E-Carsharing-Angebot von Carsharing-Anbieter Nr. 8 ist genossenschaftlich organisiert und durch Bürger einer Kleinstadt initiiert worden.[1121]
In Bezug auf eine flächendeckende Ausweitung des Carsharing bieten sich somit solche Carsharing-Angebote an, die für den städtischen Raum geeignet sind und solche, die für den suburbanen und ländlichen Raum geeignet sind. Auch sollten die Carsharing-Anbieter den Bedarf an Fahrten zwischen Städten decken.[1122] Für ein attraktives Carsharing-Angebot ist es darüber hinaus empfehlenswert, die im quantitativen Teil der Hauptstudie bestehenden Erwartungen (siehe Kapitel 5.2.1) von Seiten der Carsharing-Anbieter zu erfüllen. So sollte das Preis-Leistungsangebot stimmen, d. h. es sollte nicht zu teuer sein und aus verschiedenen Fahrzeugklassen bestehen sowie in unmittelbarer Nähe sein, d. h. fußläufig erreichbar sein. Auch sollten u. a. Kooperationen mit Verkehrsverbünden gesucht werden, um so ein Mobilitätsangebot aus einer Hand anbieten zu können.[1123] Insgesamt sollte die Attraktivität der Carsharing-Angebote weiter zunehmen, um so den Umstieg vom privaten PKW zu ermöglichen.

2. Automobilkonzerne:
Die Unterstützung von Seiten der Automobilkonzerne gegenüber ihren Tochterunternehmen, den free-floating Carsharing-Anbietern, ist zur Aufrechterhaltung und Weiterentwicklung ihrer Carsharing-Angebote und -Geschäftsmodelle notwendig.[1124] Hier gilt es von Seiten der Politik und von Seiten der Zivilgesellschaft, die in der vorliegenden Arbeit in Form der Interessenverbände und Verkehrsclubs vertreten ist, die Bedeutung, die die Automobilkonzerne für die Ausweitung der Carsharing-Angebote ihrer Tochterunternehmen haben, hervorzuheben. Dabei sollten Anreize geschaffen werden, dass die Automobilkonzerne ihre Kapitalressourcen für ihre Tochterunternehmen weiterhin bereitstellen.[1125] Diese könnten etwa in Form von steuerlichen Erleichterungen[1126] sowie Privilegien für die free-floating Carsharing-Angebote bestehen. So könnten diese Carsharing-Stellplätze an besonders attraktiven Standorten wie innerhalb von Mobilitätsstationen[1127] oder

[1117] Zu den Vorteilen und Nutzungsmuster der beiden Carsharing-Varianten siehe Kapitel 2.1.2 und Kapitel 3.1.

[1118] Zur finanziellen Unterstützung bestehen hier Förderprogramme von Seiten der Politik. Siehe hierzu Kapitel 3.2.3.

[1119] D. h. einer Mittelstadt sowie umliegenden Gemeinden.

[1120] Mehr hierzu siehe Beschreibung des Geschäftsmodells von Carsharing-Anbieter Nr. 5, Kapitel 5.1.1.

[1121] Mehr hierzu siehe Beschreibung des Geschäftsmodells von Carsharing-Anbieter Nr. 8, Kapitel 5.1.1.

[1122] Von Seiten der Carsharing-Anbieter werden Geschäftsgebiete festgelegt, die in der Regel keine Carsharing-Fahrten zwischen Städten zulassen. Um den bestehenden Bedarf an Fahrten zwischen den Städten zu decken, könnten Carsharing-Anbieter ein festgelegtes Kontingent an Carsharing-Fahrzeugen hierfür bereitstellen.

[1123] Siehe hierzu Punkt 5. Verkehrsverbünde.

[1124] Siehe hierzu Kapitel 6.2, Abschnitt Automobilkonzerne.

[1125] So stellen diese u. a. eigene Fahrzeugmodelle sowie die Telematik-Technologie bereit. Siehe Kapitel 5.4.2.

[1126] Z. B. Reduzierung der Umsatzsteuer auf den ermäßigten Mehrwertsteuersatz von 7%.

[1127] Siehe Kapitel 8.6, Erläuterung relevanter Begriffe: Mobilitätsstation.

kostenfreien Carsharing-Parkhäusern in ihren Geschäftsgebieten erhalten. Ziel sollte eine höhere Auslastung der Carsharing-Fahrzeuge der free-floating Anbieter sein. Eine weitere Möglichkeit wäre, von Seiten der Politik sowie von Seiten der Städte Carsharing-Fahrzeuge der Tochterunternehmen im Rahmen von Corporate Carsharing[1128] für Dienstfahrten zu buchen. Hier wäre eine Erweiterung der free-floating Carsharing-Flotten um stationsbasierte Carsharing-Fahrzeuge empfehlenswert. Da die free-floating Carsharing-Anbieter ihre Geschäftsgebiete primär in den Innenbezirken von Metropolen und Großstädten haben[1129], sollte eine Ausweitung zumindest auf die Außenbezirke sowie Ballungsräume[1130] angestrebt werden.

3. Politik:[1131]
Von Seiten der Politik sollten die bestehenden Möglichkeiten, positiven Einfluss auf die Carsharing-Anbieter und deren Geschäftsmodelle zu nehmen, weiter ausgebaut werden. Dies betrifft das Gestalten der rechtlichen Rahmenbedingungen sowie finanzielle Fördermöglichkeiten, die im Rahmen von Förderprogrammen für einzelne Carsharing-Anbieter bestehen können. Diese sollten insbesondere kleinere Carsharing-Anbieter sowie solche in suburbanen-ländlichen Räumen erreichen[1132] und alternative Antriebsformen in Form von elektro-, hybrid- und wasserstoffbetriebenes Carsharing fördern. Mit der Verabschiedung des Carsharinggesetzes (CsgG) wurden Maßnahmen geschaffen, die eine Bevorrechtigung des Carsharing im öffentlichen Straßenraum ermöglichen.[1133] Diese gilt es weiter auszubauen, indem etwa kostenfreie Carsharing-Parkhäuser geschaffen werden, die insbesondere in den Innenstädten sowie Außenbezirken bestehen.[1134] Darüber hinaus sollten von Seiten der Politik auch Möglichkeiten hinsichtlich steuerlicher Erleichterungen sowie weiteren Fördermaßnahmen für die Carsharing-Anbieter ins Auge gefasst werden, wie sie in Kapitel 3.2.3 *Forschungsstand zu den Einflusswirkungen von Seiten der Politik* dargestellt sind. Hierzu gehören etwa die Reduzierung der Umsatzsteuer für Carsharing-Unternehmen auf den ermäßigten Mehrwertsteuersatz und die Aufnahme des Carsharing in lokale und regionale Nahverkehrspläne. Auch sollte die Möglichkeit in Erwägung gezogen werden, Corporate Carsharing[1135] in der öffentlichen Verwaltung zu etablieren. So könnten die Beschäftigten im öffentlichen Dienst Carsharing für Dienstfahrten nutzen. Ebenso sollte eine ideelle Unterstützung der Carsharing-Anbieter von Seiten der Politik vorangetragen werden. Möglich wären durch die Politik initiierte Carsharing-Formate, wie sie etwa im Rahmen von digitalen Plattformen oder Veranstaltungen vor Ort bestehen könnten. Hier könnten die unterschiedlichen Stakeholder der Carsharing-Anbieter miteinander vernetzt werden, wodurch Fragen und Probleme hinsichtlich des Carsharing gelöst werden könnten.

4. Städte:[1136]
Die Städte sollten ihre bestehenden Möglichkeiten hinsichtlich der Bevorrechtigung und Verteilung der (E-)Carsharing-Fahrzeuge vor Ort konsequent umsetzen und ausbauen. Dies betrifft die Umsetzung des Carsharinggesetzes (CsgG) vor Ort, Sondergenehmigungen, die Möglichkeit der Teileinziehung sowie den Aufbau der Ladeinfrastruktur.[1137] Dabei sollten diese die Ausweitung der Carsharing-Angebote in den Ballungsräumen

[1128] Siehe Kapitel 8.6, Erläuterung relevanter Begriffe: Corporate Carsharing.

[1129] Siehe Tabelle 4.

[1130] Siehe Kapitel 8.6, Erläuterung relevanter Begriffe: Ballungsraum.

[1131] Primär gerichtet an die politischen Verantwortlichen aus dem Mobilitätsbereich.

[1132] Hier bestehen schwierigerer Voraussetzungen für einen funktionierenden Carsharing-Betrieb als im städtischen Raum. Siehe hierzu Kapitel 3.2.3.

[1133] Mehr hierzu siehe Kapitel 3.2.3.

[1134] Wo ein unmittelbarer ÖPNV-Anschluss vorhanden ist. Somit besteht die Möglichkeit multimodal unterwegs zu sein ohne auf einen privaten PKW zugreifen zu müssen.

[1135] Siehe Kapitel 8.6, Erläuterung relevanter Begriffe: Corporate Carsharing.

[1136] Primär gerichtet an die städtischen Verantwortlichen für den Verkehrs- und Mobilitätsbereich.

[1137] Siehe hierzu u. a. Kapitel 3.2.4 Forschungsstand Städte.

von Metropolen und Großstädten vorantragen, um auch hier potentiellen Carsharing-Nutzern die Möglichkeit zu geben, Carsharing nutzen zu können. Dies betrifft insbesondere die Ausweitung von den Innenstadtbereichen in die äußeren Stadtbezirke sowie Einzugsgebiete. Hier können von Seiten der Städte Bedingungen an die Carsharing-Anbieter gestellt werden, die von Seiten dieser erfüllt werden müssen, um etwa privilegierte Carsharing-Stellplätze zu erhalten. Im Allgemeinen sollten Anreize geschaffen werden, die eine Carsharing-Nutzung attraktiv machen. Hierzu gehören etwa kostenfreie Stellplätze in den Innenstädten wie auch in Parkhäusern.

Darüber hinaus sollten von Seiten der Städte Fördermöglichkeiten über kommunale Planungsinstrumente umgesetzt werden, die Maßnahmen zur Umsetzung von Carsharing erhalten. Hierzu gehören etwa Verkehrsentwicklungspläne, Masterpläne Green City, Stadtentwicklungskonzepte sowie Sustainable Urban Mobility Plans.[1138] Auch sollte von Seiten der Städte Carsharing dahingehend unterstützt werden, indem die Stadtverwaltung Corporate Carsharing nutzt.

5. Verkehrsverbünde:

Die bestehenden Kooperationen zwischen den Verkehrsverbünden und Carsharing-Anbietern sollten bestehen bleiben sowie ausgebaut werden. Hierzu gehören Anreize zu schaffen, die eine stärkere Nutzung beider Mobilitätsangebote nach sich ziehen. Diese bestehen etwa in Form von verschiedenen Vergünstigungen für die Nutzer beider Mobilitätsangebote.[1139] Auch sollte die Vernetzung zwischen den verschiedenen Mobilitätsanbietern in den Verkehrsverbünden und ihren Mobilitätsangeboten vorangetragen werden. Möglichkeiten ergeben sich über Mobilitätsstationen sowie gemeinsame Mobilitäts-Apps. Übergreifend sollte multimodale Mobilität gefördert werden, ohne auf einen privaten PKW zugreifen zu müssen. Stellvertretend steht hierfür das Mobilitätskonzept „Mobility-as-a-Service“ (MaaS), d. h. „die Integration von und der Zugang zu verschiedenen Mobilitätsdienstleistungen[1140] in einem einzigen digitalen Mobilitätsangebot […].“[1141]

6. Energieversorger:

Die Energieversorger sind für die Ausweitung der E-Carsharing-Angebote entscheidend verantwortlich. So stellen diese die Ladeinfrastruktur sowie den Strom für die E-Carsharing-Fahrzeuge bereit. Die Geschäftsbeziehungen zwischen den E-Carsharing-Anbietern und Energieversorgern sollten weiter ausgebaut werden, damit diese die Ladeinfrastruktur auch in neuen Geschäftsgebieten, wie etwa in den Ballungsräumen von Metropolen und Großstädten, aufbauen. In Bezug auf den Aufbau der Ladeinfrastruktur sowie der Platzierung der Ladesäulen sollte die Zusammenarbeit mit den Städten vor Ort gesucht werden, damit besonders attraktive Standorte gefunden werden.

7. Interessenverbände und Verkehrsclubs:

Von Seiten der Interessenverbände und Verkehrsclubs sollten die bestehenden Möglichkeiten, positiv auf die Carsharing-Anbieter und deren Geschäftsmodelle zu wirken, bestehen bleiben. Dies betrifft die Informationspolitik zum Carsharing in Deutschland, Vernetzungsmöglichkeiten der Carsharing-Stakeholder untereinander, sowie die Möglichkeiten, Carsharing-freundliche und -fördernde Positionen einzunehmen, die insbesondere die Vorteile der Carsharing-Nutzung im Gegensatz zur Nutzung privater PKW hervorheben. So können poten-

[1138] Ebd.

[1139] Mehr hierzu siehe Kapitel 3.2.5 Forschungsstand Verkehrsverbünde.

[1140] Wie ÖPNV und Carsharing.

[1141] bcs. 2019a, S. 1. Dabei ist MaaS „jederzeit verfügbar und bietet in integrierter Form Planung, Buchung, Bezahlung und Echtzeit-Informationen an, um ein Leben ohne eigenes Auto zu ermöglichen.“ Ebd.

tielle Carsharing-Nutzer für die bestehenden Carsharing-Angebote sensibilisiert werden. Steigende Carsharing-Nutzer-Zahlen würden mit einer Ausweitung des bestehenden Carsharing-Angebots in Deutschland einhergehen.

8. Weitere am Carsharing beteiligte Stakeholder:
1. WB sollte als Mobility-as-a-Service Dienstleister nicht nur das Carsharing-Angebot seines Schwesterunternehmens in seiner Mobilitäts-App zur Buchung anbieten, sondern auch weitere Carsharing-Angebote anderer Carsharing-Anbieter inkludieren. So können die Carsharing-Nutzer die bestehenden Carsharing-Angebote einfacher buchen und bezahlen. Durch die angebotene Mobilitäts-App wird multimodale Mobilität gefördert ohne auf einen privaten PKW zugreifen zu müssen.[1142]
Wie bereits im Rahmen der Handlungsempfehlung zur Stakeholdergruppe *Management/ Verantwortliche der Carsharing-Anbieter* angesprochen, eignet sich das Carsharing-Geschäftsmodell von Carsharing-Anbieter Nr. 5 für den suburbanen-ländlichen Raum. 2.WB ist hier als einer von drei Konsortialpartnern für dessen Steuerung verantwortlich. Dieses Carsharing-Geschäftsmodell kann als Blaupause für weitere Carsharing-Angebote im suburbanen-ländlichen Raum dienen. Hier sollte 2.WB Informationen zum eigenen E-Carsharing-Projekt bereitstellen. Dabei bietet es sich an, den Bundesverband Carsharing[1143] miteinzubeziehen, der im Rahmen seiner Informationspolitik auf das E-Carsharing-Projekt machen kann.

7.4 Bewertung der Methode

Zur Darstellung der Einflusswirkungen von Seiten relevanter Stakeholdergruppen wurde eine explorative Untersuchung mit Hilfe eines qualitativen Forschungsansatzes mit quantitativem Teil durchgeführt. Mit dem Ziel, solche Stakeholdergruppen zu berücksichtigen, die über unterschiedliche Einflusswirkungen auf das Geschäftsmodell Carsharing verfügen, wurden Interviews mit 35 Stakeholdern aus acht Stakeholdergruppen durchgeführt.[1144] Hierbei wurden acht Stakeholder der Stakeholdergruppe Management/Verantwortliche der Carsharing-Anbieter ausgesucht, die unterschiedliche Carsharing-Anbieter und Geschäftsmodelle repräsentieren.[1145] Dasselbe gilt für die Automobilkonzerne, auch hier wurden drei Verantwortliche unterschiedlicher Automobilkonzerne interviewt. Die sechs interviewten politischen Verantwortlichen aus dem Mobilitätsbereich lassen sich in solche unterteilen, die Regierungsparteien angehören[1146] und solchen die Oppositionsparteien zugeordnet werden.[1147] Die sechs städtischen Verantwortlichen für den Verkehrs- und Mobilitätsbereich lassen sich in solche unterteilen, die Metropolen vertreten[1148] und solchen die jeweils eine Regiopole, Großstadt und Mittelstadt vertreten.[1149] Es wurden drei Verantwortliche unterschiedlicher Verkehrsverbünde und Energieversorger sowie vier Verantwortliche von jeweils zwei Interessenverbänden und

[1142] Dadurch ergeben sich Chancen, die zur Reduzierung privater PKW beitragen können. Als Ersatz hierzu stünden Carsharing-Fahrzeuge bereit.

[1143] Dieser ist der Interessenverband der Carsharing-Anbieter in Deutschland.

[1144] Diese wurden auf der Grundlage einer Stakeholder-Analyse ermittelt, siehe Kapitel 4.1.1.

[1145] Siehe hierzu Kapitel 5.1.

[1146] Diese sind 1.PV - 3.PV.

[1147] Diese sind 4.PV - 6.PV.

[1148] Diese sind 1.ST - 3.ST.

[1149] Diese sind 4.ST - 6.ST.

Verkehrsclub interviewt.[1150] Darüber hinaus wurden zwei weitere Stakeholder interviewt, die der Stakeholdergruppe der Weiteren am Carsharing beteiligten Stakeholder zugeordnet werden. Wie anhand der Auswahl der 35 Stakeholder aus den relevanten acht Stakeholdergruppen zu erkennen ist, verfügen diese nicht nur über unterschiedliche Kennzeichen, sondern lassen sich innerhalb der Stakeholdergruppen vereinzelt in Subgruppen unterteilen. Somit beseht die Stichprobenwahl aus möglichst heterogenen Stakeholdern. Auch die Anzahl der 35 interviewten Stakeholder lässt sich mit der Stichprobenwahl im Rahmen einer qualitativen Untersuchung vereinbaren. Dabei wurden die 35 Stakeholder anhand ihrer wesentlichen Kennzeichen hinsichtlich ihrer Position/ihres Verantwortungsbereichs beschrieben[1151], um so dem bewussten Verzicht auf Repräsentativität der vorliegenden Ergebnisse entgegenzuwirken, die im Rahmen einer qualitativen Untersuchung nicht gegeben ist. Somit besteht für die Leser Orientierung, inwieweit die Ergebnisse auf ihren jeweiligen Kontext übertragen werden können.[1152]

Die Einteilung der relevanten Stakeholdergruppen im Rahmen der Stakeholder-Typologie auf der Grundlage des Stakeholder Salience Models von Mitchell et al. (1997) hat sich als zielführend erwiesen.[1153] So konnten nicht nur die Einflusswirkungen von Seiten der relevanten Stakeholdergruppen auf die (E-)Carsharing-Anbieter und deren Geschäftsmodelle bewertet[1154], sondern es konnten auch die Stakeholder-Beziehungen hinsichtlich der Einflusswirkungen auf die (E-)Carsharing-Anbieter und deren Geschäftsmodelle zur besseren Übersicht grafisch dargestellt werden.[1155]

Kritisch anzumerken ist, dass sich die Ergebnisse der vorliegenden Arbeit auf das Wissen der befragten Stakeholder stützen. Dieses kann je Stakeholder unterschiedlich umfassend sein. Um dem Kriterium der Umfassendheit im Rahmen einer qualitativen Untersuchung gerecht zu werden, wurden jedoch solche Stakeholder aus den verschiedenen Stakeholdergruppen ausgesucht und interviewt, die aufgrund ihrer Position sowie ihres Verantwortungsbereichs über ein umfassendes Wissen verfügen, die Fragen im Rahmen des Leitfadeninterviews zu beantworten.[1156] Durch die offene Interviewführung, die sich durch den teilstandardisierten Interviewleitfaden ergeben hat, konnten alle für die Untersuchungsthematik relevanten Inhalte erfasst werden. Der zugrundeliegende Forschungstand zur Forschungsthematik[1157] konnte im Rahmen der qualitativen Hauptstudie bestätigt sowie ausgebaut werden.

Durch die Offenlegung und Dokumentation der einzelnen Schritte im Rahmen der qualitativen Vorstudie sowie der qualitativen Hauptstudie mit quantitativem Teil sind die Voraussetzungen für die Überprüfung und Bewertung der Ergebnisse durch Dritte geschaffen. Dies betrifft die Auswahl relevanter Stakeholdergruppen mit Hilfe der Stakeholder-Analyse, die Stichprobenwahl[1158], den Aufbau der Interviewleitfaden sowie die Auswertungsmethodik. Darüber hinaus wurde das schriftliche Einverständnis der interviewten Stakeholder zur vollständigen Transkription und Auswertung ihrer getätigten Aussagen sowie zur im Rahmen der Arbeit durchgeführten Anonymisierung ihrer personenbezogenen Daten eingeholt.[1159]

[1150] In Abgrenzung zu den weiteren Interessenverbänden und Verkehrsclubs in Deutschland hat der Autor die Einflusswirkungen von Seiten der ausgesuchten Interessenverbände und Verkehrsclubs in Bezug auf die Ausweitung des Carsharing-Angebots in Deutschland als relevant eingestuft. Siehe hierzu Kapitel 3.2.7.

[1151] Siehe Kapitel 5.4 Beschreibung der Stakeholder. Diese stützt sich auf den Teil vor der Einleitung im Rahmen der Interviewleitfaden, dem Profil des jeweiligen Stakeholders. Siehe Kapitel 8.1.

[1152] Vgl. Dunkelberg 2005.

[1153] Siehe hierzu Kapitel 6.

[1154] Siehe Kapitel 6.2.

[1155] Siehe Kapitel 6.4.

[1156] Siehe hierzu Kapitel 4.1.1.1 Übersicht zu den interviewten Stakeholern.

[1157] Siehe Kapitel 3.2.

[1158] Dies betrifft sowohl die Auswahl der Teilnehmer an der qualitativen Vorstudie sowie die Auswahl der Stakeholder im Rahmen der Hauptstudie.

[1159] Hier wurde individuell besprochen, inwiefern die Anonymisierung erfolgen soll.

Zusammenfassend kann festgehalten werden, dass durch die gezielte Auswahl und Anzahl der Stakeholder sowie dem geführten Leitfadeninterview, der auf der Grundlage eines teilstandardisierten Interviewleitfadens mit fünf Teilfragen basiert, der Forschungsgegenstand umfassend beleuchtet werden konnte. D. h. hinsichtlich der Einflusswirkungen von Seiten relevanter Stakeholdergruppen auf das Geschäftsmodell Carsharing sowie hinsichtlich des damit verbundenen Erkenntnisgewinns, wie diese zur Ausweitung des Carsharing in Deutschland beitragen können.

7.5 Grenzen der Arbeit und zukünftige Forschung

Die Grenzen der Arbeit ergeben sich durch die Wahl eines qualitativen Forschungsansatzes im Rahmen einer explorativen Untersuchung. So wurden 35 Stakeholder, die acht Stakeholdergruppen zugeordnet werden können, befragt. Die vorliegende Arbeit bietet Erkenntnisse zu den Einflusswirkungen von Seiten dieser acht Stakeholdergruppen sowie ihren Stakeholdern. Um die bisherigen Ergebnisse zu überprüfen sowie weiterzuentwickeln bieten sich quantitativ angelegte Untersuchungen an.
Dabei untersucht die vorliegende Arbeit neben den Geschäftsmodellen der relevanten Carsharing-Anbieter, die Erwartungen von Seiten relevanter Stakeholdergruppen, deren Einflussmöglichkeiten sowie deren Stakeholder-Beziehungen, die in Bezug auf die Carsharing-Anbieter und deren Geschäftsmodelle bestehen. Hier können die Ergebnisse der vorliegenden Arbeit in zweierlei Hinsicht ausgeweitet werden. Zum einen, indem weitere Stakeholdergruppen befragt werden.[1160] Zum anderen, indem aus den bisherigen Stakeholdergruppen die Anzahl an befragten Stakeholdern ausgeweitet wird. Dabei ist es möglich, den qualitativen Forschungsansatz der vorliegenden Arbeit beizubehalten oder einen quantitativen Forschungsansatz zu wählen. In diesem könnten die von Seiten der Stakeholdergruppen bestehenden Erwartungen[1161] und Einflussmöglichkeiten[1162] in Form von kategorialen Variablen dargestellt und hypothesenartig überprüft werden. In Bezug auf die Stakeholder-Beziehungen könnten die farbig unterlegten Mind-Maps[1163], die die Intensität der Stakeholder-Beziehungen von Seiten der relevanten Stakeholdergruppen vergegenwärtigen, als Vorlage für eine quantitative Untersuchung dienen. D. h. hier könnten die bisherigen Stakeholder-Beziehungen hypothesenartig überprüft sowie neue Erkenntnisse gewonnen werden. Darüber hinaus könnten in zukünftigen Forschungsarbeiten die Geschäftsmodelle von weiteren Carsharing-Anbietern in Deutschland näher untersucht werden, um die bisherigen Ergebnisse hinsichtlich bestehender Einflussfaktoren zu erweitern.[1164] Auf dieser Basis könnten zusätzliche Erkenntnisse gewonnen werden, welche Carsharing-Angebote für den städtischen, suburbanen oder ländlichen Raum geeignet sind.

Mit Bezug auf die in dieser Arbeit bestehenden Erwartungen von Seiten der Stakeholdergruppen in Bezug auf die Carsharing-Anbieter und deren Geschäftsmodelle[1165], wäre es in einer zukünftigen Studie möglich, zu prüfen, ob sich diese erfüllt haben und mit einer Ausweitung des bestehenden Carsharing-Angebots einhergegangen sind. Zu überlegen ist auch, ob zu den bestehenden Erkenntnissen aus der vorliegenden Arbeit zum Carsharing in Deutschland weitere Studien zum Forschungsgegenstand erhoben werden, die das Carsharing in Ländern außerhalb Deutschlands berücksichtigen. Dies setzt jedoch einen funktionierenden Carsharing-

[1160] Orientierung bietet hier die durchgeführte Stakeholder-Analyse der Carsharing-Anbieter in Kapitel 4.1.1.
[1161] Siehe Kapitel 5.3.
[1162] Siehe Kapitel 5.4.
[1163] Siehe Kapitel 5.5.
[1164] Siehe Kapitel 5.1. So gibt es in Deutschland zum 1. Januar 2021 228 Carsharing-Anbieter. Vgl. bcs. 2021a.
[1165] Siehe Kapitel 5.3.

Markt voraus, wie er in Ländern wie Italien, Großbritannien oder den USA gegeben ist.[1166] Hierdurch könnten Vergleichsstudien entstehen, die die länderspezifischen Gegebenheiten insbesondere hinsichtlich rechtlicher Rahmenbedingungen berücksichtigen.

Der Forschungsansatz der vorliegenden Studie, d. h. die Berücksichtigung der Einflusswirkungen relevanter Stakeholdergruppen im Rahmen einer qualitativen Untersuchung mit quantitativem Teil, kann darüber hinaus als Blaupause zur Untersuchung weiterer neuer Mobilitätsdienstleistungen wie dem Ride Pooling[1167], dem Ride Hailing[1168] oder auch autonom fahrenden Shuttles in Deutschland dienen. Somit könnten auch hier Erkenntnisse gewonnen werden, wie es zu einer Ausweitung dieser neuen Mobilitätsangebote unter Berücksichtigung relevanter Stakeholdergruppen kommen könnte.
Da für eine erfolgreiche Ausweitung des Carsharing-Angebots die konsequente Nutzung von Seiten der (potentiellen) Nutzer gegeben sein muss, sollten auch hier weitere Studien zu deren Erwartungen erhoben werden, die die unterschiedlichen Geschäftsmodelle der Carsharing-Anbieter berücksichtigen. Hier bietet der quantitative Teil der Hauptstudie Orientierung.[1169]

7.6 Ausblick

Das Carsharing stellt in Deutschland mit seinen gegenwärtig rund 26.000 Carsharing-Fahrzeugen eine Nische dar.[1170] Damit das Carsharing diese Nische in Zukunft verlässt, bedarf es nicht nur der Unterstützung von Seiten der in der vorliegenden Arbeit untersuchten Stakeholdergruppen, indem diese ihre bestehenden Möglichkeiten nutzen, zur Ausweitung des Carsharing-Angebots beizutragen. Auch bedarf es Maßnahmen, die die Privilegien des privaten PKW abbauen, zu einer Verkehrswende[1171] beitragen und somit den Umweltverbund[1172] stärken. Übergreifend sollte die Attraktivität eines eigenen PKW abnehmen und die des Carsharing zunehmen. Es sollte ein Modal Shift[1173] hin zu weniger Autoverkehr erreicht werden. Maßnahmen restriktiver Art könnten etwa in Form der Reduzierung von Stellplätzen für private PKW im öffentlichen Straßenraum sowie der Einschränkung des privaten PKW-Verkehrs in den Städten bestehen. Hier könnten etwa Parkraumbewirtschaftungszonen[1174] eingerichtet oder die Innenstädte könnten gänzlich für den privaten PKW-Verkehr gesperrt werden. Dabei können auch preisliche Maßnahmen zur Steuerung des MIV[1175] eingesetzt werden wie Straßennutzungsgebühren und Parkgebühren. Die hier erzielten Einnahmen könnten zur Stärkung des Umweltverbundes und somit auch des Carsharing-Angebots eingesetzt werden.
Dass diese sogenannten „Push-Maßnahmen"[1176] ein Konfliktpotential bei PKW-Besitzern hervorbringen ist jedoch offensichtlich. Ergänzend dazu sollten vielmehr auch „Pull-Maßnahmen" bestehen, die die Alternativen zum privaten PKW attraktiver machen.[1177] In Bezug auf eine stärkere Nutzung sowie Ausweitung des

[1166] Vgl. Janson 2021; Kords 2019.
[1167] Siehe Kapitel 8.6, Erläuterung relevanter Begriffe: Ride Pooling.
[1168] Ebd. Begriff: Ride Hailing.
[1169] Siehe Kapitel 5.2.
[1170] Stand: 01.01.2021. Vgl. bcs. 2021b.
[1171] Siehe Kapitel 8.6, Erläuterung relevanter Begriffe: Verkehrswende.
[1172] Siehe Kapitel 8.6, Erläuterung relevanter Begriffe: Umweltverbund.
[1173] D. h. eine Verkehrsverlagerung.
[1174] Siehe Kapitel 8.6, Erläuterung relevanter Begriffe: Parkraumbewirtschaftungszone.
[1175] Motorisierter Individualverkehr.
[1176] „Push-Maßnahmen" dienen dazu, die Attraktivität des MIV zu reduzieren.
[1177] Zur Unterscheidung von „Push-" und „Pull-Maßnahmen" vgl. Holz-Rau 2018.

Carsharing-Angebots bedeutet dies, multioptionale Mobilität zu stärken. D. h. es sollten die Möglichkeiten, multimodal unterwegs zu sein ohne einen privaten PKW besitzen zu müssen und stattdessen auf ein Carsharing-Fahrzeug zugreifen zu können ausgebaut werden. Dies betrifft nicht nur die Ausweitung von Mobility-as-a-Service[1178] über Mobilitäts-Apps, sondern auch den gezielten Aufbau von attraktiven Mobilitätsstationen[1179] vor Ort, in denen die alternativen Mobilitätsangebote nach Bedarf genutzt werden können. Zur Stärkung des Umweltverbundes sollten der ÖPNV, die Radverkehrsinfrastruktur sowie die Fußwege vor Ort ausgebaut werden.
Dabei sollten auch Maßnahmen zur Neuaufteilung öffentlicher Räume diskutiert werden, die nicht nur zur Folge haben, dass dem privaten PKW Räume entzogen werden, sondern dass diese anderen Verkehrsträgern sowie Nutzungszwecken bereitgestellt werden. So könnten etwa Autofahrspuren zu Fahrradspuren umgebaut bzw. umgewidmet werden und auch vermehrt Grünflächen entstehen. Übergreifend sollte die Bevorrechtigung des Carsharing im öffentlichen Straßenraum vorangetragen werden, etwa auch in Form von kostenlosen Carsharing-Parkhäusern, die insbesondere in den Innenstädten sowie Außenbezirken[1180] bestehen sollten. Weitere Maßnahmen, die zur Schwächung privater PKW beitragen können, sind der Abbau von Steuerprivilegien wie sie in Form des Dienstwagenprivilegs sowie der Entfernungspauschale bestehen.

Vor dem Hintergrund des strukturellen Wandels des Mobilitätssektors in Deutschland auf der Grundlage von Digitalisierung, Automatisierung und Elektrifizierung stellt sich auch beim Geschäftsmodell Carsharing die Frage, wie es in Zukunft bestehen wird. Wird es autonom fahrende Carsharing-Fahrzeuge mit alternativen Antrieben geben, die mit der Umwelt im Straßenverkehr verbunden sind und die Nutzer vom Standort abholen sowie zum Ziel fahren ohne dass der Fahrer eingreifen muss? Ergeben sich hierdurch Optionen zur Ausweitung des Carsharing-Angebots auf den suburbanen und ländlichen Raum? Oder wird das Carsharing-Geschäftsmodell weiterhin eine Ergänzung zu den bestehenden Mobilitätsangeboten und primär in den Großstädten und Metropolen verfügbar sein?
Festzuhalten bleibt, dass das Geschäftsmodell Carsharing ein enormes Potential zur Reduzierung privater PKW[1181] hat und als notwendiger Teil des Umweltverbundes wesentlich zur Stärkung nachhaltiger Mobilität beitragen kann. Um dieses Potential zu entfalten, bedarf es der Unterstützung unterschiedlicher Stakeholdergruppen, die in der vorliegenden Arbeit näher betrachtet wurden.

[1178] Siehe Kapitel 8.6, Erläuterung relevanter Begriffe: Mobility-as-a-Service.

[1179] Siehe Kapitel 8.6, Erläuterung relevanter Begriffe: Mobilitätsstation.

[1180] Somit sollen auch Bürger, die nicht in den Innenstädten wohnen, die Möglichkeit erhalten, auf ein Carsharing-Fahrzeug zugreifen zu können.

[1181] So werden private PKW im Durchschnitt weniger als eine Stunde am Tag bewegt, wobei 40 Prozent davon täglich gar nicht genutzt werden. Alternativ ausgedrückt bedeutet dies, dass der bestehende Bedarf an individueller motorisierter Mobilität mit deutlich weniger Fahrzeugen abgedeckt werden kann.

8 Anhang

8.1 Interviewleitfaden

8.1.1 Interviewleitfaden für das Management/die Verantwortlichen der Carsharing-Anbieter

ITAS Institut für Technikfolgenabschätzung und Systemanalyse

KIT Karlsruher Institut für Technologie

Profil des Stakeholders

Position/Verantwortungsbereich	

Interviewleitfaden

1. Einleitung

a) Wie sieht ihr/das Geschäftsmodell der ... GmbH/GmbH & Co. KGAG/e.V./eG aus?

b) Wie ist die ... GmbH/GmbH & Co. KGAG/e.V./eG und ihr Geschäftsmodell entstanden?

2. Erwartungen an die Carsharing-Anbieter und deren Geschäftsmodelle

a) Welche Erwartungen haben Sie in Ihrer Position als ... an das eigene Carsharing-Geschäftsmodell beim ersten Kontakt so wie gegenwärtig?

b) Haben sich die Erwartungen bisher erfüllt?

c) Gibt es aktuell neue Erwartungen?

3. Bewertung des Carsharing hinsichtlich Effekte und Erwartungen

Im Folgenden ist eine Übersicht zu Effekten des Carsharing sowie verbundenen Erwartungen gegeben. Wir möchten Sie bitten diesen Effekten und Erwartungen aus Sicht ihrer Position einen Wert von 1-4 zuzuordnen, mit 1 nicht wichtig und 4 sehr wichtig

Wie würden Sie das Carsharing hinsichtlich der Effekte und Erwartungen bewerten ________________

1: nicht wichtig **2**: eher nicht wichtig **3**: wichtig **4**: sehr wichtig

0: weiß nicht **nr**: nicht relevant

Effekte des Carsharing sowie verbundene Erwartungen	1/2/3/4	0	nr
„Wie würden Sie das Carsharing hinsichtlich...bewerten			
Ökonomische Effekte			
...seines Beitrags zur Kostenersparnis bei ausschließlicher Nutzung des Carsharing als Ersatz zum eigenen PKW und dem Wegfall der damit in Verbindung stehenden Kosten...			
Ökologische Effekte			
.... seines Beitrags zur Verkehrsentlastung in den Städten (weniger Staus, weniger fahrende private PKW, geringerer Parkdruck) ...			
... seines Beitrags zum ökologisch bewussten Mobilitätsverhalten (Verzicht auf eigenen PKW, vermehrte ÖPNV-Nutzung...) ...			
Ökologisch-ökonomische Effekte			
... seines Beitrags zum Ausbau der Elektromobilität...			
Soziale Effekte			
... seines Beitrags zu mehr Lebensqualität...			
... seines Beitrags individuell mobil sein zu können...			
Auf das Geschäftsmodell bezogene Erwartungen			
„Für wie wichtig halten Sie...			
... ein attraktives Preis-Leistungsangebot			
... die Verfügbarkeit in unmittelbarer Nähe			
... die Verfügbarkeit von verschiedenen Fahrzeugklassen			
Auf das Geschäftsmodell bezogene erweiterte Erwartungen			
... Carsharing-Stellplätze			
... Kooperationen zwischen den Carsharing-Anbietern und den Verkehrsverbünden sowie ihren Verkehrsunternehmen			
... eine Ausweitung des Carsharing-Angebots auf den suburbanen Raum			

4. Einflussmöglichkeiten auf den Carsharing-Anbieter und sein Geschäftsmodell

a) Welche Möglichkeiten haben Sie, Einfluss auf die ... GmbH/GmbH & Co. KGAG/e.V./eG zu nehmen, um etwa das Geschäftsmodell weiterzuentwickeln? Wie sehen diese aus?

b) Wie bewerten Sie ihren eigenen Einfluss auf den Carsharing-Anbieter?

1 = kein Einfluss 2 = geringer Einfluss 3 = signifikanter Einfluss

4 = großer Einfluss 5 = sehr großer Einfluss

5. Stakeholder-Beziehungen in Bezug auf die Carsharing-Anbieter und deren Geschäftsmodelle

a) Gibt es in Bezug auf den Carsharing-Anbieter und sein Geschäftsmodell vorhandene Beziehungen zu weiteren Stakeholdern? Wie sehen diese aus?

8.1.2 Interviewleitfaden für alle weiteren befragten Stakeholdergruppen

Im Folgenden wird der Interviewleitfaden für einen städtischen Verantwortlichen für den Verkehrs- und Mobilitätsbereich vorgestellt. Die Interviewleitfaden für alle weiteren befragten Stakeholder sind gleich, wobei lediglich die jeweilige Adressierung des befragten Stakeholders angepasst wird.

ITAS Institut für Technikfolgenabschätzung und Systemanalyse

KIT Karlsruher Institut für Technologie

Profil des Stakeholders

Position/Verantwortungsbereich	

Interviewleitfaden

1. Einleitung

a) In welcher Beziehung steht die Stadt ... zu den Carsharing-Anbietern?

2. Erwartungen an die Carsharing-Anbieter und deren Geschäftsmodelle

a) Welche Erwartungen hat die Stadt ... an die Carsharing-Anbieter und deren Geschäftsmodelle beim ersten Kontakt so wie gegenwärtig?

b) Haben sich die Erwartungen bisher erfüllt?

c) Gibt es aktuell neue Erwartungen?

3. Bewertung des Carsharing hinsichtlich Effekte und Erwartungen

Im Folgenden ist eine Übersicht zu Effekten des Carsharing sowie verbundenen Erwartungen gegeben. Wir möchten Sie bitten diesen Effekten und Erwartungen aus Sicht ihrer Position bzw. der Stadt ... einen Wert von 1-4 zuzuordnen, mit 1 nicht wichtig und 4 sehr wichtig

Wie würden Sie das Carsharing hinsichtlich der Effekte und Erwartungen bewerten ________________

1: nicht wichtig **2**: eher nicht wichtig **3**: wichtig **4**: sehr wichtig

0: weiß nicht **nr**: nicht relevant

Effekte des Carsharing sowie verbundene Erwartungen	**1/2/3/4**	**0**	**nr**
„Wie würden Sie das Carsharing hinsichtlich...bewerten			
Ökonomische Effekte			
...seines Beitrags zur Kostenersparnis bei ausschließlicher Nutzung des Carsharing als Ersatz zum eigenen PKW und dem Wegfall der damit in Verbindung stehenden Kosten...			
Ökologische Effekte			
.... seines Beitrags zur Verkehrsentlastung in den Städten (weniger Staus, weniger fahrende private PKW, geringerer Parkdruck) ...			
... seines Beitrags zum ökologisch bewussten Mobilitätsverhalten (Verzicht auf eigenen PKW, vermehrte ÖPNV-Nutzung...) ...			
Ökologisch-ökonomische Effekte			
... seines Beitrags zum Ausbau der Elektromobilität...			
Soziale Effekte			
... seines Beitrags zu mehr Lebensqualität...			
... seines Beitrags individuell mobil sein zu können...			
Auf das Geschäftsmodell bezogene Erwartungen			
„Für wie wichtig halten Sie...			
... ein attraktives Preis-Leistungsangebot			
... die Verfügbarkeit in unmittelbarer Nähe			
... die Verfügbarkeit von verschiedenen Fahrzeugklassen			
Auf das Geschäftsmodell bezogene erweiterte Erwartungen			
... Carsharing-Stellplätze			
... Kooperationen zwischen den Carsharing-Anbietern und den Verkehrsverbünden sowie ihren Verkehrsunternehmen			
... eine Ausweitung des Carsharing-Angebots auf den suburbanen Raum			

4. Einflussmöglichkeiten auf die Carsharing-Anbieter und deren Geschäftsmodelle

a) Welche Möglichkeiten hat die Stadt ..., Einfluss auf die Carsharing-Anbieter und deren Geschäftsmodelle zu nehmen, um etwa die eigenen Erwartungen und Interessen durchzusetzen?

b) Wie bewerten Sie ihren eigenen Einfluss auf den/die Carsharing-Anbieter?

1 = kein Einfluss   2 = geringer Einfluss   3 = signifikanter Einfluss

4 = großer Einfluss   5 = sehr großer Einfluss

5. Stakeholder-Beziehungen in Bezug auf die Carsharing-Anbieter und deren Geschäftsmodelle

a) Gibt es in Bezug auf die Carsharing-Anbieter und deren Geschäftsmodelle von Seiten der Stadt ... vorhandene Beziehungen zu weiteren Stakeholdern? Wie sehen diese aus?

8.2 Erwartungen der Stakeholder – Übersichttabellen

8.2.1 Übersichttabelle zur Kategorisierung der Erwartungen

Die Erwartungen, die von Seiten der Stakeholdergruppen hinsichtlich der Carsharing-Anbieter und deren Geschäftsmodelle bestehen, lassen sich in die folgenden Kategorien einteilen:

Tabelle 8: Übersichttabelle zur Kategorisierung der Erwartungen

Erwartungen	Definition	Kürzel
auf das Geschäftsmodell bezogene Erwartungen	betreffen das Carsharing-Angebot	a
ökonomische Erwartungen	betreffen den ökonomischen Nutzen des Carsharing	e
ökologische Erwartungen	betreffen den ökologischen Nutzen des Carsharing	f
soziale Erwartungen	betreffen den sozialen Nutzen des Carsharing	h
Mischformen		
auf das Geschäftsmodell bezogene und ökonomische Erwartungen	betreffen sowohl das Carsharing-Angebot als auch dessen ökonomischen Nutzen	b
auf das Geschäftsmodell bezogene und ökologische Erwartungen	betreffen sowohl das Carsharing-Angebot als auch dessen ökologischen Nutzen	c
auf das Geschäftsmodell bezogene und soziale Erwartungen	betreffen sowohl das Carsharing-Angebot als auch dessen sozialen Nutzen	d
ökonomisch-ökologische Erwartungen	betreffen sowohl den ökonomischen als auch den ökologischen Nutzen des Carsharing	g
ökonomisch-soziale Erwartungen	betreffen sowohl den ökonomischen als auch den sozialen Nutzen des Carsharing	i
ökologisch-soziale Erwartungen	betreffen sowohl den ökologischen wie auch den sozialen Nutzen des Carsharing	j

8.2.2 Management/Verantwortliche der Carsharing-Anbieter

1.CSA und 2.CSA

ID Stakeholder-Aussage	**Aussagen zu Erwartungen, die einen Einfluss auf das Geschäftsmodell Carsharing haben**	Möglicher Einfluss bzw. Auswirkungen auf sowie für das Carsharing / **Einflussfaktor(en) auf das Geschäftsmodell Carsharing**
1.CSA		
		Das stationsbasierte Carsharing wird um free-floating Carsharing mit Elektrofahrzeugen ergänzt, das aus verschiedenen Fahrzeugklassen besteht.

1.CSA, a1	1. CSA möchte „Mobility-on-Demand" für den urbanen Ballungsraum[1182] anbieten, d. h. „individuelle Mobilität, die bei Bedarf schnellstmöglich verfügbar ist und die jeweiligen Bedürfnisse der Nutzer befriedigt."[1183] Dabei bietet 1.CSA free-floating Carsharing mit konventionell betriebenen Fahrzeugen wie auch mit Elektrofahrzeugen an.	• **„Mobility-on-Demand"** • **Elektromobilität**
	Das Geschäftsgebiet liegt primär in den Innenstädten, im verdichteten Raum sowie in den Mischgebieten, wo neben Wohnquartieren auch Gewerbebetriebe zu finden sind.[1184]	Das Carsharing-Angebot wird entsprechend der Nachfrage ausgebaut. • **das Geschäftsgebiet**
1.CSA, d1	Mit den Carsharing-Fahrzeugen aus den verschiedenen Fahrzeugklassen sollen auch Einkaufs- und Freizeitfahrten zurückgelegt werden können.[1185]	Das (E-)Carsharing-Angebot besteht aus verschiedenen Fahrzeugklassen. • **die Erwartung, dass mit den Carsharing-Fahrzeugen Einkaufs- und Freizeitfahrten zurückgelegt werden können**
1.CSA, e1	1.CSA möchte in weitere Metropolen und Großstädte expandieren, jedoch nur mit dem gegenwärtigen free-floating Geschäftsmodell, das auf dem Prinzip der Kurzzeitmiete basiert.[1186]	Das free-floating Carsharing-Angebot besteht zukünftig in weiteren Metropolen und Großstädten. • **Expansionsstreben**
1.CSA, g1	„Elektromobilität soll mit dem E-Carsharing-Angebot erlebbar gemacht werden und in den Geschäftsgebieten weiter ausgebaut werden."[1187]	Das Elektro-Carsharing wird ausgebaut
	1.CSA ist davon überzeugt, dass Elektromobilität die zukünftige urbane Mobilität wesentlich bestimmt und versteht sich mit seinem E-Carsharing-Angebot als Treiber von Elektromobilität [1188]	• **die Erwartung, mit dem E-Carsharing-Angebot „Elektromobilität erlebbar zu machen" und in den Geschäftsgebieten weiter auszubauen** • **Elektromobilität**
1.CSA, j1	In Bezug auf sein Geschäftsmodell des free-floating Carsharing sucht 1.CSA die Zusammenarbeit und den Schulterschluss mit den kommunalen Verwaltungen der Metropolen und Großstädte.[1189]	Kommunale Verwaltungen im Geschäftsgebiet beeinflussen das Carsharing-Angebot in Form eigener Erwartungen und Interessen. • **die Beziehung zu den kommunalen Verwaltungen in den Geschäftsgebieten**

[1182] Dies betrifft Metropolen und Großstädte.

[1183] Interview 1.CSA, 15 ff.

[1184] Vgl. Interview 1.CSA, 21.

[1185] Vgl. Interview 1.CSA, 42.

[1186] Vgl. Interview 1.CSA, 49.

[1187] Vgl. Interview 1.CSA, 66.

[1188] Vgl. ebd.

[1189] Vgl. Interview 1.CSA, 59.

1.CSA, j2	1.CSA sieht sein Carsharing-Angebot als notwendigen Baustein zukünftiger nachhaltiger urbaner Mobilität, das zur Reduzierung von privaten PKW, von Flächennutzung, von Luftschadstoffemissionen sowie zur Verkehrsentlastung allgemein beiträgt und somit die Lebensqualität signifikant erhöht.[1190]	Die Carsharing-Fahrzeuge sind besonders umweltfreundlich und emissionsarm. • **ökologische und zugleich soziale Erwartungen**
2.CSA		
2.CSA, e1	2.CSA verfolgt die Intention, „Profitabilität und Kundenfreundlichkeit in Einklang zu bringen."[1191]	Das Carsharing wird an den Kundenbedürfnissen ausgerichtet. • **ökonomische Erwartungen**
2.CSA, e2	2.CSA möchte u. a. Premiumfahrzeuge seines Mutterkonzerns erlebbar machen.[1192]	Das Carsharing-Angebot wird durch "Premiumfahrzeuge" erweitert. • **die Erwartung des Mutterkonzerns, eigene „Premiumfahrzeuge" anzubieten**
2.CSA, g1	2.CSA möchte mit seinem E-Carsharing-Angebot „Elektromobilität erlebbar machen" und in den Geschäftsgebieten weiter ausbauen.[1193] 2.CSA ist davon überzeugt, dass Elektromobilität die zukünftige urbane Mobilität wesentlich bestimmt und versteht sich mit seinem E-Carsharing-Angebot als Treiber von Elektromobilität.[1194]	Das Elektro-Carsharing wird ausgebaut. • **die Erwartung, mit dem E-Carsharing-Angebot „Elektromobilität erlebbar zu machen" und in den Geschäftsgebieten weiter auszubauen** • **Elektromobilität**
2.CSA, j1	In Bezug auf sein Geschäftsmodell des free-floating Carsharing sucht 2.CSA die Zusammenarbeit und den Schulterschluss mit den kommunalen Verwaltungen der Metropolen und Großstädte.[1195]	Kommunale Verwaltungen und Metropolen beeinflussen das Carsharing-Angebot in Form eigener Erwartungen und Interessen. • **die Beziehung zu den kommunalen Verwaltungen in den Geschäftsgebieten**
2.CSA, j2	2.CSA sieht sein Carsharing-Angebot als notwendigen Baustein zukünftiger nachhaltiger urbaner Mobilität, das zur Reduzierung von privaten PKW, von Flächennutzung, von Luftschadstoffemissionen sowie zur Verkehrsentlastung allgemein beiträgt und somit die Lebensqualität signifikant erhöht.[1196]	Die Carsharing-Fahrzeuge sind besonders umweltfreundlich und emissionsarm. • **ökologische und zugleich soziale Erwartungen**

[1190] Vgl. Interview 1.CSA, 26 ff.

[1191] Vgl. Interview 2.CSA, 36 ff.

[1192] Vgl. Interview 2.CSA, 36.

[1193] Vgl. Interview 2.CSA, 58.

[1194] Vgl. Ebd.

[1195] Vgl. Interview 2.CSA, 44. **Hinweis: zusammengefasste Aussagen können identisch sein, da die befragten Stakeholder inhaltlich gleiche Aussagen machen. Vgl. Aussage 1.CSA, j1 und 2.CSA, j1.**

[1196] Vgl. Interview 2.CSA, 21 ff.

3.CSA und 4.CSA:

ID Stakeholder-Aussage	Aussagen zu Erwartungen, die einen Einfluss auf das Geschäftsmodell Carsharing haben	Möglicher Einfluss bzw. Auswirkungen auf sowie für das Carsharing / **Einflussfaktor(en) auf das Geschäftsmodell Carsharing**
3.CSA		
3.CSA, a1	3.CSA sieht Herausforderungen sowohl im technischen Bereich, d. h. u. a. durch die Möglichkeit des autonomen Fahrens sowie der Softwareentwicklung, als auch im Verkehrsbereich, d. h. durch verschiedene Restriktionen wie etwa den Dieselfahrverboten.[1197]	Auf das Carsharing wirken verschiedene Einflussfaktoren aus dem technischen Bereich wie das autonome Fahren sowie aus dem Verkehrsbereich wie Restriktionen in Form von Dieselfahrverboten. • **die Technologie des autonomen Fahrens** • **Restriktionen im Verkehrsbereich wie Dieselfahrverbote**
3.CSA, a2	3.CSA hat sein stationsbasiertes Carsharing-Angebot Anfang der 2010er um free-floating Carsharing erweitert.[1198]	Das free-floating Carsharing ergänzt das stationsbasierte Carsharing. • **die Carsharing-Variante free-floating**
3.CSA, b1	3.CSA möchte sein gegenwärtiges Carsharing-Geschäftsmodell dahingehend weiterentwickeln, um zukünftig weiter erfolgreich im Carsharing- und Mobilitätsmarkt bestehen zu können.[1199]	Das Carsharing-Geschäftsmodell muss weiterentwickelt werden, um zukunftsfähig zu sein. • **ökonomische Erwartungen**
3.CSA, f1	3.CSA möchte primär aus ökologischen Interessen wachsen und nicht aus Profitstreben.[1200]	Carsharing wird aus ökologischen Gründen und nicht aus Profitstreben betrieben. • **ökologische Erwartungen stehen im Vordergrund**
3.CSA, g1	3.CSA möchte seine Elektro-Flotte gerne „sukzessive erweitern", jedoch sind E-Carsharing-Fahrzeuge aktuell ein „Verlustgeschäft."[1201] Zur Carsharing-Flotte von 3.CSA gehören auch Hybridfahrzeuge.	Das E-Carsharing wird sukzessive ausgebaut, wenn E-Fahrzeuge nicht weiterhin ein "Verlustgeschäft" sind. • **Elektromobilität** • **die Hybrid-Technologie**
3.CSA, h1	3.CSA ist es wichtig, dass (potentielle) Nutzer bei Bedarf auf ein Carsharing-Fahrzeug zugreifen können. Aus diesem	Das Carsharing-Angebot ist kostengünstig.

[1197] Vgl. Interview 3.CSA, 18 ff.

[1198] Vgl. Interview 3.CSA, 70.

[1199] Vgl. Interview 3.CSA, 18 ff.

[1200] Vgl. Interview 3.CSA, 21.

[1201] Vgl. Interview 3.CSA, 34.

	Grund hat 3.CSA „seit nunmehr 15 Jahren die Fahrtpreise nicht mehr erhöht."[1202]	• **das Tarifmodell**
3.CSA, j1	Der Carsharing-Anbieter möchte als „gemeinwohlorientiertes Unternehmen" wahrgenommen werden. Aus diesem Grund setzt sich 3.CSA nunmehr auch intensiv mit den Themen „Gemeinwohl-Ökonomie" und „Gemeinwohlbilanz" auseinander, um sich zukünftig als ein solches Carsharing-Unternehmen positionieren zu können.[1203]	Das Carsharing wird aus sozialen und ökologischen Gründen betrieben. • **das Konzept der Gemeinwohl-Ökonomie**
4.CSA		
4.CSA, a1	4.CSA hatte „zu Gründungsbeginn die Intention, Autos teilen zu wollen und dieses Geschäftsmodell in eine Organisationsform zu gießen."[1204]	Es entstehen verschiedene Organisationsformen des Carsharing, d. h. die Carsharing-Angebote bestehen aus verschiedenen Rechtsformen. • **die Rechtsform**
4.CSA, a2	4.CSA möchte vor dem Hintergrund der fortschreitenden Digitalisierung und des technischen Fortschritts im Mobilitätsbereich das eigene Geschäftsmodell Carsharing und somit auch das Unternehmen weiterentwickeln und zukunftsfähig machen, d. h. sich u. a. im technischen Bereich weiterentwickeln, um so etwa auf das autonome Fahren vorbereitet zu sein, welches das Carsharing grundlegend verändern könnte.[1205]	Die fortschreitende Digitalisierung und der technische Fortschritt im Mobilitätsbereich haben einen Einfluss auf das Geschäftsmodell Carsharing. Das Carsharing-Geschäftsmodell kann durch das autonome Fahren grundlegend verändert werden. Hier gilt es gegenwärtig technische Weiterentwicklungen zu verfolgen und zu implementieren • **die fortschreitende Digitalisierung und der technische Fortschritt im Mobilitätsbereich** • **das autonome Fahren**
4.CSA, g1	4.CSA hatte von Anfang an auf ein regionales Carsharing-Konzept gesetzt mit der Intention, auch in den ländlichen Raum gehen zu wollen[1206]	Das Carsharing-Angebot wird auch im ländlichen Raum angeboten. • **das Geschäftsgebiet, d. h. ländlicher Raum**
4.CSA, g2	4.CSA hat in Kooperation mit der kommunalen Verwaltung der Regiopole in der Nähe zum Bahnhof eine Fahrradstation eingerichtet.[1207]	Carsharing ist ein Baustein multimodaler Mobilität. • **alternative Mobilitätsangebote, die multimodale Mobilität ermöglichen**

[1202] Interview 3.CSA, 47.

[1203] Vgl. Interview 3.CSA, 65.

[1204] Interview 4.CSA, 17.

[1205] Vgl. Interview 4.CSA, 26.

[1206] Interview 4.CSA, 17.

[1207] Vgl. Interview 4.CSA, 3.

4.CSA, g3	4.CSA wollte ein E-Carsharing-Angebot anbieten und hat dies auch vor einigen Jahren durch die Gründung eines Gemeinschaftsunternehmens zusammen mit einem Energieversorgungsunternehmen getan[1208]	Das E-Carsharing wird ausgebaut. • **Elektromobilität**
4.CSA, g4	„Das E-Carsharing-Angebot soll weiter ausgebaut werden. Die Kleinst- und Kleinwagen sollen in der konventionellen Flotte in der nächsten Zeit durch E-Fahrzeuge ersetzt werden."[1209]	Das E-Carsharing-Angebot wird weiter ausgebaut, die Kleinst- und Kleinwagen in der konventionellen Flotte werden durch E-Fahrzeuge ersetzt. • **Elektromobilität**
4.CSA, g5	„Das Carsharing-Angebot soll um weitere Mobilitätsangebote wie Bike Sharing erweitert werden."[1210]	Das Carsharing-Angebot wird von weiteren Mobilitätsangeboten wie Bike Sharing ergänzt. Hierdurch entstehen multimodale Wegeketten für deren Nutzer. • **Mobilitätsangebote aus dem Sharing-Bereich**
4.CSA, g6	4.CSA möchte die Zusammenarbeit mit den Verkehrsunternehmen im regionalen Verkehrsverbund wie auch mit der Deutschen Bahn ausbauen, d. h. weitere Kooperationsmodelle in Bezug auf nachhaltige urbane Mobilität kreieren, um die Vernetzung weiter voranzubringen und attraktive Geschäftsmodelle für die Kunden zu schaffen.[1211]	Die Zusammenarbeit sowie die Vernetzung mit den Verkehrsunternehmen im regionalen Verkehrsverbund wie auch mit der Deutschen Bahn wurden ausgebaut. • **die Zusammenarbeit und Vernetzung mit dem Verkehrsverbund und den Verkehrsunternehmen**
4.CSA, i1	„Das E-Carsharing-Angebot soll auch den städtischen Mitarbeitern zur Verfügung stehen, d. h. in Form von Corporate Carsharing."[1212]	Das E-Carsharing-Angebot wird in Form von Corporate Carsharing ausgebaut. • **neue Organisationsformen bzw. Geschäftsmodelle des Carsharing wie das Corporate Carsharing**
4.CSA, j1	Die Unternehmensphilosophie ist „nachhaltigkeits- und gemeinwohlorientiert."[1213]	Das Carsharing-Geschäftsmodell richtet sich an den ökologischen und sozialen Erwartungen aus. • **die Ausrichtung an den Konzepten der Gemeinwohl-Ökonomie und Nachhaltigkeit**

[1208] Vgl. Interview 4.CSA, 34 ff.
[1209] Vgl. Interview 4.CSA, 48.
[1210] Vgl. ebd.
[1211] Vgl. Interview 4.CSA, 44.
[1212] Interview 4.CSA, 34.
[1213] Interview 4.CSA, 19.

5.CSA und 6.CSA:

ID Stakeholder-Aussage	Aussagen zu Erwartungen, die einen Einfluss auf das Geschäftsmodell Carsharing haben	Möglicher Einfluss bzw. Auswirkungen auf sowie für das Carsharing / **Einflussfaktor(en) auf das Geschäftsmodell Carsharing**
5.CSA		
5.CSA, a1	5.CSA will für die E-Carsharing-Kunden attraktive Carsharing-Stationen zur Verfügung stellen. „Bei der am Anfang durchgeführten Potentialanalyse wurden die folgenden Kriterien berücksichtigt: Nähe zu den Fahrzeugeigentümern, d. h. zur kommunalen Verwaltung, zu den Unternehmen, Betrieben, Sparkassen usw., Nähe zum ÖPNV bzw. sollte bestmöglich ein direkter Anschluss zum ÖPNV gegeben sein, Berücksichtigung guter Platzverhältnisse, um eine gute Sichtbarkeit der E-Carsharing Fahrzeuge zu ermöglichen.“[1214]	Attraktive E-Carsharing-Stellplätze stehen zur Verfügung. • **die Intention „attraktive E-Carsharing-Stationen bzw. -Stellplätze anbieten zu wollen, die an bestimmte Kriterien wie z. B. unmittelbarer Anschluss zum ÖPNV geknüpft sind“**
5.CSA, e1	5.CSA möchte das E-Carsharing-Projekt weiter ausbauen, d. h. es sollen noch mehr Gemeinden, Unternehmen, Sparkassen usw. im Landkreis für das E-Carsharing gewonnen werden. Auch sollen noch mehr attraktive Standorte gefunden und dort entsprechend E-Carsharing-Stationen gebaut werden.[1215]	Das E-Carsharing-Angebot wurde auf weitere umliegende Gemeinden ausgeweitet. Es wurden neue attraktive E-Carsharing-Stellplätze geschaffen. • **ökonomische Erwartungen** • **das Geschäftsgebiet, hier die angestrebte Ausweitung des E-Carsharing-Angebots auf weitere umliegende Gemeinden**
5.CSA, e2	5.CSA möchte für eine gute Auslastung der E-Carsharing-Fahrzeuge weitere potenzielle Kunden bzw. Bürger in der Mittelstadt und umliegenden Gemeinden gewinnen.[1216]	Das E-Carsharing-Angebot ist ausgelastet. • **ökonomische Erwartungen**
5.CSA, j1	5.CSA wollte E-Carsharing im suburbanen-ländlichen Raum anbieten, d. h. Elektromobilität für die Bürger der Mittelstadt sowie den umliegenden Gemeinden möglichst leicht zugänglich machen und so Berührungsängste abbauen.[1217]	Das E-Carsharing-Angebot wird von den Bürgern genutzt. • **ökonomisch-ökologische Erwartungen, d. h. Elektromobilität im suburbanen-ländlichen Raum anzubieten**

[1214] Interview 5.CSA, 43.
[1215] Vgl. Interview 5.CSA, 53.
[1216] Vgl. ebd.
[1217] Vgl. Interview 5.CSA, 64 f.

6.CSA		
6.CSA, a1	6.CSA wollte und will für die Carsharing-Kunden im städtischen Raum attraktive Carsharing-Stellplätze zur Verfügung stellen, d. h. in der Nähe zum Bahnhof, zu Unternehmen und Geschäften. Auch die kommunale Verwaltung hat direkten Zugriff auf ein Carsharing-Fahrzeug.[1218]	Das Carsharing-Geschäftsgebiet wird anhand festgelegter Kriterien festgelegt. • **die Intention, „attraktive Carsharing-Stellplätze anbieten zu wollen, die an bestimmte Kriterien wie z. B. unmittelbarer ÖPNV-Anschluss geknüpft sind“**
6.CSA, a2	6.CSA hat sich an den ersten Carsharing-Gründungen in Deutschland orientiert. Die 3 Gründer haben mit 2 Autos angefangen und hatten sich zu Beginn die Frage gestellt, ob das Teilen von Autos auch bei Ihnen funktioniert.[1219]	Das Carsharing-Geschäftsmodell ist durch die ersten Carsharing-Gründungen beeinflusst worden. • **die Orientierung an den ersten Carsharing-Gründungen in Deutschland**
6.CSA, a3	6.CSA möchte sein Carsharing-Angebot um E-Bike-Sharing erweitern und betont hierbei dies ohne Profitstreben tun zu wollen.[1220]	Das Carsharing-Geschäftsmodell wird von weiteren Mobilitätsangeboten aus dem Sharing-Bereich ergänzt, wodurch multimodale Wegeketten entstehen können. • **weitere Mobilitätsangebote aus dem E-Sharing-Bereich**
6.CSA, e1	6.CSA möchte eine hohe Auslastung der Carsharing-Fahrzeuge erreichen, die bisherigen Nutzer sollen gehalten werden.[1221]	Das Carsharing-Geschäftsmodell soll attraktiv und kundenfreundlich gestaltet sein. • **ökonomische Erwartungen, d. h. hohe Auslastung der Carsharing-Fahrzeuge**
6.CSA, e2	6.CSA möchte sein (E-)Carsharing-Angebot mittelfristig auf weitere umliegende Gemeinden ausweiten.[1222]	Das E-Carsharing wird auf weitere Gemeinden ausgeweitet. • **das Geschäftsgebiet bzw. die angestrebte Ausweitung des (E-)Carsharing-Angebots auf weitere umliegende Gemeinden**
6.CSA, g1	6.CSA möchte die bisherige Anzahl an E-Carsharing-Fahrzeugen in der Carsharing-Flotte kontinuierlich ausbauen und somit den Bürgern vor Ort eine umweltfreundliche Alternative zum eigenen PKW anbieten.[1223]	Die Anzahl der E-Carsharing-Fahrzeuge wird erhöht. • **ökonomische und ökologische Erwartungen, d. h Ausweitung der Anzahl an E-Carsharing-Fahrzeugen**

[1218] Vgl. Interview 6.CSA, 43.
[1219] Vgl. Interview 6.CSA, 15.
[1220] Vgl. Interview 6.CSA, 57.
[1221] Vgl. Interview 6.CSA, 41.
[1222] Vgl. Interview 6.CSA, 57.
[1223] Vgl. ebd.

6.CSA, i1	6.CSA möchte sein E-Carsharing-Angebot in einem neu entstehenden Wohnquartier in der Kleinstadt anbieten, um den neuen Bewohnern so einfachen Zugriff auf E-Carsharing-Fahrzeuge zu gewähren.[1224]	Das E-Carsharing-Angebot wird in Wohnquartieren angeboten. • **die Intention, „E-Carsharing in einem neu entstehenden Wohnquartier in einer Kleinstadt anzubieten“**

7.CSA und 8.CSA:

ID Stakeholder-Aussage	Aussagen zu Erwartungen, die einen Einfluss auf das Geschäftsmodell Carsharing haben	Möglicher Einfluss bzw. Auswirkungen auf sowie für das Carsharing / **Einflussfaktor(en) auf das Geschäftsmodell Carsharing**
7.CSA		
7.CSA, b1	7.CSA hat die Erwartung, dass sich das eigene quartiersbezogene E-Carsharing-Angebot mit der Entwicklung des Stadtquartiers weiterentwickelt, d. h., dass das E-Carsharing Angebot mit steigenden Bewohnerzahlen im Stadtquartier ausgeweitet wird und die Nutzerzahlen nach oben gehen.[1225]	Das E-Carsharing-Angebot wird im Stadtquartier ausgeweitet werden. • **ökonomische Erwartungen, d. h. Ausweitung des E-Carsharing-Angebots entsprechend der Entwicklung im Stadtquartier**
7.CSA, b2	7.CSA hat die Erwartung, das quartiersbezogene E-Carsharing-Geschäftsmodell zukünftig auch auf weitere Stadtquartiere in der Metropole auszuweiten. [1226]	Das quartiersbezogene E-Carsharing wird in weiteren Stadtquartieren in der Metropole angeboten. • **ökonomische Erwartungen, d. h. Ausweitung des quartiersbezogenen E-Carsharing auf weitere Stadtquartiere in der Metropole**
7.CSA, i1	7.CSA möchte mit seinem quartiersbezogenen E-Carsharing-Angebot „eine Alternative zum Zweit-PKW anbieten.“[1227]	Das E-Carsharing ersetzt private Zweit-PKW und wird vermehrt genutzt. • **die Intention, „eine Alternative zum konventionell betriebenen privaten Zweitwagen anzubieten“**
7.CSA, j1	„Das E-Carsharing-Angebot soll eine von mehreren umweltfreundlichen und kostengünstigen Mobilitätsoptionen im Stadtquartier sein und den Bewohnern und Mitarbeitern von Unternehmen und Betrieben vor Ort die Möglichkeit	Das quartiersbezogene E-Carsharing-Angebot ist eines von mehreren umweltfreundlichen und kostengünstigen Mobilitätsoptionen im Stadtquartier und ermöglicht seinen Nutzern in der täglichen Wegekette individuell mobil zu sein.

[1224] Vgl. Interview 6.CSA, 73.

[1225] Vgl. Interview 7.CSA, 61.

[1226] Vgl. Interview 7.CSA, 65.

[1227] Interview 7.CSA, 5.

	geben, in ihrer täglichen Wegekette individuell mobil sein zu können."[1228]	• **die Intention, „eine umweltfreundliche und kostengünstige Mobilitätsoption im neu entstehenden Stadtquartier anzubieten, damit die Bewohner die Möglichkeit erhalten, individuell mobil sein zu können"**
8.CSA		
8.CSA, a1	8.CSA möchte mit seinem E-Carsharing-Angebot „eine Nische bedienen" und betont, dass er mit seinem Geschäftsmodell „in keiner Konkurrenz zu den klassischen Carsharing-Anbietern steht."[1229]	Das E-Carsharing-Angebot steht allen Nutzern bereit. • **die Intention, „mit dem genossenschaftlich organisierten Carsharing eine Nische bedienen zu wollen"**
8.CSA, b1	8.CSA betont, dass er mit seinem E-Carsharing-Angebot das Modell „Nachbarschaftsauto" im städtischen Raum bzw. der Landstadt[1230] anbieten möchte, d. h. im Laufumfeld von einem E-Carsharing-Fahrzeug genügend potenzielle Nutzer finden möchte, um so auch das E-Carsharing kostendeckend finanzieren zu können.[1231]	Das E-Carsharing wird gezielt eingesetzt und steht (potenziellen) Nutzern in unmittelbarer Laufumgebung zur Verfügung. • **die Intention, „mit dem E-Carsharing-Angebot das Modell „Nachbarschaftsauto" anzubieten, d. h. im Laufumfeld von einem E-Carsharing-Fahrzeug genügend potentielle Nutzer zu finden, damit das E-Carsharing kostendeckend finanziert wird"**
8.CSA, f1	8.CSA möchte mit seinem E-Carsharing-Angebot Elektromobilität fördern.[1232]	Elektro-Carsharing dient als "Treiber von Elektromobilität." • **Elektromobilität**
8.CSA, f2	8.CSA möchte mit seinem E-Carsharing-Angebot zur Reduzierung des durch den Verkehr verursachten Kohlendioxid in der Landstadt sowie teilnehmenden umliegenden Gemeinden beitragen.[1233]	Das E-Carsharing wird ausgebaut und vermehrt genutzt, um vorhandene Luftschadstoffemissionen im Verkehrssektor zu reduzieren. • **ökologische Erwartungen, d. h. zur Reduzierung der durch den Verkehr verursachten Kohlendioxid-Emissionen beizutragen**
8.CSA, g1		Das Elektro-Carsharing wird ausgebaut.

[1228] Vgl. Interview 7.CSA, 5 ff.

[1229] Vgl. Interview 8.CSA, 72.

[1230] Die Stadt, in der 8.CSA sein E-Carsharing zur Verfügung stellt hat weniger als 5000 Einwohner.

[1231] Vgl. Interview 8.CSA, 26.

[1232] Vgl. Interview 8.CSA, 18.

[1233] Vgl. Interview 8.CSA, 18 f.

	8.CSA führt aktuell Gespräche, zwei neue E-Fahrzeuge in das E-Carsharing-Angebot mitaufzunehmen.[1234]	• **ökonomisch-ökologische Erwartungen, d. h. neue E-Fahrzeuge in das E-Carsharing-Angebot mitaufzunehmen**
8.CSA, i1	8.CSA möchte Kooperationen zu Wohnungsbaugesellschaften im Geschäftsgebiet aufbauen, um so den Bewohnern vor Ort ein E-Carsharing-Angebot zur Verfügung stellen zu können.[1235]	Das E-Carsharing-Angebot wird auf Wohnquartiere ausgeweitet. • **die Intention, „durch Kooperationen mit Wohnungsbaugesellschaften im bestehenden Geschäftsgebiet, den Bewohnern vor Ort die Möglichkeit zu geben, E-Carsharing nutzen zu können“**
8.CSA, j1	„Mit dem E-Carsharing-Angebot soll eine umweltfreundliche und kostengünstige Alternative zum Zweit-PKW angeboten werden.“[1236]	Das E-Carsharing wird vermehrt genutzt und ersetzt konventionell betriebene private Zweit-PKW. • **die Intention, „mit dem E-Carsharing-Angebot eine umweltfreundliche und kostengünstige Alternative zum Zweit-PKW anzubieten“**

8.2.3 Automobilkonzerne

ID Stakeholder-Aussage	**Aussagen zu Erwartungen, die einen Einfluss auf das Geschäftsmodell Carsharing haben**	Möglicher Einfluss bzw. Auswirkungen auf sowie für das Carsharing / **Einflussfaktor(en) auf das Geschäftsmodell Carsharing**
1.AK		
1.AK, a1	„Durch Telematik, Connectivity und Digitalisierung ergeben sich flexible Modelle der Autonutzung wie das Carsharing.“[1237]	Telematik, Connectivity und Digitalisierung kennzeichnen das free-floating Carsharing-Angebot des Tochterunternehmens. • **„Telematik, Connectivity und Digitalisierung“ ermöglichen das free-floating Carsharing**
1.AK, a2	Durch free-floating Carsharing sollen Daten anonymisiert gesammelt werden, um Vorhersagen zu machen, wie heutige und zukünftige Mobilitätsströme in den Metropolen und Geschäftsgebieten aussehen (könnten).[1238]	Carsharing-Flotten könnten in Zukunft autonom fahrend agieren. • **Digitalisierung**

[1234] Vgl. Interview 8.CSA, 26.

[1235] Vgl. Interview 8.CSA, 63.

[1236] Vgl. Interview 8.CSA, 18.

[1237] Interview 1.AK, 15.

[1238] Vgl. Interview 1.AK, 29 ff.

1.AK, a3	Durch die Analyse der Mobilitätsströme der Carsharing-Fahrzeuge sollen in Zukunft autonom fahrende Carsharing-Flotten sowie Robotaxis optimal gesteuert werden können.[1239]	Carsharing-Flotten könnten in Zukunft autonom fahrend agieren. • **die Technologie des autonomen Fahrens**
1.AK, a4	Das Tochterunternehmen soll technische Innovationen und Funktionalitäten in sein Carsharing-Geschäftsmodell inkludieren, die vom Automobilkonzern entwickelt werden. Hierzu gehört z. B. die „Handshake-Funktion".[1240]	Das free-floating Carsharing wird durch technische Innovationen und Funktionalitäten vom Automobilkonzern innoviert. • **technische Innovationen und Funktionalitäten wie die „Handshake-Funktion"**
1.AK, a5	Das Tochterunternehmen soll sein Geschäftsmodell in Bezug auf „vernetzte Mobilität und Multimodalität weiterentwickeln", d. h. etwa das Geschäftsmodell Carsharing mit dem Geschäftsmodell Ride Sharing verbinden bzw. kombinieren und aus einer Flotte heraus betreiben, um dann nachfragegerecht entsprechend zwischen den Geschäftsmodellen hin und her zu „switchen".[1241]	Das free-floating Carsharing könnte mit dem Geschäftsmodell Ride Sharing in Zukunft "verschmelzt werden." • **vernetzte Mobilität und die Möglichkeit multimodaler Mobilität, d. h. Nutzung von verschiedenen Mobilitätsangeboten** • **Mobilitätsangebote aus dem Sharing-Bereich**
1.AK, b1	1.AK sieht den Carsharing-Anbieter und sein Geschäftsmodell als „Mobilitätsangebot bzw. Mobilitätsdienstleistung, um den Automobilkonzern auf die zukünftige urbane Mobilität vorzubereiten und somit auch das Unternehmen zukunftsfähig zu machen. Dies schließt u. a. das autonome Fahren mit ein."[1242]	Das free-floating Carsharing wird durch den Automobilkonzern entscheidend gesteuert, um eigene Interessen zu verfolgen. • **die Interessen des Mutterunternehmen gegenüber seinem Tochterunternehmen**
1.AK, b2	Durch das E-Carsharing-Angebot sollen „Berührungsängste zur Elektromobilität abgebaut werden", wodurch das Interesse an E-Mobilität weiter geweckt und der Kauf von E-Fahrzeugen des Automobilkonzerns weiter vorangetrieben werden soll.[1243]	Das free-floating Elektro-Carsharing besteht aus E-Fahrzeugen des Mutterunternehmens und dient als "Treiber von Elektromobilität." • **die Erwartung mit dem E-Carsharing-Angebot des Tochterunternehmens das Interesse**

[1239] Vgl. ebd.

[1240] D. h. der Kunde kann beim Starten des Carsharing-Fahrzeugs durch die Eingabe des Zielortes in der Carsharing-App das Fahrzeug bereits am Ziel einem neuen Kunden anbieten. So besteht die Möglichkeit, dass der Carsharing-Nutzer keinen Parkplatz mehr suchen muss. Für den nachfolgenden Nutzer steht das Carsharing-Fahrzeug so schneller zur Verfügung und er kann es direkt übernehmen. Vgl. Interview 1.AK, 44.

[1241] Vgl. ebd.

[1242] Interview 1.AK, 15.

[1243] Vgl. Interview 1.AK, 61.

		für E-Fahrzeuge des Mutterunternehmens sowie deren Kauf zu wecken • **Elektromobilität**
1.AK, b3	„Der Carsharing-Anbieter soll auch ‚Premiumfahrzeuge' des Automobilkonzerns in seine Flotte integrieren und anbieten."[1244]	Das free-floating Carsharing besteht aus unterschiedlichen Fahrzeugmodellen seines Mutterkonzerns. • **die Erwartung, dass das Tochterunternehmen „Premiumfahrzeuge" des Mutterunternehmens in seiner Carsharing-Flotte anbietet**
1.AK, c1	„Das Carsharing soll eine Ergänzung zum ÖPNV und anderen Verkehrsmitteln sein. Die Zusammenarbeit mit den Verkehrsverbünden soll weiterhin ausgebaut werden."[1245]	Das Carsharing wird Teil eines multimodalen Mobilitätsangebotes und trägt zur Stärkung des Umweltverbundes bei. • **die Zusammenarbeit mit den Verkehrsverbünden und ihren Verkehrsunternehmen**
1.AK, e1	„Das Tochterunternehmen soll sein Geschäft weiter ausbauen und konsolidieren."[1246]	Free-floating Carsharing wird weiterhin bestehen und ausgebaut werden. • **ökonomische Erwartungen, d. h. Ausbau des Carsharing-Angebotes**
1.AK, g1	Der Automobilkonzern unterstützt den Carsharing-Anbieter den derzeitigen Anteil von gegenwärtig 20% an E-Fahrzeugen in seiner Carsharing-Flotte weiter zu erhöhen.[1247]	Das free-floating Elektro-Carsharing ist ein "Enabler" von Elektromobilität. • **ökonomisch-ökologische Erwartungen, d. h. Anteil an Elektro-Fahrzeugen in der Carsharing-Flotte erhöhen**
1.AK, i1	Durch das Carsharing-Angebot sollen die Menschen individuell, flexibel und nach ihren Mobilitätsbedürfnissen mobil sein können, d. h. bei Bedarf zum gewünschten Ort in der Stadt fahren, etwas transportieren oder mit mehreren Leuten unterwegs sein können. Hierfür soll der Carsharing-Anbieter die notwendigen Fahrzeugmodelle des Automobilkonzerns in seiner Flotte zur Verfügung stellen.[1248]	Das free-floating Elektro-Carsharing-Angebot sollte aus Fahrzeugmodellen aus verschiedenen Fahrzeugklassen bestehen. • **ökonomisch-soziale Erwartungen, d. h. das Tochterunternehmen soll verschiedene Fahrzeugmodelle des Mutterunternehmens den Nutzern bereitstellen**

1244 Vgl. Interview 1.AK, 33 & 65.
1245 Vgl. Interview 1.AK, 39.
1246 Vgl. Interview 1.AK, 44.
1247 Vgl. Interview 1.AK, 21.
1248 Vgl. Interview 1.AK, 29.

1.AK, j1	„Durch das Carsharing-Angebot und insbesondere den E-Carsharing Fahrzeugen sollen die Städte im ökologischen Sinne nachhaltig entlastet werden, d. h. Reduzierung von privaten PKW, von Luftschadstoffemissionen sowie von Flächennutzung durch private PKW. Dadurch soll die Lebensqualität in den Städten erhöht werden.“[1249]	Free-floating Carsharing wird gestaltet, dass es umweltfreundlich und emissionsarm ist. • **ökologisch-soziale Erwartungen, d. h. u. a. Reduzierung von privaten PKW sowie steigende Lebensqualität in den Städten**
2.AK		
2.AK, b1	Der Carsharing-Anbieter wird als ein Teil der zukünftigen urbanen Mobilität gesehen. Der Carsharing-Anbieter soll seinen Teil dazu beitragen, dass der Automobilkonzern auch in Zukunft gut aufgestellt ist.[1250]	Das Carsharing-Angebot ist Teil der zukünftigen urbanen Mobilität. • **die Interessen des Mutterunternehmen gegenüber seinem Tochterunternehmen**
2.AK, b2	Durch free-floating Carsharing sollen Daten anonymisiert gesammelt werden, um Vorhersagen zu machen, wie heutige und zukünftige Mobilitätsströme in den Metropolen und Geschäftsgebieten aussehen (könnten).[1251]	Das free-floating Carsharing ist auf das Sammeln von anonymisierten Daten ausgelegt und kann so eingesetzt werden, dass Staus umgangen werden können. • **Digitalisierung**
2.AK, b3	Durch das E-Carsharing-Angebot sollen „Berührungsängste zur Elektromobilität abgebaut werden“, wodurch das Interesse an E-Mobilität weiter geweckt und der Kauf von E-Fahrzeugen des Automobilkonzerns weiter vorangetrieben werden soll.[1252]	Das free-floating Elektro-Carsharing besteht aus E-Fahrzeugen des Mutterunternehmens und dient als "Treiber von Elektromobilität." • **die Erwartung mit dem E-Carsharing-Angebot des Tochterunternehmens das Interesse für E-Fahrzeuge des Mutterunternehmens sowie deren Kauf zu wecken** • **Elektromobilität**
2.AK, b4	„Der Carsharing-Anbieter soll auch ‚Premiumfahrzeuge‘ des Automobilkonzerns in seine Flotte integrieren und anbieten.“[1253]	Das free-floating Carsharing besteht aus unterschiedlichen Fahrzeugmodellen seines Mutterkonzerns. • **die Erwartung, dass das Tochterunternehmen „Premiumfahrzeuge“ des Mutterunternehmens in seiner Carsharing-Flotte anbietet**

1249 Vgl. Interview 1.AK, 24 ff.

1250 Vgl. Interview 2.AK, 20.

1251 Vgl. ebd.

1252 Vgl. Interview 2.AK, 26.

1253 Vgl. Interview 2.AK, 44.

2.AK, c1	Das Carsharing-Angebot wird als eines von vielen eigenen Mobilitätsangeboten in Bezug auf „flexible und umweltfreundliche Mobilität von Morgen" gesehen.[1254]	Das free-floating Carsharing ist eine Möglichkeit auch in Zukunft flexibel und umweltfreundlich mobil zu sein. • **die Erwartung, dass das Tochterunternehmen flexible und umweltfreundliche Mobilität anbietet**
2.AK, e1	„Das Tochterunternehmen soll sein Geschäft weiter ausbauen und konsolidieren."[1255]	Free-floating Carsharing wird weiterhin bestehen und ausgebaut werden. • **ökonomische Erwartungen, d. h. Ausbau des Carsharing-Angebotes**
2.AK, g1	Der Automobilkonzern unterstützt den Carsharing-Anbieter die gegenwärtige Anzahl an E-Fahrzeugen in der Carsharing-Flotte weiter zu erhöhen.[1256]	Das free-floating Elektro-Carsharing ist ein „Enabler" von Elektromobilität. • **ökonomisch-ökologische Erwartungen, d. h. Anteil an Elektro-Fahrzeugen in der Carsharing-Flotte erhöhen**
2.AK, i1	Durch das Carsharing-Angebot sollen die Menschen individuell, flexibel und nach ihren Mobilitätsbedürfnissen mobil sein können, d. h. bei Bedarf zum gewünschten Ort in der Stadt fahren, etwas transportieren oder mit mehreren Leuten unterwegs sein können. Hierfür soll der Carsharing-Anbieter die notwendigen Fahrzeugmodelle des Automobilkonzerns in seiner Flotte zur Verfügung stellen.[1257]	Das free-floating Elektro-Carsharing-Angebot sollte aus Fahrzeugmodellen aus verschiedenen Fahrzeugklassen bestehen. • **ökonomisch-soziale Erwartungen, d. h. das Tochterunternehmen soll verschiedene Fahrzeugmodelle des Mutterunternehmens den Nutzern bereitstellen**
3.AK		
3.AK, b1	Das free-floating Carsharing wird als ein Teil der zukünftigen urbanen Mobilität gesehen. Der Carsharing-Anbieter soll seinen Teil dazu beitragen, dass der Automobilkonzern auch in Zukunft gut aufgestellt ist.[1258]	Das free-floating Carsharing wird durch den Automobilkonzern entscheidend gesteuert, um eigene Interessen zu verfolgen. • **die Interessen des Mutterunternehmen gegenüber seinem Tochterunternehmen**
3.AK, b2		Das free-floating Carsharing besteht aus unterschiedlichen Fahrzeugmodellen seines Mutterkonzerns.

[1254] Hierzu gehören u. a. eine Taxi-App, die eine direkte Verbindung zwischen Fahrgästen und Taxifahrern herstellt sowie eine Mobility-as-a-Service Plattform, die verschiedene Arten der Personenbeförderung, wie beispielsweise Bus und Bahn, Carsharing, Bike Sharing und Taxi hin zu einer multimodalen Transportlösung bündelt. Vgl. Interview 2.AK, 18.

[1255] Vgl. Interview 2.AK, 20.

[1256] Vgl. Interview 2.AK, 26 & 77.

[1257] Vgl. Interview 2.AK, 44.

[1258] Vgl. Interview 3.AK, 51.

	„Der Carsharing-Anbieter soll auch ‚Premiumfahrzeuge' des Automobilkonzerns in seine Flotte integrieren und anbieten."[1259]	• **die Erwartung, dass das Tochterunternehmen „Premiumfahrzeuge" des Mutterunternehmens in seiner Carsharing-Flotte anbietet**
3.AK, c1	„Das Carsharing soll eine Ergänzung zum ÖPNV und anderen Verkehrsmitteln sein. Die Zusammenarbeit mit den Verkehrsverbünden soll weiterhin ausgebaut werden."[1260]	Das Carsharing wird Teil eines multimodalen Mobilitätsangebotes und trägt zur Stärkung des Umweltverbundes bei. • **die Zusammenarbeit mit den Verkehrsverbünden und ihren Verkehrsunternehmen**
3.AK, d1	„Das free-floating Carsharing-Angebot soll alle „Use Cases" abdecken, die mit dem privaten PKW auch abgedeckt werden."[1261]	Das free-floating Elektro-Carsharing-Angebot sollte aus Fahrzeugmodellen aus verschiedenen Fahrzeugklassen bestehen. • **die Erwartung, dass das free-floating Angebot alle „Use Cases" abdeckt, die mit dem privaten PKW auch abgedeckt werden**
3.AK, e1	„Das Tochterunternehmen soll sein Geschäft weiter ausbauen und konsolidieren."[1262]	Free-floating Carsharing wird weiterhin bestehen und ausgebaut werden. • **ökonomische Erwartungen, d. h. Ausbau des Carsharing-Angebotes**
3.AK, g1	Der Automobilkonzern unterstützt den Carsharing-Anbieter den derzeitigen Anteil an E-Fahrzeugen in seiner Carsharing-Flotte weiter zu erhöhen.[1263]	Das free-floating Elektro-Carsharing ist ein „Enabler" von Elektromobilität. • **ökonomisch-ökologische Erwartungen, d. h. Anteil an Elektro-Fahrzeugen in der Carsharing-Flotte erhöhen**
3.AK, i1	Durch das Carsharing-Angebot sollen die Menschen individuell, flexibel und nach ihren Mobilitätsbedürfnissen mobil sein können, d. h. bei Bedarf zum gewünschten Ort in der Stadt fahren, etwas transportieren oder mit mehreren Leuten unterwegs sein können. Hierfür soll der Carsharing-Anbieter die notwendigen Fahrzeugmodelle des Automobilkonzerns in seiner Flotte zur Verfügung stellen.[1264]	Das free-floating Elektro-Carsharing-Angebot sollte aus Fahrzeugmodellen aus verschiedenen Fahrzeugklassen bestehen. • **ökonomisch-soziale Erwartungen, d. h. das Tochterunternehmen soll verschiedene Fahrzeugmodelle des Mutterunternehmens den Nutzern bereitstellen**

[1259] Vgl. Interview 3.AK, 41.

[1260] Vgl. Interview 3.AK, 43 f.

[1261] D. h. Fahrten im Zusammenhang mit der Arbeit, Freizeitfahrten, Urlaubsfahrten, Transport- und Umzugsfahrten sowie Fahrten zwischen Städten. Vgl. Interview 3.AK, 18.

[1262] Vgl. ebd.

[1263] Vgl. Interview 3.AK, 51 & 77.

[1264] Vgl. Interview 3.AK, 41.

3.AK, j1	„Durch das Carsharing-Angebot und insbesondere den E-Carsharing Fahrzeugen sollen die Städte im ökologischen Sinne nachhaltig entlastet werden, d. h. Reduzierung von privaten PKW, von Luftschadstoffemissionen sowie von Flächennutzung durch private PKW. Dadurch soll die Lebensqualität in den Städten erhöht werden."[1265]	Free-floating Carsharing sollte so gestaltet werden, dass es umweltfreundlich und emissionsarm ist. • **ökologisch-soziale Erwartungen, d. h. u. a. Reduzierung von privaten PKW sowie steigende Lebensqualität in den Städten**

8.2.4 Politische Verantwortliche aus dem Mobilitätsbereich

1.PV - 3.PV (Regierungsparteien)

ID Stakeholder-Aussage	**Aussagen zu Erwartungen, die einen Einfluss auf das Geschäftsmodell Carsharing haben**	Möglicher Einfluss bzw. Auswirkungen auf sowie für das Carsharing / **Einflussfaktor(en) auf das Geschäftsmodell Carsharing**
1.PV		
1.PV, a1	1.PV begrüßt die Entwicklung des Carsharing-Marktes in den vergangenen Jahren durch den Eintritt neuer Carsharing-Anbieter mit ihren „innovativen Geschäftsmodellen" wie etwa dem free-floating Carsharing.[1266]	Das free-floating Carsharing wird positiv gesehen und nimmt vom Angebot her zu bzw. wird weiter zunehmen. • **der Eintritt neuer Carsharing-Anbieter mit innovativen Geschäftsmodellen wie dem free-floating Carsharing wird positiv gesehen**
1.PV, a2	1.PV befürwortet den Eintritt weiterer neuer Carsharing-Anbieter in den Carsharing-Markt, d. h. „investorengetriebene Carsharing-Projekte, wo neue Mobilitäts- bzw. Carsharing-Anbieter in die Städte streben und ein Carsharing-Angebot direkt skalieren wollen und nicht mit einigen wenigen Fahrzeugen beginnen."[1267]	Investorengetriebene Carsharing-Projekte werden umgesetzt, es kommt zu einem signifikanten Anstieg der Carsharing-Angebote in den Städten. • **investorengetriebene Carsharing-Projekte werden positiv gesehen**
1.PV, c1	„Die Carsharing-Anbieter sollen „eine besonders saubere, d. h. eine besonders emissionsarme Flotte betreiben."[1268]	Das Carsharing besteht aus besonders umweltfreundlichen und emissionsarmen Fahrzeugen. • **die Erwartung, dass die Carsharing-Anbieter eine besonders saubere, d. h. eine besonders emissionsarme Flotte betreiben**

[1265] Vgl. Interview 3.AK, 22 ff.
[1266] Vgl. Interview 1.PV, 50.
[1267] Interview 1.PV, 50.
[1268] Interview 1.PV, 17.

1.PV, c2	„Bei der Elektrifizierung der Carsharing-Flotten ist noch Potential vorhanden."[1269]	Das Elektro-Carsharing nimmt zu. • **die Erwartung, dass der Anteil an E-Fahrzeugen kontinuierlich ausgebaut wird**
1.PV, d1	„Die Carsharing-Anbieter sollen einen Beitrag zur Mobilitätsgarantie im ländlichen Raum leisten, d. h. dafür zu sorgen, dass es dort mehr Carsharing-Stationen bzw. -Stellplätze gibt, damit die Menschen dort auch Zugang zum Carsharing erhalten."[1270]	Das Carsharing im ländlichen Raum nimmt zu. • **die Erwartung, dass die Carsharing-Anbieter einen Beitrag zur Mobilitätsgarantie im ländlichen Raum leisten, d. h. mehr Carsharing-Stationen bzw. Stellplätze dort installieren**
1.PV, g1	1.PV erwartet „eine massive Ausweitung des Angebotes der Carsharing-Anbieter. Eine Verzehnfachung der gegenwärtigen gesamten Carsharing-Flotte aller Anbieter im Bundesland sollte angestrebt werden." Eine Verkleinerung der Geschäftsgebiete einzelner Carsharing-Anbieter sieht 1.PV kritisch.[1271]	Das Carsharing-Angebot wird massiv ausgeweitet. • **die Erwartung einer massiven Ausweitung der Angebote der Carsharing-Anbieter**
1.PV, j1	„Carsharing ist eine notwendige Mobilitätsoption, um die Städte und Gemeinden signifikant vom Verkehr zu entlasten und damit zu einer steigenden Lebensqualität für die Bürger beizutragen."[1272]	Das Carsharing nimmt in den Städten zu und bietet den Menschen vor Ort eine umweltfreundliche Alternative zum eigenen PKW. • **die Erwartung, dass Carsharing signifikant zur Reduzierung von Verkehr verbunden mit einer steigenden Lebensqualität beiträgt**
1.PV, j2	„Carsharing ist ein wesentliches Instrument, um den Pkw-Besitz im städtischen Raum reduzieren zu können und trotzdem den Bewohnern Zugriff auf einen PKW zu gewähren."[1273]	Das Carsharing nimmt in den Städten zu und bietet den Menschen vor Ort eine umweltfreundliche Alternative zum eigenen PKW. • **die Erwartung, dass Carsharing zur Reduzierung privater PKW beiträgt**
2.PV		
2.PV, a1	„Die an die Politik gestellten Erwartungen und Wünsche der Carsharing-Anbieter sollen erfüllt werden, z. B. attraktivere Rahmenbedingungen schaffen	Die Rahmenbedingungen für das Carsharing haben sich verbessert. Das Carsharing-Angebot kann ohne größere Hindernisse genutzt werden.

[1269] Interview 1.PV, 68.

[1270] Vgl. Interview 1.PV, 19 f.

[1271] Vgl. Interview 1.PV, 17.

[1272] Vgl. ebd.

[1273] Dabei betont 1.PV, dass „Carsharing über seine stärker nutzungsorientierte Abrechnung den Effekt hat, dass die Menschen die Carsharing-Fahrzeuge relativ gezielt nutzen und dadurch unnötige Fahrten eher vermeiden wodurch positive Effekte auf Umwelt und Klima erzielt werden können." Interview 1.PV, 17.

	sowie die Stellplatzproblematik für Carsharing-Fahrzeuge durch Umsetzung des Carsharinggesetzes auf Landesebene lösen."[1274]	• **„die an die Politik gestellten Erwartungen und Wünsche der Carsharing-Anbieter sollen erfüllt werden, d. h. Schaffung attraktiverer Rahmenbedingungen sowie Carsharing-Stellplätze"**
2.PV, c1	„Die Carsharing-Anbieter sollen sich weiter mit den Verkehrsverbünden und den Verkehrsunternehmen vernetzen."[1275]	Die Vernetzung mit den Verkehrsverbünden und den Verkehrsunternehmen ist vorangetragen. Carsharing ist eine umweltfreundliche Ergänzung zum ÖPNV. • **die Erwartung, dass sich die Carsharing-Anbieter mit den Verkehrsverbünden und den Verkehrsunternehmen vernetzen**
2.PV, d1	„Die Carsharing-Anbieter sollen auch in den suburbanen Raum und die Mittelstädte gehen, insbesondere dort, wo es einen direkten ÖPNV-Anschluss gibt."[1276]	Das Carsharing-Angebot ist vermehrt im suburbanen Raum sowie den Mittelstädten zu finden. • **die Erwartung, dass die Carsharing-Anbieter in den suburbanen Raum und die Mittelstädte gehen**
2.PV, d2	„Die Carsharing-Anbieter sollen attraktive Tarifmodelle für junge Menschen anbieten."[1277]	Das Carsharing-Angebot wird von jungen Menschen vermehrt genutzt. • **die Erwartung, dass junge Menschen durch attraktive Tarifmodelle Carsharing vermehrt nutzen**
2.PV, f1	„Carsharing ist ein wesentlicher Baustein für eine nachhaltige und umweltfreundliche Mobilität in den Städten, das einen wichtigen Beitrag zur Reduzierung von Fahrzeugen, zur Verkehrsentlastung, zur Reduzierung von Flächennutzung durch private PKW und zur Reduzierung von Luftschadstoffemissionen beitragen kann."[1278]	Das Carsharing besteht aus besonders umweltfreundlichen und emissionsarmen Fahrzeugen. • **ökologische Erwartungen bezüglich der Carsharing-Anbieter und ihren Angeboten, d. h. Beitrag zur nachhaltigen und umweltfreundlichen Mobilität, Beitrag zur Reduzierung von Fahrzeugen, zur Verkehrsentlastung, zur Reduzierung von Flächennutzung durch private PKW und zur Reduzierung von Luftschadstoffemissionen**

[1274] Vgl. Interview 2.PV, 23 ff.
[1275] Vgl. Interview 2.PV, 48 f.
[1276] Vgl. Interview 2.PV, 52.
[1277] Vgl. Interview 2.PV, 106.
[1278] Vgl. Interview 2.PV, 25 ff.

2.PV, g1	2.PV spricht sich für „eine deutliche Ausweitung des Carsharing-Angebots" aus: „Eine Verzehnfachung des gegenwärtigen Carsharing-Angebots ist nötig, um einen messbaren Beitrag zu den Klimaschutzzielen beizusteuern."[1279]	Das Carsharing ist in der Fläche ausgeweitet worden und steuert einen messbaren Beitrag zu den Klimaschutzzielen bei. • **die Erwartung einer massiven Ausweitung der Angebote der Carsharing-Anbieter**
3.PV		
3.PV, a1	3.PV spricht sich für ein attraktives und kundenfreundliches Carsharing-Angebot aus. Dies inkludiert bestmögliche Verfügbarkeit vor Ort, eine spontane und problemlose Nutzung, attraktive Tarifmodelle für verschiedene Nutzergruppen sowie einwandfreies Funktionieren der Carsharing-Fahrzeuge, die gepflegt und im Innenraum sauber sein sollten.[1280]	Das Carsharing ist verfügbar, kann einfach und unkompliziert gebucht und genutzt werden, es bestehen attraktive Tarifmodelle für verschiedene Nutzergruppen, die Carsharing-Fahrzeuge sind gepflegt. • **die Erwartung nach einem attraktiven und kundenfreundlichen Carsharing-Angebot, d. h. bestmögliche Verfügbarkeit vor Ort, eine spontane und problemlose Nutzung, attraktive Tarifmodelle für verschiedene Nutzergruppen sowie einwandfreies Funktionieren der Carsharing-Fahrzeuge, die gepflegt sein sollten**
3.PV, c1	„Die Carsharing-Anbieter sollen den Flottenbetreibern in den Städten attraktive Angebote machen, d. h. z. B. Lieferdiensten, Pflegediensten, Apothekendiensten usw., damit diese nicht nur auf besonders emissionsarme Fahrzeuge zugreifen können, sondern auch keine eigenen PKW für die Flotten kaufen müssen."[1281]	Flottenbetreiber nutzen vermehrt Carsharing-Fahrzeuge und tragen somit zum Umwelt- und Klimaschutz in den Städten bei. • **die Erwartung, dass die Carsharing-Anbieter den Flottenbetreibern in den Städten attraktive Angebote machen, d. h. z. B. Lieferdiensten, Pflegediensten, Apothekendiensten usw.**
3.PV, f1	„Carsharing ist ein wesentlicher Baustein für eine nachhaltige und umweltfreundliche Mobilität in den Städten, das einen wichtigen Beitrag zur Reduzierung von Fahrzeugen, zur Verkehrsentlastung, zur Reduzierung von Flächennutzung durch private PKW und zur Reduzierung von Luftschadstoffemissionen beitragen kann."[1282]	Carsharing besteht aus besonders umweltfreundlichen und emissionsarmen Fahrzeugen. • **ökologische Erwartungen bezüglich der Carsharing-Anbieter und ihren Angeboten, d. h. Beitrag zur nachhaltigen und**

[1279] Interview 2.PV, 108.
[1280] Vgl. Interview 3.PV, 16.
[1281] Vgl. Interview 3.PV, 12.
[1282] Vgl. Interview 3.PV, 20 ff.

		umweltfreundlichen Mobilität, Beitrag zur Reduzierung von Fahrzeugen, zur Verkehrsentlastung, zur Reduzierung von Flächennutzung durch private PKW und zur Reduzierung von Luftschadstoffemissionen
3.PV, j1	„Carsharing ist ein notwendiges Instrument zur Luftreinhaltung in den Innenstädten und um die damit im Zusammenhang stehenden Fahrverbote umgehen zu können."[1283]	Carsharing besteht aus besonders umweltfreundlichen und emissionsarmen Fahrzeugen. • **die Erwartung, dass Carsharing zur Luftreinhaltung in den Innenstädten beiträgt, sodass Fahrverbote umgehen werden können**

4.PV - 6.PV (Oppositionsparteien)

ID Stakeholder-Aussage	Aussagen zu Erwartungen, die einen Einfluss auf das Geschäftsmodell Carsharing haben	Möglicher Einfluss bzw. Auswirkungen auf sowie für das Carsharing / **Einflussfaktor(en) auf das Geschäftsmodell Carsharing**
4.PV		
4.PV, c1	„Die Carsharing-Anbieter sollen „eine besonders saubere, d. h. eine besonders emissionsarme Flotte betreiben."[1284]	Das Carsharing besteht aus besonders umweltfreundlichen und emissionsarmen Fahrzeugen. • **die Erwartung, dass die Carsharing-Anbieter eine besonders saubere, d. h. eine besonders emissionsarme Flotte betreiben**
4.PV, c2	„Bei der Elektrifizierung der Carsharing-Flotten ist noch Potential vorhanden."[1285]	Das Elektro-Carsharing nimmt zu. • **die Erwartung, dass der Anteil an E-Fahrzeugen ausgebaut wird**
4.PV, c3	„Das Carsharing-Angebot soll vermehrt aus wasserstoffbetriebenen Fahrzeugen bestehen." Die Carsharing-Anbieter können nach 4.PV ähnlich wie in Bezug auf Elektromobilität „eine Treiberfunktion für die Ausweitung von Wasserstoffautos einnehmen."[1286]	Das Carsharing-Angebot besteht vermehrt auch aus Wasserstoff-Fahrzeugen. • **die Erwartung, dass die Carsharing-Anbieter Carsharing mit wasserstoffbetriebenen Fahrzeugen anbieten**

[1283] Interview 3.PV, 12.
[1284] Interview 4.PV, 48.
[1285] Interview 4.PV, 48.
[1286] Interview 4.PV, 63.

4.PV, d1	„Die Carsharing-Anbieter sollen attraktive Angebote für Nutzergruppen wie etwa Studenten, Fahranfänger, sozial Schwächere und ältere Menschen anbieten."[1287]	Es bestehen attraktive Angebote für verschiedene Nutzergruppen. Das Carsharing wird vermehrt genutzt. • **die Erwartung, dass die Carsharing-Anbieter attraktive Angebote für Nutzergruppen wie etwa Studenten, Fahranfänger, sozial Schwächere und ältere Menschen anbieten**
4.PV, f1	„Carsharing kann wesentlich zur nachhaltigen Verkehrsentwicklung bzw. Verkehrsreduzierung beitragen."[1288]	Carsharing trägt wesentlich zu nachhaltiger Mobilität und Verkehrsentwicklung bei. • **die Erwartung, dass Carsharing zur nachhaltigen Verkehrsentwicklung bzw. Verkehrsreduzierung beiträgt**
4.PV, j1	„Die Städte und Gemeinden bzw. kommunalen Verwaltungen im Land sollen Ihren Mitarbeitern Carsharing-Fahrzeuge als Dienstwagen bzw. für Fahrten in Verbindung mit ihrer Arbeit zur Verfügung stellen. Hier sollen Carsharing-Anbieter attraktive Carsharing-Angebote machen."[1289]	Städtische Mitarbeiter nutzen vermehrt Carsharing, was zu einer Ausweitung des Carsharing-Angebotes führen kann. • **die Erwartung, dass die Städte und Gemeinden bzw. kommunalen Verwaltungen im Land ihren Mitarbeitern Carsharing-Fahrzeuge als Dienstwagen bzw. für Fahrten in Verbindung mit ihrer Arbeit zur Verfügung stellen. Hier sollen Carsharing-Anbieter attraktive Carsharing-Angebote machen**
5.PV		
5.PV, a1	5.PV begrüßt den Eintritt weiterer neuer Carsharing-Anbieter in den Carsharing-Markt, d. h. „investorengetriebene Carsharing-Projekte, wo neue Mobilitäts- bzw. Carsharing-Anbieter in die Städte streben und ein Carsharing-Angebot direkt skalieren wollen und nicht mit einigen wenigen Fahrzeugen beginnen."[1290]	Investorengetriebene Carsharing-Projekte werden umgesetzt, es kommt zu einem signifikanten Anstieg der Carsharing-Angebote in den Städten. • **investorengetriebene Carsharing-Projekte werden positiv gesehen**
5.PV, a2	5.PV begrüßt innovative Geschäftsmodelle der Carsharing-Anbieter, z. B. eine	Innovative und für die Kunden attraktive Carsharing-Angebote nehmen zu.

[1287] Vgl. Interview 4.PV, 65.

[1288] Interview 4.PV, 9.

[1289] Vgl. Interview 4.PV, 56.

[1290] Interview 5.PV, 47.

	Kombination aus den Geschäftsmodellen Carsharing und Ride Sharing.[1291]	• **innovative Geschäftsmodelle der Carsharing-Anbieter werden positiv gesehen, z. B. eine Kombination aus den Geschäftsmodellen Carsharing und Ride Sharing**
5.PV, c1	„Die Carsharing-Anbieter sollen sich weiter mit den Verkehrsverbünden und den Verkehrsunternehmen vernetzen."[1292]	Die Vernetzung mit den Verkehrsverbünden und den Verkehrsunternehmen ist vorangetragen. Carsharing ist eine umweltfreundliche Ergänzung zum ÖPNV. • **die Erwartung, dass sich die Carsharing-Anbieter mit den Verkehrsverbünden und den Verkehrsunternehmen vernetzen**
5.PV, f1	„Carsharing ist ein wesentlicher Baustein für eine nachhaltige und umweltfreundliche Mobilität in den Städten, das einen wichtigen Beitrag zur Reduzierung von Fahrzeugen, zur Verkehrsentlastung, zur Reduzierung von Flächennutzung durch private PKW und zur Reduzierung von Luftschadstoffemissionen beitragen kann."[1293]	Das Carsharing besteht aus besonders umweltfreundlichen und emissionsarmen Fahrzeugen. • **ökologische Erwartungen bezüglich der Carsharing-Anbieter und ihren Angeboten, d. h. Beitrag zur nachhaltigen und umweltfreundlichen Mobilität, Beitrag zur Reduzierung von Fahrzeugen, zur Verkehrsentlastung, zur Reduzierung von Flächennutzung durch private PKW und zur Reduzierung von Luftschadstoffemissionen**
5.PV, f2	„Carsharing ist ein notwendiges Instrument zur Luftreinhaltung in den Innenstädten und um die damit im Zusammenhang stehenden Fahrverbote umgehen zu können."[1294]	Das Carsharing besteht aus besonders umweltfreundlichen und emissionsarmen Fahrzeugen. • **die Erwartung, dass Carsharing zur Luftreinhaltung in den Innenstädten beiträgt, sodass Fahrverbote umgehen werden können**
6.PV		
6.PV, a1		Carsharing-Fahrzeuge sind in einem sauberen Zustand.

[1291] Vgl. Interview 5.PV, 15.

[1292] Vgl. Interview 5.PV, 66.

[1293] Vgl. Interview 5.PV, 17 ff.

[1294] Interview 5.PV, 58.

	„Die Carsharing-Anbieter sollen ihre Fahrzeuge regelmäßig im Innenraum reinigen."[1295]	• **die Erwartung, dass die Carsharing-Fahrzeuge im Innenraum regelmäßig gereinigt werden**
6.PV, a2	„Die Carsharing-Anbieter sollen ihre Nutzer vor möglichen Unfällen mit den Carsharing-Fahrzeugen im Straßenverkehr schützen. Dies inkludiert auch den Schutz aller am Verkehrsgeschehen weiteren Beteiligten. Hierzu sollen sie ihre Nutzer entsprechend sensibilisieren und mit den nötigen Informationen versorgen."[1296]	Carsharing-Fahrten werden sicherer. • **die Erwartung, dass die Carsharing-Anbieter ihre Nutzer vor möglichen Unfällen mit den Carsharing-Fahrzeugen im Straßenverkehr schützen sollen, d. h. entsprechend sensibilisieren und mit den nötigen Informationen versorgen**
6.PV, b1	„Carsharing-Anbieter sollen ihren Carsharing-Betrieb ohne staatliche Subventionen führen."[1297]	Carsharing-Angebote bestehen ohne staatliche Subventionen. • **die Erwartung, dass die Carsharing-Anbieter ihren Carsharing-Betrieb ohne staatliche Subventionen führen sollen**
6.PV, c1	„Die Carsharing-Anbieter sollen den Anteil der E-Fahrzeuge in ihren Flotten erhöhen, da durch diese insbesondere in den Innenstädten Luftschadstoffemissionen reduziert werden können."[1298]	Mehr E-Carsharing-Fahrzeuge sind in den Carsharing-Flotten vorhanden. • **die Erwartung, dass der Anteil an E-Fahrzeugen ausgebaut wird**
6.PV, d1	„Die Carsharing-Anbieter sollen allen Bevölkerungsgruppen den Zugang zum Carsharing ermöglichen. Dies kann durch attraktive Angebote für relevante Nutzergruppen wie etwa Studenten, Fahranfänger, sozial Schwächere sowie ältere Menschen geschehen."[1299]	Es bestehen attraktive Carsharing-Angebote. Alle Bevölkerungsgruppen nutzen die Carsharing-Angebote. • **die Erwartung, dass die Carsharing-Anbieter allen Bevölkerungsgruppen den Zugang zum Carsharing ermöglichen**
6.PV, d2	„Das Carsharing ist eine von vielen Mobilitätsmöglichkeiten in den Metropolregionen und Ballungsräumen, wobei	Carsharing-Angebote ergänzen alternative Mobilitätsangebote.

[1295] Interview 6.PV, 7.

[1296] Interview 6.PV, 6.

[1297] Interview 6.PV, 5.

[1298] Interview 6.PV, 21 ff.

[1299] Vgl. Interview 6.PV, 21 ff.

	alternative Mobilitätsmöglichkeiten, und hier im Besonderen das Taxigewerbe, nicht als Konkurrenz, sondern als Ergänzung gesehen werden sollen.“[1300]	• **das Carsharing wird als eine Ergänzung zu den vorhandenen Mobilitätsmöglichkeiten gesehen**

8.2.5 Städtische Verantwortliche für den Verkehrs- und Mobilitätsbereich

1.ST - 3.ST (Metropolen)

ID Stakeholder-Aussage	**Aussagen zu Erwartungen, die einen Einfluss auf das Geschäftsmodell Carsharing haben**	Möglicher Einfluss bzw. Auswirkungen auf sowie für das Carsharing / **Einflussfaktor(en) auf das Geschäftsmodell Carsharing**
1.ST		
1.ST, a1	„Die Carsharing-Anbieter sollen sich dem Thema Verkehrssicherheit annehmen und ihre Nutzer hierzu entsprechend informieren.“[1301]	Die Carsharing-Anbieter machen ihr Carsharing-Angebote verkehrssicherer. • **die Erwartung, dass die Carsharing-Anbieter sich dem Thema Verkehrssicherheit annehmen und ihre Nutzer hierzu entsprechend informieren**
1.ST, a2	„Allgemein sollen die Carsharing-Anbieter mit der Stadt zum Thema Verkehrssicherheit zusammenarbeiten.“[1302]	Die Carsharing-Anbieter arbeiten mit den Städten zur Verkehrssicherheit zusammen. • **die Erwartung, dass die Carsharing-Anbieter mit der Stadt zum Thema Verkehrssicherheit zusammenarbeiten**
1.ST, c1	„Die Carsharing-Anbieter sollen ihre Angebote möglichst so ausgestalten, dass diese einen positiven Beitrag zur Erreichung der verkehrs- und umweltpolitischen Ziele im Rahmen einer nachhaltigen urbanen Mobilität leisten, d. h. zur Verkehrsentlastung der Städte und ins-	Die Carsharing-Anbieter arbeiten mit den Städten zur nachhaltigen Mobilität zusammen und richten ihre Geschäftsmodelle danach aus. Die Carsharing-Fahrzeuge sind besonders umweltfreundlich und emissionsarm.

[1300] Interview 6.PV, 50.

[1301] Hierbei betont 1.ST, dass die Carsharing-Anbieter „Dooring-Aufkleber“ in ihren Fahrzeugen platzieren sollten, um hier auf Dooring-Unfälle, das sind solche Unfälle, die durch das Öffnen der Autotüren im Straßenverkehr passieren und primär Radfahrende betreffen, aufmerksam zu machen. Vgl. Interview 1.ST, 25.

[1302] Vgl. ebd.

	besondere der Innenstädte sowie deutliche Reduzierung privater PKW. Dies inkludiert die Tarifstruktur, die Geschäftsgebiet-Ausdehnung, die Fahrzeug-Verteilung im Raum sowie die Integration in den ÖPNV, wobei das Carsharing stets als Ergänzung und nicht als Ersatz zu diesem gesehen werden sollte."[1303]	• **die Erwartung, dass die Carsharing-Anbieter ihre Angebote möglichst so ausgestalten, dass diese einen positiven Beitrag zur Erreichung der verkehrs- und umweltpolitischen Ziele im Rahmen einer nachhaltigen urbanen Mobilität leisten**
1.ST, c2	„Die Carsharing-Anbieter sollen mit der Stadt konstruktiv zusammenarbeiten, damit Carsharing-freundlichere Rahmenbedingungen geschaffen werden."[1304]	Die Carsharing-Anbieter arbeiten mit der Stadt zur nachhaltigen Mobilität zusammen und können ihre Carsharing-Angebote in der Metropole noch besser einsetzen. • **die Erwartung, dass die Carsharing-Anbieter mit der Stadt konstruktiv zusammenarbeiten, damit Carsharing-freundlichere Rahmenbedingungen geschaffen werden**
1.ST, c3	„Beide Carsharing-Varianten haben Potentiale in einem zukünftigen Verkehrsmarkt einen verkehrs- und umweltpolitisch notwendigen Beitrag zur nachhaltigen urbanen Mobilität zu leisten."[1305]	Das stationsbasierte Carsharing sowie das free-floating Carsharing ergänzen sich im Sinne einer nachhaltigen Mobilität in den Geschäftsgebieten. • **die Annahme, dass beide Carsharing-Varianten Potentiale haben, in einem zukünftigen Verkehrsmarkt einen verkehrs- und umweltpolitisch notwendigen Beitrag zur nachhaltigen urbanen Mobilität zu leisten**
1.ST, c4	„Durch das stationsbasierte Carsharing werden die verkehrs- und umweltpolitischen Ziele im Sinne von nachhaltiger urbaner Mobilität durch die verkehrsentlastende Wirkung vielmehr erreicht als dies durch das free-floating Carsharing der Fall ist."[1306]	Das stationsbasierte Carsharing wird durch die Städte eher gefördert als das free-floating Carsharing. • **die Annahme, dass durch das stationsbasierte Carsharing die verkehrs- und umweltpolitischen Ziele im Sinne von nachhaltiger urbaner Mobilität durch die verkehrsentlastende Wirkung vielmehr erreicht werden als durch die free-floating Variante**
1.ST, c5	„Die Carsharing-Anbieter und insbesondere die stationsbasierten Carsharing-	Stationsbasierte Carsharing-Anbieter bieten vermehrt E-Fahrzeuge an.

[1303] Interview 1.ST, 25.

[1304] Ebd.

[1305] Interview 1.ST, 17.

[1306] Ebd.

	Anbieter sollen mehr E-Fahrzeuge in ihre Flotten mit aufnehmen."[1307]	• **die Erwartung, dass die Carsharing-Anbieter und insbesondere die stationsbasierten Carsharing-Anbieter den Anteil an E-Fahrzeugen in ihren Flotten erhöhen**
1.ST, d1 & j1	„Die Carsharing-Anbieter sollen ihr derzeitiges Geschäftsgebiet, dass sich primär auf den Innenstadtbereich der Metropole bezieht, auch auf den äußeren Bereich der Metropole ausweiten, d. h. Strategien zu entwickeln, neue Nutzergruppen im äußeren Stadtbereich zu erschließen." Hierbei geht es 1.ST primär darum, „den Bürgern durch das Carsharing-Angebot auch im äußeren Stadtbereich eine Ergänzung zum ÖPNV anzubieten, damit diese bei Bedarf auf ein Auto zugreifen können, aber nicht zwingend ein eigenes besitzen müssen."[1308]	Die Carsharing-Geschäftsgebiete beziehen sich auf die gesamte Metropole, wodurch neue Nutzergruppen erschlossen werden können. Carsharing kann hier bei Bedarf ergänzend zum ÖPNV genutzt werden. • **die Erwartung, dass die Carsharing-Anbieter ihr derzeitiges Geschäftsgebiet, dass sich primär auf den Innenstadtbereich der Metropole bezieht, auch auf den äußeren Bereich der Metropole ausweiten, d. h. Strategien zu entwickeln, neue Nutzergruppen im äußeren Stadtbereich zu erschließen** • **die Erwartung, dass Carsharing als Ergänzung zum ÖPNV genutzt wird**
2.ST		
2.ST, a1	„Die Carsharing-Anbieter sollen mit der Stadt zur zukünftigen urbanen Mobilität zusammenarbeiten."[1309]	Die Carsharing-Anbieter arbeiten mit der Stadt zur zukünftigen urbanen Mobilität zusammen, d. h. u. a. das Carsharing als Bestandteil eines multimodalen nachhaltigen Mobilitätsangebotes in der Metropole einzusetzen, welches ermöglicht individuell mobil zu sein. • **die Erwartung, dass die Carsharing-Anbieter mit der Stadt zur zukünftigen urbanen Mobilität zusammenarbeiten**
2.ST, a2	„Die Carsharing-Anbieter und hier insbesondere die free-floating Anbieter sollen ihre Geschäftsgebiete nicht weiter verkleinern."[1310]	Die Carsharing-Anbieter haben ihre Geschäftsgebiete nicht verkleinert. • **die Erwartung, dass die Carsharing-Anbieter und hier insbe-**

[1307] Vgl. Interview 1.ST, 21.
[1308] Interview 1.ST, 33.
[1309] Vgl. Interview 2.ST, 10.
[1310] Vgl. Interview 2.ST, 10.

		sondere die free-floating Anbieter ihre Geschäftsgebiete nicht weiter verkleinern
2.ST, c1	„Das Carsharing soll zu einer Reduzierung des MIV, verbunden mit einer Reduzierung der privaten Fahrzeugzahlen beitragen. Durch die verkehrsentlastende Wirkung soll die Lebensqualität in der Metropole zunehmen."[1311]	Die Carsharing-Fahrzeuge bestehen aus besonders umweltfreundlichen und emissionsarmen Fahrzeugen und tragen zur Reduzierung der Anzahl privater PKW bei. • **die Erwartung, dass das Carsharing zu einer Reduzierung des MIV sowie der privaten Fahrzeugzahlen beiträgt**
2.ST, c2	„Die Carsharing-Anbieter sollen mehr E-Fahrzeuge in ihre Flotten integrieren."[1312]	Das Elektro-Carsharing hat sich ausgeweitet. • **die Erwartung, dass die Carsharing-Anbieter mehr E-Fahrzeuge in ihre Flotten integrieren**
2.ST, d1	„Die Carsharing-Anbieter sollen unterschiedliche Tarifmodelle anbieten, um z. B. auch Studenten oder sozial Schwächeren die Möglichkeit zu geben, das Carsharing nutzen zu können."[1313]	Die Carsharing-Anbieter bieten attraktive Angebote für verschiedene Nutzergruppen an. Die Carsharing-Nutzung nimmt zu. • **die Erwartung, dass die Carsharing-Anbieter unter-schiedliche Tarifmodelle anbieten, um z. B. auch Studenten oder sozial Schwächeren die Möglichkeit zu geben, das Carsharing nutzen zu können**
2.ST, f1	„Durch Carsharing soll der Umweltverbund gestärkt werden."[1314]	Die Carsharing-Angebote sind eine Ergänzung zum ÖPNV, zum Fahrrad fahren und zum zu Fuß gehen und haben besonders umweltfreundliche und emissionsarme Fahrzeuge. • **die Erwartung, dass durch das Carsharing-Angebot der Umweltverbund gestärkt wird**
3.ST		
3.ST, a1	„Die Carsharing-Anbieter sollen zur Stellplatzsuche für ihre Carsharing-Fahrzeuge mit der Stadt zusammenarbeiten, um attraktive Stellplätze zu finden."[1315]	Die Carsharing-Fahrzeuge haben attraktive Stellplätze, die deren Nutzungsmöglichkeiten fördern. • **die Erwartung, dass die Carsharing-Anbieter zum Thema Parkraum für Carsharing-Fahrzeuge**

1311 Vgl. Interview 2.ST, 12 ff.

1312 Vgl. ebd.

1313 Vgl. Interview 2.ST, 42.

1314 Vgl. Interview 2.ST, 12 f.

1315 Vgl. Interview 3.ST, 11 & 52.

		mit der Stadt zusammenarbeiten, um attraktive Stellplätze zu finden
3.ST, a2	„Die Carsharing-Anbieter sollen mit der Stadt die Umsetzung des Carsharinggesetzes vorantreiben, damit die Stellplatzproblematik abschließend geklärt ist und keine Ausnahmegenehmigungen mehr vom Ordnungsamt bezüglich Bewohnerparkausweisen für die Carsharing-Fahrzeuge erteilt werden müssen."[1316]	Das Carsharinggesetz ist vor Ort umgesetzt. Es bestehen attraktive Carsharing-Stellplätze. • **die Erwartung, dass die Carsharing-Anbieter mit der Stadt die Umsetzung des Carsharinggesetzes vorantreiben, damit die Stellplatzproblematik geklärt ist und keine Ausnahmegenehmigungen mehr erteilt werden müssen**
3.ST, a3	„Die Carsharing-Anbieter sollen in naher Zukunft gemeinsam mit der Stadt an einem Carsharing-Konzept für die Metropole mitarbeiten."[1317]	Es existieren Carsharing-Konzepte für die Städte, die das Geschäftsmodell attraktiver machen. • **die Erwartung, dass die Carsharing-Anbieter zusammen mit der Stadt an einem Carsharing-Konzept für die Metropole mitarbeiten**
3.ST, c1	„Der regionale Carsharing-Anbieter soll mehr E-Fahrzeuge in seine Carsharing-Flotte integrieren."[1318]	Der regionale Carsharing-Anbieter hat mehr E-Fahrzeuge in seiner Carsharing-Flotte. • **die Erwartung, dass der regionale Carsharing-Anbieter mehr E-Fahrzeuge in seine Carsharing-Flotte integriert**
3.ST, c2	„Carsharing ist eine Mobilitätsoption, um den eigenen PKW nicht benutzen zu brauchen bzw. diesen abschaffen zu können oder erst überhaupt keinen kaufen zu müssen."[1319]	Carsharing ersetzt private PKW. • **die Erwartung, dass Carsharing zur Reduzierung privater PKW beiträgt**
3.ST, d1	„Die Carsharing-Anbieter sollen ihr Angebot auch in den äußeren Stadtteilen der Metropole anbieten." 3.ST berichtet, dass Bewohner an ihn herangetreten sind und entsprechend diesen Wunsch geäußert haben.[1320]	Carsharing-Angebote bestehen auch in den äußeren Stadtteilen der Metropole. • **die Erwartung, dass die Carsharing-Anbieter ihr Angebot auch in den äußeren Stadtteilen der Metropole anbieten**

1316 Vgl. Interview 3.ST, 48 f.
1317 Vgl. Interview 3.ST, 56.
1318 Vgl. Interview 3.ST, 24.
1319 Vgl. Interview 3.ST, 15.
1320 Vgl. Interview 3.ST, 19.

3.ST, d2	„Die Carsharing-Anbieter sollen unterschiedliche Tarifmodelle anbieten, die insbesondere auch junge Menschen und Fahranfänger ansprechen, gerne auch über das free-floating Angebot.“[1321]	Junge Menschen nutzen vermehrt Carsharing-Angebote. • **die Erwartung, dass die Carsharing-Anbieter unterschiedliche Tarifmodelle anbieten, die insbesondere auch junge Menschen und Fahranfänger ansprechen**
3.ST, f1	„Durch Carsharing soll der Umweltverbund gestärkt werden.“[1322]	Carsharing-Fahrzeuge sind besonders umweltfreundlich und emissionsarm sowie eine Ergänzung zum ÖPNV und weiteren nachhaltigen Mobilitätsangeboten. • **die Erwartung, dass Carsharing zur Stärkung des Umweltverbundes beiträgt**

4.ST - 6.ST (Regiopole, Großstadt, Mittelstadt)

ID Stakeholder-Aussage	**Aussagen zu Erwartungen, die einen Einfluss auf das Geschäftsmodell Carsharing haben**	Möglicher Einfluss bzw. Auswirkungen auf sowie für das Carsharing / **Einflussfaktor(en) auf das Geschäftsmodell Carsharing**
4.ST		
4.ST, a1	„Die Carsharing-Anbieter sollen die Sichtbarkeit der Fahrzeuge in der Stadt erhöhen, d. h. Stellplätze nicht nur in Garagen oder Hinterhöfen anbieten.“[1323]	Carsharing-Fahrzeuge sind sichtbar und haben attraktive Stellplätze. • **die Erwartung, dass die Carsharing-Anbieter die Sichtbarkeit ihrer Fahrzeuge erhöhen**
4.ST, a2	„Die Carsharing-Anbieter sollen mit der Stadt bzw. der kommunalen Verwaltung die Umsetzung des Carsharinggesetzes vorantreiben, damit die Stellplatzproblematik abschließend geklärt ist und keine Sondergenehmigungen mehr für Carsharing-Fahrzeuge erteilt werden müssen.“[1324]	Das Carsharinggesetz ist vor Ort umgesetzt. Es bestehen Carsharing-Stellplätze. • **die Erwartung, dass die Carsharing-Anbieter mit der Stadt bzw. der kommunalen Verwaltung die Umsetzung des Carsharinggesetzes vorantreiben, damit die Stellplatzproblematik geklärt ist und keine Sondergenehmigungen mehr für Carsharing-Fahrzeuge erteilt werden müssen**

[1321] Vgl. Interview 3.ST, 49.
[1322] Vgl. Interview 3.ST, 15.
[1323] Interview 4.ST, 52.
[1324] Vgl. Interview 4.ST, 37.

4.ST, c1	4.ST unterstützt insbesondere das stationsbasierte Carsharing, „weil dadurch eher die nachhaltige Mobilität in den Städten gefördert wird als durch das free-floating Carsharing."[1325]	Das stationsbasierte Carsharing sowie das free-floating Carsharing ergänzen sich im Sinne einer nachhaltigen Mobilität in den Städten. • **die Annahme, dass durch das stationsbasierte Carsharing die nachhaltige Mobilität in den Städten eher gefördert wird als durch das free-floating Carsharing**
4.ST, c2	„Die Carsharing-Anbieter in der Regiopole und den umliegenden Gemeinden[1326] sollen sich mit dem regionalen Verkehrsverbund und den Verkehrsunternehmen noch besser vernetzen und attraktive Angebote für ihre Nutzer schaffen."[1327]	Die Carsharing-Anbieter haben sich mit dem regionalen Verkehrsverbund und den Verkehrsunternehmen noch besser vernetzt, z. B. über eine gemeinsame Mobilitäts-App. Die Carsharing-Anbieter haben attraktive Angebote für ihre Nutzer geschaffen. • **die Erwartung, dass die Carsharing-Anbieter sich mit dem regionalen Verkehrsverbund und den Verkehrsunternehmen noch besser vernetzen und attraktive Angebote für ihre Nutzer schaffen**
4.ST, c3	„Eine Ausweitung des (E-)Carsharing-Angebots auf den suburbanen und ländlichen Raum soll vorangetrieben werden. Hierbei soll das Land durch Subventionen unterstützend wirken."[1328]	Das (E-)Carsharing-Angebot besteht auch im suburbanen und ländlichen Raum. • **die Erwartung, dass das (E-)Carsharing-Angebot auf den suburbanen und ländlichen Raum ausgeweitet wird**
4.ST, d1	„Der regionale Carsharing-Anbieter soll attraktive Angebote für die Bürger in der Regiopole schaffen. Dies soll insbesondere Bürger in neu entstehenden Wohnquartieren betreffen, d. h. diesen soll vor Ort ein attraktiver Einstieg in das Carsharing geboten werden, z. B. durch Schnupper-Angebote, diverse Vergünstigungen und Kombinationsangebote mit weiteren Mobilitäts- sowie Sharing-Anbietern, damit diese nicht zwingend ein eigenes Auto benötigen."[1329]	Carsharing-Stationen sind vermehrt in Wohnquartieren zu finden. Die Bürger nutzen vermehrt das Carsharing. • **die Erwartung, dass der regionale Carsharing-Anbieter attraktive Angebote, insbesondere auch für Bürger in neu entstehenden Wohnquartieren, schafft**

[1325] Interview 4.ST, 32.
[1326] Neben dem größeren regionalen Carsharing-Anbieter existiert noch ein weiterer kleinerer E-Carsharing-Anbieter in einer angrenzenden Mittelstadt, der sein E-Carsharing-Angebot auch vereinzelt in den umliegenden Gemeinden bereitstellt.
[1327] Interview 4.ST, 34.
[1328] Vgl. Interview 4.ST, 28.
[1329] Vgl. Interview 4.ST, 37.

4.ST, d2	„Carsharing-Anbieter sollen ein flächendeckendes Carsharing-Angebot, d. h. Stationen auch in den umliegenden Gemeinden installieren, damit die Bürger dort bei Bedarf auch auf ein Auto zugreifen können.“[1330]	Carsharing wird flächendeckend angeboten. • **die Erwartung, dass Carsharing-Anbieter ein flächendeckendes Carsharing-Angebot, d. h. Stationen auch in den umliegenden Gemeinden installieren**
4.ST, d3	„Der regionale Carsharing-Anbieter[1331] soll (E-)Carsharing-Fahrzeuge an Mobilitätsstationen anbieten, d. h. Teil einer multimodalen Wegekette werden. Diese Mobilitätsstationen sollen primär in den neu entstehenden Wohnquartieren in der Regiopole entstehen.“[1332]	(E-)Carsharing-Fahrzeuge können an Mobilitätsstationen geshared werden. • **die Erwartung, dass der regionale Carsharing-Anbieter (E-)Carsharing-Fahrzeuge an Mobilitätsstationen anbietet, die primär in neu entstehenden Wohnquartieren entstehen soll**
4.ST, f1	„Carsharing ist eine Mobilitätsoption, um nachhaltige Mobilität in der Regiopole weiter umzusetzen und damit eine erhöhte Lebensqualität für die Bürger zu erzielen.“[1333]	Carsharing ist Teil einer nachhaltigen urbanen Mobilität. • **die Erwartung, dass Carsharing zur nachhaltigen Mobilität in der Regiopole beiträgt**
4.ST, f2	„Carsharing ist nicht nur Teil des Umweltverbundes, sondern trägt wesentlich zur Stärkung von diesem bei.“[1334]	Carsharing-Fahrzeuge sind besonders umweltfreundlich und emissionsarm sowie eine Ergänzung zum ÖPNV und weiteren nachhaltigen Mobilitätsangeboten. • **die Erwartung, dass durch das Carsharing-Angebot der Umweltverbund gestärkt wird**
5.ST		
5.ST, a1	„Der regionale Carsharing-Anbieter soll sich in Bezug auf neue Carsharing-Stellplätze bzw. -Standorte mit den Verantwortlichen der Großstadt bestmöglich austauschen.“[1335]	Der regionale Carsharing-Anbieter hat attraktive Stellplätze • **die Erwartung, dass sich der regionale Carsharing-Anbieter in Bezug auf neue Carsharing-Stellplätze bzw. -Standorte mit den**

[1330] Interview 4.ST, 37.

[1331] Hier wird der Begriff „regionaler Carsharing-Anbieter“ genutzt, da dieser Carsharing-Anbieter sein Angebot nur in dieser Regiopole bereitstellt und hier auch der einzige Carsharing-Anbieter ist.

[1332] Vgl. Interview 4.ST, 15 & 37.

[1333] Interview 4.ST, 11.

[1334] Interview 4.ST, 22.

[1335] Vgl. Interview 5.ST, 11.

		Verantwortlichen der Großstadt bestmöglich austauscht
5.ST, c1	„Der regionale Carsharing-Anbieter soll eine besonders saubere, d. h. eine besonders umweltfreundliche Flotte betreiben, d. h., dass der Fuhrpark aus besonders emissionsarmen und elektrisch- sowie hybridbetriebenen Fahrzeugen besteht."[1336]	Carsharing-Fahrzeuge sind besonders umweltfreundlich und emissionsarm. • **die Erwartung, dass der regionale Carsharing-Anbieter eine besonders umweltfreundliche Flotte betreibt verbunden mit der Erwartung, dass der Fuhrpark aus emissionsarmen und elektrisch- sowie hybridbetriebenen Fahrzeugen besteht**
5.ST, c2	„Der regionale Carsharing-Anbieter soll sich mit dem Verkehrsverbund und den Verkehrsunternehmen noch besser vernetzen."[1337]	Die Vernetzung mit dem Verkehrsverbund und den Verkehrsunternehmen ist vorangetragen. Carsharing ist eine umweltfreundliche Ergänzung zum ÖPNV. • **die Erwartung, dass sich der regionale Carsharing-Anbieter mit den Verkehrsverbünden und den Verkehrsunternehmen weiter vernetzt**
5.ST, c3	„Der regionale Carsharing-Anbieter soll seine E-Flotte weiter auszubauen."[1338]	Der regionale Carsharing-Anbieter hat mehr Elektro-Carsharing-Fahrzeuge. • **die Erwartung, dass der regionale Carsharing-Anbieter seine E-Flotte weiter ausbaut**
5.ST, d1	„Der regionale Carsharing-Anbieter soll eine Ausweitung seines Carsharing-Angebots in der Großstadt sowie umliegenden Gemeinden vornehmen, d. h. mehr Carsharing-Fahrzeuge und Ausweitung des derzeitigen Geschäftsgebietes auf die umliegenden Gemeinden, so dass die Einwohner dort eine weitere Mobilitätsoption haben, individuell mobil zu sein, um etwa in die Großstadt fahren zu können und Wegstrecken zurückzulegen, die mit dem ÖPNV nicht möglich sind."[1339]	Das Carsharing-Angebot des regionalen Carsharing-Anbieters ist in der Großstadt und den umliegenden Gemeinden ausgeweitet worden. Das Carsharing-Angebot ergänzt das ÖPNV-Angebot. • **die Erwartung, dass der regionale Carsharing-Anbieter eine Ausweitung seines Carsharing-Angebots in der Großstadt sowie umliegenden Gemeinden vornimmt, sodass Wegstrecken zurückzulegt werden können, die mit dem ÖPNV nicht möglich sind**

[1336] Interview 5.ST, 36.

[1337] Vgl. Interview 5.ST, 40.

[1338] Interview 5.ST, 36.

[1339] Vgl. Interview 5.ST, 42.

5.ST, d2	„Der regionale Carsharing-Anbieter soll in den neu entstehenden Wohnquartieren in der Großstadt mit seinem (E-)Carsharing-Angebot Bestandteil von Mobilitätsstationen werden, die aus (E-)Carsharing, Bike Sharing sowie direkten Anschluss an öffentliche Verkehrsmittel bestehen sollen."[1340]	Das E-Carsharing-Angebot des regionalen Carsharing-Anbieters ist in den neuen Wohnquartieren der Großstadt Bestandteil von Mobilitätsstationen. • **die Erwartung, dass der regionale Carsharing-Anbieter in den neu entstehenden Wohnquartieren in der Großstadt mit seinem (E-)Carsharing-Angebot Bestandtell von Mobilitätsstationen wird**
5.ST, d3	„Der regionale Carsharing-Anbieter soll attraktive Tarifmodelle für Nutzergruppen wie Studenten, Fahranfänger, sozial Schwächere und ältere Menschen anbieten, so dass noch mehr Bürger das Carsharing nutzen und auf einen eigenen PKW verzichten."[1341]	Der regionale Carsharing-Anbieter bietet attraktive Tarifmodelle für verschiedene Nutzergruppen an. Das Carsharing-Angebot wird vermehrt genutzt. • **die Erwartung, dass der regionale Carsharing-Anbieter attraktive Tarifmodelle für Nutzergruppen wie Studenten, Fahranfänger, sozial Schwächere und ältere Menschen anbietet**
5.ST, f1	„Das Carsharing ist eine notwendige Alternative zum eigenen PKW und kann wesentlich zur Verkehrswende beitragen."[1342]	Das Carsharing ersetzt zunehmend private PKW und trägt zur Verkehrswende bei. • **die Erwartung, dass Carsharing als Alternative zum eigenen PKW wesentlich zur Verkehrswende beiträgt**
5.ST, g1	„Durch attraktive Carsharing-Angebote sollen die Nutzer beim Carsharing bleiben und nicht auf den eigenen PKW zugreifen bzw. diesen abschaffen oder überhaupt erst keinen eigenen kaufen."[1343]	Das Carsharing wird vermehrt genutzt. • **die Erwartung, dass durch attraktive Carsharing-Angebote die Nutzer beim Carsharing bleiben und nicht auf den eigenen PKW zugreifen bzw. diesen abschaffen oder überhaupt erst keinen eigenen kaufen**
6.ST		

[1340] Interview 5.ST, 48.
[1341] Vgl. Interview 5.ST, 61.
[1342] Vgl. Interview 5.ST, 3.
[1343] Vgl. Interview 5.ST, 32.

6.ST, a1	„Der E-Carsharing-Anbieter in der Mittelstadt soll in Bezug auf neue Stellplätze bzw. Ladesäulen für seine E-Carsharing-Fahrzeuge mit der Stadt zusammenarbeiten, d. h. attraktive Stationen für (potentielle) Nutzer anhand einer gemeinsam durchgeführten Potentialanalyse finden. Kriterien sollten u. a. sein: Agglomeration von Wohnanlagen, Geschäften, Betrieben oder Unternehmen, unmittelbarer ÖPNV-Anschluss und so Ermöglichung einer multimodalen Wegekette für die Nutzer."[1344]	Der E-Carsharing-Anbieter hat in Zusammenarbeit mit der Stadt attraktive Stellplätze gefunden, die an bestimmte Kriterien geknüpft sind. • **die Erwartung, dass der E-Carsharing-Anbieter sich in Bezug auf neue Stellplätze bzw. Ladesäulen für seine E-Carsharing-Fahrzeuge in der Mittelstadt zusammen mit der Stadt abstimmt und diese anhand Kriterien wie z. B. unmittelbarer ÖPNV-Anschluss auswählt**
6.ST, a2	„Die Carsharing-Anbieter sollen ihre Fahrzeuge sichtbarer machen und Alleinstellungsmerkmale besitzen, d. h. durch entsprechende Kennzeichen an ihren Fahrzeugen etwa in Form einer einheitlichen Farbe, Werbematerialien oder spezieller Bauweise."[1345]	Carsharing-Fahrzeuge besitzen Alleinstellungsmerkmale und sind besonders sichtbar. • **die Erwartung, dass die Carsharing-Anbieter ihre Fahrzeuge sichtbarer machen sollen, d. h. Alleinstellungsmerkmale besitzen sollen etwa in Form einer einheitlichen Farbe**
6.ST, c1	„Das E-Carsharing soll ausgebaut werden, d. h. die Carsharing-Anbieter sollen den Anteil der E-Fahrzeuge in ihren Flotten weiter erhöhen."[1346]	Das E-Carsharing-Angebot ist ausgeweitet worden. • **die Erwartung, dass der Anteil der E-Fahrzeuge in der E-Carsharing-Flotte weiter ausgebaut wird**
6.ST, d1	„Der E-Carsharing-Anbieter in der Mittelstadt soll sein derzeitiges Geschäftsgebiet auf weitere umliegende Gemeinden ausweiten."[1347]	Das Geschäftsgebiet des E-Carsharing-Anbieters wurde auf weitere umliegende Gemeinden ausgeweitet. • **die Erwartung, dass der E-Carsharing-Anbieter in der Mittelstadt sein derzeitiges Geschäftsgebiet auf weitere umliegende Gemeinden ausweitet**
6.ST, d2	„Die Mittelstadt sowie die am E-Carsharing-Projekt teilnehmenden umliegenden Gemeinden sollen ihren Mitarbeitern mehr E-Carsharing-Fahrzeuge für	Städtische Mitarbeiter und Bürger der Mittelstadt sowie der teilnehmenden umliegenden Gemeinden nutzen vermehrt das E-Carsharing-Angebot.

1344 Interview 6.ST, 48.

1345 Vgl. Interview 6.ST, 78.

1346 Vgl. Interview 6.ST, 27.

1347 Vgl. Interview 6.ST, 54.

	Dienstfahrten bereitstellen und bei Nicht-Buchung diese den Bürgern vor Ort frei zur Verfügung zu stellen."[1348]	• **die Erwartung, dass die Mittelstadt sowie die am E-Carsharing-Projekt teilnehmenden umliegenden Gemeinden ihren Mitarbeitern mehr E-Carsharing-Fahrzeuge für Dienstfahrten bereitstellen**
6.ST, f1	„E-Carsharing ist notwendig, um den Umweltverbund zu stärken."[1349]	E-Carsharing-Fahrzeuge sind eine Ergänzung zum ÖPNV und weiteren nachhaltigen Mobilitätsangeboten. • **die Erwartung, dass durch das Carsharing-Angebot der Umweltverbund gestärkt wird**

8.2.6 Verkehrsverbünde

ID Stakeholder-Aussage	**Aussagen zu Erwartungen, die einen Einfluss auf das Geschäftsmodell Carsharing haben**	Möglicher Einfluss bzw. Auswirkungen auf sowie für das Carsharing / **Einflussfaktor(en) auf das Geschäftsmodell Carsharing**
1.VVB		
1.VVB, a1	„Der Carsharing-Anbieter in der Regiopole[1350] soll sein Carsharing-Angebot weiter optimieren. Dies betrifft primär die Buchung, Bezahlung und Ortung der Carsharing-Fahrzeuge und somit die Weiterentwicklung der bisherigen Carsharing-App."[1351]	Das Carsharing Angebot ist besonders kundenfreundlich gestaltet. Die Carsharing App ist leicht zu bedienen und ermöglicht einen schnellen Zugriff sowie eine einfache und unkomplizierte Zahlungsabwicklung. • **die Erwartung, dass der Carsharing-Anbieter in der Regiopole sein Carsharing-Angebot weiter optimiert. Dies betrifft primär die Buchung, Bezahlung und Ortung der Carsharing-Fahrzeuge und somit die Weiterentwicklung der bisherigen Carsharing-App.**
1.VVB, a2	„Der Carsharing-Anbieter in der Regiopole soll sein bisheriges Geschäftsmodell um weitere Sharing-Angebote wie z. B. E-Roller Sharing, Bike Sharing, Lastenrad Sharing oder Caravan Sharing erweitern."[1352]	Der Carsharing-Anbieter hat sein Carsharing-Angebot um weitere Sharing-Angebote erweitert. • **die Erwartung, dass der Carsharing-Anbieter in der Regiopole sein bisheriges Geschäftsmodell um weitere Sharing-**

[1348] Vgl. ebd.

[1349] Interview 6.ST, 27.

[1350] Es gibt gegenwärtig einen Carsharing-Anbieter in dieser Regiopole.

[1351] Vgl. Interview 1.VVB, 16 f.

[1352] Vgl. Interview 1.VVB, 43.

		Angebote wie z. B. Bike Sharing erweitert
1.VVB, b1	„Die bisherige Zusammenarbeit, die eine reine Marketing-Kooperation mit gegenseitigen vergünstigten Angeboten für Kunden war, soll weiter ausgebaut werden, um den Kunden ein Mobilitätsangebot aus einer Hand anbieten zu können."[1353]	Die Zusammenarbeit mit dem Verkehrsverbund wurde ausgebaut. Mobilitätsangebote werden „aus einer Hand" angeboten. • **die bisherige Zusammenarbeit bzw. Kooperation soll weiter ausgebaut werden, um den Kunden ein Mobilitätsangebot aus einer Hand anbieten zu können**
1.VVB, b2	„Das Carsharing-Angebot des regionalen Carsharing-Anbieters soll in einer Mobilitäts-App, die durch den Verkehrsverbund im Rahmen eines regionalen Entwicklungsprojektes entwickelt wurde, angeboten werden. Hier können die Nutzer nicht nur die Standorte der Carsharing-Fahrzeuge live sehen, diese buchen und abrechnen, sondern auch Tickets im Verkehrsverbund kaufen und evtl. auf weitere Mobilitätsangebote in der Regiopole und den umliegenden Gemeinden zugreifen können."[1354]	Das Carsharing-Angebot des regionalen Carsharing-Anbieters ist Bestandteil der Mobilitäts-App des Verkehrsverbundes. • **„das Carsharing-Angebot des regionalen Carsharing-Anbieters soll in einer Mobilitäts-App, die durch den Verkehrsverbund im Rahmen eines regionalen Entwicklungsprojektes entwickelt wurde, angeboten werden"**
1.VVB, c1	„Der Carsharing-Anbieter in der Regiopole soll eine besonders saubere, d. h. eine besonders umweltfreundliche und emissionsarme Flotte betreiben."[1355]	Der Carsharing-Anbieter in der Regiopole hat besonders umweltfreundliche und emissionsarme Fahrzeuge. • **die Erwartung, dass der Carsharing-Anbieter in der Regiopole eine besonders saubere, d. h. eine besonders umweltfreundliche und emissionsarme Flotte betreiben soll**
1.VVB, d1	„Der Carsharing-Anbieter in der Regiopole soll sein Carsharing-Angebot auf die umliegenden Gemeinden bzw. den suburbanen Raum ausweiten und dort Bestandteil von gemeinsamen Mobilitätsstationen werden."[1356]	Das Carsharing-Angebot des regionalen Carsharing-Anbieters ist auf die umliegenden Gemeinden ausgeweitet worden sowie Bestandteil von gemeinsamen Mobilitätsstationen. • **die Erwartung, dass der Carsharing-Anbieter in der Regiopole sein Carsharing-Angebot auf die umliegenden Gemeinden bzw. den suburbanen Raum ausweiten soll und dort**

[1353] Interview 1.VVB, 14.

[1354] Vgl. Interview 1.VVB, 12 & 14.

[1355] Vgl. Interview 1.VVB, 21 ff.

[1356] Vgl. Interview 1.VVB, 43.

		Bestandteil von gemeinsamen Mobilitätsstationen wird
1.VVB, d2	„Der Carsharing-Anbieter in der Regiopole soll sich weiteren Kundengruppen öffnen wie z. B. Spontan- und Selten-Nutzern, Studenten oder Fahranfänger, d. h. die Eintrittshürden durch attraktive Tarifmodelle weiter reduzieren."[1357]	Der regionale Carsharing-Anbieter hat die Eintrittshürden für weitere Kundengruppen reduziert und bietet attraktive Tarifmodelle für verschiedene Kundengruppen an. Diese nutzen vermehrt das Carsharing. • **die Erwartung, dass sich der Carsharing-Anbieter in der Regiopole weiteren Kundengruppen öffnet wie z. B. Spontan- und Selten-Nutzern, Studenten oder Fahranfängern, d. h. die Eintrittshürden durch attraktive Tarifmodelle weiter reduziert**
2.VVB		
2.VVB, b1	„Die Kooperation mit dem Carsharing-Anbieter in der Metropole[1358] soll weiter ausgebaut werden."[1359]	Die Kooperation mit dem Verkehrsverbund ist ausgebaut worden. • **die Erwartung, dass die Kooperation mit dem Carsharing-Anbieter in der Metropole weiter ausgebaut wird**
2.VVB, b2	„Mit dem Carsharing-Anbieter in der Metropole sollen gemeinsame Kundengruppen erschlossen werden, die nicht auf den eigenen PKW fixiert sind."[1360]	In Zusammenarbeit mit dem Verkehrsverbund wurden neue Kundengruppen erschlossen. Dadurch hat sich die Anzahl der Carsharing-Nutzer erhöht. • **die Erwartung, dass mit dem Carsharing-Anbieter in der Metropole gemeinsame Kundengruppen erschlossen werden sollen, die nicht auf den eigenen PKW fixiert sind**
2.VVB, b3	2.VVB wünscht sich eine bessere Vernetzung mit dem Carsharing-Anbieter in der Metropole, z. B. über eine gemeinsame Mobilitäts-App, so dass Carsharing-Nutzer problemlos das Mobilitätsangebot des Verkehrsverbundes nutzen können.[1361]	Die Vernetzung zwischen Carsharing-Anbieter und Verkehrsverbund ist ausgebaut worden. Kunden können beide Mobilitätsangebote leichter nutzen. • **die Erwartung einer besseren Vernetzung mit dem Carsharing-Anbieter in der Metropole, z. B. über eine gemeinsame Mobilitäts-App**

[1357] Vgl. Interview 1.VVB, 16.

[1358] 2.VVB steht in einer Kooperation mit einem Carsharing-Anbieter in der Metropole.

[1359] Vgl. Interview 2.VVB, 15.

[1360] Interview 2.VVB, 13.

[1361] Vgl. Interview 2.VVB, 42.

2.VVB, b4	„Der Carsharing-Anbieter in der Metropole soll attraktivere Angebote im Rahmen von Corporate Carsharing anbieten, d. h. attraktivere Tarife und Fahrzeug-Angebote."[1362]	Unternehmen, Betriebe, Dienstleistungsanbieter, die Fahrzeugflotten benötigen, können Corporate Carsharing-Angebote des Carsharing-Anbieters buchen. • **die Erwartung, dass der Carsharing-Anbieter in der Metropole attraktivere Angebote im Rahmen von Corporate Carsharing anbietet**
2.VVB, c1	„Der Carsharing-Anbieter soll seine Elektro-Flotte ausbauen und mehr Ladesäulen in der Innenstadt der Metropole installieren."[1363]	Carsharing-Nutzer sharen vermehrt E-Fahrzeuge. • **die Erwartung, dass der Carsharing-Anbieter seine Elektro-Flotte ausbauen und mehr Ladesäulen in der Innenstadt der Metropole installieren soll**
2.VVB, d1	„Der Carsharing-Anbieter in der Metropole soll sein Angebot auf umliegende Gemeinden sowie den suburbanen Raum ausweiten, insbesondere dort, wo direkte ÖPNV-Anschlussmöglichkeiten bestehen. Hierbei möchte 2.VVB den Bau von Mobilitätsstationen unterstützen."[1364]	Das Carsharing-Angebot ist auf die umliegenden Gemeinden und den suburbanen Raum ausgeweitet worden sowie Bestandteil von gemeinsamen Mobilitätsstationen. • **die Erwartung, dass der Carsharing-Anbieter in der Metropole sein Angebot auf umliegende Gemeinden sowie den suburbanen Raum ausweiten soll, insbesondere dort, wo direkte ÖPNV-Anschlussmöglichkeiten bestehen**
3.VVB		
3.VVB, a1	3.VVB sieht das Carsharing-Angebot als Ergänzung zum ÖPNV, d. h. als Mobilitätsoption auf die die ÖPNV-Nutzer zugreifen können, um Wege zurückzulegen, die mit dem ÖPNV nur schwer oder gar nicht zurückgelegt werden können.[1365]	Das Carsharing-Angebot ist eine Ergänzung zum ÖPNV und wird u. a. von Personen genutzt, um Wege zurückzulegen, die mit dem ÖPNV nur schwer oder gar nicht zurückgelegt werden können. • **„Carsharing wird als Ergänzung zum ÖPNV gesehen, d. h. als Mobilitätsoption auf die die ÖPNV-Nutzer zugreifen können, um Wege zurückzulegen, die mit dem ÖPNV nur schwer oder gar nicht zurückgelegt werden können"**

1362 Vgl. Interview 2.VVB, 32.

1363 Vgl. Interview 2.VVB, 20.

1364 Vgl. Interview 2.VVB, 60.

1365 Vgl. Interview 3.VVB, 4 & 14 f.

3.VVB, b1	„Durch die Kooperation mit dem Carsharing-Anbieter in der Metropole[1366] sollen gemeinsame Kundengruppen erschlossen werden, d. h. sowohl für den Carsharing-Anbieter als auch für den Verkehrsverbund."[1367]	Das Carsharing-Angebot wird von Nutzern, die bisher nur den ÖPNV genutzt haben, genutzt. • **die Erwartung, durch die Kooperation mit dem Carsharing-Anbieter in der Metropole gemeinsame Kundengruppen zu erschließen, d. h. sowohl für den Carsharing-Anbieter als auch für den Verkehrsverbund**
3.VVB, c1	„Durch die Kooperation mit dem Carsharing-Anbieter in der Metropole soll der Umweltverbund gestärkt werden, wobei das Carsharing eine notwendige Mobilitätsalternative zum eigenen PKW ist, um zur Verkehrsentlastung und zur Reduzierung des Parkdrucks wie auch zu einer steigenden Lebensqualität beizutragen."[1368]	Der Carsharing-Anbieter hat ein attraktives Carsharing-Angebot mit besonders umweltfreundlichen und emissionsarmen Fahrzeugen, das den ÖPNV ergänzt und den Umweltverbund stärkt. • **„durch die Kooperation mit dem Carsharing-Anbieter in der Metropole soll der Umweltverbund gestärkt werden." Hierbei wird das Carsharing als notwendige Mobilitätsalternative zum eigenen PKW gesehen.**
3.VVB, c2	„Die Carsharing-Anbieter sollen mehr E-Fahrzeuge in ihre Flotten integrieren."[1369]	Die Carsharing-Flotten bestehen vermehrt aus E-Fahrzeugen. • **die Erwartung, dass die Carsharing-Anbieter mehr E-Fahrzeuge in ihre Flotten integrieren**

8.2.7 Energieversorger

ID Stakeholder-Aussage	**Aussagen zu Erwartungen, die einen Einfluss auf das Geschäftsmodell Carsharing haben**	Möglicher Einfluss bzw. Auswirkungen auf sowie für das Carsharing / **Einflussfaktor(en) auf das Geschäftsmodell Carsharing**
1.EV		
1.EV, a1	„Die Netzinfrastruktur vor Ort sollte in der Art vorhanden sein, dass relativ problemlos Ladesäulen aufgebaut werden können. Hier sollte ein gemeinsamer Abstimmungsprozess mit dem E-Carsharing-Anbieter durchlaufen werden, so	Die Ladeinfrastruktur für die E-Carsharing-Fahrzeuge wurde anhand der Netzinfrastruktur vor Ort in einem gemeinsamen Prozess mit dem Energieversorger aufgebaut. • **die Erwartung, dass ein gemeinsamer Abstimmungspro-**

[1366] 3.VVB steht in einer Kooperation mit einem Carsharing-Anbieter in der Metropole.

[1367] Vgl. Interview 3.VVB, 4 & 14 f.

[1368] Vgl. Interview 3.VVB, 26 ff.

[1369] Vgl. Interview 3.VVB, 17.

	dass die passenden Standorte für die Ladeinfrastruktur evaluiert und final ausgesucht werden."[1370]	**zess mit dem E-Carsharing-Anbieter zum Aufbau von Ladeinfrastruktur durchlaufen wird**
1.EV, a2	1.EV erwartet von dem E-Carsharing-Anbieter, dass man sich regelmäßig abstimmt, d. h., dass man (potenzielle) Ladestandorte gemeinsam anhand bestimmter Kriterien diskutiert und auswählt.[1371]	Die Ladestandorte für die E-Carsharing-Fahrzeuge sind anhand bestimmter Kriterien ausgesucht worden. • **die Erwartung, dass man sich zu (potentiellen) Ladestandorten für die E-Carsharing-Fahrzeuge regelmäßig abstimmt und dies anhand ausgesuchter Kriterien tut, die das E-Carsharing attraktiv machen**
1.EV, a3	1.EV hat an den E-Carsharing-Anbieter die Erwartung, „bei neuen technischen Entwicklungen im Zusammenhang mit der Ladeinfrastruktur bzw. den E-Fahrzeugen zusammen zu arbeiten und diese entsprechend zu testen."[1372]	Der Ladevorgang bei den Elektro-Carsharing-Fahrzeugen ist stets optimiert. • **die Erwartung, „bei neuen technischen Entwicklungen im Zusammenhang mit der Ladeinfrastruktur bzw. den E-Fahrzeugen mit dem Carsharing-Anbieter zusammen zu arbeiten und entsprechend zu testen"**
1.EV, a4	1.EV hat an den E-Carsharing-Anbieter die Erwartung, dass neue E-Fahrzeuge, die auf den Markt kommen und in das E-Carsharing aufgenommen werden, an den Ladesäulen vorab getestet werden.[1373]	Der Ladevorgang bei den Elektro-Carsharing-Fahrzeugen ist stets optimiert. • **die Erwartung, dass neue E-Fahrzeuge, die auf den Markt kommen und in das E-Carsharing aufgenommen werden, an den Ladesäulen vorab getestet werden**
1.EV, b1	„Die Vernetzung mit dem Verkehrsverbund und den Verkehrsunternehmen sowie weiteren Mobilitätsanbietern soll vorangetrieben werden."[1374]	Der E-Carsharing-Anbieter ist mit den Verkehrsunternehmen im Verkehrsverbund optimal vernetzt. • **die Erwartung, dass die Vernetzung mit dem Verkehrsverbund und den Verkehrsunternehmen sowie weiteren**

[1370] Vgl. Interview 1.EV, 13.

[1371] D. h., dass die Standorte in einer gewissen räumlichen und zeitlichen Entfernung zu relevanten Nutzergruppen sein sollten, genügend Platz für die E-Fahrzeuge an den Ladesäulen vorhanden sein sollte und die Sichtbarkeit der E-Fahrzeuge gegeben sein sollte. Vgl. Interview 1.EV, 13.

[1372] Interview 1.EV, 48.

[1373] Dies liegt daran, dass die neuen E-Fahrzeuge in der Regel neue Ladeeinrichtungen, neue Software, neue IT sowie neue Schnittstellen haben. Somit soll sichergestellt werden, dass die E-Fahrzeuge einwandfrei von den Nutzern geladen werden können. Vgl. Interview 1.EV, 50.

[1374] Dies könnte etwa über eine gemeinsame Mobilitäts-App oder eine Mobilitätskarte ablaufen, mit der nicht nur die E-Fahrzeuge an den Ladesäulen aufgeladen werden könnten, sondern die auch für Fahrten im Verkehrsverbund oder bei anderen teilnehmenden Mobilitätsanbietern genutzt werden könnte. Vgl. Interview 1.EV, 56.

		Mobilitätsanbietern vorangetrieben wird
1.EV, b2	1.EV hat an den E-Carsharing-Anbieter die Erwartung, das bereits vorhandene und gemeinsam abgestimmte Geschäftsgebiet in seiner gegenwärtigen Größe nicht weiter zu verkleinern.[1375]	Der E-Carsharing-Anbieter hat sein Geschäftsgebiet in der Metropole nicht weiter verkleinert. • **die Erwartung, dass der E-Carsharing-Anbieter das bereits vorhandene und gemeinsam abgestimmte Geschäftsgebiet in seiner gegenwärtigen Größe nicht weiter verkleinert**
2.EV		
2.EV, a1	1.EV erwartet von dem E-Carsharing-Anbieter, dass man sich regelmäßig abstimmt, d. h., dass man potentielle Ladestandorte gemeinsam anhand bestimmter Kriterien auswählt wie etwa gute Sichtbarkeit der E-Fahrzeuge.[1376]	Die Ladestandorte für die E-Carsharing-Fahrzeuge sind anhand bestimmter Kriterien ausgesucht worden. • **die Erwartung, dass man sich zu potentiellen Ladestandorten für die E-Carsharing-Fahrzeuge regelmäßig abstimmt und dies anhand ausgesuchter Kriterien tut, die das E-Carsharing attraktiv machen**
2.EV, a2	2.EV erwartet von dem E-Carsharing-Anbieter sich regelmäßig zu möglichen Neuerungen im Zusammenhang mit Elektromobilität und Ladeinfrastruktur, die das E-Carsharing betreffen können, abzustimmen.[1377]	Der Ladevorgang bei den Elektro-Carsharing-Fahrzeugen ist stets optimiert. • **die Erwartung an den E-Carsharing-Anbieter, dass man sich regelmäßig zu möglichen Neuerungen im Zusammenhang mit Elektromobilität und Ladeinfrastruktur, die das E-Carsharing betreffen, abstimmt**
2.EV, a3	„Der E-Carsharing-Anbieter soll ein attraktives E-Carsharing-Angebot anbieten."[1378]	Der E-Carsharing-Anbieter hat ein attraktives E-Carsharing-Angebot, d. h. sichtbare und ansprechende Werbung, attraktive Tarife für diverse Nutzergruppen sowie Kombinationsangebote mit weiteren Mobilitätsanbietern. • **die Erwartung, dass der E-Carsharing-Anbieter ein attraktives E-Carsharing-Angebot anbietet**

[1375] Hierbei betont 1.EV für den Fall, dass der E-Carsharing-Anbieter sein Geschäftsgebiet in der Metropole weiter verkleinern möchte, dass dadurch dort bereits installierte Ladesäulen erfahrungsgemäß weniger genutzt werden. Dadurch sinkt der Stromabsatz, was wiederum mit Gewinneinbußen für den Energieversorger verbunden ist. Vgl. Interview 1.EV, 44.

[1376] Interview 2.EV, 11.

[1377] Vgl. Interview 2.EV, 31.

[1378] Vgl. Interview 2.EV, 24.

2.EV, b1	2.EV erwartet durch die Kooperation mit dem E-Carsharing-Anbieter und den gesammelten Erfahrungen zur Nutzung der E-Fahrzeuge und der Ladeinfrastruktur „besser verstehen zu können, welche Anforderungen die Nutzer an das E-Carsharing haben, wie die Nutzer- und Buchungszahlen aussehen und wie sich das E-Carsharing-Angebot für die Anbieter rechnet." Hierbei erwähnt 2.EV, dass er ein eigenes quartiersbezogenes Carsharing-Angebot in der Metropole plant.[1379]	Die Beziehung zum E-Carsharing-Anbieter läuft bestmöglich ab, die Ladeinfrastruktur ist stets optimiert. • **durch die Kooperation mit dem E-Carsharing-Anbieter und den gesammelten Erfahrungen zur Nutzung der E-Fahrzeuge und der Ladeinfrastruktur, möchte der Energieversorger das E-Carsharing-Angebot weiter optimieren und ausbauen. Hierbei plant der Energieversorger ein eigenes E-Carsharing-Angebot in einem Stadtquartier in der Metropole aufzubauen.**
2.EV, b2	2.EV möchte die installierten Ladesäulen bei Möglichkeit auch für den Eigenbedarf nutzen. So plant 2.EV ein eigenes E-Carsharing Angebot in einem neu entstehenden Stadtquartier in der Metropole zu installieren.[1380]	Die Ladesäulen werden von eigenen E-Carsharing-Fahrzeugen des Energieversorgers genutzt. Die Auslastung der Ladestationen erhöht sich. • **die in der Metropole installierten Ladesäulen, die bisher von einem in einer Geschäftsbeziehung stehenden E-Carsharing-Anbieter genutzt werden, sollen auch für den Eigenbedarf genutzt werden, d. h. für das in Planung stehende eigene E-Carsharing-Angebot, dass in einem neu entstehenden Stadtquartier in der Metropole entstehen soll**
3.EV		
3.EV, a1	„Der E-Carsharing-Anbieter soll ein attraktives E-Carsharing-Angebot anbieten."[1381]	Der E-Carsharing-Anbieter hat ein attraktives E-Carsharing-Angebot, d. h. sichtbare und ansprechende Werbung, attraktive Tarifmodelle für diverse Nutzergruppen sowie Kombinationsangebote mit weiteren Mobilitätsanbietern.

[1379] Dadurch soll die Auslastung der Ladesäulen optimiert werden sowie Erfahrungswerte für den zukünftigen Aufbau öffentlicher Ladeinfrastruktur und deren bestmögliche Auslastung generiert und genutzt werden. Vgl. Interview 2.EV, 35.

[1380] Hierbei möchte 2.EV aus der bisherigen Zusammenarbeit mit dem E-Carsharing-Anbieter und den bisher gemachten Erfahrungen lernen, d. h. in Bezug auf Standortauswahl, Auslastung der Fahrzeuge, Nutzerzahlen sowie möglichen Problemen mit E-Fahrzeugen. Vgl. Interview 2.EV, 26 & 39.

[1381] Vgl. Interview 3.EV, 24.

		• **die Erwartung, dass der E-Carsharing-Anbieter ein attraktives E-Carsharing-Angebot anbietet**
3.EV, b1	3.EV hat das Interesse, Elektrostrom umzusetzen und Absatz zu generieren, d. h., dass möglichst viele E-Fahrzeuge an den Ladesäulen platziert sind und geladen werden.[1382]	Das E-Carsharing-Angebot ist abhängig von der Ladeinfrastruktur des Energieversorgers. • **das Interesse des Energieversorgers den Absatz von Elektrostrom zu steigern, d. h., dass möglichst viele E-Fahrzeuge an den Ladesäulen platziert sind und geladen werden**
3.EV, b2	„Durch die Kooperation mit dem E-Carsharing-Anbieter in der Mittelstadt sollen positive Effekte für eigene Geschäftsfelder im Bereich der E-Mobilität erzielt werden."[1383]	Die Kooperation mit dem E-Carsharing-Anbieter wirkt sich positiv auf das Geschäftsfeld „E-Mobilität" von 3.EV aus. • **der Energieversorger verfolgt durch die Kooperation mit dem E-Carsharing-Anbieter in der Mittelstadt eigene Interessen in Bezug auf sein eigenes Angebot zu Elektromobilität, d. h. u. a. Strom für private E-Fahrzeuge bereitzustellen**
3.EV, b3	3.EV will zusammen mit dem E-Carsharing-Anbieter die Zusammenarbeit mit dem regionalen Verkehrsverbund ausbauen, um so die gegenseitige Vernetzung voranzutreiben.[1384]	Die Zusammenarbeit und Vernetzung mit dem regionalen Verkehrsverbund sind optimiert. • **die Erwartung, dass die Vernetzung zwischen Energieversorger, E-Carsharing-Anbieter und dem regionalen Verkehrsverbund ausgebaut wird**
3.EV, j1	3.EV hat das Interesse, zusammen mit dem E-Carsharing-Anbieter das Thema Elektromobilität für die Bürger vor Ort erlebbar zu machen, d. h. diesen die Möglichkeit zu geben, E-Fahrzeuge ohne großen Aufwand in der Mittelstadt nutzen zu können und dies zu relativ günstigen Konditionen.[1385]	E-Carsharing wird vermehrt genutzt und dient als Einstieg bzw. Umstieg auf Elektromobilität im privaten Bereich • **das Interesse, zusammen mit dem E-Carsharing-Anbieter das Thema Elektromobilität für die Bürger vor Ort erlebbar zu machen**

[1382] Mit den E-Carsharing-Fahrzeugen besteht eine Grundlast, d. h. die Fahrzeuge stehen an der Ladesäule und werden dort geladen. Vgl. Interview 3.EV, 9.

[1383] Z. B. in Bezug auf den weiteren Ausbau von Ladeinfrastruktur für private E-Fahrzeuge oder in Bezug auf das eigene E-Roller Sharing-Angebot. Vgl. Interview 3.EV, 34.

[1384] Dabei sollen mehr Nutzer für das eigene Elektro-Stadtbus-Angebot gewonnen werden. Hierbei möchte 3.EV mit dem Verkehrsverbund zusammenarbeiten, etwa in Form von gemeinsamen Marketingmaßnahmen. Vgl. Interview 3.EV, 41.

[1385] Vgl. Interview 3.EV, 24.

8.2.8 Interessenverbände und Verkehrsclubs

Interessenverbände

ID Stakeholder-Aussage	Aussagen zu Erwartungen, die einen Einfluss auf das Geschäftsmodell Carsharing haben	Möglicher Einfluss bzw. Auswirkungen auf sowie für das Carsharing / **Einflussfaktor(en) auf das Geschäftsmodell Carsharing**
1.IV		
1.IV, a1	„Die Carsharing-Anbieter sollen sich weiterhin für eine Verbesserung ihrer Rahmenbedingungen einsetzen, d. h. etwa die Umsetzung des Carsharinggesetzes in Bezug auf die jeweiligen Geschäftsgebiete bzw. Standorte der Fahrzeuge weiter vorantragen, sodass das Thema Stellplatzproblematik im öffentlichen Straßenraum gelöst ist."[1386]	Das Carsharinggesetz ist in den Geschäftsgebieten der Carsharing-Anbieter umgesetzt worden. Es stehen attraktive Carsharing-Stellplätze zur Verfügung. • **die Erwartung, dass sich die Carsharing-Anbieter weiterhin für eine Verbesserung ihrer Rahmenbedingungen einsetzen, d. h. etwa die Umsetzung des Carsharinggesetzes vor Ort weiter vorantragen**
1.IV, a2	„Die Carsharing-Anbieter sollen ihre Geschäftsmodelle im Rahmen ihrer Möglichkeiten ständig weiterentwickeln, um für die Zukunft gut aufgestellt zu sein, d. h. sowohl technologisch, als auch was die Kundenansprache und das Marketing angeht."[1387]	Die Carsharing-Angebote und deren Vermarktung werden stets weiterentwickelt und optimiert. • **die Erwartung, dass die Carsharing-Anbieter ihre Geschäftsmodelle im Rahmen ihrer Möglichkeiten ständig weiterentwickeln, um für die Zukunft gut aufgestellt zu sein, d. h. sowohl technologisch als auch was die Kundenansprache und das Marketing angeht**
1.IV, a3	„Die Carsharing-Anbieter sollen ihr Geschäftsmodell in ein mögliches zukünftiges Verkehrssystem integrieren, in dem das autonome Fahren nicht nur im privaten Bereich, sondern auch im Rahmen neuer Mobilitätsdienstleistungen wie etwa dem Ride Hailing oder dem Ride Pooling eine Rolle spielen wird. Das heißt, dass sich die Carsharing-Anbieter	Das Carsharing-Geschäftsmodell wird durch Mobilitätsdienste wie dem Ride Hailing und Ride Pooling ergänzt. Carsharing-Fahrzeuge könnten autonom fahren. • **die Erwartung, dass sich die Carsharing-Anbieter auf das autonome Fahren vorbereiten, d. h. ihr Geschäftsmodell in ein mögliches zukünftiges Verkehrssystem integrieren,**

[1386] Vgl. Interview 1.IV, 13.

[1387] Interview 1.IV, 13.

	konkret auf das autonome Fahren vorbereiten."[1388]	**in dem das autonome Fahren nicht nur im privaten Bereich, sondern auch im Rahmen neuer Mobilitätsdienstleistungen wie etwa dem Ride Hailing oder dem Ride Pooling eine Rolle spielen wird**
1.IV, a4	„Die Carsharing-Anbieter sollen die Sichtbarkeit ihrer Fahrzeuge erhöhen, d. h. die Carsharing-Fahrzeuge durch entsprechende Kennzeichen von privaten PKW sowie weiteren Fahrzeugen im Straßenverkehr unterscheiden."[1389]	Carsharing-Fahrzeuge grenzen sich durch ihren Wiedererkennungswert von anderen am Straßenverkehr teilnehmenden Fahrzeugen ab. • **die Erwartung, dass die Carsharing-Anbieter die Sichtbarkeit ihrer Fahrzeuge erhöhen sollen**
1.IV, b1	„Die Carsharing-Anbieter sollen ihre Carsharing-Angebote bei Möglichkeit zusammen mit weiteren Mobilitätsanbietern auf digitalen Plattformen bzw. Mobilitäts-Apps anbieten, um so vorhandene Eintrittshürden weiter zu senken."[1390]	Die Carsharing-Angebote werden gemeinsam mit weiteren Mobilitätsangeboten in Mobilitäts-Apps angeboten. Die Sichtbarkeit der Carsharing-Angebote wird erhöht. • **die Erwartung, dass die Carsharing-Anbieter ihre Carsharing-Angebote zusammen mit weiteren Mobilitätsanbietern auf digitalen Plattformen bzw. Mobilitäts-Apps anbieten, um so vorhandene Eintrittshürden weiter zu senken**
1.IV, b2	„Die Carsharing-Anbieter sollen ihre ohnehin schon sehr attraktiven Angeboten noch stärker nach außen kommunizieren und somit auf sich weiter aufmerksam machen."[1391]	Carsharing-Anbieter werben mehr für ihre Carsharing-Angebote. • **die Erwartung, dass die Carsharing-Anbieter ihre Angebote noch stärker nach außen kommunizieren und auf sich aufmerksam machen**
1.IV, c1	„Die Carsharing-Anbieter sollen eine besonders umweltfreundliche Flotte betreiben, d. h., dass der Fuhrpark der Carsharing-Anbieter aus besonders emissionsarmen und elektrisch-. hybrid- sowie wasserstoffbetriebenen Fahrzeugen besteht."[1392]	Die Carsharing-Fahrzeuge sind besonders umweltfreundlich und emissionsarm, d. h. diese sind elektrisch- bzw. hybrid- sowie wasserstoffbetrieben. • **die Erwartung, dass die Carsharing-Anbieter eine besonders umweltfreundliche Flotte betreiben, d. h., dass der Fuhrpark der Carsharing-Anbieter**

[1388] Vgl. Interview 1.IV, 42.

[1389] Dies kann z. B. mit Hilfe von ausdrucksstarken und farbig besonders sichtbaren Aufklebern an den Fahrzeugen oder durch farbig abgestimmte Fahrzeuge erreicht werden, d. h. alle Carsharing-Fahrzeuge haben die gleiche Farbe bzw. Farbmuster oder Farbkombinationen. Vgl. Interview 1.IV, 38 & 63.

[1390] D. h. eine einfachere Buchung verbunden mit vereinfachten Ortungs- und Bezahlfunktionen zu ermöglichen. Vgl. Interview 1.IV, 38.

[1391] Interview 1.IV, 63.

[1392] Vgl. Interview 1.IV, 42.

		aus besonders emissionsarmen und elektrisch-, hybrid- sowie wasserstoffbetriebenen Fahrzeugen besteht
1.IV, c2	„Die Carsharing-Anbieter sollen ihre Zusammenarbeit mit den Verkehrsverbünden und den Verkehrsunternehmen weiter ausbauen."[1393]	Die Zusammenarbeit mit den Verkehrsverbünden und den Verkehrsunternehmen ist ausgebaut worden. • **die Erwartung, dass die Carsharing-Anbieter ihre Zusammenarbeit mit den Verkehrsverbünden und den Verkehrsunternehmen weiter ausbauen**
1.IV, d1	„Die Carsharing-Anbieter sollen attraktive Tarifmodelle für Nutzergruppen wie etwa Studenten, Fahranfänger, Arbeitslose, ältere Menschen und Alleinerziehende anbieten."[1394]	Verschiedene Nutzergruppen sharen Carsharing-Fahrzeuge. • **die Erwartung, dass die Carsharing-Anbieter attraktive Tarifmodelle für Nutzergruppen wie etwa Studenten, Fahranfänger, Arbeitslose, ältere Menschen und Alleinerziehende anbieten**
2.IV		
2.IV, a1	Einige Carsharing-Anbieter sind über ihre unmittelbaren partnerschaftlichen Beziehungen zu Automobilkonzernen auch Mitglieder von 2.IV. Aus diesem Grund möchte 2.IV „vielmehr die Erwartungen dieser Carsharing-Anbieter erfüllen, als das [2.IV] nur einseitig Erwartungen an die Carsharing-Anbieter richtet."[1395]	Die Erwartungen der Carsharing-Anbieter, die Tochterunternehmen von Automobilkonzerne sind, werden von 2.IV versucht, erfüllt zu werden. • **2.IV möchte die Erwartungen der Carsharing-Anbieter erfüllen, die Mitglieder von 2.IV sind**
2.IV, a2	„Die Carsharing-Anbieter sollen tragfähige Geschäftsmodelle entwickeln, die über das gegenwärtige noch sehr stark innenstadtzentrierte Geschäftsmodell hinausgehen."[1396]	Die Carsharing-Anbieter haben tragfähige Geschäftsmodelle, die über das innenstadtzentrierte Geschäftsmodell hinausgehen. • **die Erwartung, dass die Carsharing-Anbieter tragfähige Geschäftsmodelle entwickeln, die über das gegenwärtige noch sehr stark innenstadtzentrierte Geschäftsmodell hinausgehen**

[1393] Vgl. Interview 1.IV, 38.

[1394] Vgl. Interview 1.IV, 30.

[1395] Interview 2.IV, 13.

[1396] Ebd.

2.IV, a3	„Die Carsharing-Anbieter sollen die Vernetzung mit anderen Mobilitätsanbietern, z. B. über gemeinsame Mobilitäts-Apps, vorantreiben.“[1397]	Die Carsharing-Anbieter sind mit weiteren Mobilitätsanbietern über Mobilitäts-Apps vernetzt. • **die Erwartung, dass die Carsharing-Anbieter die Vernetzung mit anderen Mobilitätsanbietern, z. B. über gemeinsame Mobilitäts-Apps, vorantreiben**
2.IV, a4	„Internetkonzerne wie z. B. Waymo oder Baidu sowie ausländische Automobilkonzerne[1398] wie z. B. Tesla oder Hyundai entwickeln Robotaxis und könnten das Carsharing-Geschäft obsolet machen.“[1399]	Robotaxis können das Carsharing obsolet machen. • **„Robotaxis, die das Carsharing-Geschäft obsolet machen könnten“**
2.IV, c1	„Die Carsharing-Angebote sind neben weiteren nachhaltigen Mobilitätsangeboten, zu denen der ÖPNV gehört, ein Mobilitätsbaustein in einer multimodalen Wegekette sowie ein notwendiger Teil des Umweltverbundes.“[1400]	Carsharing wird als eines von vielen nachhaltigen Mobilitätsangeboten in einer multimodalen Wegekette genutzt und trägt zur Stärkung des Umweltverbundes bei. • **die Erwartung, dass Carsharing ein Mobilitätsbaustein in einer multimodalen Wegekette ist sowie ein notwendiger Teil des Umweltverbundes**
2.IV, c2	„Die Carsharing-Anbieter sollen ihre Zusammenarbeit mit den Verkehrsverbünden und den Verkehrsunternehmen weiter ausbauen.“[1401]	Die Zusammenarbeit mit den Verkehrsverbünden und den Verkehrsunternehmen ist ausgebaut worden. • **die Erwartung, dass die Carsharing-Anbieter ihre Zusammenarbeit mit den Verkehrsverbünden und den Verkehrsunternehmen weiter ausbauen**
2.IV, c3	„Die Carsharing-Anbieter sollen sinnvolle und notwendige Ausweitungen ihrer Geschäftsgebiete vornehmen.“ 2.IV spricht zunehmend mit Städten, wie neue Mobilitätsangebote wie das Carsharing verstärkt auch an den Stadtrand und ins Umland gebracht werden können, da hier viele Verkehre entstehen,	Carsharing-Anbieter haben notwendige Ausweitungen ihrer Geschäftsgebiete an den Stadtrand und das Umland vorgenommen.

[1397] Vgl. Interview 2.IV, 56.

[1398] D. h. Automobilkonzerne, die keine deutschen Hersteller sind.

[1399] Vgl. Interview 2.IV, 56.

[1400] Vgl. Interview 2.IV, 40.

[1401] Vgl. Interview 2.IV, 40.

	die am Ende in der Innenstadt ankommen. Hierbei betont 2.IV, dass die Innenstadt-Einwohner ohnehin schon genügend Mobilitäts-Alternativen haben, und es vielmehr darum gehe, neue Mobilitätsangebote, wozu auch das Carsharing gehört, an den Stadtrand zu bringen.[1402]	• **die Erwartung, dass die Carsharing-Anbieter Ausweitungen ihrer Geschäftsgebiete vornehmen, d. h. verstärkt auch an den Stadtrand und ins Umland gehen**

Verkehrsclubs

3.IV	**Aussagen zu Erwartungen, die einen Einfluss auf das Geschäftsmodell Carsharing haben**	Möglicher Einfluss bzw. Auswirkungen auf sowie für das Carsharing / **Einflussfaktor(en) auf das Geschäftsmodell Carsharing**
3.IV, c1	„Die Carsharing-Anbieter sollen sich an den Zielen von 3.IV orientieren, d. h. zu einer nachhaltigen urbanen Mobilität und zur Verkehrswende aktiv durch attraktive Geschäftsmodelle beitragen und nicht noch mehr Verkehr produzieren."[1403]	Carsharing-Anbieter haben Geschäftsmodelle, die durch ihre verkehrsentlastende Wirkung zur nachhaltigen urbanen Mobilität und Verkehrswende beitragen. • **die Erwartung, dass die Carsharing-Anbieter sich an den Zielen von 3.IV orientieren, d. h. mit ihren Geschäftsmodellen zu einer nachhaltigen urbanen Mobilität und zur Verkehrswende beitragen**
3.IV, c2	„Die Carsharing-Angebote sind neben weiteren nachhaltigen Mobilitätsangeboten, zu denen der ÖPNV gehört, ein Mobilitätsbaustein in einer multimodalen Wegekette sowie ein notwendiger Teil zur Stärkung des Umweltverbundes."[1404]	Carsharing wird als eines von vielen nachhaltigen Mobilitätsangeboten in einer multimodalen Wegekette genutzt und trägt zur Förderung des Umweltverbundes bei. • **die Erwartung, dass Carsharing ein Mobilitätsbaustein in einer multimodalen Wegekette sowie ein notwendiger Teil zur Stärkung des Umweltverbundes ist**
3.IV, c3	„Die Carsharing-Anbieter sollen ihre Zusammenarbeit mit den Verkehrsverbünden und den Verkehrsunternehmen weiter ausbauen."[1405]	Die Zusammenarbeit mit den Verkehrsverbünden und den Verkehrsunternehmen ist ausgebaut worden. • **die Erwartung, dass die Carsharing-Anbieter ihre Zusammenarbeit mit den Verkehrsverbünden und den Verkehrsunternehmen ausbauen**

[1402] Vgl. Interview 2.IV, 15.
[1403] Vgl. Interview 3.IV, 21.
[1404] Vgl. Interview 3.IV, 21.
[1405] Vgl. Interview 3.IV, 44.

3.IV, c4	„Die E-Carsharing-Anbieter sollen ihre Ladesäulen zur Verkehrsentlastung nicht direkt in den Innenstädten platzieren, sondern am Stadtrand, wo es einen direkten ÖPNV-Anschluss in die Innenstadt geben sollte."[1406]	Die Ladesäulen für die E-Carsharing-Fahrzeuge sind am Stadtrand mit direkten ÖPNV-Anschluss platziert. • **die Erwartung, dass die E-Carsharing-Anbieter ihre Ladesäulen zur Verkehrsentlastung nicht direkt in den Innenstädten platzieren, sondern am Stadtrand, wo es einen direkten ÖPNV-Anschluss in die Innenstadt gibt**
3.IV, c5	„Die Carsharing-Anbieter sollen eine besonders umweltfreundliche Flotte betreiben, d. h., dass der Fuhrpark der Carsharing-Anbieter aus besonders emissionsarmen und elektrisch-, hybrid- sowie wasserstoffbetriebenen Fahrzeugen besteht."[1407]	Die Carsharing-Fahrzeuge sind besonders umweltfreundlich und emissionsarm, d. h. diese sind elektrisch- bzw. hybrid- sowie wasserstoffbetrieben. • **die Erwartung, dass die Carsharing-Anbieter eine besonders umweltfreundliche Flotte betreiben, d. h., dass der Fuhrpark der Carsharing-Anbieter aus besonders emissionsarmen und elektrisch-, hybrid- sowie wasserstoffbetriebenen Fahrzeugen besteht**
3.IV, d1	„Die Carsharing-Anbieter sollen den Nutzerinteressen nachkommen, d. h. in Bezug auf Zusammenstellung der Carsharing-Flotten mit verschiedenen Fahrzeugklassen sowie mit sich ergänzenden stationsbasierten und free-floating Angeboten sowie in Bezug auf attraktive Tarifmodelle für einzelne Nutzergruppen."[1408]	Die Carsharing-Anbieter bieten attraktive Carsharing-Angebote an, die den Bedürfnissen der Nutzer entsprechen. • **die Erwartung, dass die Carsharing-Anbieter den Nutzerinteressen nachkommen und attraktive Carsharing-Angebote zur Verfügung stellen**
4.IV		
4.IV, a1	4.IV erwartet von den Carsharing-Anbietern „Kostentransparenz bezüglich ihrer Tarifmodelle. So werden die unterschiedlichsten Tarife angeboten und es gibt vielmehr ein undurchsichtiger Tarifdschungel, als dass es transparente Preismodelle gibt."[1409]	Carsharing-Anbieter haben transparente Tarifmodelle. Vor Fahrtantritt können die Carsharing-Nutzer sich die Fahrtkosten anzeigen lassen. • **die Erwartung, dass die Tarifmodelle der Carsharing-Anbieter transparent gestaltet sind**

[1406] Vgl. Interview 3.IV, 42.
[1407] Vgl. Interview 3.IV, 51.
[1408] Vgl. Interview 3.IV, 67.
[1409] Interview 4.IV, 13.

4.IV, a2	„Die Buchung der Carsharing-Fahrzeuge sollte aus Sicht der Nutzer leicht verständlich und einfach sein, die Carsharing-Fahrzeuge sollten sich leicht öffnen lassen, was erfahrungsgemäß nicht immer der Fall ist, da es hier vereinzelt zu Störungen kommt."[1410]	Die Nutzung der Carsharing-Fahrzeuge läuft ohne jegliche Probleme ab. • **die Erwartung, dass die Buchung der Carsharing-Fahrzeuge aus Sicht der Nutzer leicht verständlich und einfach ist, mögliche Störungen sollten vermieden werden**
4.IV, a3	„Die Carsharing-Anbieter sollen Transparenz zu vorhandenen Schäden an den Carsharing-Fahrzeugen sowie den Schadensmeldungen schaffen."[1411]	Es besteht Transparenz zu Schäden an den Carsharing-Fahrzeugen. So werden u. a. sichtbare Aufkleber auf die betreffenden Stellen geklebt. • **die Erwartung, dass die Carsharing-Anbieter Transparenz zu vorhandenen Schäden an den Carsharing-Fahrzeugen sowie den Schadensmeldungen schaffen**
4.IV, c1	„Die Carsharing-Anbieter sollen ihre Verbindung zu den Mobilitätsanbietern und Verkehrsunternehmen in den Verkehrsverbünden weiter ausbauen und sich weiter vernetzen."[1412]	Die Carsharing-Anbieter haben sich mit den Mobilitätsanbietern und den Verkehrsunternehmen in den Verkehrsverbünden optimal vernetzt, d. h. über gemeinsame Mobilitäts-Apps sowie Mobilitätsstationen im öffentlichen Raum. • **die Erwartung, dass die Carsharing-Anbieter ihre Verbindung zu den Mobilitätsanbietern und Verkehrsunternehmen in den Verkehrsverbünden weiter ausbauen und sich weiter vernetzen**
4.IV, d1	4.IV möchte die Interessen seiner Mitglieder vertreten, die Carsharing-Angebote in Anspruch nehmen. Dabei hat 4.IV bereits diverse Carsharing-Angebote getestet, wobei die Tests aus Nutzersicht durchgeführt wurden.[1413]	Die Carsharing-Angebote werden in Hinblick auf die Interessen der Mitglieder von 4.IV verbessert. • **4.IV möchte die Interessen seiner Mitglieder vertreten, die Carsharing-Angebote in Anspruch nehmen**

[1410] Interview 4.IV, 14.

[1411] 4.IV schlägt bei vorhandenen Schäden an den Carsharing-Fahrzeugen vor, sichtbare Aufkleber auf die betreffende Stelle zu kleben, so dass der Nutzer weiß, dass es einen Schaden gibt, der auch bereits dem Anbieter gemeldet wurde. Vgl. Interview 4.IV, 14.

[1412] Dies kann über gemeinsame Schnittstellen passieren, z. B. über eine gemeinsame Mobilitäts-App, in der die unterschiedlichen Mobilitätsangebote im Verkehrsverbund gebucht werden können. Eine weitere Möglichkeit bieten Mobilitätsstationen im öffentlichen Raum. Hier können die Nutzer auf die unterschiedlichen Mobilitätsangebote im Verkehrsverbund in unmittelbarer räumlicher Nähe zugreifen und somit mobil sein. Vgl. Interview 4.IV, 14 & 68.

[1413] Vgl. Interview 4.IV, 13.

4.IV, d2	„Die Carsharing-Anbieter sollten den Nutzerinteressen nachkommen und attraktive Carsharing-Angebote zur Verfügung zu stellen."[1414]	Die Carsharing-Anbieter kommen den Nutzerinteressen nach und stellen attraktive Carsharing-Angebote bereit.
		• **die Erwartung, dass die Carsharing-Anbieter den Nutzerinteressen nachkommen und attraktive Carsharing-Angebote zur Verfügung stellen**
4.IV, d3	„Die Carsharing-Anbieter sollen ihre Carsharing-Angebote ausweiten."[1415]	Die Carsharing-Angebote stehen in den Städten sowie den suburbanen Räumen ausreichend zur Verfügung.
		• **die Erwartung, dass die Carsharing-Anbieter ihre Carsharing-Angebote ausweiten**

8.2.9 Weitere am Carsharing beteiligte Stakeholder

ID Stakeholder-Aussage	**Aussagen zu Erwartungen, die einen Einfluss auf das Geschäftsmodell Carsharing haben**	Möglicher Einfluss bzw. Auswirkungen auf sowie für das Carsharing / **Einflussfaktor(en) auf das Geschäftsmodell Carsharing**
1.WB		
1.WB, a1	„Die Schnittstellen und die Daten sollen so aktuell wie möglich sein"[1416]	Das Carsharing-Angebot wird in der Mobilitäts-App fehlerfrei angeboten.
	„Der gegenseitige Informationsaustausch soll optimal ablaufen."[1417]	• **der Datenaustausch über gemeinsame Schnittstellen mit 1.WB** • **der Informationsaustausch mit 1.WB**
1.WB, b1	„Durch das Anbieten des free-floating Carsharing-Angebots des Schwesterunternehmens in der eigenen Mobilitäts-App erwartet 1.WB von den Nutzern nicht nur mehr Aufmerksamkeit für das eigene Geschäftsmodell, sondern auch eine Umsatz- und Gewinnsteigerung."[1418]	Nutzer der Mobilitäts-App von 1.WB können in dieser das angebotene Carsharing-Angebot einsehen und bei Bedarf buchen.
		• **die Mobilitäts-App, in der das Carsharing-Angebot gebucht werden kann**

1414 D. h., dass die Carsharing-Fahrzeuge problemlos funktionieren, aus verschiedenen Fahrzeugklassen bestehen, eine gute Verfügbarkeit haben und die Geschäftsbereiche möglichst nicht nur im Kerngebiet von den Innenstädten sind, sondern die gesamten Stadtgebiete umfassen. Vgl. Interview 4.IV, 13 & 43.

1415 D. h. sowohl Ausweitung der gegenwärtigen Geschäftsgebiete in den Städten auf die Gesamtstadt als auch Ausweitung des Geschäftsgebietes auf den suburbanen Raum. Vgl. Interview 4.IV, 43.

1416 1.WB arbeitet mit den Schnittstellen des Carsharing-Anbieters, damit das Carsharing-Angebot in der Mobilitäts-App, die 1.WV anbietet, buchbar ist. Vgl. Interview 1.WB, 17.

1417 Vgl. ebd.

1418 Vgl. Interview 1.WB, 33.

1.WB, b2	Da 1.WB eine neutrale Mobilitäts-Plattform anbietet, möchte er zukünftig auch weitere Carsharing- und Mobilitätsangebote für sein Geschäftsmodell gewinnen. Die gegenwärtige erfolgreiche Zusammenarbeit mit dem Carsharing-Anbieter dient hierbei als positive Referenz.[1419]	Das gegenwärtige Carsharing-Angebot in der Mobilitäts-App wird durch weitere Carsharing- und Mobilitätsangebote ergänzt. • **alternative Carsharing- und Mobilitätsangebote, die mit der Mobilitäts-App gebucht werden können**
1.WB, c1	1.WB betont durch das eigene Geschäftsmodell – Mobility-as-a-Service über eine App anzubieten – den Stau in den Städten signifikant reduzieren zu können und sieht Carsharing als einen wichtigen Baustein nachhaltiger urbaner Mobilität hierbei.[1420]	Carsharing ist eines von mehreren Mobilitätsangeboten, das zur nachhaltigen Mobilität, d. h. vor allem zur Reduzierung von Stau in den Geschäftsgebieten beiträgt. • **Carsharing wird als ein wichtiger Baustein nachhaltiger urbaner Mobilität gesehen, der zur Reduzierung von Stau sowie privater PKW in den Städten beitragen kann**
1.WB, c2	„Carsharing ist ein wichtiger Baustein, neben dem ÖPNV sowie dem Rad- und Fußverkehr, um den Umweltverbund zu stärken."[1421]	Carsharing kann wesentlich zur Stärkung des Umweltverbundes beitragen. • **Carsharing wird als wichtiger Baustein neben dem ÖPNV sowie dem Rad- und Fußverkehr gesehen, um den Umweltverbund zu stärken**
1.WB, c3	In seiner Mobilitäts-App möchte 1.WB für die Vorteile von E-Mobilität für Umwelt- und Klimaschutz werben und darauf aufmerksam machen, dass man auch in den Städten und Gemeinden mit Elektrofahrzeugen problemlos mobil sein kann und keine Verbrennungsmotoren benötigt.[1422]	Das E-Carsharing-Angebot wird vermehrt genutzt. • **die Werbung in der Mobilitäts-App von 1.WB, in der 1.WB für die positiven Effekte von E-Mobilität für Umwelt- und Klimaschutz wirbt und darauf aufmerksam macht, dass man auch in den Städten und Gemeinden mit Elektrofahrzeugen mobil sein kann und keine Verbrennungsmotoren benötigt**

2.WB	**Aussagen zu Erwartungen, die einen Einfluss auf das Geschäftsmodell Carsharing haben**	Möglicher Einfluss bzw. Auswirkungen auf sowie für das Carsharing / **Einflussfaktor(en) auf das Geschäftsmodell Carsharing**
2.WB, a1		E-Carsharing besteht im suburbanen und ländlichen Raum.

[1419] Vgl. Interview 1.WB, 47.

[1420] Vgl. Interview 1.WB, 20.

[1421] Vgl. ebd.

[1422] Vgl. Interview 1.WB, 68.

	2.WB hat die Intention, E-Carsharing in den suburbanen und ländlichen Raum zu bringen.[1423]	• **die Intention, E-Carsharing in den suburbanen und ländlichen Raum zu bringen**
2.WB, a2	„Der E-Carsharing-Anbieter soll sein Geschäftsmodell ständig weiterentwickeln und Schnittstellen mit weiteren Mobilitätsanbietern aus der Region suchen und aufbauen."[1424]	Der E-Carsharing-Anbieter hat sein Geschäftsmodell weiterentwickelt und sich mit weiteren Mobilitätsanbietern vernetzt. • **die Erwartung, dass der E-Carsharing-Anbieter sein Geschäftsmodell ständlg weiterentwickeln soll und vorhandene Schnittstellen mit weiteren Mobilitätsanbietern aus der Region sucht und aufbaut**
2.WB, b1	„Der E-Carsharing-Anbieter soll sein Geschäftsgebiet auf weitere umliegende Gemeinden der Mittelstadt ausweiten sowie den Fuhrpark den Wünschen der Nutzer entsprechend mit weiteren E-Carsharing Fahrzeugen erweitern."[1425]	Der E-Carsharing-Anbieter hat sein Geschäftsgebiet auf weitere umliegende Gemeinden der Mittelstadt ausgeweitet sowie den Fuhrpark den Wünschen der Nutzer entsprechend mit weiteren E-Carsharing Fahrzeugen erweitert. • **die Erwartung, dass der E-Carsharing-Anbieter sein Geschäftsgebiet auf weitere umliegende Gemeinden der Mittelstadt ausweitet sowie den Fuhrpark den Wünschen der Nutzer entsprechend ausbaut**
2.WB, c1	„Durch das E-Carsharing-Angebot soll der Umweltverbund gestärkt werden."[1426]	Das Carsharing-Angebot besteht aus E-Fahrzeugen bzw. besonders umweltfreundlichen und emissionsarmen Fahrzeugen. • **die Erwartung, durch das E-Carsharing den Umweltverbund zu stärken**
2.WB, d1	2.WB hat(te) die Erwartung, die Mobilität der Menschen in der Mittelstadt und umliegenden Gemeinden durch ein zusätzliches Mobilitätsangebot zu erhöhen, das zugleich umwelt- und klimaverträglich sowie sozial und bezahlbar ist.[1427]	Das Carsharing-Angebot ist umwelt- und klimaverträglich sowie sozial und bezahlbar. • **die Erwartung, mit dem E-Carsharing-Angebot ein zusätzliches Mobilitätsangebot in der Mittelstadt sowie den teilnehmenden umliegenden Gemeinden bereitzustellen, dass**

[1423] D. h. in die Mittelstadt sowie kleinstädtischer, dörflicher Raum, der unmittelbar an eine Regiopole anschließt. Vgl. Interview 2.WB, 22.

[1424] Vgl. Interview 2.WB, 55.

[1425] Vgl. Interview 2.WB, 55.

[1426] Vgl. Interview 2.WB, 80.

[1427] Vgl. Interview 2.WB, 26.

		ökologisch tragbar und bezahlbar ist
2.WB, d2	2.WB möchte den Bürgern eine Möglichkeit geben, relativ einfach und problemlos E-Fahrzeuge nutzen zu können, d. h. Elektromobilität erlebbar machen[1428]	Das E-Carsharing-Angebot wird vermehrt genutzt. • **die Erwartung, mit dem E-Carsharing-Angebot Elektromobilität erlebbar zu machen**
2.WB, d3	Anhand bestimmter Kriterien, d. h. Platzverhältnisse, Nähe zur städtischen Verwaltung bzw. zur Gemeindeverwaltung, Nähe zu Unternehmen, Betrieben Sparkassen usw., unmittelbarer ÖPNV-Anschluss, wurde eine Standortanalyse zur Platzierung der Ladesäulen für die E-Carsharing-Fahrzeuge von 2.IV in Auftrag gegeben. Ziel ist es, attraktive Stellplätze zu finden sowie eine multimodale Wegekette für die Nutzer zu ermöglichen.[1429]	Das E-Carsharing-Angebot hat attraktive Stellplätze. • **E-Carsharing-Stellplätze, die an Kriterien wie unmittelbarer ÖPNV-Anschluss geknüpft sind und eine multimodale Wegekette ermöglichen**

8.2.10 Übersicht zur Kategorisierung der Erwartungen von Seiten der Stakeholdergruppen

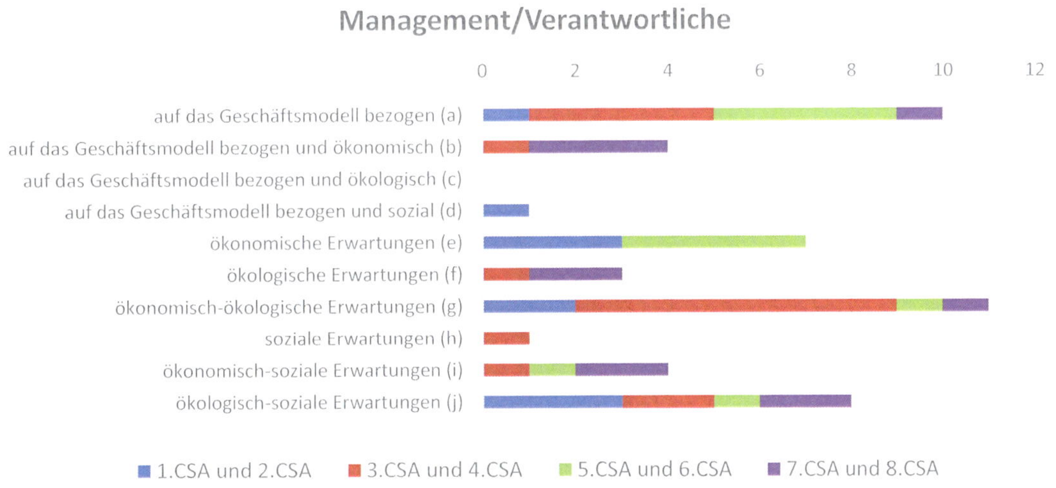

[1428] Vgl. Interview 2.WB, 76.
[1429] Vgl. Interview 2.WB, 47 & 80.

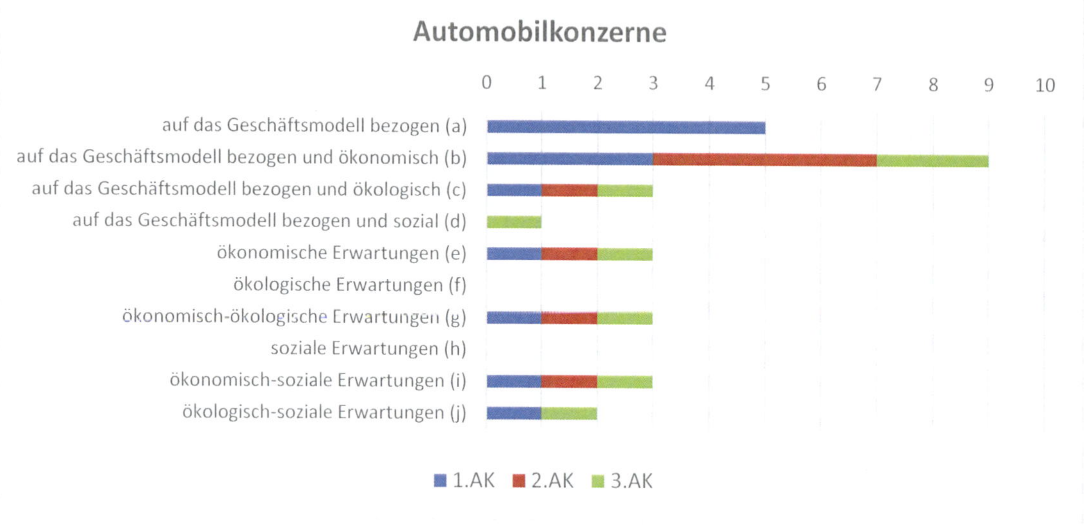
Automobilkonzerne
0 1 2 3 4 5 6 7 8 9 10
auf das Geschäftsmodell bezogen (a)
auf das Geschäftsmodell bezogen und ökonomisch (b)
auf das Geschäftsmodell bezogen und ökologisch (c)
auf das Geschäftsmodell bezogen und sozial (d)
ökonomische Erwartungen (e)
ökologische Erwartungen (f)
ökonomisch-ökologische Erwartungen (g)
soziale Erwartungen (h)
ökonomisch-soziale Erwartungen (i)
ökologisch-soziale Erwartungen (j)
1.AK 2.AK 3.AK

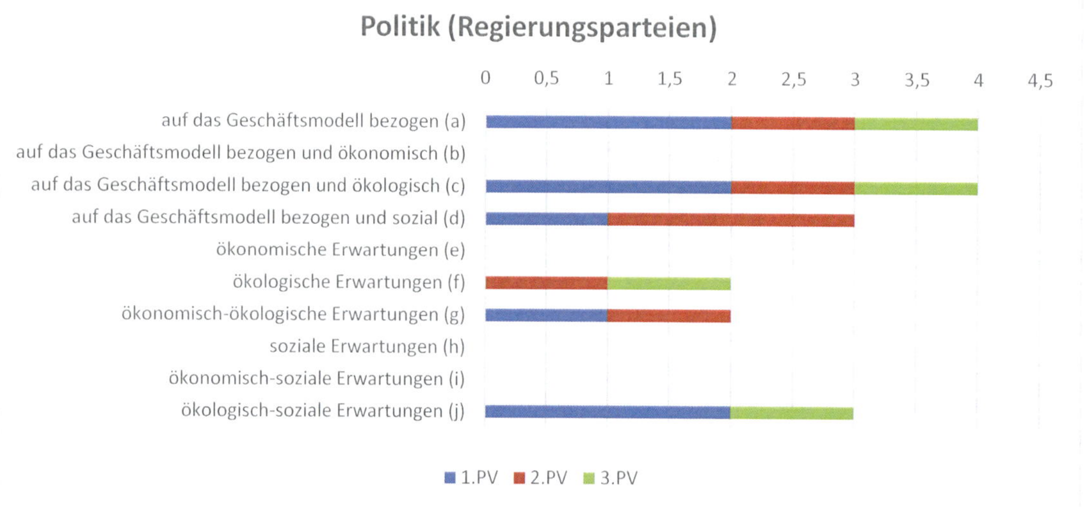
Politik (Regierungsparteien)
0 0,5 1 1,5 2 2,5 3 3,5 4 4,5
auf das Geschäftsmodell bezogen (a)
auf das Geschäftsmodell bezogen und ökonomisch (b)
auf das Geschäftsmodell bezogen und ökologisch (c)
auf das Geschäftsmodell bezogen und sozial (d)
ökonomische Erwartungen (e)
ökologische Erwartungen (f)
ökonomisch-ökologische Erwartungen (g)
soziale Erwartungen (h)
ökonomisch-soziale Erwartungen (i)
ökologisch-soziale Erwartungen (j)
1.PV 2.PV 3.PV

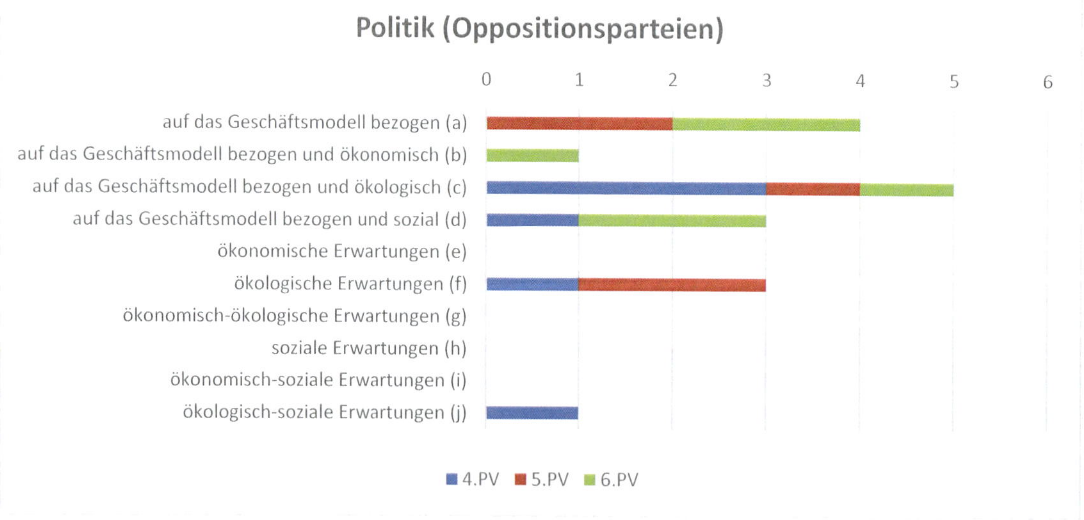
Politik (Oppositionsparteien)
0 1 2 3 4 5 6
auf das Geschäftsmodell bezogen (a)
auf das Geschäftsmodell bezogen und ökonomisch (b)
auf das Geschäftsmodell bezogen und ökologisch (c)
auf das Geschäftsmodell bezogen und sozial (d)
ökonomische Erwartungen (e)
ökologische Erwartungen (f)
ökonomisch-ökologische Erwartungen (g)
soziale Erwartungen (h)
ökonomisch-soziale Erwartungen (i)
ökologisch-soziale Erwartungen (j)
4.PV 5.PV 6.PV

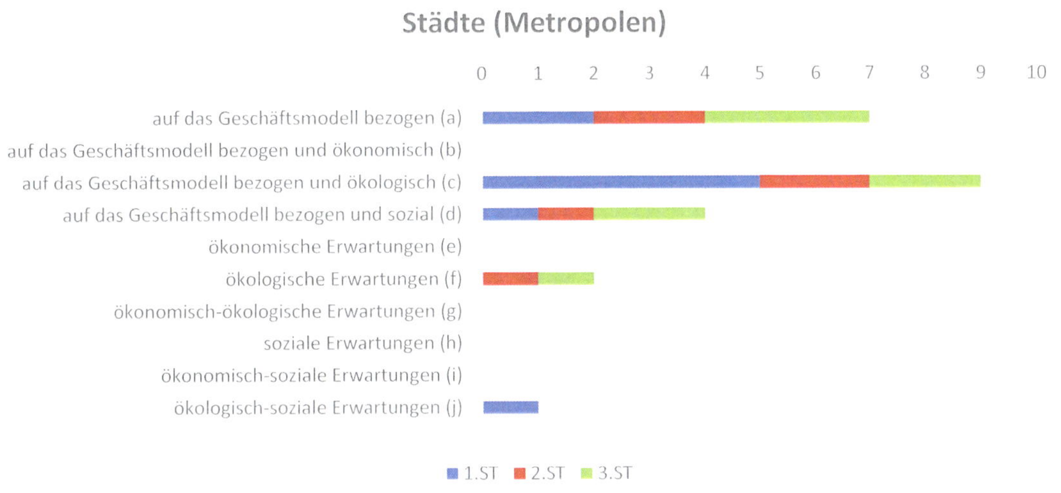
Städte (Metropolen)
0 1 2 3 4 5 6 7 8 9 10
auf das Geschäftsmodell bezogen (a)
auf das Geschäftsmodell bezogen und ökonomisch (b)
auf das Geschäftsmodell bezogen und ökologisch (c)
auf das Geschäftsmodell bezogen und sozial (d)
ökonomische Erwartungen (e)
ökologische Erwartungen (f)
ökonomisch-ökologische Erwartungen (g)
soziale Erwartungen (h)
ökonomisch-soziale Erwartungen (i)
ökologisch-soziale Erwartungen (j)
1.ST 2.ST 3.ST

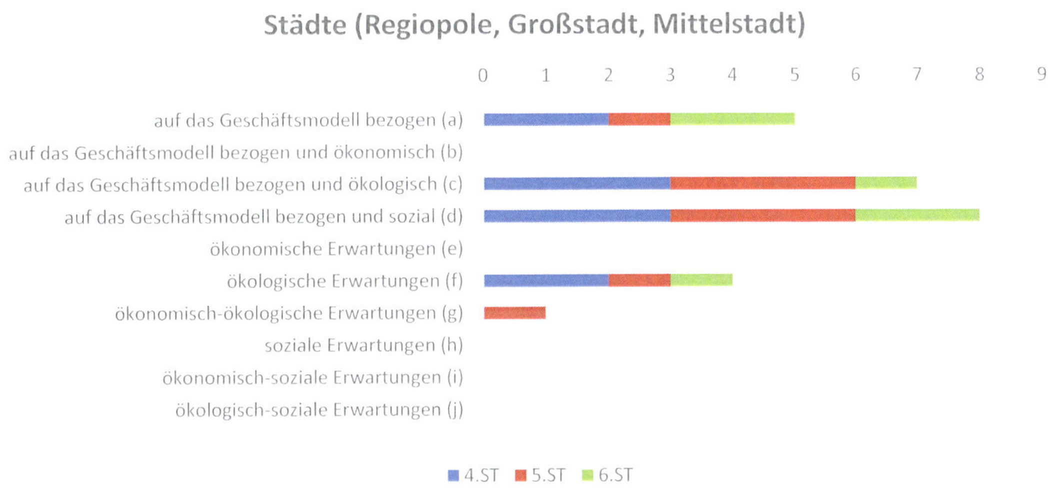
Städte (Regiopole, Großstadt, Mittelstadt)
0 1 2 3 4 5 6 7 8 9
auf das Geschäftsmodell bezogen (a)
auf das Geschäftsmodell bezogen und ökonomisch (b)
auf das Geschäftsmodell bezogen und ökologisch (c)
auf das Geschäftsmodell bezogen und sozial (d)
ökonomische Erwartungen (e)
ökologische Erwartungen (f)
ökonomisch-ökologische Erwartungen (g)
soziale Erwartungen (h)
ökonomisch-soziale Erwartungen (i)
ökologisch-soziale Erwartungen (j)
4.ST 5.ST 6.ST

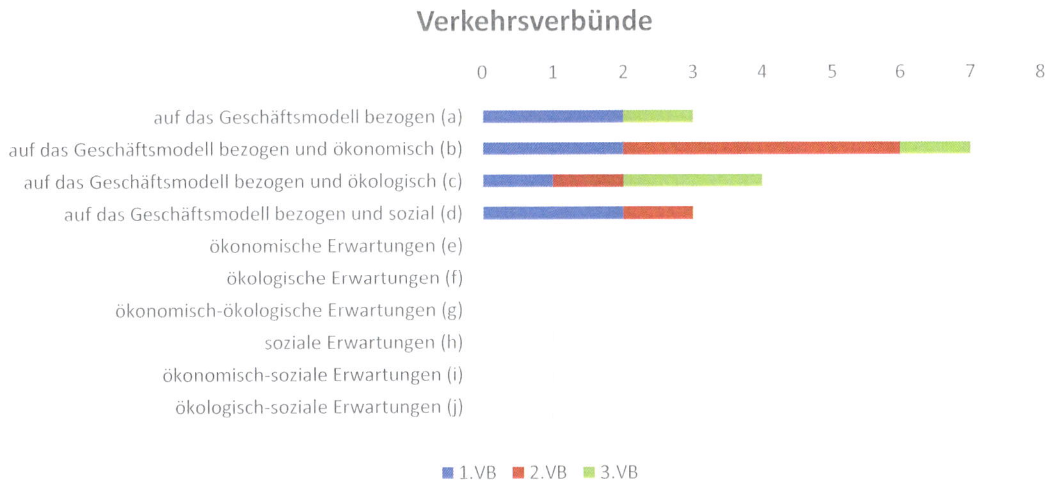
Verkehrsverbünde
0 1 2 3 4 5 6 7 8
auf das Geschäftsmodell bezogen (a)
auf das Geschäftsmodell bezogen und ökonomisch (b)
auf das Geschäftsmodell bezogen und ökologisch (c)
auf das Geschäftsmodell bezogen und sozial (d)
ökonomische Erwartungen (e)
ökologische Erwartungen (f)
ökonomisch-ökologische Erwartungen (g)
soziale Erwartungen (h)
ökonomisch-soziale Erwartungen (i)
ökologisch-soziale Erwartungen (j)
1.VB 2.VB 3.VB

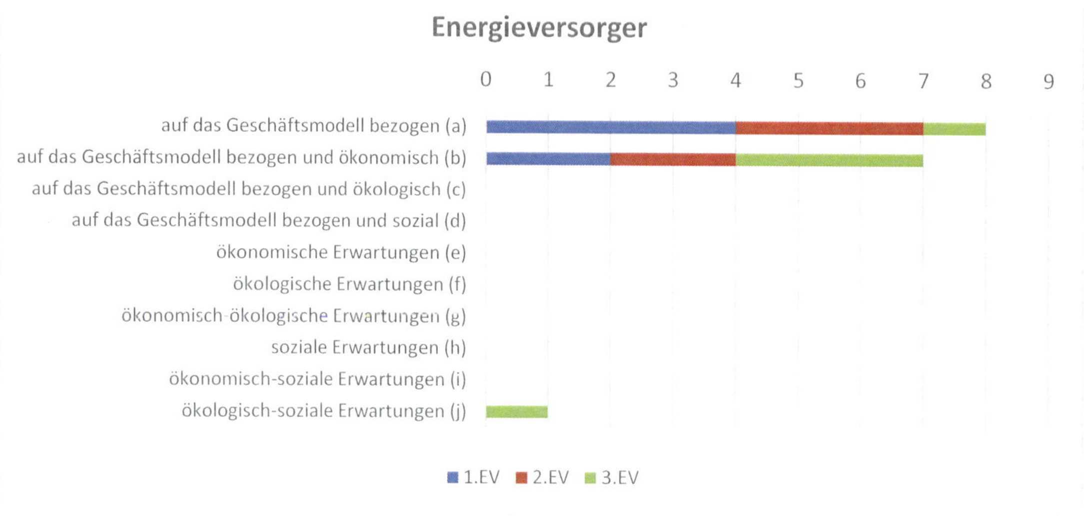
Energieversorger
0
1
2
3
4
5
6
7
8
9
auf das Geschäftsmodell bezogen (a)
auf das Geschäftsmodell bezogen und ökonomisch (b)
auf das Geschäftsmodell bezogen und ökologisch (c)
auf das Geschäftsmodell bezogen und sozial (d)
ökonomische Erwartungen (e)
ökologische Erwartungen (f)
ökonomisch-ökologische Erwartungen (g)
soziale Erwartungen (h)
ökonomisch-soziale Erwartungen (i)
ökologisch-soziale Erwartungen (j)
1.EV
2.EV
3.EV

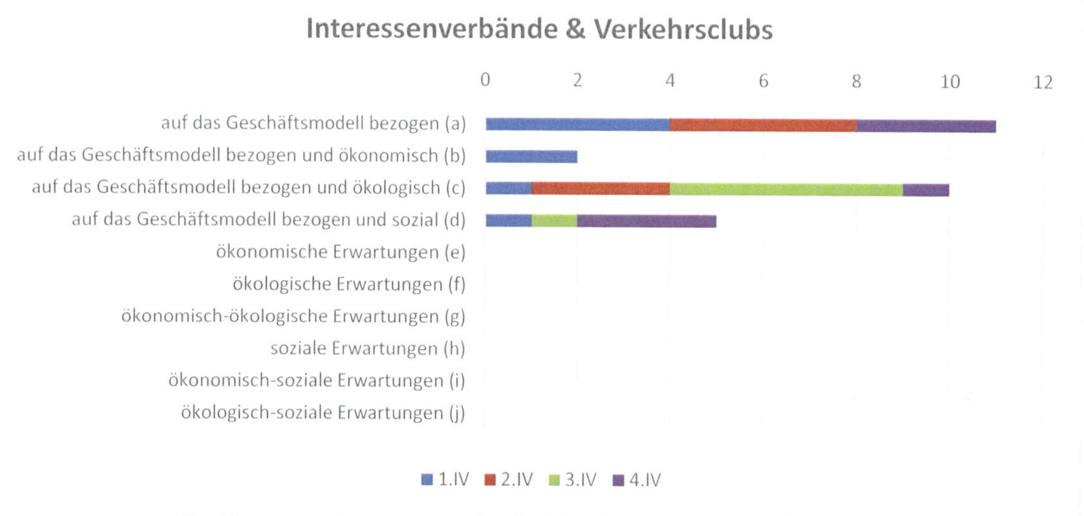
Interessenverbände & Verkehrsclubs
0
2
4
6
8
10
12
auf das Geschäftsmodell bezogen (a)
auf das Geschäftsmodell bezogen und ökonomisch (b)
auf das Geschäftsmodell bezogen und ökologisch (c)
auf das Geschäftsmodell bezogen und sozial (d)
ökonomische Erwartungen (e)
ökologische Erwartungen (f)
ökonomisch-ökologische Erwartungen (g)
soziale Erwartungen (h)
ökonomisch-soziale Erwartungen (i)
ökologisch-soziale Erwartungen (j)
1.IV
2.IV
3.IV
4.IV

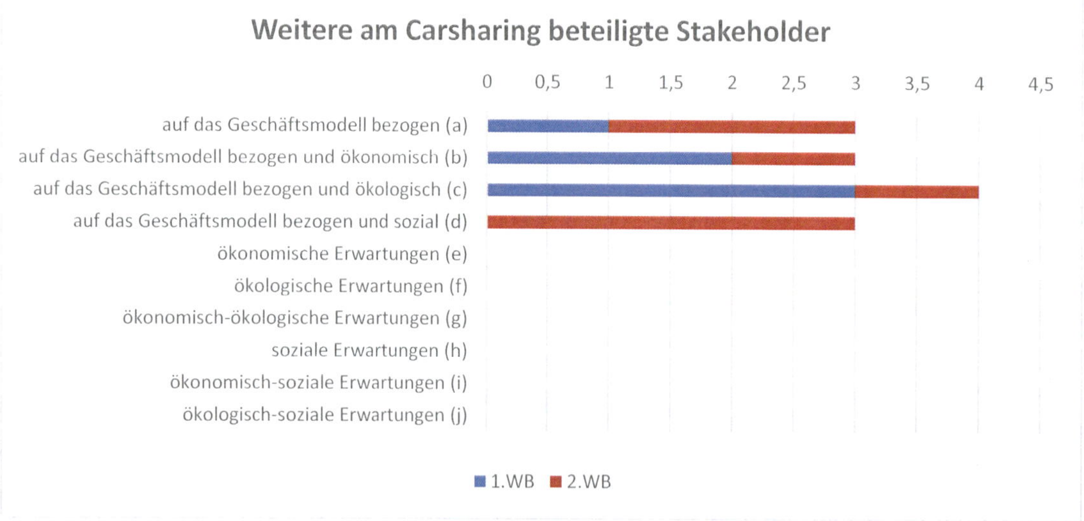
Weitere am Carsharing beteiligte Stakeholder
0
0,5
1
1,5
2
2,5
3
3,5
4
4,5
auf das Geschäftsmodell bezogen (a)
auf das Geschäftsmodell bezogen und ökonomisch (b)
auf das Geschäftsmodell bezogen und ökologisch (c)
auf das Geschäftsmodell bezogen und sozial (d)
ökonomische Erwartungen (e)
ökologische Erwartungen (f)
ökonomisch-ökologische Erwartungen (g)
soziale Erwartungen (h)
ökonomisch-soziale Erwartungen (i)
ökologisch-soziale Erwartungen (j)
1.WB
2.WB

8.3 Einflussmöglichkeiten – Bewertung des eigenen Einflusses von Seiten der Stakeholdergruppen

Boxplots zur quantitativen Bewertung des eigenen Einflusses von Seiten der Stakeholdergruppen:

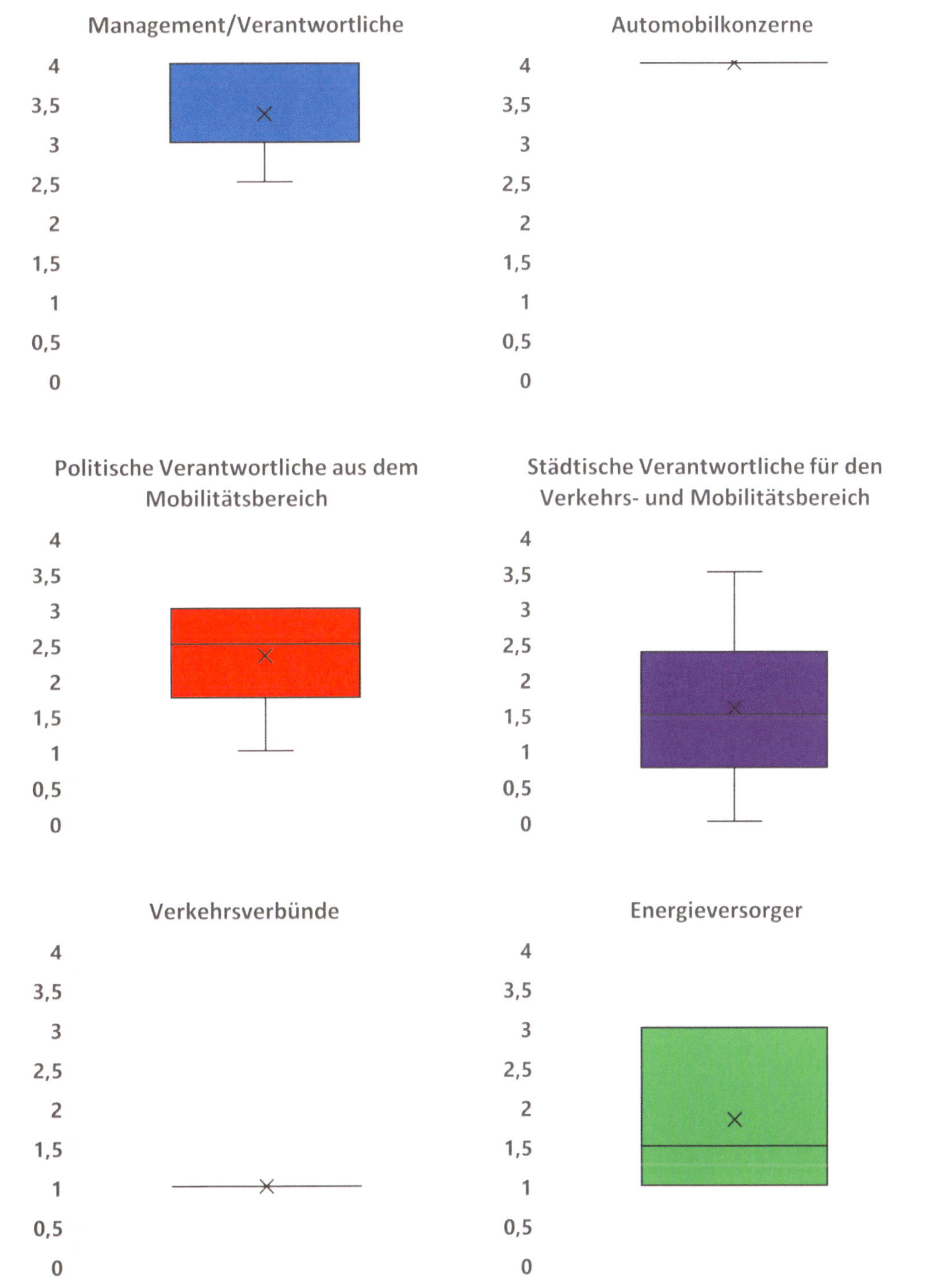

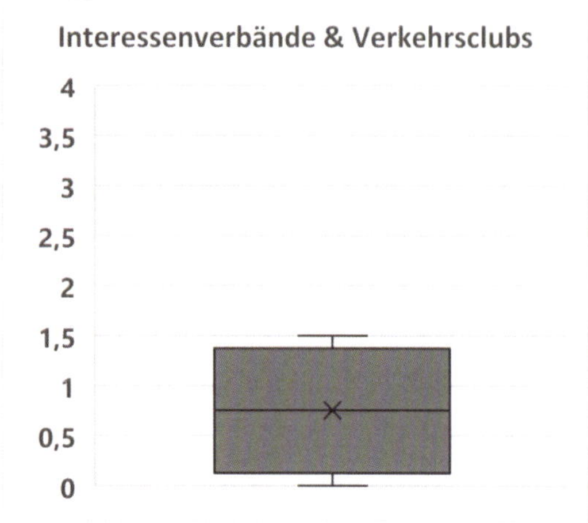

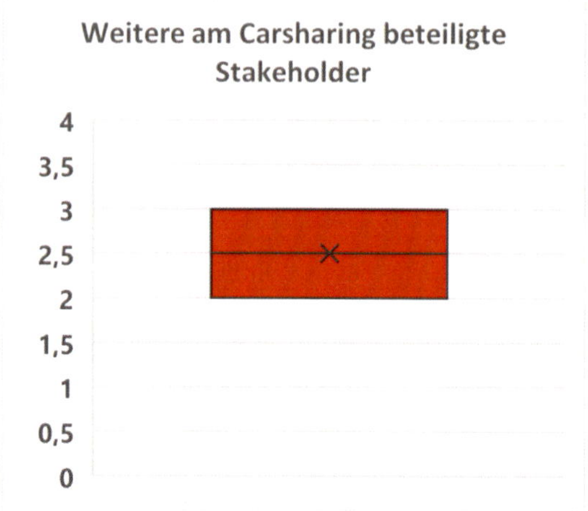

Bewertung des eigenen Einflusses:

1 = kein Einfluss

2 = geringer Einfluss

3 = signifikanter Einfluss

4 = großer Einfluss

5 = sehr großer Einfluss

8.4 Übersicht zu den Stakeholder-Beziehungen

8.4.1 Carsharing-Anbieter

Tabelle 9: Übersicht zu den Stakeholder-Beziehungen von Seiten von 1.CSA und 2.CSA

Stakeholder-Beziehungen	1.CSA[1430]	2.CSA[1431]
Management	- „das Management ist verantwortlich für den Erfolg des eigenen Geschäftsmodells“	- „das Management ist entscheidend für den Erfolg des Carsharing-Geschäftsmodells“
Mitarbeiter	- 1.CSA steht im engen Kontakt zu seinen Mitarbeitern - „der persönliche Austausch mit den Mitarbeitern bringt das Unternehmen weiter“	- „die Carsharing-Mitarbeiter sind Innovationstreiber und das stärkste Asset von 2.CSA“ - 2.CSA sieht die Beziehung zu seinen Mitarbeitern als sehr wichtig an
Automobilkonzerne	- ein Automobilkonzern ist das Mutterunternehmen von 1.CSA[1432] - das Mutterunternehmen liefert die Technologie und die Fahrzeuge für 1.CSA	- ein Automobilkonzern ist das Mutterunternehmen von 2.CSA. - das Mutterunternehmen liefert die Technologie und die Fahrzeuge für 2.CSA
Carsharing-Nutzer	- die Carsharing-Nutzer von 1.CSA können über einen entsprechenden Bereich in der Carsharing-App Kontakt zu 1.CSA aufnehmen, z. B. zu Verbesserungswünschen allgemein wie auch solche, die die App betreffen, wie z. B. das Nutzererlebnis verbessern oder Parkspots intuitiver gestalten - es sind Bewertungstools in der Carsharing-App von 1.CSA vorhanden, wo von Seiten der Nutzer professionell Feedback gegeben werden kann	- „die Carsharing-Nutzer entscheiden über den Erfolg des Geschäftsmodells“ - „ohne Nutzer bestehen nur Kosten und kein Umsatz. Ziel ist es, Mehrwert für den Kunden zu schaffen“ - „es gilt, das bestmögliche Angebot zur Verfügung zu stellen. Die Attraktivität und Verfügbarkeit sind essentiell“
Politik	- es besteht Kontakt zum Verkehrsministerium auf Bundesebene in Bezug auf das Carsharinggesetz - es besteht Kontakt zu den Verkehrsministerien auf Landesebene in Bezug auf die Umsetzung des Carsharinggesetzes - 1.CSA ist als Gesprächspartner bei Expertengesprächen zur zukünftigen urbanen Mobilität und die Rolle von Carsharing hierbei in einzelnen	- „der Kontakt zu den politischen Verantwortlichen auf Landes- und Bundesebene in Bezug auf urbane Mobilität ist extrem wichtig, da diese auch die Rahmenbedingungen für das Carsharing setzen“

[1430] Im Folgenden vgl. Interview 1.CSA, 59.

[1431] Im Folgenden vgl. Interview 2.CSA, 54.

[1432] Damit ist der Carsharing-Anbieter gemeint. **Im Folgenden stehen die Kürzel der interviewten Vertreter der Carsharing-Anbieter auch synonym für den Carsharing-Anbieter als Ganzes.**

	Umwelt- und Verkehrsministerien auf Landesebene eingeladen - es besteht vereinzelter Kontakt zu Landtagsfraktionen, z. B. zur „Rolle von Carsharing im Rahmen nachhaltiger urbaner Mobilität". Hierbei besteht auch Kontakt zu weiteren Carsharing-Anbietern - 1.CSA hat viel Input zum Carsharinggesetz gegeben - 1.CSA hat hier vereinzelt eine andere Meinung im Gegensatz zu den stationsbasierten Carsharing-Anbietern vertreten, die das free-floating Carsharing teilweise kritisch sehen	
Städte/Verantwortliche Verkehr & Mobilität	- „eine gute Verbindung zu den Städten ist unbedingt notwendig, d. h. zu den Verkehrsdezernaten, Ämtern für öffentliche Ordnung, zur Stadtverwaltung usw." - diese erlasen Parkregelungen, Parkgebührenverordnungen - diese entscheiden oder schlagen vor[1433], ob z. B. ein Elektromobilitätsgesetz zum Tragen kommt - „es liegt in der Hand der Städte, das Carsharinggesetz auch umzusetzen" - 1.CSA sieht Untätigkeit und Intransparenz der Städte, z. B. in Bezug auf die Umsetzung des Carsharinggesetzes sowie weiterer Carsharing-fördernder Maßnahmen kritisch	- für 2.CSA ist die Unterstützung durch die Städte bzw. durch deren Verantwortlichen für Verkehr und Mobilität Grundvoraussetzung überhaupt erst in diese mit dem eigenen free-floating Geschäftsmodell zu gehen, d. h. dieses dort aufzusetzen - - für 2.CSA sind Parkvereinbarungen mit den Städten, die das Parken von Carsharing-Fahrzeugen in den Geschäftsgebieten erlauben, sehr wichtig
Bürger & Gesellschaft	- Bürger sind und werden als potentielle Nutzer gesehen	- Bürger sind und werden als potentielle Nutzer gesehen
Medien	- 1.CSA hat eine eigene PR-Abteilung - über Social Media wird Werbung für das eigene Carsharing-Angebot gemacht sowie auf mögliche Fragen, die z. B. von Seiten der Nutzer zum Carsharing gestellt werden, eingegangen und beantwortet	- 2.CSA hat eine eigene PR-Abteilung - über Social Media wird Werbung für das eigene Carsharing-Angebot gemacht sowie auf mögliche Fragen, die z. B. von Seiten der Nutzer zum Carsharing gestellt werden, eingegangen und beantwortet
Verkehrsverbünde	- es bestehen Kooperationen mit verschiedenen Verkehrsverbünden und deren Verkehrsunternehmen in Deutschland. 1.CSA möchte diese weiter ausbauen - 1.CSA strebt eine bessere Vernetzung mit den Verkehrsverbünden und ihren Verkehrsunternehmen	- es bestehen Kooperationen mit verschiedenen Verkehrsverbünden und deren Verkehrsunternehmen in Deutschland - 2.CSA möchte diese weiter ausbauen und ist offen für neue Kooperationen - 2.CSA sieht sein Carsharing-Angebot als „ein Mobilitätsbaustein zur

[1433] Im Stadtrat oder Gemeinderat.

	an. Dies kann etwa über eine gemeinsame Mobilitäts-App passieren, in der die Mobilitätsangebote der Verkehrsunternehmen mit denen der Carsharing-Anbieter sowie auch weiteren Mobilitätsanbietern in den jeweiligen Verkehrsverbünden zusammengeführt und gebucht werden können - 1.CSA sieht den ÖPNV „als Ergänzung und nicht als Konkurrenz zu seinem free-floating Carsharing-Angebot"	Stärkung des Umweltverbundes"[1434] - 2.CSA sieht zukünftig eine noch engere Vernetzung mit dem ÖPNV als durchaus gegeben an - „der Trend hin zur Multimodalität ist durchaus gegeben." Hierbei stellt sich 2.CSA die folgenden Fragen: - „Gibt es zukünftig eine Mobilitäts-App für eine Vielzahl von Mobilitätsangeboten?" - „Zahlt der Nutzer zukünftig ein bestimmtes Mobilitätsbudget, um eine Vielzahl von Mobilitätsdienstleistungen nutzen zu können?"
Energieversorger	- es besteht eine Geschäftsbeziehung zu einem überregionalen Energieversorgungsunternehmen bezüglich des E-Carsharing-Angebots von 1.CSA - „die Elektrifizierung der Flotten soll weiter vorangetrieben werden." Einzelne Carsharing-Flotten in den Städten sind bereits voll elektrifiziert	- es besteht eine Geschäftsbeziehung zu einem überregionalen Energieversorgungsunternehmen zum E-Carsharing-Angebot von 2.CSA - „die Elektrifizierung der Flotten soll weiter vorangetrieben werden." Einzelne Carsharing-Flotten in den Städten sind bereits voll elektrifiziert

Interessenverbände & Verkehrsclubs	- es bestehen Verbindungen zu:
	- Bundesverband Carsharing e. V.:
	  - 1.CSA ist kein Mitglied beim bcs. Es besteht teilweise ein kontroverser Meinungsaustausch, da der bcs. eher das stationsbasierte Carsharing unterstützt als das free-floating Carsharing. Die Beziehung zum bcs. ist jedoch immer freundschaftlich geprägt
	  - es bestehen gemeinsame Interessen mit dem Bundesverband Carsharing, z. B. in Bezug auf die Einführung und Umsetzung des Carsharinggesetzes
	- VDA:
	  - der Kontakt läuft hauptsächlich über den Mutterkonzern von 1.CSA ab
	  - es bestehen Schnittpunkte zu Themen wie z. B. „Fahrverbote in den Innenstädten" sowie „der Rolle des Carsharings im
		- 2.CSA ist zwar kein Mitglied im Bundesverband Carsharing, tauscht sich jedoch regelmäßig mit diesem zu verschiedenen Themen in Bezug auf das Carsharing aus
		- es bestehen partnerschaftliche Verbindungen zu diversen Umweltverbänden

[1434] Ergänzend zum ÖPNV, zum Fahrrad fahren und zum Fuß gehen.

	Rahmen der zukünftigen urbanen Mobilität"	
Wissenschaft	- es bestehen Kooperationen mit Universitäten und Forschungseinrichtungen zu Forschungsprojekten im Bereich der urbanen Mobilität und der Rolle des Carsharings hierbei - der Kontakt zur Wissenschaft wird weiterhin gesucht, jedoch etwas reglementierter als noch zu Beginn des Carsharing-Betrieb von 1.CSA - z. B. wurde die Programmierschnittstelle Open API, die zum Orten von Fahrzeugen und Abziehen von weiteren Informationen genutzt wird, kürzlich von 1.CSA strenger reglementiert, so dass kein Zugriff Dritter darauf mehr möglich ist. 1.CSA argumentiert hier, dass „das Risiko zu groß sei, etwas Relevantes aus der Hand zu geben"	- 2.CSA hat den Markteintritt seines free-floating Carsharing-Angebots in neue Städte mit an Universitäten und Forschungseinrichtungen in Auftrag gegebenen Studien verbunden - diese Studien wurden in einzelnen Metropolen in Deutschland und Europa durchgeführt, um hier primär die Frage „Wie sich free-floating Carsharing auf die Städte und urbane Mobilität auswirkt?" beantworten zu können, d. h. u. a. in Bezug auf Reduktion von Privatfahrzeugen, Freiwerden von Parkraum oder etwa der Erhöhung der Lebensqualität durch weniger Luftschadstoffemissionen - 2.CSA hat an Forschungsprojekten zur nachhaltigen urbanen Mobilität in Metropolen in Deutschland teilgenommen
Weitere Mobilitätsanbieter	- es bestehen Kooperationen mit anderen Sharing-Anbietern, z. B. Bike Sharing und E-Roller Sharing-Anbieter	- 2.CSA nennt keine Verbindungen zu weiteren Mobilitätsanbietern
Andere Carsharing-Anbieter	- es bestehen mit anderen Carsharing-Anbietern im free-floating wie auch im stationsbasierten Bereich Gemeinsamkeiten wie auch Meinungsverschiedenheiten in Bezug auf das Geschäftsmodell Carsharing	- es bestehen mit anderen Carsharing-Anbietern im free-floating wie auch im stationsbasierten Bereich Gemeinsamkeiten wie auch Meinungsverschiedenheiten in Bezug auf das Geschäftsmodell Carsharing

Legende:
Aussagen, die inhaltlich gleich bzw. ähnlich sind

Tabelle 10: Übersicht zu den Stakeholder-Beziehungen von Seiten von 3.CSA und 4.CSA

Stakeholder-Beziehungen	3.CSA[1435]	4.CSA[1436]
Management	- die Rechtsform von 3.CSA entspricht einer AG[1437]	- die Rechtsform von 4.CSA entspricht einer AG[1438]

[1435] Im Folgenden vgl. Interview 3.CSA, 74.
[1436] Im Folgenden vgl. Interview 4.CSA, 56.
[1437] Hier wurde keine Aussage zum Management getroffen.
[1438] Ebd.

Mitarbeiter	- 3.CSA betont, dass die Zusammenarbeit der Mitarbeiter im Unternehmen kollegial abläuft	- die Mitarbeiter sind in alle Entscheidungsprozesse mit eingebunden - alle Mitarbeiter von 4.CSA sind zugleich dessen Aktionäre
Automobilkonzerne	- es besteht Kontakt zu verschiedenen Autohäusern in der Region, bei denen Fahrzeuge für die eigene Carsharing-Flotte gekauft wurden - 3.CSA betont, dass der Kauf von E-Fahrzeugen gegenwärtig mit erheblichen Preisproblemen verbunden ist und ohne Subventionen nicht zu bewerkstelligen sei - 3.CSA sieht zukünftig eine engere Verbindung zur Automobilindustrie in Bezug auf das autonome Fahren	- es besteht Kontakt zu verschiedenen Autohäusern in der Region, bei denen Fahrzeuge für die eigene Carsharing-Flotte gekauft wurden - 4.CSA betont, dass der Kauf von E-Fahrzeugen gegenwärtig mit erheblichen Preisproblemen verbunden ist und ohne Subventionen nicht zu bewerkstelligen sei
Carsharing-Nutzer	- die Carsharing-Nutzer können über das eigene Stadtbüro in der Metropole direkt mit 3.CSA in Kontakt treten - Carsharing-Nutzer von 3.CSA sind vereinzelt auch dessen Aktionäre	- die Carsharing-Nutzer können über das eigene Stadtbüro in der Regiopole direkt mit 4.CSA in Kontakt treten - die Carsharing-Nutzer von 4.CSA sind vereinzelt dessen Aktionäre
Politik	- es besteht Kontakt zum Verkehrsministerium auf Landesebene in Bezug auf die Umsetzung des Carsharinggesetzes auf kommunaler Ebene - es besteht vereinzelt Kontakt zum Verkehrsministerium auf Bundesebene zu Themen wie Elektromobilität und nachhaltige Mobilität in den Städten - 3.CSA spricht hier die positiven Effekte des Carsharing für den Umwelt- und Klimaschutz sowie im Zusammenhang mit den Dieselfahrverboten in den Städten an - 3.CSA spricht die gegenwärtigen Probleme in Bezug auf Halterhaftung und Führerscheinvalidierung an, die es von Seiten der Politik gilt zu lösen - bisher ist keine sinnvolle rechtliche Regelung hierzu gegeben - der Carsharing-Anbieter haftet im Schadensfall und bei Unfällen - der Carsharing-Anbieter ist verantwortlich für eine regelmäßige Führerscheinprüfung seiner Nutzer	- es besteht Kontakt zum Verkehrsministerium auf Landesebene bezüglich der Umsetzung des Carsharinggesetzes auf kommunaler Ebene - es besteht vereinzelt Kontakt zum Verkehrsministerium auf Bundesebene zu Themen wie Elektromobilität und nachhaltige Mobilität in den Städten

Städte/Verantwortliche Verkehr & Mobilität	- es bestehen gute Beziehungen zu den Verantwortlichen der Metropole sowie zum Gemeinderat seit der Gründungsphase des Carsharing-Anbieters - aktuell geht es primär um die finale Umsetzung des Carsharinggesetzes, die von Seiten von 3.CSA vorangetrieben wird - ein aktuelles Vorstandsmitglied war zur Gründungsphase des Carsharing-Anbieters Stadträtin in der Metropole	- ein Vorstandsmitglied von 4.CSA sitzt im Gemeinderat der Regiopole - 4.CSA fordert produktivere Beziehungen zu den Städten in Bezug auf das Carsharing, da dieses „ein notwendiger Baustein multimodaler nachhaltiger Mobilität ist“
Bürger & Gesellschaft	- Bürger sind und werden als potentielle Nutzer gesehen - Bürger treten bei Problemen in Bezug auf das Parken der Carsharing-Fahrzeuge vor deren „Haustüre“ vereinzelt an 3.CSA heran. Die Bürger wollen den öffentlichen Raum als Parkplätze für ihre privaten PKW nutzen	- Bürger sind und werden als potentielle Nutzer gesehen - nach 4.CSA sollen die Beziehungen zu den Bürgern ausgebaut werden
Medien	- 3.CSA hat eine eigene PR-Abteilung, die weiter ausgebaut werden soll	- 4.CSA hat eine eigene PR-Abteilung, die weiter ausgebaut werden soll
Verkehrsverbünde	- es bestehen Kooperationen mit zwei Verkehrsverbünden aus der Region - für Inhaber von Zeitkarten bestehen Vergünstigungen auf das Carsharing-Angebot von 3.CSA	- es besteht eine Kooperation mit dem regionalen Verkehrsverbund - für Inhaber von Zeitkarten bestehen Vergünstigungen auf das Carsharing-Angebot von 4.CSA
Energieversorger	- besteht eine Geschäftsbeziehung zum städtischen Energieversorger bezüglich des E-Carsharing-Angebots von 3.CSA - es bestehen Kooperationen mit vier Stadtwerken aus der Region	- es besteht eine Geschäftsbeziehung zu einem überregionalen Energieversorger in Bezug auf das E-Carsharing-Angebot von 4.CSA
Interessenverbände & Verkehrsclubs	- 3.CSA ist Mitglied im Bundesverband Carsharing - es besteht Kontakt zu Umweltverbänden. 3.CSA nennt die folgenden: - BUND (Bund für Umwelt und Naturschutz Deutschland) - ADFC (Allgemeiner Deutscher Fahrrad-Club e.V.) - es besteht Kontakt zum VDA (Verband der Automobilindustrie)	- 4.CSA ist Mitglied im Bundesverband Carsharing - es besteht Kontakt zu Umweltverbänden
Wissenschaft	- es besteht loser Kontakt zu Hochschulen und Forschungseinrichtungen in der Metropole in Bezug	- es besteht Kontakt zu verschiedenen regionalen und überregionalen Hochschulen und Forschungseinrichtungen in Bezug auf Fragestellungen zum (E-)Carsharing-Angebot

	auf das Thema „nachhaltige urbane Mobilität und der Rolle von (E-)Carsharing hierbei“	
Weitere Mobilitätsanbieter	- es bestehen Vergünstigungen für die Carsharing-Nutzer von 3.CSA auf das Bike Sharing-Angebot der Stadt - - es besteht eine Kooperation mit einem städtischen Parkhausbetreiber bezüglich Stellplätze für die Carsharing-Fahrzeuge in den Parkhäusern	- das (E-)Carsharing-Angebot kann mit einer Mobilitätskarte[1439] des Verkehrsverbundes genutzt werden - die Inhaber dieser Mobilitätskarte erhalten Vergünstigungen auf das Carsharing-Angebot von 4.CSA sowie auf das städtische Bike Sharing-Angebot - die regionale Mobilitätskarte kann als Ladekarte für die Ladesäulen des regionalen Energieversorgers verwendet werden, d.h. (private) E-Fahrzeuge können hiermit auch aufgeladen werden - - Pedelecs können an den Ladesäulen kostenlos aufgeladen werden
Andere Carsharing-Anbieter	- - 3.CSA ist Mitglied eines Carsharing-Verbundes, der deutschlandweit aus mehreren regional agierenden Carsharing-Anbietern besteht	- - es besteht ein loser Informationsaustausch mit weiteren Carsharing-Anbietern aus der näheren Umgebung hinsichtlich möglicher Verbesserungsmöglichkeiten zum Carsharing-Angebot

Legende:
Aussagen, die inhaltlich gleich bzw. ähnlich sind

Tabelle 11: Übersicht zu den Stakeholder-Beziehungen von Seiten von 5.CSA und 6.CSA

Stakeholder-Beziehungen	**5.CSA**[1440]	**6.CSA**[1441]
Management	- 5.CSA[1442] wird von einem Konsortium aus einer Regionalen Wirtschaftsförderung, einer Umwelt- und Energieagentur aus dem Landkreis sowie der Stadtwerke vor Ort geführt - „Entscheidungen werden immer gemeinsam im Konsortium getroffen“	- 6.CSA wird als e. V. ehrenamtlich geführt
Mitarbeiter	- die Konsortialpartner haben unterschiedliche Verantwortlichkeiten - Regionale Wirtschaftsförderung: Koordination des E-Carsharing-Projektes	- 6.CSA besteht gegenwärtig aus einem Vorstand mit drei Personen, mit einem Vorsitzenden sowie zwei stellvertretenden Vorsitzenden. Da-

[1439] Diese ist als Chipkarte sowie als E-Ticket erhältlich.
[1440] Im Folgenden vgl. Interview 5.CSA, 68.
[1441] Im Folgenden vgl. Interview 6.CSA, 65.
[1442] Steht hier stellvertretend für den E-Carsharing-Anbieter.

	- Umwelt- und Energieagentur: Marketing & Öffentlichkeitsarbeit - Stadtwerke: Bereitstellung und Wartung der Ladeinfrastruktur - Carsharing-Betreiber: Management des Carsharing-Betriebs, Berücksichtigung der Interessen der Carsharing-Nutzer sowie der Interessen der Fahrzeugeigentümer	neben gibt es noch einen Kassier, einen Schriftführer/Pressearbeit sowie einen IT-Verantwortlichen
Automobilkonzerne	- es besteht keine direkte Beziehung zu Automobilkonzernen, sondern lediglich über den E-Carsharing-Betreiber zum Automobilkonzern, dessen E-Fahrzeuge Bestandteil der E-Carsharing-Flotte sind	- einzelne Carsharing-Fahrzeuge wurden bei Autohäusern aus der Region von verschiedenen Autoherstellern gekauft
Carsharing-Nutzer	- die kommunalen Verwaltungen und städtischen Ämter der Mittelstadt sowie teilnehmenden umliegenden Gemeinden sind Eigentümer der E-Carsharing-Fahrzeuge und stellen diese ihren Mitarbeitern für Dienstfahrten zur Verfügung - bei Nichtbuchung durch eigene Mitarbeiter werden die E-Carsharing-Fahrzeuge den Bürgern vor Ort zur eigenen Buchung zur Verfügung gestellt - Unternehmen, Betriebe, Sparkassen, Volksbanken und Versicherungen im Geschäftsgebiet von 5.CSA sind auch Eigentümer der E-Carsharing-Fahrzeuge - Bürger der Mittelstadt und teilnehmenden umliegenden Gemeinden können die E-Carsharing-Fahrzeuge nach erfolgreicher Anmeldung bei 5.CSA buchen	- sind die Bürger der Kleinstadt, wo 6.CSA sein Geschäftsgebiet hat - ein Mitarbeiter der kommunalen Verwaltung nutzt ein Carsharing-Fahrzeug für Dienstfahrten, die er auf Grund seines Aufgabenbereiches bei der Kleinstadt täglich durchführen muss - die Carsharing-Station ist in unmittelbarer Nähe zur kommunalen Verwaltung
Politik	- es besteht Kontakt zum Verkehrsministerium auf Landesebene sowie zur EU - das E-Carsharing-Projekt wurde mit Fördermitteln vom Land und der EU subventioniert	- es besteht Kontakt zum Verkehrsministerium auf Landes- und Bundesebene - es wurden Förderprogramme für das (E-)Carsharing-Angebot angenommen - es wurde eine Förderung des Carsharing-Angebots im Rahmen eines regionalen Förderprogrammes zur nachhaltigen Mobilität in der Region angenommen - es wurden Bundes- und Landesförderung für E-Fahrzeuge angenommen, diese beträgt insgesamt zwischen 5000-7000€ pro E-Fahrzeug

		- darüber hinaus wurde eine zweite Förderung vom Land für E-Mobilität angenommen, wodurch 50% der Ladesäulen finanziert wurden
Städte/Verantwortliche Verkehr & Mobilität	- die Mittelstadt sowie die teilnehmenden umliegenden Gemeinden sind Eigentümer der E-Carsharing-Fahrzeuge - es bestehen unterschiedliche Fahrzeuganzahlen in den teilnehmenden Gemeinden - Kriterien für die Anzahl der E-Carsharing-Fahrzeuge in den jeweiligen Gemeinden sind u. a. Gemeindegröße sowie Anzahl vorhandener Unternehmen, Betriebe, Banken usw. vor Ort - weitere Gemeinden aus dem Umland sollen als E-Carsharing-Partner gewonnen werden	- die Kleinstadt stellt Stellplätze für die E-Carsharing-Fahrzeuge zur Verfügung
Bürger & Gesellschaft	- Bürger sind und werden als potentielle Nutzer gesehen	- Bürger sind und werden als potentielle Nutzer gesehen
Medien	- es wird Werbung für das E-Carsharing Angebot von 6.CSA im regionalen Fernsehsender, der regionalen Presse sowie dem Stadtmagazin gemacht	- es wird in der regionalen Presse Werbung für das Carsharing-Angebot von 6.CSA gemacht
Verkehrsverbünde	- es besteht bisher keine Kooperation mit dem regionalen Verkehrsverbund - ein Kriterium bei der Auswahl der E-Carsharing-Standorte ist u. a. ein ÖPNV-Anschluss in unmittelbarer Nähe zur E-Carsharing-Station	- es besteht bisher keine Kooperation mit dem regionalen Verkehrsverbund -
Energieversorger	- die städtischen Stadtwerke stellen die Ladeinfrastruktur für das E-Carsharing von 5.CSA zur Verfügung	- ein überregionales Energieversorgungsunternehmen liefert Strom für die Ladesäulen von 6.CSA zum Aufladen für die E-Fahrzeuge - neben dem Stromversorger gibt es einen separaten Netzbetreiber
Interessenverbände & Verkehrsclubs	- es besteht kein Kontakt	- 6.CSA ist Mitglied im Bundesverband Carsharing
Wissenschaft	- es besteht Kontakt zu einer Hochschule aus der Region, die bei der Standortanalyse der Ladestationen beteiligt ist	- es besteht kein Kontakt
Weitere Mobilitätsanbieter	- es besteht über die städtische Stadtwerke Kontakt zu deren E-Roller Sharing-Angebot, hier wird gemeinsame Werbung für beide Sharing-Angebote gemacht	- es besteht kein Kontakt

Andere Carsharing-Anbieter	- der E-Carsharing-Betreiber ist ein überregionaler Carsharing-Anbieter, der sein Angebot in weiteren Städten in Deutschland anbietet - ansonsten bestehen keine weiteren Kontakte zu Carsharing-Anbietern aus der Region	- Mitglieder können auf zwei weitere Carsharing-Angebote in der Region zugreifen, ohne sich bei deren Anbieter nochmals separat anmelden zu müssen. Hier bestehen sogenannte Quernutzungsvereinbarungen.

Legende:
Aussagen, die inhaltlich gleich bzw. ähnlich sind

Tabelle 12: Übersicht zu den Stakeholder-Beziehungen von Seiten von 7.CSA und 8.CSA

Stakeholder-Beziehungen	**7.CSA**[1443]	**8.CSA**[1444]
Management	- der E-Carsharing-Anbieter ist ein Tochterunternehmen des städtischen Energieversorgers in einer Metropole. Hinzu kommen verschiedene Investoren, die das E-Carsharing-Angebot finanzieren. Hierzu gehören eine Gesellschaft für energiesparendes und kostengünstiges Bauen, eine Wohnungsbaugesellschaft, ein Immobilienunternehmen sowie eine Baubetreuungsgesellschaft. Der E-Carsharing-Anbieter ist Teil einer Mobilitätsmanagementgesellschaft, deren Aufgabe es ist, Mobilitätsangebote zu betreiben und weiterzuentwickeln, um den Bewohnern im neu entstehen den Stadtquartier in der Metropole Ergänzungen und Alternativen zum privaten PKW sowie zum ÖPNV anzubieten. Dies schließt emissionsarme Mobilitätsangebote der Sharing-Ökonomie in Form von Pedelecs, Lastenfahrrädern, E-Rollern sowie dem E-Carsharing mit ein sowie darüber hinaus Mobilitätsdienstleistungen in Form einer Mobilitäts-App sowie einer vor Ort bestehenden Mobilitätszentrale zur persönlichen Mobilitätsberatung.	- 8.CSA wird als Genossenschaft geführt

[1443] Im Folgenden vgl. Interview 7.CSA, 130.
[1444] Im Folgenden vgl. Interview 8.CSA, 43.

Mitarbeiter	- 7.CSA hat Kontakt zu den Mitarbeitern in der Mobilitätszentrale, die neben dem E-Carsharing für die weiteren Sharing-Angebote im Stadtquartier verantwortlich sind und darüber hinaus eine persönliche Mobilitätsberatung für die Bewohner im Stadtquartier anbieten	- 8.CSA besteht gegenwärtig aus zwei Vorständen mit einem Vorsitzenden. Die eG (eingetragene Genossenschaft) wird ehrenamtlich geführt.
Automobilkonzerne	- 7.CSA hat Kontakt zu einem Automobilkonzern, deren E-Fahrzeuge in der E-Carsharing-Flotte vorhanden sind	- Die E-Fahrzeuge von 8.CSA wurden von Autohäusern aus der näheren Umgebung gekauft
Carsharing-Nutzer	- die Nutzer sind primär die Bewohner des neuen Stadtquartiers in der Metropole sowie die Mitarbeiter der Investoren[1445], die vor Ort Büros haben	- sind die Bürger in der Landstadt sowie den teilnehmenden umliegenden Gemeinden - ein E-Carsharing-Fahrzeug aus der E-Carsharing-Flotte von 8.CSA wird von einem Unternehmen aus der Landstadt gemietet, um es seinen Mitarbeitern als Dienstwagen bereitzustellen. Ein Vorstand des Unternehmens ist Mitglied in der Genossenschaft von 8.CSA. - ein E-Carsharing-Fahrzeug wird von der kommunalen Verwaltung der Landstadt als Dienstfahrzeug gebucht
Politik	- es besteht lediglich Kontakt zu den kommunalen Entscheidungsträgern in der Metropole, ansonsten agiert der E-Carsharing-Anbieter autark	- es besteht loser Kontakt zur Landesregierung und zum Verkehrsministerium auf Landesebene - 8.CSA hat einen Vortrag auf einem Workshop, der vom Verkehrsministerium auf Landesebene zum Thema „nachhaltige Mobilität im ländlichen Raum" veranstaltet wurde, gehalten
Städte/Verantwortliche Verkehr & Mobilität	- der E-Carsharing-Anbieter ist Teil einer Mobilitätsmanagementgesellschaft, die durch die Stadt initiiert wurde. Zu dieser gehören neben dem E-Carsharing-Angebot Pedelecs, Lastenfahrräder, E-Roller sowie eine für das Mobilitätsangebot entwickelte Mobilitäts-App.	- es besteht Kontakt zu den Kommunalverwaltungen der drei Gemeinden, die im Geschäftsgebiet von 8.CSA liegen und am E-Carsharing-Projekt beteiligt sind - ein E-Carsharing-Fahrzeug wird von der kommunalen Verwaltung der Landstadt als Dienstfahrzeug gebucht
Bürger & Gesellschaft	- die Bewohner im neu entstehenden Stadtquartier[1446] sowie alle weiteren Bürger der Metropole haben die Möglichkeit das E-Carsharing-Angebot zu nutzen	- Bürger sind und werden als potentielle Nutzer gesehen

[1445] Die das E-Carsharing-Angebot im Stadtquartier mitfinanziert haben.

[1446] Diese bezahlen einen vergünstigten Tarif für das E-Carsharing-Angebot.

Medien	- es wird über verschiedene Kommunikationskanäle Werbung für das quartiersbezogene E-Carsharing-Angebot gemacht, d. h. über die Website, Social Media sowie über die regionale Presse	- das E-Carsharing-Angebot von 8.CSA war Thema bei Sendungen im regionalen Fernsehsender sowie im Hörfunk zum Thema „E-Mobilität im ländlichen Raum" - für das E-Carsharing-Angebot wird in der lokalen Presse geworben
Verkehrsverbünde	- im Stadtquartier besteht an den vorhandenen Mobilitätsstationen, d. h. dort wo E-Carsharing-Fahrzeuge, Pedelecs, Lastenfahrräder sowie E-Roller in unmittelbarer Nähe vorhanden sind, direkter Zugang zum ÖPNV, d. h. zur Stadtbahn und zur E-Buslinie. Die Mobilitätsstationen wurden in Zusammenarbeit mit dem regionalen Verkehrsverbund errichtet.	- es besteht keine Kooperation mit dem regionalen Verkehrsverbund
Energieversorger	- der städtische Energieversorger ist das Mutterunternehmen des E-Carsharing-Anbieters	- die Stromversorgung für die Ladesäulen wird vom lokalen Energieversorger übernommen. Mit diesem besteht nicht nur eine Zusammenarbeit zur E-Mobilität, sondern auch im Bereich Solarenergie der Genossenschaft.
Interessenverbände & Verkehrsclubs	- 7.CSA ist Mitglied im Bundesverband Carsharing	- 8.CSA ist Mitglied im Bundesverband Carsharing - 8.CSA ist Mitglied im Landesnetzwerk Bürgerenergiegenossenschaften e. V. im Bundesland, wo 8.CSA sein E-Carsharing anbietet. 8.CSA sieht sich hier als Vorreiter in Bezug auf genossenschaftlich organisierte E-Mobilität.
Wissenschaft	- es besteht gegenwärtig kein Kontakt	- es bestehen vereinzelt Anfragen aus der Wissenschaft, das genossenschaftlich organisierte E-Carsharing-Geschäftsmodell bei Studien berücksichtigen zu wollen
Weitere Mobilitätsanbieter	- *siehe Punkt Management*	- es besteht kein Kontakt
Andere Carsharing-Anbieter	- 7.CSA hat zu weiteren regionalen (E-)Carsharing-Anbietern Kontakt, um sich hier zu möglichen Verbesserungsmöglichkeiten zum E-Carsharing-Angebot auszutauschen	- es besteht kein Kontakt

Legende:
Aussagen, die inhaltlich gleich bzw. ähnlich sind

8.4.2 Automobilkonzerne

Tabelle 13: Übersicht zu den Stakeholder-Beziehungen von Seiten der Automobilkonzerne

Stakeholder-Beziehungen	1.AK[1447]	2.AK[1448]	3.AK[1449]
Management	- ein Carsharing-Anbieter ist ein Tochterunternehmen von 1.AK - 1.AK kann Einfluss auf das Management des Tochterunternehmens „über die Gesellschafterversammlung auf der Top-Management-Ebene nehmen" - auf der operativen Ebene kann 1.AK Einfluss auf das Tochterunternehmen „über die Abstimmung zu den Features und der Strategie, die umgesetzt wird", nehmen - es besteht Einfluss über das Produktmanagement zu „Mobility-on-Demand" des Automobilkonzerns auf das Tochterunternehmen - 1.AK liefert Technologie und Fahrzeuge für das Tochterunternehmen - Hardware und Telematikdienste werden über den Automobilkonzern entgeltlich an das Tochterunternehmen verkauft - es werden kontinuierliche Softwareupdates mit den Schnittstellen der Carsharing-Fahrzeuge durchgeführt und „innovative features" eingebaut	- ein Carsharing-Anbieter ist ein Tochterunternehmen von 2.AK - es besteht ein enger Kontakt zu allen relevanten Themen, die sowohl den Automobilkonzern als auch den Carsharing-Anbieter betreffen - 2.AK liefert Technologie und Fahrzeuge für das Tochterunternehmen	- ein Carsharing-Anbieter ist ein Tochterunternehmen von 3.AK - es besteht ein enger Kontakt zu allen relevanten Themen, die sowohl den Automobilkonzern als auch den Carsharing-Anbieter betreffen - 3.AK liefert Technologie und Fahrzeuge für das Tochterunternehmen

[1447] Im Folgenden vgl. Interview 1.AK, 54.

[1448] Im Folgenden vgl. Interview 2.AK, 63.

[1449] Im Folgenden vgl. Interview 3.AK, 65.

Mitarbeiter	- es besteht vereinzelt Kontakt über das Management des Tochterunternehmens zu deren Mitarbeitern	- es besteht vereinzelt Kontakt über das Management des Tochterunternehmens zu deren Mitarbeitern	- es besteht vereinzelt Kontakt über das Management des Tochterunternehmens zu deren Mitarbeitern
Automobilkonzerne	- 1.AK ist ein Automobilkonzern	- 2.AK ist ein Automobilkonzern	- 3.AK ist ein Automobilkonzern
Carsharing-Nutzer	- sind und können Kunden von 1.AK sein	- sind und können Kunden von 2.AK sein	- sind und können Kunden von 3.AK sein
Politik	- wird als sehr wichtiger Kontakt gesehen - jegliche Form der Regulierung hat Einfluss auf das Geschäftsmodell des Automobilkonzerns und des Carsharing-Anbieters - Politik hat ein Interesse daran, zur Entlastung der Städte in Bezug auf Verkehr und Luftschadstoffemissionen und zu einer nachhaltigen Mobilität beizutragen - die Positionierung der Automobilkonzerne hierzu ist relevant - Carsharing wird als notwendiger Mobilitätsbaustein gesehen - Gespräche bezüglich des Carsharinggesetzes allgemein sowie dessen Umsetzung auf Landesebene und in den Kommunen werden gesucht - Unterstützung von Seiten von 1.AK ist hier gegeben	- wird als sehr wichtiger Kontakt in Bezug auf urbane Mobilität gesehen - es besteht allgemein guter Kontakt zu den Verkehrsministerien auf Landes- und Bundesebene sowie zur EU in Bezug auf das Thema „urbane Mobilität" - es besteht Kontakt zum Verkehrsministerium auf Bundesebene in Bezug auf das Carsharinggesetz - 2.AK fordert von den Landesregierungen und Kommunen die finale Umsetzung des Carsharinggesetzes vor Ort voranzutreiben - es bestehen von Seiten von 2.AK Erwartungen an die Politik, dass „die Rahmenbedingungen für neue Mobilitätslösungen und insbesondere auch für das Carsharing so attraktiv wie möglich gestaltet werden sollen" - es besteht die Forderung nach konsistenten Parkvereinbarungen in den Städten für die Carsharing-Anbieter und ihren Fahrzeugen - „die sinnvolle Verknüpfung von ÖPNV, Carsharing und weiteren Sharing-Angeboten soll	- sehr wichtiger Kontakt - jegliche Form der Regulierung hat Einfluss auf das Geschäftsmodell des Automobilkonzerns und des Carsharing-Anbieters - Politik hat ein Interesse daran, zur Entlastung der Städte in Bezug auf Verkehr und Luftschadstoffemissionen und zu einer nachhaltigen Mobilität beizutragen - die Positionierung der Automobilkonzerne hierzu ist relevant - Carsharing wird als notwendiger Baustein gesehen - Gespräche bezüglich des Carsharinggesetzes allgemein sowie dessen Umsetzung auf Landesebene und in den Kommunen werden gesucht - Unterstützung von Seiten von 3.AK ist gegeben

		über Mobilitätsstationen vorangetrieben werden“	
Städte/Verantwortliche Verkehr & Mobilität	- die Verbindung zu den Städten wird als wichtig angesehen - „Städte brauchen Begleitung, wie neue Mobilitätsdienste wie etwa das Carsharing bestmöglich vor Ort implementiert werden können“ - es gilt den Städten die Vorteile des Carsharings bezüglich Verkehrs- und Umweltentlastung zu vermitteln. Hierbei spielt auch die Verbindung zur Wissenschaft eine wichtige Rolle, die die in ökologischer, sozialer und auch ökonomischer Hinsicht positiven Effekte des Carsharings in zahlreichen Studien hervorheben.	- die Verbindung zu den Städten wird als wichtig angesehen - 2.AK bündelt die verschiedenen Einzelinteressen zum Thema urbane Mobilität, die von Seiten diverser Stakeholder an 2.AK herangetragen werden. 2.AK vertritt diese Einzelinteressen nach außen, insbesondere gegenüber den Städten. - 2.AK kommuniziert die Interessen des Carsharing-Anbieters an die Städte, wobei es insbesondere gilt, den Städten die Vorteile des Carsharings zur Verkehrs- und Umweltentlastung zu vermitteln	- die Verbindung zu den Städten ist wichtig - 3.AK „möchte verstehen, wo die Städte in Bezug auf urbane Mobilität hinwollen und wie man gemeinsam Win-win-Situationen erzielen kann“
Bürger & Gesellschaft	- Bürger vor Ort sind Kunden von 1.AK sowie (potentielle) Kunden des Carsharing-Anbieters	- Bürger vor Ort sind Kunden von 2.AK sowie (potentielle) Kunden des Carsharing-Anbieters	- Bürger vor Ort sind Kunden von 3.AK sowie (potentielle) Kunden des Carsharing-Anbieters
Medien	- die eigene PR-Abteilung wirbt u. a. auch für das Carsharing-Angebot des Tochterunternehmens	- die eigene PR-Abteilung wirbt u. a. auch für den eigenen Carsharing-Anbieter	- die eigene PR-Abteilung wirbt u. a. auch für den eigenen Carsharing-Anbieter
Verkehrsverbünde	- kein Kontakt vorhanden	- kein Kontakt vorhanden	- kein Kontakt vorhanden
Energieversorger	- kein Kontakt vorhanden	- kein Kontakt vorhanden	- kein Kontakt vorhanden
Interessenverbände & Verkehrsclubs	- ein guter Kontakt wird als wichtig gesehen - werden als „Befähiger und Befürworter nachhaltiger Mobilität in den Städten sowie im Besonderen des Carsharings gesehen“ - „heben die Vorteile des Carsharings in Politik und Gesellschaft hervor“	- ein guter Kontakt wird als wichtig gesehen - es besteht eine enge Zusammenarbeit mit dem VDA - es bestehen Schnittpunkte zu Themen wie z. B. „Diesel-Fahrverbote in den Innenstädten“ sowie neue Mobilitätsdienste, zu denen das free-floating Carsharing nach 2.AK als	- ein guter Kontakt wird als wichtig gesehen - werden als „Befähiger und Befürworter nachhaltiger Mobilität in den Städten sowie im Besonderen des Carsharings gesehen“ - „heben die Vorteile des Carsharings in Politik und Gesellschaft hervor“

	- es besteht ein loser Kontakt zu Umweltverbänden	„notwendiger Mobilitätsbaustein im Rahmen der zukünftigen urbanen Mobilität" gehört - es bestehen Schnittpunkte zum Bundesverband Carsharing - hier bringen sich die weiteren Carsharing-Anbieter mit ähnlichen oder konträren Interessen wie der eigene Carsharing-Anbieter mit ein, wobei man sich dann „erfahrungsgemäß auf gemeinsame Interessen verständigt"	
Wissenschaft	- es besteht eine intensive Zusammenarbeit mit Hochschulen und Forschungseinrichtungen in ganz Deutschland - Forschungsfelder sind u.a. automatisiertes und vernetztes Fahren, Optimierung der Verteilung der Fahrzeuge in den Städten sowie Angebotsoptimierungen allgemein	- es besteht eine intensive Zusammenarbeit mit Hochschulen und Forschungseinrichtungen in ganz Deutschland - Forschungsfelder sind u.a. automatisiertes und vernetztes Fahren, Optimierung der Verteilung der Fahrzeuge in den Städten sowie Angebotsoptimierungen allgemein	- es besteht eine intensive Zusammenarbeit mit Hochschulen und Forschungseinrichtungen in ganz Deutschland - in Auftrag gegebene Studien belegen die Entlastungseffekte des Carsharings für Umwelt und Klima
Weitere Mobilitätsanbieter	- es besteht Kontakt zu Mobilitätsanbietern in Bezug auf „Mobility-on-Demand"	- es besteht Kontakt zu Mobilitätsanbietern in Bezug auf „Mobility-on-Demand"	- es besteht Kontakt zu Mobilitätsanbietern in Bezug auf „Mobility-on-Demand"
Andere Carsharing-Anbieter	- kein Kontakt vorhanden	- kein Kontakt vorhanden	- kein Kontakt vorhanden

Legende:
Aussagen, die inhaltlich gleich bzw. ähnlich sind

8.4.3 Politik/politische Verantwortliche aus dem Mobilitätsbereich

Tabelle 14: Übersicht zu den Stakeholder-Beziehungen von Seiten der Politik/politischen Verantwortlichen aus dem Mobilitäts- bereich - Regierungsparteien

Stakeholder-Beziehungen	1.PV[1450]	2.PV[1451]	3.PV[1452]
Management	- es besteht Kontakt zu verschiedenen Carsharing-Anbietern im Bundesland - der Kontakt läuft direkt sowie über den Bundesverband Carsharing	- es besteht Kontakt zu verschiedenen Carsharing-Anbietern im Bundesland und insbesondere im Wahlkreis von 2.PV - u. a. bei Veranstaltungen zu „nachhaltiger urbaner Mobilität" sowie zu „Carsharing im ländlichen Raum"	- es besteht Kontakt zu verschiedenen Carsharing-Anbietern im Bundesland - Carsharing-Anbieter sind bezüglich der gegenwärtigen Stellplatzproblematik für Carsharing-Fahrzeuge sowie der Umsetzung des Carsharinggesetzes vor Ort vereinzelt an 3.PV herangetreten
Mitarbeiter	- es besteht vereinzelt Kontakt über das Management der Carsharing-Anbieter zu deren Mitarbeitern	- 2.PV war vor einigen Jahren im Vorstand des regionalen Carsharing-Anbieters in seinem Wahlkreis und hat(te) dadurch auch engen Kontakt zu dessen Mitarbeiter	- 3.PV ist bei Besuchen der Carsharing-Anbieter in seinem Wahlkreis mit deren Mitarbeiter in Kontakt gekommen
Automobilkonzerne	- es besteht Kontakt zu Automobilkonzernen, deren Tochterunternehmen Carsharing-Anbieter sind - es werden primär Gespräche zur „Zukunft der Automobilindustrie" geführt - Carsharing wird als „ein notwendiger Baustein zukünftiger urbaner Mobilität" gesehen	- es besteht Kontakt, der Informationsaustausch läuft aber vielmehr zu Themen wie „Transformationsprozess in der Automobilindustrie", „Fahrverbote in den Innenstädten" und „E-Mobilität" ab	- es besteht Kontakt, der Informationsaustausch läuft aber vielmehr zu Themen wie „Transformationsprozess in der Automobilindustrie", „Fahrverbote in den Innenstädten" und „E-Mobilität" ab
Carsharing-Nutzer	- 1.PV hat vereinzelt Kontakt zu Carsharing-Nutzer und spricht potentielle Carsharing-Nutzer über die eigenen Kommunikationskanäle an, d. h. z. B. im Rahmen	- 2.PV kennt Carsharing-Nutzer aus seinem Wahlkreis - 2.PV hat über Veranstaltungen zum Thema Carsharing einige Carsharing-Nutzer von	- 3.PV kennt Carsharing-Nutzer aus seinem Wahlkreis

[1450] Im Folgenden vgl. Interview 1.PV, 61.

[1451] Im Folgenden vgl. Interview 2.PV, 80.

[1452] Im Folgenden vgl. Interview 3.PV, 59.

	von herausgebrachten Printmedien zur urbanen Mobilität oder auf Veranstaltungen zu „nachhaltiger Mobilität"	verschiedenen Carsharing-Anbietern kennengelernt	
Politik	- es besteht Kontakt zur Bundesregierung über Gespräche zum Carsharinggesetz sowie dessen Umsetzung auf Landesebene als auch vor Ort - es besteht Kontakt zu weiteren Landesregierungen in Deutschland - hier besteht ein Informationsaustausch zum Thema „nachhaltige urbane Mobilität" zu dem nach 1.PV auch das Carsharing gehört	- es besteht Kontakt zu Landesregierungen in anderen Bundesländern - Verkehrspolitiker der Partei von 2.PV möchten sich untereinander vernetzen mit dem Ziel, „ein nationales Netzwerk der interessierten Verkehrspolitiker in den Landesregierungen zu knüpfen"	- es besteht Kontakt zum Verkehrsministerium auf Bundesebene - die Umsetzung des Carsharinggesetzes auf Landesebene und in den Städten wird hier angesprochen - es besteht Kontakt zum Verkehrsministerium auf Landesebene und zur Landesregierung. Hier agiert 3.PV stellvertretend für seine Landtagsfraktion zu Themen rund um „nachhaltige urbane Mobilität"
Städte/Verantwortliche Verkehr & Mobilität	- es besteht Kontakt zu Bürgermeistern in den Städten im Bundesland von 1.PV - 1.PV animiert diese, privilegierte Carsharing-Stellplätze vor Ort auszuweisen	- es besteht Kontakt zu Städten und deren Bürgermeister im Wahlkreis von 2.PV, primär im Rahmen zur zukünftigen nachhaltigen Mobilität vor Ort" - „die Unterstützung von Bürgermeistern und Gemeinderäten ist bei der Gründung einer Carsharing-Organisation vor Ort notwendig" - „Städte können das Carsharing-Angebot als Nutzer unterstützen, indem sie Carsharing-Fahrzeuge für ihre Mitarbeiter im Rahmen von Dienstfahrten buchen, wodurch eine gewisse Grundauslastung der Carsharing-Fahrzeuge erreicht wird"	- es besteht Kontakt zu Städten und deren Bürgermeister im Wahlkreis von 3.PV, primär im Rahmen zur zukünftigen nachhaltigen Mobilität vor Ort - es werden Diskussionen zur Stellplatzproblematik geführt. 3.PV sieht die Städte in der Verantwortung, „Stellplätze für Carsharing-Fahrzeuge im öffentlichen Raum zu schaffen"
Bürger & Gesellschaft	- 1.PV wirbt auf Veranstaltungen zu „nachhaltiger urbaner Mobilität" für das Carsharing	- der Kontakt soll hier über eigene Kommunikationskanäle, u. a. Pressemitteilungen und	- 3.PV hat zu vielen Bürgern im Wahlkreis, die das Carsharing vor Ort nutzen, Kontakt

		Social Media, verstärkt hergestellt werden - mit dem Ziel, mehr Aufmerksamkeit für das Carsharing allgemein zu erzeugen	- die Mitarbeiter von 3.PV nutzen auch Carsharing - „es sollen die positiven Erfahrungen mit Carsharing an weitere potentielle Nutzer weitergegeben werden"
Medien	- 1.PV macht über seine Kommunikationskanäle Werbung für neue Mobilitätsdienstleistungen zu denen auch das Carsharing gehört, d. h. u. a. in Form von Pressemitteilungen, öffentlichen Veranstaltungen und Social Media	- 2.PV macht vereinzelt auf das Carsharing über eigene Kommunikationskanäle aufmerksam - in Form von u. a. Pressemitteilungen, Bürgerständen oder Social Media - „das Thema Carsharing soll hier positiv besetzt werden, um so einen Anstoß zu geben, dass Menschen vermehrt Carsharing nutzen"	- 3.PV macht vereinzelt auf das Carsharing über eigene Kommunikationskanäle aufmerksam - in Form von u. a. Pressemitteilungen - „das Thema Carsharing soll hier positiv besetzt werden, indem die vielfältigen Vorteile angesprochen werden, um so einen Anstoß zu geben, dass Menschen vermehrt Carsharing nutzen"
Verkehrsverbünde	- es besteht ein Informationsaustausch mit verschiedenen Verkehrsverbünden im Bundesland, insbesondere zum Thema „Ausbau des Umweltverbundes" - die Vernetzung zwischen den ÖPNV-Anbietern, den Carsharing-Anbietern sowie weiteren Mobilitätsanbietern soll weiter ausgebaut werden, z. B. über gemeinsame Mobilitäts-Apps und weiteren Kombinationsangeboten mit entsprechenden Vergünstigungen - 1.PV leistet Unterstützung bei „der Transition von Verkehrsverbünden zu Mobilitätsverbünden", die einzelne Verkehrsverbünde anstreben	- es besteht ein Informationsaustausch mit verschiedenen Verkehrsverbünden im Bundesland, insbesondere zum Thema „Ausbau des Umweltverbundes" - Carsharing ist hierbei nach 2.PV „ein wichtiger Mobilitätsbaustein"	- es besteht kein Kontakt in Bezug auf das Carsharing

Energieversorger	- es besteht ein Informationsaustausch mit Energieversorgern im Bundesland „zum Ausbau der Ladeinfrastruktur sowie zum Ausbau des E-Carsharing allgemein“ - 1.PV möchte erfahren, wo er durch Förderprogramme E-Carsharing unterstützen kann	- es bestehen Kontakte zu Energieversorgern im Bundesland. Diese Kontakte werden als sehr wichtig gesehen, da „die schrittweise aufgebaute Ladeinfrastruktur Grundvoraussetzung für den Transformationsprozess hin zur flächendeckenden E-Mobilität ist.“	- 3.PV führt fortlaufend Gespräche mit Energieversorgern im Bundesland - der notwendige Auf- und Ausbau der Ladeinfrastruktur für E-Carsharing-Fahrzeuge wird angesprochen
Interessenverbände & Verkehrsclubs	- es besteht Kontakt zum Bundesverband Carsharing - es gab eine gemeinsame Veranstaltung zum Thema „Carsharing im ländlichen Raum“	- es besteht Kontakt zum Bundesverband Carsharing - z. B. ein Austausch zur Umsetzung des Carsharinggesetzes auf Landesebene bezüglich einheitlicher Standards sowie länderübergreifender Regelungen - es besteht Kontakt zum Verkehrsclub VCD	- es besteht Kontakt zum Bundesverband Carsharing - es besteht Kontakt zumVerkehrsclub VCD - es besteht Kontakt zum VDA
Wissenschaft	- es besteht Kontakt zu Universitäten und Forschungseinrichtungen im Bundesland - 1.PV gibt u. a. Studien zum Themenbereich „nachhaltige urbane Mobilität“ in Auftrag	- es besteht Kontakt zu Universitäten und Forschungseinrichtungen im Bundesland - u.a. im Zusammenhang mit „Verkehrskonzepten der Zukunft“, wo Carsharing als „ein notwendiger Mobilitätsbaustein“ gesehen wird	- es besteht Kontakt zu Universitäten und Forschungseinrichtungen im Bundesland - u.a. im Zusammenhang mit „Verkehrskonzepten der Zukunft“, wo Carsharing als „ein notwendiger Mobilitätsbaustein“ gesehen wird - „es sollen Verbesserungsmöglichkeiten zum Geschäftsmodell Carsharing eruiert werden, um die Attraktivität für potentielle Nutzer zu steigern und so die Anzahl der Carsharing-Nutzer zu erhöhen“
Weitere Mobilitätsanbieter	- es besteht Kontakt zu Mobilitätsanbietern im Bundesland zu folgenden Mobilitätsangeboten - „Mobility-on-Demand“, d. h. Ride Hailing und Ride Pooling sowie Bike	- es besteht Kontakt zu Mobilitätsanbietern im Bundesland zu folgenden Mobilitätsangeboten - „Mobility-on-Demand“, d. h. Ride Hailing und Ride Pooling sowie Bike	- es besteht Kontakt zu einem Bike Sharing-Anbieter im Wahlkreis

	Sharing, E-Roller Sharing und E-Scooter Sharing	Sharing, E-Roller Sharing und E-Scooter Sharing	
Andere Carsharing-Anbieter	- 1.PV wird von neuen sowie investorengetriebene Mobilitätsanbietern, auch aus dem Ausland, bezüglich eines möglichen Markteintritts mit einem eigenen Carsharing-Angebot im Bundesland von 1.PV kontaktiert. Hierbei stellen die investorengetriebenen Mobilitätsanbieter jedoch Forderungen bezüglich attraktiverer Rahmenbedingungen zum Carsharing.	- *siehe Punkt Management*	- *siehe Punkt Management*

Legende:
Aussagen, die inhaltlich gleich bzw. ähnlich sind

Tabelle 15: Übersicht zu den Stakeholder-Beziehungen von Seiten der politischen Verantwortlichen aus dem Mobilitätsbereich - Oppositionsparteien

Stakeholder-Beziehungen	**4.PV**[1453]	**5.PV**[1454]	**6.PV**[1455]
Management	- es besteht Kontakt zu Carsharing-Anbieter im eigenen Wahlkreis	- 5.PV hatte im Rahmen einer Veranstaltung seiner Landtagsfraktion zum Thema „zukünftige urbane Mobilität" Kontakt zu einem Carsharing-Anbieter aufgenommen. Hierbei konnte ein Vertreter des Carsharing-Managements als Referent gewonnen werden. - es bestehen keine weiteren Kontakte zu Carsharing-Anbieter im Bundesland von 5.PV	- 6.PV hat keine Kontakte zu Carsharing-Anbieter - bisher sind keine Carsharing-Anbieter an 6.PV herangetreten

[1453] Im Folgenden vgl. Interview 4.PV, 56.
[1454] Im Folgenden vgl. Interview 5.PV, 58.
[1455] Im Folgenden vgl. Interview 6.PV, 34.

Mitarbeiter	- 4.PV ist bei einem Besuch von einem Carsharing-Anbieter in seinem Wahlkreis mit dessen Mitarbeiter in Kontakt gekommen	- es bestehen keine Kontakte	- es bestehen keine Kontakte
Automobilkonzerne	- es besteht Kontakt, der Informationsaustausch geht aber vielmehr zu Themen wie „Transformationsprozess in der Automobilindustrie", „Fahrverbote in Innenstädten" und „E-Mobilität im Rahmen urbaner Mobilität"	- es besteht Kontakt zu den Automobilkonzernen im Bundesland von 5.PV, der Informationsaustausch geht aber vielmehr zu Themen wie „Transformationsprozess in der Automobilindustrie", „autonom fahrende Fahrzeuge in den Städten" und „Fahrverbote in den Innenstädten"	- es besteht Kontakt zu den Automobilkonzernen im Bundesland von 6.PV, der Informationsaustausch geht aber vielmehr zu Themen wie „Diesel-Fahrverbote in den Innenstädten" und „E-Mobilität im Rahmen urbaner Mobilität"
Carsharing-Nutzer	- 4.PV kennt Carsharing-Nutzer aus seinem Wahlkreis	- 5.PV kennt Carsharing-Nutzer aus der Landtagsfraktion sowie aus dem privaten Umfeld	- es besteht kein Kontakt
Politik	- es bestand Kontakt zur Landesregierung durch eine eigene gestellte „Kleine Anfrage"[1456] an diese zum Status quo des Carsharings im Bundesland von 4.PV	- es besteht Kontakt zum Verkehrsministerium auf Landesebene sowie zur Landesregierung zum Thema nachhaltige urbane Mobilität - es besteht Kontakt zum Verkehrsministerium auf Bundesebene über die eigene Bundestagsfraktion zu Themen rund um zukünftige urbane Mobilität	- es besteht kein Kontakt in Bezug auf das Carsharing
Städte/Verantwortliche Verkehr & Mobilität	- es besteht Kontakt zu Städten und deren Bürgermeister im Wahlkreis von 4.PV zu Themen rund um nachhaltige Mobilität - es werden Diskussionen zur Stellplatzproblematik für Carsharing geführt. 4.PV sieht die Städte in der Verantwortung, „Stellplätze	- es besteht Kontakt zu Bürgermeistern in den Städten im Bundesland von 5.PV - im Rahmen von Verkehrsproblemen vor Ort treten Bürger an Abgeordnete der Landtagsfraktion von 5.PV heran. 5.PV wendet sich in der Regel direkt an die Bürgermeister der Städte, um hier mögliche Ver-	- es besteht kein Kontakt in Bezug auf das Carsharing

[1456] Über „Kleine Anfragen" können Abgeordnete von der Exekutive bzw. Regierung Auskunft über bestimmte Sachverhalte verlangen, die schriftlich beantwortet werden.

	für Carsharing-Fahrzeuge im öffentlichen Raum zu schaffen."	besserungsmöglichkeiten in die Wege zu leiten - in diesem Zusammenhang sind Landtagsabgeordnete der Fraktion von 5.PV auch auf vorhandene Carsharing-Angebote und damit verbundenen Problemen, etwa im Zusammenhang mit der Stellplatzproblematik, von Bürgern angesprochen worden. 5.PV macht die Bürgermeister der Städte darauf aufmerksam, „das Carsharinggesetz vor Ort final umzusetzen"	
Bürger & Gesellschaft	- der Kontakt soll hier über eigene Kommunikationskanäle, d. h. Pressemitteilungen und Social Media verstärkt hergestellt werden - „mit dem Ziel, mehr Aufmerksamkeit für das Carsharing zu erzeugen"	- es besteht kein Kontakt in Bezug auf das Carsharing	- es besteht kein Kontakt in Bezug auf das Carsharing
Medien	- 4.PV macht vereinzelt auf das Carsharing über eigene Kommunikationskanäle aufmerksam - in Form von Pressemitteilungen und Social Media - „das Thema Carsharing soll hier positiv besetzt werden, indem die vielfältigen Vorteile angesprochen werden, um so einen Anstoß zu geben, dass Menschen vermehrt Carsharing nutzen"	- 5.PV möchte zukünftig auf das Thema „Carsharing im Rahmen nachhaltiger urbaner Mobilität" über die eigene Kommunikationskanäle aufmerksam machen	- 6.PV spricht das Thema Carsharing in seinen Kommunikationskanälen nicht an
Verkehrsverbünde	- es besteht ein Informationsaustausch mit verschiedenen Verkehrsverbünden im Bundesland von 4.PV mit dem Wunsch, die Vernetzung zwischen ÖPNV und Carsharing	- es besteht kein Kontakt zum Carsharing	- es besteht kein Kontakt zum Carsharing

	weiter auszubauen, z. B. durch gemeinsame Mobilitäts-Apps oder weiteren Kombinationsangeboten mit entsprechenden Vergünstigungen		
Energieversorger	- 4.PV führt fortlaufend Gespräche mit Energieversorgern im Bundesland - der notwendige Ausbau der bestehenden Ladeinfrastruktur für E-Carsharing wird angesprochen	- 5.PV hatte Kontakt zu einem überregionalen Energieversorgungsunternehmen, welches fortlaufend Ladestationen für E-Carsharing Fahrzeuge aufbaut - der Vorstandsvorsitzende dieses Energieversorgungsunternehmens war zu einem Gespräch in der Landtagsfraktion von 5.PV eingeladen	- 6.PV möchte zukünftig verstärkt den Kontakt zu Energieversorgungsunternehmen suchen, um so „die E-Mobilität im Land voranzutreiben." Die E-Carsharing Anbieter sieht 6.PV als sinnvolle Treiber für E-Mobilität, da diese die Ladeinfrastruktur mit aufbauen.
Interessenverbände & Verkehrsclubs	- es besteht Kontakt zum Bundesverband Carsharing - es besteht Kontakt zum Verkehrsclub VCD - es besteht Kontakt zum VDA	- es besteht Kontakt zum Verkehrsclub VCD - es besteht Kontakt zum VDA zu Themen rund um „urbane Mobilität"	- 6.PV spricht explizit seinen Kontakt zum Bundesverband Taxi und Mietwagen e. V. sowie Taxiverbänden in Großstädten im Bundesland von 6.PV an
Wissenschaft	- es besteht Kontakt zu Universitäten und Forschungseinrichtungen im Bundesland - u. a. im Zusammenhang mit „Verkehrskonzepten der Zukunft", wo Carsharing als „ein wichtiger Mobilitätsbaustein" gesehen wird	- es besteht Kontakt zu Universitäten und Forschungseinrichtungen im Bundesland zu Themen rund um „nachhaltige urbane Mobilität" - 5.PV sucht hier gezielt den Kontakt zu Wissenschaftlern, bevor sich seine Landtagsfraktion zu Mobilitäts-Themen positioniert	- 6.PV sieht „Studien zu Stickoxidbelastungen in deutschen Großstädten, die zu Diesel-Fahrverboten führen" kritisch
Weitere Mobilitätsanbieter	- es besteht Kontakt zu Bike Sharing- und E-Scooter Sharing-Anbieter im Wahlkreis	- es besteht kein Kontakt	- 6.PV hat insbesondere zu diversen Taxiunternehmen in seinem Wahlkreis Kontakt
Andere Carsharing-Anbieter	- *siehe Punkt Management*	- *siehe Punkt Management*	- *siehe Punkt Management*

Legende:
Aussagen, die inhaltlich gleich bzw. ähnlich sind

8.4.4 Städte/städtische Verantwortliche für den Verkehrs- und Mobilitätsbereich

Tabelle 16: Übersicht zu den Stakeholder-Beziehungen von Seiten der Städte/städtischen Verantwortlichen für den Verkehrs- und Mobilitätsbereich - Metropolen

Stakeholder-Beziehungen	1.ST[1457]	2.ST[1458]	3.ST[1459]
Management	- 1.ST ist im ständigen informellen Austausch mit den Carsharing-Anbietern in der Metropole. Dies inkludiert primär die Themen „Geschäftsgebietentwicklungen" sowie „Elektrifizierung und Bedarf an Ladeinfrastruktur im öffentlichen Raum." - beim Aufbau der Ladeinfrastruktur werden Standortkonzepte ausgearbeitet. Hierbei sind die vor Ort vertretenen Carsharing-Anbieter involviert, wobei dies primär die free-floating Anbieter sind, da diese den größten Teil an E-Fahrzeugen in ihren Flotten haben.	- 2.ST ist im ständigen informellen Austausch mit den Carsharing-Anbietern in der Metropole	- 3.ST ist im ständigen informellen Austausch mit dem regionalen Carsharing-Anbieter in der Metropole[1460] - bei neuen Bebauungsplänen in der Metropole wird versucht, den regionalen Carsharing-Anbieter als Träger zu beteiligen, damit dieser von Anfang an dort Stellplätze erhalten kann
Mitarbeiter	- 1.ST tauscht sich gelegentlich mit Mitarbeitern der Carsharing-Anbieter in der Metropole zu vorhandenen Veränderungen aus, wie z. B. zur Größe des Geschäftsgebietes oder neuen Carsharing-Stellplätzen	- 2.ST tauscht sich gelegentlich mit Mitarbeitern der Carsharing-Anbieter in der Metropole zu vorhandenen Veränderungen aus, wie z. B. zur Größe des Geschäftsgebietes oder neuen Carsharing-Stellplätzen	- es besteht gegenwärtig loser Kontakt zu den Mitarbeitern des regionalen Carsharing-Anbieters
Automobilkonzerne	- es besteht über die free-floating Anbieter in der Metropole Kontakt zu	- in Bezug auf das free-floating Angebot eines Carsharing-Anbieters in	- es besteht kein Kontakt in Bezug auf das vorhandene Carsharing-

[1457] Im Folgenden vgl. Interview 1.ST, 53.

[1458] Im Folgenden vgl. Interview 2.ST, 23.

[1459] Im Folgenden vgl. Interview 3.ST, 64.

[1460] Die Definition „regionaler Carsharing-Anbieter in der Metropole" wird deshalb verwendet, da der Carsharing-Anbieter sein Carsharing-Angebot nur in dieser Metropole anbietet. Neben diesem Carsharing-Anbieter gibt es noch weitere Carsharing-Anbieter in der Metropole.

	Automobilkonzernen, die deren Mutterunternehmen sind	der Metropole besteht zum Automobilkonzern, der das Mutterunternehmen ist, Kontakt - es besteht über die Plattform „Urbane Mobilität“ Kontakt zur Automobilindustrie. Hier kommen die Kommunen mit den größten Industriepartnern der Automobilbranche des Landes zusammen. Das Carsharing wird hier als eines von vielen Mobilitätsdiensten und notwendiger Baustein nachhaltiger urbaner Mobilität gesehen.	Angebot in der Metropole
Carsharing-Nutzer	- 1.ST erwähnt, dass einzelne städtische Ämter in der Metropole Carsharing-Fahrzeuge für ihre Mitarbeiter buchen	- 2.ST sowie deren Mitarbeiter können über eine eigene Carsharing-Karte das Carsharing-Angebot eines Anbieters in der Metropole für Dienstfahrten nutzen	- 3.ST sowie deren Mitarbeiter können mit einer Carsharing-Karte ein reserviertes Carsharing-Fahrzeug des regionalen Carsharing-Anbieters für Dienstfahrten nutzen
Politik	- es besteht Kontakt zur Landesregierung, insbesondere zu den Themen „Ausbau von Elektromobilität in der Metropole“ sowie zur „Verabschiedung eines Mobilitätsgesetzes“, das auch Fragestellungen rund um das Carsharing beantworten soll - hierbei kümmert sich das Bundesland bzw. deren Verantwortliche für Mobilität seit 2015 darum, eine im öffentlichen Raum für alle zugängliche Ladeinfrastruktur aufzubauen. Dies erfolgt primär angebotsorientiert, d. h. auf Basis eines ausgearbeiteten Standortkonzeptes.	- es besteht Kontakt zur Bundes- und Landesregierung in Bezug auf das Carsharinggesetz und dessen Umsetzung auf kommunaler Ebene - „durch das Carsharinggesetz haben auch Kommunen die Möglichkeit, das Carsharing zu gestalten und dafür Stellplätze bereitzustellen“	- es besteht Kontakt zum Verkehrsministerium auf Landesebene mit folgenden Forderungen: - „die Rahmenbedingungen für das Carsharing müssen verbessert werden“ - „das Carsharinggesetz muss auf Länder- und Kommunalebene endlich umgesetzt werden, um die Stellplatzproblematik im öffentlichen Raum zu lösen“ - 3.ST hat sich beim Verkehrsministerium für das neue free-floating Angebot des regionalen Carsharing-Anbieters in der Metropole eingesetzt und entsprechende Gespräche geführt

	- es besteht Kontakt zum Verkehrsministerium auf Bundesebene in Bezug auf das Carsharinggesetz und dessen Umsetzung auf kommunaler Ebene - „durch das Carsharinggesetz haben auch Kommunen die Möglichkeit, das Carsharing zu gestalten und dafür Stellplätze bereitzustellen“ - es besteht Kontakt zur EU bezüglich eines gemeinsamen Forschungsprojektes, in dem auch das Carsharing als „Teil nachhaltiger urbaner Mobilität“ eine Rolle spielt		
Städte/Verantwortliche Verkehr & Mobilität	- es besteht Kontakt zu den zuständigen Ämtern und den verantwortlichen Bürgermeistern in der Metropole in Bezug auf die Carsharing-Angebote vor Ort	- es besteht Kontakt zu kommunalen Entscheidungsträgern, d. h. zu Gemeinderäten und Bezirksbeiräten, die die Möglichkeit haben, sich zum Carsharing-Angebot und dessen Förderung von Seiten der Stadtverwaltung zu äußern	- es besteht Kontakt zu folgenden städtischen Ämtern in Bezug auf das Carsharing vor Ort: - Tiefbauamt: macht die Ausführungsplanung und baut entsprechend - Bauverwaltung: macht die Sondernutzungssatzung - Fachbereich Sicherheit und Ordnung: ist für die Ausnahmegenehmigungen zuständig
Bürger & Gesellschaft	- es bestehen von Seiten der Bürger Anfragen an 1.ST zu den Carsharing-Angeboten in der Metropole, z. B. in Bezug auf die erwünschte Ausweitung der Geschäftsgebiete der Carsharing-Anbieter in die Außenbezirke der Metropole	- die Bürger werden vereinzelt über die vorhandenen Kommunikationskanäle von 2.ST auf die Carsharing-Angebote in der Metropole aufmerksam gemacht, z. B. über das Stadtmagazin und auf öffentlichen Ständen in der Metropole	- Bürger beschweren sich vereinzelt bei 3.ST wegen „abgestellten Carsharing-Fahrzeugen vor dem eigenen Haus.“ Sie empfinden die Carsharing-Fahrzeuge als störend, da sie teilweise auch Stellplätze für die eigenen PKW wegnehmen. 3.ST macht deutlich, dass „solange kein

			privater Stellplatz vorhanden ist, von Seiten der Bürger auch keine Handhabe besteht, gegen die geparkten Carsharing-Fahrzeuge vorzugehen.“
Medien	- es bestehen Anfragen von regionalen Medienvertretern zu den von Seiten von 1.ST ausgearbeiteten Mobilitätskonzepten für die Metropole bei denen auch die verschiedenen Carsharing-Angebote vor Ort berücksichtigt werden	- über die eigenen Kommunikationskanäle von 2.ST wird in positiver Weise für das Carsharing in der Metropole geworben und auf damit verbundene Maßnahmen von Seiten von 2.ST aufmerksam gemacht, wie z. B. auf neu geschaffene Carsharing-Stellplätze - 2.ST hat ein Carsharing-Konzept für die Metropole ausgearbeitet, das öffentlich einsehbar ist, d. h. als Broschüre bei 2.ST kostenlos erworben werden kann bzw. auch zum Download bereitgestellt wird	- es besteht kein Kontakt zu regionalen Medienvertretern in Bezug auf das vorhandene Carsharing-Angebot in der Metropole
Verkehrsverbünde	- es besteht Kontakt zum Verkehrsverbund der Metropole in Bezug auf geplante Mobilitätsstationen, an denen auch einzelne Carsharing-Anbieter ihre E-Carsharing-Fahrzeuge platzieren sollen	- es besteht kein Kontakt zum Verkehrsverbund der Metropole in Bezug auf die Carsharing-Angebote	- es besteht Kontakt zum Verkehrsverbund der Metropole - 3.ST hat bereits den Versuch unternommen, mehr Carsharing-Stellplätze an Bus- und Bahn-Haltestellen zu platzieren, damit die ÖPNV-Nutzer leichter auf Carsharing-Fahrzeuge sowie auch umgekehrt umsteigen können und so eine multimodale Wegekette ermöglicht wird - allgemein geht es darum, Mobilitätspunkte bzw. -Stationen zu schaffen, um hier den Nutzern den Umstieg vom ÖPNV auf weitere Mobilitätsangebote in einer multimodalen

			Wegekette zu ermöglichen
Energieversorger	- es besteht kein Kontakt zu Energieversorgern in der Metropole in Bezug auf die E-Carsharing-Angebote	- es besteht kein Kontakt zu Energieversorgern in der Metropole in Bezug auf die E-Carsharing-Angebote	- es besteht kein Kontakt zu Energieversorgern in der Metropole in Bezug auf das E-Carsharing-Angebot
Interessenverbände & Verkehrsclubs	- es besteht Kontakt zum Bundesverband Carsharing - es besteht Kontakt zu den Verkehrsclubs ADAC und VCD, die beim Beteiligungsprozess für das Mobilitätsgesetz in der Metropole involviert sind	- es besteht eine gute Verbindung zum Bundesverband Carsharing, da dieser 2.ST eine Vielzahl an Informationen zum Thema „Carsharing in den Städten" bereitstellt - es besteht Kontakt zum VDA über die Plattform „Urbane Mobilität"	- es besteht kein Kontakt in Bezug auf das Carsharing-Angebot in der Metropole
Wissenschaft	- es besteht Kontakt zu Hochschulen in der Metropole bezüglich der wissenschaftlichen Begleitung zu Mobilitätskonzepten für die Metropole. Hierbei soll auch das Carsharing als „Befähiger individueller und zugleich nachhaltiger Mobilität" berücksichtigt werden.	- das Carsharing-Konzept der Metropole von 2.ST wurde von einem Umweltforschungsinstitut wissenschaftlich begleitet	- es besteht Kontakt zu Hochschulen und Forschungseinrichtungen in der Metropole - 3.ST ist Partner von Mobilitätsprojekten und liefert u. a. Grundlagendaten durch Verkehrserhebungen - 3.ST gibt hier Untersuchungen zum Themenbereich „zukünftige urbane Mobilität" in Auftrag
Weitere Mobilitätsanbieter	- weitere Mobilitätsanbieter im Rahmen von „Mobility-on-Demand" treten vermehrt an 1.ST heran, da sie ihre Mobilitätsangebote in der Metropole platzieren möchten	- weitere Mobilitätsanbieter im Rahmen von „Mobility-on-Demand" treten vermehrt an 2.ST heran, da sie ihre Mobilitätsangebote in der Metropole platzieren möchten	- weitere Mobilitätsanbieter im Rahmen von „Mobility-on-Demand" treten vermehrt an 3.ST heran, um ihre Mobilitätsangebote in der Metropole platzieren zu können
Andere Carsharing-Anbieter	- 1.ST hat zu allen Carsharing-Anbietern in der Metropole Kontakt	- 2.ST hat zu allen Carsharing-Anbietern in der Metropole Kontakt	- 3.ST macht deutlich, dass bei Lösung der Stellplatzproblematik für Carsharing-Fahrzeuge durchaus neue Carsharing-Anbieter in die Metropole kommen könnten, d. h. auch investorengetriebene Carsharing-Anbieter

Legende:
Aussagen, die inhaltlich ähnlich sind

Tabelle 17: Übersicht zu den Stakeholder-Beziehungen von Seiten der städtischen Verantwortlichen für den Verkehrs- und Mobilitätsbereich – Regiopole, Großstadt, Mittelstadt

Stakeholder-Beziehungen	4.ST[1461]	5.ST[1462]	6.ST[1463]
Management	- 4.ST ist im ständigen informellen Austausch mit dem regionalen Carsharing-Anbieter in der Regiopole[1464] - 4.ST bzw. die Stadt unterstützt den regionalen Carsharing-Anbieter wo möglich, jedoch sind nach 4.ST „diese Möglichkeiten gegenwärtig relativ begrenzt" -	- 5.ST ist im ständigen Austausch mit der Vorstandsvorsitzenden des Carsharing-Anbieters in der Großstadt	- 6.ST war Mitarbeiter in der Projektentwicklung und ist Mitglied in der Projektleitung und dem Steuerungsgremium des E-Carsharing-Anbieters in der Mittelstadt - 6.ST ist im ständigen Austausch mit dem E-Carsharing-Betreiber - „primär in Bezug auf die schnelle Abwicklung von Einschränkungen der Einsatzbereitschaft der E-Carsharing-Fahrzeuge, zum Beispiel durch fehlerhafte Nutzung oder durch Einschränkungen in der Funktionalität"
Mitarbeiter	- 4.ST ist im Austausch mit den Mitarbeitern des regionalen Carsharing-Anbieters	- 5.ST tauscht sich gelegentlich mit den Mitarbeitern des Carsharing-Anbieters aus, z. B. zu möglichen neue Stellplätzen in der Großstadt	- es gibt im Grunde keine Mitarbeiter, der E-Carsharing-Betrieb wird über den E-Carsharing-Betreiber abgewickelt, der gleichzeitig ein überregionaler Carsharing-Anbieter ist - 6.ST ist einer von drei Konsortialpartner im E-Carsharing-Projekt in der Mittelstadt
Automobilkonzerne	- es besteht kein Kontakt zu Automobilkonzernen	- es besteht kein Kontakt zu Automobilkonzernen	- es besteht Kontakt zu einem Automobilkonzern über den E-Carsharing-Betreiber. Dieser Automobilkonzern stellt die E-Fahrzeuge

[1461] Im Folgenden vgl. Interview 4.ST, 43.

[1462] Im Folgenden vgl. Interview 5.ST, 52.

[1463] Im Folgenden vgl. Interview 6.ST, 63.

[1464] Die Definition „regionaler Carsharing-Anbieter in der Regiopole" wird deshalb verwendet, da der Carsharing-Anbieter sein Carsharing-Angebot nur in dieser Stadt (=Regiopole) anbietet. Hinzu kommt, dass in der Regiopole kein weiteres Carsharing-Angebot eines weiteren Carsharing-Anbieters vorhanden ist.

			für das E-Carsharing-Angebot in der Mittelstadt bereit - es wird Kontakt zu weiteren E-Fahrzeug-Herstellern gesucht, um die E-Carsharing-Flotte bei Möglichkeit mit weiteren E-Fahrzeug-Modellen zu erweitern
Carsharing-Nutzer	- 4.ST sowie deren Mitarbeiter können mit einer eigenen Carsharing-Karte ein Carsharing-Fahrzeug des regionalen Carsharing-Anbieters für Dienstfahrten nutzen	- 5.ST sowie deren Mitarbeiter können mit einer eigenen Carsharing-Karte ein Carsharing-Fahrzeug des Carsharing-Anbieters vor Ort für Dienstfahrten nutzen	- die Mittelstadt von 6.ST ist Mitglied beim E-Carsharing-Anbieter und selbst Eigentümer eines E-Carsharing-Fahrzeuges - es bestehen Blockbuchungszeiten von Seiten der Mitarbeiter der städtischen Ämter - bei Nichtbuchung des E-Carsharing-Fahrzeuges durch städtische Mitarbeiter wird dieses den Bürgern vor Ort zur eigenen Buchung zur Verfügung gestellt - einzelne E-Carsharing-Fahrzeuge stehen im Eigentum von Unternehmen, Betrieben, Sparkassen, Volksbanken und Versicherungen aus der Mittelstadt und den teilnehmenden umliegenden Gemeinden. Die meisten dieser Eigentümer lassen ihre Fahrzeuge bei Nichtbuchung durch die eigenen Mitarbeiter den Bürgern vor Ort zur eigenen Buchung zur Verfügung. - es besteht wenig Kontakt zu Nutzern, da sich diese bei Fragen oder Problemen in der Regel direkt an den E-Carsharing-Betreiber wenden

Politik	- es besteht Kontakt zum Verkehrsministerium auf Landesebene mit folgenden Forderungen:
	  - „die Rahmenbedingungen für das Carsharing müssen verbessert werden“
	  - „das bereits am 1.September 2017 verabschiedete Carsharinggesetz muss auf Länder- und Kommunalebene endlich umgesetzt werden, damit die Stellplatzproblematik für Carsharing-Fahrzeuge im öffentlichen Raum final gelöst ist“
		- es besteht Kontakt zum Verkehrsministerium auf Landesebene
		- in Bezug auf die Erteilung von Ausnahmegenehmigungen bzw. von Parksonderausweisen für free-floating Carsharing-Fahrzeuge in der Großstadt. Mit diesen können die Carsharing-Nutzer in Anwohnerbereichen sowie kostenfrei auf allen öffentlichen Parkplätzen in der Großstadt parken.
		
		- es besteht Kontakt zum Verkehrsministerium auf Bundesebene und zur Bundesregierung
		- dieser Kontakt läuft über den regionalen Carsharing-Anbieter ab, da dieser über einen Arbeitskreis in das Carsharing-Bundesgesetzgebungsverfahren involviert war
			- es besteht Kontakt zur Landesregierung und zum Verkehrsministerium auf Landesebene sowie zur EU bzw. den verantwortlichen Ausschüssen und ihren Vertretern im Europäischen Parlament
			- das E-Carsharing-Projekt wurde mit Fördermitteln vom Land und der EU subventioniert

Städte/Verantwortliche Verkehr & Mobilität	- die kommunale Verwaltung von 4.ST tritt als Vermieter für Carsharing-Parkplätze auf - so wird etwa die Garage im Hinterhof der städtischen Verwaltung für Carsharing-Fahrzeuge vermietet, zu der die Carsharing-Nutzer ganz normalen Zugang haben - die kommunale Verwaltung von 4.ST will zukünftig Standorte bzw. Stellplätze im öffentlichen Raum für Carsharing-Fahrzeuge vergeben - das Carsharinggesetz muss hier noch entsprechend umgesetzt werden	- *keine Angabe*	- der Gemeinderat der Mittelstadt von 6.ST entscheidet in naher Zukunft über die Fortführung des E-Carsharing-Projektes über die bisher vereinbarte Dauer von 5 Jahren - das E-Carsharing-Projekt wurde durch eine Expertengruppe bestehend aus den Verantwortlichen des E-Carsharing-Konsortiums unter Beteiligung und Zustimmung der Mittelstadt initiiert - es besteht Kontakt zu weiteren Gemeinden in der Region - diese Gemeinden zeigen Interesse, am E-

	- „die Stellplätze im öffentlichen Raum müssen in der Folge per Ausschreibung an alle Carsharing-Anbieter angeboten werden"
	- es besteht Kontakt zu städtischen Ämtern in Bezug auf das Carsharing in der Regiopole:
	  - Tiefbauamt: stellt Flächen im öffentlichen Raum zur Verfügung, z.B. für die Schlüsselsafes
	  - Ordnungsamt: trifft sämtliche Schilderanordnungen, die im öffentlichen Raum umgesetzt werden
	- „die Zusammenarbeit mit den städtischen Ämtern ist notwendig, um gemeinsame Flächen festzulegen, wo öffentliche Carsharing-Stellplätze platziert werden können"
			Carsharing-Projekt teilzunehmen und weitere E-Carsharing-Fahrzeuge zu erwerben, die sie dem E-Carsharing-Betrieb vor Ort zur Verfügung stellen wollen

Bürger & Gesellschaft	- es besteht kein direkter Kontakt in Bezug auf das Carsharing-Angebot in der Regiopole	- Bürger beschweren sich vereinzelt bei 5.ST wegen abgestellten Carsharing-Fahrzeugen „vor dem eigenen Haus." Diese empfinden sie als störend, da sie teilweise auch Stellplätze für die eigenen PKW wegnehmen.	- *siehe Punkte Carsharing-Nutzer und Medien*
Medien	- es besteht kein Kontakt zu regionalen Medienvertretern in Bezug auf das Carsharing in der Regiopole	- es besteht kein Kontakt zu regionalen Medienvertretern in Bezug auf das Carsharing-Angebot in der Großstadt	- 6.ST bzw. die Mittelstadt wirbt in der regionalen Presse sowie dem regionalen Fernsehsender für das E-Carsharing-Angebot
Verkehrsverbünde	- es besteht Kontakt zum regionalen Verkehrsverbund der Regiopole, u. a. im Rahmen eines ge-	- es besteht Kontakt von Seiten von 5.ST zum regionalen Verkehrsverbund der Großstadt in Bezug auf die weitere	- es besteht kein Kontakt zum regionalen Verkehrsverbund in Bezug auf das E-Carsharing-Projekt

	meinsamen Pilotprojektes zur Vernetzung zwischen dem ÖPNV und weiteren Mobilitätsanbietern, durch die der Verkehrsverbund hin zum Mobilitätsverbund transformiert werden soll	Vernetzung von Carsharing und ÖPNV	
Energieversorger	- es besteht kein Kontakt zu Energieversorger in der Regiopole in Bezug auf das E-Carsharing-Angebot	- 5.ST ist mit den städtischen Stadtwerken in Bezug auf die Standortbestimmung für neue Ladesäulen für die E-Carsharing-Fahrzeuge im Austausch	- die Stadtwerke der Mittelstadt ist Mitglied im Konsortium des E-Carsharing-Projektes
Interessenverbände & Verkehrsclubs	- es besteht Kontakt zum Bundesverband Carsharing in Bezug auf die Umsetzung des Carsharinggesetzes vor Ort	- es besteht Kontakt zum Bundesverband Carsharing - es besteht Kontakt zu einem Umweltverbund in der Großstadt, der zugleich Aktionär bei dem regionalen Carsharing-Anbieter ist - der Umweltverbund hat in der Großstadt ein Pedelec-Vermietsystem zusammen mit Fahrradhändlern vor Ort initiiert	- das E-Carsharing-Projekt[1465] ist kein Mitglied im Bundesverband Carsharing und agiert autark
Wissenschaft	- es besteht Kontakt zur Hochschule und zu Forschungseinrichtungen in der Regiopole - u. a. in Bezug auf das Pilotprojekt, bei dem durch eine bessere Vernetzung der unterschiedlichen Mobilitätsanbieter in der Regiopole und dem Umland, der bestehende Verkehrsverbund hin zu einem Mobilitätsverbund transformiert werden soll - hier betont 4.ST, dass „zukünftig eine engere	- es besteht Kontakt zum Fraunhofer Institut - die Elektrokonzeption für die Großstadt von 5.ST wird vom Fraunhofer Institut durchgeführt sowie vom Bund gefördert.	- bei der Standortanalyse der Ladestationen für die E-Carsharing-Fahrzeuge in der Mittelstadt und den teilnehmenden umliegenden Gemeinden, die an bestimmte Kriterien geknüpft ist, war eine Hochschule aus der Region beteiligt

[1465] Damit ist das E-Carsharing-Angebot gemeint. Von einem E-Carsharing-Anbieter kann jedoch nicht gesprochen werden, da der E-Carsharing-Betrieb über einen externen (E-)Carsharing-Anbieter abläuft. Dieser (E-)Carsharing-Anbieter, der auch konventionell betriebenes Carsharing anbietet, ist hingegen Mitglied im Bundesverband Carsharing.

	Zusammenarbeit mit den umliegenden Gemeinden bezüglich der Vernetzung der unterschiedlichen Mobilitätsangebote geplant ist"		
Weitere Mobilitätsanbieter	- über die Teilnahme am Pilotprojekt besteht Kontakt zu weiteren Mobilitätsanbietern in der Regiopole sowie umliegenden Gemeinden, u. a. zu einem E-Carsharing-Anbieter in einer angrenzenden Mittelstadt, zu Bike Sharing-Anbietern wie auch einem E-Scooter-Anbieter in der Regiopole	- es besteht Kontakt zum E-Bike Sharing-Anbieter in der Großstadt	- es besteht Kontakt zu den städtischen Stadtwerken, die ein eigenes E-Roller Sharing-Angebot in der Mittelstadt anbieten
Andere Carsharing-Anbieter	- 4.ST macht deutlich, dass bei Lösung der Stellplatzproblematik für Carsharing-Fahrzeuge durchaus neue Carsharing-Anbieter in die Regiopole kommen könnten	- 5.ST hat nur Kontakt zum regionalen Carsharing-Anbieter in der Großstadt	- 6.ST war vor Aufsetzen des E-Carsharing-Projektes mit einem anderen Carsharing-Anbieter aus der Region im Gespräch, ob dieser den E-Carsharing-Betrieb übernehmen möchte. Dieser hat jedoch abgelehnt, da für ihn das E-Carsharing-Projekt nicht attraktiv genug war.

Legende:
Aussagen, die inhaltlich gleich bzw. ähnlich sind

8.4.5 Verkehrsverbünde

Tabelle 18: Übersicht zu den Stakeholder-Beziehungen von Seiten der Verkehrsverbünde

Stakeholder-Beziehungen	1.VVB[1466]	2.VVB[1467]	3.VVB[1468]
Management	- 1.VVB ist im ständigen Austausch mit den Verantwortlichen des regi-	- 2.VVB ist im ständigen Austausch mit den Verantwortlichen des regi-	- 3.VVB ist im ständigen Austausch mit den Verantwortlichen eines regionalen Carsharing-

[1466] Im Folgenden vgl. Interview 1.VVB, 53.
[1467] Im Folgenden vgl. Interview 2.VVB, 50.
[1468] Im Folgenden vgl. Interview 3.VVB, 38.

	onalen Carsharing-Anbieters der Regiopole[1469] - es besteht eine gemeinsame Kooperation mit dem regionalen Carsharing-Anbieter sowie weiteren Mobilitätsanbietern aus der Region in einem regionalen Mobilitätsprojekt, in dem das bestehende Verkehrsangebot der Regiopole mit dem des Umlandes vernetzt werden soll und eine gemeinsame digitale Mobilitätsplattform entwickelt wird. Dadurch möchte sich der Verkehrsverbund zum Mobilitätsverbund weiterentwickeln. - auf die digitale Mobilitätsplattform soll über eine Mobilitäts-App zugegriffen werden können. Hierbei sollen die Nutzer auch auf das Carsharing-Angebot des regionalen Carsharing-Anbieters zugreifen können, d. h. die Carsharing-Fahrzeuge sollen über die Mobilitäts-App geortet, gebucht und bezahlt werden können. - es besteht eine seit mittlerweile 10 Jahre lang andauernde Marketing-Kooperation mit	onalen Carsharing-Anbieters der Metropole[1470] - es besteht eine seit rund zwanzig Jahren andauernde Marketing-Kooperation, die zu Beginn eher lose war und in den vergangenen Jahren intensiver geworden ist - es wurde eine Kooperationsvereinbarung zur Zusammenarbeit im Schnittstellenbereich geschlossen, d. h. in Bezug auf ÖPNV-Nutzung, Tarifierung und Marketing. So erhalten die Kunden des Verkehrsverbundes, die bei diesem in Besitz eines Fahrkarten-Abonnements sind, Vergünstigungen beim regionalen Carsharing-Anbieter. - der Verkehrsverbund hat in der Unternehmenszentrale einen Stellplatz bzw. eine Ladesäule für ein E-Carsharing-Fahrzeug des regionalen (E-)Carsharing-Anbieters installiert. Das E-Carsharing-Fahrzeug ist für die Mitarbeiter von 2.VVB reserviert, die dieses für Dienstfahrten nutzen können.	Anbieters der Metropole[1471] - es besteht eine enge Kooperation mit dem regionalen Carsharing-Anbieter, v. a. in Form von gemeinsamen Marketing-Maßnahmen und Veranstaltungen. Darüber hinaus bestehen Vergünstigungen beim Carsharing-Anbieter für die Inhaber eines Jahreskartenabonnements des Verkehrsverbundes. Der erste Kontakt wurde vor über 20 Jahren geschlossen. - der Verkehrsverbund hat in der Tiefgarage der Unternehmenszentrale Stellplätze für den regionalen Carsharing-Anbieter reserviert. Dabei sind zwei Carsharing-Fahrzeuge von 8-18 Uhr exklusiv für die eigenen Mitarbeiter reserviert. Ab 18 Uhr und am Wochenende stehen diese Carsharing-Fahrzeuge den Bürgern vor Ort frei zur Verfügung, die diese entsprechend buchen können. - es besteht zu zwei weiteren überregionalen Carsharing-Anbietern[1472] in der Metro-

1469 Die Definition „regionaler Carsharing-Anbieter in der Regiopole“ wird deshalb verwendet, da der Carsharing-Anbieter sein Carsharing-Angebot nur in dieser Stadt (=Regiopole) anbietet. Hinzu kommt, dass in der Regiopole kein weiteres Carsharing-Angebot eines weiteren Carsharing-Anbieters vorhanden ist.

1470 Die Definition „regionaler Carsharing-Anbieter in der Metropole“ wird deshalb verwendet, da der Carsharing-Anbieter sein Carsharing-Angebot nur in dieser Metropole anbietet. Neben diesem Carsharing-Anbieter gibt es noch weitere Carsharing-Anbieter in der Metropole.

1471 Ebd.

1472 Der Begriff „überregionaler Carsharing-Anbieter“ wird für solche Carsharing-Anbieter verwendet, die ihr Carsharing-Angebot auch in weiteren Städten in Deutschland anbieten.

	dem regionalen Carsharing-Anbieter - auf jedem Carsharing-Fahrzeug ist ein Aufkleber des Verkehrsverbundes sichtbar - Kunden des Verkehrsverbundes, die in Besitz eines Fahrkarten-Abonnements sind, erhalten Vergünstigungen für den Anfangszeitraum von drei Monaten beim regionalen Carsharing-Anbieter und seinem Carsharing-Angebot		pole eine eher lose Kooperation. Der Verkehrsverbund gewährt seinen Jahreskarten-Inhabern auf ihren digitalen Mobilitätskarten ein Fahrtguthaben, dass sie bei diesen Carsharing-Anbietern einlösen können.
Mitarbeiter	- 1.VVB ist im ständigen Austausch mit den Mitarbeitern des regionalen Carsharing-Anbieters	- 2.VVB ist im ständigen Austausch mit den Mitarbeitern des regionalen Carsharing-Anbieters	- 3.VVB ist im ständigen Austausch mit den Mitarbeitern des regionalen Carsharing-Anbieters der Metropole
Automobilkonzerne	- es besteht kein Kontakt in Bezug auf das Carsharing-Angebot in der Regiopole	- es besteht kein Kontakt in Bezug auf das Carsharing-Angebot in der Metropole	- es besteht kein Kontakt in Bezug auf das Carsharing-Angebot in der Metropole
Carsharing-Nutzer	- über die gemeinsam geplante Mobilitäts-App und einer entsprechend eingebauten Funktion wird Kontakt zu den Carsharing-Nutzern aufgebaut werden können. So können sich die Carsharing-Nutzer bei Fragen und Problemen über diese Funktion direkt an den Carsharing-Anbieter oder den Verkehrsverbund wenden.	- 2.VVB hat über seine Kooperationsangebote mit dem regionalen Carsharing-Anbieter auch Kontakt zu den Carsharing-Nutzern	- über die Verkehrsverbund-Mobilitäts-App besteht auch Kontakt zu den Carsharing-Nutzern, die zugleich Nutzer des ÖPNV-Angebots im Verkehrsverbund sind. Hier können sich die ÖPNV-Nutzer bei Fragen und Problemen über einen entsprechenden Kontakt-Button direkt an den Verkehrsverbund wenden.
Politik	- es besteht Kontakt zum Verkehrsministerium auf Landes- und Bundesebene in Bezug auf Förderprogramme, für die sich der Verkehrsverbund bewirbt bzw. dem diese bereits zugeteilt wurden. Hiermit können u. a. auch Mobilitätsstationen finanziert werden, in denen auch Carsharing angeboten werden kann.	- es besteht Kontakt zum Verkehrsministerium auf Landes- und Bundesebene in Bezug auf Förderprogramme, für die sich der Verkehrsverbund bewirbt bzw. dem diese bereits zugeteilt wurden. Hiermit können u. a. auch Mobilitätsstationen finanziert werden, in denen auch Carsharing angeboten werden kann.	- es besteht Kontakt zum Verkehrsministerium auf Landes- und Bundesebene zu Förderprogrammen, die dem Verkehrsverbund zugeteilt wurden und werden. So können z. B. Subventionen zum Bau von Mobilitätsstationen sowie den Bau von Ladesäulen für E-Carsharing-Fahrzeuge in Anspruch genommen werden.

Städte/ Verantwortliche Verkehr & Mobilität	- in Bezug auf das gemeinsame regionale Mobilitätsprojekt besteht eine Zusammenarbeit mit den angrenzenden Mittelstädten und Gemeinden der Regiopole	- es besteht mit Städten im Verkehrsverbund „eine Zusammenarbeit zum Ausbau der gegenwärtigen Straßen- und Schieneninfrastruktur hin zu einer Verkehrsinfrastruktur, die nachhaltige Mobilität fördert." 2.VVB sieht Carsharing hier als „einen notwendigen Mobilitätsbaustein individueller Mobilität."	- die an die Metropole angrenzenden Städte und Gemeinden zeigen vermehrt Interesse, ein eigenes (E-)Carsharing-Angebot vor Ort in ihr bereits bestehendes öffentliches Mobilitätsangebot zu integrieren und kommunizieren dies auch an 3.VVB
Bürger & Gesellschaft	- der Verkehrsverbund möchte die Bürger hinsichtlich der Entwicklung bzw. dem Ansatz hin zum Mobilitätsverbund, d. h. der Nutzung alternativer Mobilitätsangebote zum eigenen Auto, ansprechen. Hierzu wird es in naher Zukunft Bürger- sowie Beteiligungsforen geben, an denen der regionale Carsharing-Anbieter auch teilnehmen wird.	- die Bürger treten bei Fragen, Problemen oder Beschwerden zum ÖPNV-Angebot im Verkehrsverbund mit 2.VVB[1473] in Kontakt. Über die gemeinsame Marketing-Kooperation mit dem Carsharing-Anbieter macht 2.VVB die eigenen Nutzer mit Werbung auf das Carsharing-Angebot aufmerksam.	- die Bürger treten bei Fragen, Problemen oder Beschwerden zum ÖPNV-Angebot im Verkehrsverbund mit 3.VVB[1474] in Kontakt. Über die Mobilitäts-App des Verkehrsverbundes und gemeinsame Marketing-Maßnahmen mit den Carsharing-Anbietern der Metropole macht 3.VVB die Bürger vereinzelt auf deren Angebote aufmerksam.
Medien	- es besteht eine gemeinsame Marketing-Kooperation mit dem regionalen Carsharing-Anbieter	- es besteht eine gemeinsame Marketing-Kooperation mit dem regionalen Carsharing-Anbieter	- es bestehen gemeinsame Marketing-Maßnahmen mit dem regionalen Carsharing-Anbieter in der Metropole, d. h. u. a. über die Website, Pressemitteilungen, die Mobilitäts-App von 3.VVB sowie gemeinsame Veranstaltungen
Verkehrsverbünde	- es besteht kein Kontakt zu weiteren Verkehrsverbünden	- es besteht kein Kontakt zu weiteren Verkehrsverbünden	- es besteht kein Kontakt zu weiteren Verkehrsverbünden
Energieversorger	- es besteht kein Kontakt	- es besteht Kontakt zum Energieversorgungsunternehmen in der Metropole in Bezug auf die E-Carsharing-Fahrzeuge	- es besteht eine Kooperation mit einem Energieversorgungsunternehmen, der die Ladesäulen für die E-Carsharing Fahrzeuge

[1473] 2.VVB steht hier stellvertretend für den Verkehrsverbund sowie seinen zuständigen Mitarbeitern.

[1474] 3.VVB steht hier stellvertretend für den Verkehrsverbund sowie seinen zuständigen Mitarbeitern.

		des regionalen Carsharing-Anbieters bzw. die Ladeinfrastruktur, die das Energieversorgungsunternehmen installiert hat - der Verkehrsverbund hat in seiner Unternehmenszentrale einen Stellplatz für ein E-Carsharing Fahrzeug reserviert und eine Ladesäule vom Energieversorgungsunternehmen installieren lassen	eines free-floating Carsharing-Anbieters in dessen Geschäftsgebiet in der Metropole installiert hat. Das Geschäftsgebiet des E-Carsharing-Anbieters erstreckt sich überwiegend auf die Innenstadt der Metropole. - mit der digitalen Verkehrsverbund-Mobilitätskarte können die ÖPNV-Nutzer, die zugleich das free-floating E-Carsharing Angebot nutzen, an den Ladesäulen des Energieversorgungsunternehmens die E-Carsharing-Fahrzeuge aufladen
Interessen-verbände & Verkehrsclubs	- es besteht lediglich Kontakt zu Fahrgastverbänden - es besteht kein weiterer Kontakt zu Interessenverbänden und Verkehrsclubs. 1.VVB betont, dass der Verkehrsverbund einen regionalen Ansatz verfolgt und sein Geschäftsmodell nicht bundesweit streuen kann.	- es besteht lediglich Kontakt zu Fahrgastverbänden	- es besteht Kontakt zum VCD, der im Verkehrsverbund sehr aktiv ist - es besteht Kontakt zu Fahrgastverbänden
Wissenschaft	- in Bezug auf das gemeinsame regionale Mobilitätsprojekt[1475] besteht eine Zusammenarbeit mit der Hochschule aus der Regiopole	- es besteht Kontakt zu Hochschulen in der Metropole zur Weiterentwicklung von Mobilitätsangeboten des Verkehrsverbundes. Für 2.VVB spielt hier auch das Carsharing als Möglichkeit individueller motorisierter Mobilität im Verkehrsverbund eine wichtige Rolle	- es besteht Kontakt zu Hochschulen in der Metropole zum Thema „autonomes Fahren und dessen zukünftige Rolle in der Metropole.“ Hierbei stellt sich die Frage, „ob das autonome Fahren das Geschäftsmodell Carsharing vollständig substituiert oder ob das Carsharing eher in Richtung Ride Sharing gehen wird?“

1475 Siehe Punkt Management oben.

Weitere Mobilitätsanbieter	- 1.VVB hat das Bike Sharing-System, das von der Regiopole ausgeschrieben war, in das Mobilitätsangebot des Verkehrsverbundes mit aufgenommen	- 2.VVB hat vor kurzem das Mobilitätsangebot des Verkehrsverbundes um ein Bike Sharing-Angebot erweitert	- mit der Verkehrsverbund-Mobilitätskarte können die Nutzer auf weitere Sharing-Angebote in der Metropole zugreifen, zu denen ein E-Roller Sharing- sowie ein Bike Sharing-Angebot gehören. Darüber hinaus kann mit der Mobilitätskarte an einigen öffentlichen Parkhäusern in der Metropole geparkt werden, d. h. die Nutzer können diese dort als Dauerparkausweis verwenden oder mit ihr die Parkgebühren bezahlen. (Private) Elektro-Fahrzeuge können an entsprechenden Ladepunkten in den Parkhäusern mit der Mobilitätskarte aufgeladen werden.
Andere Carsharing-Anbieter	- 1.VVB möchte den E-Carsharing-Anbieter, der in der angrenzenden Mittelstadt sein Geschäftsgebiet hat, für seine digitale Mobilitätsplattform gewinnen, d. h., dass die Nutzer über die Mobilitäts-App auch dieses E-Carsharing-Angebot buchen können	- es besteht ein loser Kontakt zu einem überregionalen Carsharing-Anbieter, der auf einer tariflichen Kooperation basiert. Kunden, die im Besitz eines Abonnements des Verkehrsverbundes sind, müssen die Aufnahmegebühr beim überregionalen Carsharing-Anbieter nicht zahlen.	- 3.VVB steht neben dem regionalen Carsharing-Anbieter mit den weiteren (E-)Carsharing-Anbietern in der Metropole, zu denen auch ein free-floating-Anbieter gehört, im gelegentlichen Kontakt

Legende:

Aussagen, die inhaltlich gleich bzw. ähnlich sind

8.4.6 Energieversorger

Tabelle 19: Übersicht zu den Stakeholder-Beziehungen von Seiten der Energieversorger

Stakeholder-Beziehungen	1.EV[1476]	2.EV[1477]	3.EV[1478]
Management	- 1.EV ist in einer Geschäftsbeziehung zu einem überregionalen E-Carsharing-Anbieter[1479], der sein E-Carsharing-Angebot primär in Metropolen anbietet und steht mit diesem im stetigen Informationsaustausch - es besteht eine partnerschaftliche Geschäftsbeziehung mit dem E-Carsharing-Anbieter in Bezug auf dessen E-Flotten-Angebot. Der Aufbau der Ladesäulen-Infrastruktur für den E-Carsharing-Anbieter wurde gemeinsam mit 1.EV aufgesetzt und stetig weiterentwickelt. - zum Betriebsstart neuer Ladesäulen sind Tests zur Schnittstelle zwischen E-Fahrzeugen und der Ladesäule notwendig, um einen reibungslosen Ladevorgang zu gewähren. Diese Tests müssen auch bei neuen E-Fahrzeugen durchgeführt werden, da diese eine neue Ladeeinrichtung, neue Software, neue IT und neue Schnittstellen haben. Hier fordert 1.EV	- 2.EV steht mit dem regionalen E-Carsharing-Anbieter in der Metropole[1480] in einer Geschäftsbeziehung in Bezug auf die Bereitstellung der Ladeinfrastruktur - 2.EV hat darüber hinaus ein eigenes quartiersbezogenes E-Carsharing-Angebot in einem neu entstehenden Stadtquartier in der Metropole	- 3.EV ist einer von drei Konsortialpartner im E-Carsharing-Projekt einer Mittelstadt und hier für die Ladeinfrastruktur verantwortlich

[1476] Im Folgenden vgl. Interview 1.EV, 56.

[1477] Im Folgenden vgl. Interview 2.EV, 41.

[1478] Im Folgenden vgl. Interview 3.EV, 38.

[1479] Dieser bietet sein E-Carsharing-Angebot in Metropolen und Großstädten in Deutschland an und hat sowohl E-Fahrzeuge wie auch konventionell betriebene Fahrzeuge in seinen Carsharing-Flotten.

[1480] Die Definition „regionaler E-Carsharing-Anbieter in der Metropole" wird deshalb verwendet, da der (E-)Carsharing-Anbieter sein E-Carsharing-Angebot nur in dieser Metropole anbietet.

	eine reibungslose Zusammenarbeit mit dem E-Carsharing-Anbieter, um die entsprechenden Schnittstellen-Tests bei den E-Fahrzeugen durchführen zu können.		
Mitarbeiter	- 1.EV ist im Austausch mit den Mitarbeitern des E-Carsharing-Anbieters - der E-Carsharing-Anbieter lässt seine E-Fahrzeuge von zuständigen Mitarbeitern an die Ladesäulen im Geschäftsgebiet zurückfahren, falls deren Nutzer diese außerhalb des Geschäftsgebiets abstellen. Hierbei steht 1.EV mit den zuständigen Mitarbeitern in Kontakt falls hier z. B. Probleme bezüglich des Ladevorgangs auftreten und diese 1.EV direkt kontaktieren möchten.	- 2.EV ist im Austausch mit den Mitarbeitern des regionalen Carsharing-Anbieters - in Bezug auf das eigene E-Carsharing-Angebot gibt es eigene Mitarbeiter, die bei 2.EV angestellt sind	- der E-Carsharing-Betreiber wurde mittels Ausschreibung gesucht. 3.EV ist ein Konsortialpartner und hat vor dem Hintergrund seines definierten Verantwortungsbereiches keinen Kontakt zu den Mitarbeitern des E-Carsharing-Betreibers, sondern lediglich zu den beiden weiteren Konsortialpartnern. Der Kontakt zum E-Carsharing-Betreiber läuft über den Konsortialpartner Regionale Wirtschaftsförderung ab.
Automobilkonzerne	- es besteht Kontakt zu verschiedenen Automobilherstellern, die E-Fahrzeuge verkaufen. 1.EV macht hier deutlich, dass es „gegenwärtig immer noch viel zu wenig massenmarktfähige E-Fahrzeuge gibt."	- 2.EV ist im Forschungs- und Entwicklungsbereich in Projekten mit der Automobilindustrie involviert sowie auch im Lobbying für die Elektromobilität. In Bezug auf das E-Carsharing-Angebot in der Metropole gibt es jedoch keine Schnittstellen mit einem Automobilkonzern.	- 3.EV steht mit einem Automobilhersteller, der die E-Fahrzeuge für das E-Carsharing-Projekt zur Verfügung stellt bzw. verkauft hat, im Austausch
Carsharing-Nutzer	- die Nutzer der Ladesäulen treten an 1.EV[1481] heran, wenn z. B. Probleme beim Laden der E-Carsharing-Fahrzeuge auftreten. Hierfür wurde eine entsprechende Kundenhotline eingerichtet.	- die Nutzer der Ladesäulen treten an 2.EV[1482] heran, wenn z. B. Probleme beim Laden der E-Fahrzeuge auftreten bzw. rufen dann die entsprechende Kundenhotline an	- 3.EV möchte den Nutzern „Elektromobilität erlebbar machen", d. h. die Nutzer können sich bei Fragen und Problemen im Zusammenhang mit dem E-Carsharing-Angebot jederzeit

[1481] 1.EV steht hier stellvertretend für das Energieversorgungsunternehmen bzw. den verantwortlichen Mitarbeitern.

[1482] 2.EV steht hier stellvertretend für das Energieversorgungsunternehmen bzw. den verantwortlichen Mitarbeitern.

			an 3.EV telefonisch sowie über ein entsprechendes Kontaktformular online und per Mail wenden
Politik	- 1.EV betreibt politische Gremienarbeit in Berlin[1483] und Brüssel[1484] zu allen Themen rund um Elektromobilität, die das Energieversorgungsunternehmen betreffen - es besteht Kontakt zu verantwortlichen Ministerien auf Landes- und Bundesebene in Bezug auf Förderprogramme für E-Mobilität sowie den Auf- und Ausbau der Ladeinfrastruktur - 1.EV ist Mitglied in der „Nationalen Plattform Elektromobilität“[1485], in der u. a. diskutiert wird, wie die Hochlaufkurven der E-Fahrzeuge gegenwärtig sowie beim Ausbau der Ladeinfrastruktur aussehen werden - hier besteht eine direkte Verbindung in die einzelnen Arbeitsgruppen der „Nationalen Plattform Elektromobilität“, an denen Beamte aus verschiedenen Ministerien teilnehmen - auch von hier bekommt 1.EV Unterstützung durch unterschiedliche Förderprogramme zur E-Mobilität und Ladeinfrastrukturausbau	- es besteht Kontakt zu verantwortlichen Ministerien auf Landes- und Bundesebene in Bezug auf Förderprogramme für E-Mobilität sowie den Auf- und Ausbau der Ladeinfrastruktur	- es besteht Kontakt zum Verkehrsministerium auf Landesebene sowie zur EU in Bezug auf das geleistete Förderprogramm für das E-Carsharing Projekt
Städte/Verantwortliche Verkehr & Mobilität	- es besteht Kontakt zu den kommunalen Verwaltungen bzw. Stadtplanungsämtern der	- 2.EV steht in einer engen Beziehung zur Stadt[1487], die zugleich auch Shareholder des	- 3.EV steht als Konsortialpartner indirekt in einer Beziehung zur Mittelstadt, da die

[1483] Im Bundestag.

[1484] Im Europäischen Parlament.

[1485] Diese ist in der Zwischenzeit in die „Nationale Plattform Zukunft der Mobilität“ übergegangen.

[1487] Damit ist die Metropole bzw. deren verantwortliche Mitarbeiter in Bezug auf Mobilität gemeint.

	Städte, wenn es darum geht, Standorte für E-Ladesäulen auf öffentlichem Grund und Boden neu auszusuchen. Hierbei sind verschiedene städtische Ämter involviert, vom Stadtplanungsamt über den Denkmalschutz über das Gartenbauamt bis hin zur Stadtgärtnerei. - 1.EV[1486] ist offen dafür, nicht nur in Metropolen, Großstädten und Regiopolen, sondern auch in Mittel- und Kleinstädten die Ladeinfrastruktur aufzubauen, wenn ein funktionierendes E-Carsharing-System vor Ort mit entsprechend vielen Nutzern vorhanden ist	Energieversorgungsunternehmens ist. Das gemeinsame Ziel ist es, Elektromobilität sowie die Ladeinfrastruktur in der Metropole weiter auszubauen. Das E-Carsharing wird als wichtiger Treiber gesehen, da dadurch Ladesäulen im öffentlichen Raum sukzessive aufgebaut werden. - auf Grund der politischen Vorgaben zu den (Diesel-)Fahrverboten in den Innenstädten bestehen gemeinsame Gespräche mit den Verantwortlichen der Stadt, „umweltfreundliche und emissionsarme Mobilität weiter auszubauen.“ Hierbei spielen auch Förderprogramme zur E-Mobilität eine wichtige Rolle. Die E-Carsharing Anbieter nehmen nach Meinung von 2.EV „eine Schlüsselposition ein, da sie den Aufbau der Ladeinfrastruktur vorantreiben.“[1488]	Regionale Wirtschaftsförderung dieser Mittelstadt für die Koordination des E-Carsharing Projektes zuständig ist. 3.EV ist primär für die Bereitstellung und Wartung der Ladesäulen verantwortlich und tauscht sich hierzu mit den zuständigen städtischen Ämtern der Mittelstadt sowie denen der teilnehmenden umliegenden Gemeinden aus. - in Bezug auf die Energielieferungen und den Stromverbrauch der E-Carsharing-Fahrzeuge stellt 3.EV der Mittelstadt und den teilnehmenden Gemeinden die Rechnungen monatlich aus - es bestehen neue Anfragen aus weiteren umliegenden Gemeinden am E-Carsharing-Projekt teilnehmen zu wollen. 3.EV ist hier als Konsortialpartner offen, die Ladeinfrastruktur auch in diesen Gemeinden aufzubauen. - da die E-Fahrzeuge im Eigentum von Unternehmen, Betrieben, Volksbanken, Sparkassen und Versicherungen vor Ort stehen, ist hier eine Grundlast vorhanden, d. h., dass die E-Fahrzeuge von deren Mitarbeiter auch genutzt werden und an den Ladesäulen wieder aufgeladen werden, wodurch ein fester

[1486] 1.EV steht stellvertretend für das Energieversorgungsunternehmen.

[1488] Interview 2.EV, 41.

			Stromabsatz generiert wird
Bürger & Gesellschaft	- es besteht kein direkter Kontakt zu den Bürgern in Bezug auf das E-Carsharing-Angebot des Kunden[1489] von 1.EV	- 2.EV spricht über sein eigenes Produktangebot die eigenen Kunden auch auf das eigene E-Carsharing-Angebot im neu entstehenden Stadtquartier an	- 3.EV hat über sein eigenes Produktangebot die eigenen Stromkunden auch auf das regionale E-Carsharing-Angebot aufmerksam gemacht
Medien	- 1.EV macht über seine Kommunikationskanäle vereinzelt auch Werbung für das E-Carsharing-Angebot seines Geschäftspartners	- 2.EV macht über seine Kommunikationskanäle Werbung für das eigene E-Carsharing Angebot	- 3.EV hat über seine Kommunikationskanäle Werbung für das E-Carsharing-Projekt gemacht
Verkehrsverbünde	- es besteht ein Teilprojekt mit dem Verkehrsverbund aus der Metropole, wo der E-Carsharing-Anbieter sein Geschäftsgebiet hat - Kunden des Verkehrsverbundes, die in Besitz einer Mobilitätskarte[1490] sind, können mit dieser auch private E-Fahrzeuge an den Ladesäulen von 1.EV laden - 1.EV möchte dadurch die Vernetzung zwischen den unterschiedlichen Mobilitätsangeboten vorantreiben	- über das eigene E-Carsharing-Angebot ist eine Kooperation mit dem regionalen Verkehrsverbund geplant - 2.EV möchte in Kooperation mit dem regionalen Verkehrsverbund und weiteren Mobilitätsanbietern in der Metropole „nachhaltige Mobilität etablieren." Dies geht nach 2.EV nur, „wenn die Mobilitätsanbieter sich noch besser miteinander vernetzen, kooperieren und attraktive Angebote für ihre Nutzer schaffen."[1491]	- es gibt erste Gespräche mit dem regionalen Verkehrsverbund, die Vernetzung voranzutreiben, d. h. zunächst einmal gemeinsame Marketingmaßnahmen zu entwickeln, die neben dem E-Carsharing-Angebot auch das Stadtbusangebot mit E-Bussen in der Mittelstadt von 3.EV betreffen sollen
Energieversorger	- es besteht kein Kontakt zu weiteren Energieversorgern	- es besteht kein Kontakt zu weiteren Energieversorgern	- 3.EV hat mit Stadtwerken aus angrenzenden Mittelstädten in der Region einen Ladeverbund geschlossen. Die E-Carsharing-Nutzer sowie Mitglieder dieser Stadtwerke können ihre (privaten) E-Fahrzeuge an den im Ladeverbund vorhandenen Ladesäulen mit einem einheitlichen Zugangs-, Lade- und Preissystem laden.

[1489] Mit „Kunden" ist hier der überregionale E-Carsharing-Anbieter gemeint, der sein E-Carsharing-Angebot primär in Metropolen anbietet.

[1490] Diese kann als Chipkarte sowie auch als E-Ticket erworben werden.

[1491] Interview 2.EV, 41.

Interessen-verbände & Verkehrsclubs	- es besteht Kontakt zum VDA zum Thema: „Wann kommen welche E-Fahrzeuge mit welchen Ladeleistungen und Hochlaufkurven auf den Markt?" So erhält 1.EV Planungssicherheit und kann die Strom-Netze sukzessive weiterentwickeln. - es besteht Kontakt zu Umweltverbänden im Rahmen der politischen Gremienarbeit von 1.EV	- es besteht kein Kontakt in Bezug auf das E-Carsharing in der Metropole	- es besteht kein Kontakt in Bezug auf das E-Carsharing in der Mittelstadt
Wissenschaft	- es besteht Kontakt zu Forschungseinrichtungen aus der Region bezüglich der Weiterentwicklung der Ladesäulen-Technologie und Elektromobilität allgemein, d. h. Ladeleistungen, induktives Laden, E-Busse, E-LKW	- es besteht Kontakt zu Forschungseinrichtungen aus der Region in Bezug auf die Weiterentwicklung der Ladesäulen-Technologie und Elektromobilität allgemein, d. h. Ladeleistungen, induktives Laden, E-Busse, E-LKW	- es besteht Kontakt zu einer Hochschule aus der Region, die die Standortauswahl der Ladesäulen für die E-Carsharing-Fahrzeuge in der Mittelstadt sowie den teilnehmenden umliegenden Gemeinden wissenschaftlich begleitet hat
Weitere Mobilitätsanbieter	- 1.EV ist offen dafür, die Ladeinfrastruktur für weitere E-Mobilitätsanbieter aufzubauen bzw. zur Verfügung zu stellen, z. B. für Pedelec-, E-Roller- oder E-Busse-Anbieter. Darüber hinaus sollen auch private E-Fahrzeuge an den Ladesäulen von 1.EV geladen werden können.	- 2.EV ist offen dafür, die Ladeinfrastruktur für weitere E-Mobilitätsanbieter aufzubauen bzw. zur Verfügung zu stellen, z. B. für Pedelec-, E-Roller- oder E-Busse-Anbieter. Darüber hinaus sollen auch private E-Fahrzeuge an den Ladesäulen von 1.EV geladen werden können.	- 3.EV stellt seine Ladeinfrastruktur nicht nur für das E-Carsharing-Angebot, sondern auch für ein eigenes E-Roller Sharing-Angebot in der Mittelstadt bereit
Andere Carsharing-Anbieter	- 1.EV ist offen dafür, die Ladeinfrastruktur für weitere E-Carsharing-Anbieter aufzubauen, falls „eine gewisse Grundlast bzw. ein vorhandener Traffic an den Ladesäulen gegeben ist, d. h., dass die E-Fahrzeuge genutzt und aufgeladen werden"[1492]	- 2.EV ist mit anderen E-Carsharing-Anbietern aus anderen Städten aktuell in Gesprächen, den Aufbau und die Wartung der Ladeinfrastruktur für diese zu übernehmen	- 3.EV ist offen dafür, dass weitere E-Carsharing-Anbieter die Ladesäulen, die von 3.EV für den E-Carsharing-Anbieter in der Mittelstadt sowie teilnehmenden umliegenden Gemeinden errichtet wurden und werden, nutzen können

Legende:

[1492] Interview 1.EV, 56.

Aussagen, die inhaltlich gleich bzw. ähnlich sind

8.4.7 Interessenverbände und Verkehrsclubs

Tabelle 20: Übersicht zu den Stakeholder-Beziehungen von Seiten der Interessenverbände

Stakeholder-Beziehungen	1.IV[1493]	2.IV[1494]
Management	- die Carsharing-Anbieter sind Mitglieder von 1.IV.[1495] Aufgaben von 1.IV sind: - unternehmensübergreifende Öffentlichkeitsarbeit - allgemeine Informationspolitik - Veröffentlichung aktueller Statistiken zum Carsharing in Deutschland - Lobbyarbeit gegenüber der Politik - ausgehandelte Angebote an die Mitglieder weitergeben: diese betreffen Dienstleistungen, die in Form von Rahmenverträgen mit Automobilkonzernen, Versicherungen sowie Mineralölkonzernen bestehen - es besteht auch eine Zusammenarbeit mit Carsharing-Anbietern, die keine Mitglieder bei 1.IV sind, wobei dies primär die free-floating Anbieter der Automobilkonzerne sind. Hierbei werden z. B. gemeinsame Themen diskutiert sowie Stellungnahmen und Positionen verfasst, wie dies beim Carsharinggesetz der Fall war. Auch gibt es gemeinsame Veranstaltungen wie z. B. auf der IAA[1496]. 1.IV betreibt jedoch keine Lobbyarbeit für die Nicht-Mitglieder.	- der Kontakt zu den Carsharing-Anbietern läuft im Wesentlichen über den Bundesverband Carsharing ab. 2.IV hat über die Automobilkonzerne, die Mitglieder von 2.IV sind, Kontakte zu deren Carsharing-Anbietern, die Tochterunternehmen der Automobilkonzerne sind.

[1493] Im Folgenden vgl. Interview 1.IV, 49.

[1494] Im Folgenden vgl. Interview, 2.IV, 50.

[1495] Zum Zeitpunkt des Interviews waren von insgesamt 165 Carsharing-Anbietern in Deutschland 140 Mitglieder bei 1.IV. Zeitpunkt: August 2018.

[1496] Internationale Automobil-Ausstellung.

Mitarbeiter	- 1.IV hat in allen Bereichen, wo Kontakt mit den Carsharing-Anbietern besteht, auch Kontakt zu deren Mitarbeiter. 1.IV ist auf aktuelle Rückmeldungen der Carsharing-Anbieter zu ihren Unternehmensentwicklungen angewiesen, weil 1.IV auch nur solche Informationen weitergeben kann, die von Seiten ihrer Mitglieder kommuniziert werden.	- 2.IV hat zu den Mitarbeitern der Carsharing-Anbieter der Automobilkonzerne auf gemeinsamen Veranstaltungen Kontakt
Automobilkonzerne	- es besteht in Bezug auf die bestehenden Rahmenverträge Kontakt zu den Automobilkonzernen. Dies schließt die Fahrzeugverkäufe von Seiten der Automobilhersteller an die Carsharing-Anbieter mit ein. - im Rahmen der „Dieselaffäre" wurde ein kontroverser Meinungsaustausch mit Vertretern der Automobilindustrie geführt, da die Diesel-Fahrzeuge in den Carsharing-Flotten durch emissionsärmere Fahrzeuge ersetzt werden müssen - 1.IV kritisiert die teuren Marktpreise für E-Fahrzeuge und kommuniziert dies auch an die Automobilindustrie. So bekommt 1.IV zwar Großabnehmer-Nachlässe, die er an seine Mitglieder weitergibt, diese betreffen jedoch nur konventionell betriebene Fahrzeuge und nicht E-Fahrzeuge, für die es momentan nur einen sehr geringen Nachlass gibt.	- die Automobilkonzerne sind Mitglieder von 2.IV und bieten vereinzelt selber Carsharing-Angebote über Tochterunternehmen an. Somit besteht eine Verbindung über die Automobilhersteller zu deren Carsharing-Anbietern. - es gibt Verbindungen zur Automobilindustrie zu verkehrspolitischen Themen wie z. B. „PKW-Maut", „Diesel-Fahrverbote", „Tempolimit" sowie zu Fragen zur „zukünftigen urbanen Mobilität etwa auch in Verbindung mit dem autonomen Fahren sowie neuen Mobilitätsdienstleitungen wie dem Ride Hailing oder dem Ride Pooling." Hier spielt auch das Carsharing eine Rolle.
Carsharing-Nutzer	- es bestehen nur indirekte Kontakte zu Carsharing-Nutzern über die Carsharing-Anbieter	- es besteht keine direkte Verbindung zu Carsharing-Nutzern
Politik	- es besteht intensiver Kontakt zum Verkehrsministerium auf Bundesebene sowie weiteren involvierten Ministerien in Bezug auf die Umsetzung des Carsharinggesetzes - „zwar wurde das Carsharinggesetz mittlerweile verabschiedet, jedoch fehlen die notwendigen Ermächtigungen für die entsprechenden Verordnungen, die die Umsetzung des Carsharinggesetzes regeln, immer noch" - „in der Weiterentwicklung des Carsharinggesetzes sind auch die Landesregierungen gefordert, weil sie ihre Landesstraßengesetze in dem	- es besteht ein intensiver Dialog mit politischen Verantwortlichen in Bezug auf Mobilität über eine Plattform zum Thema „Urbane Mobilität." Hierbei geht es u. a. um die Implementierung neuer Mobilitätsangebote zu denen auch das (E-)Carsharing gehört.

	Punkt Sondernutzung anpassen müssen" - 1.IV hat kürzlich zwei Stellungnahmen zu zwei Gesetzesvorhaben auf Landesebene geschrieben, bei denen es entweder um ein Carsharinggesetz auf Landesebene oder um eine Änderung des Landesstraßengesetzes geht - der Kontakt zur EU[1497] ist eher lose, jedoch ist 1.IV stark abhängig davon, was an Richtlinien von der EU vorgegeben werden, die 1.IV an seine Mitglieder weitergibt	
Städte/Verantwortliche Verkehr & Mobilität	- 1.IV hat Kontakt zu den kommunalen Verwaltungen in Bezug auf die Umsetzung des Carsharinggesetzes vor Ort. Hierbei wissen viele Städte nicht, wie sie die Gesetzesvorgaben bzw. die Fördermöglichkeiten, die durch das Carsharinggesetz gegeben sind, auf kommunaler Ebene umsetzen können, weil dies „eine völlig neue Rechtsthematik betrifft." - 1.IV holt hierzu gegenwärtig juristische Fachexpertise ein, „weil dies Spezialgebiete wie Vergabe- und Wettbewerbsrecht betrifft", womit sich nach Angaben von 1.IV „nur wenige auskennen, gerade was das Thema Carsharing-Stellplätze im öffentlichen Raum angeht"	- es besteht Kontakt zu den Städten zu verkehrspolitischen Themen wie z. B. „Verkehrsentlastungen", „innovative Mobilitätsdienste" sowie „zukünftige urbane Mobilität." Hierbei spricht 2.IV die Bedeutung des Carsharings bezüglich seiner verkehrsentlastenden und umweltschonenden Wirkung vor Ort an.
Bürger & Gesellschaft	- es besteht Kontakt zu Bürgern bzw. der Gesellschaft über die Öffentlichkeitsarbeit, Informationspolitik und öffentlichen Veranstaltungen von Seiten von 1.IV zum „Carsharing allgemein" sowie im Besonderen zu „den Vorteilen des Carsharings im Vergleich zu einem eigenen Auto" - es besteht Kontakt zu Bürgern, die ehrenamtlich Carsharing-Vereine organisieren. Diese werden nach Angaben von 1.IV überwiegend im ländlichen Raum aufgebaut.	- in Bezug auf die Carsharing-Anbieter und ihren Angeboten gibt es keinen direkten Kontakt zu Bürgern und der Gesellschaft, lediglich über gemeinsam organisierte öffentliche Veranstaltungen mit dem Bundesverband Carsharing
Medien	- über die eigenen Kommunikationskanäle werden alle aktuellen Informationen zum Carsharing in Deutschland veröffentlicht, d. h.	- es wird keine Werbung für das Carsharing über die eigenen Kommunikationskanäle von 2.IV gemacht

[1497] D. h. zu den verantwortlichen Gremien in Bezug auf Mobilität im Europäischen Parlament.

	über die Website, Pressemitteilungen, Printmedien, öffentliche Informationsveranstaltungen	
Verkehrsverbünde	- 1.IV spricht sich für eine noch bessere Vernetzung der Carsharing-Anbieter mit den Verkehrsverbünden und seinen Verkehrsunternehmen aus, um so den Umweltverbund weiter zu stärken. 1.IV möchte seinen Kontakt zu den Verkehrsverbünden weiter ausbauen.	- es besteht vereinzelt Kontakt zu Verkehrsverbünden und ihren Verkehrsunternehmen in Bezug auf die Vernetzung mit weiteren Mobilitätsanbietern zu denen auch Carsharing-Anbieter gehören
Energieversorger	- 1.IV hat mit den Energieversorgern direkt weniger zu tun, sondern es sind die Mitglieder von 1.IV die Elektrofahrzeuge in ihren Flotten haben und Ladeinfrastruktur benötigen, wodurch sie mit den Energieversorgern im direkten Kontakt stehen - 1.IV hat im Zusammenhang mit der Elektromobilität Kontakt zu Energiegenossenschaften, die auch E-Carsharing mit eigenem Strom betreiben	- es besteht kein Kontakt zu Energieversorgern in Bezug auf die E-Carsharing-Angebote
Interessen-verbände & Verkehrsclubs	- es besteht Kontakt zum VDA, z. B. werden gemeinsame Veranstaltungen wie auf der IAA[1498] gemacht - es bestehen engere Beziehungen zu Umweltverbänden sowie zum Verkehrsclub VCD über gemeinsame Veranstaltungen und Projekte, wobei Informationen ausgetauscht und gemeinsame Positionen in Bezug auf das Carsharing abgestimmt werden	- es besteht eine Kooperation mit dem Bundesverband Carsharing zu gemeinsamen Themen und Interessen. So gibt es etwa eine gemeinsame Veranstaltung zum Carsharing auf der IAA[1499]. - es besteht ein enger Kontakt zu den Gewerkschaften, und hier vor allem zur IG Metall, weil sich diese u. a. dafür interessieren, „wie sich das Geschäftsmodell der Automobilindustrie zukünftig verändern kann und wird und was dies konkret für die Arbeitsplätze in der Automobilbranche bedeutet?"
Wissenschaft	- es besteht Kontakt zu Hochschulen und Forschungseinrichtungen in Bezug auf das Carsharing - 1.IV versteht sich sowohl als „Durchführender von Forschung als auch als Vermittler gegenüber den Forschenden." D. h., dass 1.IV u. a. Kontakte zu seinen Mitgliedern herstellt, eigene erhobene Daten weitergibt, relevante Informationen	- 2.IV steht in Kontakt zu Hochschulen und Forschungseinrichtungen, jedoch „eher am Rande zum Thema Carsharing im Zusammenhang mit zukünftiger urbaner Mobilität"

1498 Internationale Automobil-Ausstellung.

1499 Ebd.

	austauscht und gemeinsame Positionen entwickelt.	
Weitere Mobilitätsanbieter	- es bestehen Rahmenverträge mit Mineralölgesellschaften, die Tankkarten ausgeben, die in den Carsharing-Fahrzeugen liegen	- 2.IV hat Kontakt zu weiteren Mobilitätsanbietern, insbesondere im Zusammenhang mit „Mobility-on-Demand“, die nach 2.IV „richtungsweisend für die zukünftige urbane Mobilität sein wird“
Andere Carsharing-Anbieter	- 1.IV sieht sich als Interessenverband aller Carsharing-Anbieter in Deutschland	- *siehe Punkt Management*

Legende:
Aussagen, die inhaltlich gleich bzw. ähnlich sind

Tabelle 21: Übersicht zu den Stakeholder-Beziehungen von Seiten der Verkehrsclubs

Stakeholder-Beziehungen	**3.IV**[1500]	**4.IV**[1501]
Management	- 3.IV spricht die Carsharing-Anbieter direkt an, wenn er z. B. Verbesserungsvorschläge zu deren Geschäftsmodelle hat - einzelne Mitglieder von 3.IV haben in der Vergangenheit selbst Carsharing-Organisationen gegründet und sind gegenwärtig immer noch für diese verantwortlich - 3.IV beteiligt sich vereinzelt finanziell bei Carsharing-Organisationen mit der Rechtsform AG, so dass er die Möglichkeit hat, auf Aktionärsversammlungen teilzunehmen und „zumindest im kleinen Rahmen mitwirken zu können“ - 3.IV sagt aus, dass er auf die klassischen Carsharing-Anbieter einen größeren Einfluss als auf die neuen Carsharing-Anbieter hat, d. h. die free-floating Anbieter, die zugleich Tochterunternehmen von Automobilkonzernen sind	- 4.IV hat keine direkte Beziehung zu den Carsharing-Anbietern. Es bestehen vereinzelt Kooperationen von „Regionalclubs“ von 4.IV zu Carsharing-Anbietern vor Ort, z. B. in Bezug auf Fahrsicherheitstrainings für Fahranfänger sowie solche, die noch kein (E-)Carsharing genutzt haben - 4.IV hat als Verbraucherschützer eine Vielzahl von (E-)Carsharing-Angeboten getestet und anhand bestimmter Kriterien, wie z. B. Verfügbarkeit, Zustand der Fahrzeuge, Kostentransparenz sowie Sicherheit im Schadensfall, vergleichend bewertet
Mitarbeiter	- 3.IV hat zu den Mitarbeitern der klassischen Carsharing-Anbieter Kontakt. So gibt es etwa auch Mitglieder von 3.IV, die selbst Mitarbeiter der klassischen Carsharing-Organisationen sind.	- es besteht, wenn überhaupt, über das Management der Carsharing-Anbieter Kontakt zu deren Mitarbeiter

[1500] Im Folgenden vgl. Interview 3.IV, 59.
[1501] Im Folgenden vgl. Interview 4.IV, 53.

Automobilkonzerne	- 3.IV sucht den Kontakt zur Automobilindustrie über seine Kommunikationskanäle, d. h. hauptsächlich per E-Mail und Briefe, um die eigenen Positionen und Ziele bezüglich der Verkehrswende zu verdeutlichen und hier gemeinsame Wege zu finden. Hierbei spricht 3.IV auch die Bedeutung des Carsharings für nachhaltige Mobilität an.	- einzelne Automobilkonzerne haben als Tochterunternehmen Carsharing-Anbieter. 4.IV hat Kontakt zu diesen Automobilkonzernen und bewertet auch deren Carsharing-Angebote.
Carsharing-Nutzer	- Mitglieder von 3.IV sind selbst Carsharing-Nutzer	- die Mitglieder von 4.IV erhalten bei einzelnen Carsharing-Anbietern Vergünstigungen, z. B. Wegfall der Aufnahmegebühr, zeitlich begrenzte Tarifvergünstigungen oder Rabatte für Fahranfänger
Politik	- es besteht Kontakt zu Landesregierungen und den Verkehrsministerien. 3.IV vertritt hierbei aktiv seine Positionen und Forderungen für eine Verkehrswende und zur Stärkung des Umweltverbundes und betont hier u. a. die Bedeutung des Carsharings für nachhaltige Mobilität in den Städten und Gemeinden.	- es besteht kein direkter Kontakt zu politischen Verantwortlichen in Bezug auf das Carsharing in Deutschland
Städte/ Verantwortliche Verkehr & Mobilität	- 3.IV hat „aktive Gruppen" in den Städten, wo sich die Mitglieder von 3.IV vor Ort treffen und „sich gemeinsam für eine Verkehrswende einsetzen." Hierbei wird auch der Kontakt zu den kommunalen Verwaltungen und den Entscheidungsträgern für Verkehr & Mobilität vor Ort gesucht.	- 4.IV hat Kontakt zu den Städten zu den Themen „Parkraum-Angebot" sowie „Stellplatz-Privilegien" und macht hier seine Positionen deutlich. 4.IV betont hierbei, dass „der Parkraum in den Städten Gemeingebrauch ist und primär den Bewohnern zur Verfügung stehen sollte. Bei Carsharing-Stellplätzen stehen hingegen auch wirtschaftliche Interessen dahinter." Jeder Bewohner-Stellplatz, der zugunsten eines Carsharing-Fahrzeuges wegfällt, muss nach 4.IV gerechtfertigt sein. „So müssen die Carsharing-Anbieter nachweisen, dass Carsharing-Fahrzeuge positive ökologische Effekte haben und tatsächlich auch private PKW ersetzen." Ist dies der Fall, stehen den Carsharing-Anbietern nach 4.IV auch Stellplatz-Privilegien zu.
Bürger & Gesellschaft	- 3.IV sucht auf öffentlichen Veranstaltungen sowie Bürgerständen in den Städten den Kontakt zu den Bürgern vor Ort, um diesen die eigenen Positionen und Forderungen	- 4.IV macht durch seine Bewertungen verschiedener Carsharing-Angebote über seine Kommunikationskanäle, d. h. über die eigene Mitgliederzeitschrift, Website und

	zur Verkehrswende näher zu bringen. 3.IV sieht Carsharing als „wichtigen Baustein individueller motorisierter Mobilität im Rahmen der Verkehrswende."	Pressemitteilungen die Bürger vereinzelt auf die Carsharing-Angebote aufmerksam
Medien	- 3.IV veröffentlicht über seine Kommunikationskanäle, d. h. Website, Printmedien und Pressemitteilungen eigene Positionen und Meinungen zum Carsharing in Deutschland	- 4.IV veröffentlicht über seine Kommunikationskanäle, d. h. Mitgliederzeitschrift, Website, Printmedien und Pressemitteilungen eigene Positionen und Bewertungen zum Carsharing
Verkehrsverbünde	- es besteht vereinzelt Kontakt zu Verkehrsverbünden und ihren Verkehrsunternehmen zum gemeinsamen Informationsaustausch zur Stärkung des Umweltverbundes. 3.IV sieht Carsharing hierbei als wichtigen Mobilitätsbaustein.	- 4.IV spricht sich für eine bessere Vernetzung von ÖPNV und Carsharing aus, z. B. über „gemeinsame Mobilitätsstationen" und kommuniziert dies auch an die Verantwortlichen der Verkehrsverbünde
Energieversorger	- es besteht kein direkter Kontakt zu Energieversorgern in Bezug auf die E-Carsharing-Angebote	- es besteht kein direkter Kontakt zu Energieversorgern in Bezug auf die E-Carsharing-Angebote
Interessenverbände & Verkehrsclubs	- es besteht ein enger Kontakt zum Bundesverband Carsharing. 3.IV kommuniziert seine Meinungen und Positionen zu den Carsharing-Anbietern und ihren Geschäftsmodellen vereinzelt auch über den Bundesverband Carsharing. - 3.IV hat „aktive Gruppen" in den Städten, wo sich Bürger für die Ziele von 3.IV einsetzen. Hierbei besteht auch Kontakt zu Organisationen und Bürgervereinen, die vor allem ökologisch orientiert sind.	- es besteht ein Informationsaustausch mit dem Bundesverband Carsharing, insbesondere im Kontext des verabschiedeten Carsharinggesetzes, bei dem der Bundesverband Carsharing den Schulterschluss mit 4.IV gesucht hat
Wissenschaft	- es besteht kein Kontakt zur Wissenschaft in Bezug auf das Carsharing	- es besteht kein Kontakt zur Wissenschaft in Bezug auf das Carsharing
Weitere Mobilitätsanbieter	- 3.IV geht aktiv auf Mobilitätsanbieter insbesondere aus dem Sharing-Bereich zu, wie z. B. E-Bike Sharing-, E-Roller Sharing oder Ride Sharing-Anbieter, und unterstützt diese vereinzelt mit Werbung über die eigenen Kommunikationskanäle	- 4.IV hat primär zur Automobilindustrie und ihren Herstellern Kontakt
Andere Carsharing-Anbieter	- 3.IV setzt sich primär für das stationsbasierte Carsharing ein, sieht aber auch Vorteile des free-floating Carsharings zur Reduzierung von privaten PKW und Luftschadstoffemissionen in den Städten	- 4.IV pflegt denselben Kontakt zu allen Carsharing-Anbietern im Land, d. h. er spricht sich nicht für einzelne Carsharing-Anbieter und ihre Geschäftsmodelle aus

Legende:
Aussagen, die inhaltlich gleich bzw. ähnlich sind

8.4.8 Weitere am Carsharing beteiligte Stakeholder

Tabelle 22: Übersicht zu den Stakeholder-Beziehungen von Seiten der Weiteren am Carsharing beteiligte Stakeholder

Stakeholder-Beziehungen	1.WB[1502]	2.WB[1503]
Management	- 1.WB ist das Schwesterunternehmen eines Carsharing-Anbieters, das Tochterunternehmen eines Automobilkonzerns ist. 1.WB bietet als Mobility-as-a-Service-Dienstleister verschiedene Mobilitätsdienstleistungen in einer App an. Hierzu gehört auch das Carsharing-Angebot der Schwestergesellschaft. 1.WB strebt hier mit dem Carsharing-Anbieter eine optimale Geschäftsbeziehung in Bezug auf Schnittstellen und gemeinsame Kommunikation an, damit das Carsharing-Angebot über die Mobilitäts-App für die Nutzer problemlos such- und buchbar ist.	- 2.WB ist Auftraggeber und Koordinator eines E-Carsharing-Projektes in einer Mittelstadt sowie teilnehmenden umliegenden Gemeinden. Hierbei ist 2.WB einer von insgesamt drei Konsortialpartnern.[1504] - Das E-Carsharing-Projekt ist ein stationsbasiertes E-Carsharing-Angebot und wird von einem E-Carsharing-Betreiber betreut, der zugleich ein überregionaler Carsharing-Anbieter in Deutschland ist. Dieser wurde von 2.WB per Ausschreibung gesucht. 2.WB steht mit dem E-Carsharing-Betreiber in direktem Kontakt sowie ständigen Informationsaustausch.
Mitarbeiter	- 1.WB ist über das Verhältnis als Schwesterunternehmen zum Carsharing-Anbieter mit dessen Mitarbeiter im ständigen Informationsaustausch	- 2.WB steht im stetigen Austausch mit den Mitarbeitern des E-Carsharing-Betreibers
Automobilkonzerne	- 1.WB ist das Tochterunternehmen eines Automobilkonzerns	- 2.WB hat gegenwärtig Kontakt zu zwei Automobilkonzernen, deren E-Fahrzeuge Bestandteil der E-Carsharing Flotte sind
Carsharing-Nutzer	- 1.WB steht über die Mobilitäts-App mit den Nutzern des Carsharing-Anbieters im Informationsaustausch, da diese bei vorhandenen Problemen sowie Verbesserungswünschen über die App Kontakt mit 1.WB[1505] aufnehmen können	- die Carsharing-Nutzer wenden sich bei Fragen oder Problemen an den E-Carsharing-Betreiber, weshalb es zu 2.WB keinen direkten Kontakt gibt
Politik	- es besteht kein Kontakt zur Politik in Bezug auf die Verbindung zum Carsharing-Anbieter bzw. zum Schwesterunternehmen	- das E-Carsharing-Projekt wurde mit Subventionen des Verkehrsministeriums auf Landesebene sowie von Seiten der EU gefördert. 2.WB hat als Auftraggeber Kontakt zu den verantwortlichen Mitarbeitern im Verkehrsministerium sowie im Europäischen Parlament.

[1502] Im Folgenden vgl. Interview 1.WB, 57.

[1503] Im Folgenden vgl. Interview 2.WB, 68.

[1504] Mehr hierzu siehe Kapitel 5.1.1, Carsharing-Anbieter Nr.5.

[1505] Bzw. den zuständigen Mitarbeitern.

Städte/Verantwortliche Verkehr & Mobilität	- 1.WB steht mit verschiedenen Städten sowie ihren Verantwortlichen für Verkehr & Mobilität, d. h. Stadtplanungsämter und Verkehrsämter im Austausch, die Interesse zeigen, die Mobilitätsangebote, die in den Städten bestehen, in einer Mobilitäts-App zusammenzuführen. Hierbei besteht auch Kontakt zu ausländischen Städteverwaltungen. So werden gegenwärtig Business Cases mit zwei ausländischen Städten zur Implementierung der vor Ort vorhandenen Mobilitätsangebote in einer Mobilitäts-App durchgeführt.	- 2.WB steht als Koordinator des E-Carsharing-Projektes mit den Verantwortlichen der teilnehmenden Mittelstadt sowie der teilnehmenden umliegenden Gemeinden im ständigen Austausch - die Mittelstadt sowie die teilnehmenden umliegenden Gemeinden sind darüber hinaus Eigentümer von E-Carsharing-Fahrzeugen, die sie ihren Mitarbeitern vor Ort für Dienstfahrten zur Verfügung stellen
Bürger & Gesellschaft	- Bürger sind (potentielle) Nutzer der Mobilitäts-App und damit auch der Mobilitätsdienstleistungen inklusive dem Carsharing-Angebot des Schwesterunternehmens	- die Bürger werden über Werbung in den regionalen Printmedien sowie dem regionalen Fernsehsender auf das E-Carsharing-Angebot aufmerksam gemacht
Medien	- über die eigenen Kommunikationskanäle wird Werbung für die Mobilitäts-App gemacht und somit auch für das Carsharing-Angebot des Schwesterunternehmens	- über die vorhandenen Kommunikationskanäle von 2.WB, d. h. über die Website, Werbematerialien sowie der regionalen Presse und dem regionalen Fernsehsender wird Werbung für das E-Carsharing-Angebot gemacht
Verkehrsverbünde	- über die Mobilitäts-App werden auch ÖPNV-Angebote aus verschiedenen Verkehrsverbünden angeboten. 1.WB betont hierbei, dass der Kontakt zu den Verkehrsverbünden sowie auch zu solchen im Ausland primär über das Mutterunternehmen, den Automobilkonzern, abläuft, der die verschiedenen Kontakte bündelt.	- es besteht kein Kontakt zum regionalen Verkehrsverbund in Bezug auf das E-Carsharing-Projekt
Energieversorger	- es besteht kein Kontakt zu Energieversorger	- die Stadtwerke der Mittelstadt ist ein Konsortialpartner im E-Carsharing Projekt
Interessenverbände & Verkehrsclubs	- es besteht kein Kontakt	- es besteht kein Kontakt
Wissenschaft	- es besteht gegenwärtig kein Kontakt	- 2.WB steht in Bezug auf die Standortanalyse der Ladesäulen für die E-Carsharing-Fahrzeuge in der Mittelstadt sowie den teilnehmenden umliegenden Gemeinden mit einer Hochschule aus der Region in Kontakt, die durch einen wissenschaftlichen Mitarbeiter durchgeführt wurde

Weitere Mobilitäts-anbieter	- 1.WB bietet als Mobility-as-a-Service-Dienstleister verschiedene Mobilitätsdienstleistungen von verschiedenen Mobilitätsanbietern sowie Verkehrsunternehmen in seiner Mobilitäts-App an	- der Konsortialpartner Stadtwerke stellt seine Ladesäulen nicht nur für das E-Carsharing, sondern auch für ein eigenes angebotenes E-Roller Sharing-Angebot in der Mittelstadt zur Verfügung
Andere Carsharing-Anbieter	- 1.WB ist offen dafür, die Carsharing-Angebote von weiteren Carsharing-Anbietern in seiner Mobilitäts-App anzubieten und steht gegenwärtig mit einem weiteren Carsharing-Anbieter neben seinem Schwesterunternehmen in Kontakt.	- 2.WB stand bei der Ausschreibung des E-Carsharing-Projektes bzw. der Suche nach dem verantwortlichen E-Carsharing-Betreiber mit weiteren Carsharing-Anbietern aus der Region in Kontakt

Legende:
Aussagen, die inhaltlich gleich bzw. ähnlich sind

8.5 Erläuterung relevanter Begriffe

Ballungsraum
Ein Ballungsraum zeichnet sich durch eine sehr hohe Konzentration von Bevölkerung, Wirtschaft und Infrastruktureinrichtungen aus. Der Ballungskern besteht aus mindesten einer Großstadt[1506], die von einem „engeren, dicht bebauten suburbanen Vorortgürtel sowie einem geographisch weitläufigeren, teilweise ländlich geprägten Einzugsgebiet umgeben ist."[1507] Wesentlich für einen Ballungsraum ist auf der einen Seite dessen hohe wirtschaftliche Bedeutung und kulturelle Ausstrahlung, auf der anderen Seite dessen soziale und ökologische Belastungen, die sich z. B. in Form von Verkehrsproblemen bemerkbar machen.[1508] Zu den größten Ballungsräumen in Deutschland gehört das Ruhrgebiet sowie die Region Köln-Düsseldorf.

Corporate Carsharing
Corporate Carsharing ist mit gewerblichem Carsharing gleichzusetzen und kann von den folgenden Nutzern eingesetzt werden, da diese beruflich bedingte Fahrten mit Carsharing-Fahrzeugen durchführen lassen können: Unternehmen, Verwaltungen, Organisationen und Vereine.[1509] Kennzeichnend hierfür ist ein firmeninterner Fahrzeugpool, der entweder mit Hilfe einer Fahrzeugdispositionssoftware oder von einem professionellen Anbieter verwaltet und den Mitarbeitern zur Verfügung gestellt wird. Die Vorteile des Corporate Carsharing ergeben sich insbesondere durch die ökonomischen Einspareffekte sowie ökologischen Vorteilen insbesondere im Gegensatz zu Dienstfahrzeugen.[1510]

Ländlicher Raum
Der ländliche Raum bezieht sich auf Gebiete außerhalb von Großstädten und Ballungsräumen. In der Regel bilden kleine und mittelgroße Städte die Zentren von ländlichen Regionen, wobei sie hier wichtige Funktionen übernehmen wie etwa hinsichtlich Versorgung der Bevölkerung aus den Dörfern und Siedlungen im Umland. Der ländliche Raum bzw. die ländlichen Regionen zeichnen sich durch eine niedrigere Bevölkerungsdichte, einer überwiegend land- und forstwirtschaftlichen Flächennutzung sowie klein- und mittelständischen Wirtschaftsstrukturen aus.[1511]

Multimodalität
Multimodalität kennzeichnet die „Nutzung von verschiedenen Verkehrsmitteln bei der Durchführung von Wegen einer Person innerhalb eines bestimmten Betrachtungszeitraums (häufig eine Woche)."[1512] Eine differenzierte Form der Multimodalität ist die der Intermodalität. Hier werden verschiedene Verkehrsmittel für einzelne Etappen eines Weges genutzt. In der Praxis heißt dies, dass Carsharing-Nutzer in ihrer Wegekette etwa auch den ÖPNV sowie E-Bike-Sharing nutzen.[1513]

Mobilitätsstation
Eine Mobilitätsstation verknüpft verschiedene Verkehrsangebote im Straßenraum und unterstützt somit multimodales Verkehrsverhalten, indem hier der Übergang zwischen verschiedenen Verkehrsmitteln vereinfacht wird. Durch Mobilitätsstationen soll der Umweltverbund gestärkt werden, d. h. Mobilität ermöglicht werden ohne auf

---

[1506] Zur Einwohnerzahl einer Großstadt siehe Tabelle 5.
[1507] Tiesbohnenkamp 2020.
[1508] Vgl. Verband Deutscher Verkehrsunternehmen e. V. (VDV) 2021.
[1509] Vgl. Loose 2010a.
[1510] Velten 2016.
[1511] Vgl. Bundesministerium für Ernährung und Landwirtschaft 2020.
[1512] Nobis und Kuhnimhof 2018, S. 131.
[1513] Wird in der vorliegenden Arbeit von Multimodalität gesprochen inkludiert dies die Intermodalität.

einen privaten PKW zugreifen zu müssen. Bestandteile von Mobilitätsstationen sind Car- und Bikesharing-Angebote, Fahrradbügel für private Fahrräder, Ladeinfrastruktur für Elektrofahrzeuge sowie ein unmittelbarer Umstieg auf den ÖPNV.[1514]

Mobility-as-a-Service (MaaS)
Mobility-as-a-Service ist „die Integration von und der Zugang zu verschiedenen Mobilitätsdienstleistungen wie ÖPNV, Carsharing, Ridesharing, Taxi, etc. in einem einzigen, digitalen Mobilitätsangebot. [...] MaaS ist jederzeit verfügbar und bietet in integrierter Form Planung, Buchung, Bezahlung und Echtzeit-Informationen an, um ein Leben ohne eigenes Auto zu ermöglichen."[1515]

Mobility-on-Demand
Mobility-on-Demand heißt „Mobilität auf Abruf bzw. nach Bedarf" und bezieht sich auf alle Mobilitätsdienste, „die dem Nutzer bedarfsorientiert und individuell für seine Anforderungen, wie etwa Abfahrtspunkt, -zeit und Zielpunkt, zur Verfügung stehen."[1516]

Motorisierter Individualverkehr (MIV)
Unter dem MIV fallen das Auto, motorisierte Zweiräder, Lkw sowie weitere motorisierte Fahrzeuge.

Nachhaltige Mobilität
Nachhaltige Mobilität orientiert sich am Konzept der nachhaltigen Entwicklung und zeichnet sich dadurch aus, dass sie unter ökologischen, ökonomischen und sozialen Gesichtspunkten nachhaltig ist. Alternativ gesagt, heißt nachhaltige Mobilität „die heutigen Mobilitätsbedürfnisse in Zukunft in einer dauerhaft umweltverträglichen Weise zu gewährleisten. Dies gilt für Menschen und Wirtschaft. Zudem müssen die Mobilitätschancen benachteiligter Bevölkerungsgruppen verbessert werden."[1517]

Nahverkehrsplan
Der Nahverkehrsplan ist ein kommunalpolitisches Instrument, mit dem die Gemeinden bzw. Gemeindeverbände die gesamten Rahmenbedingungen für den Öffentlichen Personennahverkehr (ÖPNV) in ihrem Einflussbereich festlegen. Hierbei wird bestimmt, welche neue Strecken für den ÖPNV erschlossen beziehungsweise welche bestehenden Verbindungen weiter ausgebaut werden sollen. Nahverkehrspläne werden in der Regel alle fünf Jahre überarbeitet.[1518]

Öffentlicher Personennahverkehr (ÖPNV)
Der öffentliche Personennahverkehr wird definiert als „die allgemein zugängliche Beförderung von Personen mit Straßenbahnen, Obussen und Kraftfahrzeugen im Linienverkehr, die überwiegend dazu bestimmt sind, die Verkehrsnachfrage im Stadt-, Vorort- oder Regionalverkehr zu befriedigen. Das ist im Zweifel der Fall, wenn in der Mehrzahl der Beförderungsfälle eines Verkehrsmittels die gesamte Reiseweite 50 Kilometer oder die gesamte Reisezeit eine Stunde nicht übersteigt."[1519] Somit ermöglicht der ÖPNV eine Ortsveränderung innerhalb einer Region im Rahmen einer Reichweite von unter 50 Kilometern bzw. einer Fahrtzeit von unter einer Stunde.

[1514] Vgl. VCD Verkehrsclub Deutschland e.V. 2020b.
[1515] bcs. 2019a.
[1516] Koesling 2018, S. 14.
[1517] Ministerium für Verkehr Baden-Württemberg 2021.
[1518] Vgl. service-bw.de 2021.
[1519] Bundesministerium für Justiz und für Verbraucherschutz, § 8 Abs. 1.

Öffentlicher Straßenpersonenverkehr (ÖSPV)
Der öffentliche Straßenpersonenverkehr ist dem öffentlichen Personennahverkehr (ÖPNV) zugeordnet und umfasst Regionalbusse, Stadtbusse, Oberleitungsbusse, Taxen sowie Straßenbahnen, die nicht unter das Allgemeine Eisenbahngesetz (AEG) sowie der Eisenbahn-Bau- und Betriebsordnung (EBO) fallen.[1520]

Öffentlicher Verkehr (ÖV)
Der öffentliche Verkehr „wird von wirtschaftlichen Unternehmen betrieben, die von jeder/m entsprechend der Zwecksetzung des Unternehmens zur Beförderung von Personen, Gütern und Nachrichten benutzt werden können."[1521] Der ÖV untergliedert sich in den öffentlichen Personenfernverkehr (ÖPFV)[1522] und den öffentlichen Personennahverkehr (ÖPNV)[1523].

Parkraumbewirtschaftungszone
Parkraumbewirtschaftungszonen dienen insbesondere dazu, Parkplätze für Anwohner vor Ort zu schaffen. So besteht in vielen Bereichen von Innenstädten eine höhere Nachfrage nach Parkraum als das solcher vorhanden ist. Durch Parkraumbewirtschaftungszonen soll insbesondere das Parken von Pendlern unterbunden werden. Möglichkeiten stellen hier u. a. Halteverbote, Parken mit Parkschein sowie Sonderparkberechtigungen dar.[1524]

Personenverkehr
Der Personenverkehr kann „nach der Organisationsform in Individualverkehr (motorisiert, nicht motorisiert) und öffentlichen Verkehr (ÖV) sowie nach dem technischen Verkehrsweg in straßengebundenen (Straßenverkehr), schienengebundenen (Straßenbahn, U-Bahn, S-Bahn, Eisenbahn), wassergebundenen (Personenschifffahrt) und luftgebundenen Personenverkehr (Luftverkehr) [eingeteilt werden]."[1525]

Personenverkehrsleistung
Die Personenverkehrsleistung ist „das Produkt aus der Personenzahl und der zurückgelegten Strecke und wird in Personenkilometer (Pkm) gemessen."[1526]

Premiumfahrzeuge
„Premiumfahrzeuge" zeichnen sich durch ihre Exklusivität in Form einer gehobenen Ausstattung, sowie Innovationen in Form digitaler Features aus mit dem Ziel, „ein sicheres, komfortables und erstklassiges Mobilitätserlebnis zu gewähren."[1527] Für „Premiumfahrzeuge" liegen die Preise deutlich höher als der Durchschnittspreis im gleichen Fahrzeugsegment.

Regiopole
Unter Regiopole werden kleinere Großstädte[1528] außerhalb von Metropolregionen verstanden, „die als Zentrum regionaler Entwicklung, Standortraum der Wissensgesellschaft und Anziehungspunkt ihrer zumeist ländlich geprägten Region fungieren." Regiopole erreichen aufgrund ihrer geringeren Größe nicht den Status einer Metropole. Die Region, in der eine Regiopole liegt, wird analog zur Metropolregion als Regiopolregion bezeichnet.[1529]

1520 Vgl. Zwiers et al. 2021, S. 28.

1521 Zwiers et al. 2021, S. 27.

1522 Dieser bezieht sich auf Strecken von über 50 Kilometern sowie einer Reisezeit von über einer Stunde.

1523 Siehe Begriffserklärung ÖPNV.

1524 Vgl. Wissenschaftliche Dienste 2019.

1525 Spektrum der Wissenschaft Verlagsgesellschaft mbH 2001.

1526 Umweltbundesamt 22.02.2021.

1527 Interview 1.AK, 65.

1528 Zur Einwohnerzahl einer Großstadt siehe Tabelle 5.

1529 Vgl. Große-Schütte 2020. Zu Regiopolen in Deutschland gehören u.a. Karlsruhe, Freiburg, Wolfsburg, Münster und Rostock.

Ride Hailing
Beim Ride Hailing bucht der Kunde über eine App ein Fahrzeug von einem professionellen Dienstleister, das, mit einem Fahrer ausgestattet, an den gewünschten Abfahrtsort gefahren wird. Das Fahrzeug steht ausschließlich für den Nutzer bereit, der mit diesem an seinen gewünschten Zielort gebracht wird. Die Bezahlung der Fahrt erfolgt über die genutzte App.[1530]

Ride Pooling
Beim Ride Pooling teilen sich im Gegensatz zum Ride Hailing mehrere Personen das gebuchte Fahrzeug mit einem professionellen Fahrer. Hierbei steigen die Nutzer an unterschiedlichen Stationen in das gebuchte Fahrzeug ein sowie auch aus. Die optimalen Fahrtwege werden mit Hilfe eines Algorithmus ermittelt.[1531]

Ride Sharing
Beim Ride Sharing teilen sich Privatpersonen einen privaten PKW. Ein- und Ausstiegsmöglichkeiten ergeben sich im Rahmen der Strecke zum Zielort. Diese Mitfahrgelegenheiten werden in der Regel über Websites oder Apps vermittelt und abgerechnet. Alternativ hierzu wird auch der Begriff Car Pooling verwendet.[1532]

Städtischer Raum
Der städtische Raum steht in Abgrenzung zum ländlichen Raum und wird geografisch vom Gebiet einer Stadt bestimmt. Der städtische Raum zeichnet sich insbesondere durch große Siedlungseinheiten, einer hohen Bevölkerungs- und Bebauungsdichte, einer heterogenen Bevölkerung, nichtlandwirtschaftlichen Tätigkeiten, einer intensiven Mobilität sowie einer sozialräumlichen Differenzierung aus.[1533]

Suburbaner Raum
Mit suburbanem Raum werden im Allgemeinen städtische Siedlungen, die über die Grenzen der Kernstädte hinaus ins Umland ragen, bezeichnet.[1534]

Sustainable Urban Mobility Plan (SUMP)
Ein SUMP ist im Deutschen mit dem Begriff „nachhaltiger urbaner Mobilitätsplan" gleichzusetzen und baut auf gängigen, in Europa üblichen Planungspraktiken der Verkehrsentwicklungsplanung auf mit dem Ziel, ein nachhaltiges Verkehrssystem aufzubauen. Dadurch soll nachhaltige urbane Mobilität für den Personen- und Güterverkehr in städtischen und stadtnahen Gebieten gefördert und umgesetzt werden. Zu den Vorteilen von SUMP gehört die Unterstützung von Seiten der EU-Kommission hinsichtlich Erfahrungsaustausch, Aufzeigen von Best-Practice-Beispielen, Förderung von Kooperationen wie auch Bereitstellung einer gezielten finanziellen Unterstützung.[1535]

Umweltverbund
Der Begriff Umweltverbund bezieht sich auf die Kooperation umweltfreundlicher Verkehrsmittel zu denen der ÖPNV, das Fahrrad, zu Fuß gehen wie auch das Carsharing gehören. Die Stärkung des Umweltverbundes zielt auf eine Reduzierung privater PKW ab.[1536]

[1530] Vgl. BMW Group Konzernkommunikation und Politik 2020.

[1531] Ebd.

[1532] Ebd.

[1533] Vgl. wikipedia 2020.

[1534] Vgl. Reicher und Hesse 2013, S. 10.

[1535] Vgl. European Commission 2013.

[1536] Vgl. Forschungs-Informations-System (FIS) 2020.

Verkehrsleistung

Die Verkehrsleistung ist das Produkt aus der Fahrleistung und der Zahl der beförderten Personen. Die Fahrleistung ist die Gesamtstrecke in Kilometern, die von Verkehrsmitteln wie PKW, LKW oder Eisenbahn in einem Jahr zurückgelegt wird.[1537]

Verkehrswende

Die Verkehrswende beschreibt „den soziotechnischen Transformationsprozess des Verkehrssektors mit dem Ziel einer starken Senkung der durch Verkehr verursachten Umwelt- und Gesundheitsbelastungen um eine nachhaltige Entwicklung dieses Sektors zu ermöglichen."[1538]

[1537] Vgl. Umweltbundesamt 09.06.2021.

[1538] Becker und Renn 2019, S. 110.

9 Literaturverzeichnis

Ackermann, T.; Loose, W.; Reining, C. (2014): Die Verknüpfung von CarSharing und ÖPNV. In: Bundesverband CarSharing e.V. (Hg.): Eine Idee setzt sich durch! 25 Jahre CarSharing, Bd. 25: ksv-Verlag, S. 111–121.

ADAC e. V. (2020): Satzung Allgemeiner Deutscher Automobil-Club e.V. Hg. v. ADAC e. V. München. Online verfügbar unter https://www.adac.de/-/media/pdf/impressum/adac-satzung.pdf, zuletzt geprüft am 12.07.21.

ADAC e. V. Juristische Zentrale (2017): Carsharing: Was tun, wenn das Auto beschädigt ist. ADAC-Checkliste für die richtige Nutzung. Online verfügbar unter https://presse.adac.de/meldungen/adac-ev/recht/carsharing-was-tun-wenn-das-auto-beschaedigt-ist.html, zuletzt geprüft am 15.07.21.

ADAC e. V. Juristische Zentrale (2020): ADAC Car-Sharing-Vertrag. Online verfügbar unter https://assets.adac.de/image/upload/v1607935838/ADAC-eV/KOR/Text/PDF/CarSharing-Vertrag_k9cgky.pdf, zuletzt geprüft am 15.07.21.

ADAC Redaktion (2016): ADAC Carsharing-Test. Online verfügbar unter www.adac.de/carsharing-test, zuletzt geprüft am 10.07.21.

ADAC Redaktion (2021): Das Geschäftsjahr 2020 des ADAC e.V. Hg. v. ADAC e. V. Online verfügbar unter https://www.adac.de/der-adac/verein/daten-fakten/geschaeftsjahr/, zuletzt geprüft am 12.07.21.

Ahrend, K.-M. (2016): Geschäftsmodell Nachhaltigkeit. Berlin, Heidelberg: Springer Berlin Heidelberg.

Albrecht, D. (2008): Management von Stakeholderbeziehungen mit dem EFQM-Modell. Untersuchung im Rahmen der Erarbeitung einer Nachhaltigkeitsstrategie der ABB Deutschland. Lüneburg: CSM Center for Sustainability Management. Online verfügbar unter https://www.leuphana.de/no_cache/institute/csm/publikationen.html.

Archie, C.; Buchholtz, A. K.; Huang, Y.; Zhu, Z. (1996): Business & Society: Ethics and Stakeholder Management: South Western College Publishing.

Assmann, D.; Frohn, C. (2021): Nachhaltige Stadt – Liberale Ideen für urbanen Klima- und Umweltschutz. Hg. v. Friedrich-Naumann-Stiftung für die Freiheit. Potsdam-Babelsberg.

autobild.de (2019): VW E-Carsharing bald auch in Hamburg. Online verfügbar unter https://www.autobild.de/artikel/vw-carsharing-we-share-in-hamburg-und-berlin-15006785.html, zuletzt geprüft am 28.06.21.

autogazette.de (2021): Elektroautos: Induktives Laden bleibt eine Nische. Online verfügbar unter https://www.autogazette.de/elektroauto/laden/elektro/elektroautos-induktives-laden-bleibt-eine-nische-989406997.html, zuletzt geprüft am 22.08.21.

Bakker, S.; Budde, B. (2012): Technological hype and disappointment: lessons from the hydrogen and fuel cell case. In: *Technology analysis & strategic management* 24 (6), S. 549–563.

Baptista, P.; Melo, S.; Rolim, C. (2014): Energy, environmental and mobility impacts of car-sharing systems. Empirical results from Lisbon, Portugal. In: *Procedia-Social and Behavioral Sciences* 111 (0), S. 28–37.

Baumann, M. (2021): Wallbox Kosten: Was kostet die Ladestation für Zuhause? Hg. v. homeandsmart.de. Online verfügbar unter https://www.homeandsmart.de/wallbox-kosten.

BBSR – Bundesinstitut für Bau-, Stadt- und Raumforschung (Hg.) (2017): Laufende Raumbeobachtung des BBSR. Raumabgrenzungen. Stadt- und Gemeindetypen in Deutschland, zuletzt geprüft am 21.05.21.

bcs. (2012): Positionspapier Elektromobilität und CarSharing. Hg. v. Bundesverband CarSharing e.V.

bcs. (2013): VCD-Veranstaltung zu 25 Jahre CarSharing in Deutschland. Hg. v. Bundesverband CarSharing e.V. Online verfügbar unter https://carsharing.de/termin/vcd-veranstaltung-zu-25-jahre-carsharing-deutschland, zuletzt geprüft am 15.07.21.

bcs. (2016a): Wie kann die Politik CarSharing fördern? Hg. v. Bundesverband CarSharing e.V. Online verfügbar unter https://carsharing.de/themen/politik/kann-politik-carsharing-foerdern, zuletzt geprüft am 31.07.21.

bcs. (2016b): Wirkung verschiedener CarSharing-Varianten auf Verkehr und Mobilitätsverhalten. Hg. v. Bundesverband CarSharing e. V.

bcs. (2019a): Mobility as a Service: Chance für die Verkehrswende, Herausforderung für die Partner des Umweltverbunds. Hg. v. Bundesverband CarSharing e.V. Berlin. Online verfügbar unter https://carsharing.de/themen/umweltverbund/mobility-as-a-service-chance-fuer-verkehrswende-herausforderung-fuer-partner, zuletzt geprüft am 22.10.21.

bcs. (2019b): Stationsbasiertes Car-Sharing in Berlin wirkt deutlich verkehrsentlastend. Hg. v. Bundesverband CarSharing e.V.

bcs. (2020): Verkehrsentlastung durch CarSharing. Fact Sheet. Hg. v. Bundesverband CarSharing e. V. Online verfügbar unter https://carsharing.de/alles-ueber-carsharing/umweltbilanz/verkehrsentlastung-durch-carsharing.

bcs. (2021a): Aktuelle Zahlen und Fakten zum CarSharing in Deutschland. CarSharing-Statistik. Hg. v. Bundesverband CarSharing e.V. Online verfügbar unter https://carsharing.de/alles-ueber-carsharing/carsharing-zahlen/aktuelle-zahlen-fakten-zum-carsharing-deutschland, zuletzt geprüft am 25.08.21.

bcs. (2021b): Carsharing in Deutschland. Hg. v. Bundesverband CarSharing e.V. Online verfügbar unter https://carsharing.de/sites/default/files/uploads/factsheet_carsharing_in_deutschland_2021.pdf, zuletzt geprüft am 04.06.21.

bcs. (2021c): Der Bundesverband CarSharing stellt sich vor. Hg. v. Bundesverband CarSharing e.V. Online verfügbar unter https://carsharing.de/verband/wir-ueber-uns/bundesverband-carsharing-stellt-sich, zuletzt geprüft am 12.07.21.

bcs. (2021d): Website des Bundesverband Carsharing e. V. Hg. v. Bundesverband CarSharing e.V. Online verfügbar unter https://carsharing.de/, zuletzt geprüft am 14.07.21.

Becker, H.; Ciari, F.; Axhausen, K. W. (2018): Measuring the car ownership impact of free-floating carsharing–A case study in Basel, Switzerland. In: *Transportation Research Part D: Transport and Environment* 65, S. 51–62.

Becker, S.; Renn, O. (2019): Akzeptanzbedingungen politischer Maßnahmen für die Verkehrswende: Das Fallbeispiel Berliner Mobilitätsgesetz. In: C. Fraune, M. Knodt, S. Gölz und K. Langer (Hg.): Akzeptanz und politische Partizipation in der Energietransformation. Gesellschaftliche Herausforderungen jenseits von Technik und Ressourcenausstattung. Wiesbaden: Springer VS, S. 109–130.

bergischgladbach.de (2017): Carsharing mit der wupsi und Ford. Online verfügbar unter https://www.bergischgladbach.de/news/15935/Tourismus.aspx, zuletzt geprüft am 29.06.21.

Bert, J.; Collie, B.; Gerrits, M.; Xu, G. (2016): Whats Ahead for Car Sharing? The New Mobility and Its Impact on Vehicle Sales. Hg. v. The Boston Consulting Group. Online verfügbar unter https://www.bcg.com/publications/2016/automotive-whats-ahead-car-sharing-new-mobility-its-impact-vehicle-sales.aspx.

Blees, V.; Zerban, M. (2021): Neue Mobilitätsangebote: Ersatz oder Ergänzung des ÖPNV? Eine Analyse am Beispiel des stationsflexiblen Carsharings. In: Smart Region: Springer, S. 375–399.

BMW Group Konzernkommunikation und Politik (21.03.2011): BMW Group und Sixt AG gründen Joint Venture DriveNow für Premium Car Sharing. Online verfügbar unter https://www.press.bmwgroup.com/deutschland/article/detail/T0100973DE/bmw-group-und-sixt-ag-gruenden-joint-venture-drivenow-fuer-premium-car-sharing?language=de, zuletzt geprüft am 29.06.21.

BMW Group Konzernkommunikation und Politik (2020): Die wichtigsten Begriffe der "Shared Mobility". Online verfügbar unter bhttps://www.bmw.com/de/innovation/carsharing-und-shared-mobility.html?tl=sea-goog-ynog-bra-miy-com1-sear-.-20190425-.-cc_de#pwjt-ride-hailing, zuletzt geprüft am 08.08.21.

Borup, M.; Brown, N.; Konrad, K.; van Lente, H. (2006): The sociology of expectations in science and technology. In: *Technology analysis & strategic management* 18 (3-4), S. 285–298.

Brockmeyer, F.; Frohwerk, S.; Weigele, S. (2014): Free-Floating-Carsharing: Urbane Mobilitaet im Umbruch-Herausforderungen und Chancen fuer den oeffentlichen Verkehr/Free-Floating-Carsharing: Change of urban mobility. In: *NAHVERKEHR* 32 (10).

Bundesministerium für Ernährung und Landwirtschaft (Hg.) (2020): Ländliche Regionen verstehen. Fakten und Hintergründe zum Leben und Arbeiten in ländlichen Regionen. Berlin.

Bundesministerium für Justiz und für Verbraucherschutz: Personenbeförderungsgesetz (PBefG). PBefG, vom 08.08.1990.

Bundesministerium für Umwelt, Naturschutz und nukleare Sicherheit (BMU) (16.03.2021): Treibhausgasemissionen sinken 2020 um 8,7 Prozent. Online verfügbar unter https://www.bmu.de/pressemitteilung/treibhausgasemissionen-sinken-2020-um-87-prozent/, zuletzt geprüft am 07.08.21.

Bundesministerium für Wirtschaft und Energie (BMWi) (2017): „Sofortprogramm Saubere Luft 2017–2020“: Förderrichtlinien für alternative Antriebe veröffentlicht. Hg. v. Bundesministerium für Verkehr und digitale Infrastruktur (BMVI), Bundesministerium für Wirtschaft und Energie (BMWi) und Bundesministerium für Umwelt, Naturschutz, Bau und Reaktorsicherheit (BMUB), www.bmub.bund.de. Online verfügbar unter https://www.bmwi.de/Redaktion/DE/Pressemitteilungen/2017/20171215-umsetzung-des-sofortprogramms-saubere-luft-2017.html, zuletzt geprüft am 30.07.21.

Bundesregierung (05.07.2017): Gesetz zur Bevorrechtigung des Carsharing - Carsharinggesetz. CsgG.

Bundeszentrale für politische Bildung (bpb) (2021): Definition Interessenverband. Online verfügbar unter https://www.bpb.de/nachschlagen/lexika/pocket-politik/16451/interessenverband, zuletzt geprüft am 12.07.21.

cambio Deutschland (26.02.2018): cambio CarSharing wächst in allen Bereichen. Online verfügbar unter https://www.cambio-carsharing.de/cms/carsharing/de/1/cms?cms_knuuid=c202e765-c70a-470b-a13a-d6877e40d108, zuletzt geprüft am 26.08.21.

Carroll, A. B.; Näsi, J. (1997): Understanding stakeholder thinking: Themes from a Finnish conference. In: *Business Ethics: A European Review* 6 (1), S. 46–51.

Carsharing News (2014): car2go verkleinert Geschäftsgebiete. Online verfügbar unter https://www.carsharing-news.de/car2go-verkleinert-geschaeftsgebiete/, zuletzt geprüft am 25.06.21.

Carson, D.; Gilmore, A.; Perry, C.; Gronhaug, K. (2001): Qualitative marketing research. London, New Delhi: Sage.

Crain Communications GmbH (16.02.2015): Großes Potenzial für Carsharing in Deutschland. Oberpfaffenhofen. Online verfügbar unter https://www.automobilwoche.de/article/20150216/NACHRICHTEN/150219941/studie-grosses-potenzial-fuer-carsharing-in-deutschland, zuletzt geprüft am 10.09.21.

Cyert, R. M.; March, J. G. (1992): A behavioral theory of the firm. Cambridge.

Dahl, R. A. (1957): The concept of power. In: *Behavioral science* 2 (3), S. 201–215.

dejure.org (2020): Straßengesetz.

Deutsch, V. (2019): Mehr oder weniger Autos. Carsharing-Betriebsformen und Auswirkungen auf die Autoabschaffung. In: *Straßenverkehrstechnik* 63 (3).

Die Bundesregierung (Hg.) (2021): Klimaschonender Verkehr. Online verfügbar unter https://www.bundesregierung.de/breg-de/themen/klimaschutz/klimaschonender-verkehr-1794672#:~:text=CO2%20%2DEmissionen%20vor%20allem%20vom,der%20Verkehrsemissionen%20verursacht%20der%20Stra%C3%9Fenverkehr., zuletzt geprüft am 07.08.21.

die:gemeinde - Magazin für Städte und Gemeinden (2020): Car-Sharing-Angebot im ländlichen Raum wächst. Hg. v. Gemeindetag Baden-Württemberg. Online verfügbar unter https://www.diegemeinde.de/car-sharing-angebot-im-laendlichen-raum-waechst, zuletzt geprüft am 30.07.21.

Diekmann, A. (2013): Empirische Sozialforschung. Grundlagen, Methoden, Anwendungen. 7. Auflage. Hamburg.

Donaldson, T.; Preston, L. E. (1995): The stakeholder theory of the corporation: Concepts, evidence, and implications. In: *Academy of management review* 20 (1), S. 65–91.

Döring, N.; Bortz, J. (2016): Forschungsmethoden und Evaluation. in den Sozial- und Humanwissenschaften. Berlin, Heidelberg: Springer.

Duller, C. (2019): Einführung in die Statistik mit EXCEL und SPSS. Ein anwendungsorientiertes Lehr- und Arbeitsbuch. 4th ed. 2019. Online verfügbar unter https://doi.org/10.1007/978-3-662-59410-0.

Dümmer, K. (2021): Carsharing-Statistik: Corona-Krise bremst 2020 das Wachstum. Hg. v. ADAC Redaktion. Online verfügbar unter https://www.adac.de/news/carsharing-statistik-2020/, zuletzt geprüft am 14.07.21.

Dunkelberg, S. (2005): Wie gut ist eine qualitative Studie? 10 hilfreiche Fragen für den Leser von Aufsätzen. In: *ZFA-Zeitschrift für Allgemeinmedizin* 81 (06), S. 248–251.

Eberhardt, S. (2013): Wertorientierte Unternehmungsführung. Der modifizierte Stakeholder-Value-Ansatz: Springer-Verlag.

ecomento.de (2016): BMW-Carsharing DriveNow: Elektroauto-Anteil jetzt bei 20 Prozent. Online verfügbar unter https://ecomento.de/2016/01/15/bmw-carsharing-drivenow-elektroauto-anteil-jetzt-bei-20-prozent-2015/, zuletzt geprüft am 28.06.21.

Ejderyan, O.; Geiser, U.; Zaugg Stern, M.; Backhaus, N.; Müller-Böker, U. (2006): Stakeholder als sozialwissenschaftliches Konzept. Begrifflichkeit und Operationalisierung. In: *Schriftenreihe Humangeographie* (22), S. 73–101.

electrive.net (2017): Car2go verkleinert Stuttgarter Geschäftsgebiet. Online verfügbar unter https://www.electrive.net/2017/10/16/car2go-verkleinert-stuttgarter-geschaeftsgebiet/, zuletzt geprüft am 25.06.21.

enbw.com/blog (2021): Elektroauto-Förderung: Diese Fördermöglichkeiten gibt es. Hg. v. EnBW Energie Baden-Württemberg AG. Online verfügbar unter https://www.enbw.com/blog/elektromobilitaet/fahren/elektroauto-foerderung-das-sind-die-moeglichkeiten/, zuletzt geprüft am 30.07.21.

Esty, M.; Winston, E. (2009): A Stakeholder Framework for Analyzing and Evaluating Corporate Social Performance. In: *Management Review* 5 (2), S. 45–56.

European Commission (Hg.) (2013): Guidelines. developing and implementing a sustainable urban mobility plan. Directorate-General for Mobility and Transport.

Fahn, J. (2020): VCD unterstützt Car Sharing Projekt. VCD auch im Landkreis Miltenberg aktiv. Hg. v. Verkehrsclub Deutschland e.V. Online verfügbar unter https://www.meine-news.de/erlenbach-a-main/c-vereine/vcd-unterstuetzt-car-sharing-projekt_a79262, zuletzt geprüft am 15.07.21.

Fazel, L. (2014): Akzeptanz von Elektromobilität. Entwicklung und Validierung eines Modells unter Berücksichtigung der Nutzungsform des Carsharing. Zugl.:Chemnitz, Techn. Univ., Diss., 2013. Wiesbaden: Springer Gabler (Research).

Figge, F.; Schaltegger, S. (2000): Was ist "Stakeholder Value"? Vom Schlagwort zur Messung.

ford-carsharing.de (2020): Ford Carsharing flexibel nutzen. Online verfügbar unter https://www.ford-carsharing.de/de, zuletzt geprüft am 28.06.21.

Forschungs-Informations-System (FIS) (2020): Definition Umweltverbund. Online verfügbar unter https://www.forschungsinformationssystem.de/servlet/is/21907/, zuletzt geprüft am 09.07.21.

Franke, S. (2001): Car Sharing. Vom Ökoprojekt zur Dienstleistung: Berlin: edition sigma.

Freeman, R. E. (1984): Strategic management. A stakeholder approach.

Freeman, R. E.; McVea, J. (2001): A stakeholder approach to strategic management. In: *The Blackwell handbook of strategic management*, S. 189–207.

Gärtner, R. (o. J.): Definition Medien. Hg. v. Verlag Jungbrunnen. Online verfügbar unter https://www.politik-lexikon.at/medien/, zuletzt geprüft am 07.10.21.

Gehrlein, T. (2017): Praxishandbuch Ladesäulen-Infrastruktur. 2. Auflage.

Glotz-Richter, M. (2012): Car-Sharing–"Car-on-call" for reclaiming street space. In: *Procedia-Social and Behavioral Sciences* 48, S. 1454–1463.

Große-Schütte, M. (2020): Definition Regiopole. Hg. v. Regiopolregion Rostock. Online verfügbar unter https://www.regiopole.de/ueber-regiopole/definition/.

Hacker, F.; Harthan, R.; Hermann, H.; Kasten, P.; Loreck, C.; Seebach, D. et al. (2011): Betrachtung der Umweltentlastungspotenziale durch den verstärkten Einsatz von kleinen, batterieelektrischen Fahrzeugen im Rahmen des Projekts „E-Mobility ". Schlussbericht im Rahmen der Förderung der Modellregionen Elektromobilität des Bundesministeriums für Verkehr, Bau- und Wohnungswesen. Hg. v. Öko-Institut e.V.

hamburg.de/pressearchiv (2021): Senat verabschiedet neue Parkgebührenordnung. Mobilität in Hamburg. Hg. v. Behörde für Verkehr und Mobilitätswende. Online verfügbar unter https://www.hamburg.de/pressearchiv-fhh/15151522/2021-06-08-bvm-parkgebuehrenordnung/, zuletzt geprüft am 08.07.21.

Hamel, G. (1998): The challenge today: Changing the rules of the game. In: *Business Strategy Review* 9 (2), S. 19–26.

Harding, J. (2013): Aktuelle Entwicklungen im Bereich Carsharing-Fluch oder Segen fuer Verkehrsbetriebe?/Carsharing-Blessing or curse for public transportation companies? In: *Straßenverkehrstechnik* 57 (4).

Harvey, A.; Sharma, A.; Jones, G.; Fitzgibbons, A. (2006): Attitudes towards Car Clubs. London.

Helfferich, C. (2019): Leitfaden-und experteninterviews. In: Handbuch Methoden der empirischen Sozialforschung: Springer, S. 669–686.

Holz-Rau, C. (2018): Verkehr und Verkehrswissenschaft. Verkehrspolitische Herausforderungen aus Sicht der Verkehrswissenschaft. In: Verkehrspolitik. Eine interdisziplinäre Einführung: Springer, S. 115–139.

Hubik, F.; Tyborski, R. (2021): „Desaster": Warum reines E-Carsharing ohne Subventionen chancenlos ist. Hg. v. Handelsblatt. Online verfügbar unter https://www.handelsblatt.com/mobilitaet/elektromobilitaet/carsharing-desaster-warum-reines-e-carsharing-ohne-subventionen-chancenlos-ist/27392300.html?ticket=ST-557382-NmCsM6cRSazaa1rh0eBx-ap6, zuletzt geprüft am 30.07.21.

Hügens, T. (2005): Auswahl der Perspektiven der Relationship Management Balanced Scorecard. In: Wissensmanagement in Dienstleistungsnetzwerken: Springer, S. 121–173.

Hülsmann, F.; Wiepking, J.; Zimmer, W.; Schmolck, B.; Schönau, M.; Waldenfels, R. et al. (2018): share - Wissenschaftliche Begleitforschung zu car2go mit batterieelektrischen und konventionellen Fahrzeugen. Forschung zum freefloating Carsharing. Hg. v. Ökoinstitut e.V. und Institut für sozialökologische Forschung (ISOE). Berlin.

Huwer, U. (2002): Kombinierte Mobilität gestalten: Die Schnittstelle ÖPNV-CarSharing.

IME (2009): Customer Satisfaction Analysis of the users of the Italian network Initiativa dei Comuni per il Car Sharing (I.C.S.). Executive summary. Hg. v. Italian Ministry of Environment. Rom.

Janisch, M. (1993): Das strategische Anspruchsgruppenmanagement. Vom Shareholder Value zum Stakeholder Value: Haupt.

Janson, M. (2021): Wo Carsharing (un-)beliebt ist. Hg. v. Statista GmbH. Online verfügbar unter https://de.statista.com/infografik/24746/befragte-die-in-den-vergangenen-12-monaten-carsharing-genutzt-haben/, zuletzt aktualisiert am 20.10.21.

Kagerbauer, M. (2017): Multi- und Intermodalität: Hinweise zur Umsetzung und Wirkung von Maßnahmen im Personenverkehr. Forschungsgesellschaft für Straßen- und Verkehrswesen.

Kloth, P. (2021): Elektroauto - Kosten einer Aufladung an E-Tankstellen (100 km). Hg. v. energieheld.de. Online verfügbar unter https://www.energieheld.de/mobilitaet/elektroauto/kosten/aufladung-verbrauch-100-kilometer, zuletzt geprüft am 29.08.21.

Knie, A.; Lenz, B.; Nobis, C.; Nowack, F.; Giesel, F.; Blümel, H. (2016): Wirkung von E-Car Sharing Systemen auf Mobilität und Umwelt in urbanen Räumen. (WiMobil)-Gemeinsamer Abschlussbericht. Hg. v. Bundesministerium für Umwelt, Naturschutz, Bau und Reaktorsicherheit (BMUB).

Koesling, A. (2018): Abgrenzung und Bestimmung neuer Mobilitätsbegriffe und -konzepte. Salzgitter.

Kords, M. (2019): Wie oft benutzen Sie Car-Sharing-Dienste? Unter Mitarbeit von Statista GmbH. Online verfügbar unter https://de.statista.com/statistik/daten/studie/1039675/umfrage/umfrage-zur-nutzungshaeufigkeit-von-car-sharing-diensten-in-ausgewaehlten-laendern/, zuletzt aktualisiert am 20.10.21.

Kraftfahrt-Bundesamt (2018): Verzeichnis zur Systematisierung von Kraftfahrzeugen und ihren Anhängern. Hg. v. Kraftfahrt-Bundesamt.

Kraftfahrt-Bundesamt (Hg.) (2019): Bestand in den Jahren 1960 bis 2019 nach Fahrzeug-klassen. Online verfügbar unter https://www.kba.de/DE/Statistik/Fahrzeuge/Bestand/FahrzeugklassenAufbauarten/fz_b_fzkl_aufb_archiv/2019/2019_b_fzkl_zeitreihe.html?nn=2596910, zuletzt geprüft am 28.05.2021.

Kraftfahrt-Bundesamt (Hg.) (2020): Fahrzeug-Bestand: Zahlen zum 1. Januar 2020 im Überblick. Online verfügbar unter https://www.kba.de/DE/Statistik/Fahrzeuge/Bestand/Jahrebilanz_Bestand/fz_b_jahresbilanz_node.html, zuletzt geprüft am 06.09.21.

Kuckartz, U. (2016): Qualitative Inhaltsanalyse: Methoden, Praxis, Computerunterstützung. 3. Auflage. Weinheim: Beltz Juventa.

Kurz, S. (2020): Ladestationen für Elektroautos: Das kostet der Strom. Hg. v. ADAC Redaktion. Online verfügbar unter https://www.adac.de/rund-ums-fahrzeug/elektromobilitaet/laden/elektroauto-ladesaeulen-strompreise/, zuletzt geprüft am 22.07.21.

Leyva, N.; Forderer, W.; Maier-Geißler, R.; Hagel, M.; Daude, P. (2019): Carscharing-Konzept. Konzept für die Förderung des Carsharings in der Landeshauptstadt Stuttgart. Hg. v. Landeshauptstadt Stuttgart, Referat Strategische Planung und Nachhaltige Mobilität. Stuttgart.

Lichtenberg, J.; Hanel, F. (2007): Carsharing und ÖPNV: Nutzen für beide? In: *Der Nahverkehr* 25 (11), S. 37–41.

Loose, W. (2010a): CarSharing für gewerbliche Kunden. Gute Beispiele der CarSharing-Nutzung in Unternehmen, Verwaltungen, Organisationen und Vereinen. Hg. v. Bundesverband CarSharing e.V. und Bundesdeutscher Arbeitskreis für.

Loose, W. (2010b): Aktueller Stand des Car-Sharing in Europa. Endbericht D 2.4 Arbeitspaket. Hg. v. Bundesverband CarSharing e.V. Freiburg.

Loose, W. (2014): Verknuepfung von CarSharing mit dem klassischen OEPNV.

Loose, W. (2016): Mehr Platz zum Leben - wie CarSharing Städte entlastet. Ergebnisse des bcs-Projektes „CarSharing im innerstädtischen Raum – eine Wirkungsanalyse". Hg. v. Bundesverband CarSharing e. V. Berlin.

Loose, W. (2017): Carsharinggesetz: Die Kommunen können sofort handeln. Hg. v. DEMO – Das sozialdemokratische Magazin für Kommunalpolitik. Online verfügbar unter https://www.demo-online.de/artikel/carsharinggesetz-kommunen-sofort-handeln, zuletzt geprüft am 01.08.21.

Loose, W. (2018a): Ein Jahr Carsharinggesetz des Bundes - eine Zwischenbilanz. Online verfügbar unter https://carsharing.de/blog/beitrag/200003745, zuletzt geprüft am 30.06.21.

Loose, W. (2018b): Leitfaden zur Gründung neuer Carsharing-Angebote. Hg. v. Bundesverband CarSharing e.V. Berlin.

Loose, W. (2018c): Wohnen mit CarSharing – umweltfreundliche Mobilität beginnt an der Haustür. Hg. v. BundeBundesverband CarSharing e.V. Berlin.

Loose, W.; Glotz-Richter, M. (2012): Car-Sharing und ÖPNV. Entlastungspotenziale durch vernetzte Angebote: ksv-Verlag.

Loose, W.; Nehrke, G. (2018): Entlastungswirkungen von Carsharing-Varianten. Vergleichende Befragung von Kunden unterschiedlicher Carsharing-Angebote. In: *Internationales Verkehrswesen* 70 (4).

Loose, W.; Nehrke, G. (2019): Carsharing-Stellplätze in den öffentlichen Straßenraum bringen. Leitfaden zur Umsetzung der im Carsharinggesetz (CsgG) vorgesehenen Carsharing-Förderung. Hg. v. Bundesverband CarSharing e.V. Berlin.

Loosen, W. (2016): Das Leitfadeninterview–eine unterschätzte Methode. In: Handbuch nicht standardisierte Methoden in der Kommunikationswissenschaft: Springer, S. 139–155.

MAXQDA - The Art of Data Analysis (2018). Version Standard 2018. Berlin: VERBI GmbH. Online verfügbar unter https://www.maxqda.de/.

McKinsey & Company (09.03.2017): Carsharing & Co.: 2030 über zwei Billionen Dollar Umsatzpotenzial. Düsseldorf.

media daimler (29.03.2017): car2go verstärkt Stuttgarter Flotte mit elektrischen Mercedes-Benz B-Klassen. Online verfügbar unter https://media.daimler.com/marsMediaSite/de/instance/ko/car2go-verstaerkt-Stuttgarter-Flotte-mit-elektrischen-Mercedes-Benz-B-Klassen.xhtml?oid=16346511, zuletzt geprüft am 27.06.21.

Microsoft Excel. Version 2019: Microsoft Corporation. Online verfügbar unter https://www.microsoft.com/de-de/microsoft-365/excel.

mietwagen-news.de (2015): car2go bietet neben Smarts nun auch Mercedes-Modelle an. Online verfügbar unter https://www.mietwagen-news.de/carsharing/car2go-bietet-neben-smarts-nun-auch-mercedes-modelle-an-2016-06-01.html, zuletzt geprüft am 29.06.21.

Ministerium für Verkehr Baden-Württemberg (Hg.) (2021): Nachhaltige Mobilität in der Praxis - Definition und Strategie. Online verfügbar unter https://vm.baden-wuerttemberg.de/de/politik-zukunft/nachhaltige-mobilitaet/definition-strategie-projekte/grundsaetze/.

Minnich, L. (2020): Akzeptanz und Perspektiven von Elektromobilität in Südhessen. Ergebnisse aus der Begleitforschung in Kooperation mit der Entega AG. Hg. v. Öko-Institut e. V. Darmstadt.

Mitchell, R. K.; Agle, B. R.; Wood, D. J. (1997): Toward a theory of stakeholder identification and salience. Defining the principle of who and what really counts. In: *Academy of management review* 22 (4), S. 853–886.

Mortsiefer, H. (2020): Wie Carsharing auch ohne Share-Now und Co. funktioniert. Autos teilen im ländlichen Raum. Hg. v. Der Tagesspiegel. Online verfügbar unter https://www.tagesspiegel.de/wirtschaft/autos-teilen-im-laendlichen-raum-wie-carsharing-auch-ohne-share-now-und-co-funktioniert/25473170.html, zuletzt geprüft am 30.07.21.

Mucha, E.; Sommer, C. (2014): Integration neuer Angebote in den klassischen ÖPNV.

Nehrke, G. (2018a): Die Förderung des Bundesverkehrsministeriums für das E-CarSharing ist realitätsfern. Hg. v. Bundesverband CarSharing e.V. Online verfügbar unter https://carsharing.de/presse/pressemitteilungen/foerderung-des-bundesverkehrsministeriums-fuer-e-carsharing-ist, zuletzt geprüft am 30.07.21.

Nehrke, G. (2018b): Digitale Integration: Neue Kooperationen zwischen CarSharing und ÖPNV. In: *VERKEHR UND TECHNIK* 71 (5).

Nehrke, G. (2018c): 30 Jahre Carsharing in Deutschland. Hg. v. Bundesverband CarSharing e.V.

Nehrke, G. (2019a): CarSharing in Deutschland. Jahresbericht 2018/19. Hg. v. Bundesverband CarSharing e. V. Berlin.

Nehrke, G. (2019b): Zwei Jahre Carsharinggesetz – zwei Jahre Warten auf das Bundesverkehrsministerium. Hg. v. Bundesverband CarSharing e.V. Online verfügbar unter https://www.carsharing.de/presse/pressemitteilungen/zwei-jahre-carsharinggesetz-zwei-jahre-warten-auf.

Nehrke, G.; Loose, W. (2018): Nutzer und Mobilitätsverhalten in verschiedenen CarSharing-Varianten. Hg. v. Bundesverband CarSharing e. V. Berlin.

Nobis, C.; Kuhnimhof, T. (2018): Mobilität in Deutschland– MiD: Ergebnisbericht. Hg. v. Bundesministerium für Verkehr und digitale Infrastruktur (BMVI). Bonn.

NOW GmbH (2019): Förderung der Elektromobilität durch Verankerung in kommunalen Mobilitätsstrategien. Etablierte konzeptionelle Ansätze und detaillierte Ziel- und Maßnahmensammlung. Hg. v. Bundesministerium für Verkehr und digitale Infrastruktur (BMVI). Stuttgart.

Osterwalder, A. (2004): The business model ontology a proposition in a design science approach. Université de Lausanne, Faculté des hautes études commerciales.

Osterwalder, A.; Pigneur, Y. (2011): Business Model Generation: Ein Handbuch für Visionäre, Spielveränderer und Herausforderer: Campus Verlag.

Pawlik, V. (2021): Anzahl der Personen in Deutschland, die einen PKW-Führerschein besitzen, von 2017 bis 2020. Hg. v. Statista GmbH. Online verfügbar unter https://de.statista.com/statistik/daten/studie/172091/umfrage/besitz-eines-pkw-fuehrerscheins/, zuletzt geprüft am 01.09.21.

Perschl, M.; Posch, A. (2016): Carsharing–ein Mobilitätsansatz auch für den ländlichen Raum? In: Lebensentwürfe im ländlichen Raum: Springer, S. 243–268.

Pfeffer, J. (1981): Power in organizations: Pitman Marshfield, MA.

Pieper, N.; Heußler, T.; Woisetschläger, D.; Backhaus, C. (2013): Relevanz der Intermodalität für Car-Sharing-Konzepte. In: Schritte in die künftige Mobilität: Springer, S. 379–399.

Poeschl, H. (2013): Strategische Unternehmensführung zwischen Shareholder-Value und Stakeholder-Value: Springer Gabler.

Porter, M. E.; Gibbs, ilustraciones (2001): Strategy and the Internet.

Presseabteilung car2go (2017): car2go wächst im weltweiten Carsharing-Geschäft. Online verfügbar unter https://media.daimler.com/marsMediaSite/de/instance/ko/car2go-waechst-im-weltweiten-Carsharing-Geschaeft.xhtml?oid=15346615, zuletzt geprüft am 25.06.21.

Presseabteilung Drive Now (2017): Carsharing in Deutschland: DriveNow weiter Taktgeber im Markt. Online verfügbar unter https://www.presseportal.de/pm/114958/3566374, zuletzt geprüft am 25.06.21.

Rappaport, A. (1986): Creating shareholder value: the new standard for business performance: Free press.

Red, T. (2018): Analyse der Auswirkung des Car-Sharing in Bremen. Hg. v. team red Deutschland GmbH. Bremen.

Referat G13 „Prognosen, Statistik und Sondererhebungen“ (2020): RegioStaR. Regionalstatistische Raumtypologie für die Mobilitäts- und Verkehrsforschung. Hg. v. Bundesministerium für Verkehr und digitale Infrastruktur (BMVI). Bonn.

Reicher, C.; Hesse, M. (2013): Suburbaner Raum im Lebenszyklus. Bundesministerium für Verkehr, Bau und Stadtentwicklung.

Reintjes, D. (2019a): Car2go und DriveNow - Was die Fusion für andere Carsharing-Anbieter bedeutet. Hg. v. Wirtschaftswoche. Online verfügbar unter https://www.wiwo.de/unternehmen/auto/car2go-und-drivenow-was-die-fusion-fuer-andere-carsharing-anbieter-bedeutet-/24028628.html, zuletzt geprüft am 28.07.21.

Reintjes, D. (2019b): ShareNowe-Chef: „Ich hatte keine Angst vor der Fusion von Car2go und DriveNow“. Hg. v. Wirtschaftswoche. Online verfügbar unter https://www.wiwo.de/unternehmen/auto/sharenow-chef-ich-hatte-keine-angst-vor-der-fusion-von-car2go-und-drivenow/24467574.html.

Rid, W.; Parzinger, G.; Grausam, M.; Müller, U.; Herdtle, C. (2017): Carsharing in Deutschland. Potenziale und Herausforderungen, Geschäftsmodelle und Elektromobilität: Springer-Verlag.

Rid, W.; Parzinger, G.; Grausam, M.; Müller, U.; Herdtle, C. (2018): Aktuelle (E-) Carsharing-Systeme und-akteure. In: Carsharing in Deutschland: Springer, S. 45–71.

Riegler, S.; Juschten, M.; Hössinger, R.; Gerike, R. (2016): Carsharing 2025 - Nische oder mainstream. Hg. v. Institut für Mobilitätsforschung (ifmo).

Riese, J. (2021): E-Wald – Vorbildliches Elektro-Carsharing im ländlichen Raum. Hg. v. emobilitaetblog.de/. Online verfügbar unter https://emobilitaetblog.de/e-wald-vorbildliches-elektro-carsharing-im-laendlichen-raum/.

Schaefers, T. (2013): Exploring carsharing usage motives. A hierarchical means-end chain analysis. In: *Transportation Research Part A: Policy and Practice* 47, S. 69–77.

Schallmo, D. R. A. (2013): Geschäftsmodelle erfolgreich entwickeln und implementieren. Mit Aufgaben und Kontrollfragen. Berlin, Heidelberg: Springer Gabler.

Schaltegger, S. (1999): Bildung und Durchsetzung von Interessen zwischen Stakeholdern der Unternehmung. Eine politisch-ökonomische Perspektive. In: *Die Unternehmung*, S. 3–20.

Schaltegger, S.; Burritt, R.; Petersen, H. (2017): An introduction to corporate environmental management: Striving for sustainability: Routledge.

Scheel, K-C.; Niedenthal, M. (2021): Multimodale und vernetzte Mobilität. Beiträge und Empfehlungen der Automobilindustrie. Hg. v. Verband der Automobilindustrie e. V. (VDA). Berlin. Online verfügbar unter file:///C:/Users/andre/Downloads/VDA_5540_Positionspapier_Multimodale_und_vernetzte_Mobilitaet_RZ.pdf, zuletzt geprüft am 14.07.21.

Schmöller, S.; Niels, T.; Hardt, C.; Lippoldt, K.; Dandl, F.; Bogenberger, K. (2019): Carsharing in Deutschland. In: *Journal für Mobilität und Verkehr* (2), S. 1–9.

Schreier, H.; Becker, U.; Heller, J.; Probst, A.; Kunze, I.; Golitsch, J. (2015): Evaluation CarSharing (EVA-CS), Landeshauptstadt München. Endbericht. Hg. v. team red Deutschland GmbH. Berlin.

Schubert, K.; Klein. M. (2020): Das Politiklexikon. Definition Medien. Bonn: Dietz. Online verfügbar unter https://www.bpb.de/nachschlagen/lexika/politiklexikon/17833/medien.

Schwarz, D.; Lakeband, S. (2019): Welche Rolle Carsharing bei Neubau-Projekten spielen kann. In: *Weser Kurier*, 03.01.2019. Online verfügbar unter https://www.weser-kurier.de/bremen/wirtschaft/welche-rolle-carsharing-bei-neubau-projekten-spielen-kann-doc7e40tzga0qg10hb0v8j1.

Schwetzler, B. (1998): Shareholder Value Konzept, Managementanreize und Stock Option Plans: HHL.

service-bw.de (2021): Nahverkehrsplan. Online verfügbar unter https://www.service-bw.de/leistung/-/sbw/Nahverkehrsplan-442-leistung-0, zuletzt geprüft am 31.07.21.

Spektrum der Wissenschaft Verlagsgesellschaft mbH (Hg.) (2001): Definition Personenverkehr. Online verfügbar unter https://www.spektrum.de/lexikon/geographie/personenverkehr/5927, zuletzt geprüft am 06.09.21.

Stadt Freiburg (2019): Bebauungsplan mit örtlichen Bauvorschriften „Car-Sharing-Stellplatzkonzept". Plan-Nr. 8-1. Online verfügbar unter https://freiburg.more-rubin1.de/show_anlagen.php?_typ_432=vorl&_doc_n1=20150210104453.pdf&_vorl_nr=3150801100039&_nid_nr=&_nk_nr=315, zuletzt geprüft am 06.07.21.

stadtmobil Rhein-Neckar AG (18.02.2020): CarSharing in der Region wächst immer weiter. Online verfügbar unter https://berlin.stadtmobil.de/aktuelles/nachrichten/carsharing-in-der-region-waechst-immer-weiter/, zuletzt geprüft am 26.08.21.

Stahl, J. (2013): Organisationaler Wandel durch Koalitionsbildung: eine anreiz-beitrags-theoretische Erklärung mitarbeiterinduzierter Veränderungsprozesse: Springer-Verlag.

STARS (2019): New mobility market equilibria in the cities of tomorrow. Entlastungswirkungen unterschiedlicher CarSharing-Varianten. Hg. v. BundeBundesverband CarSharing e.V. Berlin.

Stasko, T. H.; Buck, A. B.; Gao, H. O. (2013): Carsharing in a university setting. Impacts on vehicle ownership, parking demand, and mobility in Ithaca, NY. In: *Transport Policy* 30, S. 262–268.

Statista (Hg.) (2021): Urbanisierungsgrad: Anteil der Stadtbewohner an der Gesamtbevölkerung in Deutschland in den Jahren von 2000 bis 2020. Statista GmbH. Online verfügbar unter https://de.statista.com/statistik/daten/studie/662560/umfrage/urbanisierung-in-deutschland/, zuletzt geprüft am 05.09.21.

Staudacher, F. (2020): Elektromobilität: Theorie und Praxis zur Ladeinfrastruktur: Hüthig.

stuttgarter-nachrichten.de (19.10.2017): Ladesäulen bleiben trotz Car2go-Rückzug. E-Mobilität in Stuttgart. Online verfügbar unter https://www.stuttgarter-nachrichten.de/inhalt.e-mobilitaet-in-stuttgart-ladesaeulen-bleiben-trotz-car2go-rueckzug.62b98aea-b606-4f25-9eb6-4c347975d09e.html, zuletzt geprüft am 25.07.21.

Suchman, M. C. (1995): Managing legitimacy: Strategic and institutional approaches. In: *Academy of management review* 20 (3), S. 571–610.

Suiker, S.; van den Elshout, J. (2013): Effectmeting introductie Car2Go in Amsterdam. In: *Beitrag zum Nationaal verkeerskundecongres.*

tagesspiegel.de (2020): Berlin überlässt Carsharing-Firmen in der Krise sich selbst. Streit über Parkgebühren. Online verfügbar unter https://www.tagesspiegel.de/wirtschaft/streit-ueber-parkgebuehren-berlin-ueberlaesst-carsharing-firmen-in-der-krise-sich-selbst/25827518.html, zuletzt geprüft am 08.07.21.

Teece, D. J. (2010): Business Models, Business Strategy and Innovation. In: *Long Range Planning* 43 (2-3), S. 172–194. DOI: 10.1016/j.lrp.2009.07.003.

The Boston Consulting Group (23.02.2016): Deutschland ist Europameister im Carsharing. München.

Theobald, E. (o. J.): PESTEL-Analyse. Die wichtigsten Einflussfaktoren der Makroumwelt.

Thul, M.; Ritter, A.; Haas, B. (2007): Excellence durch eine nachhaltige Unternehmensführung.

Tiesbohnenkamp, W. (2020): Definition Agglomerationen. Hg. v. Lexas Geographie. Gütersloh. Online verfügbar unter https://www.lexas.de/staedte/agglomerationen.aspx.

Tils, G.; Rehaag, R.; Glatz, A. (2015): Carsharing – ein Beitrag zu nachhaltiger Mobilität. Hg. v. Verbraucherzentrale NRW/Kompetenzzentrum Verbraucherforschung NRW.

Tukey, J. W. (1977): Exploratory data analysis: Reading, Mass.

Umweltbundesamt (22.02.2021): Fahrleistungen, Verkehrsleistungen und „Modal Split". Online verfügbar unter https://www.umweltbundesamt.de/daten/verkehr/fahrleistungen-verkehrsaufwand-modal-split#fahrleistung-im-personen-und-guterverkehr.

Umweltbundesamt (09.06.2021): Emissionen des Verkehrs. Online verfügbar unter https://www.umweltbundesamt.de/daten/verkehr/emissionen-des-verkehrs#pkw-fahren-heute-klima-und-umweltvertraglicher, zuletzt geprüft am 07.08.21.

van Lente, H. (2012): Navigating foresight in a sea of expectations: Lessons from the sociology of expectations. In: *Technology analysis & strategic management* 24 (8), S. 769–782.

VCD Verkehrsclub Deutschland e.V. (2020a): Blauer Engel für ökologische Verkehrsangebote. Online verfügbar unter https://www.vcd.org/themen/multimodalitaet/schwerpunktthemen/blauer-engel-fuer-verkehrsangebote/, zuletzt geprüft am 03.08.21.

VCD Verkehrsclub Deutschland e.V. (Hg.) (2020b): Erfolgsfaktor Mobilitätsstationen. Online verfügbar unter https://www.vcd.org/themen/multimodalitaet/schwerpunktthemen/mobilitaetsstationen/.

Velten, C. (2016): Fragen und Antworten zum Corporate Carsharing. Hg. v. bfp AKADEMIE und Schlütersche Fachmedien GmbH. Online verfügbar unter https://www.fuhrpark.de/fragen-und-antworten-zum-corporate-carsharing, zuletzt geprüft am 02.08.21.

Verband der Automobilindustrie e. V. (VDA) (2021a): Carsharing: Automobilhersteller bieten nicht mehr nur Fahrzeuge, sondern Mobilität für jeden an. Online verfügbar unter https://www.vda.de/de/themen/mobilitaet-und-gesellschaft/carsharing-automobilhersteller-bieten-nicht-mehr-nur-fahrzeuge-an.html, zuletzt geprüft am 14.07.21.

Verband der Automobilindustrie e. V. (VDA) (2021b): Intermodale Mobilität: Die Mischung macht's. Online verfügbar unter https://www.vda.de/de/themen/mobilitaet-und-gesellschaft/intermodale-mobilitaet-die-mischung-machts.html, zuletzt geprüft am 14.07.21.

Verband der Automobilindustrie e. V. (VDA) (2021c): VDA-Mitglieder. Online verfügbar unter https://www.vda.de/de/verband/mitglieder.html, zuletzt geprüft am 12.07.21.

Verband der Automobilindustrie e. V. (VDA) (2021d): Ziele des VDA. Online verfügbar unter https://www.vda.de/de/verband/ueber-den-verband/wir-sind-bereit.html, zuletzt geprüft am 13.07.21.

Verband der Automobilindustrie e.V. (VDA) (Hg.) (2020): Platform Urbane Mobilität. Deutsche Automobilindustrie und Städte im Dialog über urbane Mobilitätslösungen von morgen. Online verfügbar unter https://www.plattform-urbane-mobilitaet.de/de/, zuletzt geprüft am 06.07.2021.

Verband Deutscher Verkehrsunternehmen e. V. (VDV) (Hg.) (2021): Definition Ballungsraum. Online verfügbar unter http://www.mobi-wissen.de/Wirtschaft/Ballungsraum, zuletzt geprüft am 22.11.21.

Verkehrsclub Deutschland e. V. (VCD) (2020): Auto teilen statt besitzen. Online verfügbar unter https://www.vcd.org/artikel/auto-teilen-statt-besitzen/, zuletzt geprüft am 15.07.21.

Verkehrsclub Deutschland e. V. (VCD) (2021): Ziele des VCD. Mobilität für Menschen. Online verfügbar unter https://www.vcd.org/der-vcd/ziele/, zuletzt geprüft am 12.07.21.

Volkswagen Communications (07/2018): Volkswagen wird künftig „Zero-Emission"- Carsharing-Dienste anbieten.

Volkswagen Mobility Services (2021): WeShare. Wir denken Mobilität neu. Online verfügbar unter https://www.volkswagen.de/de/konnektivitaet-und-mobilitaetsdienste/mobility-services.html, zuletzt geprüft am 25.06.21.

Weber, J.; Knorren, N. (2012): Shareholder Value: Eine Controlling-Perspektive: John Wiley & Sons.

Weber, M. (1947): The theory of social and economic organization. New York: Free press.

Weber, M. (2019): Anders mobil sein – mit Carsharing? Hg. v. Öko-Institut e.V. Online verfügbar unter https://www.oeko.de/forschung-beratung/themen/mobilitaet-und-verkehr/anders-mobil-sein-mit-carsharing.

welt.de (2020): Drive Now und Car2Go sind jetzt Share Now. Online verfügbar unter https://www.welt.de/motor/news/article204976768/Aus-zwei-mach-eins-Drive-Now-und-Car2Go-sind-jetzt-Share-Now.html, zuletzt geprüft am 27.06.21.

WeShare Presseabteilung (11/2020): WeShare nimmt ID.3 in Berliner Flotte auf. Online verfügbar unter https://we-shareio.cdn.prismic.io/we-shareio/bc1bb25f-217a-46e1-9483-32de246173dd_20201123_WeShare-ID.3.pdf, zuletzt geprüft am 28.06.21.

we-share.io: 100% elektrisches Carsharing in Berlin und Hamburg. Online verfügbar unter https://www.we-share.io/, zuletzt geprüft am 29.06.21.

Wieler, J. (2021): Stromverbrauch Elektroautos: Aktuelle Modelle im ADAC Test. Hg. v. ADAC Redaktion. Online verfügbar unter https://www.adac.de/rund-ums-fahrzeug/tests/elektromobilitaet/stromverbrauch-elektroautos-adac-test/, zuletzt geprüft am 22.07.21.

Wietschel, M.; Kühnbach, M.; Rüdiger, D. (2019): Die aktuelle Treibhausgasemissionsbilanz von Elektrofahrzeugen in Deutschland. Working Paper Sustainability and Innovation.

wikipedia (2020): Verkehrsclub. Online verfügbar unter https://de.wikipedia.org/wiki/Verkehrsclub.

Wilke, G.; Böhler, S.; Bongardt, D.; Schäfer-Sparenberg, C. (2007): Zukunft des Car-Sharing in Deutschland. Hg. v. Wuppertal Institut für Klima, Umwelt, Energie GmbH. Wuppertal.

WiMobil (2016): Carsharing und Elektromobilität. Ein Praxisleitfaden für Kommunen. Hg. v. Kreisverwaltungsreferat Landeshauptstadt München.

Wissenschaftliche Dienste (2016a): Gesetzgebungskompetenz des Bundes zum Erlass einer Ermächtigungsgrundlage für die Zuweisung von Parkflächen an stationsbasierte Carsharingunternehmen auf den Straßen der Länder. Hg. v. Deutscher Bundestag.

Wissenschaftliche Dienste (2016b): Rahmenbedingungen für Carsharing- und Scootersharing-Unternehmen und die Ziele und Maßnahmen im Zusammenhang mit der Elektromobilitätsstrategie der Bundesregierung. Hg. v. Deutscher Bundestag.

Wissenschaftliche Dienste (2019): Einrichtung und Betrieb von Parkraumbewirtschaftungszonen sowie die Ausgabe von Bewohnerparkausweisen. Hg. v. Deutscher Bundestag.

Witzke, S. (2016): Carsharing und die Gesellschaft von Morgen. Ein umweltbewusster Umgang mit Automobilität? Wiesbaden: Springer Gabler (Springer Gabler research).

Witzke, S.; Meier-Berberich, J. (2015): ÖPNV und Carsharing. Ergänzung oder Substitution?: Erste Marktforschungsergebnisse zu diesem Thema im Rahmen des Projekts Stuttgart Services. In: *Der Nahverkehr* 33 (4), S. 12–15.

XMind - Mindmapping-Software (2018). Version XMind 8 Update 7 Pro: XMind Ltd. Online verfügbar unter https://www.xmind.net/.

Ziesak, M. (2020): Bundesrat beschließt StVO-Novelle: Carsharinggesetz kann endlich vollständig umgesetzt werden. Online verfügbar unter https://carsharing.de/blog/beitrag/200005914, zuletzt geprüft am 30.06.21.

Zwiers, J.; Büttner, L.; Behrendt, S.; Kollosche, I.; Scherf, C.; Mader, S.; Schade, W. (2021): Wandel des öffentlichen Verkehrs in Deutschland. Veränderung der Wertschöpfungsstrukturen durch neue Mobilitätsdienstleistungen. Eine Transformationsanalyse aus der Multi-Level-Perspektive. Hg. v. Hans-Böckler-Stiftung. Düsseldorf.

Kolibri 360 GmbH
Ferdinand-Jühlke-Straße 7
99095 Erfurt, Deutschland
produktsicherheit@kolibri360.de